EXCEL & POWERPOINT 2010

한권으로
이해하고
완성하는

엑셀 & 파워포인트 2010

김응인 · 오기성 · 이상경 공저

오성미디어

머리말

정보화 사회로의 진입과 함께 컴퓨터는 사회의 필수적인 도구라고 해도 과언이 아닐 것이다. 초기의 컴퓨터는 전문가들만의 전유물이었으나, 이제는 컴퓨터의 구조를 몰라도 사용법만 배우면 누구나 쉽게 컴퓨터를 조작할 수 있게 되었다.

이러한 컴퓨터 시스템의 급속한 발달로 이제 우리는 사무실이나 가정에서, 또 교육현장에서 필수적인 장비로 이용되고 있다.

컴퓨터를 통하여 사용되는 응용 프로그램들은 각각의 업무에 맞는 기능들을 가지고 있다. 즉 오피스 2010은 사무 환경에 적합한 기능들을 골고루 갖춘 프로그램이며, 웹 브라우저인 익스플로러는 인터넷을 사용할 수 있는 프로그램이다. 또한 포토샵은 홈페이지 제작시 간단한 버튼, 배너, 문자 디자인, 애니메이션 제작 등을 할 수 있는 응용 프로그램이다. 이처럼 많은 프로그램들은 각각의 개별적인 특성을 가지고 있으며, 여러분들은 사용하고자 하는 목적에 맞는 프로그램을 선택하여 사용하면 된다.

한글 엑셀 2010은 수치자료의 계산을 위한 다양한 함수 기능, 사용자 인터페이스 기능, 3차원 그리고 혼합차트 등의 차트 작성 기능, 그림이나 클립아트 삽입이 가능한 개체 삽입 기능, 자료 검색 및 자료 정렬 등 데이터베이스 관리 기능을 지원하는 데이터베이스 관리 기능, 반복되는 작업이나 방대한 업무를 효율적으로 처리할 수 있는 매크로 및 응용프로그램 작성 기능, 작업한 문서를 웹 문서로 저장하면 웹브라우저를 통해 볼 수 있으며, 전자 메일로 보내거나 파일로 첨부하여 보내는 기능으로 엑셀 2010에서 가장 두드러진 인터넷과의 연결 기능 등을 가지고 있는 매우 뛰어난 프로그램이다.

그리고, 파워포인트 2010은 프로젠테이션을 구사할 수 있도록 발표자와 청중의 입장을 최대한 고려하여 만든 그래픽 전용 프로그램으로 주로 발표자료, 학습자료 등으로 만들어 사용할 수 있다. 파워포인트는 많은 기능에 비해 사용방법 간단하여 사용하기 쉽다.

이 책은 누구나 오피스 2010을 별다른 어려움 없이 쉽게 배울 수 있도록 따라하면서 어느새 나도 컴퓨터 시험에 자신감을 갖고 실제 시험에 임할 수 있을 것이라 확신한다.

이 책을 통하여 오피스 2010을 자유자재로 활용할 수 있는 능력을 배양할 수 있기를 바라며, 이 책이 나오기까지 도움을 주신 오성미디어 사장님 이하 모든 임직원들에게 감사를 표한다.

2015년 02월

저자 씀

차례

엑셀 2010

EXCEL

CHAPTER 01 엑셀 2010 프로그램

CHAPTER 02 워크시트

CHAPTER 03 데이터 입력과 표시형식

EXCEL

엑셀 2010

EXCEL

01
CHAPTER

엑셀 2010 프로그램

1. 엑셀
2. 엑셀 화면 구성요소
3. 빠른 실행 도구 모음과 새 단축키
4. 파일
5. 인쇄
6. 페이지 설정
7. 문서 보기

01 CHAPTER 엑셀 2010 프로그램

1. 엑셀

1-1 엑셀의 정의

계산용 프로그램을 스프레드시트라고 한다. 스프레드시트란 행과 열이 만나 생기는 사각형 모양의 셀들의 집합체인 전자계산표를 의미하는 것으로 계산과 관련된 작업을 컴퓨터를 통해 쉽게 처리하여 분석에 활용할 수 있도록 한 프로그램의 일종이다.

엑셀은 기업에서 사무용 프로그램으로 가장 많이 사용하는 계산용 프로그램이다. 단순한 계산부터 아주 복잡한 계산이라도 함수를 사용 아주 간단하게 해결할 수 있다. 엑셀 2007부터 표 기능을 사용하면 다양한 정보를 데이터베이스 처리하여 업무를 자동화할 수 있다.

엑셀은 워크시트(Worksheet)에서 작업을 한다. 엑셀 2010의 워크시트는 16,384 개의 열과 1,048,576 개의 행으로 구성되어 17,179,869,184 개의 셀이 있다.

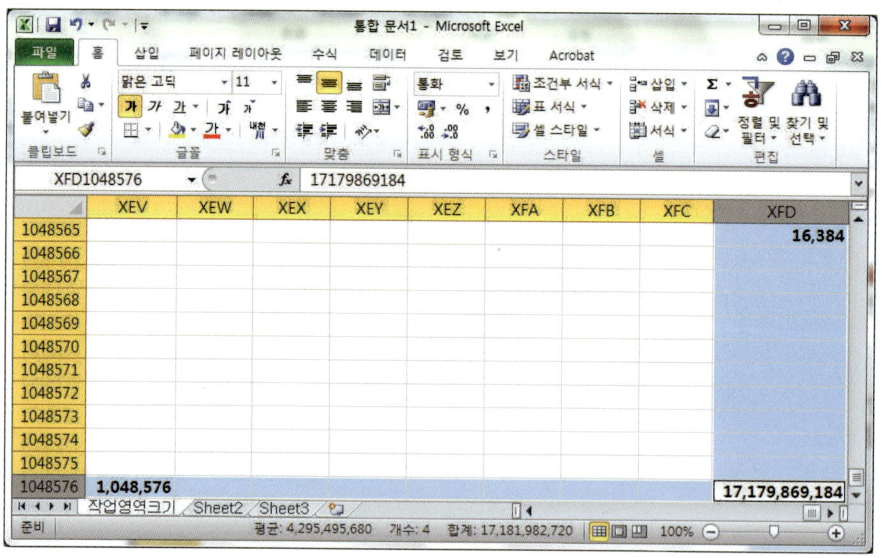

1-2 엑셀의 기능

엑셀 2010의 표를 사용하여 정렬, 필터, 요약 등으로 계산을 자동으로 할 수 있으며 데이터베이스로 업무를 자동으로 처리할 수 있다. 문서 작성, 차트 작성, 그림, 도형, SmartArt 등으로 그래픽을 작성할 수 있으며, 개발 도구 등으로 사용자가 프로그램하여 개인 업무를 자동화 할 수 있다.

① 사용자 인터페이스 기능

자료의 입력 및 수정을 제외하고는 거의 대부분 마우스로 사용이 가능하다.

② 다양한 계산 기능

엑셀의 가장 기본적인 기능으로 수치자료의 계산을 위해 회계함수, 통계함수 등 다양한 함수로 많은 양의 자료를 단시간 내에 계산하고 처리할 수 있다.

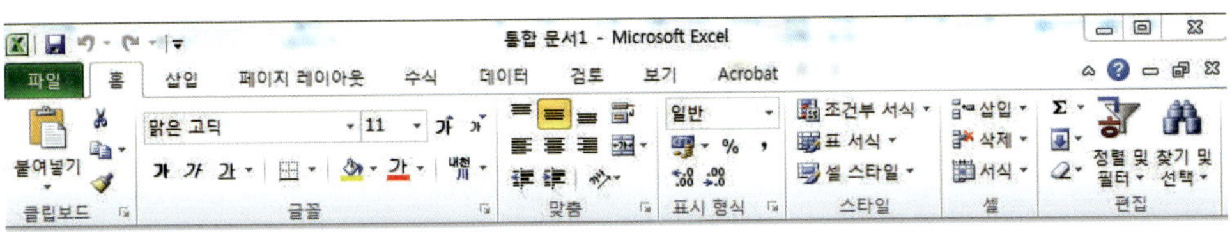

③ 표 작성 자동 계산 / 정렬과 필터

표를 만들면 자동필터까지 된다. 필터 단추를 클릭하여 오름차순 또는 내림차순 정렬과 색 기준 정렬을 할 수 있으며 자동필터도 할 수 있다.

표를 만든 후 "요약 행"을 선택하면 나타나는 SUBTOTAL 함수식을 이용하여 합계, 개수, 평균, 최대, 최소 등 11가지 방법으로 자동을 계산할 수 있다.

- 표의 행 수(레코드)가 많을 때는 열머리글 A, B, C … 등이 표의 필드 이름이 표시 된다.

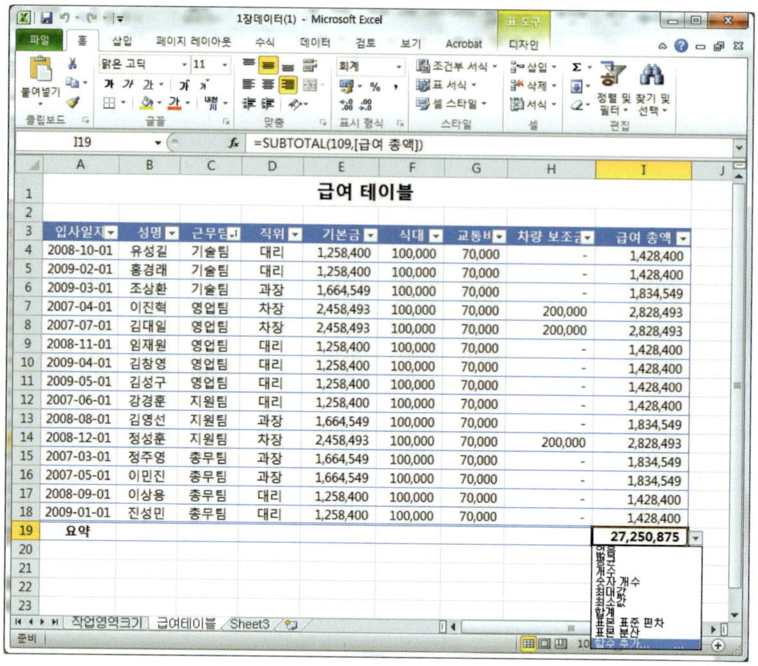

– 표를 만들면 자동 필터까지 된다. 필터 단추를 클릭하면 오름차순 또는 내림차순으로 정렬과 색 기준 정렬을 할 수 있으며 자동 필터도 할 수 있다.

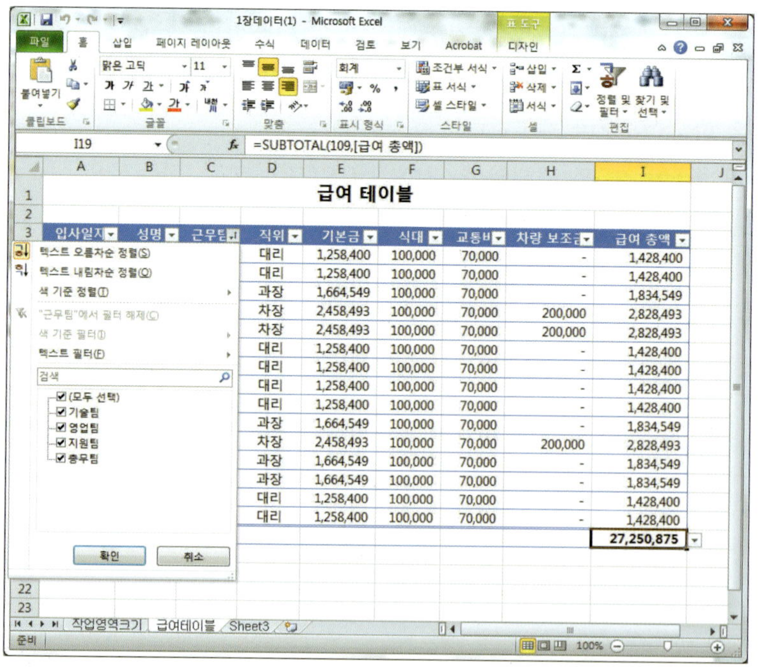

④ 문서 작성

우리는 한글 프로그램이나 MS-Word 등으로 문서를 많이 작성한다. 엑셀에서도 문서 작성이 가능하며 한글이나 MS-Word 데이터를 복사하여 활용할 수 있다.

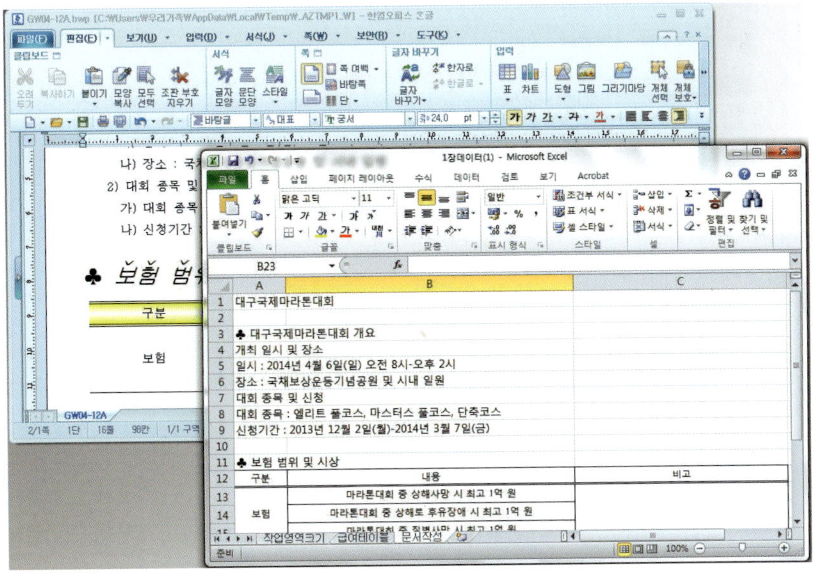

⑤ 차트 작성

엑셀은 어느 프로그램보다도 쉽고 빠르게 차트를 작성할 수 있다. 엑셀에서 차트를 작성하고 이를 복사하여 한글에서 활용하는 경우가 많다. 차트를 작성하면 시각적으로 볼 수 있으므로 쉽고 빠르게 분석 판단 할 수 있다.

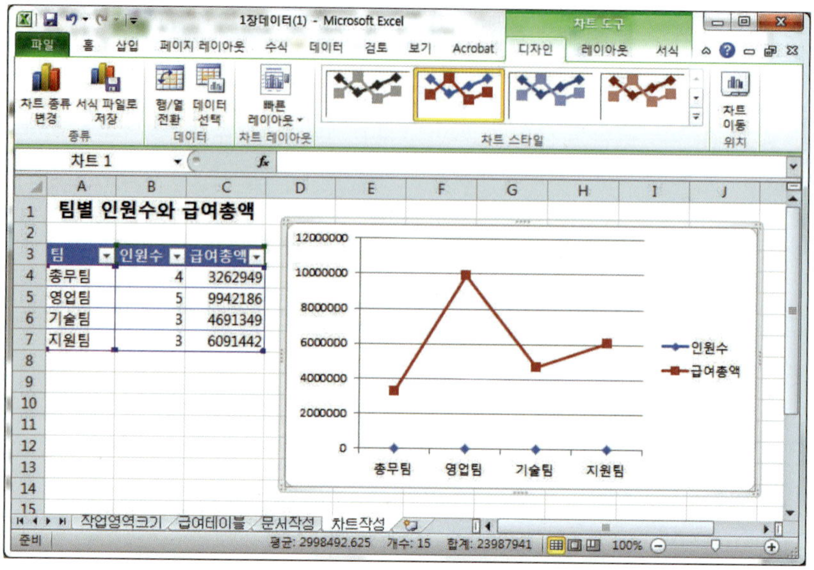

⑤ **그림 도형 SmartArt 그래픽**

그림 및 클립아트로 사진 및 그림을 삽입할 수 있고 SmartArt 그래픽으로 다양한 모양의 도형 모음을 그래픽으로 작성할 수 있다.

스마트 아트는 시각적으로 제시되면서 원하는 형태를 그때그때 알맞게 적용하여 정보와 아이디어를 시각적으로 표현할 수 있다. 여러 레이아웃 중 하나를 선택하여 스마트 아트 그래픽을 만드는 방식으로 메시지를 빠르고 쉽게 효과적으로 전달할 수 있다.

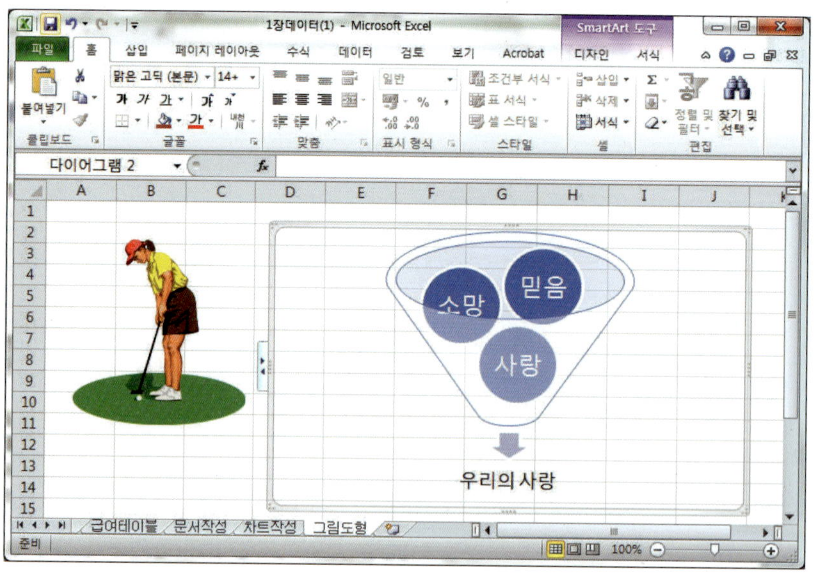

⑥ 데이터베이스로 업무 자동화

데이터 통합, 부분합, 피벗테이블 등의 데이터베이스 기능을 사용하면 그룹별 합계, 개수, 평균 등의 계산을 자동화 할 수 있다. 엑셀 2010의 표에서는 데이터를 추가하거나 삭제해도 자동으로 데이터베이스 영역에 반영되므로 매우 편리하다.

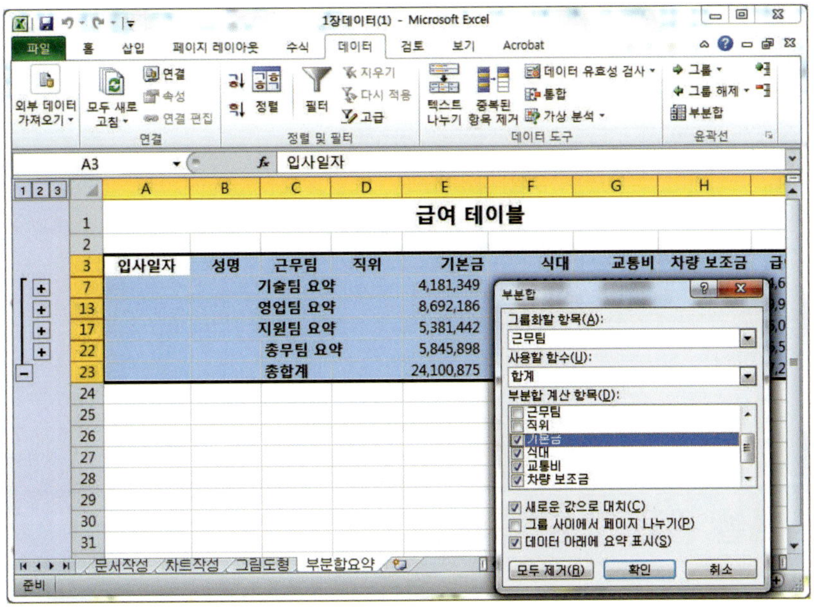

⑦ 매크로 및 응용프로그램 작성

매크로를 이용, 반복되는 작업이나 방대한 업무를 효율적으로 처리할 수 있다. 또한 엑셀에서는 응용 프로그램 개발 언어인 Visual Basic 언어가 포함되어 있다. 따라서 Visual Basic 언어를 몰라도 매크로를 기록하고 활용하여 반복되는 작업이나 방대한 업무를 효율적으로 처리할 수 있다.

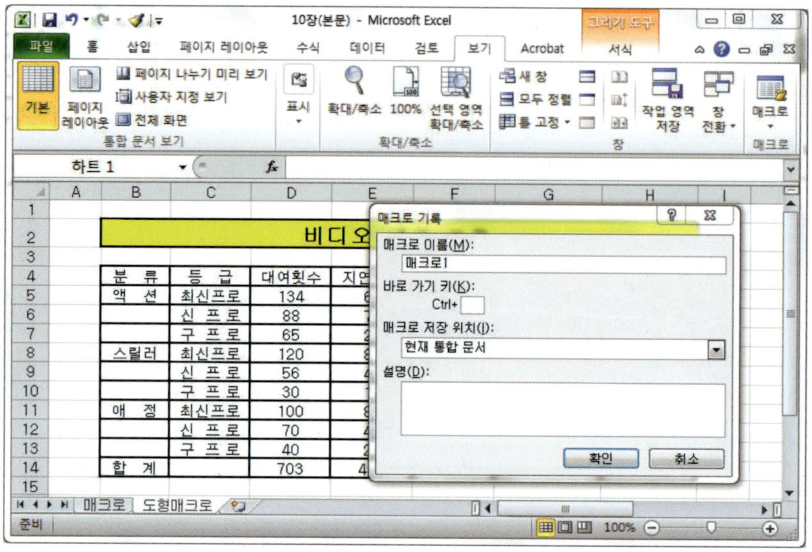

2. 엑셀 화면 구성요소

엑셀을 실행하면 대부분의 공간을 차지하는 워크시트와 리본메뉴, 빠른 실행 도구모음, 수식 입력줄, 상태 표시줄 등으로 구성되어 있다.

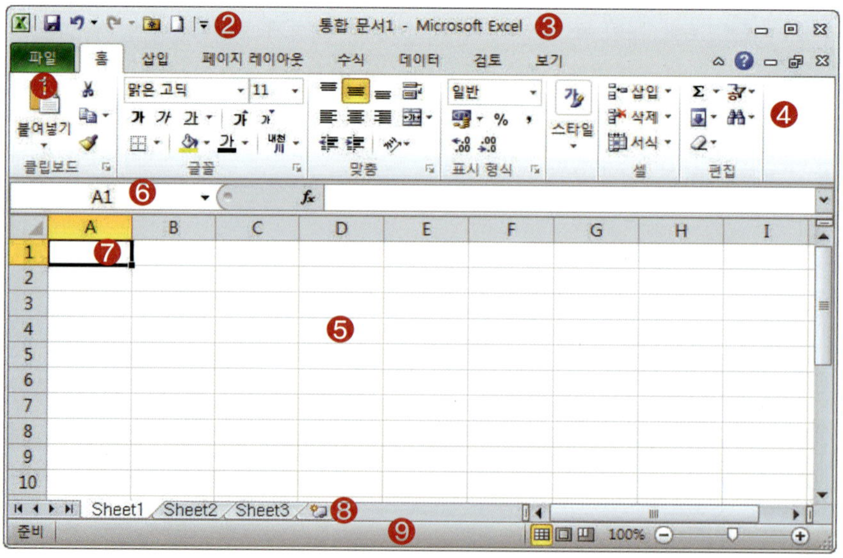

❶ 파일 메뉴 : 열기, 저장 또는 인쇄 및 문서에서 할 수 있는 모든 작업과 엑셀 옵션을 지정할 수 있다.

❷ 빠른 실행 도구모음 : 자주 사용하는 도구를 사용자가 지정하여 사용할 수 있다.

❸ 제목 표시줄 : 응용 프로그램의 이름과 작업중인 파일 이름을 표시한다.

❹ 리본 메뉴 : 원하는 결과를 얻기 위해 필요한 명령을 손쉽게 찾을 수 있도록 디자인된 사용자 인터페이스(User Interface)다.

❺ 워크시트 : 데이터를 입력하고 계산, 분석하는 데 사용하는 계산표로 여러 개의 셀로 구성되어 있다.

❻ 이름상자 : 활성 셀의 주소가 나타나는 부분이다.

❼ 활성 셀 : 현재 작업의 중심이 되는 셀을 나타낸다.

❽ 시트 탭 : 시트 이름과 시트 이동 단추로 구성되어 있다.

❾ 상태표시줄 : 셀 모드(준비, 입력), 보기 바로가기, 확대/축소, 확대/축소 슬라이더 등을 사용자가 지정할 수 있다.

2-1 파일 메뉴와 저장/문서목록/열기

엑셀 2007 버전의 Office 단추와 비슷하다. 열기, 저장 등의 메뉴가 표시되고 우측에는 최근 통합 문서가 표시된다. 문서 중 하나를 선택하면 파일을 열고 저장 할 수 있다.

따라하기 »

① 파일 메뉴를 클릭하면 왼쪽에 "저장", "다른 이름으로 저장", "열기", "닫기" 등의 메뉴가 있고 오른쪽에는 현재 파일에 대한 정보가 표시된다.

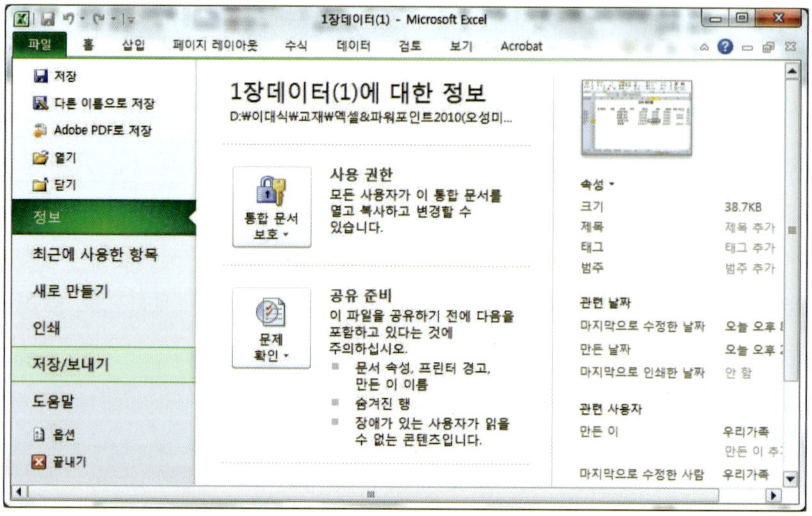

② 엑셀을 실행하고 [파일] 메뉴를 클릭하여 [열기] 메뉴와 [다른 이름으로 저장] 메뉴를 실행한다.

③ 파일 형식은 "Excel 통합 문서"로 한다.

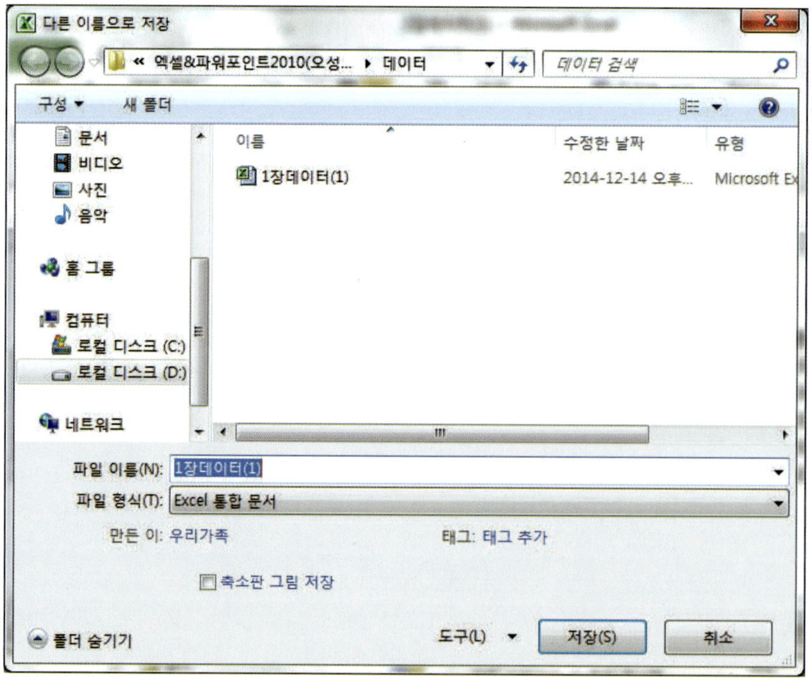

엑셀 노트 ▸▸▸

엑셀 2010의 기본적인 파일형식은 "xlsx(확장자)"이다. 2003 번전까지는 "xls" 이었는데 끝에 "x" 자가 더 붙었다. XML 파일 형식이 도입되어 "x" 자가 더 붙은 것이다. 2003 버전에 비해 파일의 크기가 줄었고 데이터 복구 기능이 향상되었다.
엑셀 2010의 기본 파일 형식은 "Excel 통합 문서"이다.

2-2 빠른 실행 도구모음

[빠른 실행 도구모음 사용자 지정]을 클릭하면 [새로 만들기]부터 [최근 파일 열기]까지 12개의 도구 이름이 표시된다. 체크 표시된 것은 화면에 표시된다. 도구 이름에 마우스 포인터를 클릭하여 표시하거나 제거할 수 있다. 사용자 편의에 따라 [리본 메뉴]의 위 또는 아래에 표시 되도록 선택할 수 있고, [빠른 실행 도구모음 사용자 지정]을 클릭 "리본 메뉴 아래위에 표시"를 선택한다.

따라하기 »

① [빠른 실행 도구모음 사용자 지정]을 클릭하여 [새로 만들기]를 클릭한다.

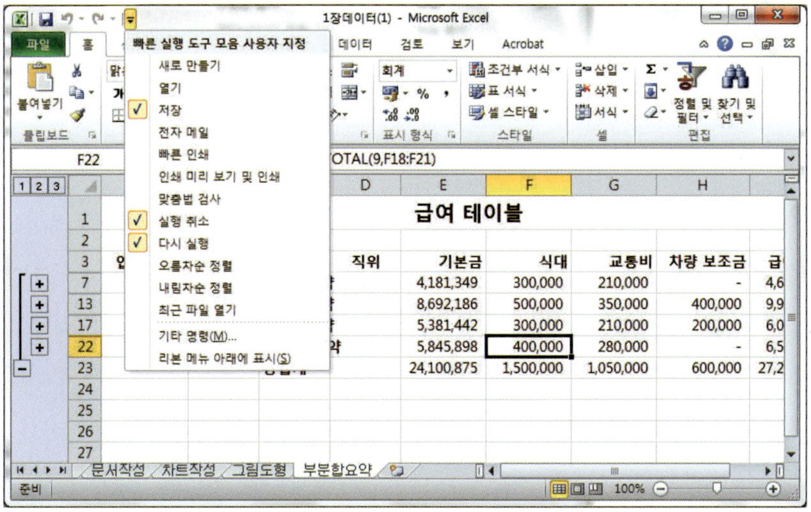

② [새로 만들기]가 [빠른 실행 도구모음]에 표시된다.

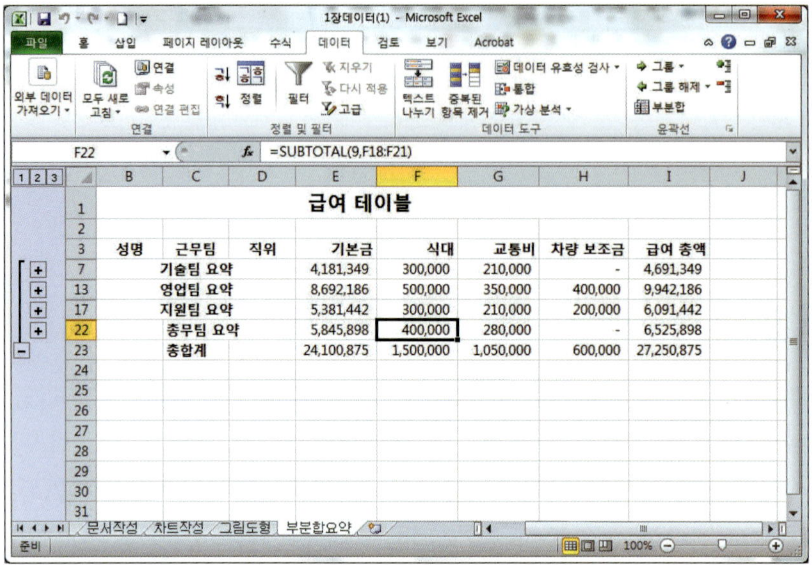

2-3 리본 메뉴 구성

리본 메뉴에는 탭, 그룹, 명령 단추 세 가지로 구성된다. 탭에는 [홈], [삽입], [페이지 레이아웃], [수식], [데이터], [검토], [보기] 등 7개의 탭이 기본적으로 구성되어 있다. 탭 아래에는 유사한 명령끼리 묶어 놓은 그룹이 있으며, 그룹 안에 명령을 실행할 수 있는 명령 단추들이 있다. 명령 단추에 없는 명령들은 그룹 이름 오른쪽에 있는 [대화상자 표시 아이콘]을 클릭하여 명령을 선택할 수 있다.

따라하기 »

① [홈] 탭 아래에는 클립보드, 글꼴, 맞춤, 표시 형식, 스타일, 셀, 편집의 7개의 그룹이 있고, 각 그룹 안에는 명령을 실행할 수 있는 명령 단추들이 있다.
[삽입] 탭의 [대화상자 표시 아이콘]을 클릭한다.

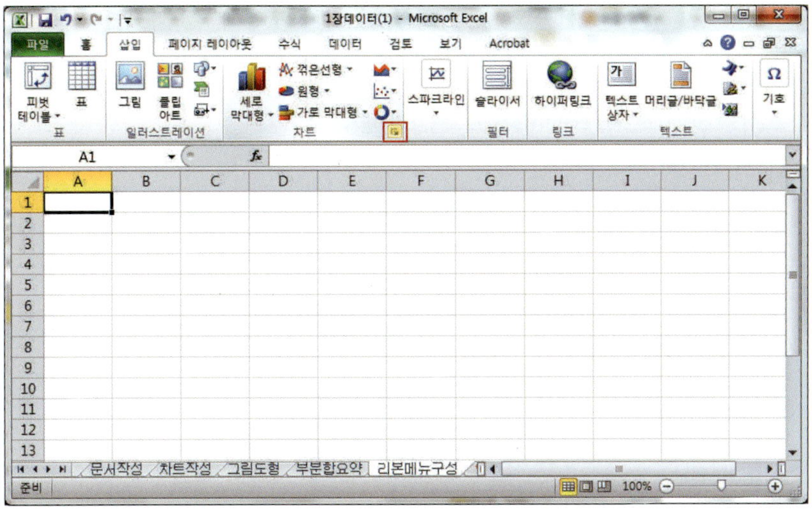

② [차트 삽입] 대화상자가 표시된다. 리본 메뉴에 표시되는 명령 단추들보다 다양한 명령의 종류가 있다. [취소] 단추를 클릭한다.

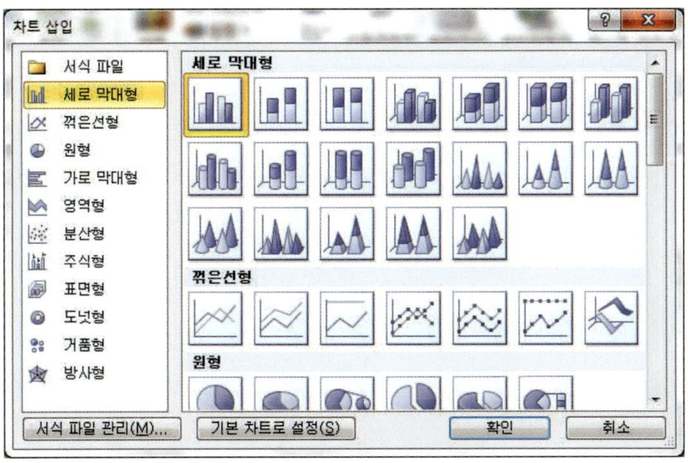

엑셀 노트 ▸▸▸

명령 단추에 마우스 포인터를 두면 기능을 설명하는 화면 설명 스타일이 표시된다. 화면 설명 스타일을 잘 활용하면 기능을 잘 활용할 수 있다.

따라하기 »

① [파일] → [옵션] 메뉴를 클릭한다.

② [일반] → [화면설명 스타일] 단추를 클릭한다.

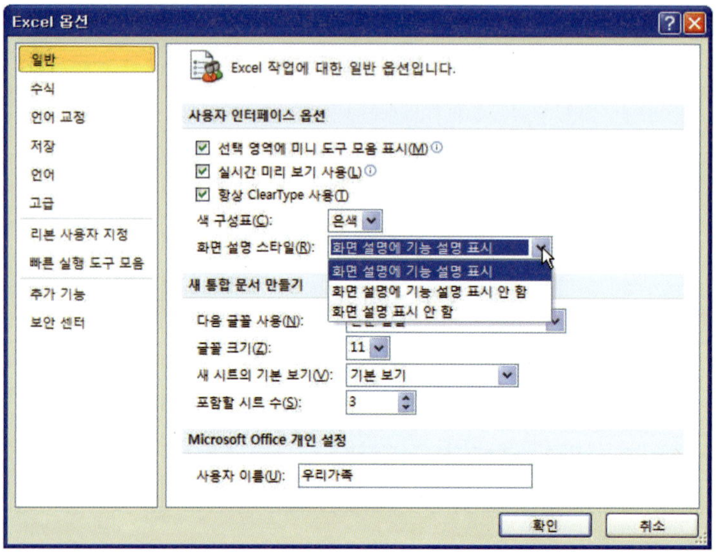

화면 설명에 기능 설명 표시	이름과 기능 설명을 표시한다.
화면 설명에 기능 설명 표시 안함	이름만 표시하고 기능 설명은 표시하지 않는다.
화면 설명 표시 안함	화면 설명이 표시되지 않는다.

③ [화면 설명에 기능 표시]를 확인하다.

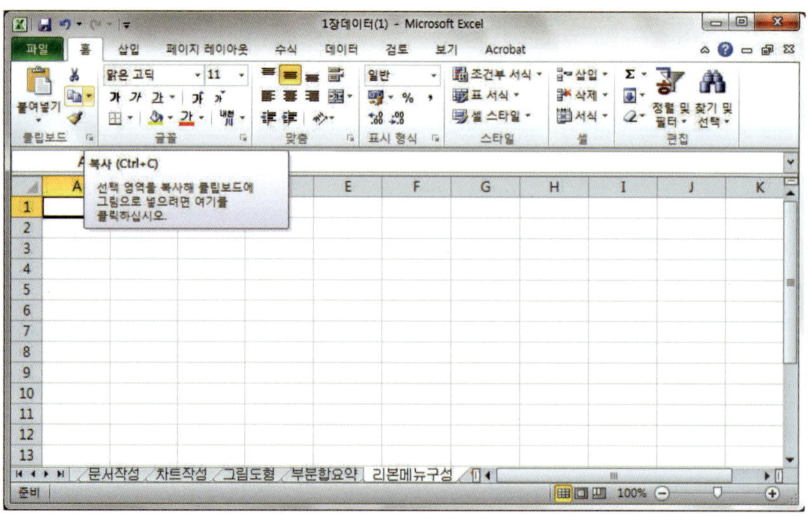

엑셀 노트 ▸▸▸

많은 명령 단추들은 표시되어 화면을 많이 차지란다. 리본 메뉴를 최소화하여 탭 이름만 표시할 수 있다. 탭 이름을 더블 클릭하거나 리본 메뉴 확장 단추(⌄)와 리본 메뉴 최소화 단추(⌃)로 리본 메뉴를 최소화하거나 최대화 할 수 있다.

따라하기 »

① [홈] 탭을 더블 클릭하면 리본 메뉴는 표시되지 않고, 이름 상자와 수식 입력줄만 표시된다.

② 리본 메뉴 확장 단추(⌄)와 리본 메뉴 최소화 단추(⌃)를 클릭한다.

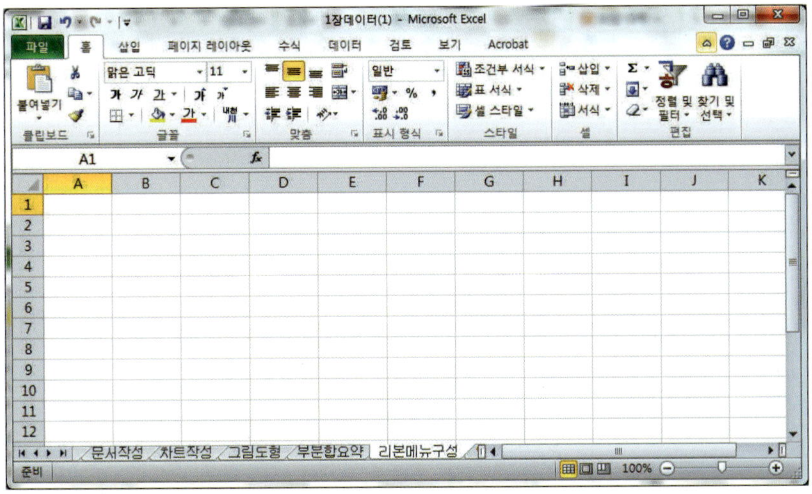

3. 빠른 실행 도구 모음과 새 단축키

자주 사용하는 명령 단추들은 빠른 실행 도구 모음에 추가하여 사용하는 것이 편리하다. 리본 메뉴에 있는 빠른 실행 도구에 추가하거나 제거하는 요령과 빠른 실행 도구 모음 사용자 지정을 사용하여 리본 메뉴에 없는 명령을 추가 또는 제거하는 순서를 바꾸거나 편집하는 방법과 새 단축키 사용을 알아본다.

3-1 리본 메뉴 빠른 실행 도구 모음에 추가/제거

리본 메뉴에는 탭, 그룹, 명령 단추 세 가지로 구성된다. 탭에는 [홈], [삽입], [페이지 레이아웃], [수식], [데이터], [검토], [보기] 등 7개의 탭이 기본적으로 구성되어 있다. 탭 아래에는 유사한 명령끼리 묶어 놓은 그룹이 있으며, 그룹 안에 명령을 실행할 수 있는 명령 단추들이 있다. 명령 단추에 없는 명령들은 그룹 이름 오른쪽에 있는 [대화상자 표시 아이콘]을 클릭하여 명령을 선택할 수 있다.

따라하기 »

① [홈] 탭의 [서식 복사] 단추에 마우스 오른쪽 버튼을 클릭 [빠른 실행 도구 모음에 추가]를 선택한다.

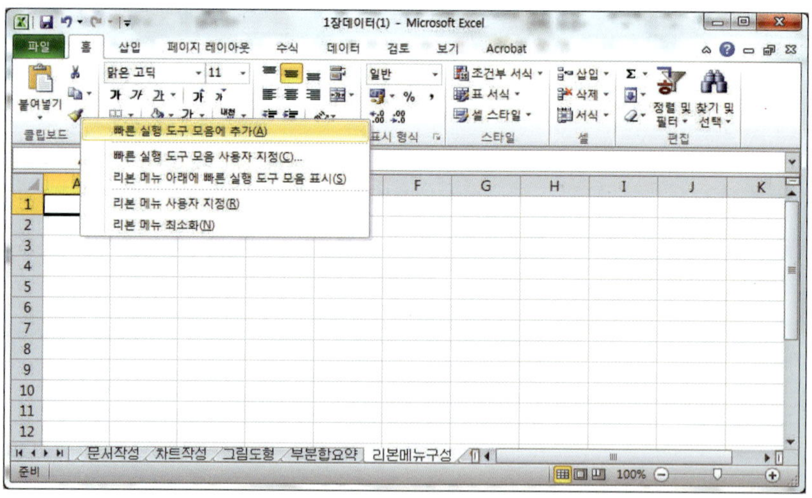

② [서식 복사] 단추가 추가 되었다. [빠른 실행 도구모음]에 표시된 [서식 복사]에서 마우스 오른쪽 단축 메뉴 버튼을 클릭하여 [빠른 실행 도구모음에서 제거]를 클릭한다.

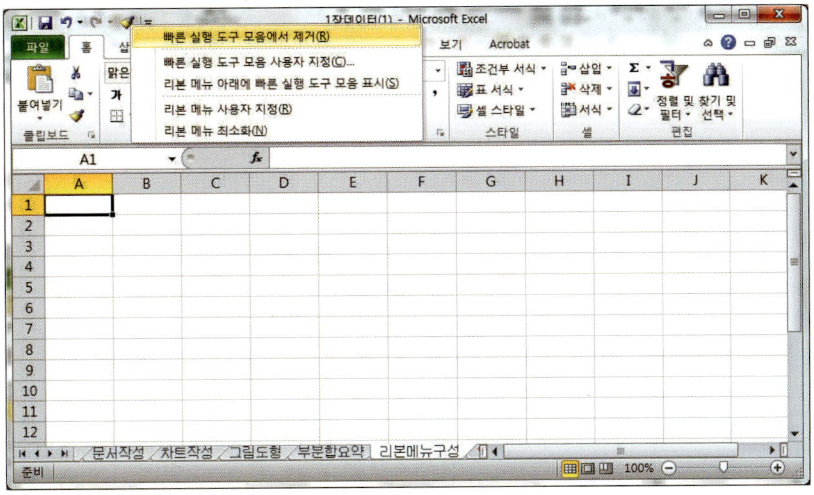

3-2 사용자 지정으로 추가/제거/순서 편집

어떤 명령 단추에는 마우스 오른쪽 단축 메뉴 버튼을 클릭하여 [빠른 실행 도구 모음 사용자 지정]을 선택하여 "빠른 실행 도구 모음"에서 엑셀의 모든 명령을 제어할 수 있다. 리본 메뉴에 없는 명령들도 빠른 실행 도구 모음에 추가할 수 있고 도구 모음에 있는 명령들의 순서를 편집할 수 있다.

따라하기 »

① 어떤 명령 단추에 마우스 포인터를 두고 마우스 오른쪽 단축 메뉴 버튼을 클릭하여 [빠른 실행 도구 모음 사용자 지정]을 선택한다.

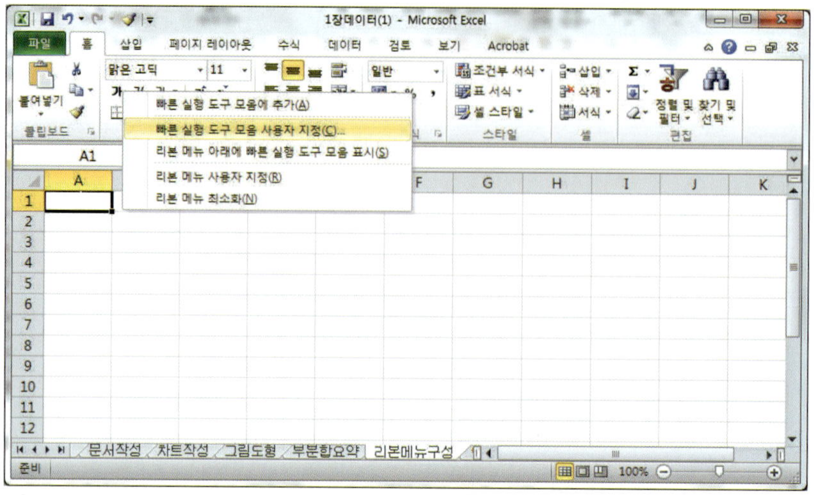

POINT

빠른 실행 도구 모음의 명령 단추, 리본 메뉴에 있는 명령 단추, 탭 이름 모두 마우스 포인터를 두고 마우스 오른쪽 단축 메뉴를 클릭하면 "빠른 실행 도구 모음 사용자 지정"이 표시된다.

② [Excel 옵션] 대화상자에서 "리본 메뉴에 없는 명령"을 선택한다.

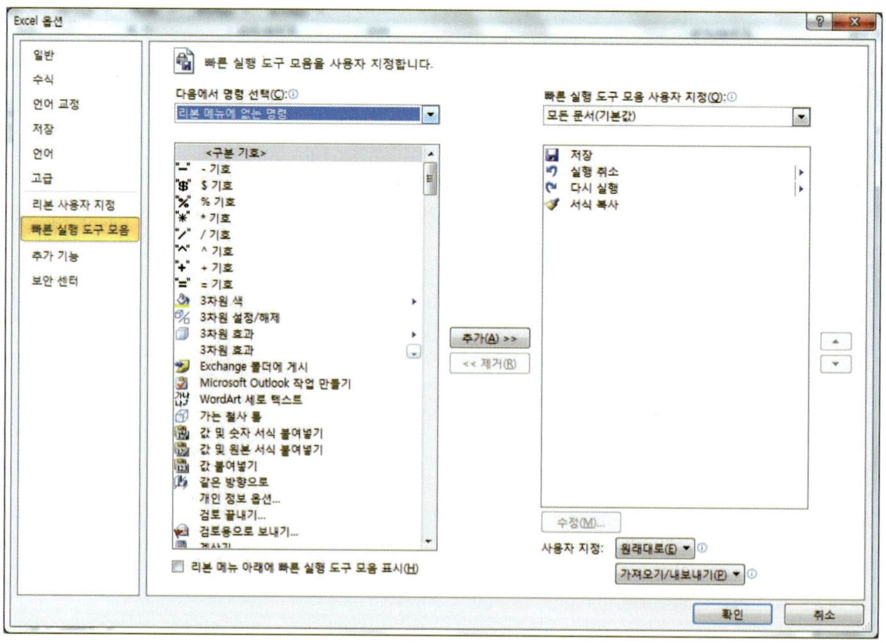

③ "카메라"를 선택하고, [추가] 버튼을 클릭한다.

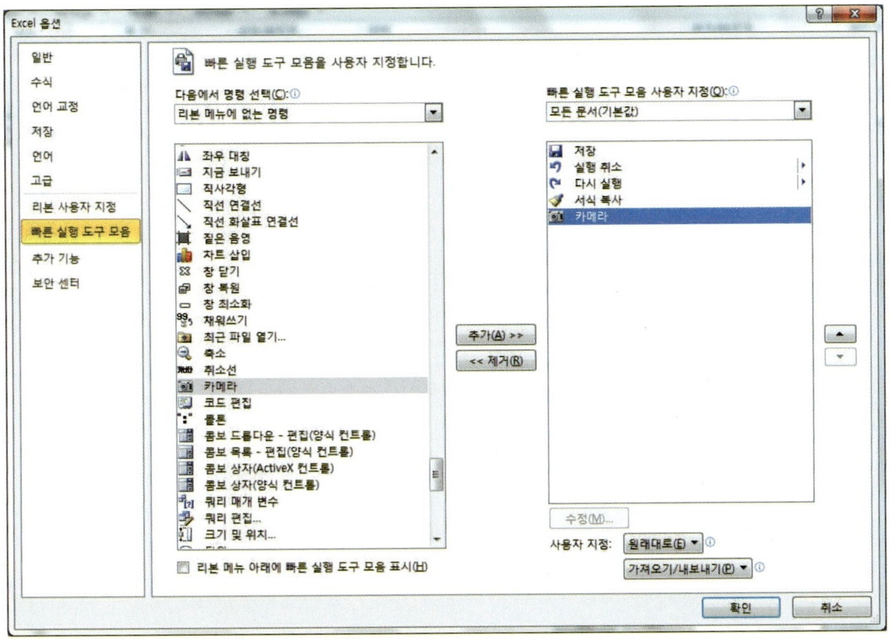

④ 추가된 "카메라"를 선택하고, "위로 이동", "아래로 이동"을 클릭하여 이동한다.

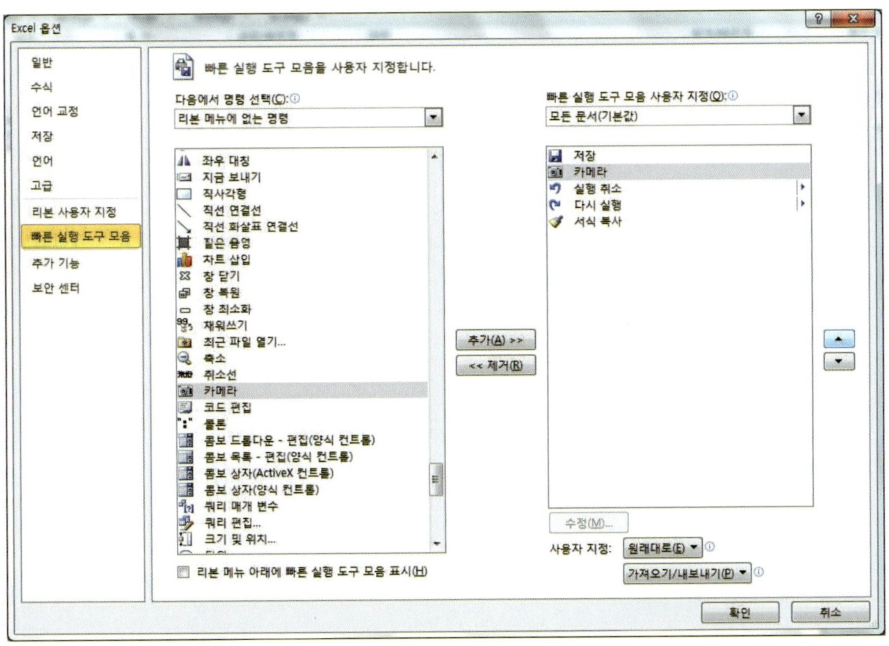

⑤ [빠른 실행 도구 모음]에서 "카메라" 단추의 위치를 확인한다.

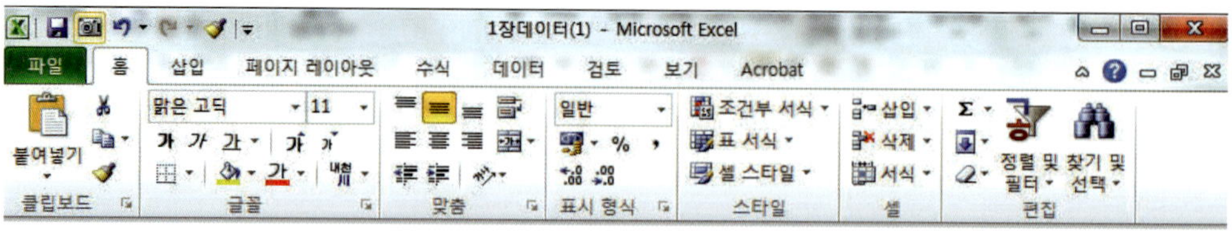

⑥ 마우스 포인터를 "카메라" 단추 위에 놓고 마우스 오른쪽 단축 메뉴를 클릭하여 [빠른 실행 도구 모음에서 제거]를 클릭한다.

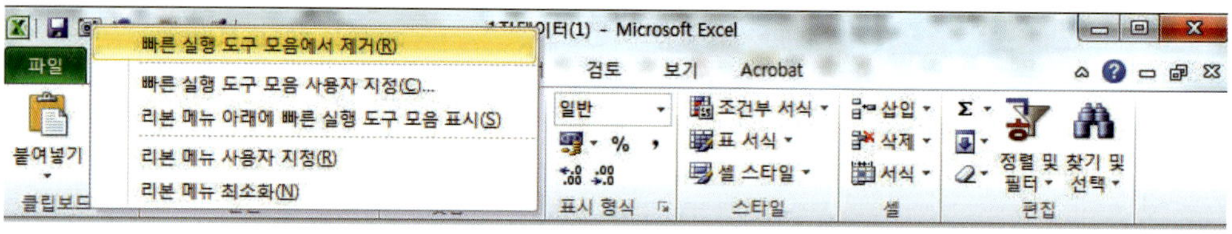

3-3 엑셀 2010의 새 단축키

엑셀 2007부터 추가된 새 단축키를 사용하면 키보드로 빠르게 명령을 실행할 수 있다. 새 단축키 기능을 사용하려면 Alt 키를 누르면 [빠른 실행 도구 모음]에 있는 명령 단추에는 순서대로 번호를 표시하며 리본 메뉴 명령 단추에는 알파벳 또는 번호를 표시한다. 표시된 숫자키 또는 알파벳키를 누르면 명령이 실행된다.

따라하기 »

① [A1:E5] 범위를 선택하고, Alt 키를 누른다. [빠른 실행 도구 모음]에 있는 명령 단추에 번호가 표시되고, 탭 이름에 알파벳이 표시된다.

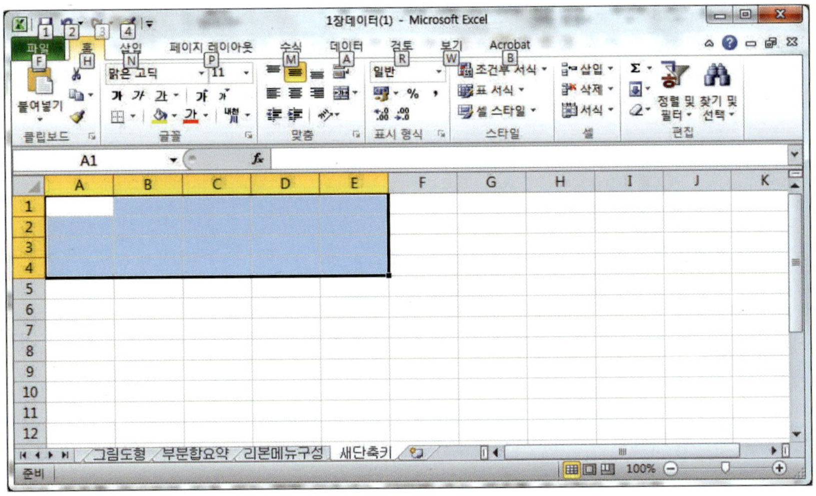

② [홈] 탭의 "H" 키를 누른다. 리본 메뉴에 있는 명령 단 추에 알파벳 또는 번호가 표시된다. "색 채우기" 단추의 "H" 키를 누른다.

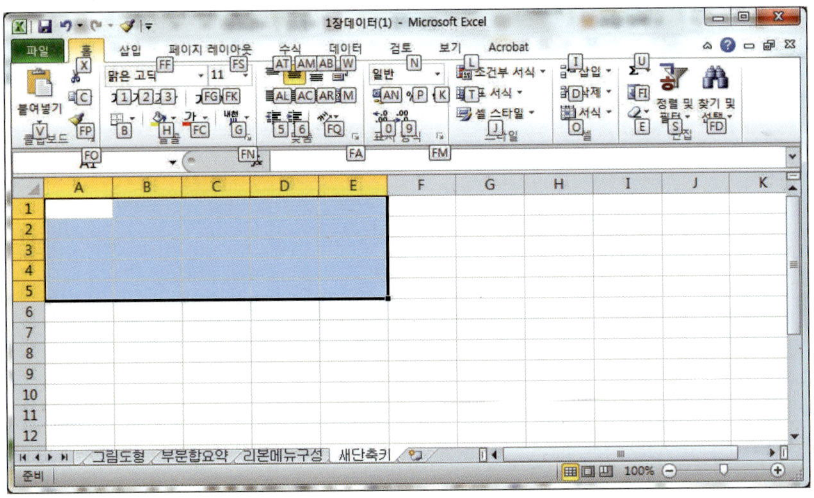

③ 색 채우기 파렛트가 표시되면 아래쪽 방향키를 눌러 실시간으로 셀에 색이 표시된다.

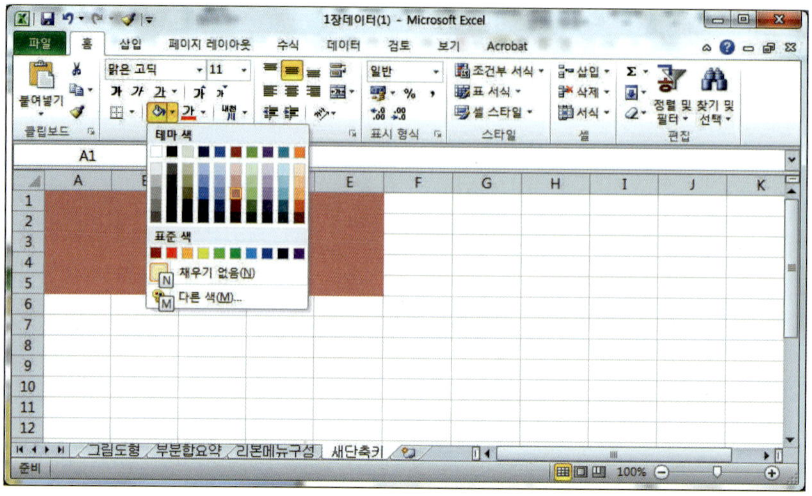

> **엑셀 노트 ▸▸▸**
>
> 엑셀 2010은 색 채우기, 글꼴, 글꼴 크기, 스타일, 옵션 등에 마우스 포인터를 두면 실시간으로 미리 보여준다. 실시간 미리 보기는 [Excel 옵션]에서 설정할 수 있다.

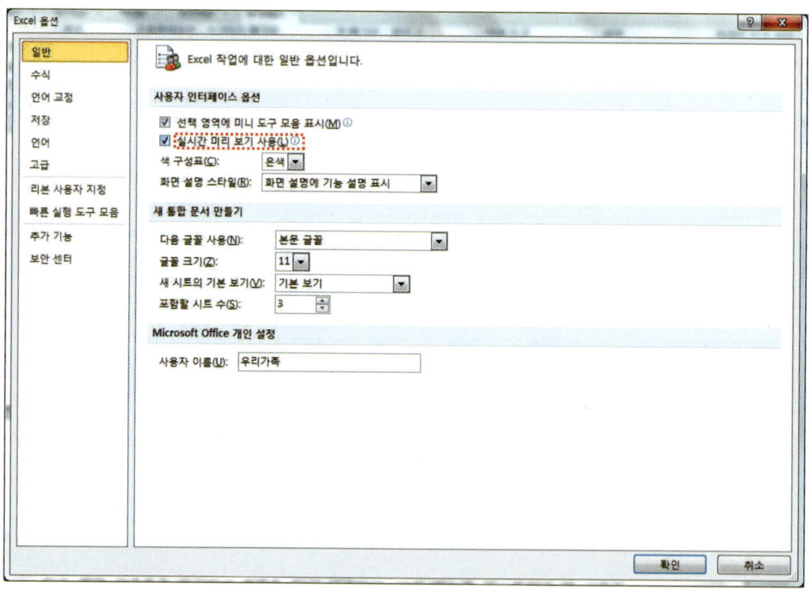

4. 파일

4-1 새파일 작성

엑셀 문서를 작성할 때는 새 통합 문서를 사용하거나 엑셀에서 제공하고 있는 문서나 서식 파일을 사용할 수 있도록 새 문서 창을 여는 것을 말한다.

- [파일] → [새로 만들기] 메뉴를 선택하고 [새 통합 문서]를 더블클릭한다.
- 단축키 Ctrl+N을 누르면 새로운 통합문서를 시작할 수 있다.
- 새로운 통합문서 창이 열리면 작업 중이던 문서 창은 뒤로 숨겨지게 된다.
- [창] 메뉴를 이용하여 통합문서 사이를 이동하면서 동시에 작업할 수 있다.
- 새 통합 문서의 이름은 기본적으로 Book1, Book2, Book3, … 순서로 지정된다.

따라하기 »

① [파일] → [새로 만들기] 메뉴를 선택한다.

② [사용 다능한 서식 파일]에서 [새 통합 문서]를 더블클릭하면 새로운 통합문서 창이 열린다.

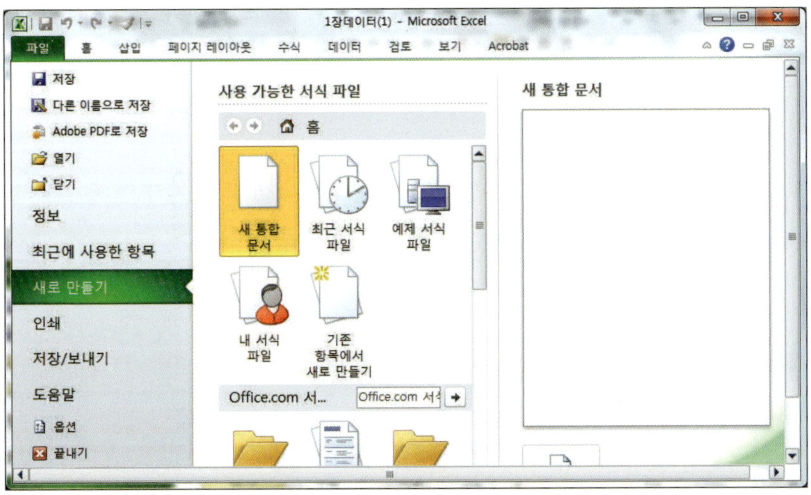

4-2 저장

현재 작업 중인 통합문서를 저장해 두어야 나중에 필요할 경우 다시 사용할 수 있다. 이때 데이터 및 창 구성, 화면 특성 등도 함께 저장된다.

- 엑셀 문서를 저장하면 자동으로 확장자가 "xlsx"로 붙여진다.
- 특별히 저장 위치를 지정하지 않으면 "내문서"에 저장된다.
- [파일] → [저장] 메뉴를 선택하거나 단축키 Ctrl+S로 저장을 실행한다.

따라하기 »

① [파일] → [저장] 메뉴를 선택한다.
② 대화상자에서 저장 위치와 파일 이름을 입력하고 [저장] 단추를 누른다.

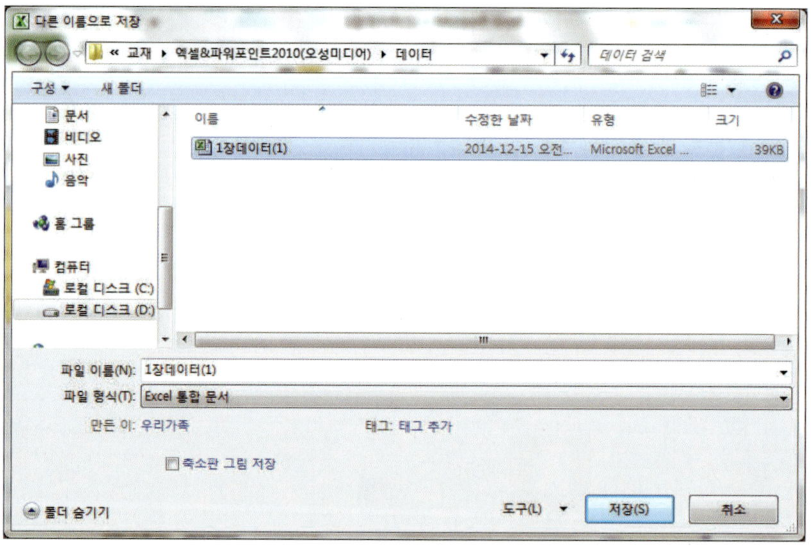

엑셀 노트 ▸▸▸

▶ 파일명 작성 규칙

- 문자, 숫자, 특수문자의 조합으로 구성되며 255자 이내에서 지정한다.
- 대 · 소문자를 구분하지 않는다.
- 사용할 수 없는 특수문자 : /, ＼, 〉, 〈, *, ?, ", :, ; 등
- 엑셀에서 지정되는 기본적인 확장자

▶ 다른 이름으로 저장

주로 이미 이름이 지정된 통합문서를 다른 이름으로 저장하고자 할 경우에 많이 사용한다. 또는 이미 저장한 파일의 저장 옵션을 변경하기 위해서도 사용할 수 있다. 다른 이름으로 변경하여 통합문서를 다시 저장하더라도 변경하기 전 통합문서는 그 이름 그대로 존재한다.

▶ 파일명 변경 및 암호 지정

따라하기 »

① [파일] → [다른 이름으로 저장] 메뉴를 선택한다.

② 대화상자에서 새로운 파일 이름을 입력하고, 암호를 지정하려면 [도구] → [일반옵션] 단추를 누른다.

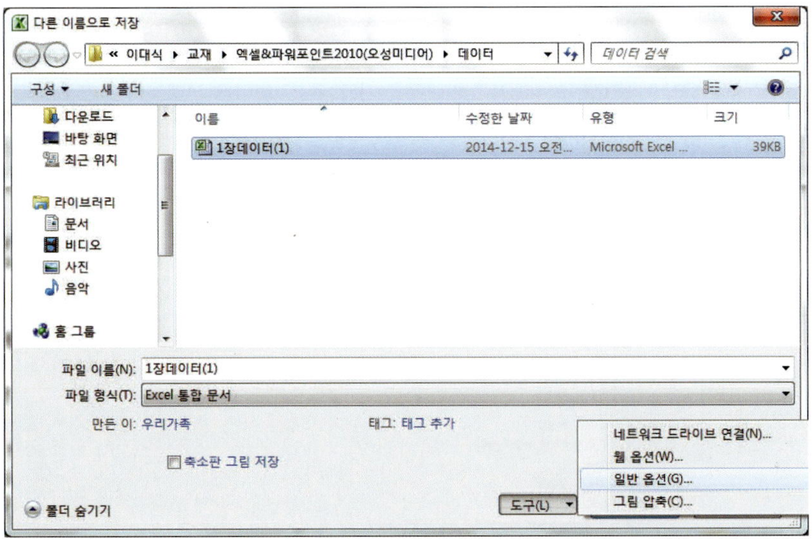

③ 문자, 숫자, 기호를 조합하여 15자 이내로 [열기 암호]나 [쓰기 암호]를 입력하고 [확인] 단추를 누른다.

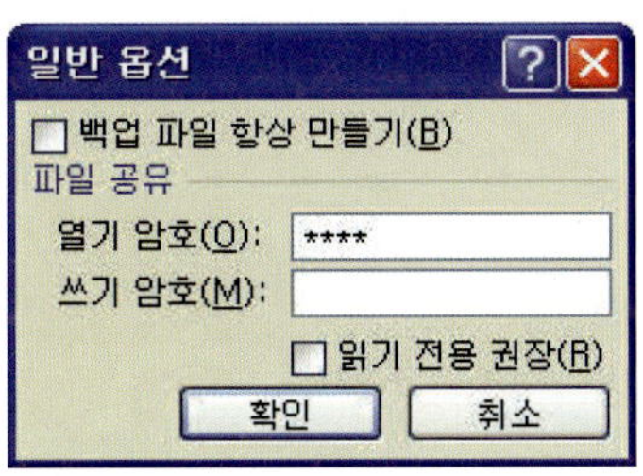

④ [암호 확인] 대화상자가 나오면 동일한 암호를 다시 한번 입력하고 [확인] 단추를 누른다.

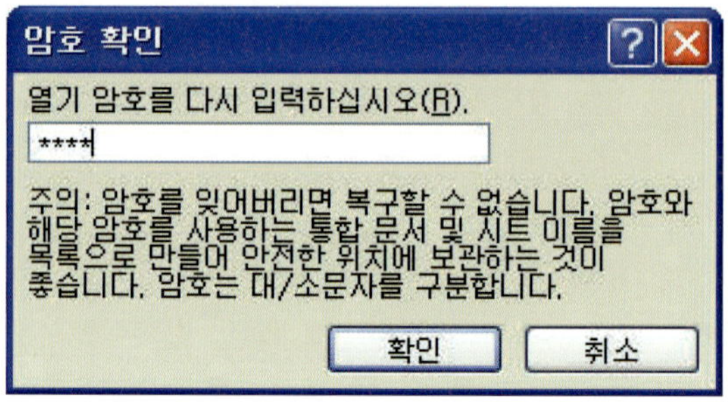

⑤ [다른 이름으로 저장] 대화상자에서 [저장] 단추를 누르면 저장된다.

엑셀 노트 ▸▸▸

[파일] → [옵션] → [고급] → [편집 옵션]에서 "셀 내용을 자동 완성" 항목을 선택하면 입력 데이터의 시작 글자를 기존 데이터와 비교하여 일치하는 데이터를 자동으로 완성시켜 준다.

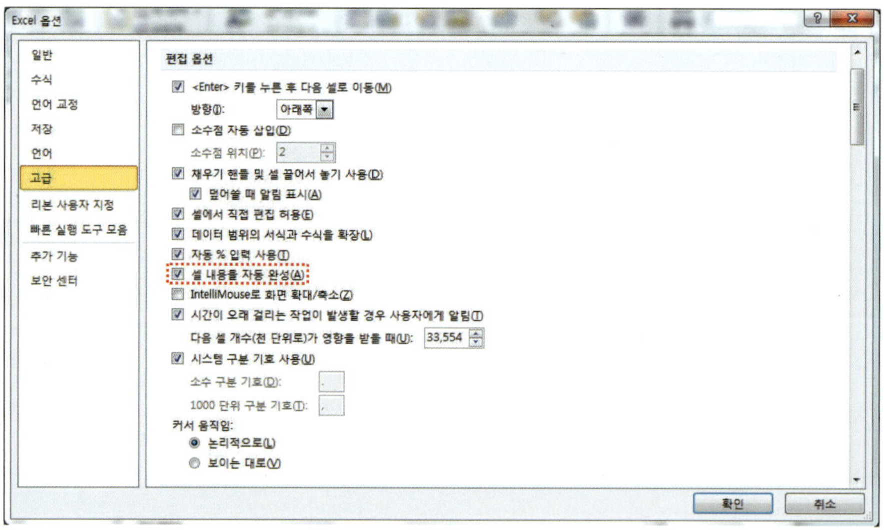

5. 인쇄

워크시트를 작성한 후 실제로 출력하기 전에 여러 가지 인쇄 옵션을 지정해야 한다. 워크시트의 일부분만 인쇄하거나 용지 상단과 하단에 특정한 내용을 반복 인쇄하는 등의 옵션을 먼저 지정하고 인쇄한다.

▶ 인쇄

따라하기 »

① 다음과 같이 데이터를 입력한다.

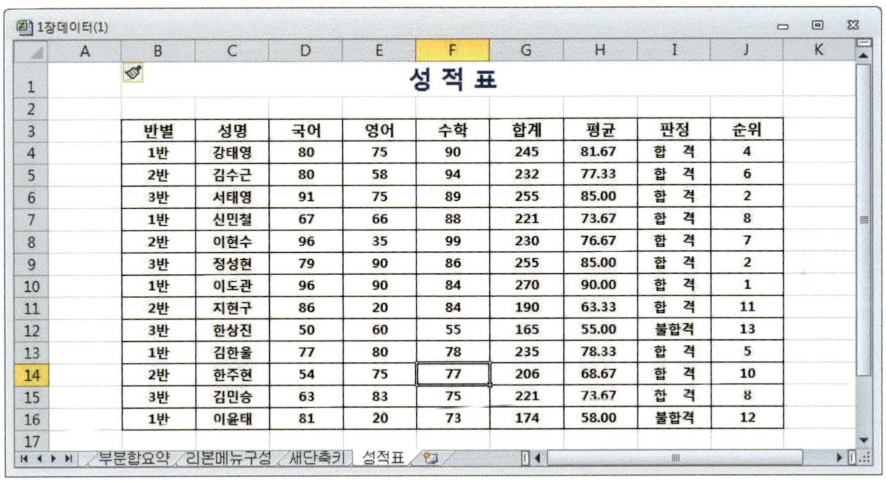

성적표

반별	성명	국어	영어	수학	합계	평균	판정	순위
1반	강태영	80	75	90	245	81.67	합 격	4
2반	김수근	80	58	94	232	77.33	합 격	6
3반	서태영	91	75	89	255	85.00	합 격	2
1반	신민철	67	66	88	221	73.67	합 격	8
2반	이현수	96	35	99	230	76.67	합 격	7
3반	정성현	79	90	86	255	85.00	합 격	2
1반	이도관	96	90	84	270	90.00	합 격	1
2반	지현구	86	20	84	190	63.33	합 격	11
3반	한상진	50	60	55	165	55.00	불합격	13
1반	김한울	77	80	78	235	78.33	합 격	5
2반	한주현	54	75	77	206	68.67	합 격	10
3반	김민승	63	83	75	221	73.67	합 격	8
1반	이윤태	81	20	73	174	58.00	불합격	12

② [파일] → [인쇄] 메뉴를 클릭하면 오른쪽 영역에 “인쇄”, “프린터”, “설정”, “인쇄할 내용 ” 등이 나타난다.

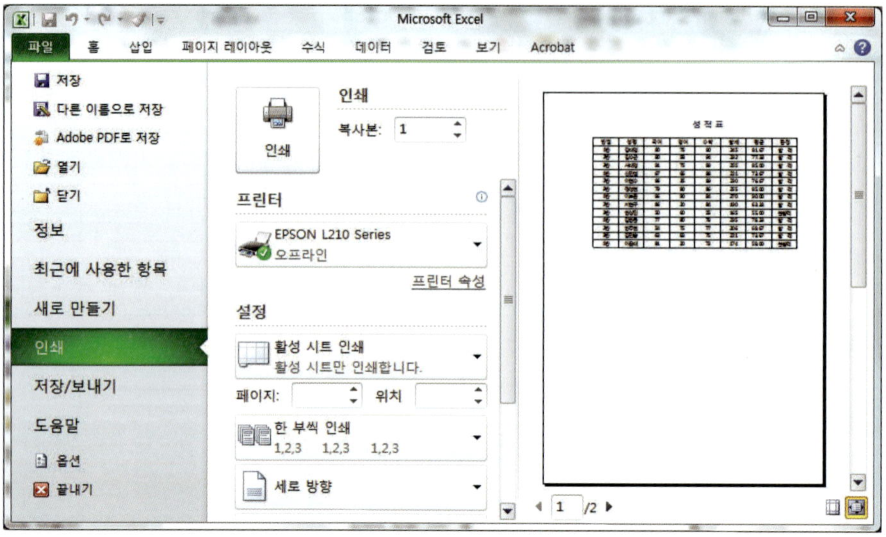

③ "인쇄" 단추를 클릭하여 인쇄한다.

▶ 특정 영역만 인쇄

따라하기 »

특정 영역만 인쇄하려면 해당 범위를 선택하고 [페이지 레이아웃] 탭에서 "인쇄 영역 설정"을 선택하여 인쇄 범위를 선택하고 인쇄한다. 일반적으로 인쇄할 때는 인쇄 영역을 설정하지 않는다.

① [A3:G16] 범위만 인쇄하고 싶다면 [A3:G16] 범위를 선택한다.
② [페이지 레이아웃] → [페이지 설정] 그룹의 "인쇄 영역" 단추를 클릭하여 "인쇄 영역 설정"을 선택한다.

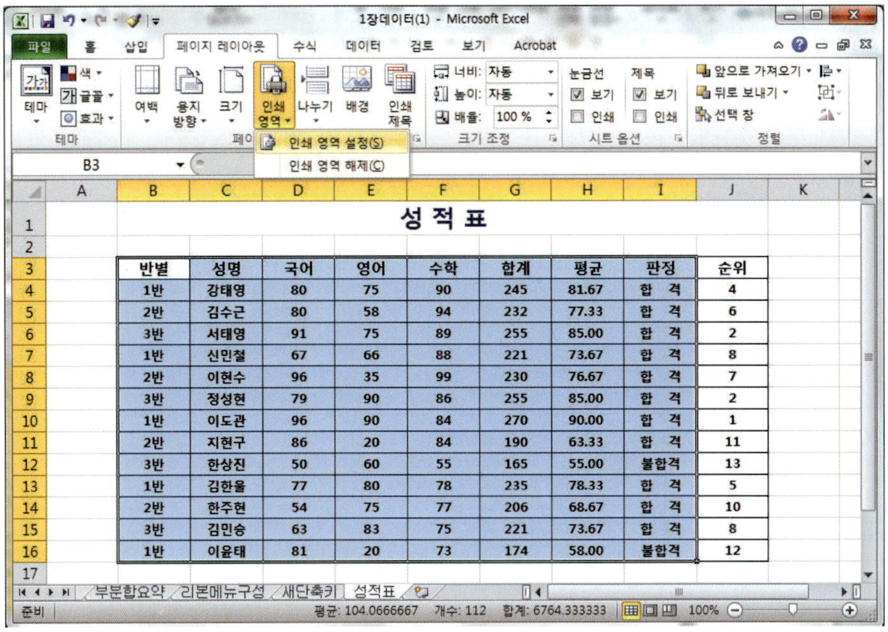

③ 인쇄 영역이 설정되었다면 점선으로 표시된다.

④ [파일] → [인쇄] 메뉴를 클릭하면 오른쪽 영역에 "인쇄할 내용"을 확인한다.

▶ 인쇄하고 싶지 않은 부분 제외하는 방법

따라하기 »

문서를 인쇄할 때 포함하지 않고 싶은 부분이 있을 때는 숨기기 한다. 행이나 열 전체를 선택하고 마우스 오른쪽 버튼을 클릭하여 빠른 메뉴에서 숨기기를 선택한다.

① B 열과 J 열을 선택하고 마우스 오른쪽 버튼을 클릭하여 빠른 메뉴에서 [숨기기]를 선택한다.

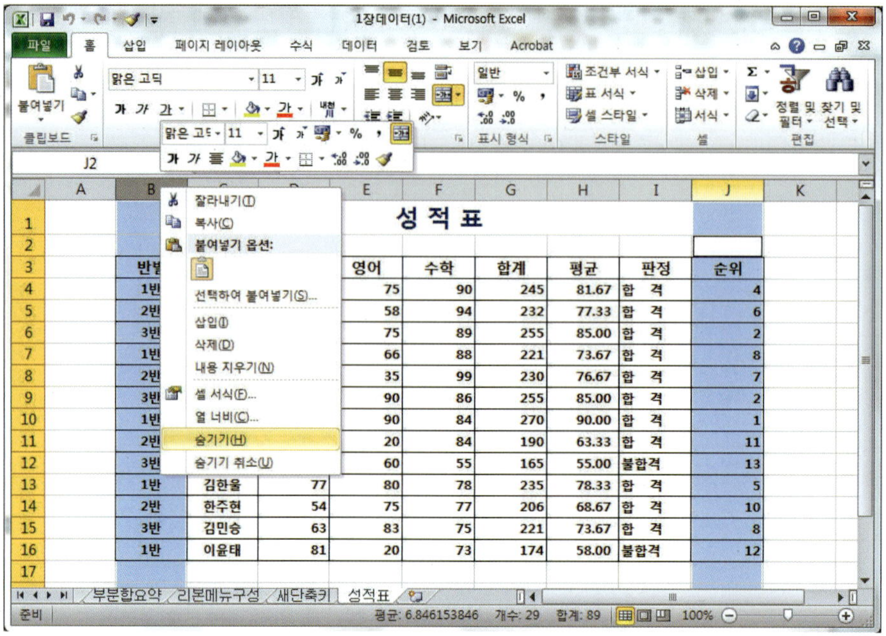

② [파일] → [인쇄] 메뉴를 클릭하면 오른쪽 영역에 "인쇄할 내용"을 확인한다.

6. 페이지 설정

[페이지 레이아웃] 탭을 선택하여 페이지를 설정 할 수 있다. 여백, 가로, 세로의 용지 방향을 선택하고, 용지의 크기를 선택할 수 있다.

따라하기 »

① [페이지 레이아웃] 탭의 "여백" 단추로 기본, 넓게, 좁게를 선택할 수 있다.
② "용지방향" 단추로 가로 세로 방향을 선택할 수 있다.

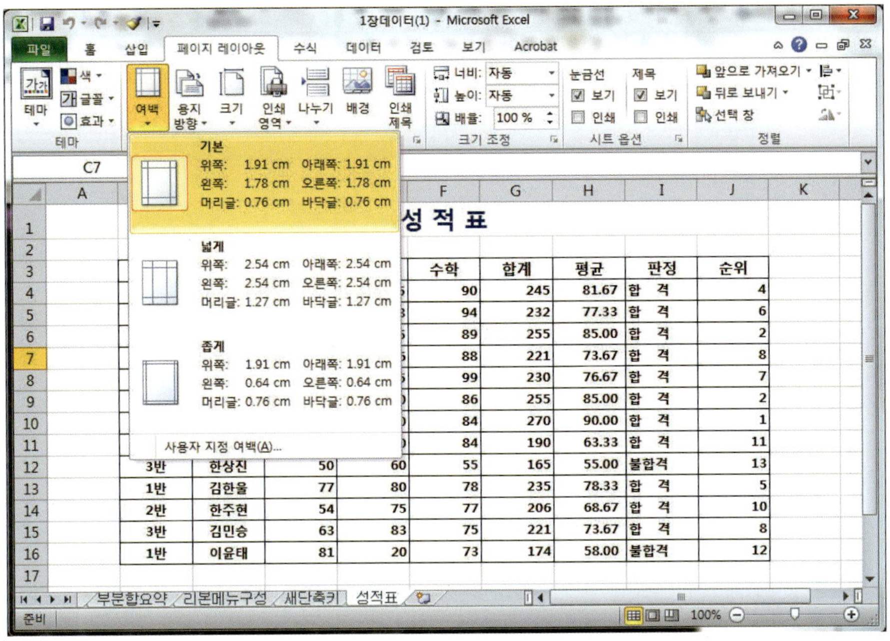

③ [페이지 설정] 그룹의 "대화상자 표시 아이콘"(▣)을 클릭한다.

④ [페이지 설정] 대화상자의 [페이지] 탭에서 용지방향을 선택할 수 있다.

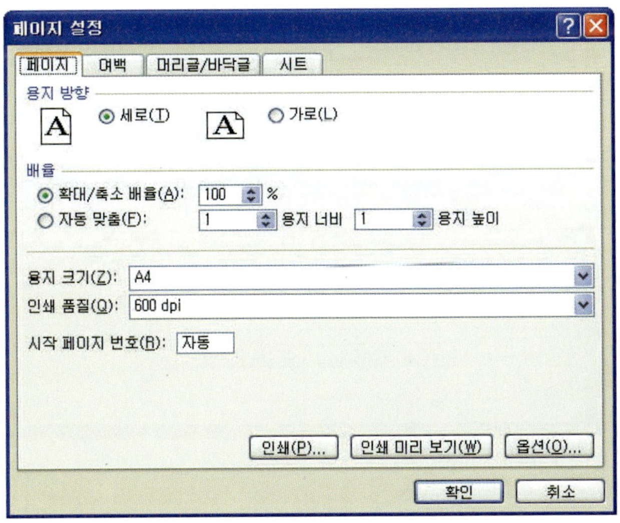

⑤ [여백] 탭을 클릭한다.

⑥ 왼쪽, 오른쪽, 위쪽, 아래쪽과 머리글, 바닥글 상자의 위 · 아래 화살표를 클릭하여 여

백을 조정할 수 있으며, 직접 숫자를 입력해도 된다.

⑦ 페이지 가운데에서 가로/세로를 선택하면 용지 중앙에 자동으로 맞추어 준다.

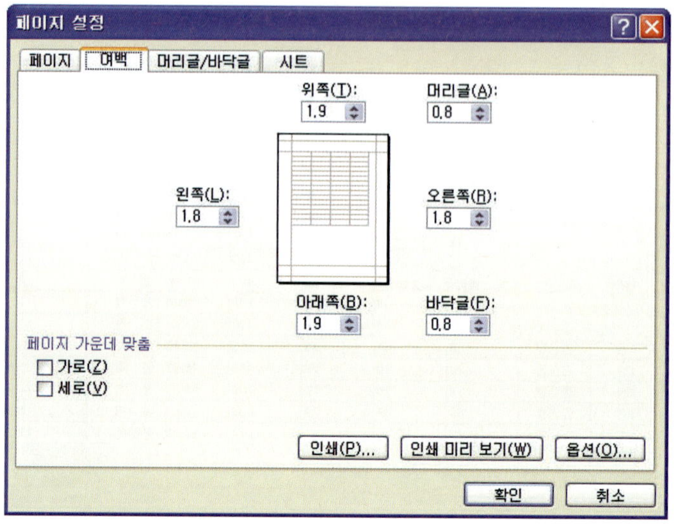

⑧ [머리글/바닥글] 탭을 선택한다.

⑨ 아래쪽에 페이지 번호를 넣으려면 바닥글 화살표를 클릭하여 원하는 형식을 선택한다.

⑩ 사용자가 임의로 설정하려면 머리글 편집이나 바닥글 편집 단추를 선택하여 편집할 수 있다.

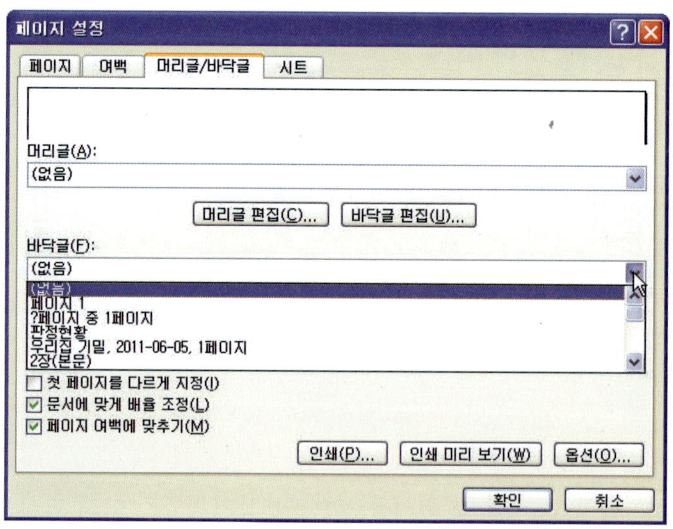

⑪ [시트] 탭을 선택한다.

⑫ 페이지마다 반복해서 인쇄할 경우 반복할 행 입력상자를 선택하고 원하는 행의 어떤 셀을 선택하면 된다.

⑬ 눈금선을 선택하면 셀 구분선을 포함하여 인쇄한다.

⑭ 행/열 머리글을 선택하면 이를 포함하여 인쇄한다.

⑮ 흑백 프린터일 경우 "흑백으로"를 선택한다.

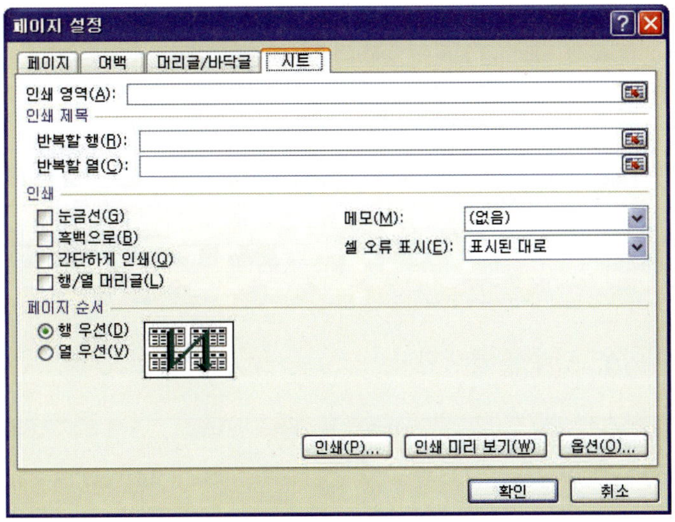

7. 문서 보기

▶ **페이지 나누기 표시**

페이지 레이아웃, 페이지 나누기 미리보기로 페이지 구분을 볼 수 있다. 워크시트에서 작업하기에 가장 편리한 것은 페이지 나누기 표시 옵션이다.

따라하기 »

① [보기] 탭을 선택하면 기본적으로 "기본 보기" 상태이다.

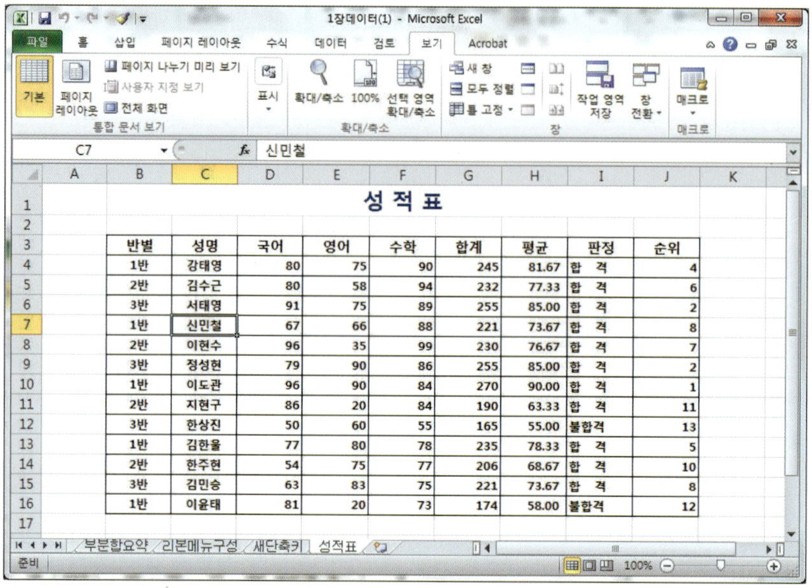

② "페이지 레이아웃" 단추를 클릭한다.

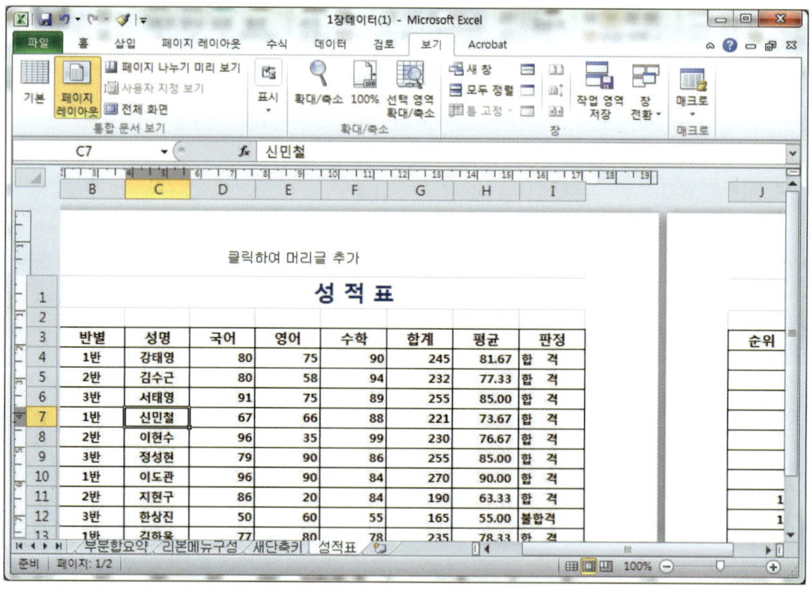

③ 페이지 나누기 막대가 작업하기에 불편할 수 있다. "페이지 미리보기" 단추를 클릭한다.

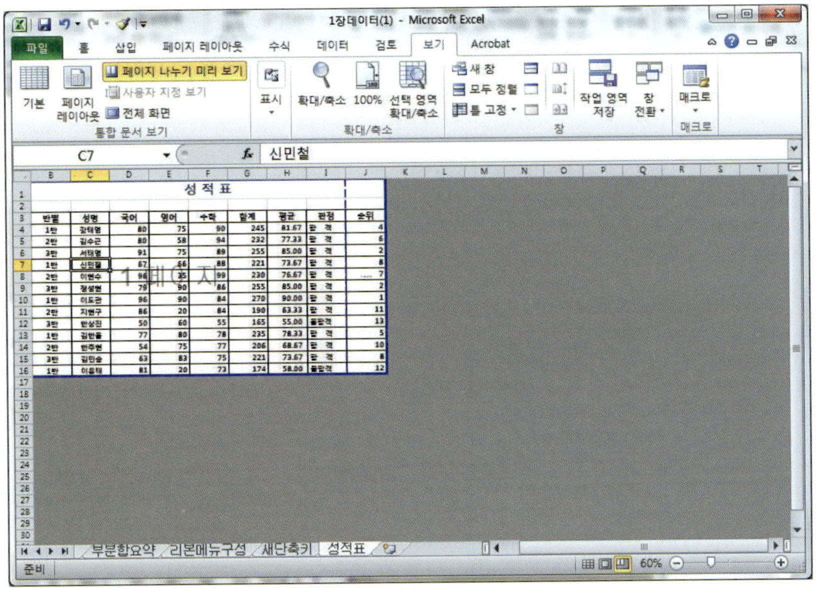

④ 화면이 축소되면서 페이지 나누기를 보여준다.

⑤ 화면은 확대할 수 있다. [보기] 탭의 "100%" 단추를 클릭한다.

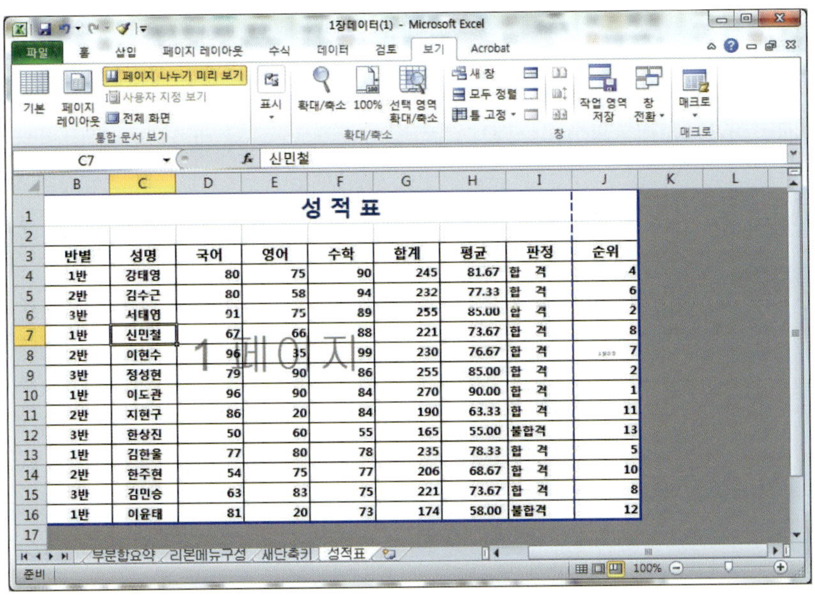

⑥ 페이지 번호를 표시하고 페이지 구분선을 명확히 표시하지만 작업에는 불편함을 느낄 수 있다. "기본" 단추를 클릭한다.

⑦ 기본 보기 상태에서 [파일] → [옵션] 메뉴를 클릭한다.

⑧ [고급] 그룹에서 "페이지 나누기 표시" 옵션을 선택한다.

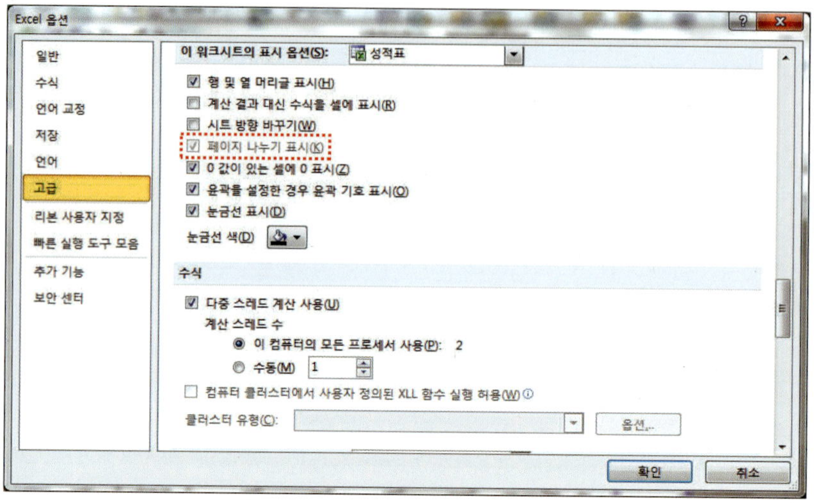

⑨ 가로 세로 페이지의 구분선이 점선으로 표시된다. 또한 페이지 나누기 표시를 해제하려면 [Excel 옵션] 대화상자에서 "페이지 나누기 표시" 옵션을 해제한다.

▶ 페이지 번호 넣기/미리보기/인쇄

[페이지 레이아웃] 탭의 [페이지 설정] 대화상자에서 페이지 번호, 인쇄 미리보기, 인쇄를 할 수 있다.

따라하기 »

① 열 경계선에 마우스 포인터를 두고 드래그하여 페이지 구분선에 데이터를 맞춘다.

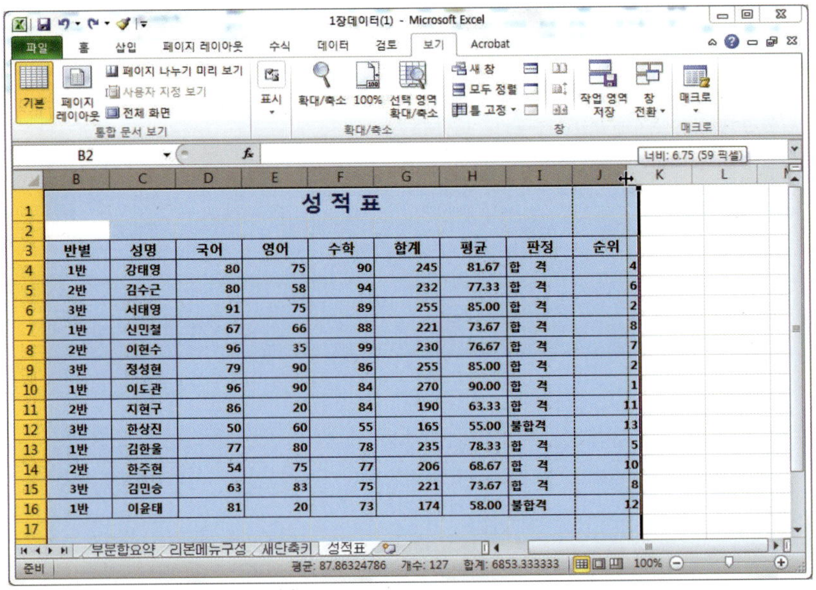

② [페이지 레이아웃]–[페이지 설정] 그룹의 "대화상자 표시 아이콘"( )을 클릭한다.

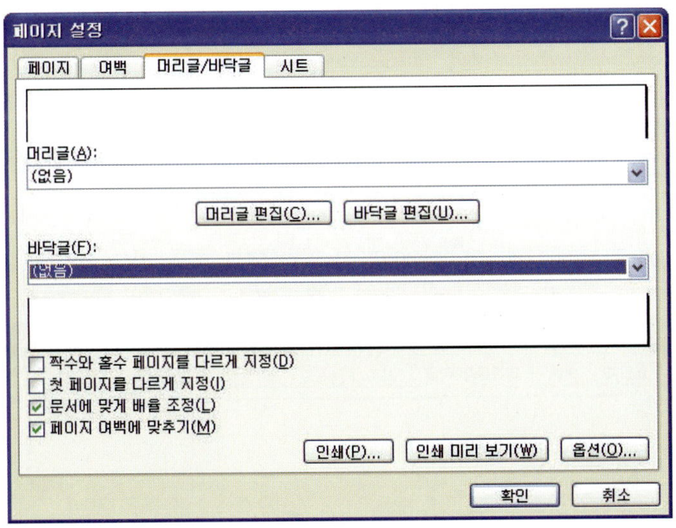

③ 대화상자가 표시되면 "머리글/바닥글" 탭을 선택한다. 그리고 아래쪽에 페이지 번호를 넣으려면 "바닥글 편집"을 클릭한다.

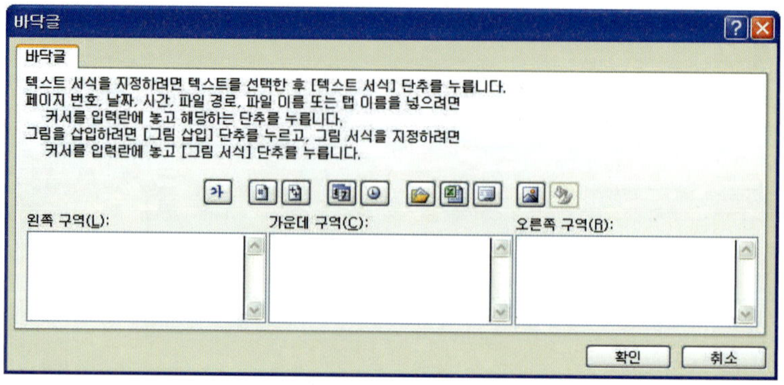

④ 오른쪽에 넣으려면 “오른쪽 구역” 상자에 마우스 포인터를 두고 클릭한다.

⑤ “페이지 번호 삽입” 단추를 클릭하고, “확인”을 클릭한다.

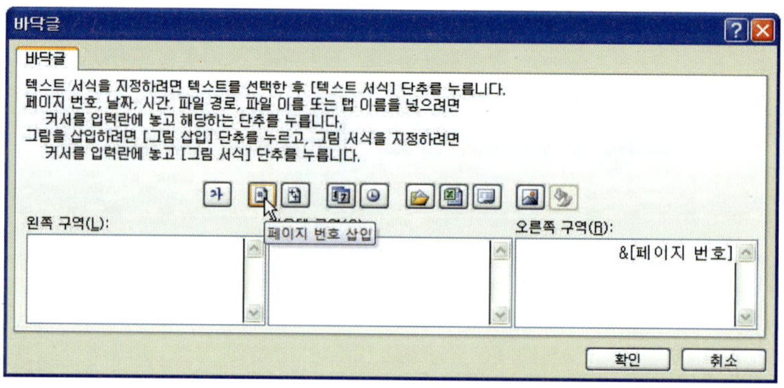

⑥ 인쇄되는 상태를 미리보기 위해 “인쇄 미리보기”를 클릭한다.

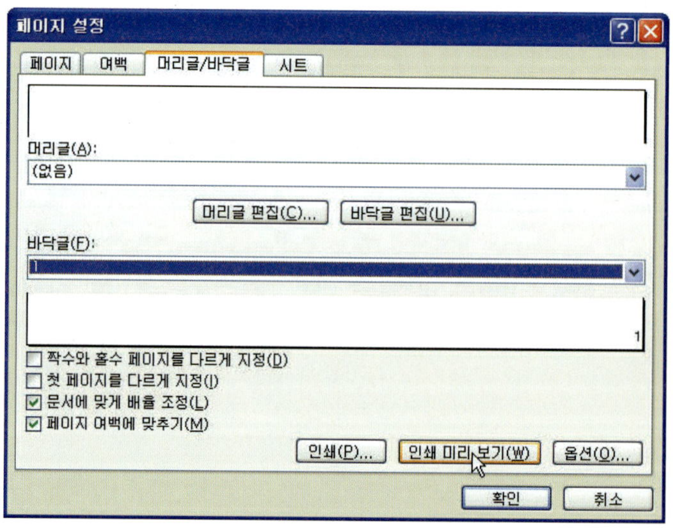

⑦ "확대/축소" 단추를 클릭하면 확대 또는 축소된 상태를 볼 수 있다.

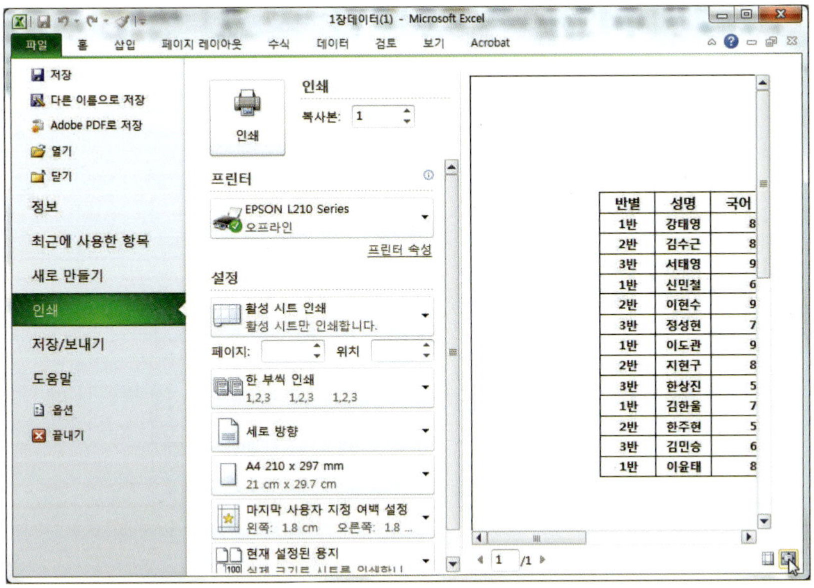

⑧ 인쇄하려면 "인쇄" 단추를 클릭한다.

엑셀 노트 ▸▸▸

▶ 엑셀 2010은 [보기] → [페이지 레이아웃]에서 페이지 번호를 넣을 수 있다.

① [보기] → [페이지 레이아웃] 단추를 클릭한다. [페이지 레이아웃] 보기상태가 되면서 [디자인] 탭을 표시한다.

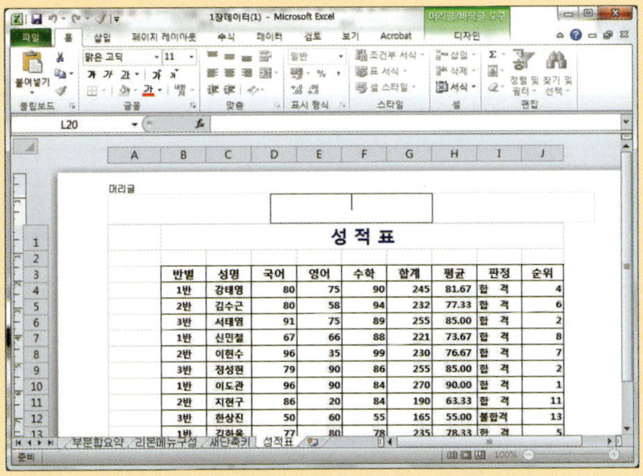

② [디자인] → [머리글/바닥글 요소] 그룹에서 "페이지 번호" 단추를 클릭하여 페이지 번호를 넣을 수 있다.

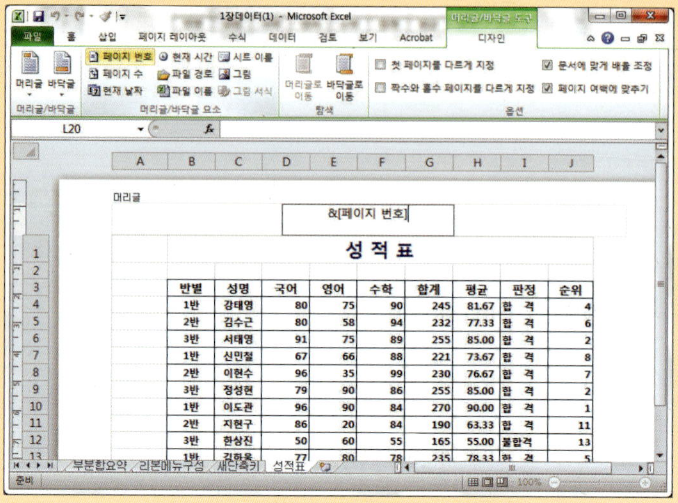

연습문제

EXERCISE

01 다음 엑셀 2010 화면에서 각각의 이름을 쓰고 설명하시오.

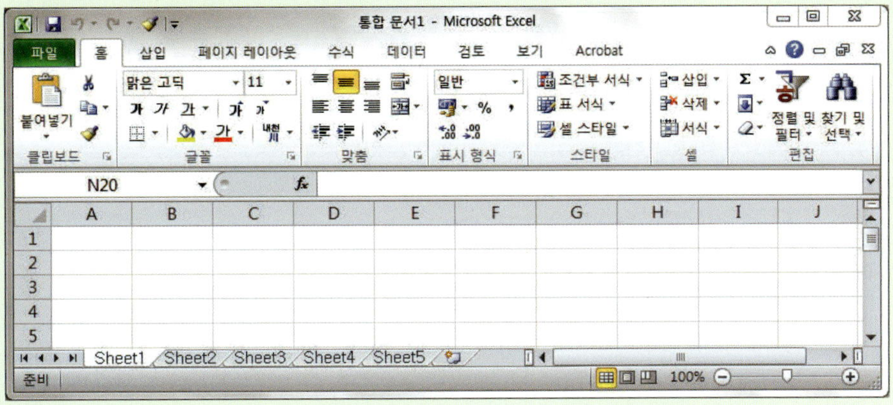

02 엑셀 2010의 주요기능 7가지를 설명하시오.

03 엑셀 2010에서 화면 설명 스타일 3가지에 대해 설명하시오.
- 화면 설명에 기능 설명 표시
- 화면 설명에 기능 설명 표시 안함
- 화면 설명 표시 안함

04 엑셀 2007부터 추가된 새 단축키 기능을 사용하려면 키보드의 어떤 키를 눌러야 사용할 수 있는가?

05 엑셀 2010 문서를 저장하면 자동으로 확장자으로 붙여지는 확장자는 무엇인가?

06 엑셀 2010의 파일명 작성 규칙을 설명하시오.

07 엑셀 2010에서 파일의 암호를 지정할 때 어느 옵션에서 지정하는가?

08 다음의 데이터를 입력하시오.

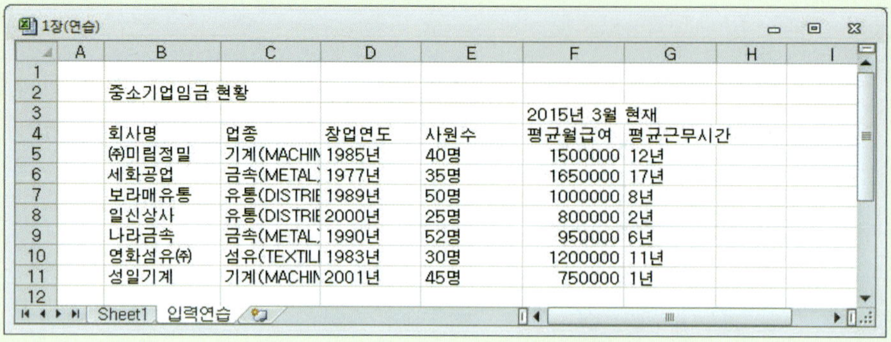

1장(연습)

	A	B	C	D	E	F	G	H	I
1									
2		중소기업임금 현황							
3						2015년 3월 현재			
4		회사명	업종	창업연도	사원수	평균월급여	평균근무시간		
5		㈜미림정밀	기계(MACHIN	1985년	40명	1500000	12년		
6		세화공업	금속(METAL)	1977년	35명	1650000	17년		
7		보라매유통	유통(DISTRIE	1989년	50명	1000000	8년		
8		일신상사	유통(DISTRIE	2000년	25명	800000	2년		
9		나라금속	금속(METAL)	1990년	52명	950000	6년		
10		영화섬유㈜	섬유(TEXTILI	1983년	30명	1200000	11년		
11		성일기계	기계(MACHIN	2001년	45명	750000	1년		
12									

Sheet1 / 입력연습

09 8번 데이터로 페이지 번호넣시하여 미리보기로 확인하시오.

10 8번 데이터로 바닥글에 "작성자 : 홍길동" 넣어 미리보기로 확인하시오.

02
CHAPTER

워크시트

02 CHAPTER 워크시트

1. 셀

- 워크시트의 행과 열이 만나 이루어지는 작은 사각형들을 셀(cell) 이라 하며 엑셀 작업의 기본이 된다.
- 각 셀은 셀주소(또는 셀번지)로 서로 구분한다.
- 마우스로 원하는 셀을 누르거나 키보드의 방향키를 사용하여 작업 중심이 되는 셀을 선택한다.

1-1 셀 이동 단축키

키	내용
Ctrl + 방향키	현재 워크시트의 마지막 행 셀과 열 셀로 이동
Home	행의 시작 부분으로 이동
Ctrl + Home	A1 셀로 이동
Ctrl + End	현재 데이터 범위의 마지막 셀(오른쪽 아리 모서리)로 이동
Page Down	한 화면 아래로 이동
Page Up	한 화면 위로 이동
Alt + Page Down	한 화면 오른쪽으로 이동
Ctrl + Page Up	한 화면 왼쪽으로 이동
Ctrl + Back Space	현재 셀 포인터가 있는 화면으로 이동
F5	셀 주소를 입력하여 직접 이동

1-2 셀 포인터

- 여러 셀 중에서 작업의 중심이 되는 셀을 나타내는 것으로, 현재 셀 포인터가 위치한 셀을 활성 셀(Active Cell)이라고 한다.
- 데이터를 입력하거나 셀을 편집하려면 먼저 셀 포인터를 원하는 셀로 이동해야 한다.

1-3 행 머리글

- 아라비아 숫자 1, 2, 3, ..., 1,048,576으로 표시되며, 행 번지 또는 행 번호 라고 한다.
- 엑셀 워크시트는 1,048,576 개의 행으로 구성되어 있다.

1-4 열 머리글

- 알파벳 A, B, C,...., Z, AA, BB, ..., IV, ..., XFD로 표시되며, 열 번지 또는 열 번호라고 한다.
- 엑셀 워크시트는 총 16,384개의 열로 구성되어 있다.

1-5 셀 주소

- 워크시트의 각 셀을 구분하는데 사용하는 이름으로, 셀 번지라고 한다.
- 셀 주소는 열 번호와 행 번호로 표시한다.(예 : K열 35행은 K35로 표시)
- 수식에서 셀을 참조할 때 셀 주소를 사용하며, 셀 주소의 형태에 따라 절대주소, 상대주소, 혼합주소 등으로 분류한다.

2. 시트탭

2-1 마우스를 이용한 시트 편집

엑셀 화면 하단에 현재 통합문서의 워크시트 이름이 나열되어 있는 부분을 시트탭 이라고 한다. 시트탭을 이용하여 워크시트를 이동하거나 복사하고, 삽입 또는 삭제할 수 있다.

따라하기 »

① 시트 이름을 더블 클릭하면 시트 이름의 반전되어 편집 상태가 된다. 새로운 이름을 입력하고 Enter↵를 누르면 시트 이름이 변경된다.

② 시트 이름 위에서 마우스 왼쪽 버튼을 누른 채 원하는 위치로 끌어다 놓으면 시트가 이동된다.

③ Ctrl을 누른 상태에서 시트 이름 위에 마우스 왼쪽 버튼을 누른 채 원하는 위치로 끌어다 놓으면 시트가 복사된다. 복사된 시트 이름은 원래 시트 이름 뒤에 번호가 붙게 된다.

2-2 시트 탭 단축 메뉴

시트 탭의 워크시트 이름에서 마우스 오른쪽 단축 메뉴 버튼을 누르면 시트 탭 단축 메뉴가 나타난다. 시트 탭 단축 메뉴를 사용하여 워크시트를 삽입, 삭제, 복사, 이동 등의 편집 작업을 할 수 있다.

따라하기 »

① 현재 워크시트 이름 위에서 마우스 오른쪽 단축 메뉴 버튼을 누르고, 단축 메뉴에서 [이동/복사] 메뉴를 선택한다.

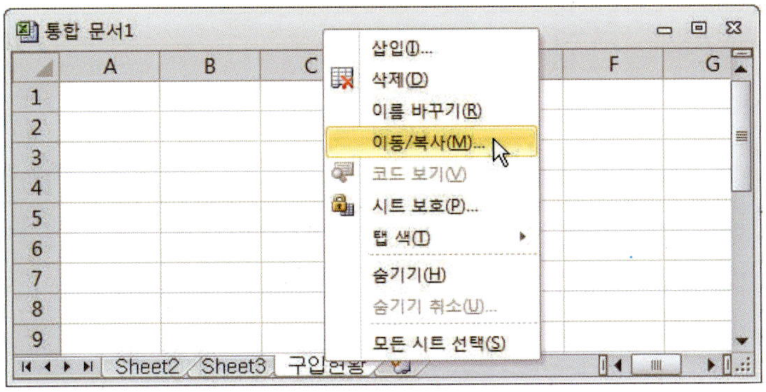

② 시트를 이동하려는 통합문서 이름과 위치를 지정하고 [확인] 단추를 누른다. "복사본 만들기" 항목을 선택하면 시트가 이동되는 것이 아니라 복사된다.

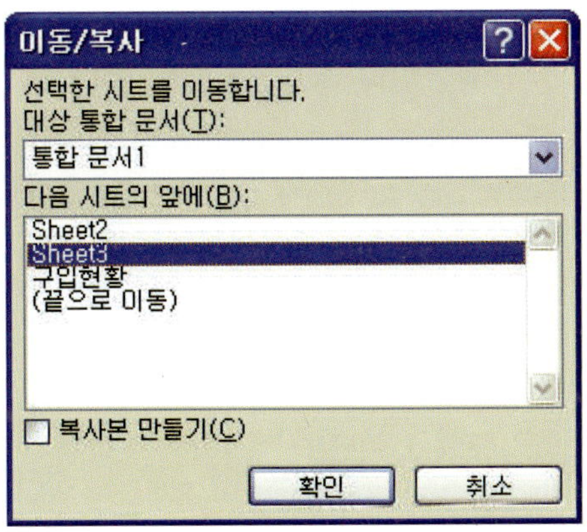

③ 다음과 같이 시트가 이동된 것을 알 수 있다.

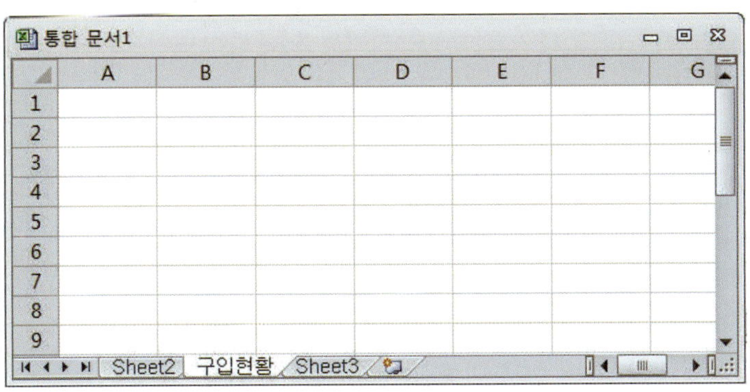

3. 워크시트 편집

셀에서 데이터를 입력하고, 계산, 분석하는 기본 문서를 워크시트라고 한다. 워크시트(Worksheet)는 행과 열이 만나 만들어지는 사각형의 셀의 집합으로 구성되며, 데이터 양이나 시스템의 메모리 용량에 따라 하나의 통합문서에 여러 개의 워크시트가 포함될 수 있다.

따라하기 »

① 시트 탭의 [워크시트 삽입] 단추( )를 클릭하면 새로운 워크시트가 삽입된다.

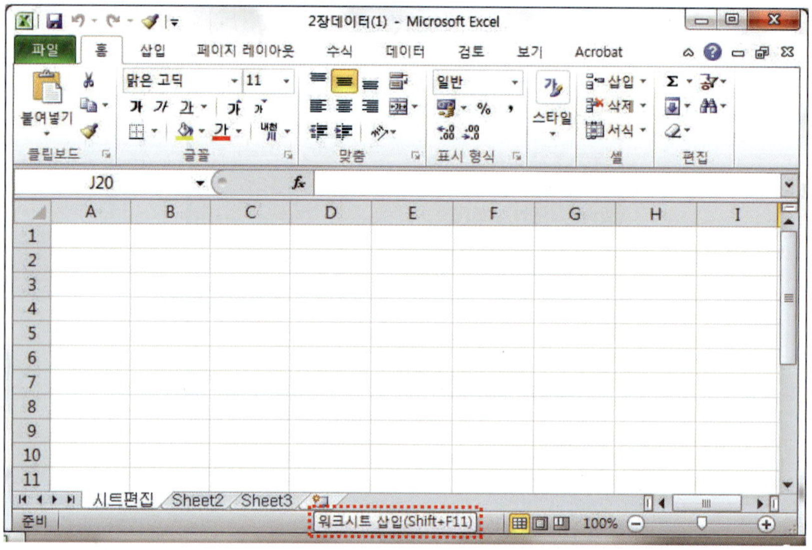

② 삭제할 시트를 마우스 오른쪽 단축 메뉴 버튼을 클릭하여 삭제한다.

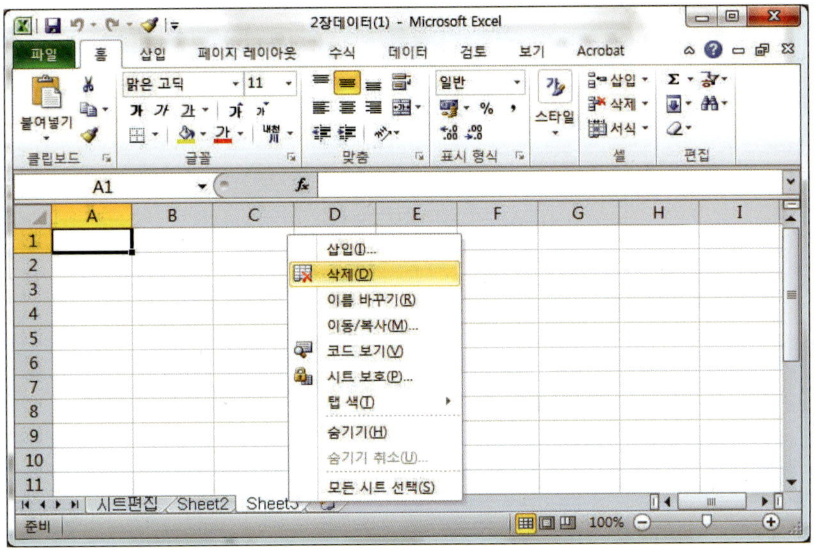

엑셀 노트 ▸▸▸

- 하나의 워크시트 전체 크기는 "1,048,576행 × 16,384열"로 구성된다.
- 워크시트간 이동

시트 탭 이용	이동하려는 워크시트 이름을 마우스로 눌러 이동
Ctrl+Page Down	다음 워크시트로 이동
Ctrl+Page Up	이전 워크시트로 이동

3-1 시트 수 지정

Sheet1, Sheet2, Sheet3 등을 시트 탭이라고 한다. 여러 개의 문서가 모여 있으므로 엑셀을 통합문서라고 한다. 엑셀을 실행하면 기본적으로 3개의 시트가 설정되어 있으나 255개 내로 사용자가 설정할 수 있다.

하나의 통합문서 안에 포함되는 시트 수를 사용자가 임의로 지정하고 사용할 수 있다. 사용자가 새로 지정한 시트 수는 현재 열린 통합문서에는 적용되지 않고, 시트 수를 지정한 후 새로 열리는 통합문서부터 적용된다.

따라하기 »

① [파일] → [옵션] 메뉴를 클릭한다.

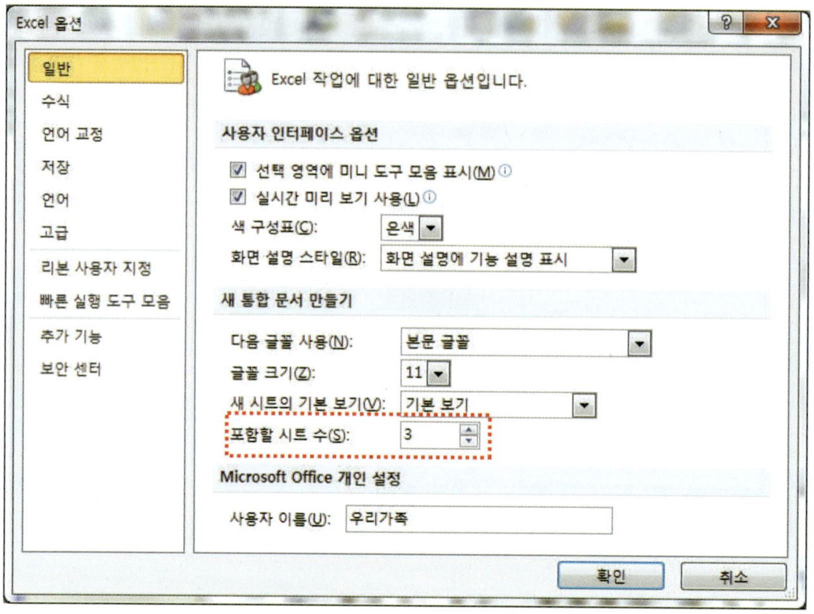

② [Excel 옵션] 대화상자에서 [일반] 탭의 “포함할 시트 수” 항목을 원하는 시트 개수를 직접 입력하거나 증감 단추로 지정하고 [확인] 단추를 누른다.

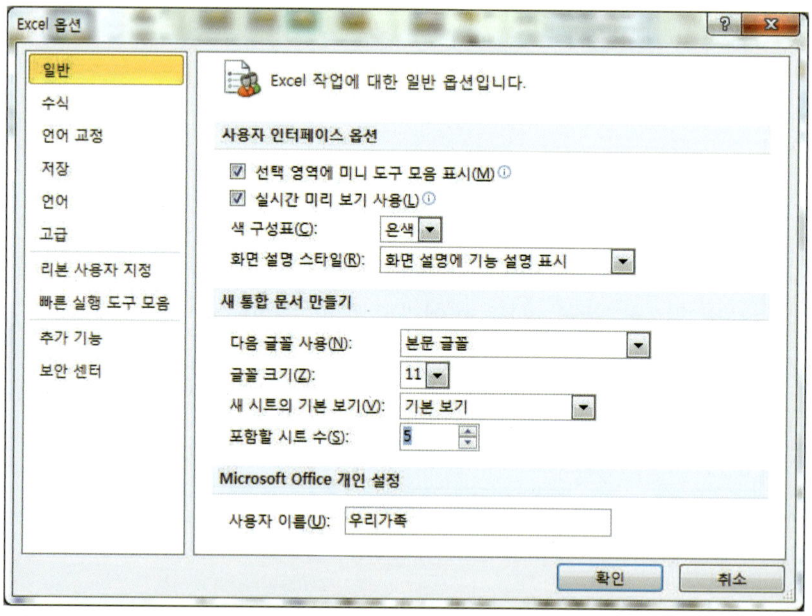

③ [파일] → [새로 만들기]를 선택하여 새 통합문서를 열어 보면 새로 지정한 시트 수가

적용되는 것을 알 수 있다.

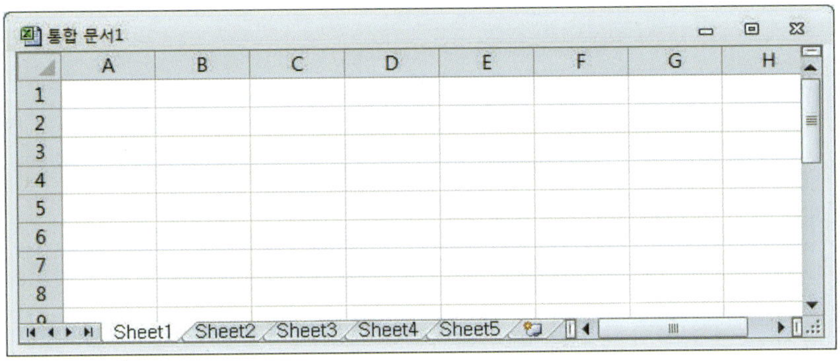

3-2 화면 구성 요소의 표시

- [파일] → [옵션] 메뉴를 선택하여 화면에 표시되는 구성 요소를 선택하거나 선택을 해제하여 표시 여부를 지정할 수 있다.
- 행과 열 머리글 표시, 페이지 나누기 표시, 눈금선 표시, 0값, 시트탭 등의 요소를 사용자 임의대로 화면에 표시하거나 취소할 수 있다.

따라하기 »

① [파일] → [옵션] 메뉴를 선택하고 [고급] 탭으로 이동한다.

② 표시하려는 항목에는 마우스로 ☑ 표시를 하고, 취소하려는 항목에는 ☑ 표시를 해제한 다음 [확인] 단추를 누른다.

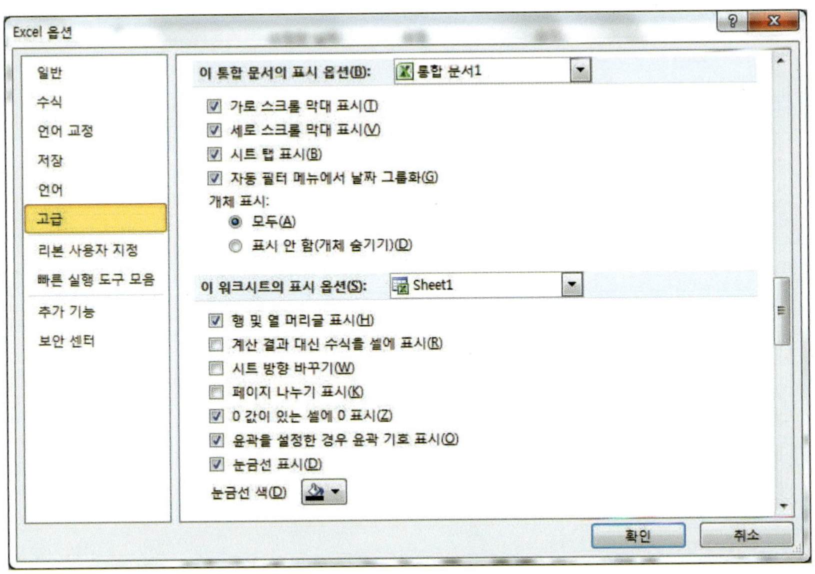

4. 데이터 입력

4-1 문자 데이터

- 영문자, 한글, 숫자와 문자의 조합으로 만들어진 데이터를 문자 데이터라고 한다.
- 문자 데이터는 셀의 왼쪽에 맞추어 입력된다.
- 셀의 넓이보다 데이터가 길 때 옆의 셀이 비어있으면 연속되어 표시되고, 옆의 셀이 비어 있지 않으면 문자열이 잘려 표시된다.
- 숫자 데이터를 문자로 인식하게 하려면 데이터 앞에 문자 접두어인 “ ' ”을 먼저 입력한 다음 입력해야 한다.

  (예) KOREA, 100MHz, 100+50, Q&A

  2018을 문자 데이터로 인식 → 2018

따라하기 »

① “Sheet1” 의 이름을 더블 클릭하고 “분기별 실적”으로 변경한다.

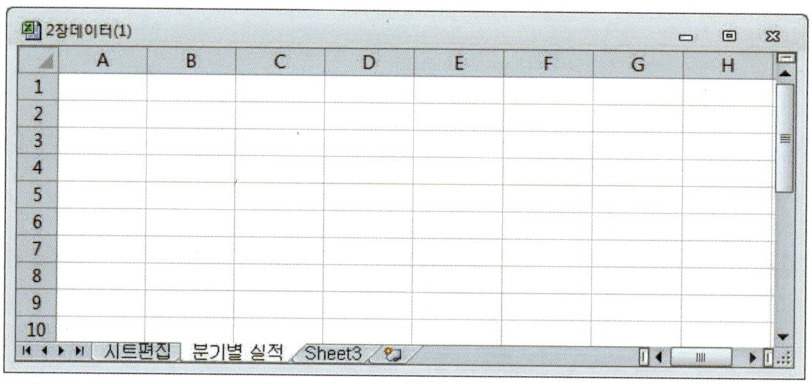

② 그림과 같이 해당 셀에 내용을 입력하고, [글꼴]과 [맞춤] 그룹에서 글꼴 변경과 정렬한다.

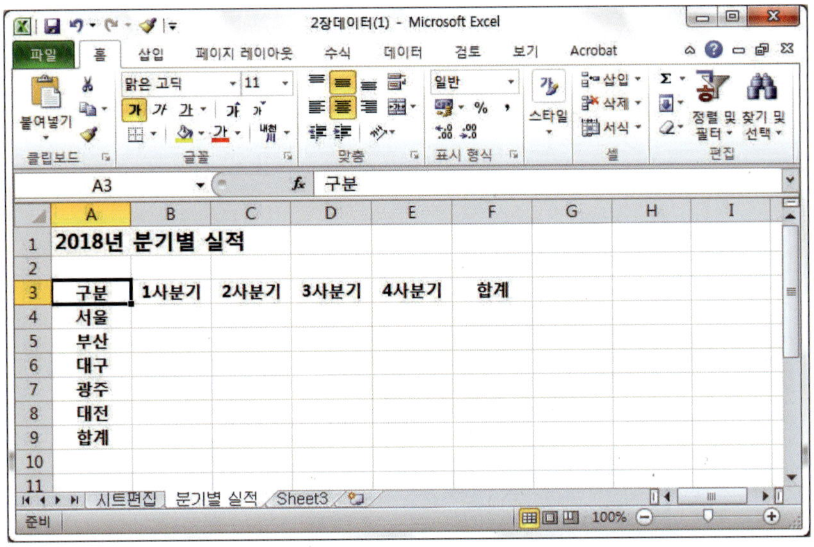

③ "A1 – F1" 영역을 블록 지정하고, [맞춤] 그룹에서 [병합하고 가운데 맞춤]을 클릭한다.

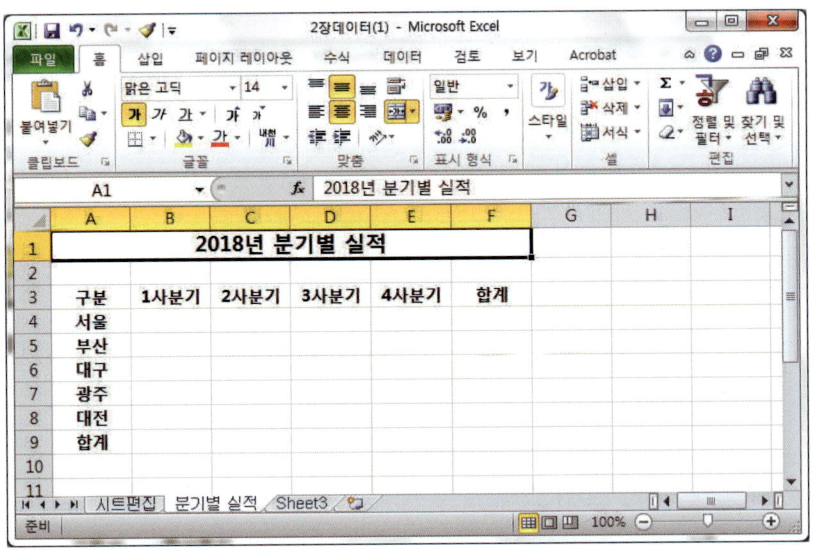

4-2 수치 데이터

- 수치 데이터는 수식에 참조하여 계산이 가능한 데이터를 말한다.
- 0부터 9까지의 숫자와 +, −, /, $, %, E, e, 등의 조합으로 이루어진 데이터이다.

- 수치 데이터는 셀에서 기본적으로 오른쪽으로 정렬된다.
- 문자, 공백, 특수문자는 사용할 수 없다.
- 음수를 입력하고자 할 때는 '–'를 붙이거나 수 자체를 괄호로 묶어 입력한다.
  (예) 135, 85%, −47, (34), 2.75E+02, $100

▶ 수치 데이터 입력

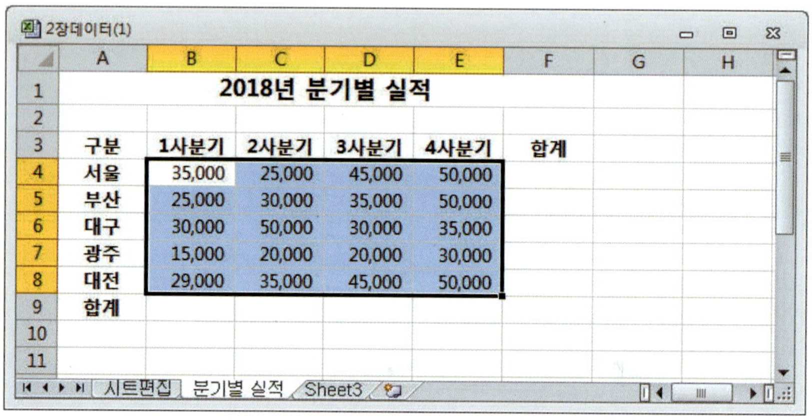

4-3 날짜/시간 데이터

- 날짜는 하이픈(–)이나 슬래시(/)로 연, 월, 일을 구분하여 입력한다.
- 시간은 콜론(:)으로 시, 분, 초를 구분하여 입력해야 한다.
- 날짜 데이터는 엑셀 내부에서 숫자로 처리되며, 이때 정수 부분에 날짜를 저장하고, 소수 부분에 시간을 저장한다.
- 수치 데이터와 마찬가지로 수식 계산에서 날짜 데이터를 참조하여 연산이 가능하다.
- 시간은 24시간제로 인식되며, 12시간제(오전/오후 구분)로 입력하려면 시간 뒤에 한 칸을 띄우고 AM 또는 PM을 함께 입력한다.
  (예) 98-12-25, 3:00:00PM, 95/5/25 15:45

참고사항 ▸▸▸

▶ **데이터 입력과 취소와 관련된 키**

- Enter↵ : 데이터 입력을 마치고 셀 포인터를 한 행 아래로 이동한다.
- 방향키 : 데이터 입력을 마치고 셀 포인터를 방향키의 방향대로 한 칸 이동한다.
- Esc : 입력중인 데이터를 취소한다.
- ☑ : 수식 입력줄의 입력 단추는 입력을 마치고 셀 포인터를 현재 셀에 그대로 둔다.
- ☒ : 수식 입력줄의 입력 취소 단추는 입력중인 데이터를 취소한다.
- 수식 입력줄의 입력 단추와 취소 단추는 데이터를 입력 또는 수정할 때만 나타낸다.

따라하기 »

① 그림과 같이 작성일자를 입력한다.

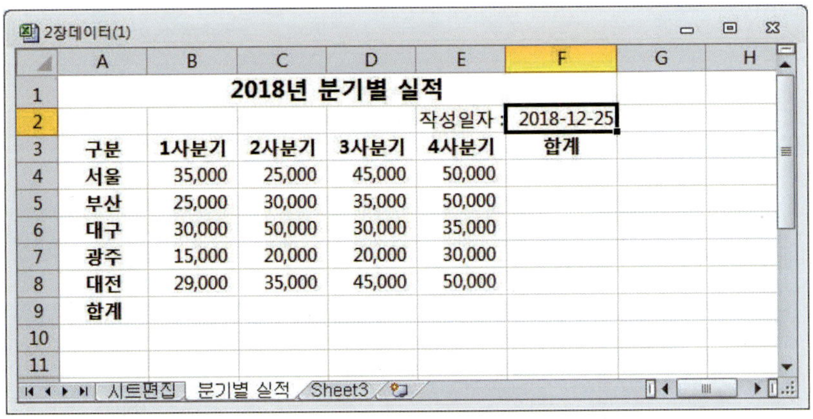

	A	B	C	D	E	F	G	H
1	2018년 분기별 실적							
2					작성일자 :	2018-12-25		
3	구분	1사분기	2사분기	3사분기	4사분기	합계		
4	서울	35,000	25,000	45,000	50,000			
5	부산	25,000	30,000	35,000	50,000			
6	대구	30,000	50,000	30,000	35,000			
7	광주	15,000	20,000	20,000	30,000			
8	대전	29,000	35,000	45,000	50,000			
9	합계							
10								
11								

② 날짜 데이터 형식을 변경하려면 [홈] – [표시형식] 대화상자 아이콘(⧉)을 선택한다. [셀 서식] 대화상자의 [표시형식] 탭의 종류 목록에서 "날짜"를 선택하고 원하는 형식을 선택한 다음 [확인] 단추를 누른다.

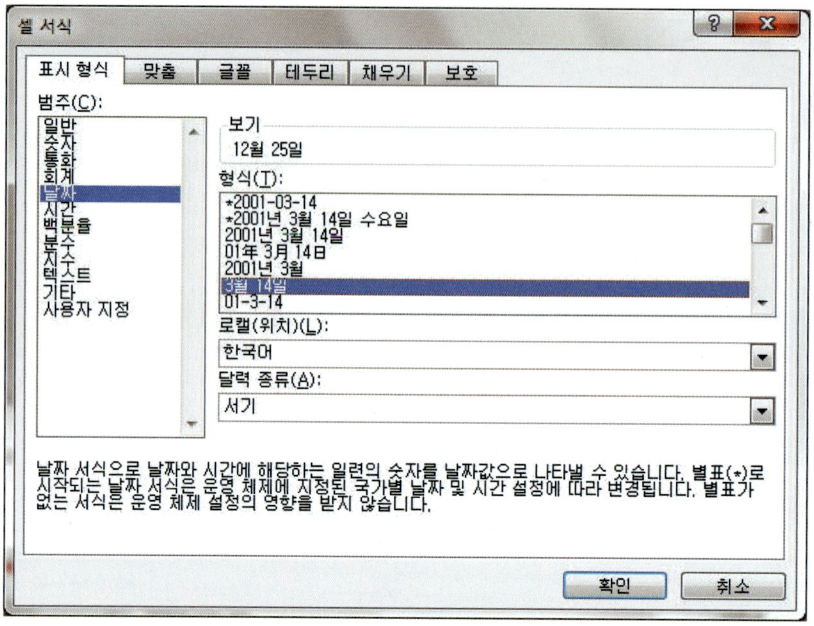

③ F2 셀의 날짜 형식이 변경된다.

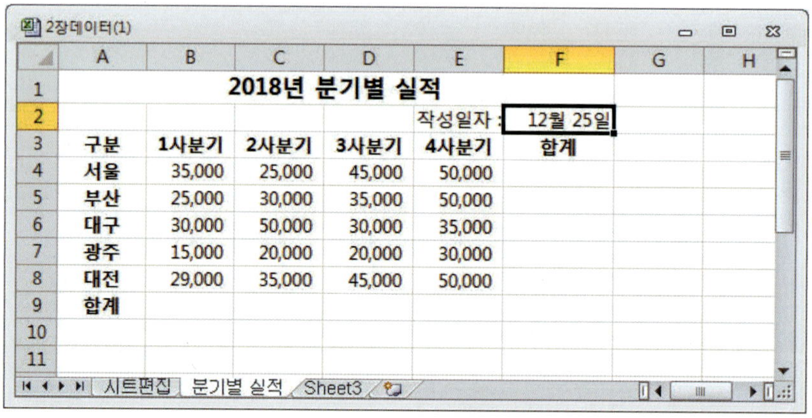

엑셀 노트 ▶▶▶

▶현재 날짜와 시간 간단히 입력

- 현재 컴퓨터 시스템의 날짜와 시간을 입력하려면 다음 단축키를 누르고 Enter↵를 누른다.
- Ctrl + ; : 현재 날짜 입력
- Ctrl + Shift + ; : 현재 시간 입력

4-4 수식 데이터

- 사칙연산 기호(+, −, *, /), 관계연산 기호(=, 〉, 〉=, 〈, 〈=, 〈〉), 문자열 연산 기호(&)를 사용하여 입력하는 데이터를 말하며, 다른 셀에 입력된 기존의 값을 이용해 새 값을 만들어 내는 계산식을 말한다. 식을 입력하면 워크시트는 수식의 결과 값으로 표시되고, 수식 입력줄에 원래 입력된 수식이 표시된다.
- 수식은 항상 등호(=)로 시작해야 한다.
- 셀 주소를 참조한 수식의 결과 값은 해당 셀의 내용이 변경되면 자동으로 재계산 된다.
  (예) =50+25, =K5*100, =A15/B15, =SUM(A1:A5)

▶ 금액 계산

따라하기 »

① F4 셀에 총점을 구하는 수식에 각 셀을 클릭하여 "=B4+C4+D4+E4"를 입력하면 계산 결과가 나타난다.

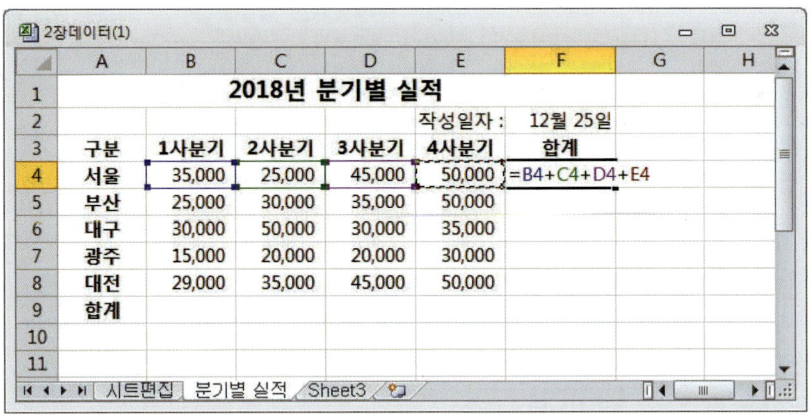

② 선택 영역의 오른쪽 아래 모서리에 있는 작은 사각형을 채우기 핸들이라고 한다. 채우기 핸들을 드래그하면 데이터를 자동으로 채울수 있다.

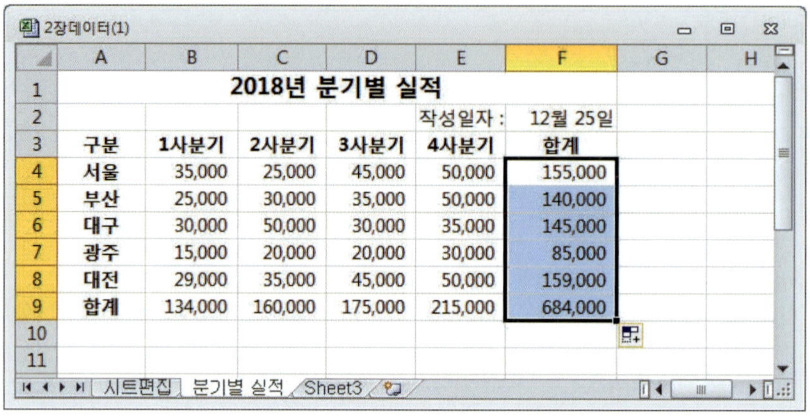

	A	B	C	D	E	F
1		2018년 분기별 실적				
2					작성일자 :	12월 25일
3	구분	1사분기	2사분기	3사분기	4사분기	합계
4	서울	35,000	25,000	45,000	50,000	155,000
5	부산	25,000	30,000	35,000	50,000	140,000
6	대구	30,000	50,000	30,000	35,000	145,000
7	광주	15,000	20,000	20,000	30,000	85,000
8	대전	29,000	35,000	45,000	50,000	159,000
9	합계	134,000	160,000	175,000	215,000	684,000

③ 아래쪽의 합계도 B9 셀에 총점을 구하는 수식에 각 셀을 클릭하여 "=B4+B5+B6+B7+B8"을 입력하여 계산한다.

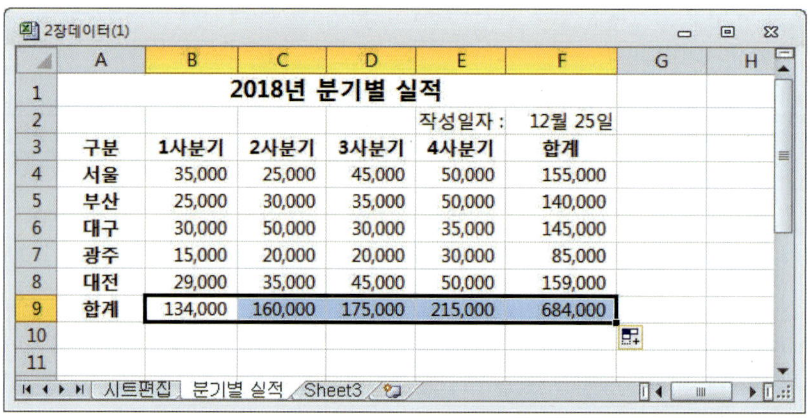

	A	B	C	D	E	F
1		2018년 분기별 실적				
2					작성일자 :	12월 25일
3	구분	1사분기	2사분기	3사분기	4사분기	합계
4	서울	35,000	25,000	45,000	50,000	155,000
5	부산	25,000	30,000	35,000	50,000	140,000
6	대구	30,000	50,000	30,000	35,000	145,000
7	광주	15,000	20,000	20,000	30,000	85,000
8	대전	29,000	35,000	45,000	50,000	159,000
9	합계	134,000	160,000	175,000	215,000	684,000

4-5 특수 기호와 한자 데이터

- 한글 자음(ㄱ, ㄴ, ㄷ 등)을 입력하고 [한자]키를 누르면 특수 기호 목록상자가 표시되며, 한글 입력 후에 [한자] 키를 누르면 한자 목록상자가 표시된다.
- 목록상자에서 원하는 문자를 마우스로 누르면 해당 문자가 입력된다.

따라하기 »

① A1 셀에서 한글 자음 'ㅁ'을 입력한 후 키보드의 [한자] 키를 누른다. 화면 하단에 표시된 목록상자에서 원하는 특수 기호를 마우스로 누른다.

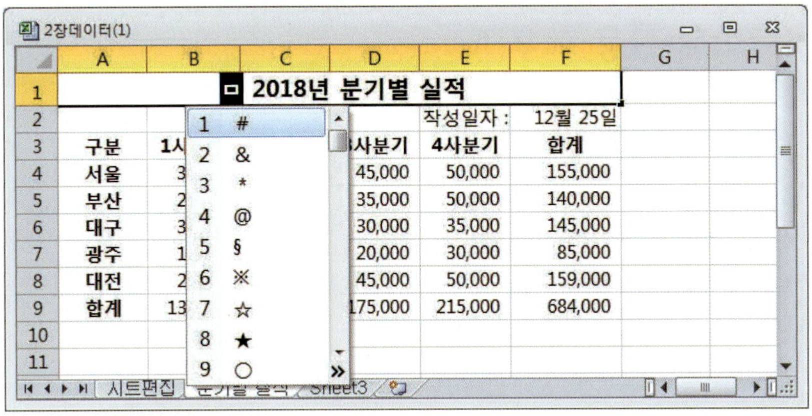

② 특수 기호를 사용하여 다음과 같이 입력한다

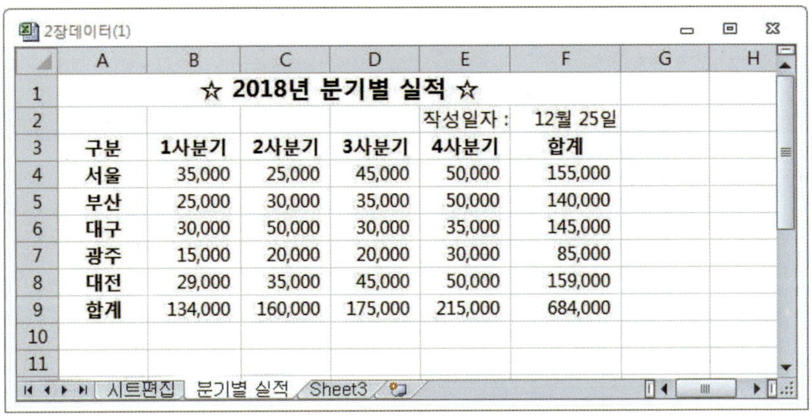

엑셀 노트 ▸▸▸

- 셀에 데이터를 입력하고 Enter↵를 누르면 셀 포인터가 다음 행으로 이동하게 된다.
- 같은 셀에 여러 줄로 데이터를 입력하려면 첫 번째 줄의 데이터를 입력하고 Alt + Enter↵를 눌러 줄을 바꾸고 다음 줄의 데이터를 입력한다.

5. 데이터 자동 채우기

5-1 채우기 메뉴로 일정값 채우기

[홈] – [편집] 그룹의 [채우기](채우기 ▾)를 사용하면 데이터를 자동으로 채울 수 있다. 초기 데이터가 입력된 셀부터 범위를 지정하고, [채우기] 메뉴를 실행하면 선택한 방향대로 데이터가 채워진다.

따라하기 »

① 데이터가 입력된 첫 셀을 포함해서 채우려는 셀 범위를 선택한다.

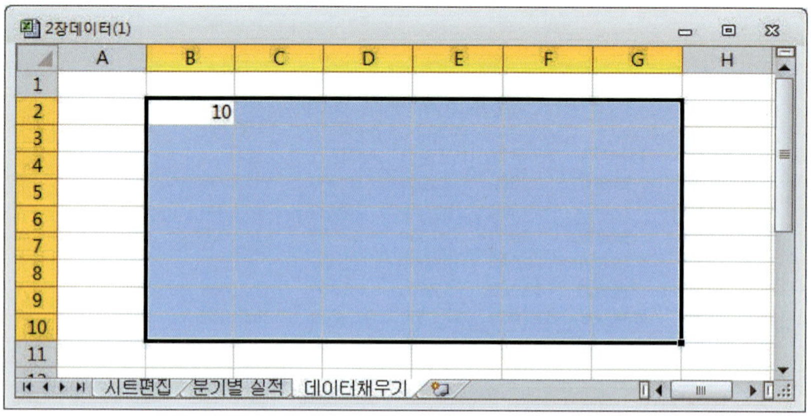

② [홈] → [편집] → [채우기] 메뉴를 선택하고 채우려는 방향을 [오른쪽]으로 선택한다.

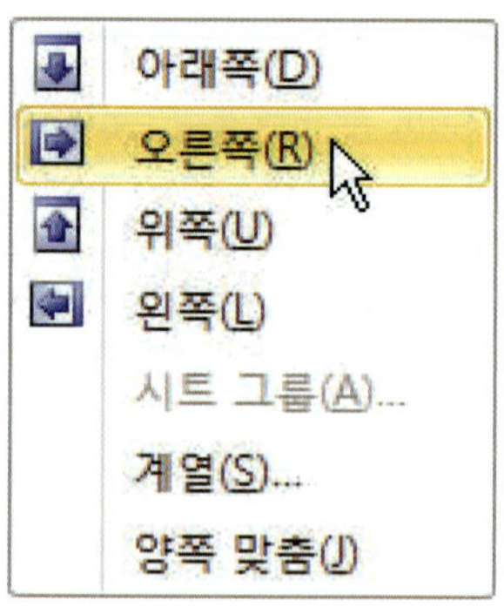

③ 지정한 범위의 오른쪽으로 데이터 '10'이 채워진다. [홈] → [편집] → [채우기] 메뉴를 선택하고 채우려는 방향을 [아래쪽]을 선택한다.

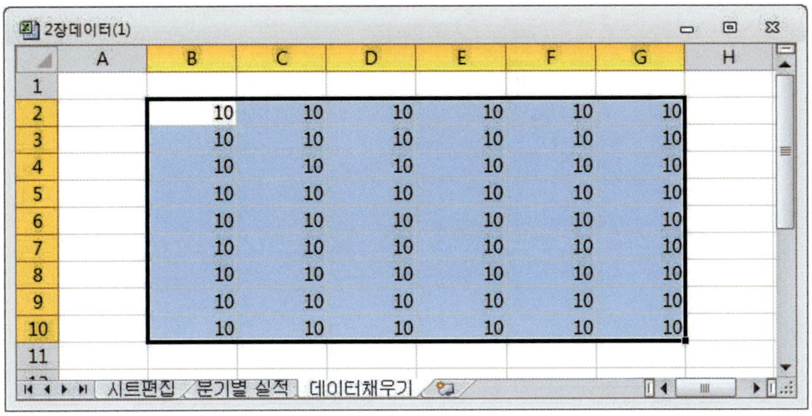

5-2 연속 데이터 채우기

일정한 증가 값을 가진 수치 데이터를 자동 채우기 하려면 연속 데이터 명령을 사용한다. 연속 데이터 대화상자에서 채우려는 방향이나 종류, 단계 값, 종료 값 등을 지정할 수 있다.

▶ 선형으로 채우기

따라하기 »

① 채우려는 범위의 첫 셀에 시작 값을 입력하고, 범위를 지정한다.

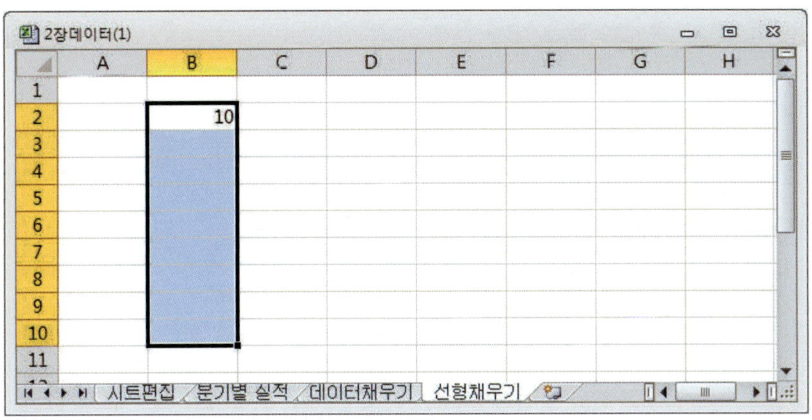

② [홈] → [편집] → [채우기] → [계열] 메뉴를 선택한다.

③ [연속 데이터] 대화상자에서 방향, 유형, 단계 값, 종료 값 등을 지정하고 [확인] 단추를 누른다.

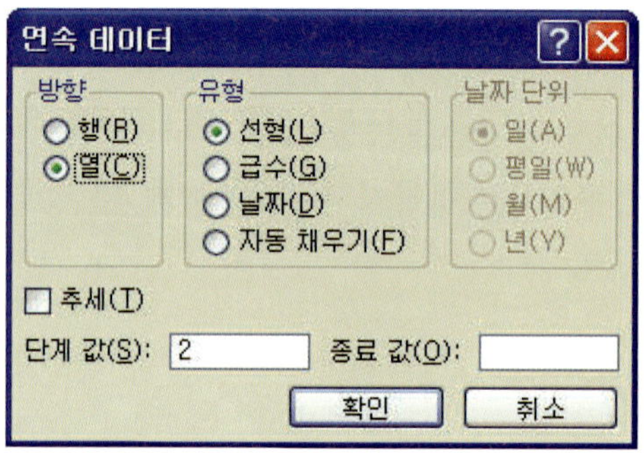

④ 종료 값을 지정하지 않으면 선택한 셀 범위만큼 채우기가 실행되고, 종료 값을 지정하면 해당 종료 값 까지만 채우기가 실행된다.

▶ 급수로 채우기

① 채우려는 범위의 첫 셀에 시작 데이터를 입력하고 범위를 지정한다.

② [홈] → [편집] → [채우기] → [계열] 메뉴를 선택하고, [연속 데이터] 대화상자에서 방향 '열', 유형 "급수", 단계 값 "3"을 지정한 다음 [확인] 단추를 누른다.

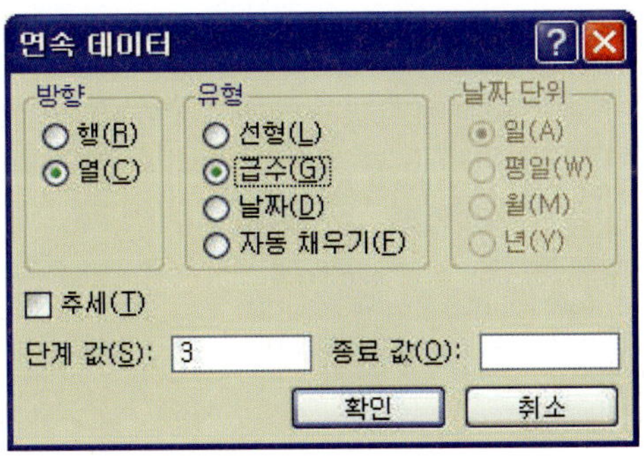

③ D열의 선택 영역에 데이터가 채워진다. F열은 단계 값을 '−3'으로 지정하여 채우기 한 결과를 나타낸 것으로 각자 연습해 보자.

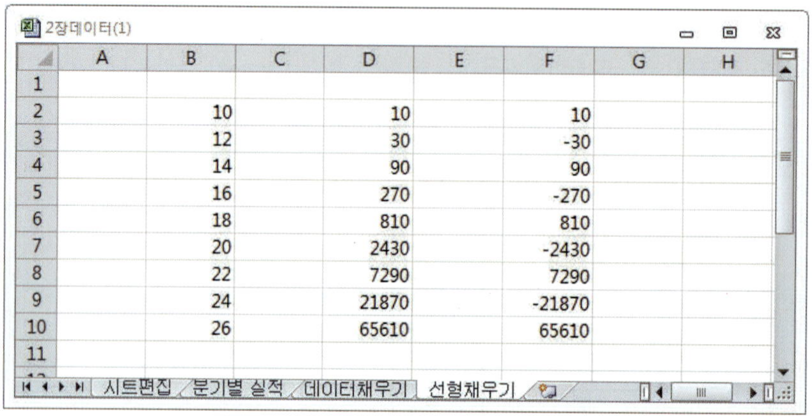

	A	B	C	D	E	F	G	H
1								
2		10		10		10		
3		12		30		-30		
4		14		90		90		
5		16		270		-270		
6		18		810		810		
7		20		2430		-2430		
8		22		7290		7290		
9		24		21870		-21870		
10		26		65610		65610		
11								

엑셀 노트 ▸▸▸

▶ 날짜로 채우기 결과

[연속 데이터] 대화상자에서 날짜 종류를 선택하여 다음과 같이 날짜 데이터를 일정한 단위로 자동으로 채우기가 가능하다.

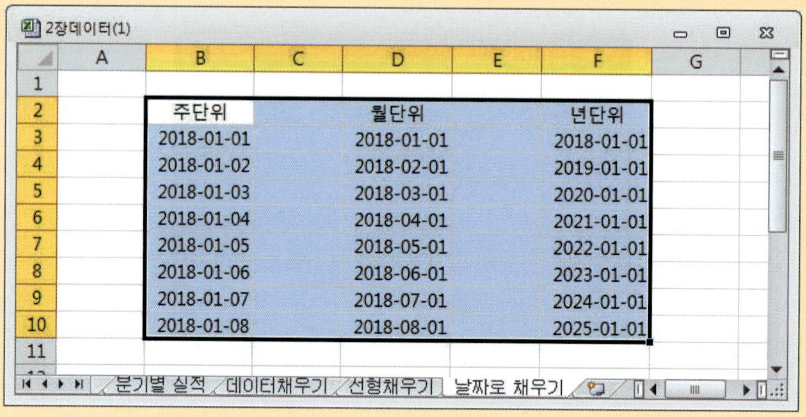

	A	B	C	D	E	F	G
1							
2		주단위		월단위		년단위	
3		2018-01-01		2018-01-01		2018-01-01	
4		2018-01-02		2018-02-01		2019-01-01	
5		2018-01-03		2018-03-01		2020-01-01	
6		2018-01-04		2018-04-01		2021-01-01	
7		2018-01-05		2018-05-01		2022-01-01	
8		2018-01-06		2018-06-01		2023-01-01	
9		2018-01-07		2018-07-01		2024-01-01	
10		2018-01-08		2018-08-01		2025-01-01	
11							

5-3 채우기 핸들을 이용하여 채우기

- 선택 영역의 오른쪽 아래 모서리에 있는 작은 사각형을 채우기 핸들이라고 한다.
- 채우기 핸들 부분을 마우스 왼쪽 버튼을 누른 채 원하는 방향으로 끌어 데이터를 자동으로 채울 수 있다.
- 연속 데이터로 정의되어 있지 않으면 데이터가 같은 내용으로 복사되고, 연속 데이터로 정의되어 있으면 정의된 순서대로 증가하여 채워진다.

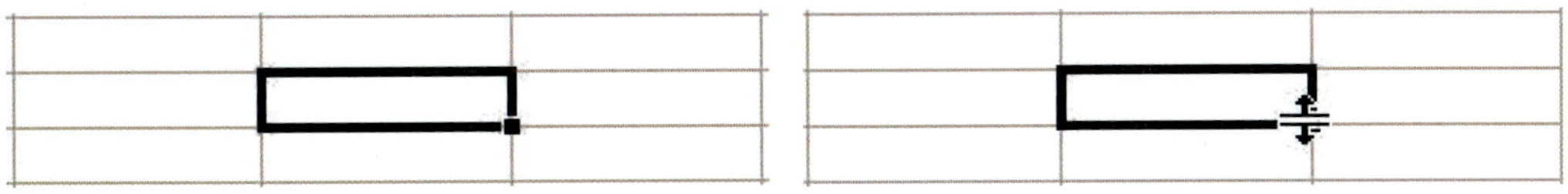

▶ 정의되지 않은 데이터 채우기

따라하기 »

① 시작값이 미리 정의된 연속 데이터가 아닌 경우 채우기 핸들을 마우스로 끌면 동일한 내용으로 복사된다.

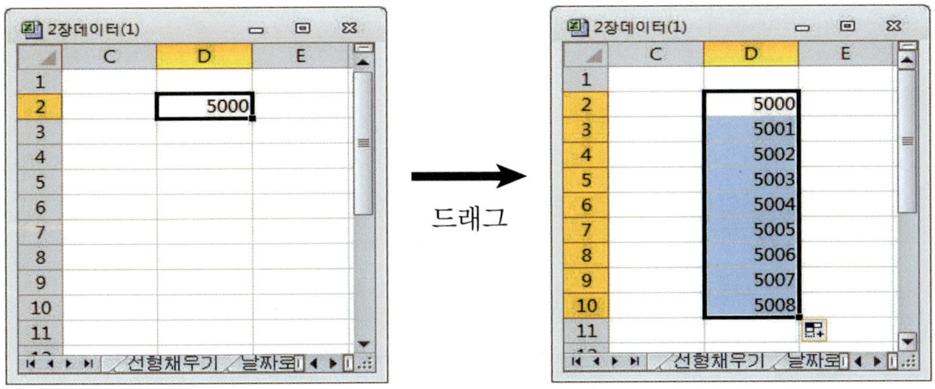

② Ctrl을 누른 상태에서 채우기 핸들을 마우스로 끌면 1씩 증가되어 채워진다.

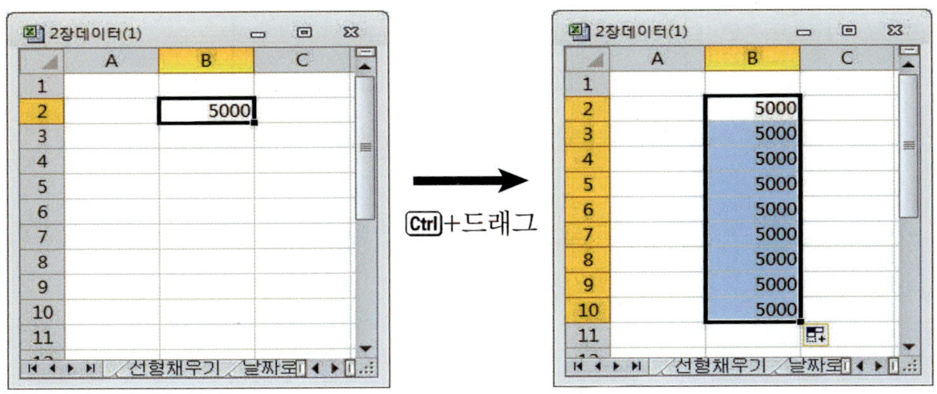

③ 숫자와 문자가 혼합되어 있는 셀의 채우기 핸들을 마우스로 끌면 문자는 복사되고, 숫자는 1씩 증가되어 채워진다.

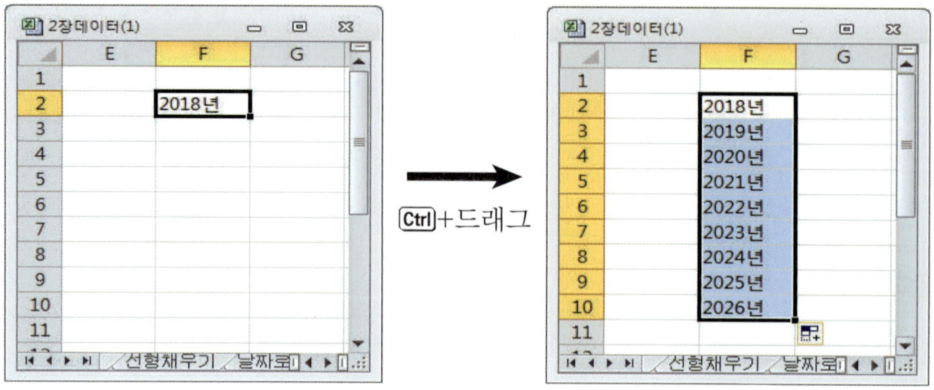

▶ **정의된 데이터 채우기**

따라하기 »

① 시작 값이 사용자 지정 목록에 미리 정의된 연속 데이터일 경우 채우기 핸들을 마우스로 끌면 미리 정의된 순서대로 증가되어 채워진다.

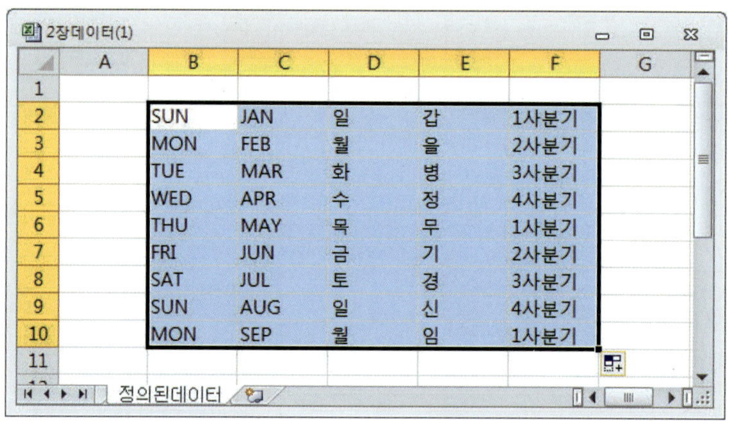

② 정의된 연속 데이터의 채우기 핸들을 Ctrl을 누른 상태에서 마우스로 끌면 연속 데이터가 무시되고, 동일한 내용으로 복사된다.

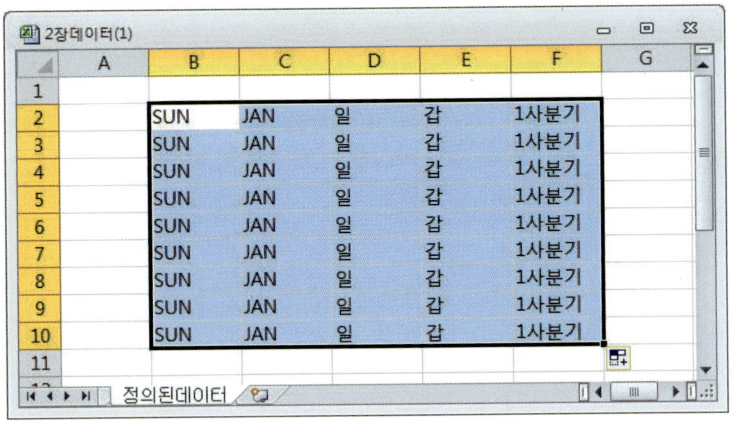

> **엑셀 노트 ▸▸▸**
>
> **▶ 채우기 핸들 사용 시 유의할 점**
>
> - 미리 정의된 연속 데이터를 무시하고 채우기 : 채우기 핸들을 끌 때 Ctrl을 누른 채 끌면 연속 데이터가 무시되고 같은 내용으로 복사된다.
> - 미리 정의된 데이터가 아닌 일반 숫자 데이터의 경우 채우기 핸들은 기본적으로 복사 기능을 수행하지만 Ctrl을 누른 상태에서 채우기 핸들을 끌면 무조건 1씩 증가되어 채우기가 수행된다.

5-4 사용자 지정 목록

- 엑셀이 기본적으로 제공하는 연속 데이터의 형태를 사용자 지정 목록이라고 한다.
- [파일] → [옵션] → [고급] → [일반] → [사용자 지정 목록 편집]을 선택하고 [사용자 지정 목록] 탭에서 사용자 지정 목록을 추가하거나, 수정, 삭제한다.
- 엑셀에서 제공되는 목록은 변경할 수 없으며, 사용자가 임의로 정의한 목록에 대해서만 수정하고 삭제할 수 있다.

▶ 새 목록 작성

따라하기 »

① [파일] → [옵션] → [고급] → [일반] → [사용자 지정 목록 편집]을 선택하고 [사용자 지정 목록] 탭에서 [새 목록]을 누르거나 [추가] 단추를 누른다.

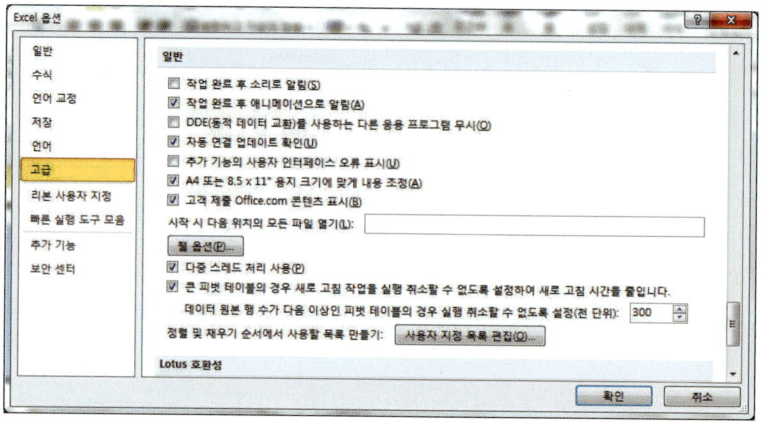

② 목록 항목에 원하는 데이터를 입력하고 [추가] 단추를 눌러 목록에 추가한다.

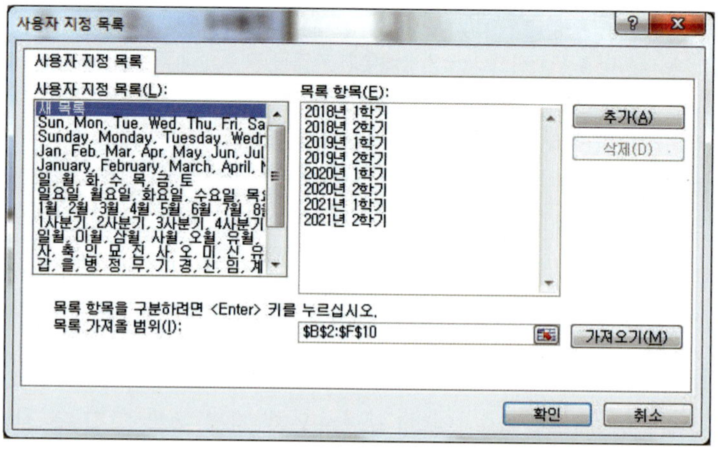

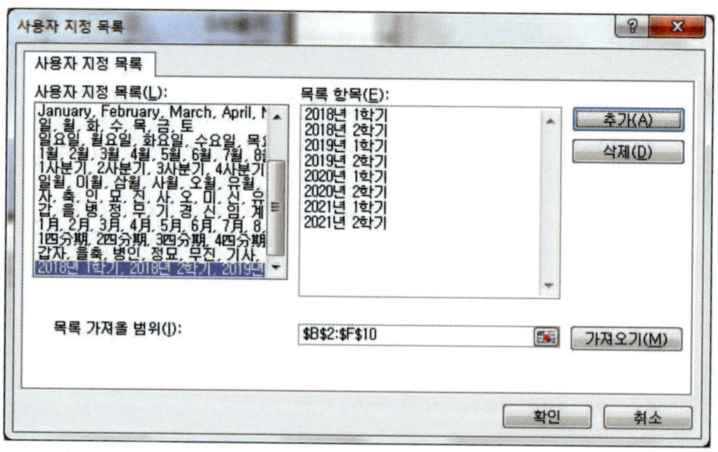

엑셀 노트 ▶▶▶

▶ 사용자 지정 목록

- 새로 추가될 목록의 각 항목을 Enter↵ 또는 콤마(,)로 구분하여 입력한다.
- 사용자 지정 목록에서 사용자가 임의로 추가한 목록을 선택하고 [삭제] 단추를 누르면 목록에서 지워진다.

▶ 목록 수정 및 삭제

따라하기 »

① [파일] → [옵션] → [고급] → [일반] → [사용자 지정 목록 편집] 메뉴를 선택하고 [사용자 지정 목록] 탭으로 이동한다.

② 엑셀이 제공하는 목록을 선택한다. 목록 항목과 [삭제] 단추가 비활성화되어 수정이나 삭제가 불가능함을 알 수 있다.

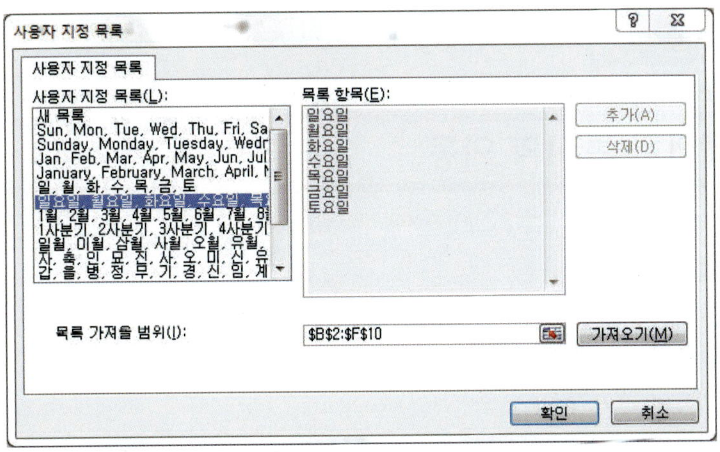

③ 사용자가 새로 작성한 목록을 선택하고, 목록 항목에서 데이터를 수정한 후 [추가] 단추를 누르면 수정된다.

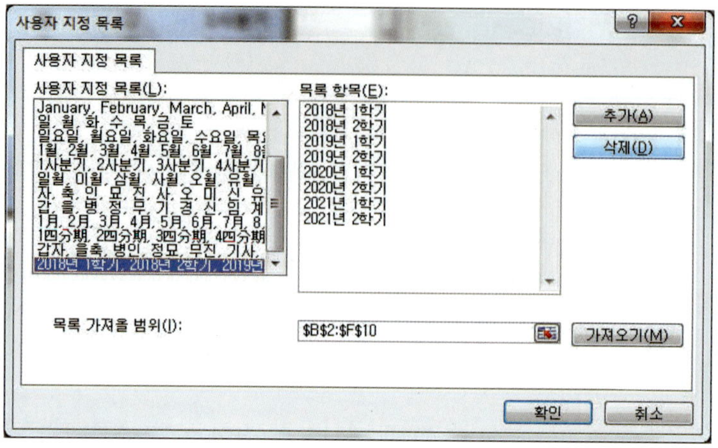

④ 사용자가 새로 작성한 목록을 선택하고 [삭제] 단추를 누른 다음, 경고 메시지 상자에서 [확인] 단추를 누르면 선택한 목록이 삭제된다.

6. 데이터 복사와 이동

6-1 데이터 복사

워크시트의 데이터를 다른 위치로 복사하려면 먼저 작업의 대상이 되는 셀 범위를 선택한 후 다음 명령을 수행한다.

마우스 이용	Ctrl을 누른 채 마우스로 원하는 곳에 끌어다 놓기
메뉴 이용	[홈] → [클립 보드] → [복사] 메뉴로 클립보드로 복사한 후 원하는 곳에서 [홈] → [붙여넣기]
단축키 이용	Ctrl + C로 클립보드로 복사한 후 원하는 곳에서 Ctrl + V

▶ 편집 메뉴를 이용한 데이터 복사

따라하기 »

① 다음과 같은 데이터를 작성한 후 복사할 데이터 범위를 지정하고, [홈] → [클립보드] 그룹의 "복사" 단추를 선택한다.

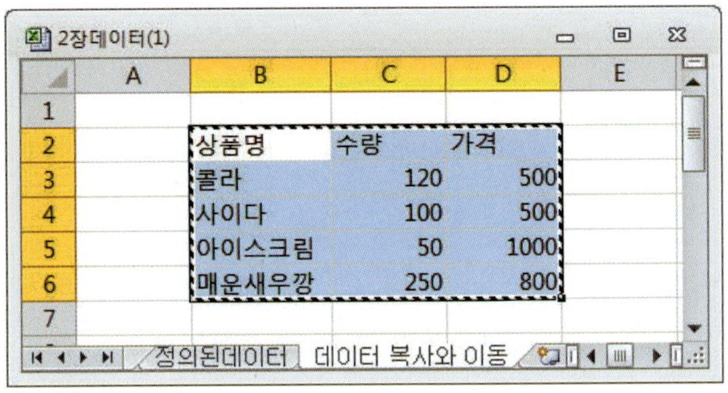

② 복사할 곳에 셀 포인터를 위치한 후 [홈] → [클립보드] 그룹의 "붙여넣기" 단추를 선택한다.

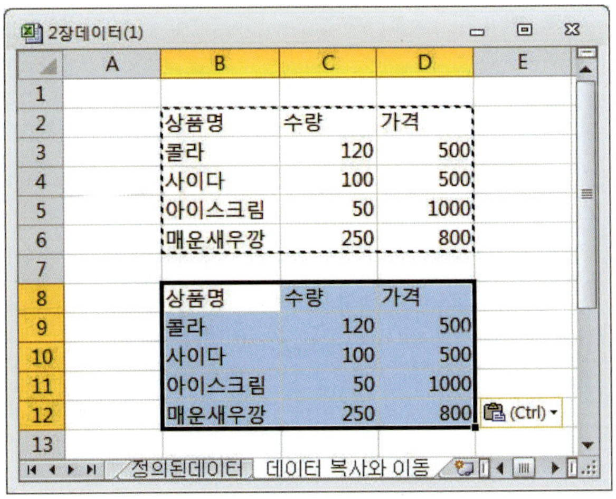

6-2 데이터 이동

- 데이터를 이동할 때도 먼저 이동하려는 범위를 선택하고 명령을 수행한다.
- 데이터 이동은 원본 데이터를 다른 위치로 옮기는 것으로 원본 데이터가 사라진다.

마우스 이용	마우스로 원하는 곳에 끌어다 놓기
메뉴 이용	[홈] → [복사] 메뉴로 클립보드로 복사한 후 원하는 곳에서 [홈] → [붙여넣기]
단축키 이용	Ctrl + X로 클립보드로 복사한 후 원하는 곳에서 Ctrl + V

▶ 마우스 끌기로 데이터 복사/이동

따라하기 »

① 복사 또는 이동할 부분을 범위로 지정한 후 경계한 후 경계선에 마우스 포인터를 놓는다.

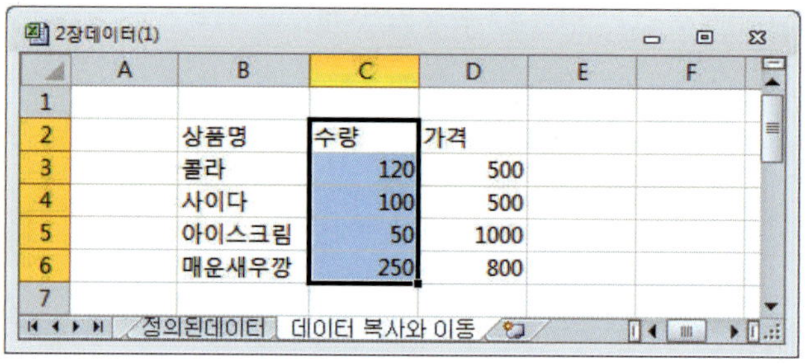

② 데이터를 이동하기 위해 마우스로 원하는 위치에 끌어다 놓는다.

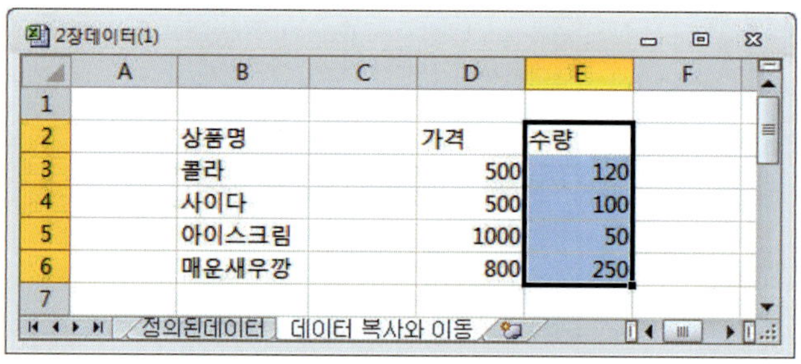

③ 데이터를 복사하려면 Ctrl을 누른 채 원하는 위치로 끌어다 놓는다.

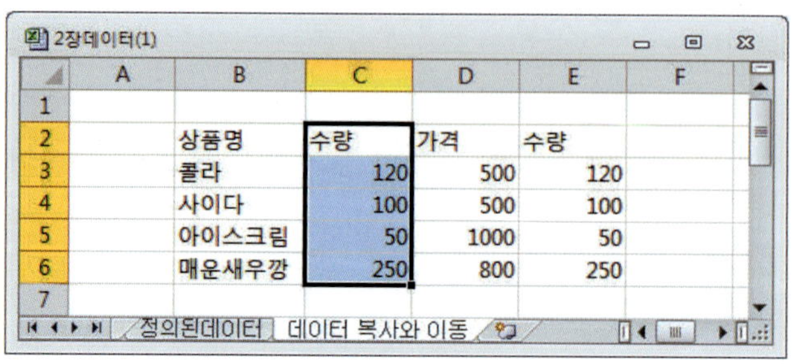

6-3 마우스 오른쪽 단추 드래그로 복사/이동

범위를 지정한 후 마우스 오른쪽 단추를 눌러 워크시트내 임의의 곳으로 끌어다 놓으면 단축메뉴를 표시하여 복사 및 이동 방법을 선택할 수 있다. 단축 메뉴에 표시되는 복사 및 이동 방법은 다음과 같다.

여기로 이동	지정한 위치로 데이터 이동
여기로 복사	지정한 위치로 데이터 복사
값으로 여기에 복사	수식이나 서식을 무시하고 결과값을 상수화하여 복사
서식으로 여기에 복사	선택 범위의 서식만 지정한 위치로 복사
여기에 연결	선택 범위로 연결하는 수식 생성
여기에 하이퍼링크 작성	선택 범위로 이동할 수 있는 하이퍼링크 생성
아래쪽/오른쪽으로 이동 후 복사/옮기기	복사하거나 옮길 곳에 데이터가 존재할 경우 원래 데이터를 지정한 방향으로 이동시킨 후 복사 또는 이동

▶ 원래 데이터를 밀고 이동

따라하기 »

① 이동할 부분을 범위로 지정한다.

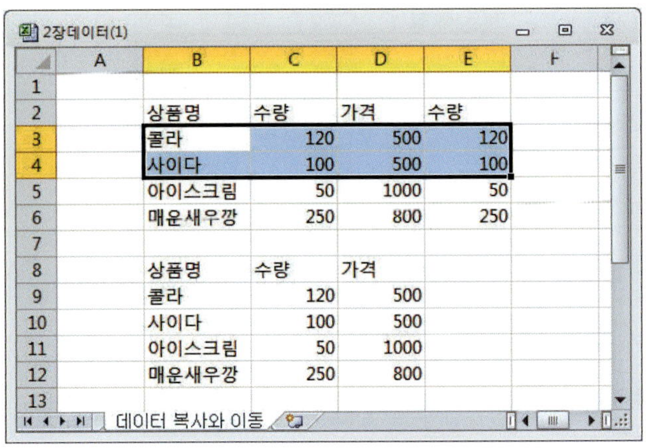

② 선택 범위를 마우스 오른쪽 단추를 누른 채 원하는 곳으로 끌어다 놓으면 단축 메뉴가 표시된다.

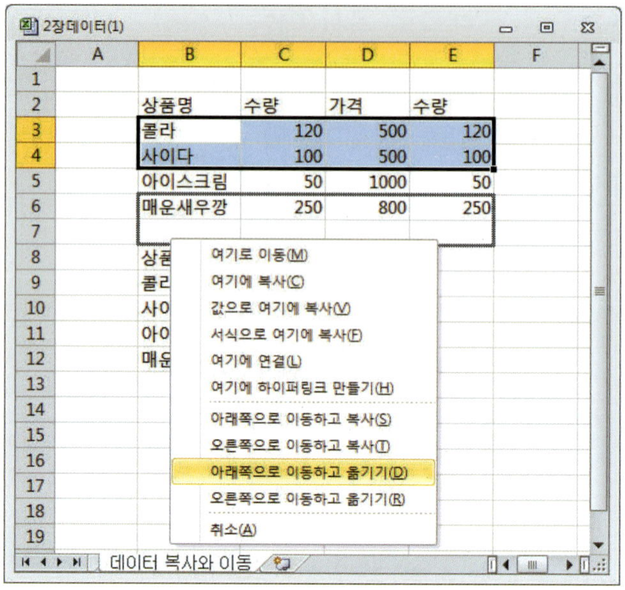

③ 기존 데이터가 아래로 이동되고, 선택 범위가 지정한 위치로 옮겨진다.

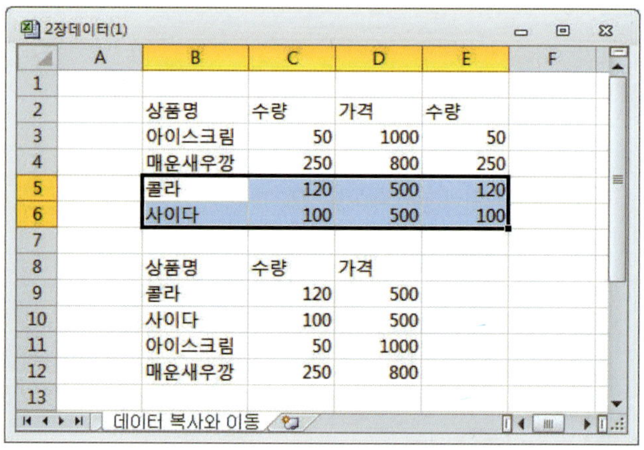

6-4 선택하여 붙여 넣기

클립보드에 복사한 내용을 다른 곳에 붙여 넣을 경우 셀의 특정 내용만 선택하여 붙여 넣으려면 [붙여 넣기] 명령 대신 [홈] → [클립보드] → [붙여넣기] → [선택하여 붙여 넣기] 메뉴를 선택한다.

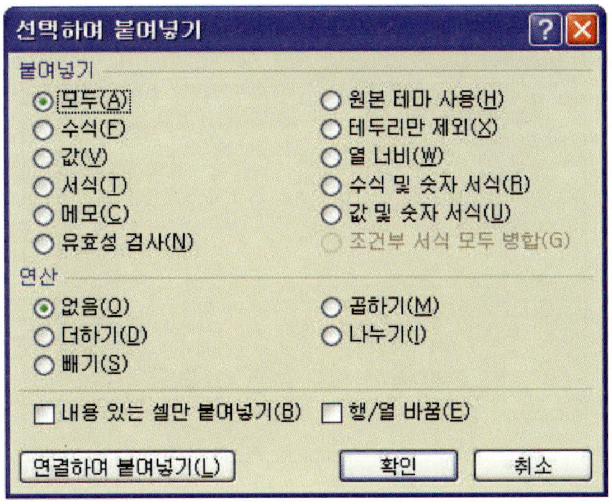

붙여 넣기 옵션	선택한 옵션에 해당하는 부분만 붙여 넣기
연산 옵션	• 붙여 넣기 할 부분의 기존 데이터와 해당 연산자로 계산하여 붙여 넣는다. • 수치 데이터끼리 연산되고, 문자 데이터는 기존의 데이터가 그대로 유지된다.
내용있는 셀만 붙여넣기	원본 범위에 공백 셀이 있는 경우 붙여 넣을 부분의 기존 데이터를 그대로 유지하고자할 때 선택한다.
행/열 바꿈	행과 열을 바꾸어서 붙여 넣기 할 때 선택한다.
연결하여 붙여넣기	원본 범위가 변경되면 붙여 넣기 한 부분의 데이터가 자동으로 다시 고쳐지도록 셀을 연결할 때 [확인]단추 대신 [연결하여 붙여 넣기] 단추를 누른다.

▶ 행과 열을 바꿔 복사

따라하기 »

① 복사할 부분을 범위로 지정한 다음 Ctrl + C(복사)를 누른다.

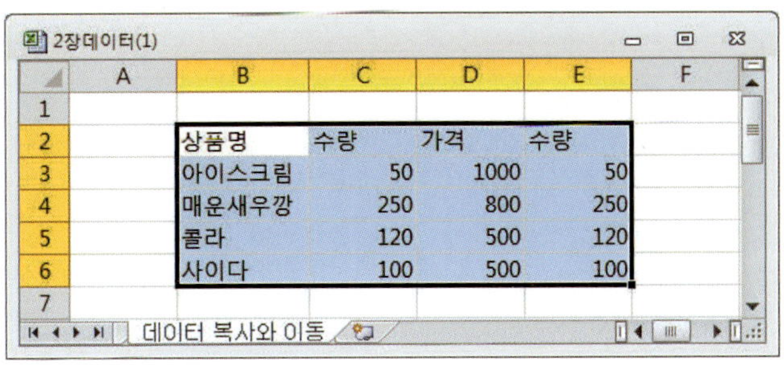

② 복사를 원하는 곳에 셀 포인터를 위치시킨 후 [홈] → [클립보드] →[붙여넣기] → [선택하여 붙여 넣기] 메뉴를 선택한다.

③ [행/열 바꿈]을 선택하고 [확인] 단추를 누른다.

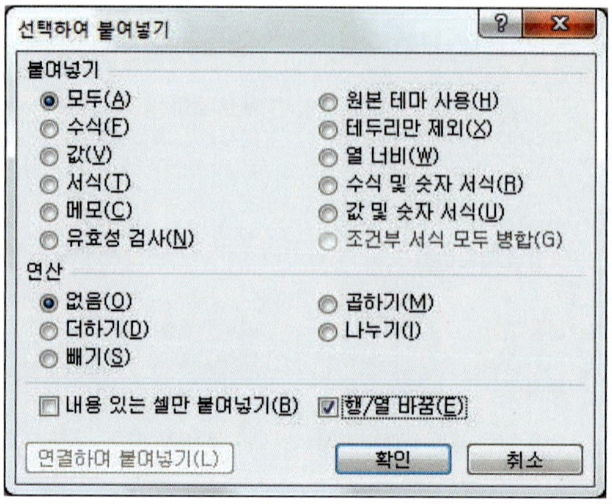

④ 행과 열이 서로 바뀌어 복사된다.

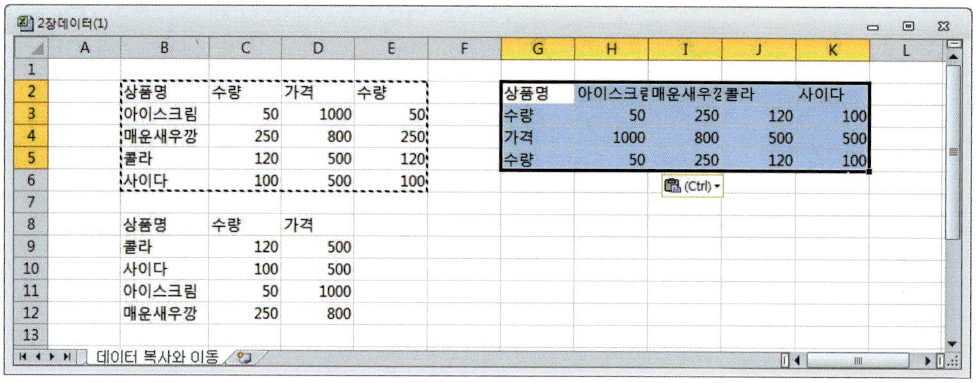

⑤ 복사 결과를 삭제하고 선택 범위에 지정된 서식이나 원본 수식을 무시하고 [값]만 붙여 넣어 상수로 만들어 보자.

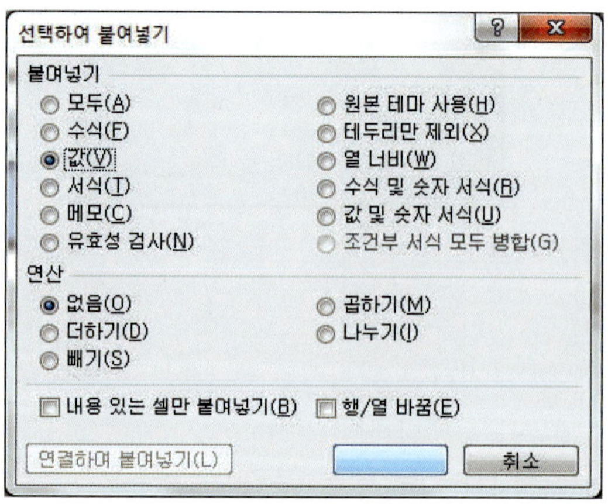

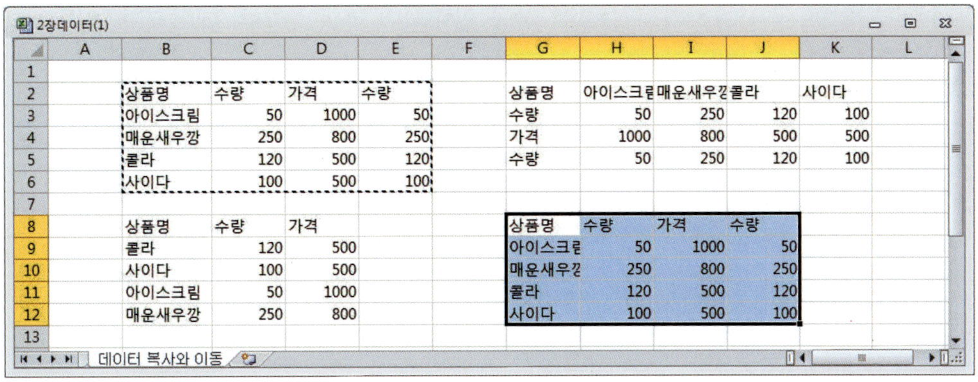

⑥ 복사 결과를 삭제하고 [홈] → [클립보드] → [붙여넣기] → [선택하여 붙여 넣기] 메뉴를 선택한 다음 [연결하여 붙여넣기] 단추를 눌러보자.

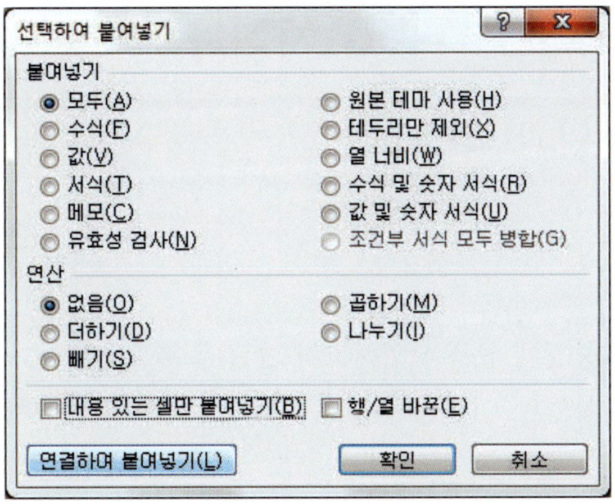

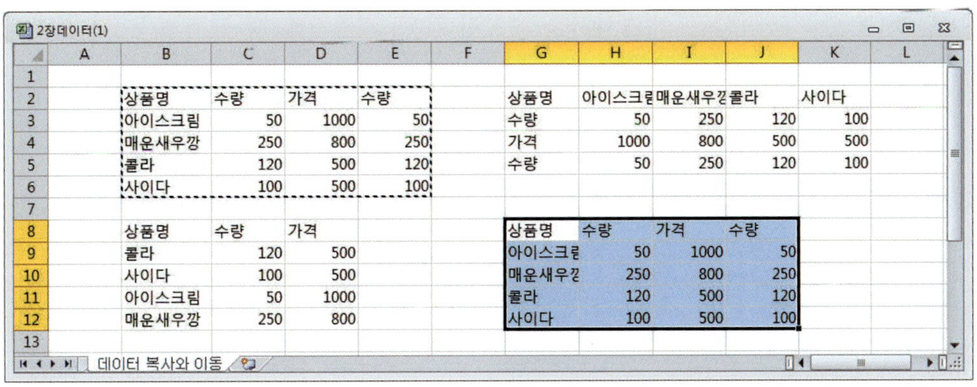

⑦ 원본 범위의 셀을 가리키는 수식이 자동 입력되어 원본 범위의 데이터가 변경되면 자동으로 데이터가 고쳐지도록 연결시켜 준다.

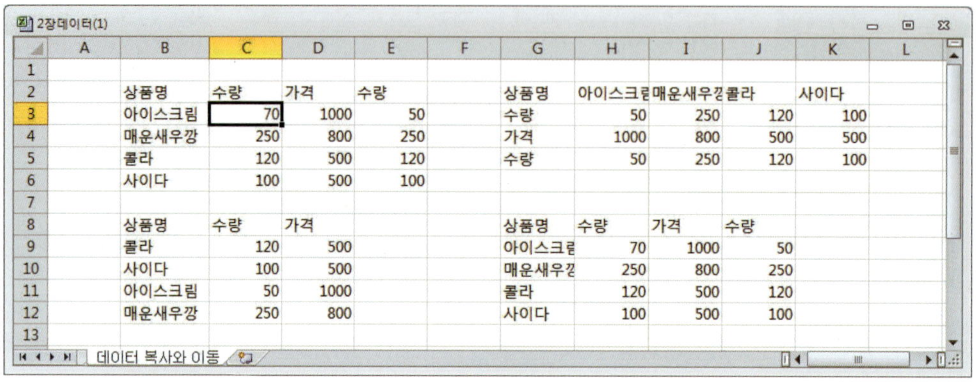

	A	B	C	D	E	F	G	H	I	J	K	L
1												
2		상품명	수량	가격	수량		상품명	아이스크림	매운새우깡	콜라	사이다	
3		아이스크림	70	1000	50		수량	50	250	120	100	
4		매운새우깡	250	800	250		가격	1000	800	500	500	
5		콜라	120	500	120		수량	50	250	120	100	
6		사이다	100	500	100							
7												
8		상품명	수량	가격			상품명	수량	가격	수량		
9		콜라	120	500			아이스크림	70	1000	50		
10		사이다	100	500			매운새우깡	250	800	250		
11		아이스크림	50	1000			콜라	120	500	120		
12		매운새우깡	250	800			사이다	100	500	100		
13												

7. 셀의 삽입과 삭제

7-1 셀 삽입

- 데이터를 입력한 중간에 셀을 삽입하고자 할 경우에 사용한다.
- [홈] → [셀] → [삽입] → [셀 삽입] 단추를 선택하여 여러 방법으로 셀을 삽입할 수 있다.
- 행/열 머리글을 이용하여 행/열 전체를 선택하고 [홈] → [셀] → [삽입] → [셀 삽입] 단추를 선택하면 [삽입] 대화상자를 거치지 않고, 자동으로 행 전체 또는 열 전체가 삽입된다.
- 임의의 행 또는 열에 셀 포인터를 위치한 후 [홈] → [셀] → [삽입] 메뉴의 [시트 행 삽입] 또는 [시트 열 삽입]을 선택하면 해당 행 전체 또는 열 전체가 삽입된다.

따라하기 »

① 다음과 같이 범위를 지정하고 [홈] → [셀] → [삽입] → [셀 삽입] 단추를 선택한다.

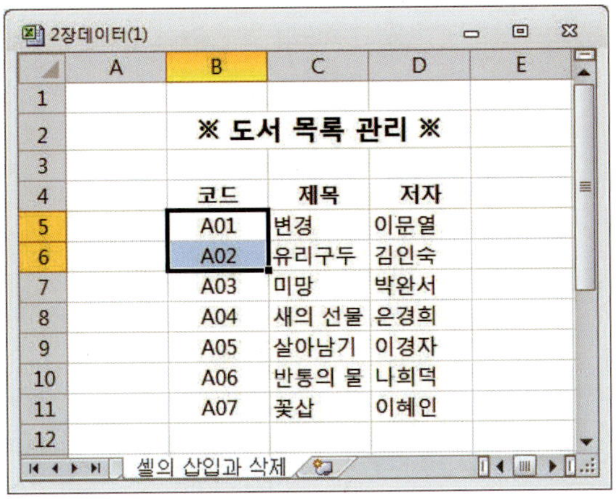

② "셀을 아래로 밀기" 옵션을 선택하고 [확인] 단추를 누르면 원래 데이터가 아래쪽으로 이동하고 선택한 범위에 셀이 삽입된다.

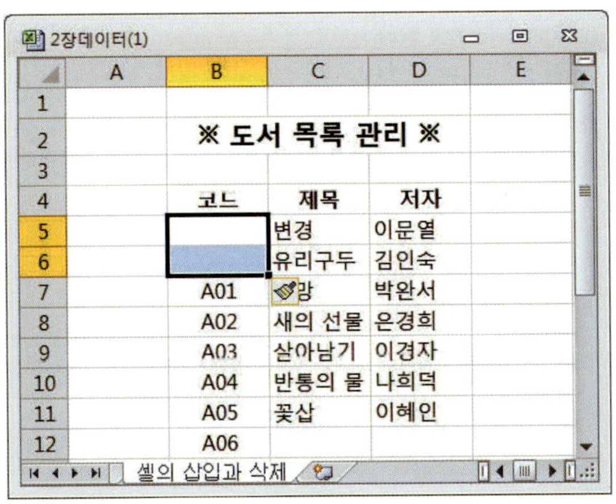

③ 삽입하려는 임의의 셀을 선택하고 [홈] → [셀] → [삽입] → [시트 열 삽입] 메뉴를 선택하면 해당 열 전체가 삽입된다.

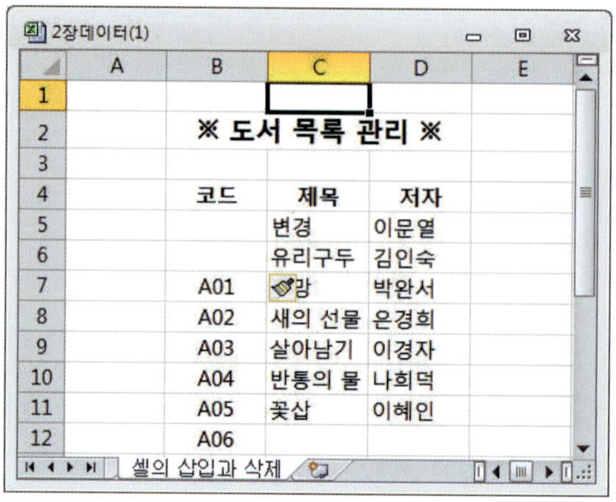

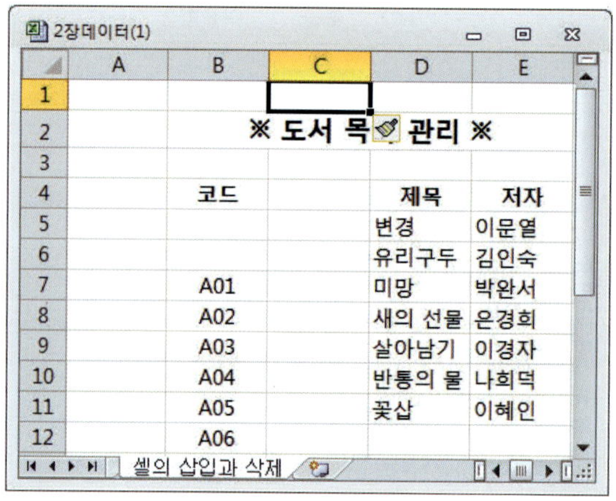

7-2 셀 삭제

[홈] → [셀] → [삭제] → [셀 삭제] 단추를 선택하여 임의의 셀이나 행 전체 또는 열 전체를 삭제한 후 삭제한 만큼 기존 데이터를 이동시키는 것으로, 삭제 옵션은 삽입 옵션과 유사하다.

따라하기 »

① C열 전체를 범위로 지정한 후 마우스 오른쪽 단추를 누르고 단축 메뉴에서 [삭제]를 선택하거나, [홈] → [셀] → [삭제] → [시트 열 삭제] 단추를 선택하면 열 전체가 삭제된다.

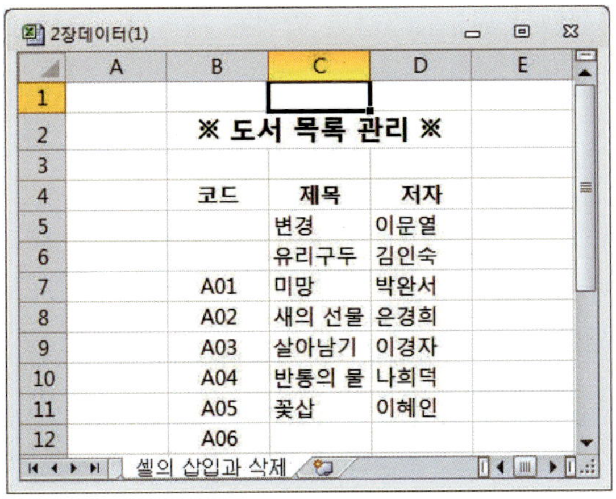

② "셀을 위로 밀기" 옵션을 선택하고 [확인] 단추를 누르면 선택 범위가 삭제되고 아래쪽의 데이터로 채워진다.

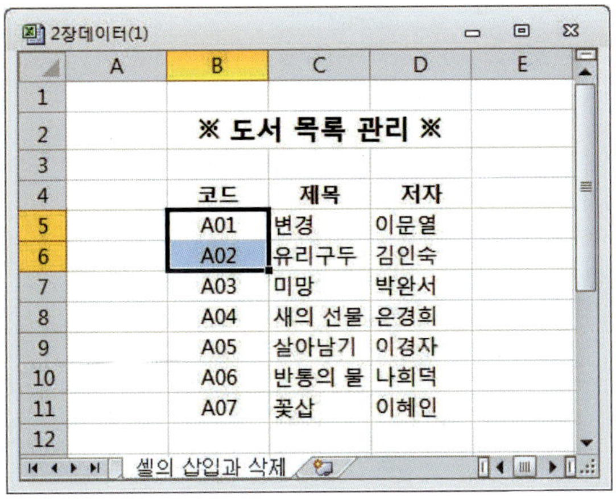

8. 행과 열의 폭 변경

8-1 마우스를 이용한 폭 변경

- 열 머리글 또는 행 머리글의 경계선 부분에 셀 포인터를 위치하면 마우스 포인터 모양이 변하고, 이때 마우스로 끌어서 열 너비나 행 높이를 임의로 변경한다.

- 열 머리글의 경계선에서 더블클릭하면 입력된 데이터 중에서 가장 길이가 긴 데이터에 자동으로 너비가 맞추어진다.
- 행 머리글의 경계선에서 더블클릭하면 글자 크기에 다라 행 높이가 자동으로 조정된다.
- 열이나 행의 폭을 0이 될 때까지 조정하면 열이나 행이 화면에서 숨겨진다.
- 열 너비에 따른 데이터 표시형식 : 입력한 데이터보다 열 너비가 작은 경우에 데이터 형식에 따라 다음과 같은 경우가 발생할 수 있는데, 이것은 열의 너비만 조정하면 자동으로 해결된다.

수치 데이터	• 자릿수가 많은 경우 지수 형식으로 표시될 수 있다.(23, 45E+02) • 통화나 콤마 서식 등을 지정하는 경우 셀 너비가 작으면 "####"로 표시된다.
문자 데이터	• 데이터 길이가 셀 너비보다 길면 오른쪽의 인접한 빈 셀을 빌려 그대로 표시된다. • 인접한 셀에 데이터가 입력되어 있는 경우 셀 너비만큼 잘려서 표시된다. • 화면 표시에 상관없이 실제 입력된 데이터는 변경되지 않는다.

따라하기 »

① 다음과 같은 워크시트를 작성한 후 조절하고자 하는 열과 다음 열의 머리글 경계선에 (B열과 C열 사이) 마우스 포인터를 위치시킨다.

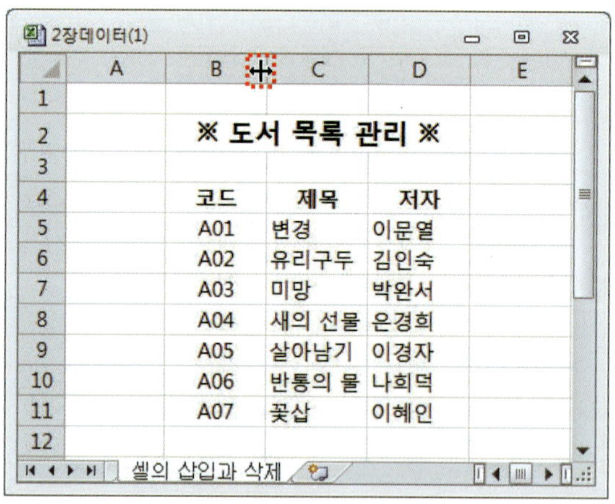

② 마우스 왼쪽 단추를 누른 채 끌기 하여 열 너비를 늘리거나 줄인다.

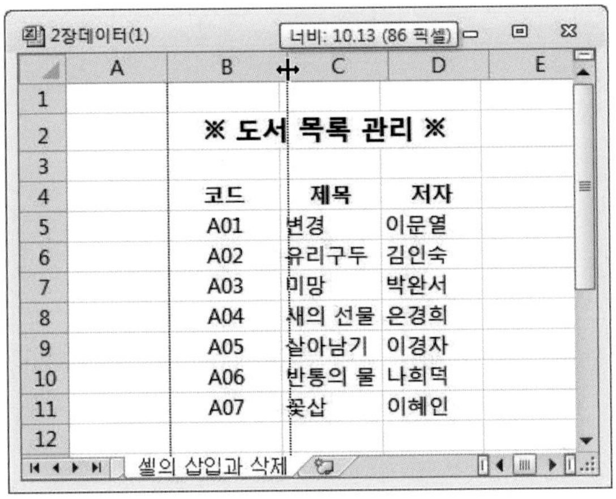

③ 열 머리글 경계선에서 마우스를 두 번 누르면 가장 긴 데이터의 길이에 따라 자동으로 너비가 조절된다.

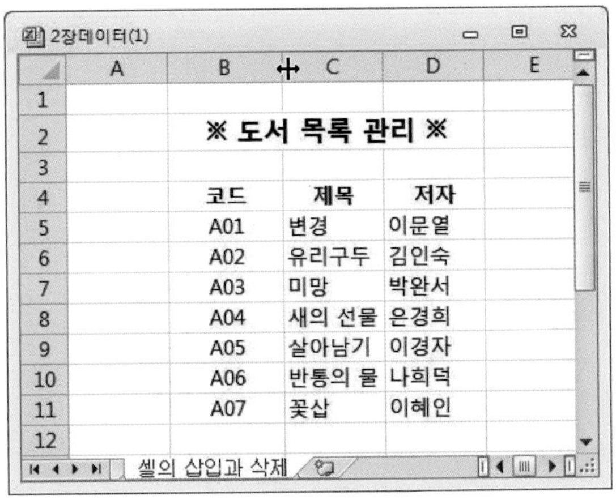

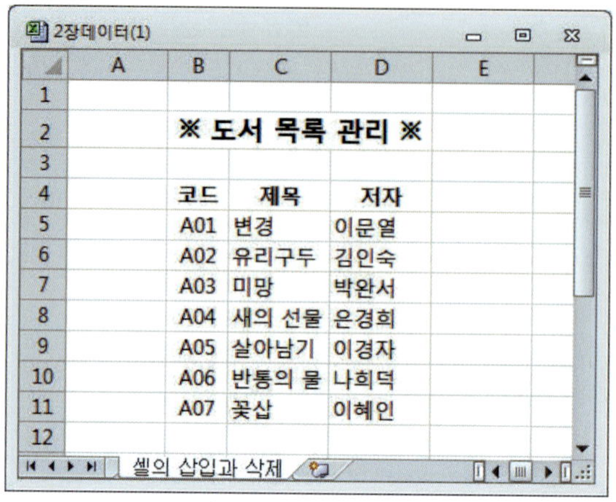

④ 여러 개의 열 전체를 범위로 지정하고, 마지막 열 머리글의 경계선을 끌어 조절하면 선택한 모든 열의 너비가 동일한 크기로 조절된다.

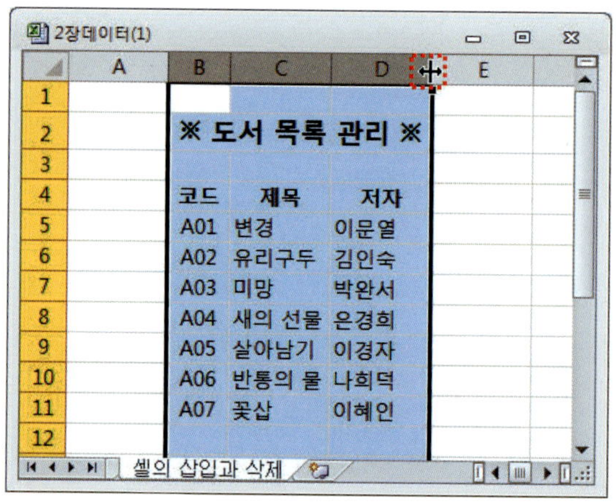

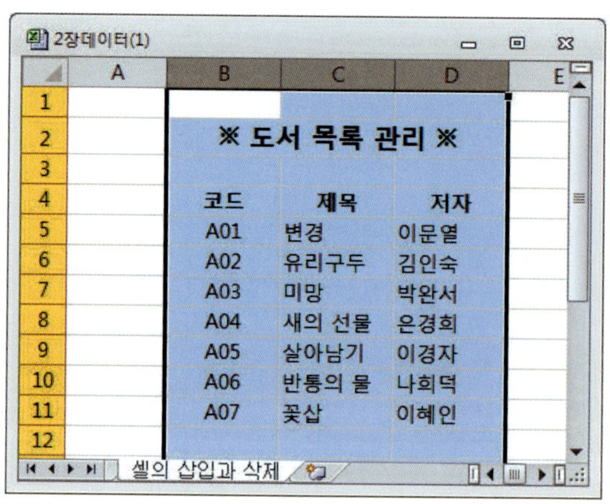

엑셀 노트 ▸▸▸

▶실행 취소와 재실행 도구

- 실행 취소 : 최근에 실행한 명령을 역순으로 취소한다.
- 재실행 : 실행 취소한 명령을 다시 실행한다.
- 실행 취소 또는 재실행할 명령이 최근 명령이면 도구를 마우스로 누르기하여 수행하고 여러 개의 명령을 한꺼번에 실행 취소하거나 재실행하려면 도구 옆의 화살표(▾)단추를 누르고 목록에서 원하는 만큼 선택한다.

8-2 메뉴를 이용한 폭 변경

▶ 행의 높이 조절

해당 행을 선택한 후 [홈] → [셀] → [서식] → [행 높이] 단추를 선택하여 여러 방법으로 행의 높이를 조정할 수 있다.

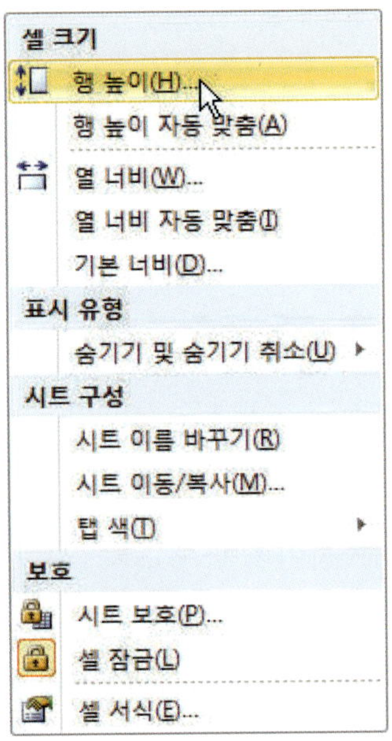

- 행 높이 : 행 높이를 포인터 단위로 지정한다.(0으로 입력하면 숨겨짐)
- 행 높이 자동 맞춤 : 글자 크기나 데이터의 길이에 따라 자동으로 높이를 조정한다.
- 숨기기 : 선택한 행을 화면에서 숨긴다.(높이에 0을 입력한 것과 동일한 결과를 얻음)
- 숨기지 취소 : 숨겨진 행을 다시 화면에 나타낸다.

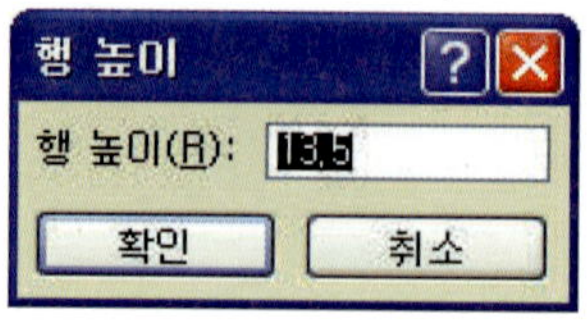

▶ 열의 너비 조절

해당 열을 선택한 후 [홈] → [셀] → [서식] → [열 너비] 메뉴를 선택하여 열 너비 조정 방식을 지정한다.

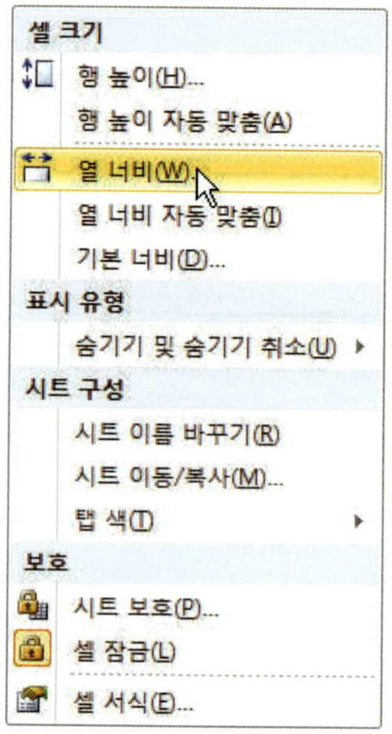

- 너비 : 열의 너비를 0에서 255사이의 문자수로 입력한다. (열의 너비가 0이면 숨겨짐)
- 열 너비 자동 맞춤 : 선택한 열의 가장 긴 데이터에 너비를 자동으로 맞춰준다.
- 숨기기 : 선택한 열을 화면에 보이지 않도록 숨긴다.
- 숨기지 취소 : 숨긴 열을 다시 화면에 나타낸다.
- 기본 너비 : 워크시트 모든 열의 너비를 기본 너비로 변경한다.

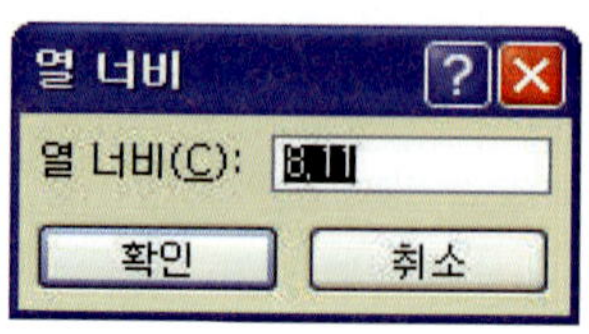

엑셀 노트 ▶▶▶

▶숨기지 취소

- 숨긴 행을 다시 나타내려면 숨긴 행의 위와 아래 행을 선택하고 [홈] → [셀] → [서식] → [숨기지 취소] 메뉴를 선택한다.
- 숨긴 열을 다시 나타내려면 숨긴 열의 왼쪽과 오른쪽 열을 선택하고 [홈] → [셀] → [서식] → [숨기지 취소] 메뉴를 선택한다.

9. 데이터 수정

전체 수정	셀 포인터를 해당 셀에 위치한 후 데이터를 다시 입력하면 새로운 데이터로 변경된다.
부분 수정	• 수식 입력줄을 클릭하여 수정한다. • 해당 셀에 셀 포인터를 위치한 후 기능키 F5를 누르고 셀에서 직접 수정한다. • 해당 셀을 더블클릭한 후 셀에서 직접 수정한다.

▶ 여러 개의 셀을 한번에 수정하거나 입력(Ctrl + Enter↵)

따라하기 »

① 다음과 같이 데이터를 입력한다.

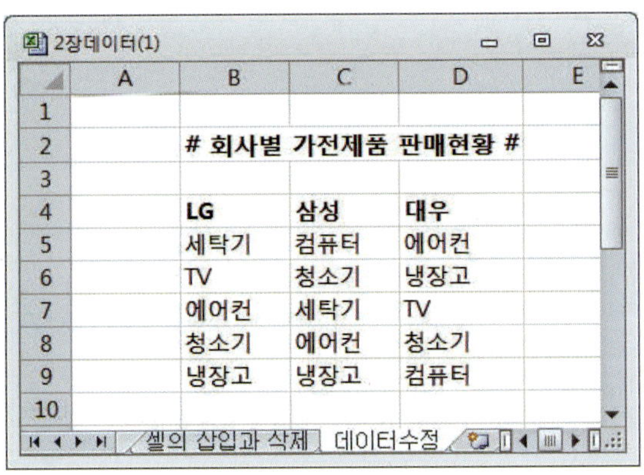

② "에어컨" 데이터 셀을 클릭하여 선택한 후 두 번째 셀부터 Ctrl을 누른 상태에서 클릭

하여 선택한다. 마지막 데이터를 선택한 후 바꿀 데이터 "노트북"으로 입력하고 Ctrl + Enter↵를 누른다.

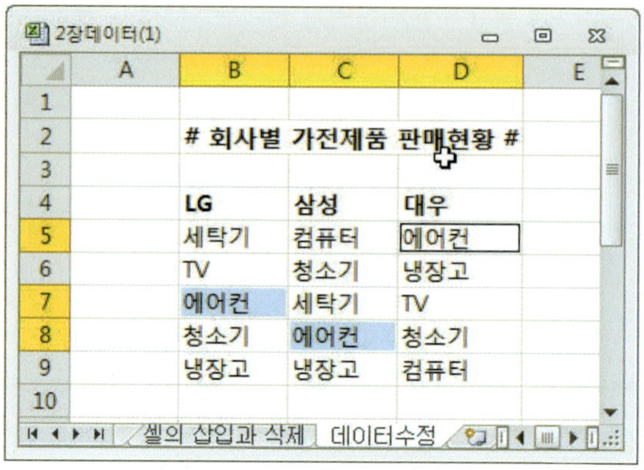

③ 선택 영역의 데이터가 모두 "노트북"로 변경된다.

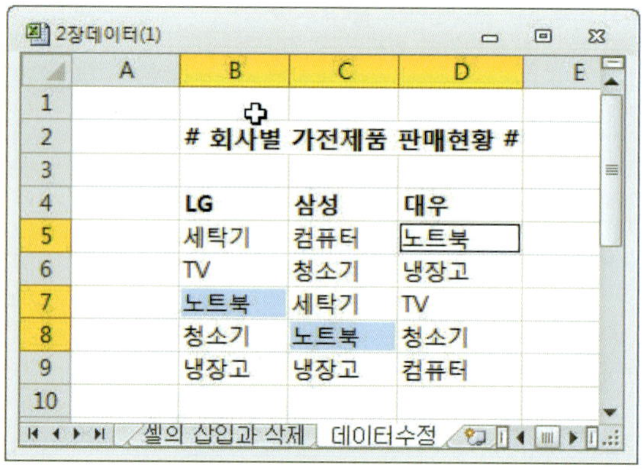

10. 셀의 선택과 범위 지정

- 데이터를 입력하거나 셀에 서식을 지정하려면 먼저 대상이 되는 셀이나 범위를 지정해야 한다. 마우스나 키보드를 사용하여 하나의 셀을 선택할 때는 선택한 셀을 클릭하기만 하면 되고, 연속된 셀 범위를 지정할 때는 마우스 끌기를 사용한다.
- 선택된 범위를 취소하려면 마우스로 임의의 셀을 클릭하거나 Esc를 누른다.

▶ 범위 선택 방법

단위 셀 선택	• 마우스로 이동하려는 셀을 선택한다. • 키보드의 방향키를 이용하면 상하좌우로 한 칸씩 이동한다. • Tab : 같은 행에서 왼쪽으로 한 칸 이동한다. • Shift + Tab : 같은 행에서 왼쪽으로 한 칸 이동한다.
연속된 셀 범위 선택	• 셀 범위의 첫 번째 셀에서 마지막 셀까지 마우스로 끌기하여 연속적인 범위를 선택한다. • 첫 번째 셀을 선택하고 Shift를 누른 채 마지막 셀을 선택하면 첫 번째 셀과 마지막 셀을 대각선으로 하는 연속적인 범위가 선택된다.
떨어진 셀 범위 선택	첫 번째 셀 범위를 지정하고 두 번째 범위부터 Ctrl을 누른 상태에서 지정한다.
행과 열 전체 선택	행 머리글이나 열 머리글을 사용하여 선택한다. Shift, Ctrl, 마우스 끌기 방법 등을 사용하여 여러 개의 행이나 열 전체를 선택할 수 있다.
워크시트 전체 선택	행 머리글이나 열 머리글에 있는 모두 선택 단추를 마우스로 누르면 워크시트 전체가 선택되어 반전된다.

따라하기 »

① 마우스 끌기를 사용하거나 시작 셀을 마우스로 클릭하고 Shift를 누른 상태에서 마지막 셀을 클릭하면 연속된 셀 범위를 선택할 수 있다.

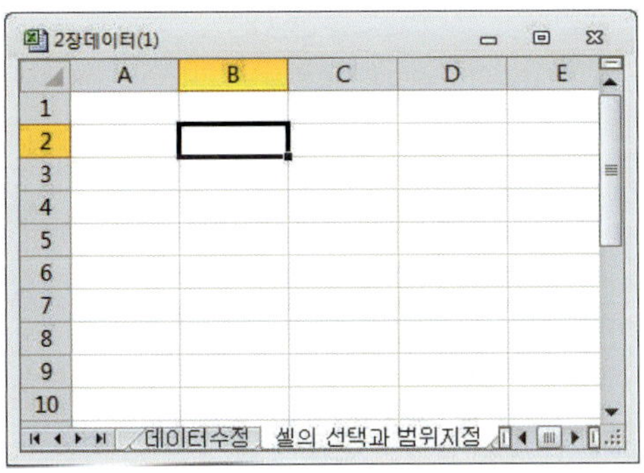

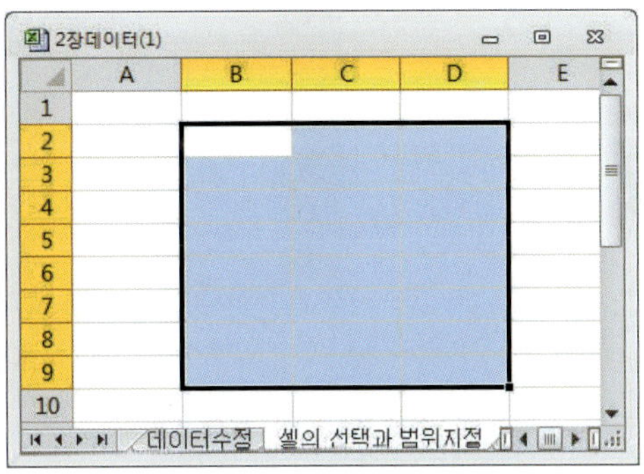

② 첫 번째 셀 범위를 마우스 끌기로 선택하고 두 번째 범위부터 Ctrl을 누른 상태에서 선택하면 서로 떨어진 셀을 선택할 수 있다.

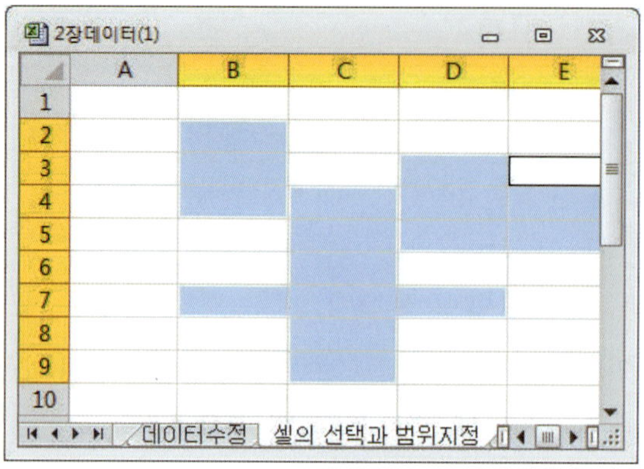

③ 행 머리글이나 열 머리글을 누르면 행/열 전체가 선택된다. 마우스 끌기와 Shift, Ctrl을 함께 사용하여 여러 개의 행이나 열 전체를 선택한다.

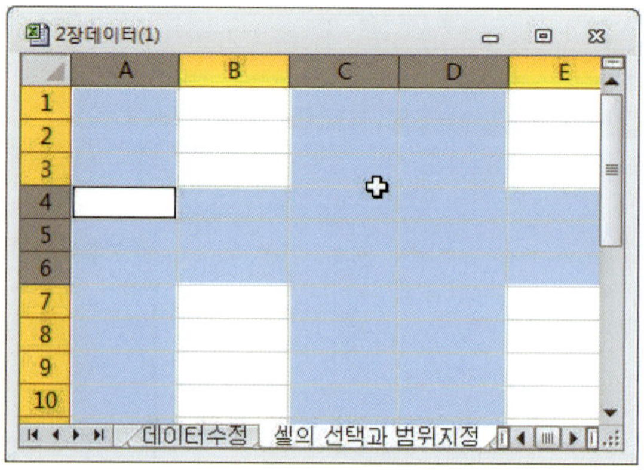

④ 전체 선택 단추를 클릭하면 워크시트 전체가 선택된다.

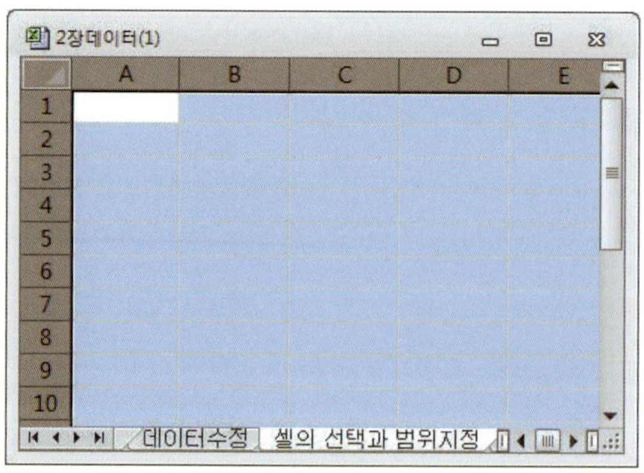

연습문제

EXERCISE

01 셀 이동 단축키에서 현재 워크시트의 마지막 행 셀과 열 셀로 이동하는 단축키는 무엇인가?

02 엑셀 2010에서 행 머리글과 열 머리글은 몇 개의 셀로 구성되어 있는가?

03 워크시트 삽입 단축키는 무엇인가?

04 다음의 데이터를 입력하고 시트 이름을 "소프트웨어 목록"으로 지정하시오.

2장(연습)

	A	B	C	D	E	F	G	H
1				교육용 소프트웨어 목록				
2								
3		코드번호	S/W명	개발회사	사용환경	구입가격	구입처	
4		S-JA-01	한국의 자연	아카데미	Windows XP이상	75000	대한소프트	
5		S-SA-10	GAMMA 사진 화보집	오넥스시스템	Windows XP이상	86000	상공문고	
6		S-MU-90	NEW 음악 이야기	상공미디어	Linux 9이상	39000	케이소프트	
7		S-TR-84	시베리아 횡단열차	채널미디어	윈도우 XP이상	220000	한국상사	
8		S-JA-32	오지의 세계	SoftLand	DVD롬, 플레이어	150000	한글자랑	
9		S-SA-17	문화의 향기	SG문화재단	매킨토시 7.5이상	50000	상공문고	
10		S-SE-39	한국의 바다	상공Pride&Soft	Windows XP 이상	66000	대한소프트	
11								
12								

Sheet1

05 다음의 데이터를 입력하시오.

2장(연습)

	A	B	C	D	E	F	G	H
3								
4		敎示(교시)	月	火	水	木	金	
5		1	국어	수학	국어	English	미술	
6		2	English	미술	English	국어	Computer	
7		3	수학	English	미술	Computer	수학	
8		4	Computer	국어	Computer	수학	국어	
9		5	미술	Computer	수학	미술	English	
10								
11								
12		문자 데이터 :	엑셀 2010	엑셀 2011	엑셀 2012	엑셀 2013		
13		숫자 데이터 :	2011	2012	2013	2014		
14		날짜 데이터 :	11-Aug-04	12-Aug-04	13-Aug-04	14-Aug-04		
15		시간 데이터 :	11시 30분	12시 30분	13시 30분	14시 30분		
16		특수기호 :	♡ 사랑 ♥					
17		한자입력 :	작성자 :	政(정)主(주)英(영)				
18								

Sheet1 데이터 입력

06 다음 데이터에서 [연속 데이터] 대화상자에서 방향 '열', 유형 "급수", 단계 값 "5"와 "−5"로 실습하고 차이점을 설명하시오.

07 채우기 핸들에 대하여 설명하시오.

08 친구 이름 10명을 사용자 지정 목록으로 작성하시오.

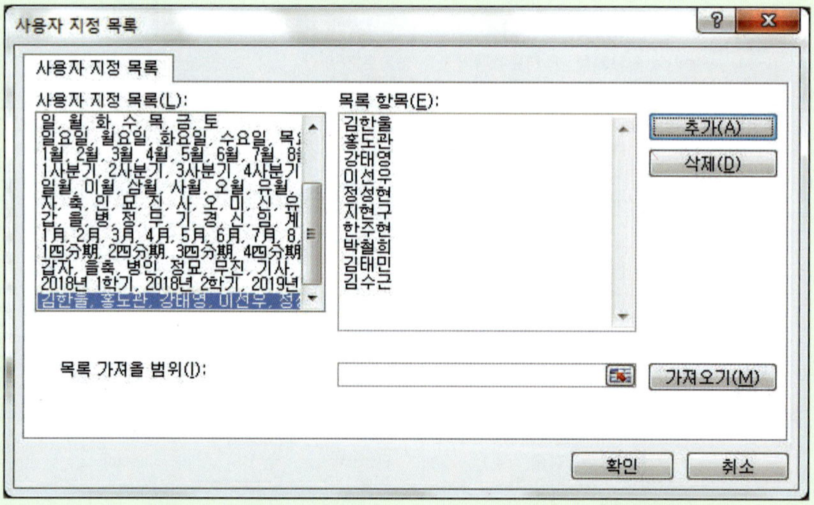

09 열의 너비를 조정할 때 열의 너비는 0에서 몇 개의 문자까지 입력이 가능한가?

10 여러 개의 셀을 한번에 수정하거나 입력하는 단축키는 무엇인가?

EXCEL

03
CHAPTER

데이터 입력과 표시형식

1. 표시 형식 설정
2. 사용자 지정 서식
3. 데이터 맞춤
4. 글꼴 서식
5. 테두리 서식
6. 채우기 서식
7. 서식 복사
8. 눈금선 표시 설정
9. 조건부 서식
10. 메모 삽입 / 편집 / 삭제

03 CHAPTER 데이터 입력과 표시형식

1. 표시 형식 설정

셀이나 셀 범위를 지정하고 [홈] → [표시형식]( ) 메뉴를 선택하면 [셀 서식] 대화상자가 나타난다. 대화상자의 [표시 형식] 탭에서 데이터를 화면에 표시하는 형식을 지정한다.

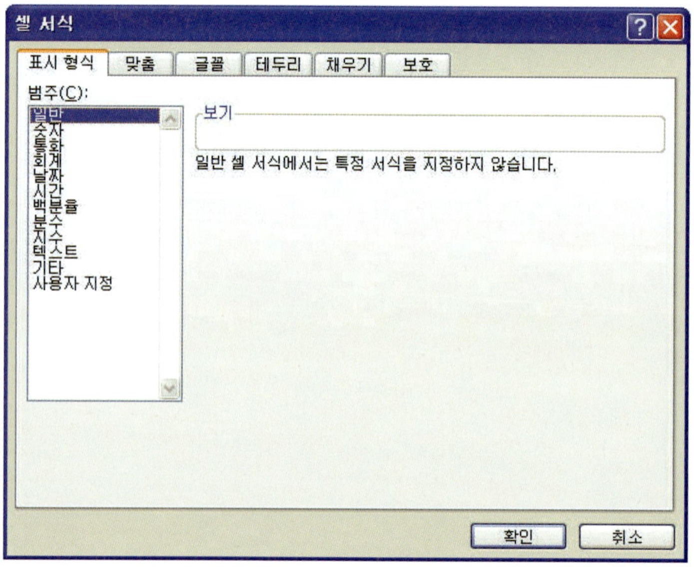

▶ 일반 서식

- 셀의 서식을 변경하지 않는 한 기본적으로 지정되는 서식이다.
- 셀의 서식을 변경한 후 원래 상태로 되돌리기 위해서 일반 서식을 지정할 수 있다.
- 하나의 셀에 표시하기에 긴 숫자 데이터는 지수 형식으로 표시한다.

▶ 표시 형식의 종류

일반	셀의 서식을 특별히 바꾸지 않는 한 엑셀에서 일반적으로 지정되는 서식
숫자	소수점 이하 자릿수, 천 단위 구분기호, 음수 표시 형식 등을 지정
통화	숫자 앞에 통화 표시를 하고, 천 단위 구분기호를 붙임
회계	회계 업무 서식을 적용
날짜	날짜 표시형식을 지정
시간	시간 표시형식을 지정
백분율	숫자를 백분율로 표시
분수	분수 표시 형식을 지정
지수	지수 형식으로 숫자 데이터를 표시
텍스트	입력 내용을 문자로 취급하여 셀의 오른쪽을 기준으로 표시 (단, 데이터 표시형식을 문자로 취급할 뿐 데이터 성격은 여전히 숫자임)
기타	숫자를 입력하면 우편번호나 전화번호와 같은 특별한 형식으로 입력해줌
사용자정의	사용자가 서식 코드를 정의하여 새로운 서식을 생성

엑셀 노트 ▸▸▸

▶오류값 "####"

- 수치 데이터에 서식을 지정하게 되면 콤마(,)나 퍼센트 기호(%)등이 추가되어 열의 너비가 모자라는 경우가 있다. 이런 경우 "####"으로 데이터가 표시된다.
- 오류값 "####"가 표시될 경우 열의 너비를 늘려주면 정상적으로 데이터가 표시된다.

▶ 표시 형식 단추 사용

엑셀 2010은 표시 형식 단추에 실시간으로 미리 표시한다. 표시 형식 단추에 표시되는 11가지 형식을 실습한다.

따라하기 »

① C열에는 지정된 표시 형식으로 표시하고 있다.

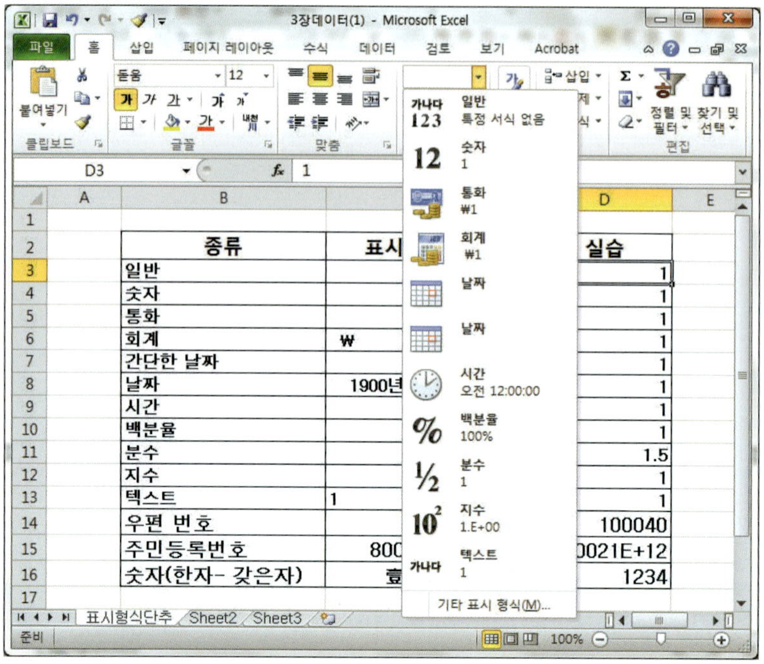

② D열에 실습을 한다. D3 셀을 선택한다.

③ [홈] 탭의 "표시 형식" 단추를 클릭한다. 현재 선택된 셀의 값을 실시간으로 각각의 형식으로 보여준다. 차례대로 선택해서 실습한다.

④ 우편 번호, 주민등록번호, 숫자를 한글 또는 한자로 표시할 수 있다. D14 셀을 선택한다.

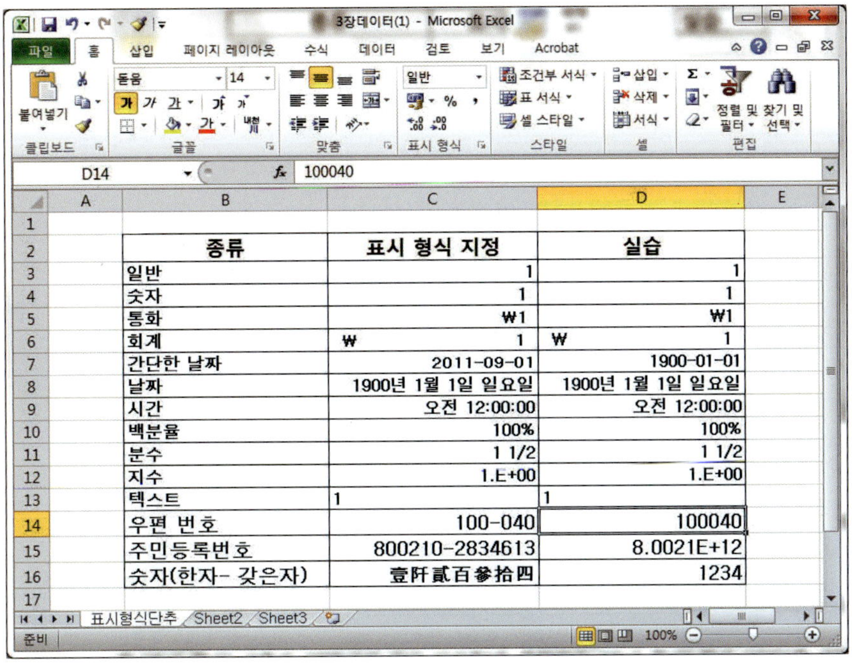

⑤ [표시 형식] 그룹의 "대화상자 표시 아이콘"을 클릭하고, [표시 형식] 탭의 "기타"를 선택한다.

⑥ 우편번호부터 숫자(한글)까지 종류가 있다. 이들을 각각 선택하여 기타 효시 형식을 지정할 수 있다.

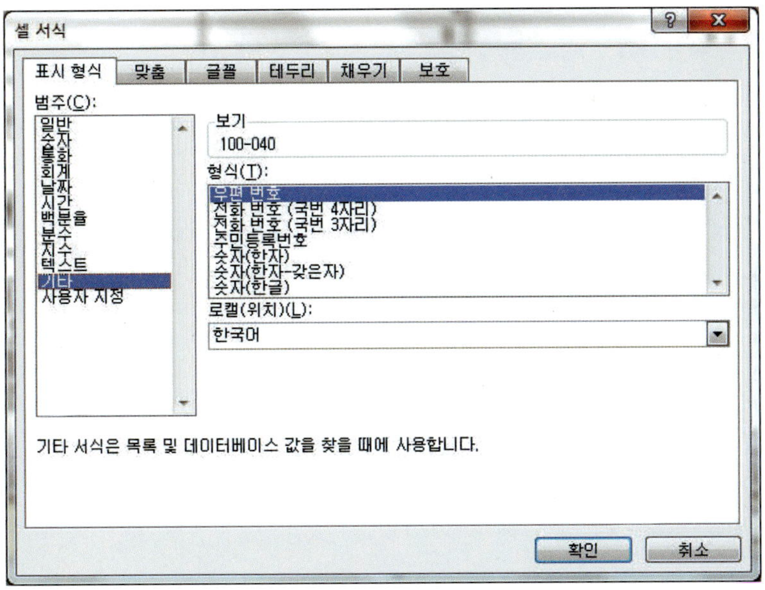

2. 사용자 지정 서식

[홈] → [표시 형식] 메뉴를 선택한 후 [표시 형식] 탭의 종류에서 "사용자 지정" 항목을 선택하면 형식 입력란에 직접 코드를 입력하여 서식을 지정할 수 있다.

2-1 서식 코드의 기본 형태

_-* #,##0	;	-* #,##0	;	_-* "-"_-	;	_-@_-
양수		음수		0값		문자

콜론(;)으로 구분되는 네가지 형식이다. 처음은 양수, 두 번째는 음수, 세 번째는 0, 네 번째는 문자 부분이다. #과 0은 숫자를 표시하는 기호이다. @는 문자를 표시한다. _-은 한 칸의 공백이다.

- 제공된 서식 종류로는 데이터를 나타낼 수 없을 경우에 사용한다.
- 네 개의 구역을 세미콜론(;)으로 구분하여 정의한다.
- 처음은 양수, 두 번째는 음수, 세 번째는 0, 네 번째는 문자 부분이다.
- #과 0 : 숫자, @ : 문자, _- : 한칸의 공백을 표시한다.
- 쉼표(,)는 천 단위 기호, * 기호 다음에 공백이 있으면 데이터가 있는 부분까지 모두 공백으로 처리한다.
- 구역을 생략하려면 세미콜론(;)만 입력한다.

① 양수 부분 : _-* #,##0_-

양쪽 끝부분의 _- 기호는 좌우 한 칸의 공백이다. * 기호 다음에 공백이 있으므로 숫자가 있는 부분까지 모두 공백으로 표시한다. #,##0은 천 단위마다 쉼표를 넣고 0일 때는 0으로 표시한다.

② 음수 부분 : -* #,##0_-

가장 앞쪽에 - 기호를 표시한다. 나머지는 양수 부분과 같다. _--* #,##0_- 처럼 가장 앞쪽에 한칸의 공간을 두는 것이 좋다. 아니면 * -#,##0_- 처럼 숫자 앞에 - 기호를 넣는 것이 좋다.

③ 0 부분 : _-*"-"_-

셀의 값이 0일 때는 - 기호로 표시한다. 0일 때 0으로 표시하려면 _-*0_- 처럼 만든다.

④ 문자 부분 : _-@_-

앞 뒤 모두 한칸의 공간을 두고 문자를 표시한다.

따라하기 »

① 네 개의 셀이 선택된 상태로 [셀 서식] 대화상자에서 사용자 지정을 선택하고 "_-* #,##0_-;_-* -#,##0_-;_-* 0_-;_-@_-"으로 수정한다.

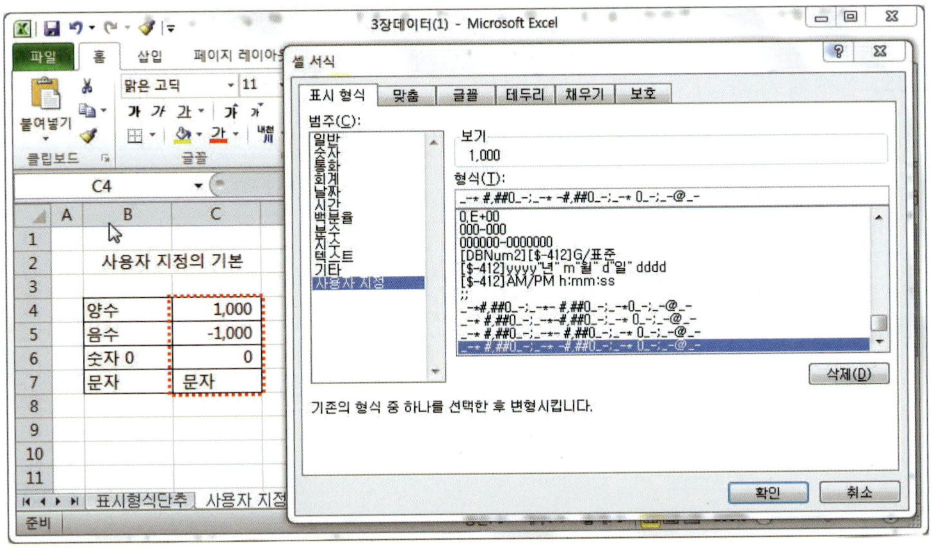

POINT ▸▸▸

#과 0은 둘다 숫자를 표시하지만 0 일 때 #은 표시하지 않고 0은 0을 표시한다. "_-* #,##0_-;_-* #,##0_-;_-* #_-;_-@_-"으로 사용자 지정을 적용하면 0을 표시하지 않는다.

▶사용자 지정 서식코드

서식코드	의 미
#	유효한 자릿수를 표시하는 것으로 유효하지 않은 0은 표시하지 않음
0	0값을 자릿수만큼 표시
,	천 단위 구분기호를 표시
색 지정	색 이름을 대괄호로 묶어 코드 첫 부분에 표시
yy, mm, dd	날짜 데이터의 연, 월, 일 부분을 지정한 자릿수대로 표시
hh, mm, am/pm	시간, 분, 오전/오후를 표시
@	문자 데이터 표시 위치를 지정
*	문자를 반복하여 열의 너비만큼 채움

▶ 양수와 음수에 색과 기호 삽입

표시 형식을 만들어 글꼴에 색을 넣을 수 있고 "▲", "▼" 등의 기호도 넣을 수 있다. 양수일 때는 파랑색으로 표시하고 숫자 앞에 "▲" 기호를 넣고 음수 일 때는 빨강색으로 표시하고 "▼" 기호를 넣는 표시 형식을 작성한다.

따라하기 »

① 세 개 셀(A1, A2, A3)을 선택하고 [셀 서식] 대화상자를 실행한다.

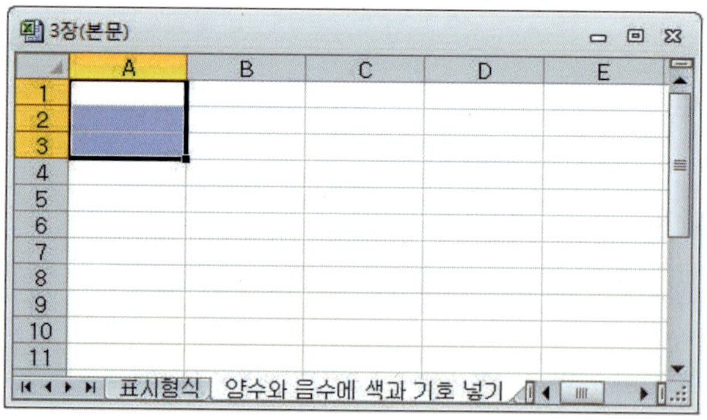

② 사용자 지정으로 형식 상자에 "[파랑]"ㅁ""을 입력하고 한자 키를 누르고, 기호가 나타나면 "▲" 기호를 선택한다.

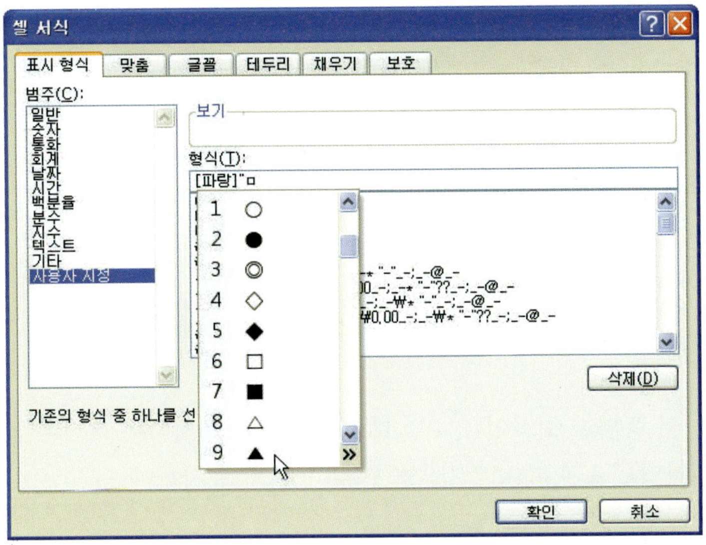

③ [파랑]"▲"#,##0;[빨강]"▼"#,##0 형식을 입력하고, [확인]을 클릭한다.

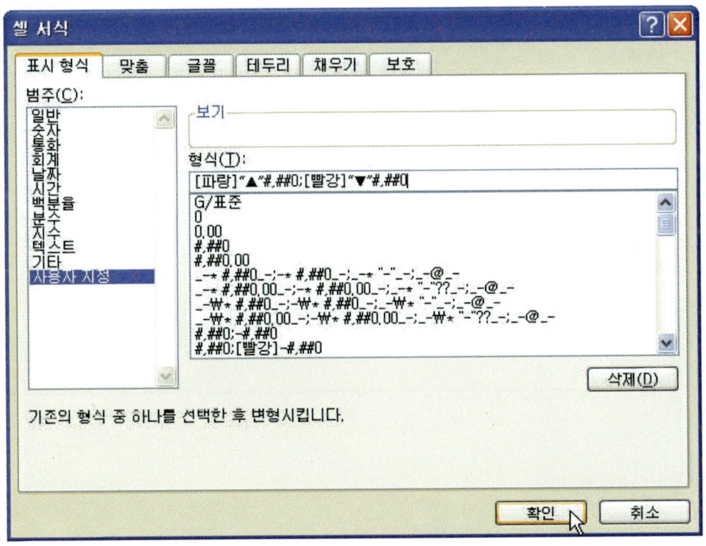

④ A1 셀에 "999", A2 셀에 "−999", A3 셀에 "0"을 입력한다.

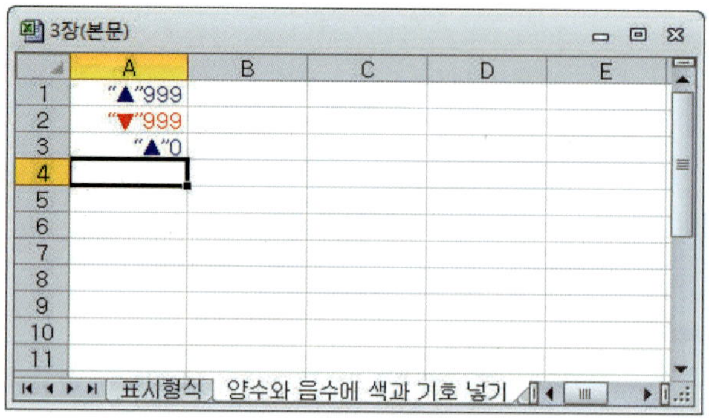

⑤ 양수, 0 둘 다 동일한 형식이다. 0일 때 그냥 0으로 표시하는 형식은 끝 부분에 ";0"을 입력하여 [파랑]:"▲"#,##0;[빨강]"▼"#,##0;0으로 표시한다.

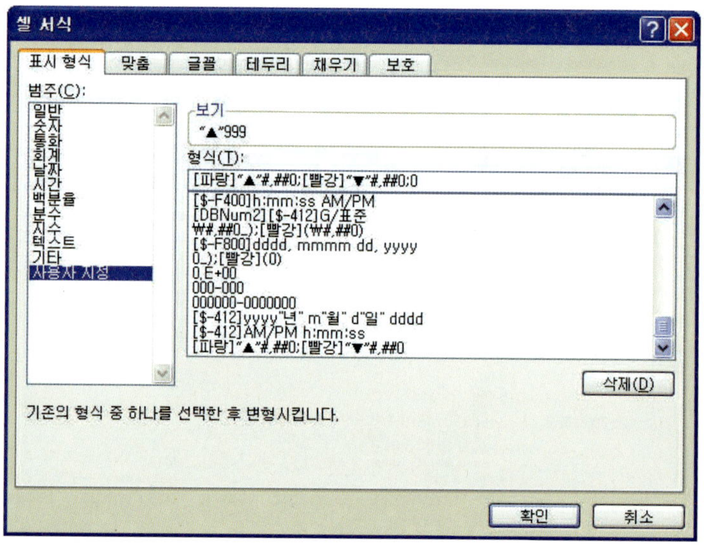

⑥ [확인]을 클릭한다.

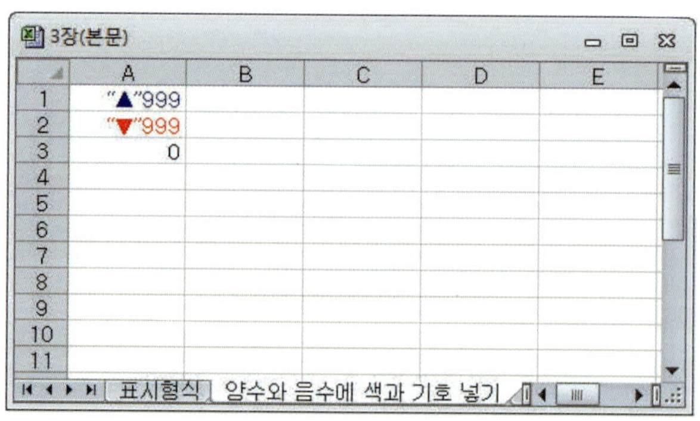

▶ 2011-01-01(토) 형식

연월일을 만드는 기호는 년은 "yyyy", 월은 "mm", 일은 "dd"로 표시한다. 한글 요일은 "aaa"는 월, 화, 수 등으로 표시하고, "aaaa"는 월요일, 화요일, 수요일 등으로 표시한다. 영어는 "ddd"와 "dddd"로 표시한다. 요일을 괄호 안에 넣고 싶으면 괄호 안에 "(aaa)"로 표시한다. 2011-01-01(토)형식은 yyyy-mm-dd(aaa)로 표시한다.

따라하기 »

① 네 개 셀(A1, A2, A3, A4)을 선택하고 [셀 서식] 대화상자를 실행한다.

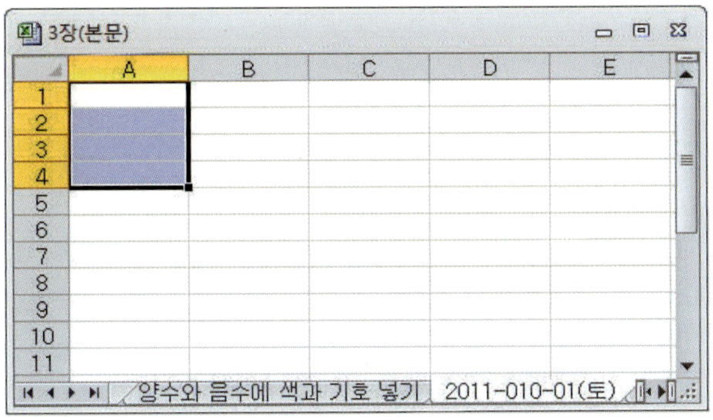

② 사용자 지정으로 형식 상자에 "yyyy-mm-dd(aaa)" 형식을 입력하고, [확인]을 클릭한다.

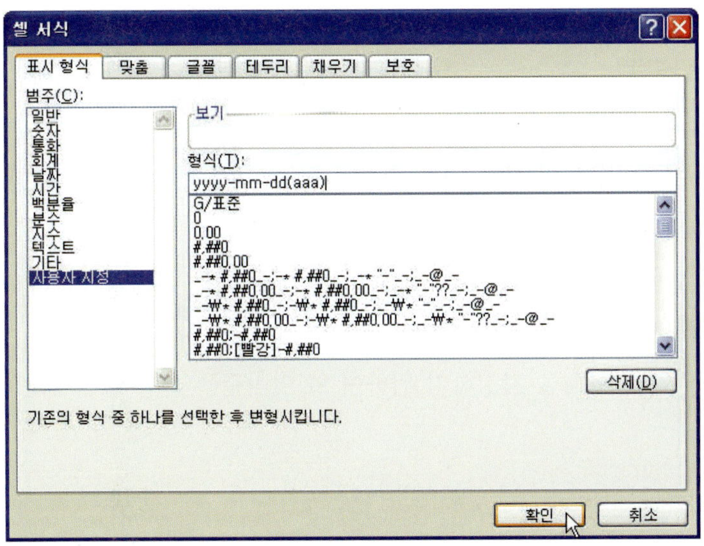

③ A1과 A 셀에 "11-1-1"을 입력하고, A2 셀에 표시형식을 yyyy-mm-dd(aaaa)으로 수정하면 완전한 요일을 표시한다.

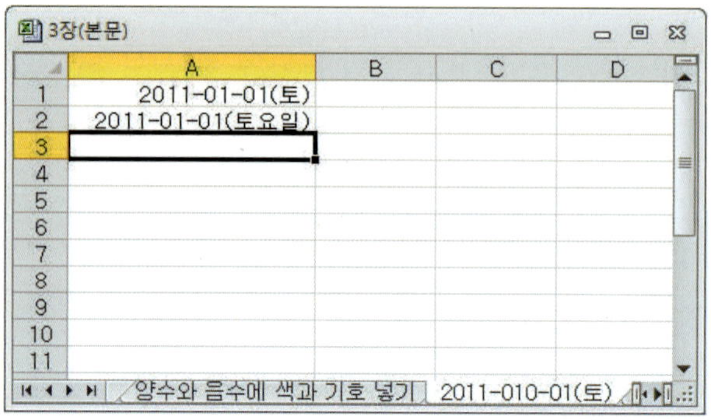

④ A3 셀에 "yyyy-mm-dd(aaa)", A4 셀에 "yyyy-mm-dd(dddd)"형식으로 수정한다.

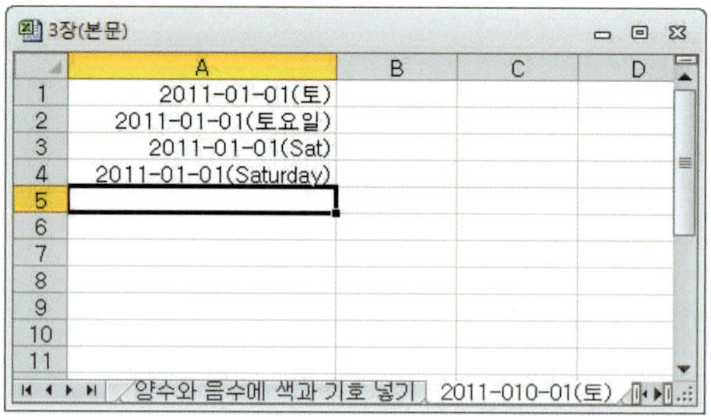

▶ **사번 000000 형식**

주민등록번호 앞부분은 000000 출생 연월일이다. 이처럼 사번 같은 것도 입사연월에 번호를 붙여 만들 수 있다. 이와 같이 어떤 정보를 담고 있을 때는 항상 정확한 자릿수로 입력해야 한다. 000000와 같이 여섯 자리의 형식을 작성한다.

따라하기 »

① A열 전체에 사번 형식을 지정하기 위하여 열 머리글을 클릭 열전체를 선택한다.

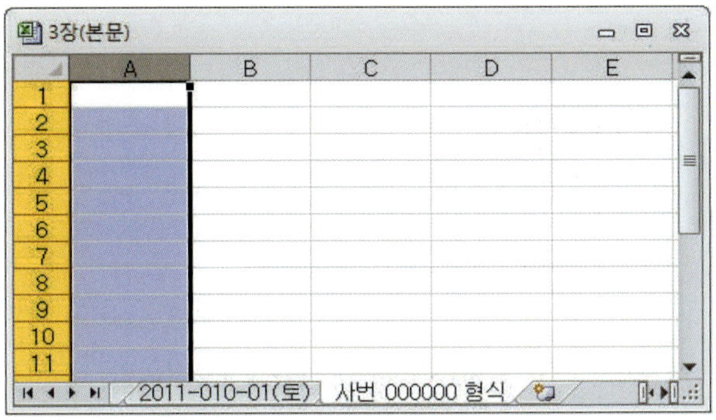

② [홈] → [표시형식] 그룹의 "대화상자 표시 아이콘"을 클릭하고, 셀 서식 대화상자가 나타나며 사용자 지정을 선택한다.

③ 형식 상자에 "000000" 형식을 입력하고, [확인]을 클릭한다.

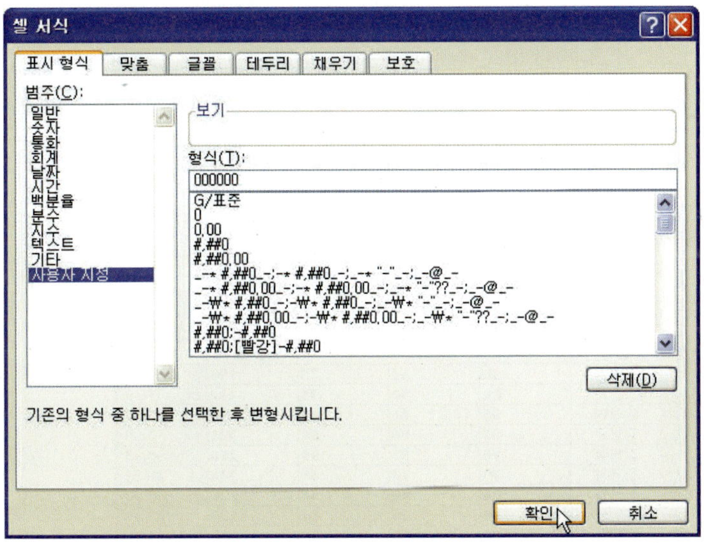

④ "1"을 입력하면 000001로 표시한다.

⑤ "010101"을 입력하면 "080101"로 표시한다.

⑥ "090203"을 입력하면 "090203"으로 표시하고, 수식 입력 줄에는 "90203"이 된다.

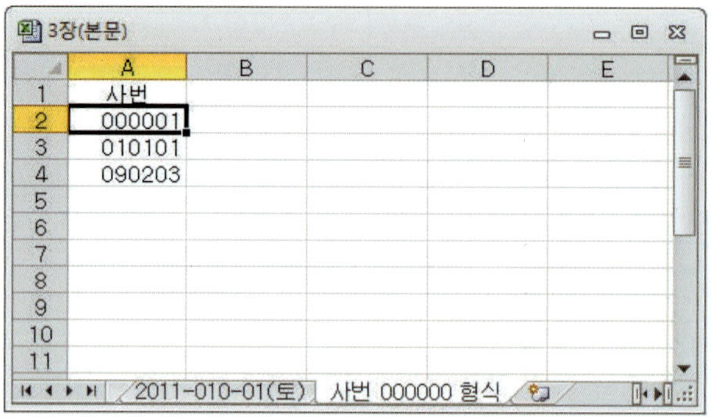

▶ **70이상은 합격 아니면 불합격 형식**

70이상은 합격 아니면 불합격을 표시형식을 이용하여 표시 할 수 있다. 조건은 [>=70] 이와 같이 대괄호 안에 넣는다. [>=70]"합　격" #;"불합격" 이렇게 만들면 70점 이상은 "합격 75"로 점수까지 표시되고, 아니면 불합격으로 점수가 표시되지 않는다.

따라하기 »

① 평균 필드 머리글부터 클릭해서 데이터를 전부 선택한다.

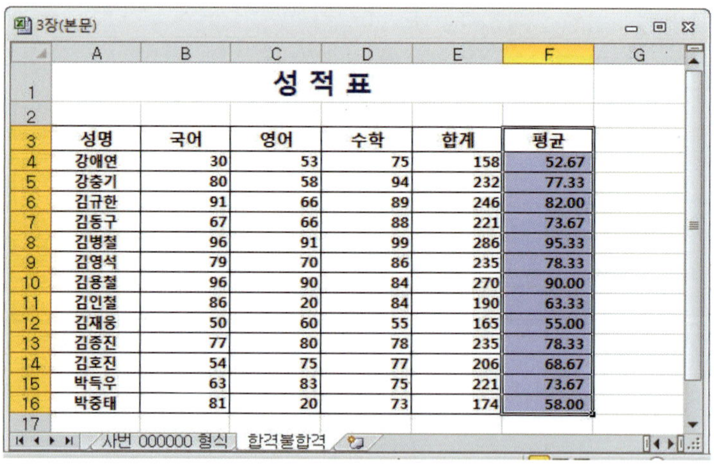

② [홈] 탭의 표시형식의 "대화상자 표시 아이콘"을 클릭하고, [셀 서식] 대화상자가 나타나면 "사용자 지정"을 선택한다.

③ 형식 상자에 [>70=]"합　격" #;"불합격" 형식을 입력하고 [확인]을 클릭한다.

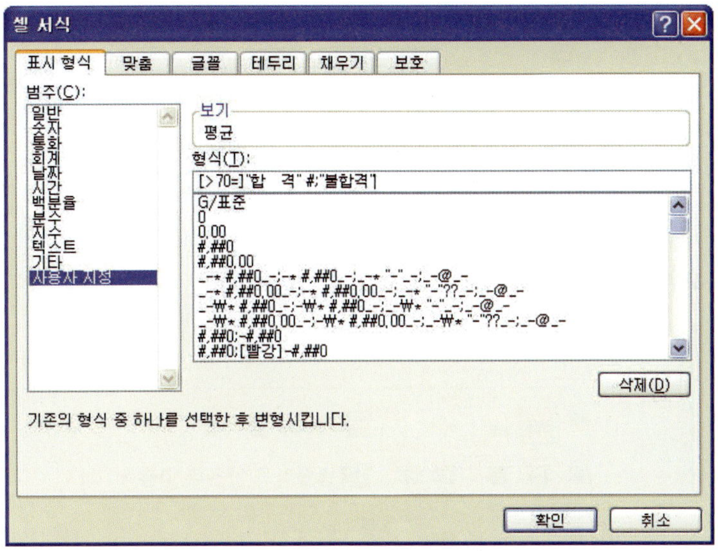

④ 70 이상일 때는 합격 다음에 점수까지 표시하고, 아니면 불합격만 표시한다.

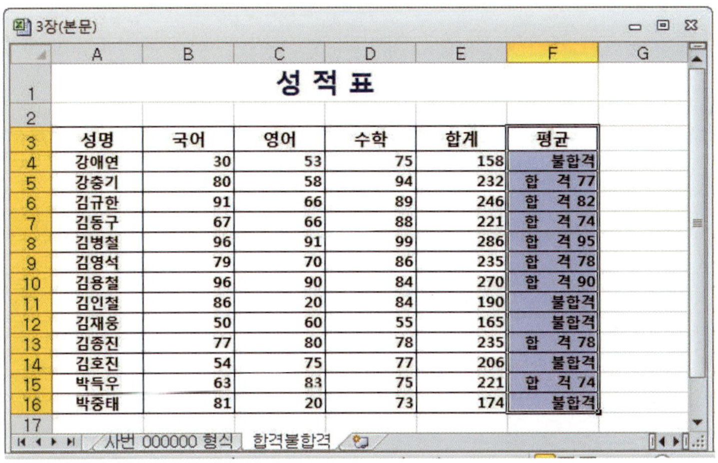

성 적 표

성명	국어	영어	수학	합계	평균
강애연	30	53	75	158	불합격
강충기	80	58	94	232	합 격 77
김규한	91	66	89	246	합 격 82
김동구	67	66	88	221	합 격 74
김병철	96	91	99	286	합 격 95
김영석	79	70	86	235	합 격 78
김용철	96	90	84	270	합 격 90
김인철	86	20	84	190	불합격
김재웅	50	60	55	165	불합격
김종진	77	80	78	235	합 격 78
김호진	54	75	77	206	불합격
박득우	63	83	75	221	합 격 74
박중태	81	20	73	174	불합격

3. 데이터 맞춤

3-1 맞춤

기본적으로 워크시트에 입력되는 문자 데이터는 왼쪽 맞춤, 숫자와 날짜 데이터는 오른쪽 맞춤이 적용되는데, 맞춤 형식을 쉽고 빠르게 변경하려면 맞춤 관련 아이콘을 사용하면 된다.

- 위쪽/가운데/아래쪽 맞춤 : 데이터를 셀의 위쪽/가운데/아래쪽을 기준으로 맞춘다.
- 방향 : 대각선이나 세로 방향으로 텍스트를 회전한다.
- 텍스트 왼쪽/가운데/오른쪽 맞춤 : 데이터를 셀의 왼쪽/가운데/오른쪽을 기준으로 맞춘다.
- 내여쓰기/들여쓰기 : 셀 왼쪽에서 데이터를 한 문자 단위로 들여쓰기하거나 들여쓰기 한 것을 다시 원래 상태로 내어쓰기 한다.
- 텍스트 줄바꿈 : 여러 줄에 내용을 표시하여 셀에 모든 내용을 표시한다.
- 병합하고 가운데 맞춤 : 여러 셀을 하나로 합한 다음 가로, 세로 맞춤을 모두 가운데로 지정한다.

3-2 가로 · 세로 텍스트 맞춤

셀의 너비와 높이에 맞추어 데이터를 가로, 세로 방향으로 정렬하는 방식이나 문자열의 입력방향 등을 지정한다. 변경할 범위를 지정하고 [홈] → [맞춤] 그룹의 “대화상자 표시 아이콘”( )을 선택한 후 [셀 서식] 대화상자의 [맞춤] 탭에서 지정한다.

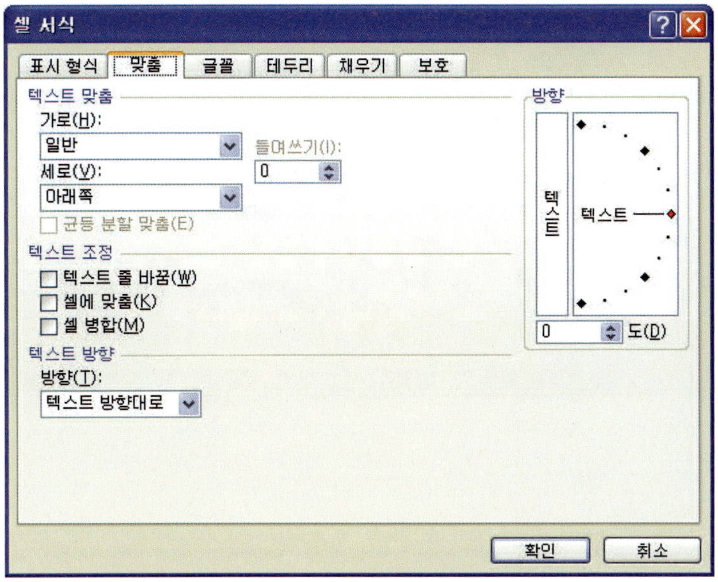

3-3 문자열 조정 방식

텍스트 줄 바꿈	• 열의 너비에 따라 문자열을 한 셀에 여러 줄로 표시 • 열의 너비가 입력된 문자열을 모두 표시할 수 있으면 의미가 없음
셀에 맞춤	• 문자열의 글꼴 크기를 줄여 한 셀에 문자열을 모두 표시 • 원래 글꼴 크기는 영향을 받지 않으므로 셀에 맞춤 확인란을 선택 해제하면 원래 상태로 복원됨
셀 병합	• 여러 개의 셀을 하나로 합해줌 • 병합된 셀의 셀 주소는 선택 범위 첫 셀의 주소가 됨 • 병합된 셀을 다시 원래대로 나누려면 병합 확인란을 선택 해제하면 됨
들여쓰기 내어쓰기	• 셀 왼쪽에서 지정한 문자 수 만큼 셀 내용을 들여쓰기 함 • 셀 오른쪽에서 지정한 문자 수 만큼 셀 내용을 내어쓰기 함
텍스트 방향	• 텍스트 방향대로 설정 • 왼쪽에서 오른쪽 방향으로 설정 • 오른쪽에서 왼쪽 방향으로 설정

따라하기 »

① B2셀에 "남포동 갈매기의 날개"를 입력하고 "텍스트 줄 바꿈"을 지정한다.

② B4셀에 "남포동 갈매기의 날개"를 입력하고 "셀에 맞춤"을 지정한다.

③ E2셀에 "남포동 갈매기의 날개"를 입력하고 E2:G2 부분을 범위로 지정하고 "셀 병합"을 지정한다.

④ E6셀에 "이민진"을 입력하고 문자열 방향을 "45도"로 지정한다.

⑤ G6셀에 "이진혁"을 입력하고 문자열 방향을 "-45도"로 지정한다.

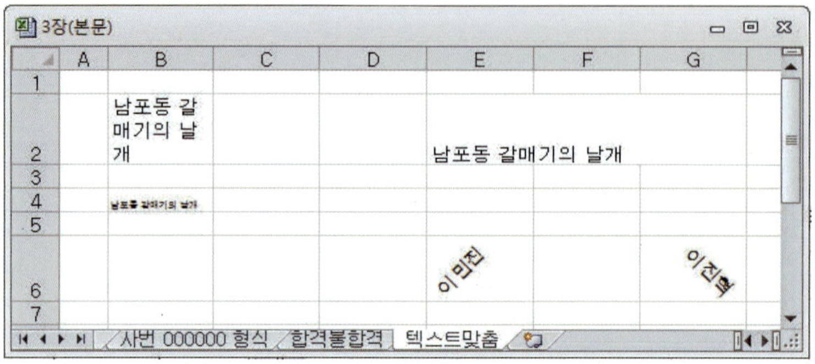

4. 글꼴 서식

글꼴 서식은 셀에 입력된 글자의 모양을 지정하는 것을 말한다. 리본 메뉴를 사용하거나 [홈] → [글꼴]은 다양한 형식의 글꼴 서식을 설정한다.

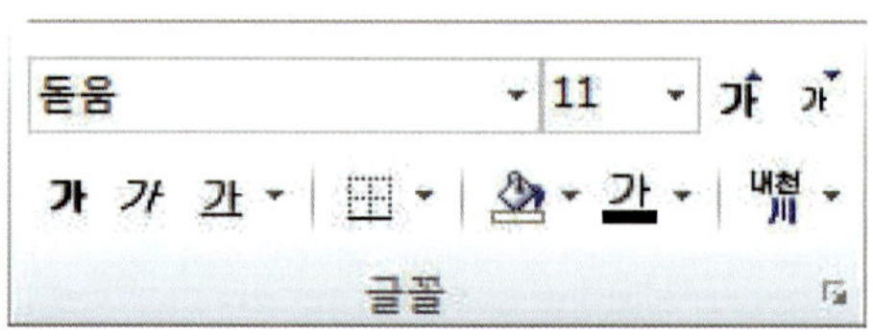

▶ **다음과 같이 데이터를 입력하고, 글꼴 서식을 지정해 보자.**

따라하기 »

	A	B	C	D	E
1	2011년 실적표				
2					
3	지점명	대표	계획	실적	목표율
4	영랑점	전지영	1000	567	56.70
5	교동점	함승연	1700	787	46.29
6	초당점	홍종만	890	678	76.18
7	임당점	김진영	678	789	116.37
8	내곡점	윤병집	945	567	60.00
9	지면점	김성일	956	898	93.93
10	장사점	김정민	857	578	67.44
11	관악점	하경민	1200	558	46.50
12	홍제점	윤종필	809	578	71.45

① 글꼴 서식을 변경할 부분을 선택하고 [홈] → [글꼴] 그룹의 “대화상자 표시 아이콘”( )을 선택한다.

② [셀 서식] 대화상자의 [글꼴] 탭에서 다음과 같이 서식을 지정한 후 [확인] 단추를 클릭한다.

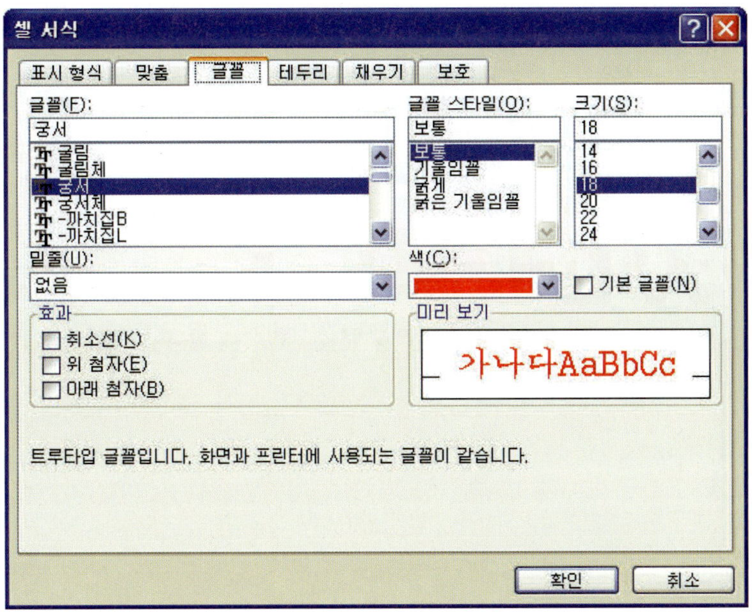

5. 테두리 서식

워크시트에 기본적으로 나타나는 셀 구분선은 인쇄 옵션에서 특별히 지정하지 않으면 인쇄되지 않는다. 따라서 워크시트에 계산표를 작성하고 외곽선을 그리려면 [셀 서식] 대화상자의 [테두리] 탭에서 테두리 유형과 색을 지정하여 그린다.

▶ **다음과 같이 테두리를 지정**

따라하기 »

① 테두리를 지정할 부분을 범위로 지정하고 [홈] → [글꼴] 그룹의 “대화상자 표시 아이콘”( )을 선택한다.

② [셀 서식] 대화상자의 [테두리] 탭에서 선 색, 선 스타일을 선택하고, 테두리의 설정 위치를 지정한 후 [확인] 단추를 클릭한다.

3장(본문)

	A	B	C	D	E
1	2011년 실적표				
2					
3	지점명	대표	계획	실적	목표율
4	영랑점	전지영	1000	567	56.70
5	교동점	함승연	1700	787	46.29
6	초당점	홍종만	890	678	76.18
7	임당점	김진영	678	789	116.37
8	내곡점	윤병집	945	567	60.00
9	지면점	김성일	956	898	93.93
10	장사점	김정민	857	578	67.44
11	관악점	하경민	1200	558	46.50
12	홍제점	윤종필	809	578	71.45
13					

텍스트맞춤 / 글꼴서식 / 테두리서식

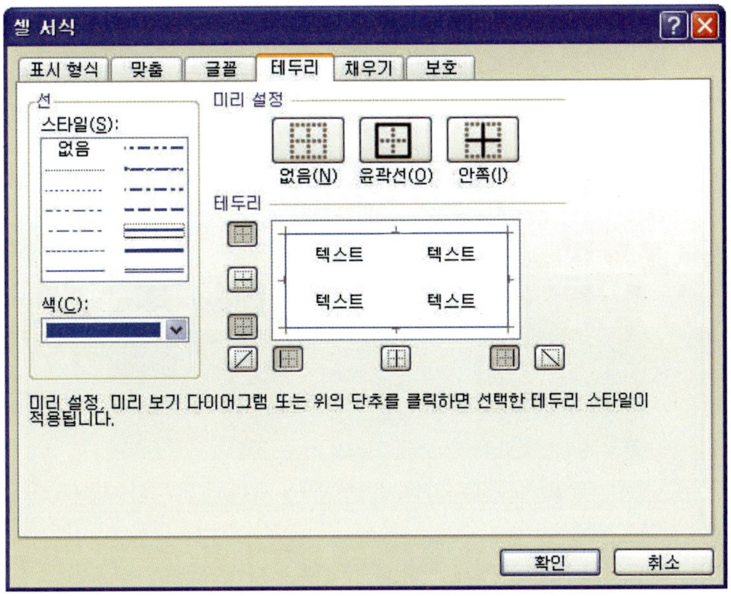

6. 채우기 서식

배경색과 무늬를 설정하고자 할 경우 사용하는 것으로 배경색과 무늬색, 무늬 모양까지 지정하여 다양한 무늬를 설정할 수 있다.

▶ **다음과 같이 무늬를 지정**

따라하기 »

① 무늬를 지정할 셀 범위를 지정하고 [홈] → [글꼴] 그룹의 "대화상자 표시 아이콘"( ) 을 선택한다.

② [셀 서식] 대화상자의 [채우기] 탭으로 이동하여 아래의 선택된 배경색을 지정한다.

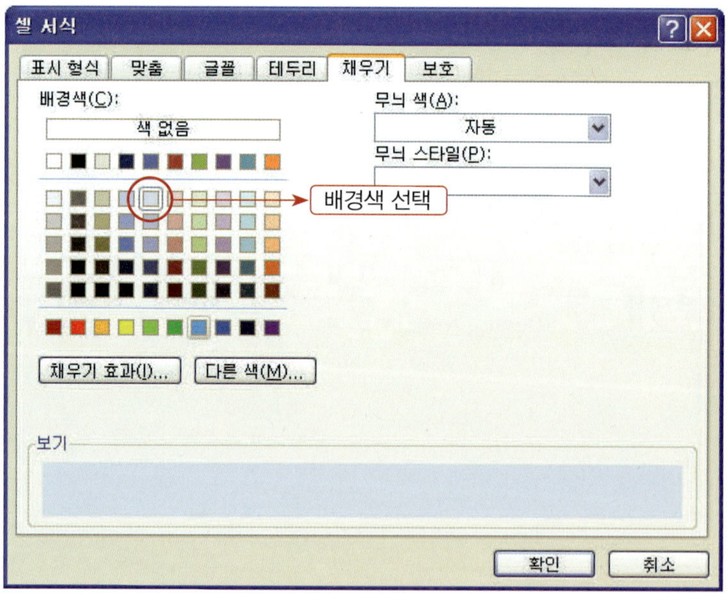

③ 무늬 색과 무늬 스타일의 단추로 색과 스타일을 선택한 다음 [확인] 단추를 누른다.

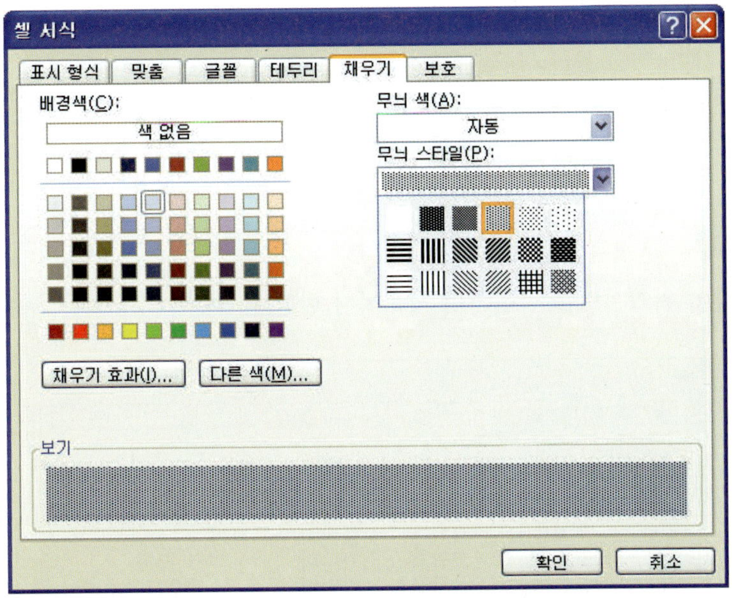

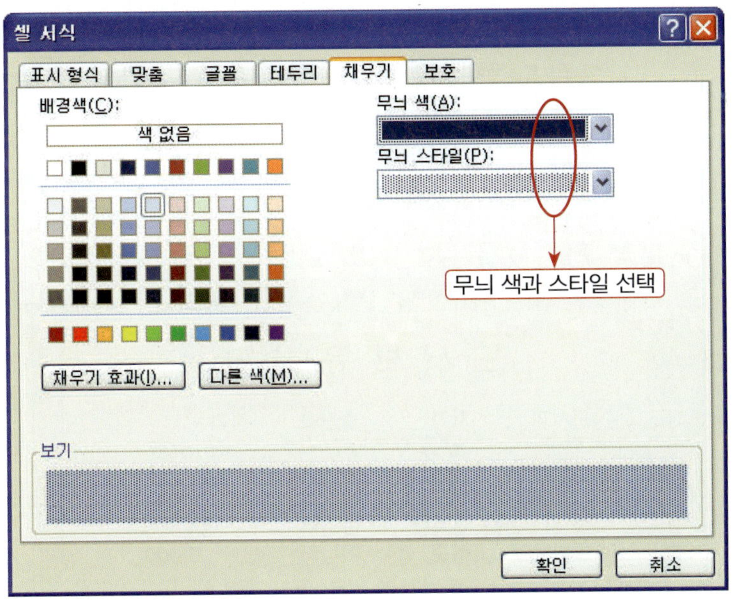

7. 서식 복사

선택한 셀에 지정된 서식을 다른 셀로 복사하여 사용할 수 있게 해주는 것으로 선택하여 붙여 넣기 옵션에서 서식 항목을 선택한 것과 같은 기능을 한다.

따라하기 »

① 다음과 같이 워크시트를 작성하여 서식복사 한다.

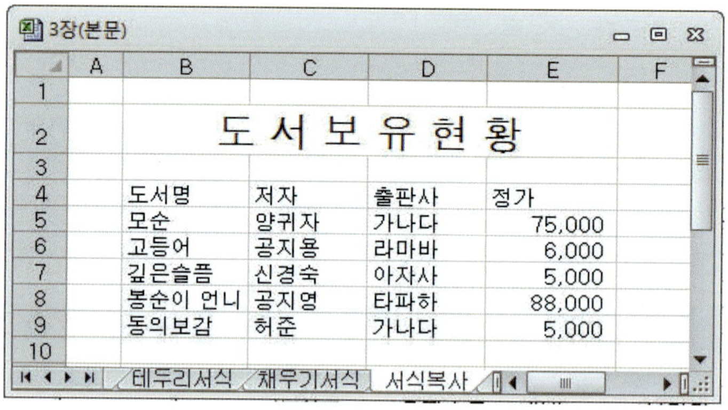

② 복사할 서식을 작성한다.(글꼴 : "13, 굵게, 기울림꼴", 글자색 : "파랑")

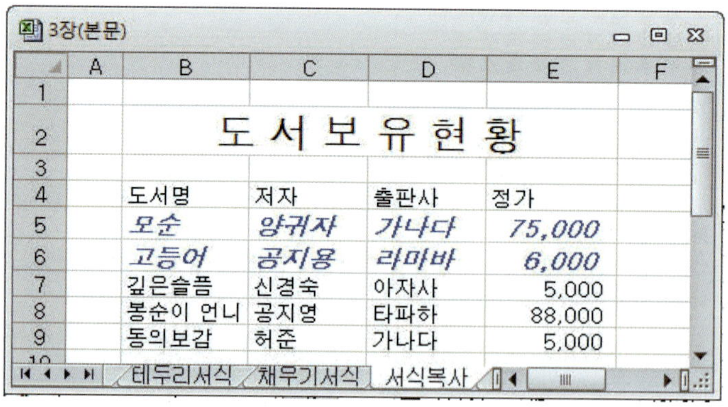

③ 셀 범위를 범위로 지정하고 [홈] → [클립보드] 그룹의 "서식복사" 단추( )를 클릭한다.

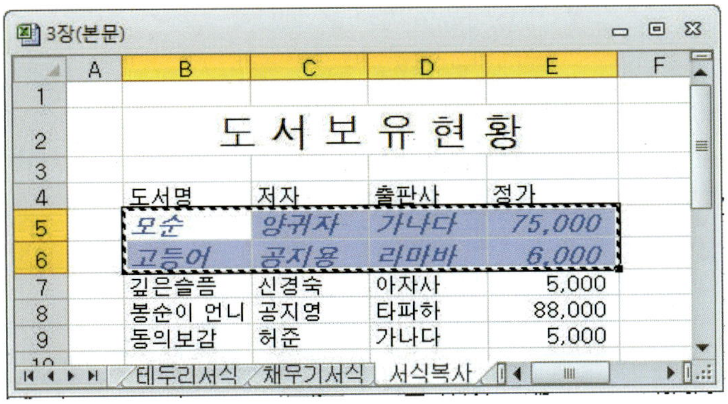

④ 마우스 포인터의 모양이 변하면 복사한 서식을 마우스 끌기로 적용할 셀 범위를 지정 한 다음 마우스 단추를 놓는다.

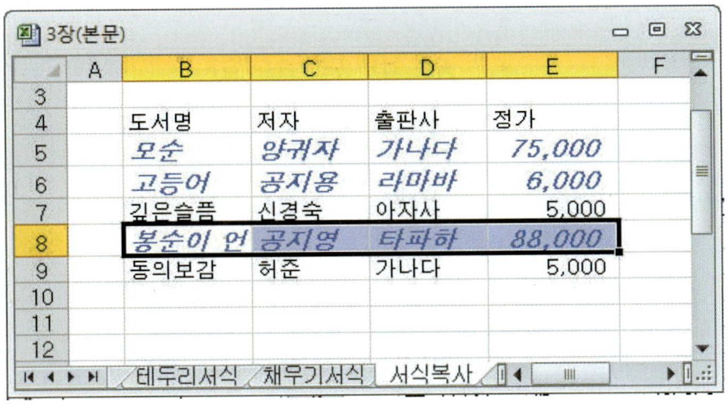

8. 눈금선 표시 설정

- 화면에 눈금선을 표시하고 작업하면 문서 형식을 보다 보기 좋게 만들 수 있다.
- [파일] → [옵션] 메뉴를 선택하고 [고급] 탭에서 눈금선의 표시 여부를 지정하거나 눈금선의 색을 변경한다.

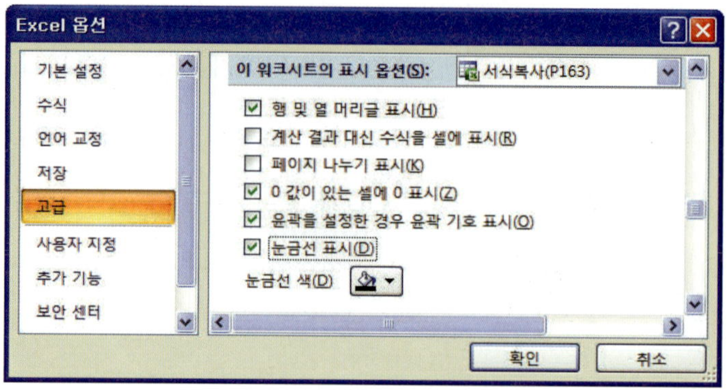

▶ 눈금선이 표시된 경우

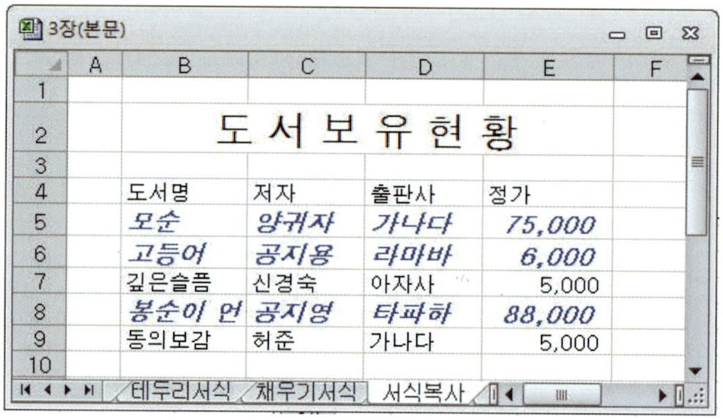

▶ 셀 구분선이 표시되지 않은 경우

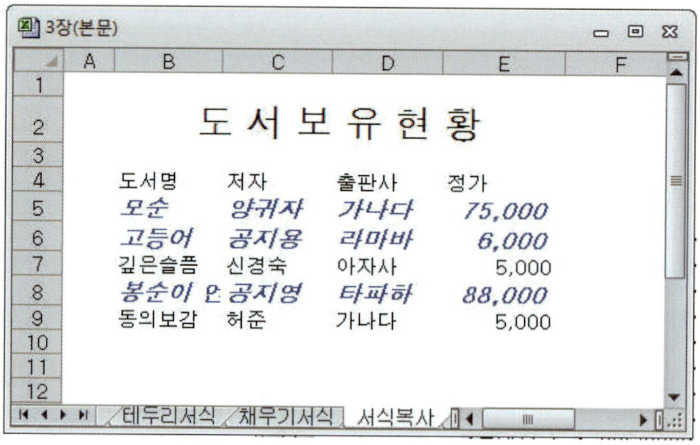

9. 조건부 서식

시계의 알람과 같이 셀 안의 데이터가 어떤 값이 되는 순간 정해진 서식이 자동으로 표시되도록 지정하는 것을 조건부 서식이라 한다.

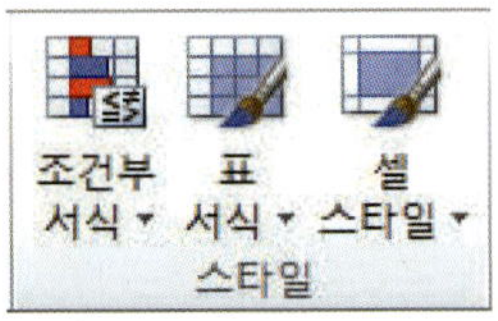

▶ **실수령액이 130만원 이상인 셀을 파랑 바탕에 검정색 기울임꼴로 나타내도록 조건부 서식을 지정**

따라하기 »

① 조건부 서식을 적용할 부분을 범위로 지정한 다음 [홈] → [스타일] → [조건부 서식] 단추를 선택한다.

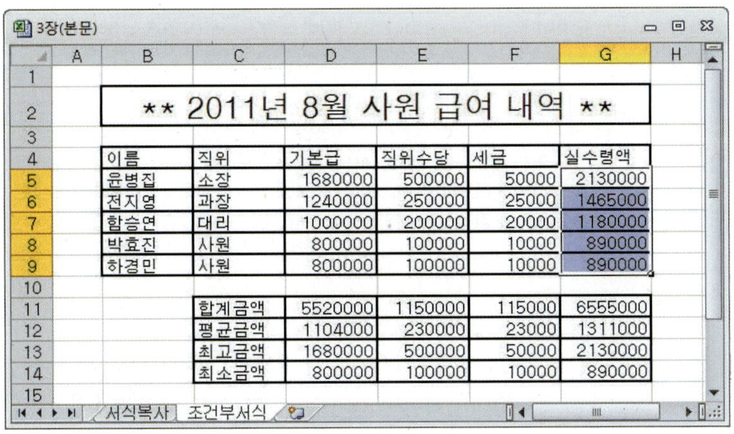

** 2011년 8월 사원 급여 내역 **

이름	직위	기본급	직위수당	세금	실수령액
윤병집	소장	1680000	500000	50000	2130000
전지영	과장	1240000	250000	25000	1465000
함승연	대리	1000000	200000	20000	1180000
박효진	사원	800000	100000	10000	890000
하경민	사원	800000	100000	10000	890000
	합계금액	5520000	1150000	115000	6555000
	평균금액	1104000	230000	23000	1311000
	최고금액	1680000	500000	50000	2130000
	최소금액	800000	100000	10000	890000

② [조건부 서식] → [셀 강조 규칙] → [보다 큼]을 클릭하여 조건과 적용할 서식 단추를 누른다.

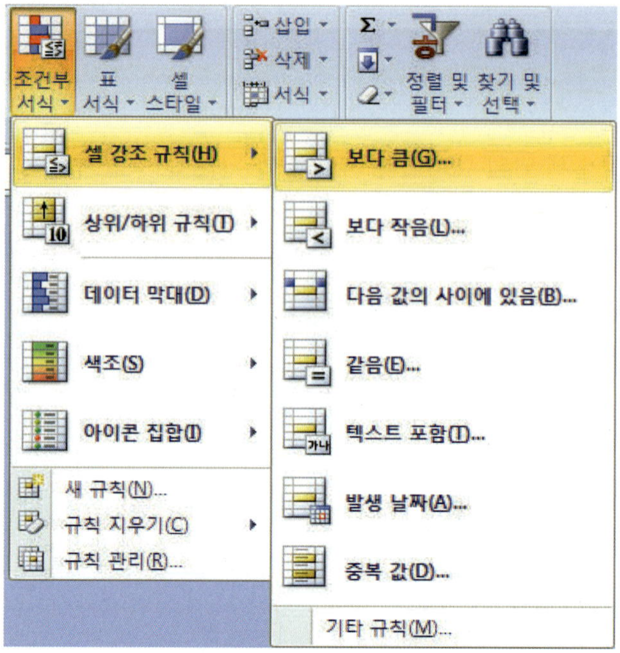

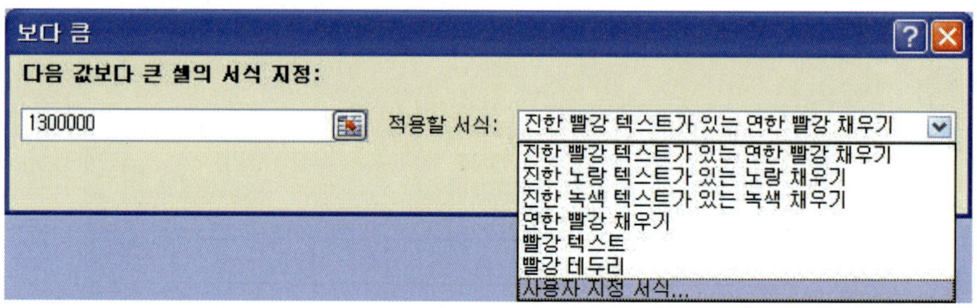

③ [셀 서식] 대화상자에서 셀에 적용할 서식을 지정하고 [확인] 단추를 누른다.

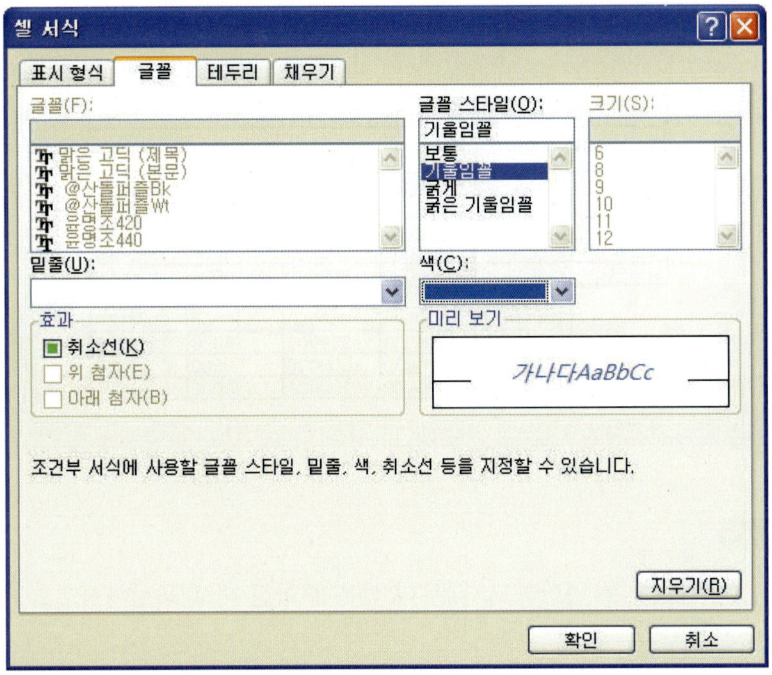

④ [조건부 서식] 대화상자에 지정한 서식이 미리 보여진다. 맞을 경우 [확인] 단추를 누르면 서식이 적용된다.

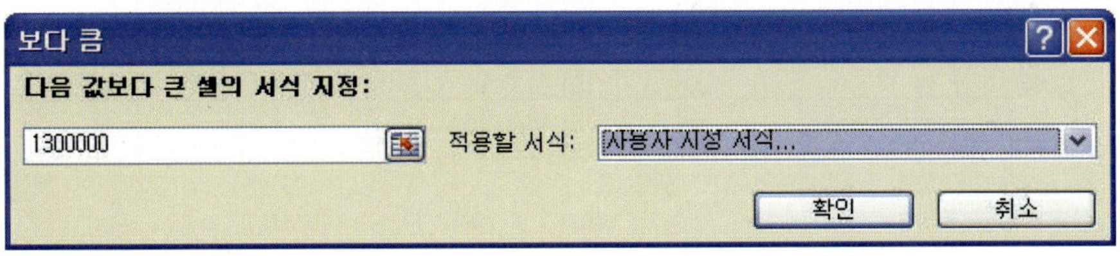

⑤ 자동으로 조건부 서식이 적용되는지 확인해 보자.

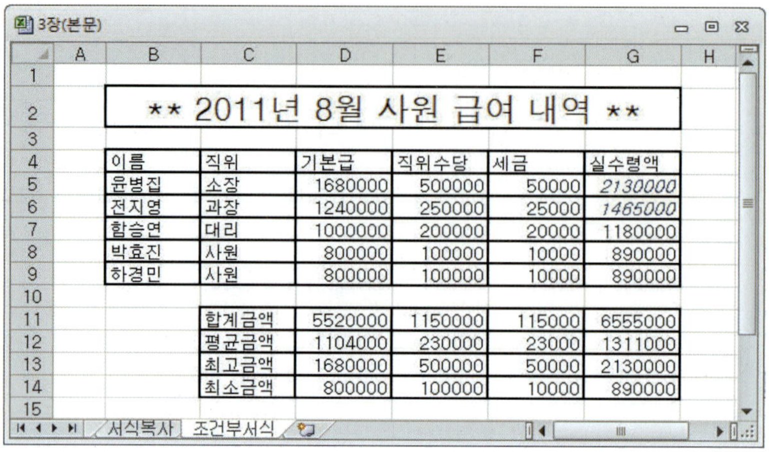

	A	B	C	D	E	F	G	H
1								
2		** 2011년 8월 사원 급여 내역 **						
3								
4		이름	직위	기본급	직위수당	세금	실수령액	
5		윤병집	소장	1680000	500000	50000	*2130000*	
6		전지영	과장	1240000	250000	25000	*1465000*	
7		함승연	대리	1000000	200000	20000	1180000	
8		박효진	사원	800000	100000	10000	890000	
9		하경민	사원	800000	100000	10000	890000	
10								
11			합계금액	5520000	1150000	115000	6555000	
12			평균금액	1104000	230000	23000	1311000	
13			최고금액	1680000	500000	50000	2130000	
14			최소금액	800000	100000	10000	890000	
15								

따라하기 »

① 다음과 같이 데이터를 입력하고, 테두리 선은 주어진 대로 표시하시오.

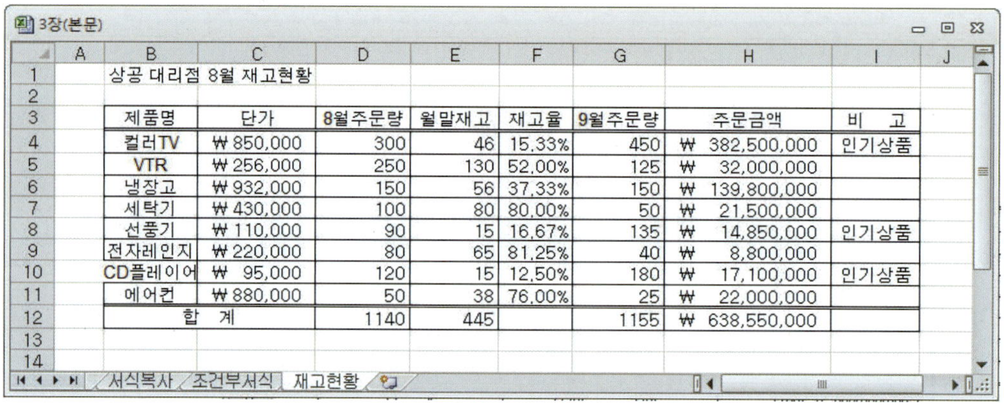

	A	B	C	D	E	F	G	H	I	J
1		상공 대리점 8월 재고현황								
2										
3		제품명	단가	8월주문량	월말재고	재고율	9월주문량	주문금액	비 고	
4		컬러TV	₩850,000	300	46	15.33%	450	₩ 382,500,000	인기상품	
5		VTR	₩256,000	250	130	52.00%	125	₩ 32,000,000		
6		냉장고	₩932,000	150	56	37.33%	150	₩ 139,800,000		
7		세탁기	₩430,000	100	80	80.00%	50	₩ 21,500,000		
8		선풍기	₩110,000	90	15	16.67%	135	₩ 14,850,000	인기상품	
9		전자레인지	₩220,000	80	65	81.25%	40	₩ 8,800,000		
10		CD플레이어	₩ 95,000	120	15	12.50%	180	₩ 17,100,000	인기상품	
11		에어컨	₩880,000	50	38	76.00%	25	₩ 22,000,000		
12		합 계		1140	445		1155	₩ 638,550,000		
13										
14										

② 시트 이름을 "재고현황"으로 변환한다.

③ 다음과 같이 제목을 입력하고, 제목의 글꼴은 굴림체, 크기는 20포인트, 셀 B1에서 I1의 중앙에 정렬한다.

④ A열의 너비를 "5"로 지정한다.

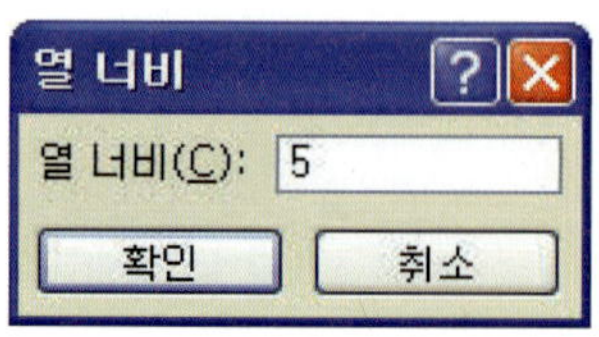

⑤ 3행의 소제목(B3:I3)과 제품명(B4:B11), 비고(I4:I11)는 가로 가운데 맞춤하고, “합계”는 B12와 C12를 셀 병합하고 가운데 맞춤한다.

⑥ 단가, 주문금액, 주문금액합계는 원(₩) 표시와 콤마를 포함한 정수표시형식으로 지정하고, 재고율은 백분율 형식으로 소수 둘째 자리까지 표시한다.

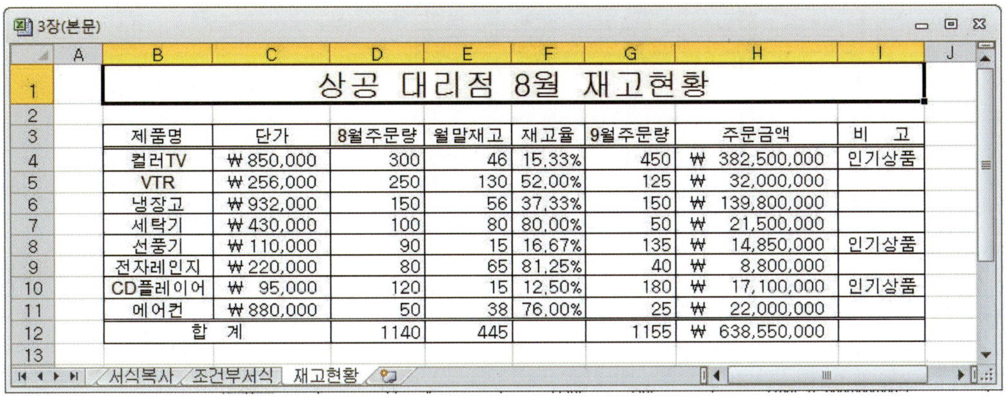

상공 대리점 8월 재고현황

제품명	단가	8월주문량	월말재고	재고율	9월주문량	주문금액	비 고
컬러TV	₩850,000	300	46	15.33%	450	₩ 382,500,000	인기상품
VTR	₩256,000	250	130	52.00%	125	₩ 32,000,000	
냉장고	₩932,000	150	56	37.33%	150	₩ 139,800,000	
세탁기	₩430,000	100	80	80.00%	50	₩ 21,500,000	
선풍기	₩110,000	90	15	16.67%	135	₩ 14,850,000	인기상품
전자레인지	₩220,000	80	65	81.25%	40	₩ 8,800,000	
CD플레이어	₩ 95,000	120	15	12.50%	180	₩ 17,100,000	인기상품
에어컨	₩880,000	50	38	76.00%	25	₩ 22,000,000	
합 계		1140	445		1155	₩ 638,550,000	

10. 메모 삽입 / 편집 / 삭제

메모란 셀에 부가적인 설명을 덧붙이는 것이다. 수식에 관한 설명이라든지 데이터의 내용에 관해서 간단하게 메모할 수 있다. 메모를 삽입한 셀에는 빨간색 점으로 표식이 생기고 여기에 마우스 포인터를 두면 메모를 볼 수 있다.

▶ “합격불합격” 시트에 메모 삽입

따라하기 »

① F3 셀을 선택하고, [검토] 탭의 “새 메모” 단추를 클릭한다.

② 메모 삽입 상자가 나타나면 컴퓨터 이름을 선택한다.

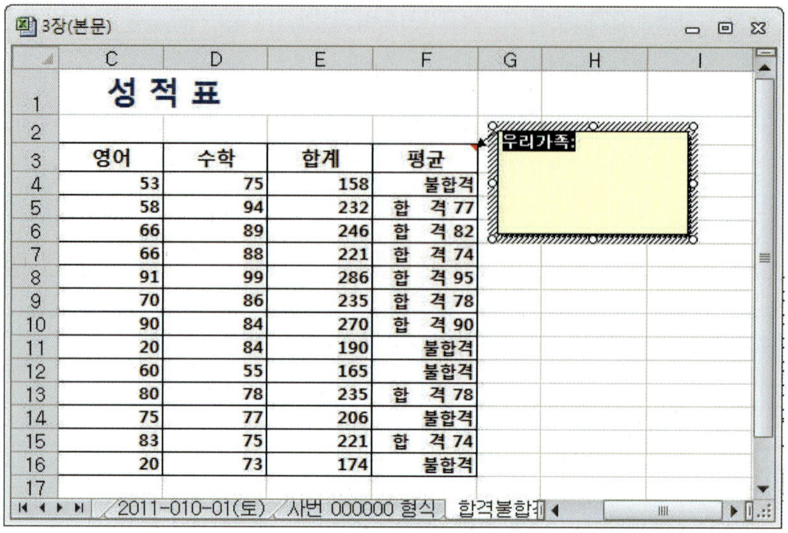

③ “70점 이상 합격 아니면 불합격”을 입력한다.

④ 외곽 8개 크기 조절점에 포인터를 두고 드래그하여 크기를 조절할 수 있다.

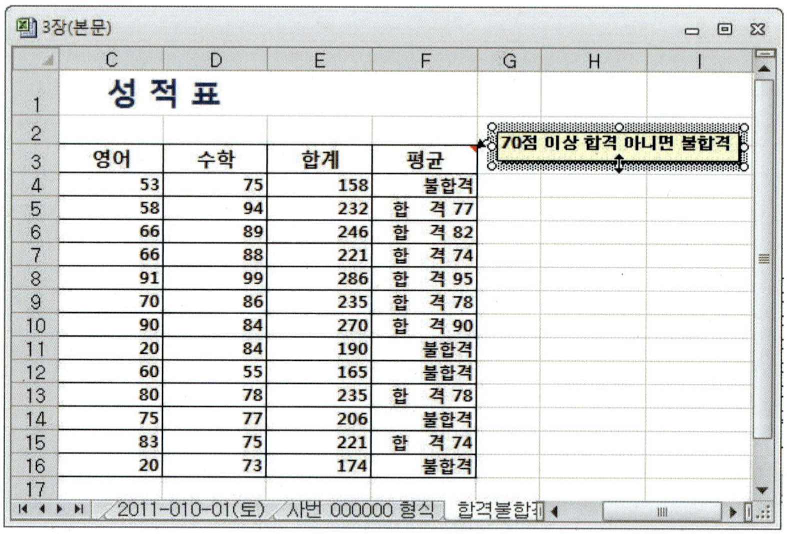

⑤ [홈]탭을 선택하고 “글꼴 크기 크게” 단추(가)를 클릭 글꼴을 크게 할 수 있다.

⑥ 셀을 선택한다. 그러면 메모 된 셀에 빨간색 표식이 생긴다.

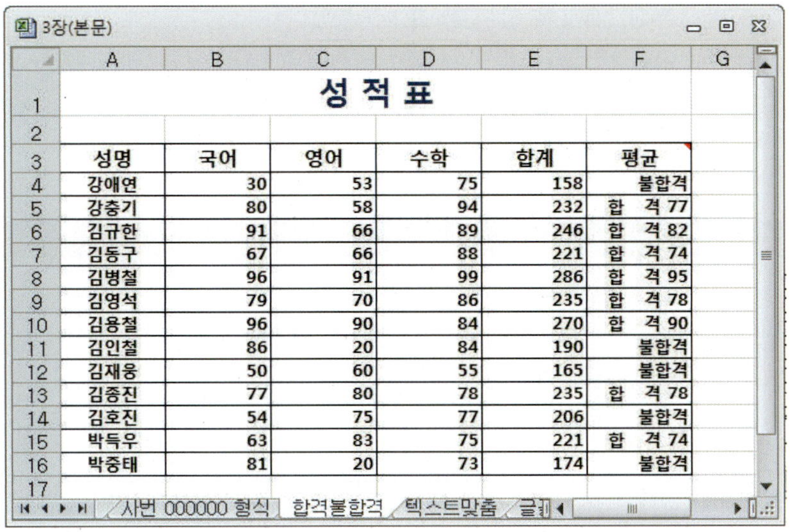

3장(본문)

	A	B	C	D	E	F
1			성 적 표			
2						
3	성명	국어	영어	수학	합계	평균
4	강애연	30	53	75	158	불합격
5	강중기	80	58	94	232	합 격 77
6	김규한	91	66	89	246	합 격 82
7	김동구	67	66	88	221	합 격 74
8	김병철	96	91	99	286	합 격 95
9	김영석	79	70	86	235	합 격 78
10	김용철	96	90	84	270	합 격 90
11	김인철	86	20	84	190	불합격
12	김재웅	50	60	55	165	불합격
13	김종진	77	80	78	235	합 격 78
14	김호진	54	75	77	206	불합격
15	박득우	63	83	75	221	합 격 74
16	박중태	81	20	73	174	불합격
17						

사번 000000 형식 / 합격불합격 / 텍스트맞춤 / 글

⑦ 포인터를 메모된 셀에 가져가면 메모가 표시된다.

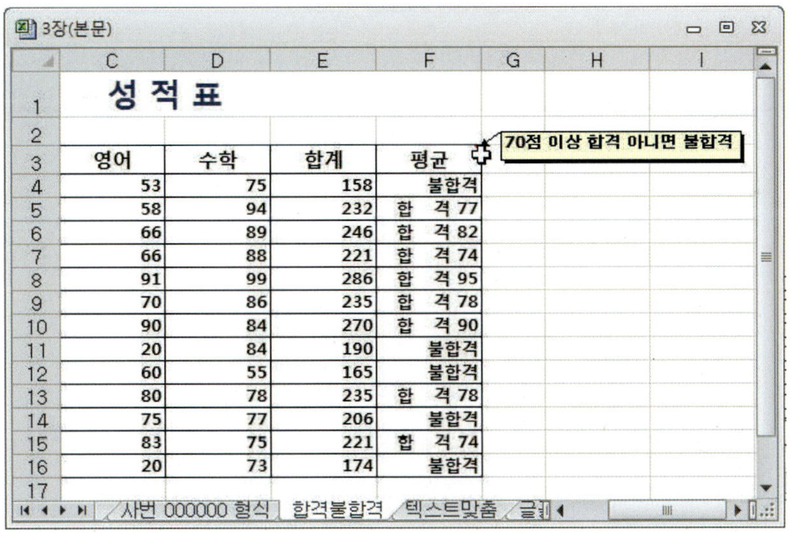

3장(본문)

	C	D	E	F
1	성 적 표			
2				
3	영어	수학	합계	평균
4	53	75	158	불합격
5	58	94	232	합 격 77
6	66	89	246	합 격 82
7	66	88	221	합 격 74
8	91	99	286	합 격 95
9	70	86	235	합 격 78
10	90	84	270	합 격 90
11	20	84	190	불합격
12	60	55	165	불합격
13	80	78	235	합 격 78
14	75	77	206	불합격
15	83	75	221	합 격 74
16	20	73	174	불합격
17				

▶ 메모 표시 옵션

따라하기 »

① [파일] → [옵션] 메뉴를 클릭하면 [Excel 옵션] 대화상자를 나타난다.

② "고급"을 선택한다.

③ 표시 그룹 아래쪽에 “메모가 있는 셀 표시”가 있다.

④ 기본적으로 두 번째의 “표시만, 마우스가 위치하면 메모 표시”가 선택되어 있다.

⑤ 처음의 “메모와 표식 모두 안함”을 선택하면 빨간색 표식이 보이지 않는다.

⑥ “메모와 표식”을 선택하면 항상 메모를 표시한다.

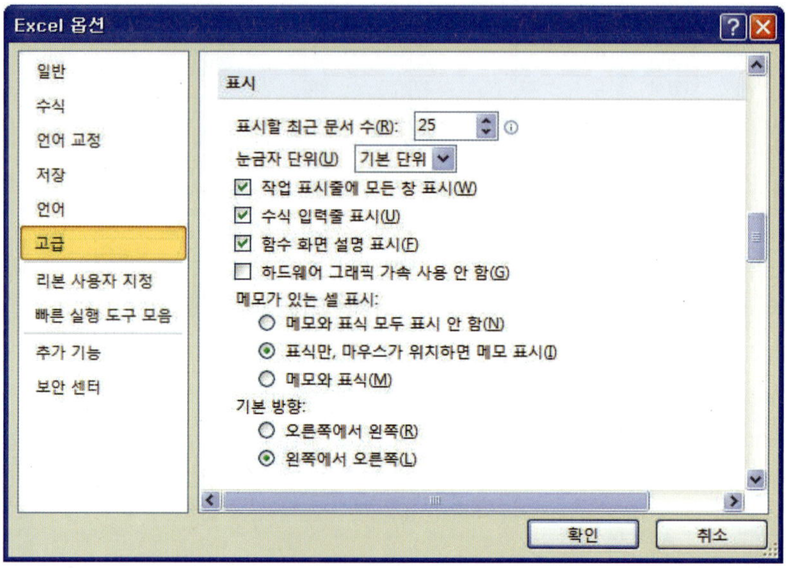

⑦ 메모가 있는 셀을 선택한다.

⑧ [검토] → [메모] 그룹에 있는 단추들로 메모 삭제 편집 표시 숨기기 등을 할 수 있다.

연습문제

EXERCISE

01 다음 데이터를 입력하고, [처리 조건]에 따라 처리하시오.

3장(연습)

	A	B	C	D	E	F
1	소모품 구입 현황					
2						
3	품명	규격	수량	단가	구입금액	
4	토너	정품 MLT-D108S	5	56,000	280,000	
5	잉크	C6657A 정품	12	27,000	324,000	
6	복사용지	A4 2500매	4	20,600	82,400	
7	DVD-R	4.7GB 50장	10	35,500	355,000	
8	광마우스	usb 800DPI	15	8,400	126,000	
9	무선마우스	usb 무선 2.4GB	14	38,000	532,000	
10	USB 메모리	32GB 일반캡	8	135,900	1,087,200	
11	무선키보드	무선 2.4GHz USB	13	46,600	605,800	
12	만년필	M150	5	51,800	259,000	
13	合計				3,651,400	
14						
15						

Sheet1

[처리 조건]

- [A1:E1] 영역은 맞춤을 가로 "병합하고 가운데 맞춤", 글꼴 "굴림체", 크기 "17", 글꼴 스타일 "굵은 기울임꼴"로 지정하시오.
- [A4:A12] 영역의 이름을 "상품명" 으로 정의하시오.
- [D4:E13] 영역은 "쉼표 스타일"로 지정하고, [A13:D13] 영역은 "병합하고 가운데 맞춤"으로 지정하시오.
- [A13] 셀의 "합계"를 "合計"로 바꾸시오.
- [A3:E13] 영역에 "가로 가운데 맞춤"과 "모든 테두리"(⊞)를 적용하여 표시하시오.

02 다음 데이터를 입력하고, [처리 조건]에 따라 처리하시오.

3장(연습)

	A	B	C	D	E	F	G	H
1	사단법인 준 발기인 명부							
2								
3	구분	성명	소속	직급	회비납부현황	연락처	현주소	가입일
4	회장	이원섭	인덕대학	교수	2,000,000원	010-3705-7895	서울시 성동구 홍익동	2007-03-10
5	부회장	안유경	신라제일병원	이사	2,000,000원	010-9009-5488	서울시 영등포구 여의도동	2008-03-10
6	고문	황성현	신라제일병원	이사	3,000,000원	016-325-4562	경기도 구리시 수택동	2007-05-15
7	이사	김준기	한국통신	상무이사	1,000,000원	010-3290-3265	서울시 중랑구 신내동	2007-03-10
8	이사	박병훈	㈜ 남우통신	대표이사	1,000,000원	011-403-1565	경기도 과천시 이매동	2008-09-24
9	이사	최준기	유비지컨설팅㈜	부장	500,000원	016-550-7812	수원시 권선구 철산동	2008-04-27
10	이사	김세환	인덕대학	교수	500,000원	010-2473-9855	서울시 양천구 목동	2007-08-19
11	감사	양지혜	한국제일대학교	총장	0원	017-545-7780	서울시 도봉구 창동	2007-03-10
12	총무	방극준	서라벌대학원	원장	1,000,000원	019-325-4777	경기도 용인시 분당구	2008-07-22
13	합계				11,000,000원			
14								

Sheet1 / Sheet2

[처리 조건]

- [A1:H1] 영역은 "셀 병합"후 가로, 세로 가운데 맞춤, 글꼴 "굴림", 크기 "18", 글꼴 스타일 "굵게", 밑줄 "이중 실선"으로 지정하시오.
- [E4:E13] 영역은 사용자 지정 셀 서식을 이용하여 천 단위 구분 기호와 숫자 뒤에 ""원"을 표시하되 셀 값이 0인 경우 0이 표시되도록 지정하시오. [표시 예 : 2,000,000원]
- [A13:D13] 영역은 가로 "셀 병합후 가운데 맞춤", 세로 "가운데"로 지정하시오.
- [E11] 셀에 "미납"이라는 메모를 삽입하고, 항상 표시되도록 하시오.
- [A3:H13] 영역에 "모든 테두리"를 적용하여 표시하고, [F13:H13] 영역의 셀에는 각각 "/" 모양의 테두리로 지정하시오.

03 다음 데이터를 입력하고, [처리 조건]에 따라 처리하시오.

3장(연습)

	A	B	C	D	E	F
1	가전 제품 판매 현황					
2						
3	제품명	판매단가	판매수량	판매금액	매입금액	이익금액
4	오디오	456,000	34	15,504,000	10,852,800	4,651,200
5	전자레인지	187,000	25	4,675,000	3,272,500	1,402,500
6	**김치냉장고**	**867,000**	**55**	**47,685,000**	**33,379,500**	**14,305,500**
7	디지털카메라	567,000	27	15,309,000	10,716,300	4,592,700
8	**냉장고**	**1,245,000**	**28**	**34,860,000**	**24,402,000**	**10,458,000**
9	**LCD TV**	**1,350,000**	**36**	**48,600,000**	**34,020,000**	**14,580,000**
10	**캠코더**	**1,560,000**	**38**	**59,280,000**	**41,496,000**	**17,784,000**
11	에어컨	1,450,000	52	75,400,000	52,780,000	22,620,000
12	DVD 플레이어	356,000	44	15,664,000	10,964,800	4,699,200
13						

Sheet1 / Sheet2 / Sheet3 / Sheet4

[처리 조건]

- 이익금액[F4:F12] 영역이 "10,000,000" 이상이고, "20,000,000" 이하이면 해당하는 행 전체의 글꼴 색을 "파랑", 글꼴 스타일을 "굵게"로 지정하는 조건부 서식을 작성하시오.
  - 조건은 하나의 수식으로만 작성하시오.

04 다음 데이터를 입력하고, [처리 조건]에 따라 처리하시오.

3장(연습)

급여대장

직급	지점명	이름	기본급	상여금	인센티브	총지급액
부장	**광화문**	**최재석**	**2,000,000**	**1,300,000**	**175,000**	**3,475,000**
과장	을지로	김현태	1,700,000	1,105,000	235,000	3,040,000
부장	**을지로**	**박상준**	**2,000,000**	**1,300,000**	**596,000**	**3,896,000**
대리	광화문	이준성	1,200,000	780,000	125,000	2,105,000
대리	분당	이원섭	1,200,000	780,000	250,000	2,230,000
부장	분당	김세환	2,000,000	1,300,000	1,250,000	4,550,000
과장	광화문	김형섭	1,700,000	1,105,000	376,000	3,181,000
대리	을지로	유제관	1,200,000	780,000	489,000	2,469,000
과장	분당	유응구	1,700,000	1,105,000	52,000	2,857,000
부장	**광화문**	**한성일**	**2,000,000**	**1,300,000**	**321,000**	**3,621,000**
과장	분당	최준기	1,700,000	1,105,000	562,100	3,367,100
과장	을지로	박병훈	1,700,000	1,105,000	1,100,000	3,905,000
부장	광화문	송창호	2,000,000	1,300,000	1,927,000	5,227,000
대리	분당	송준호	1,200,000	780,000	121,500	2,101,500
합계			23,300,000	15,145,000	7,579,600	46,024,600

Sheet1 Sheet2 Sheet3 Sheet4

[처리 조건]

- [A4:G17] 영역에 대해서 직급은 "부장"이면서 인센티브가 1,000,000 미만인 자료의 행 전체를 글꼴 스타일은 "굵게", 글꼴 색은 "빨강"으로 적용하는 조건부 서식을 작성하시오.
  – 단, 조건은 하나의 수식만을 이용하여 작성하시오. (AND 함수(6장) 사용)

05 다음 데이터를 입력하고, [처리 조건]에 따라 처리하시오.

3장(연습)

하반기 생활용품 판매 현황

2015年 02月 현재 (메모: 상품별 매출액 표시)

상품명	단가	목표수량	판매수량	할인율	실판매금액
뜸질기	₩ 40,000	550	500	10%	₩ 18,000,000
보플제거기	₩ 5,500	350	325	5%	₩ 1,698,125
생옥 찜질팩	₩ 8,000	300	350	15%	₩ 2,380,000
황토팩	₩ 5,000	660	590	10%	₩ 2,655,000
싹쓸이 청소기	₩ 28,000	540	515	15%	₩ 12,257,000
전기장판	₩ 22,000	500	360	10%	₩ 7,128,000
범랑냄비	₩ 10,000	700	723	7%	₩ 6,723,900
슬로쿠커	₩ 28,000	450	243	4%	₩ 6,531,840
합계					₩ 57,373,865

Sheet2 Sheet3 Sheet4 Sheet5

- [A1:F1] 영역은 "셀 병합"후 가로, 세로 가운데 맞춤, 글꼴 "굴림", 크기 "18", 글꼴 스타일 "굵게",

밑줄 "이중 실선"으로 지정하시오.

- [F3] 셀은 셀 서식의 사용자 지정 서식을 이용하여, "YYYY年 MM月 현재" 형식으로 지정하시오.
- [F4] 셀에 "상품별 매출액 표시"라는 메모를 삽입하고, 항상 표시되도록 하시오.
- [B5:B12], [F5:F13]영역은 "통화(₩)"로 지정하고, [E5:E12] 영역은 "백분율 스타일(%)"로 지정하시오.
- [A4:F14] 영역에 "모든 테두리"(田)를 적용하여 표시하고, [B13:E13] 영역에는 "/" 모양의 괘선으로 채우시오.

EXCEL

04
CHAPTER

표 만들기와 필터

1. 표 만들기 / 표 서식
2. 표 스타일 옵션
3. 표 편집

04 CHAPTER 표 만들기와 필터

1. 표 만들기 / 표 서식

엑셀에서는 주로 표를 만들어 계산하거나 보고 자료를 만드는 경우가 많다. 엑셀 2007과 2010의 표는 이전 버전의 표와는 전혀 다른 개념이다. 표 스타일로 서식을 지정하려면 사용자가 서식을 지정하면 안 된다. 엑셀 2007과 2010의 이전 버전의 표에 서식이 지정되어 있을 경우 이를 전부 지우기하고 만드는 것이 좋다.

▶ 서식이 지정된 상태에서 표 만들기

엑셀 2007 이전 버전에서 만든 표에는 대부분 서식이 지정되어 있다. 엑셀 2007과 2010에서도 서식을 지정한 후 표 만들기를 한다. 서식이 지정되어 있으면 표 스타일이 적용되지 않으므로 서식을 지우고 만드는 것이 좋다.

따라하기 »

① 다음과 같이 데이터를 입력한다.

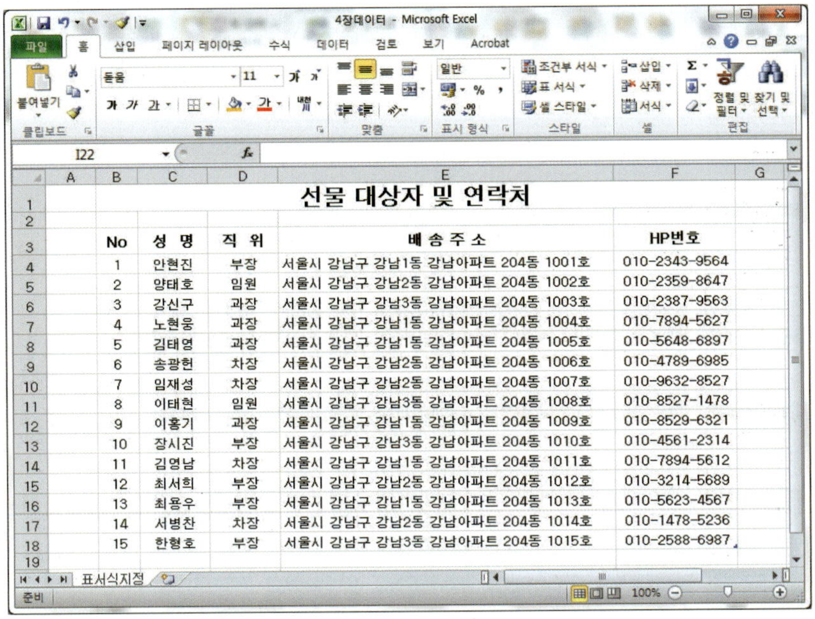

② 첫 행 필드 이름에 색 채우기를 하고, 표 내부에는 점선의 테두리를 넣고 외곽은 실선의 테두리가 있다. 표의 한 셀을 선택한다.

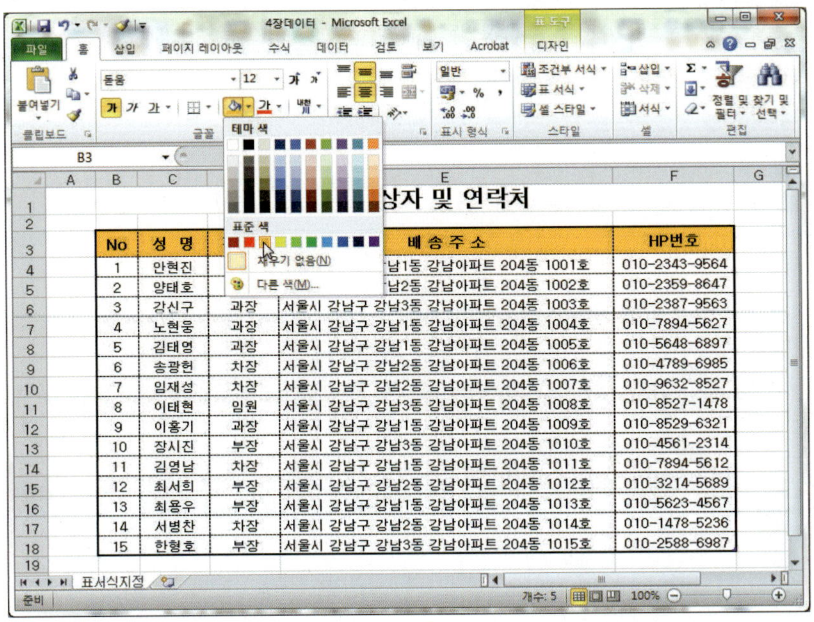

③ [홈] 탭의 "표 서식" 단추를 클릭하고 "표 스타일 보통 2"를 선택한다.

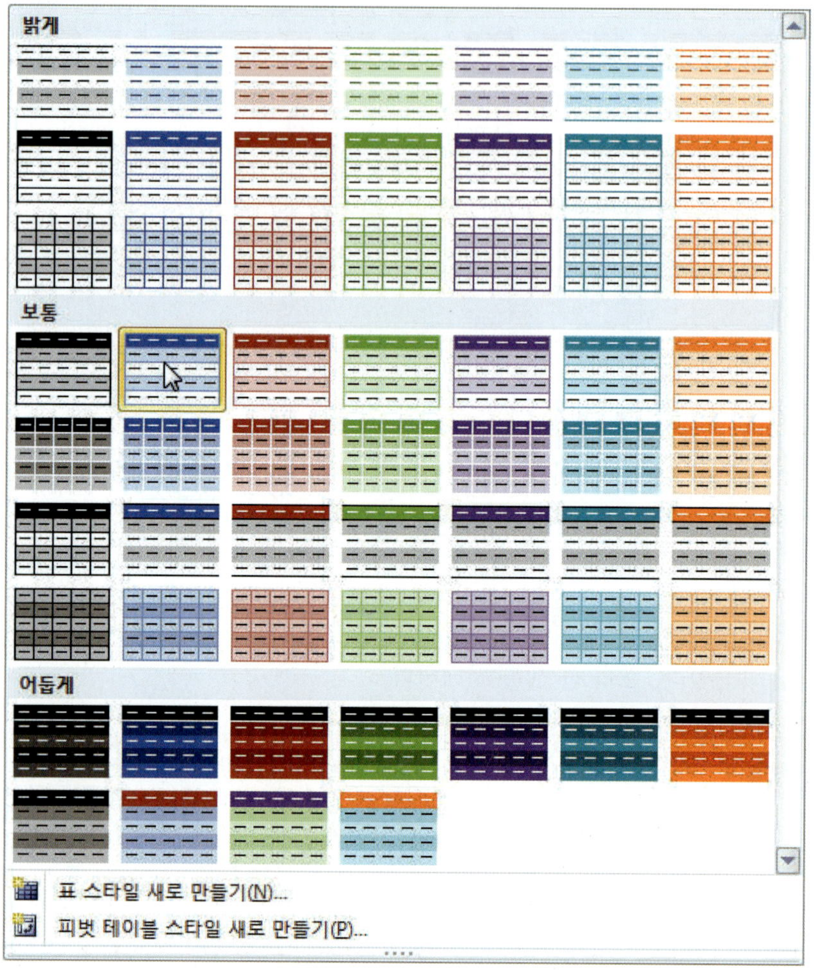

POINT ▸▸▸

한번 디자인 적용을 표는 [표 도구] → [디자인] → [범위로 변환]을 클릭하고 적용한다. 범위로 변환은 4-3에서 설명한다.

④ [표 서식] 대화상자가 나타난다. 범위가 자동으로 지정되고, "머리글 포함"을 체크한다. [확인]을 누른다.

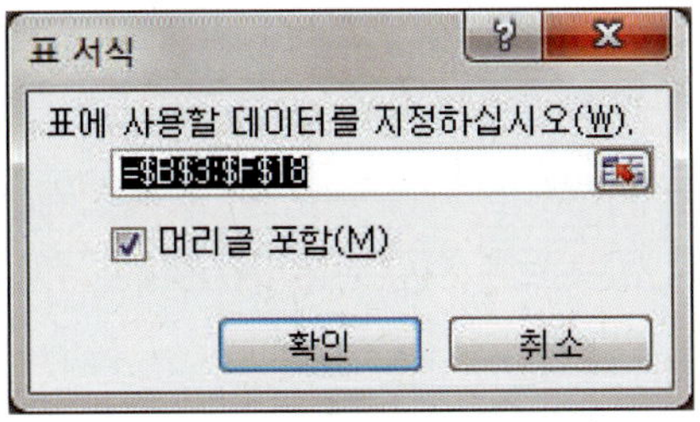

⑤ 표가 만들어 지고, 서식이 지정된 첫 행에는 변화가 없다.

⑥ 레코드가 있는 행에는 색 채우기가 되었다.

⑦ 표 스타일 "자세히" 단추를 클릭한다.

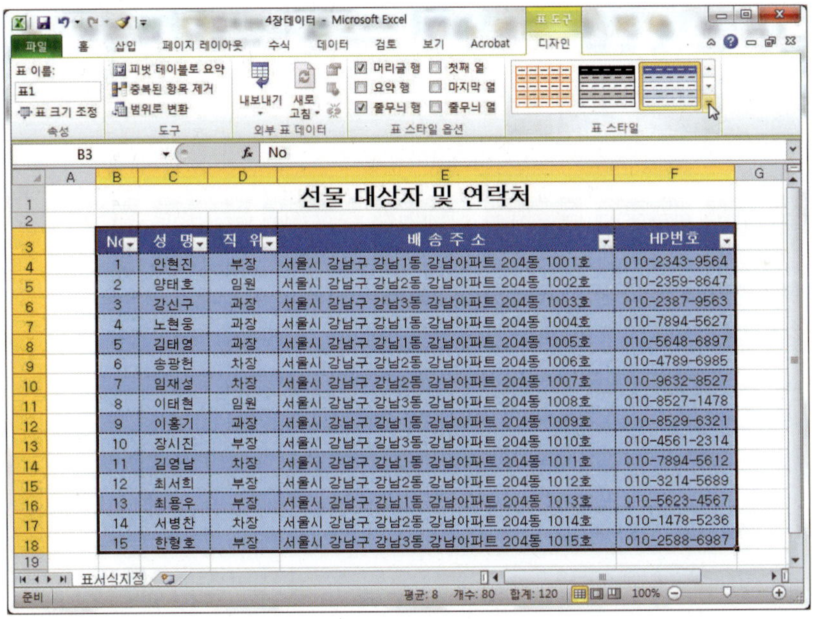

⑧ 스타일에 마우스 포인터를 가져가면 실시간으로 스타일을 보여 준다. 첫 행의 서식은 변하지 않는다.

⑨ "보통"의 처음에 있는 "표 스타일 보통 3"을 선택한다.

⑩ 표의 범위를 전부 선택하고, [홈] 탭을 선택한다.

⑪ "채우기 색" 단추로 "채우기 없음"을 선택한다. 그러면 원래 표 스타일의 색이 나타난다.

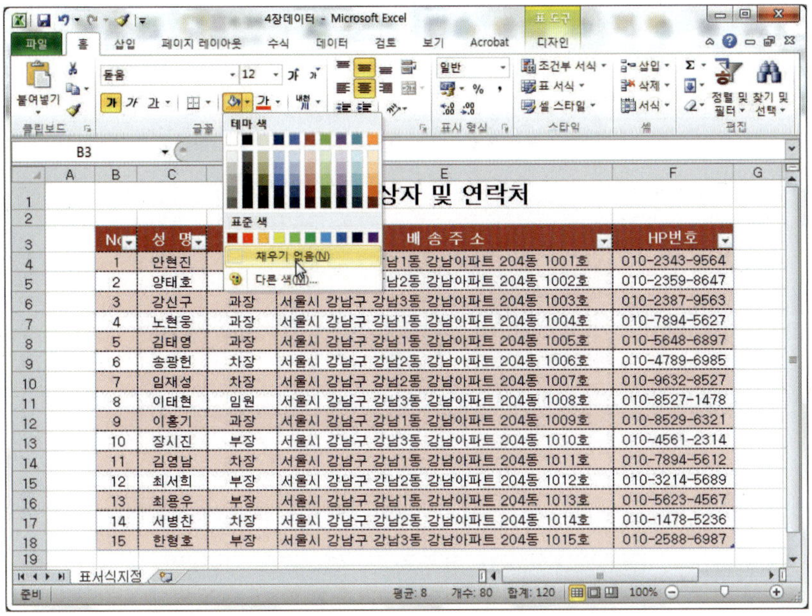

> **엑셀 노트 ▸▸▸**
>
> 사용자가 채우기 색, 글꼴 색, 테두리 등을 지정하면 표 스타일보다 사용자가 지정한 것이 우선한다. 그래서 사용자가 서식을 지정한 것에 대해서는 표 스타일이 지정되지 않는다.

▶ 서식 지우기와 표 작성

사용자가 지정한 서식이 있을 경우 표 스타일이 잘 적용되지 않는다고 해서 모든 서식을 지우고 만드는 것도 좋지 않다. 표시 형식, 맞춤, 글꼴 크기 등은 그대로 두고 채우기 색, 글꼴 색, 테두리만 지우고 표를 만드는 것이 좋다.

따라하기 »

① 다음과 같이 데이터를 입력하고, 채우기 색, 날짜, 맞춤, 쉼표 스타일 등의 서식을 표시한다.

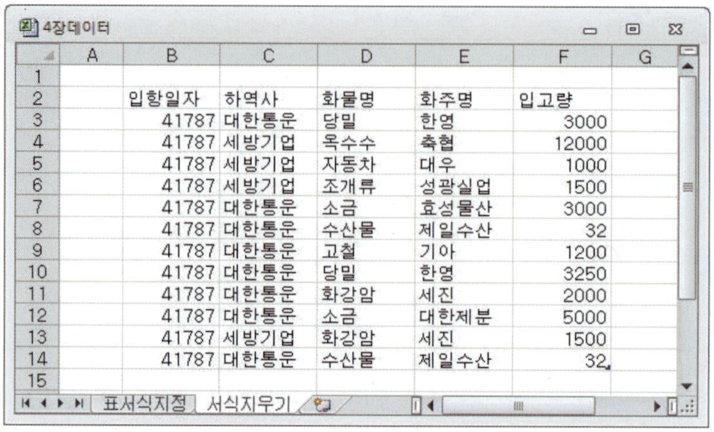

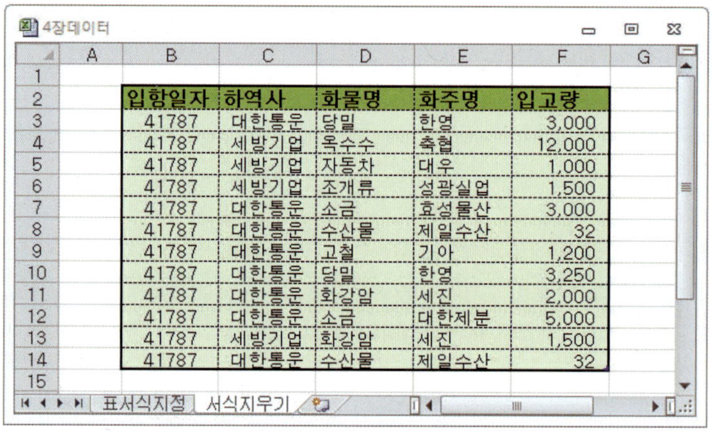

② 표 전체를 선택하고, [홈] 탭의 "지우기" 단추를 클릭 "서식 지우기"를 선택한다.

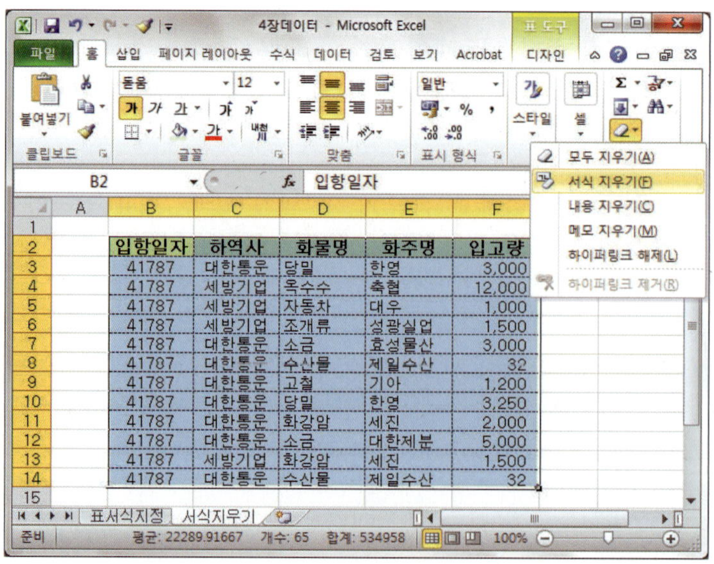

③ 날짜는 숫자가 되고, 맞춤 서식이 다 지워 졌고, 천 단위 마다 쉼표가 없어졌다.

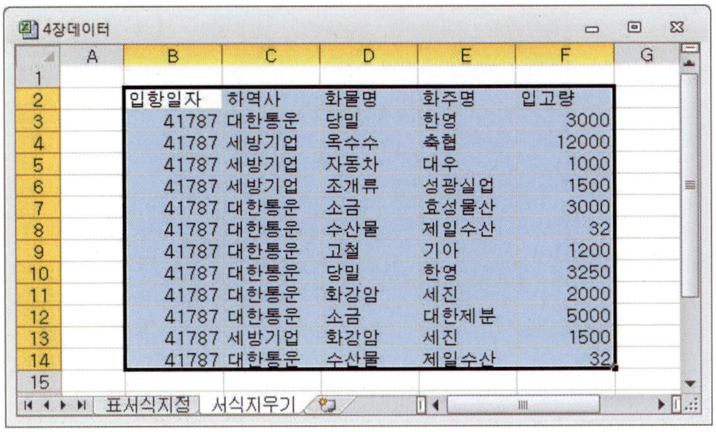

④ [빠른 실행 도구모음]에서 취소 단추(Ctrl+Z)를 클릭한다.

⑤ 표 범위 전체를 선택하고, [표 도구] → [디자인] → [범위로 변환]을 클릭하려 정상범위로 변환한다.

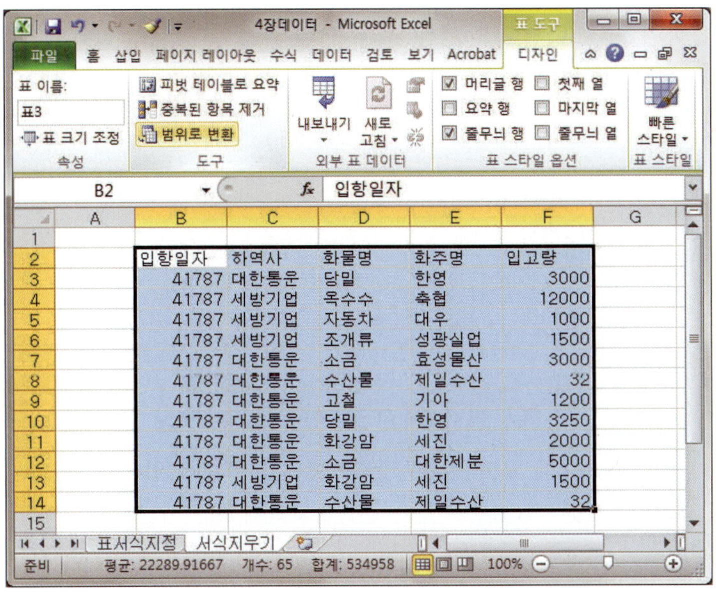

⑥ “보통”의 처음에 있는 “표 스타일 보통 4”를 선택한다.

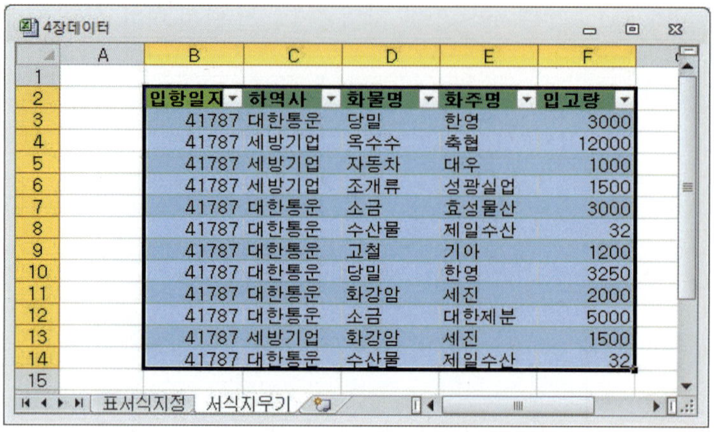

입항일자	하역사	화물명	화주명	입고량
41787	대한통운	당밀	한영	3000
41787	세방기업	옥수수	축협	12000
41787	세방기업	자동차	대우	1000
41787	세방기업	조개류	성광실업	1500
41787	대한통운	소금	효성물산	3000
41787	대한통운	수산물	제일수산	32
41787	대한통운	고철	기아	1200
41787	대한통운	당밀	한영	3250
41787	대한통운	화강암	세진	2000
41787	대한통운	소금	대한제분	5000
41787	세방기업	화강암	세진	1500
41787	대한통운	수산물	제일수산	32

⑦ 스타일이 적용된다. 다른 스타일에 마우스 포인터를 가져가면 실시간으로 적용된 스타일을 표시한다.

▶ 표 단추와 스타일

표 만들기 단추는 [삽입] 탭의 표 그룹에 "표" 단추로 있다. 이것보다는 [홈] 탭의 "표 서식"을 사용하는 것이 더 편리할 수 있다. 이 단추로 표를 만들면 표 서식 스타일의 "표 스타일 보통 9" 스타일이 적용된다.

따라하기 »

① 다음과 같이 데이터를 입력한다.

② 표의 한 셀을 선택하고, [삽입] 탭의 "표" 단추를 클릭한다.

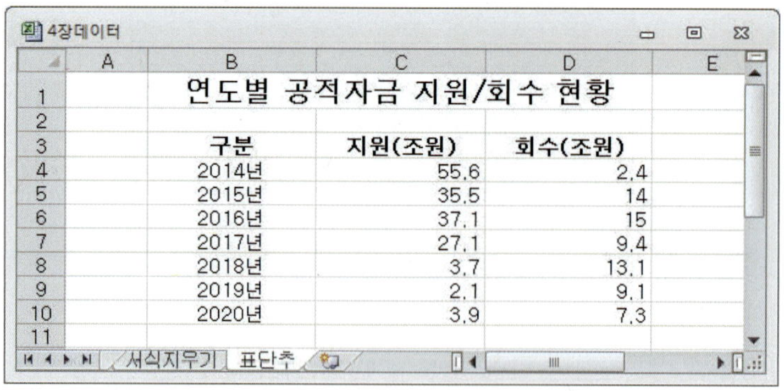

연도별 공적자금 지원/회수 현황

구분	지원(조원)	회수(조원)
2014년	55.6	2.4
2015년	35.5	14
2016년	37.1	15
2017년	27.1	9.4
2018년	3.7	13.1
2019년	2.1	9.1
2020년	3.9	7.3

③ 표 만들기 대화상자가 나타나면 확인을 누른다.

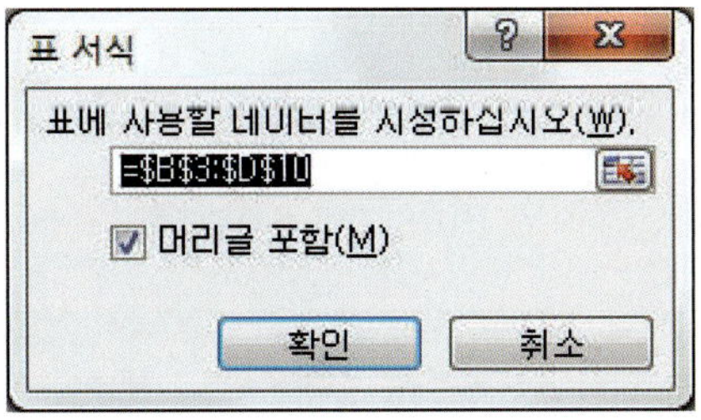

④ 표 스타일에 나타나는 첫 번째 스타일이 현재 스타일이다. 마우스 포인터를 가져가면 "표 스타일 보통 5"로 표시된다. [삽입] 탭에 있는 "표" 단추로 표를 만들면 이 스타일로 만들어 진다.

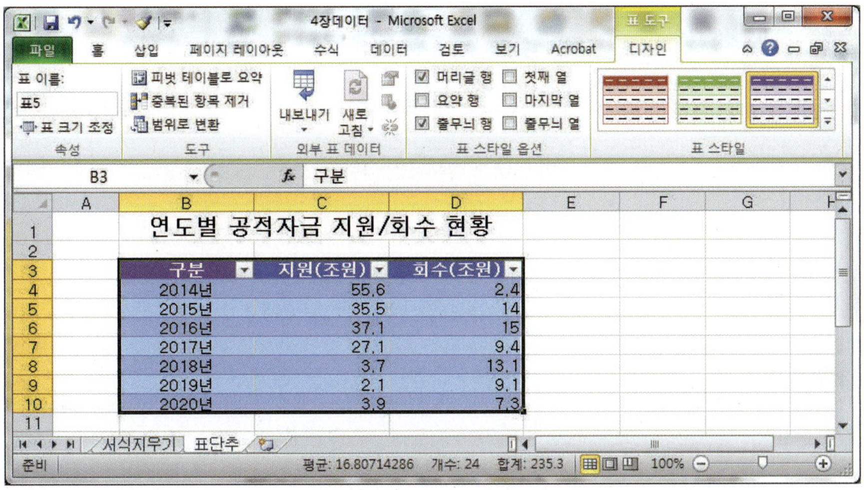

2. 표 스타일 옵션

표 스타일 옵션에 따라서 스타일의 서식이 달라진다. 옵션에는 머리글 행, 첫째 열, 요약 행, 마지막 열, 줄무늬 행, 줄무늬 열 6개가 있으며 기본적으로 머리글 행과 줄무늬 행은 선택되어져 있고 나머지는 해제된 상태다. 이들을 선택하거나 해제함에 따라서 스타일이 지정되거나 해제된다.

▶ 표 스타일 옵션

따라하기 »

① 표의 한 셀을 선택하고, [디자인] 탭을 선택한다.

② "머리글 행"을 해제한다. 그러면 머리글이 표시되지 않는다.

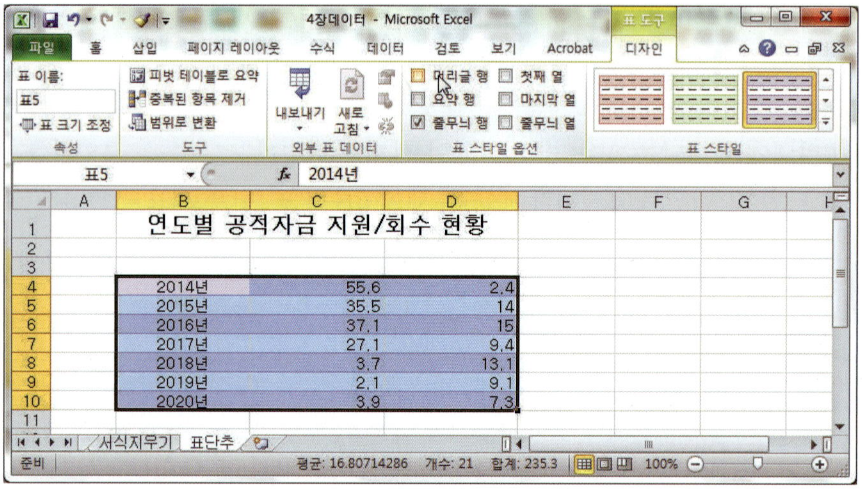

③ 다시 "머리글 행"을 선택한다.

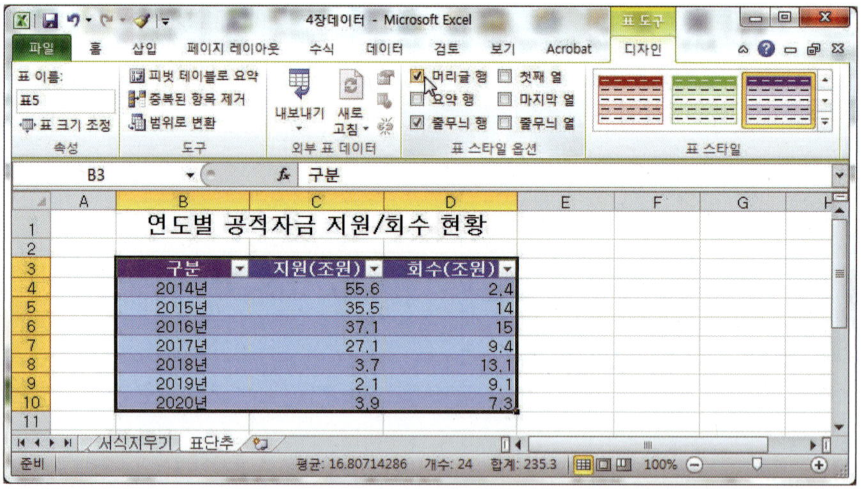

POINT ▸▸▸

머리글 행을 해제한 후 3행에 다른 데이터를 입력하면 자동적으로 한 행씩 밀려서 4행이 머리글이 된다.

④ "요약 행"을 선택한다.

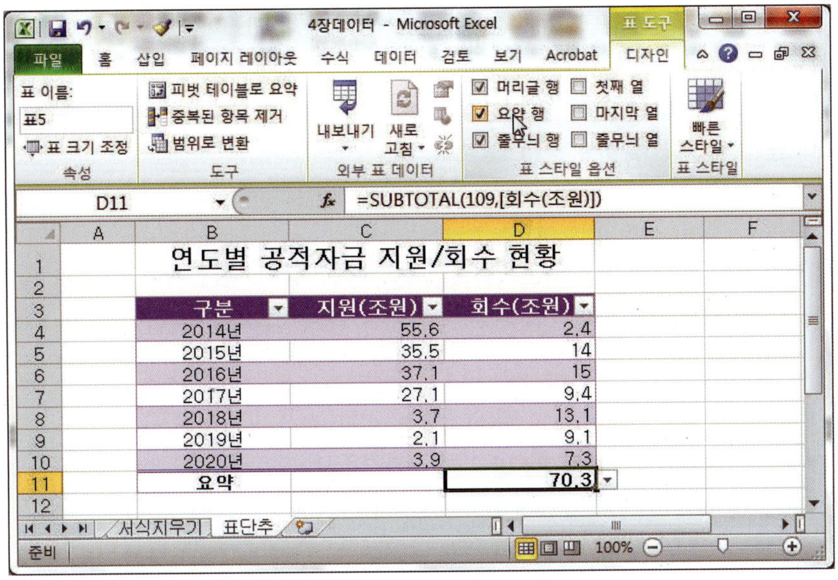

⑤ 가장 아래 행에 계산을 한다. 계산되지 않는 열에는 셀을 선택하면 화살표가 표시된다. 이를 클릭하면 계산 목록이 표시된다. 하나를 선택하면 계산된다.

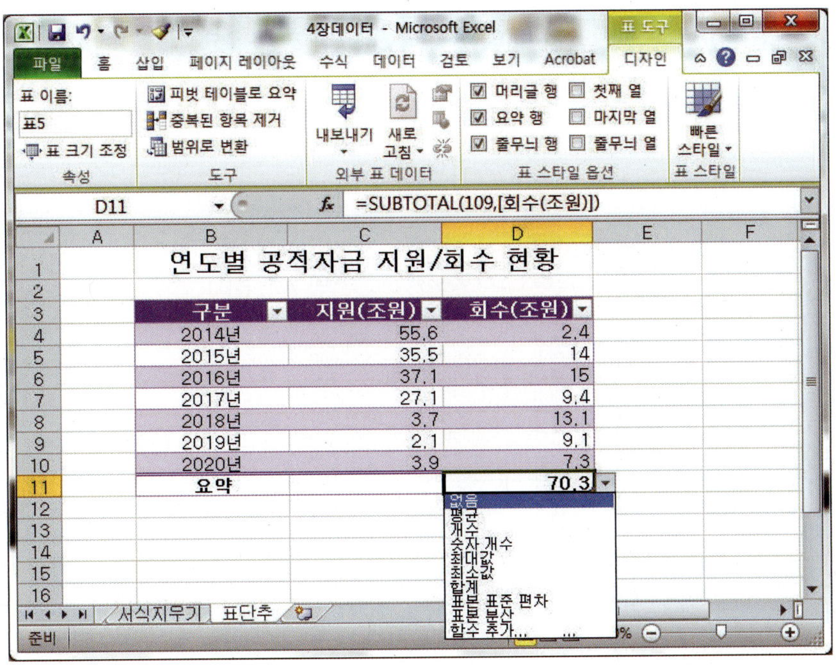

⑥ "요약 행"을 해제한다.

3. 표 편집

표를 작성한 후에 레코드(행) 또는 열(필드)을 추가, 삭제, 편집하는 방법과 필드별로 중복되는 항목을 제거한다. 또한 표 범위를 변환하여 일반 범위로 인식한 후에 다시 표를 만든다.

3-1 행(레코드)/열(필드) 삽입 삭제

대부분 새로운 레코드는 표의 가장 아래쪽에 추가하는 경우가 가장 많다. 가장 아래쪽 레코드 추가하는 것도 편리할 것 같다. 가장 위쪽 행은 필드 이름 바로 아래에 있으므로 항상 똑 같은 위치가 되고 화면을 이동하지 않아도 된다.

따라하기 »

① 표의 한셀을 선택하고 선택된 셀의 아래쪽에 포인터를 두고 더블클릭한다.

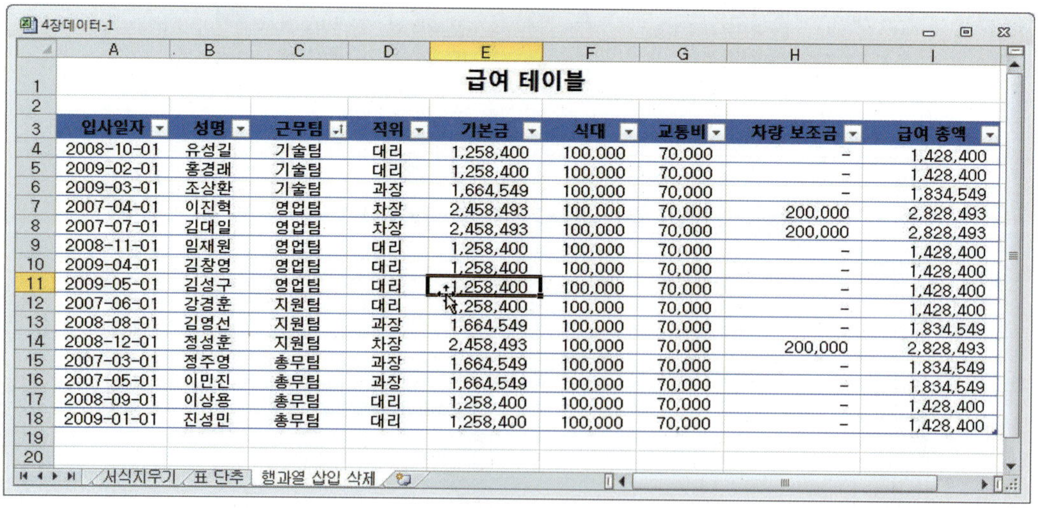

4장데이터-1

급여 테이블

입사일자	성명	근무팀	직위	기본금	식대	교통비	차량 보조금	급여 총액
2008-10-01	유성길	기술팀	대리	1,258,400	100,000	70,000	-	1,428,400
2009-02-01	홍경래	기술팀	대리	1,258,400	100,000	70,000	-	1,428,400
2009-03-01	조상환	기술팀	과장	1,664,549	100,000	70,000	-	1,834,549
2007-04-01	이진혁	영업팀	차장	2,458,493	100,000	70,000	200,000	2,828,493
2007-07-01	김대일	영업팀	차장	2,458,493	100,000	70,000	200,000	2,828,493
2008-11-01	임재원	영업팀	대리	1,258,400	100,000	70,000	-	1,428,400
2009-04-01	김창영	영업팀	대리	1,258,400	100,000	70,000	-	1,428,400
2009-05-01	김성구	영업팀	대리	1,258,400	100,000	70,000	-	1,428,400
2007-06-01	강경훈	지원팀	대리	1,258,400	100,000	70,000	-	1,428,400
2008-08-01	김영선	지원팀	과장	1,664,549	100,000	70,000	-	1,834,549
2008-12-01	정성훈	지원팀	차장	2,458,493	100,000	70,000	200,000	2,828,493
2007-03-01	정주영	총무팀	과장	1,664,549	100,000	70,000	-	1,834,549
2007-05-01	이민진	총무팀	과장	1,664,549	100,000	70,000	-	1,834,549
2008-09-01	이상용	총무팀	대리	1,258,400	100,000	70,000	-	1,428,400
2009-01-01	진성민	총무팀	대리	1,258,400	100,000	70,000	-	1,428,400

서식지우기 / 표 단추 / 행과열 삽입 삭제

② 마지막 레코드로 이동된다.

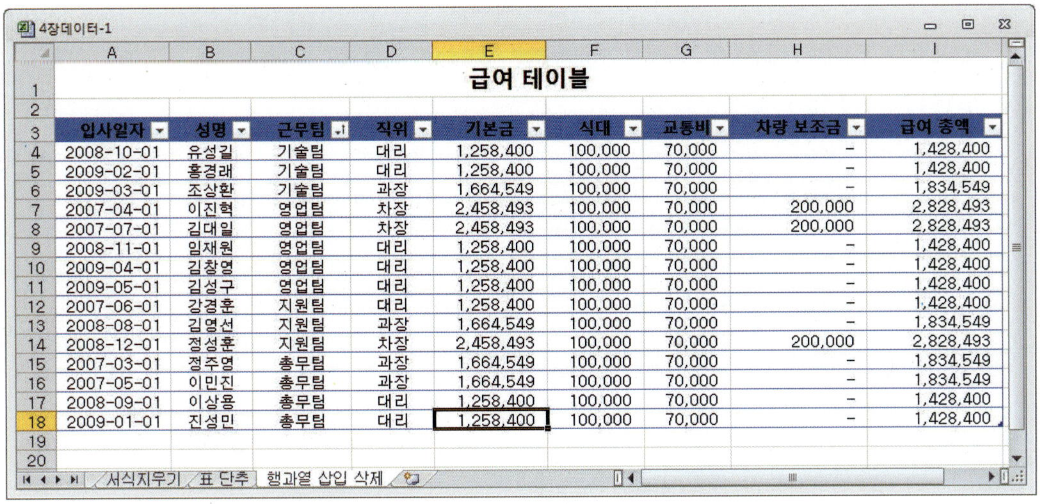

급여 테이블

입사일자	성명	근무팀	직위	기본금	식대	교통비	차량 보조금	급여 총액
2008-10-01	유성길	기술팀	대리	1,258,400	100,000	70,000	-	1,428,400
2009-02-01	홍경래	기술팀	대리	1,258,400	100,000	70,000	-	1,428,400
2009-03-01	조상환	기술팀	과장	1,664,549	100,000	70,000	-	1,834,549
2007-04-01	이진혁	영업팀	차장	2,458,493	100,000	70,000	200,000	2,828,493
2007-07-01	김대일	영업팀	차장	2,458,493	100,000	70,000	200,000	2,828,493
2008-11-01	임재원	영업팀	대리	1,258,400	100,000	70,000	-	1,428,400
2009-04-01	김창영	영업팀	대리	1,258,400	100,000	70,000	-	1,428,400
2009-05-01	김성구	영업팀	대리	1,258,400	100,000	70,000	-	1,428,400
2007-06-01	강경훈	지원팀	대리	1,258,400	100,000	70,000	-	1,428,400
2008-08-01	김영선	지원팀	과장	1,664,549	100,000	70,000	-	1,834,549
2008-12-01	정성훈	지원팀	차장	2,458,493	100,000	70,000	200,000	2,828,493
2007-03-01	정주영	총무팀	과장	1,664,549	100,000	70,000	-	1,834,549
2007-05-01	이민진	총무팀	과장	1,664,549	100,000	70,000	-	1,834,549
2008-09-01	이상용	총무팀	대리	1,258,400	100,000	70,000	-	1,428,400
2009-01-01	진성민	총무팀	대리	1,258,400	100,000	70,000	-	1,428,400

③ A19 셀을 선택하고 데이터를 입력한다. 수식이 있는 열은 자동으로 수식 채우기가 되며 오류로 표시되는 셀도 있을 수 있으나 데이터를 입력하면 해결된다.

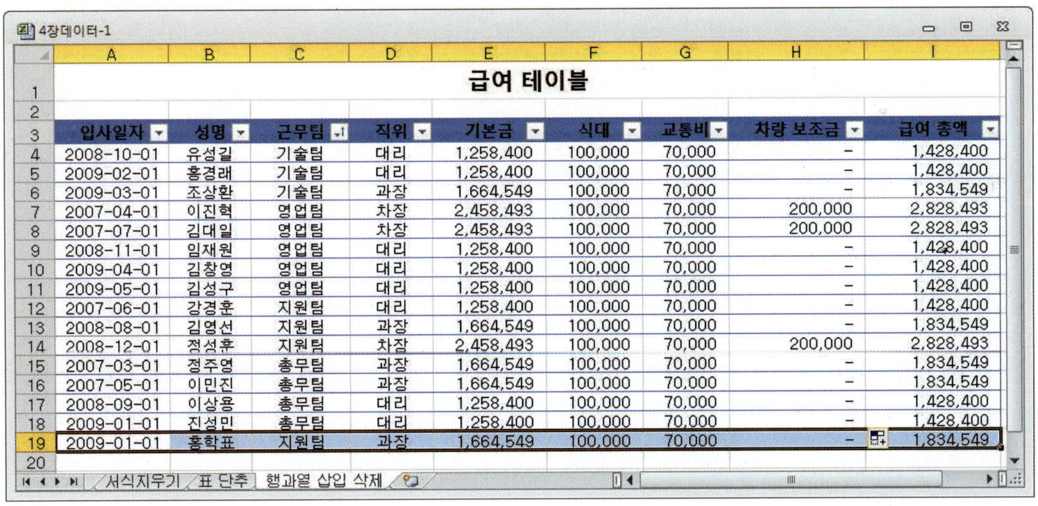

급여 테이블

입사일자	성명	근무팀	직위	기본금	식대	교통비	차량 보조금	급여 총액
2008-10-01	유성길	기술팀	대리	1,258,400	100,000	70,000	-	1,428,400
2009-02-01	홍경래	기술팀	대리	1,258,400	100,000	70,000	-	1,428,400
2009-03-01	조상환	기술팀	과장	1,664,549	100,000	70,000	-	1,834,549
2007-04-01	이진혁	영업팀	차장	2,458,493	100,000	70,000	200,000	2,828,493
2007-07-01	김대일	영업팀	차장	2,458,493	100,000	70,000	200,000	2,828,493
2008-11-01	임재원	영업팀	대리	1,258,400	100,000	70,000	-	1,428,400
2009-04-01	김창영	영업팀	대리	1,258,400	100,000	70,000	-	1,428,400
2009-05-01	김성구	영업팀	대리	1,258,400	100,000	70,000	-	1,428,400
2007-06-01	강경훈	지원팀	대리	1,258,400	100,000	70,000	-	1,428,400
2008-08-01	김영선	지원팀	과장	1,664,549	100,000	70,000	-	1,834,549
2008-12-01	정성훈	지원팀	차장	2,458,493	100,000	70,000	200,000	2,828,493
2007-03-01	정주영	총무팀	과장	1,664,549	100,000	70,000	-	1,834,549
2007-05-01	이민진	총무팀	과장	1,664,549	100,000	70,000	-	1,834,549
2008-09-01	이상용	총무팀	대리	1,258,400	100,000	70,000	-	1,428,400
2009-01-01	진성민	총무팀	대리	1,258,400	100,000	70,000	-	1,428,400
2009-01-01	홍학표	지원팀	과장	1,664,549	100,000	70,000	-	1,834,549

④ 표의 한 셀이 선택된 상태에서 선택된 셀의 위쪽에 포인터를 두고 더블클릭한다.

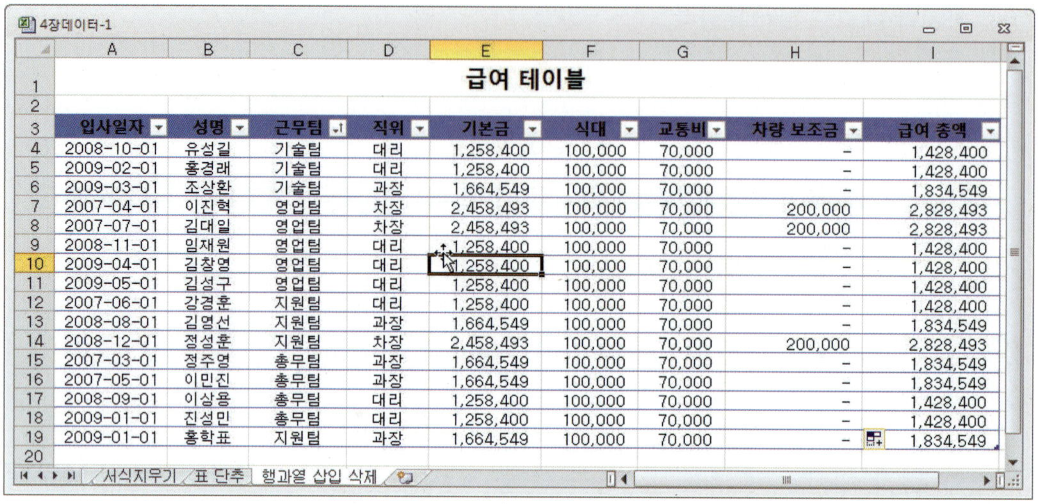

급여 테이블

입사일자	성명	근무팀	직위	기본급	식대	교통비	차량 보조금	급여 총액
2008-10-01	유성길	기술팀	대리	1,258,400	100,000	70,000	-	1,428,400
2009-02-01	홍경래	기술팀	대리	1,258,400	100,000	70,000	-	1,428,400
2009-03-01	조상환	기술팀	과장	1,664,549	100,000	70,000	-	1,834,549
2007-04-01	이진혁	영업팀	차장	2,458,493	100,000	70,000	200,000	2,828,493
2007-07-01	김대일	영업팀	차장	2,458,493	100,000	70,000	200,000	2,828,493
2008-11-01	임재원	영업팀	대리	1,258,400	100,000	70,000	-	1,428,400
2009-04-01	김창영	영업팀	대리	1,258,400	100,000	70,000	-	1,428,400
2009-05-01	김성구	영업팀	대리	1,258,400	100,000	70,000	-	1,428,400
2007-06-01	강경훈	지원팀	대리	1,258,400	100,000	70,000	-	1,428,400
2008-08-01	김영선	지원팀	과장	1,664,549	100,000	70,000	-	1,834,549
2008-12-01	정성훈	지원팀	차장	2,458,493	100,000	70,000	200,000	2,828,493
2007-03-01	정주영	총무팀	과장	1,664,549	100,000	70,000	-	1,834,549
2007-05-01	이민진	총무팀	과장	1,664,549	100,000	70,000	-	1,834,549
2008-09-01	이상용	총무팀	대리	1,258,400	100,000	70,000	-	1,428,400
2009-01-01	진성민	총무팀	대리	1,258,400	100,000	70,000	-	1,428,400
2009-01-01	홍학표	지원팀	과장	1,664,549	100,000	70,000	-	1,834,549

⑤ 화면의 가장 위쪽으로 이동한다.

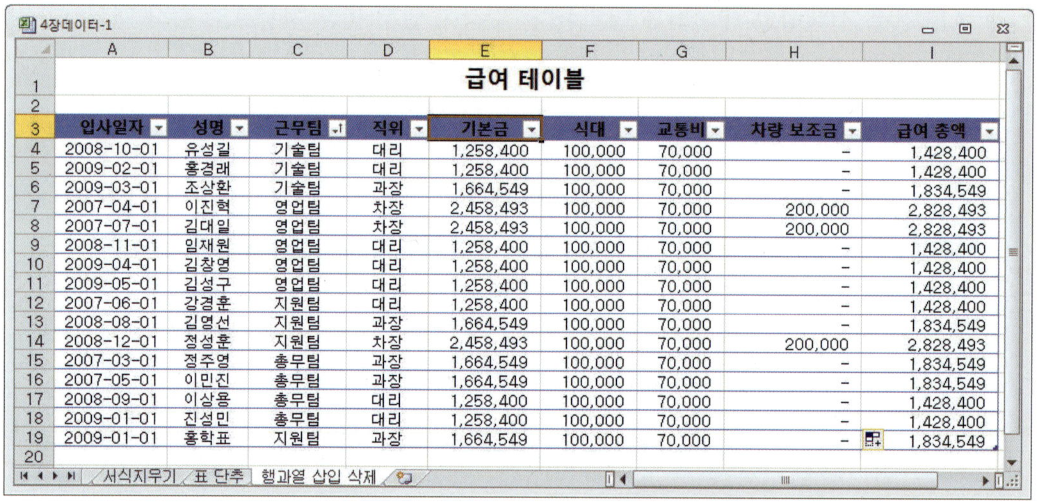

급여 테이블

입사일자	성명	근무팀	직위	기본급	식대	교통비	차량 보조금	급여 총액
2008-10-01	유성길	기술팀	대리	1,258,400	100,000	70,000	-	1,428,400
2009-02-01	홍경래	기술팀	대리	1,258,400	100,000	70,000	-	1,428,400
2009-03-01	조상환	기술팀	과장	1,664,549	100,000	70,000	-	1,834,549
2007-04-01	이진혁	영업팀	차장	2,458,493	100,000	70,000	200,000	2,828,493
2007-07-01	김대일	영업팀	차장	2,458,493	100,000	70,000	200,000	2,828,493
2008-11-01	임재원	영업팀	대리	1,258,400	100,000	70,000	-	1,428,400
2009-04-01	김창영	영업팀	대리	1,258,400	100,000	70,000	-	1,428,400
2009-05-01	김성구	영업팀	대리	1,258,400	100,000	70,000	-	1,428,400
2007-06-01	강경훈	지원팀	대리	1,258,400	100,000	70,000	-	1,428,400
2008-08-01	김영선	지원팀	과장	1,664,549	100,000	70,000	-	1,834,549
2008-12-01	정성훈	지원팀	차장	2,458,493	100,000	70,000	200,000	2,828,493
2007-03-01	정주영	총무팀	과장	1,664,549	100,000	70,000	-	1,834,549
2007-05-01	이민진	총무팀	과장	1,664,549	100,000	70,000	-	1,834,549
2008-09-01	이상용	총무팀	대리	1,258,400	100,000	70,000	-	1,428,400
2009-01-01	진성민	총무팀	대리	1,258,400	100,000	70,000	-	1,428,400
2009-01-01	홍학표	지원팀	과장	1,664,549	100,000	70,000	-	1,834,549

⑥ 첫 레코드의 한 셀을 선택하고 오른쪽 단추를 클릭하여 바로가기 메뉴에서 "삽입"의 "위쪽에 표 행 삽입"을 클릭한다.

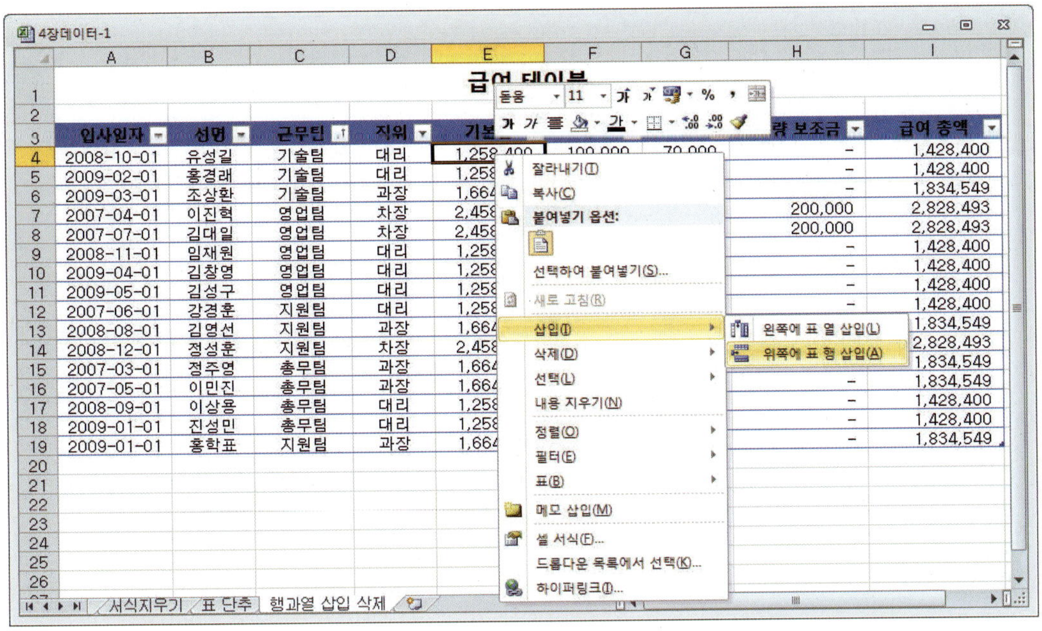

⑦ 하나의 행이 삽입되면서 스타일과 수식이 자동으로 채우기 된다.

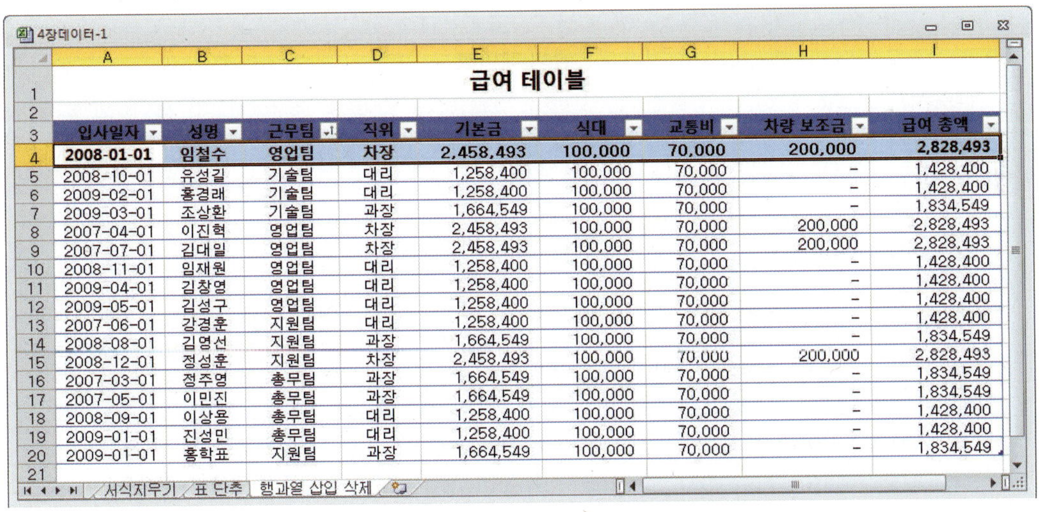

입사일자	성명	근무팀	직위	기본금	식대	교통비	차량 보조금	급여 총액
2008-01-01	임철수	영업팀	차장	2,458,493	100,000	70,000	200,000	2,828,493
2008-10-01	유성길	기술팀	대리	1,258,400	100,000	70,000	-	1,428,400
2009-02-01	홍경래	기술팀	대리	1,258,400	100,000	70,000	-	1,428,400
2009-03-01	조상환	기술팀	과장	1,664,549	100,000	70,000	-	1,834,549
2007-04-01	이진혁	영업팀	차장	2,458,493	100,000	70,000	200,000	2,828,493
2007-07-01	김대일	영업팀	차장	2,458,493	100,000	70,000	200,000	2,828,493
2008-11-01	임재원	영업팀	대리	1,258,400	100,000	70,000	-	1,428,400
2009-04-01	김창영	영업팀	대리	1,258,400	100,000	70,000	-	1,428,400
2009-05-01	김성구	영업팀	대리	1,258,400	100,000	70,000	-	1,428,400
2007-06-01	강경훈	지원팀	대리	1,258,400	100,000	70,000	-	1,428,400
2008-08-01	김영선	지원팀	과장	1,664,549	100,000	70,000	-	1,834,549
2008-12-01	정성훈	지원팀	차장	2,458,493	100,000	70,000	200,000	2,828,493
2007-03-01	정주영	총무팀	과장	1,664,549	100,000	70,000	-	1,834,549
2007-05-01	이민진	총무팀	과장	1,664,549	100,000	70,000	-	1,834,549
2008-09-01	이상용	총무팀	대리	1,258,400	100,000	70,000	-	1,428,400
2009-01-01	진성민	총무팀	대리	1,258,400	100,000	70,000	-	1,428,400
2009-01-01	홍학표	지원팀	과장	1,664,549	100,000	70,000	-	1,834,549

⑧ 삭제할 행의 한 셀을 선택하고 오른쪽 단추를 클릭하여 바로가기 메뉴에서 "삭제"의 "표 행"을 클릭한다.

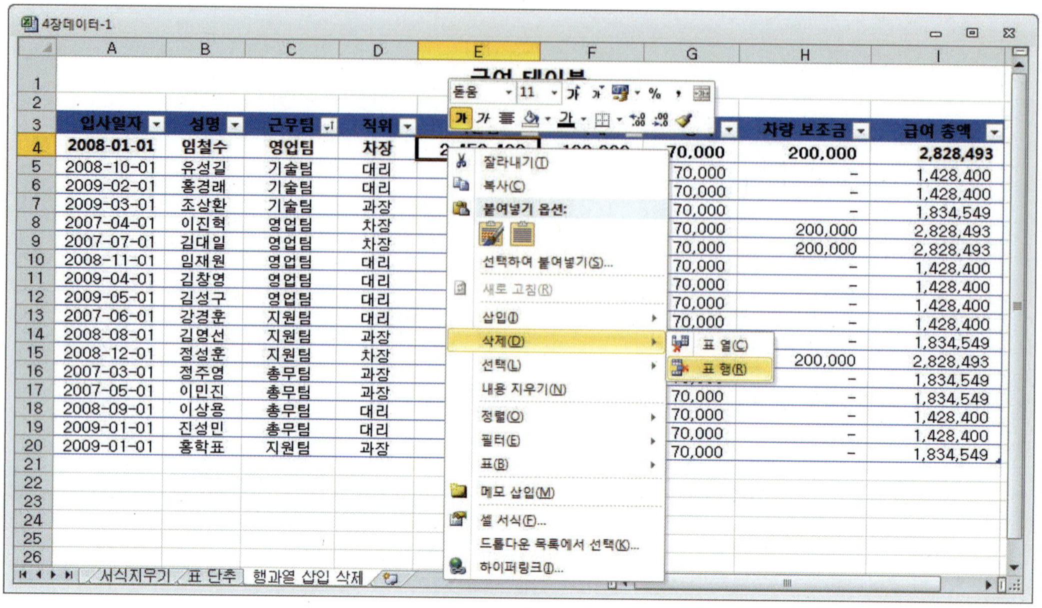

⑨ 선택된 표의 행이 삭제된다.

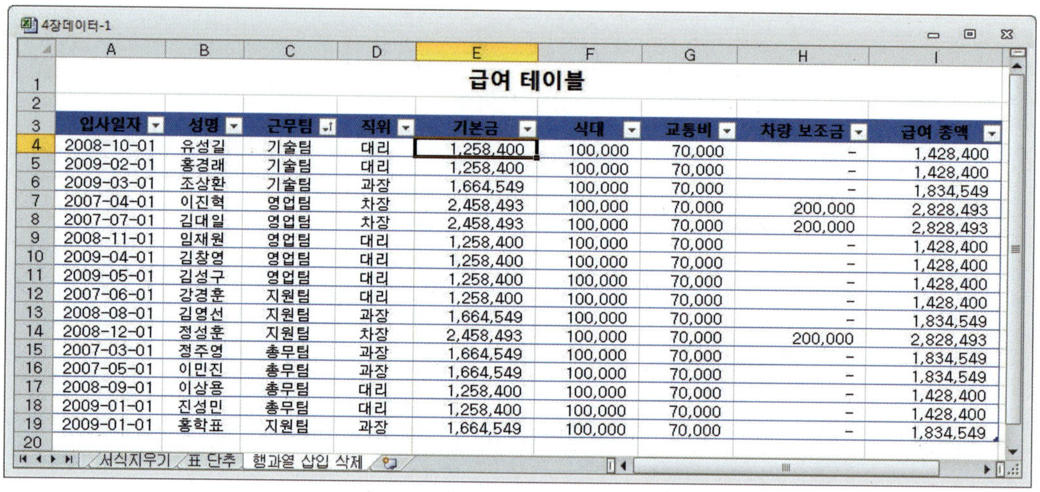

⑩ 열의 삽입과 삭제도 같은 방법으로 한다.

4-2 중복된 항목 제거

엑셀 2007과 2010에 새로 추가된 항목으로 열을 선택하여 해당 열에서 중복된 값이 있을 경우 삭제하는 것이다. 열을 모두 선택하면 모든 열에서 일치하는 값을 삭제하고 하나의 열만 선택하면 하나의 열에 대해서만 삭제된다. 중복된 항목 제거와 정렬을 응용하면 각 팀에서 급여 총액이 가장 많은 직원만 남길 수 있다.

따라하기 »

① 4 행과 5 행에 동일한 레코드가 있다. 중복된 항목 제거로 동일한 레코드를 제거할 때 표의 한셀을 선택한다.

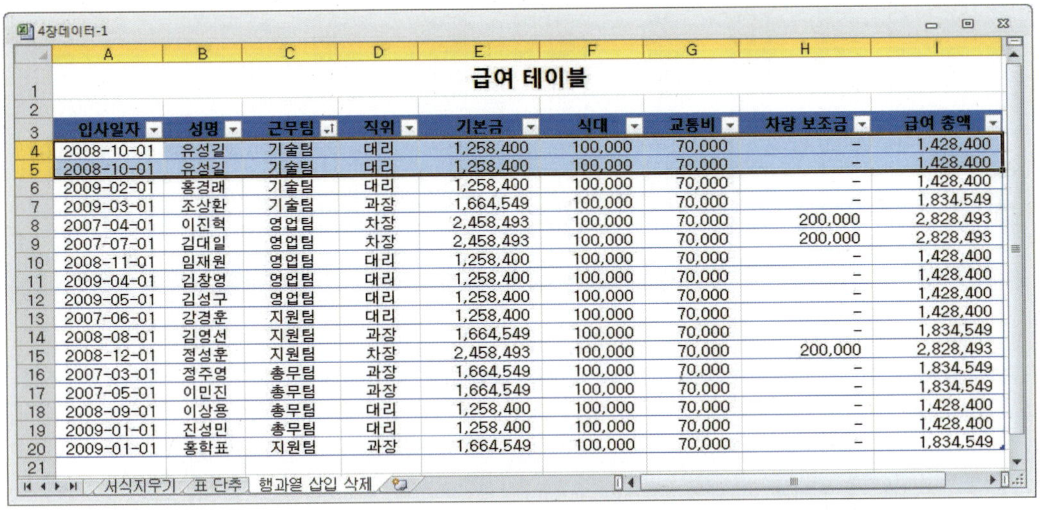

입사일자	성명	근무팀	직위	기본금	식대	교통비	차량 보조금	급여 총액
2008-10-01	유성길	기술팀	대리	1,258,400	100,000	70,000	-	1,428,400
2008-10-01	유성길	기술팀	대리	1,258,400	100,000	70,000	-	1,428,400
2009-02-01	홍경래	기술팀	대리	1,258,400	100,000	70,000	-	1,428,400
2009-03-01	조상환	기술팀	과장	1,664,549	100,000	70,000	-	1,834,549
2007-04-01	이진혁	영업팀	차장	2,458,493	100,000	70,000	200,000	2,828,493
2007-07-01	김대일	영업팀	차장	2,458,493	100,000	70,000	200,000	2,828,493
2008-11-01	임재원	영업팀	대리	1,258,400	100,000	70,000	-	1,428,400
2009-04-01	김창영	영업팀	대리	1,258,400	100,000	70,000	-	1,428,400
2009-05-01	김성구	영업팀	대리	1,258,400	100,000	70,000	-	1,428,400
2007-06-01	강경훈	지원팀	대리	1,258,400	100,000	70,000	-	1,428,400
2008-08-01	김영선	지원팀	과장	1,664,549	100,000	70,000	-	1,834,549
2008-12-01	정성훈	지원팀	차장	2,458,493	100,000	70,000	200,000	2,828,493
2007-03-01	정주영	총무팀	과장	1,664,549	100,000	70,000	-	1,834,549
2007-05-01	이민진	총무팀	과장	1,664,549	100,000	70,000	-	1,834,549
2008-09-01	이상용	총무팀	대리	1,258,400	100,000	70,000	-	1,428,400
2009-01-01	진성민	총무팀	대리	1,258,400	100,000	70,000	-	1,428,400
2009-01-01	홍학표	지원팀	과장	1,664,549	100,000	70,000	-	1,834,549

② [디자인] 탭을 선택하고, “중복된 항목 제거”를 클릭한다.

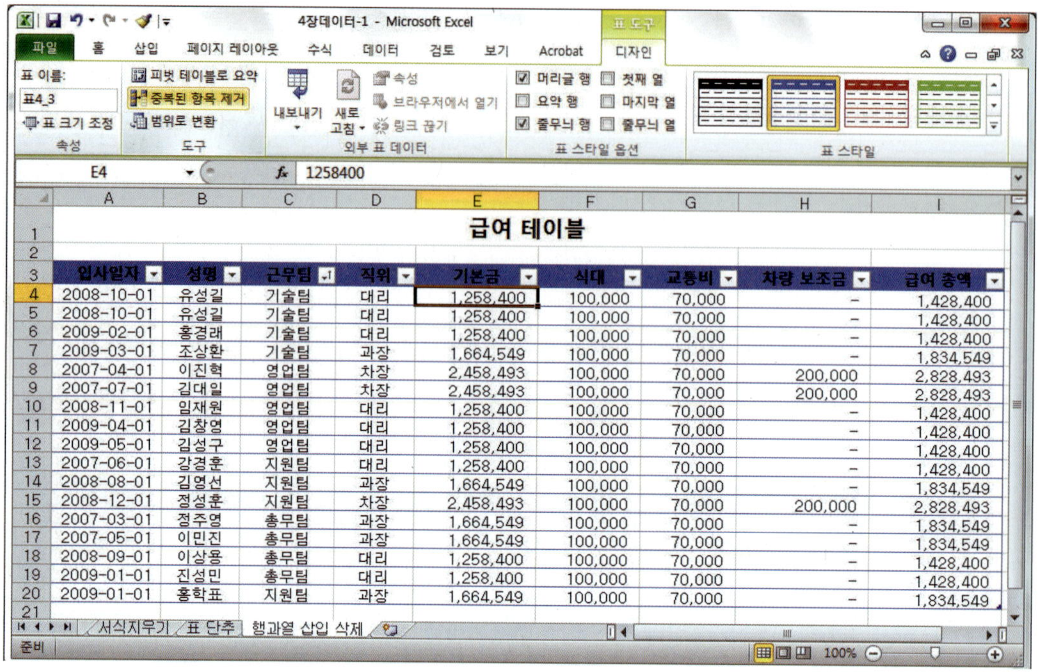

급여 테이블

입사일자	성명	근무팀	직위	기본금	식대	교통비	차량 보조금	급여 총액
2008-10-01	유성길	기술팀	대리	1,258,400	100,000	70,000	-	1,428,400
2008-10-01	유성길	기술팀	대리	1,258,400	100,000	70,000	-	1,428,400
2009-02-01	홍경래	기술팀	대리	1,258,400	100,000	70,000	-	1,428,400
2009-03-01	조상환	기술팀	과장	1,664,549	100,000	70,000	-	1,834,549
2007-04-01	이진혁	영업팀	차장	2,458,493	100,000	70,000	200,000	2,828,493
2007-07-01	김대일	영업팀	차장	2,458,493	100,000	70,000	200,000	2,828,493
2008-11-01	임재원	영업팀	대리	1,258,400	100,000	70,000	-	1,428,400
2009-04-01	김창영	영업팀	대리	1,258,400	100,000	70,000	-	1,428,400
2009-05-01	김성구	영업팀	대리	1,258,400	100,000	70,000	-	1,428,400
2007-06-01	강경훈	지원팀	대리	1,258,400	100,000	70,000	-	1,428,400
2008-08-01	김영선	지원팀	과장	1,664,549	100,000	70,000	-	1,834,549
2008-12-01	정성훈	지원팀	차장	2,458,493	100,000	70,000	200,000	2,828,493
2007-03-01	정주영	총무팀	과장	1,664,549	100,000	70,000	-	1,834,549
2007-05-01	이민진	총무팀	과장	1,664,549	100,000	70,000	-	1,834,549
2008-09-01	이상용	총무팀	대리	1,258,400	100,000	70,000	-	1,428,400
2009-01-01	진성민	총무팀	대리	1,258,400	100,000	70,000	-	1,428,400
2009-01-01	홍학표	지원팀	과장	1,664,549	100,000	70,000	-	1,834,549

③ [중복된 항목 제거] 대화상자가 나타나면 [확인]을 클릭한다.

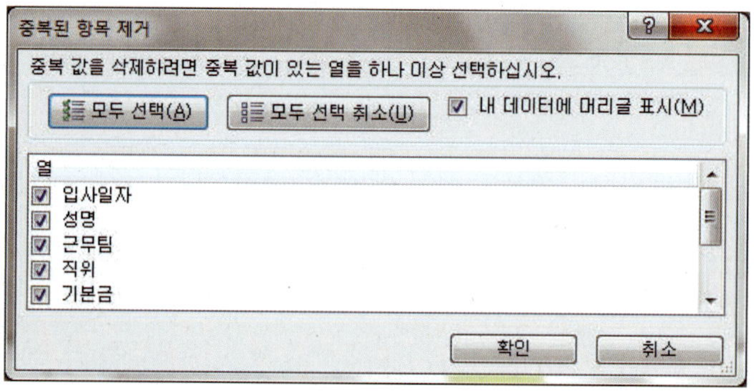

④ 모든 열이 선택되면 완전히 동일한 레코드는 하나만 남기고 모두 제거된다.

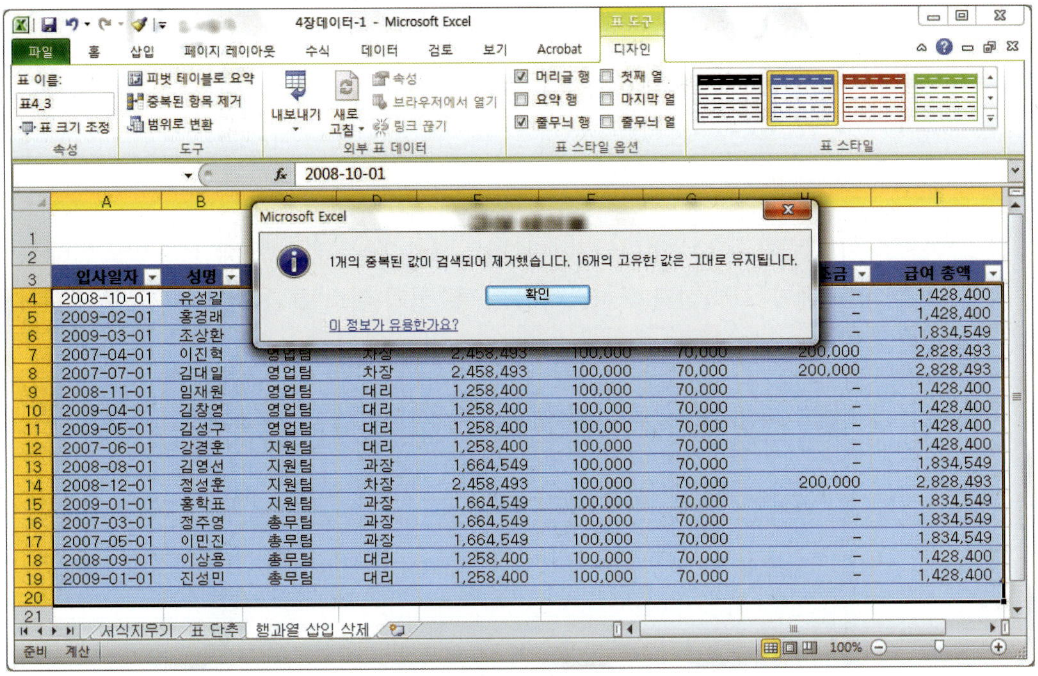

⑤ 팀에서 급여 총액이 가장 많은 직원 한명만 남기거 모두 제거 할려면 "급여 총액" 필드 화살표를 클릭하여 "내림차순 정렬"을 선택한다.

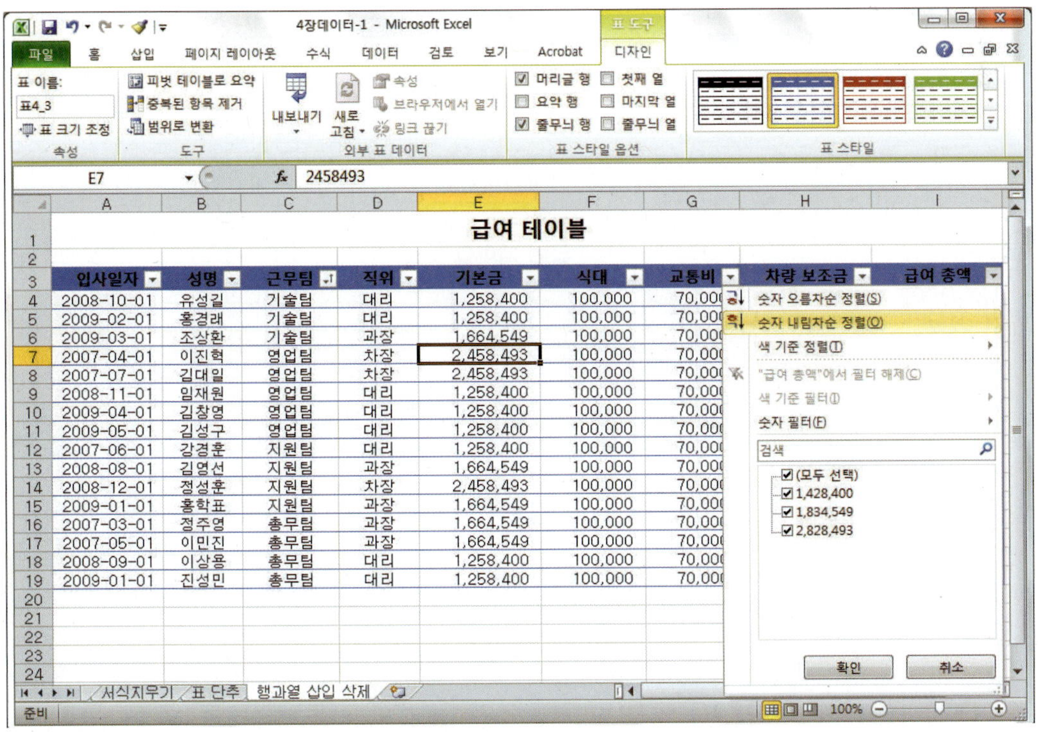

POINT ▸▸▸

근무팀 필드에서 중복된 항목 제거를 실행하면 가장 먼저 나오는 팀명의 레코드는 남기거 나머지 동일한 팀명을 가진 레코드는 제거하게 된다. 그래서 급여 총액을 내림차순으로 정렬한다.

⑥ 급여 총액이 내림차순으로 정렬되면 [디자인] 탭의 "중복된 항목 제거"를 클릭한다.

⑦ [중복된 항목 제거] 대화상자가 나타나면 "모두 선택 취소"를 선택하고, "근무팀"만 클릭하고, [확인]을 클릭한다.

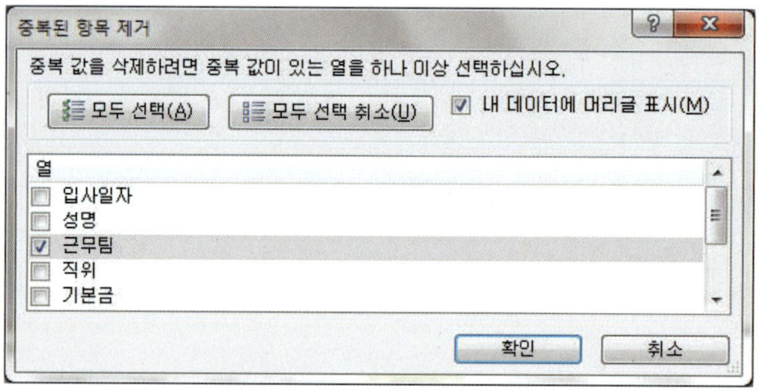

⑧ 팀별로 급여 총액이 가장 많은 직원을 구할 수 있다.

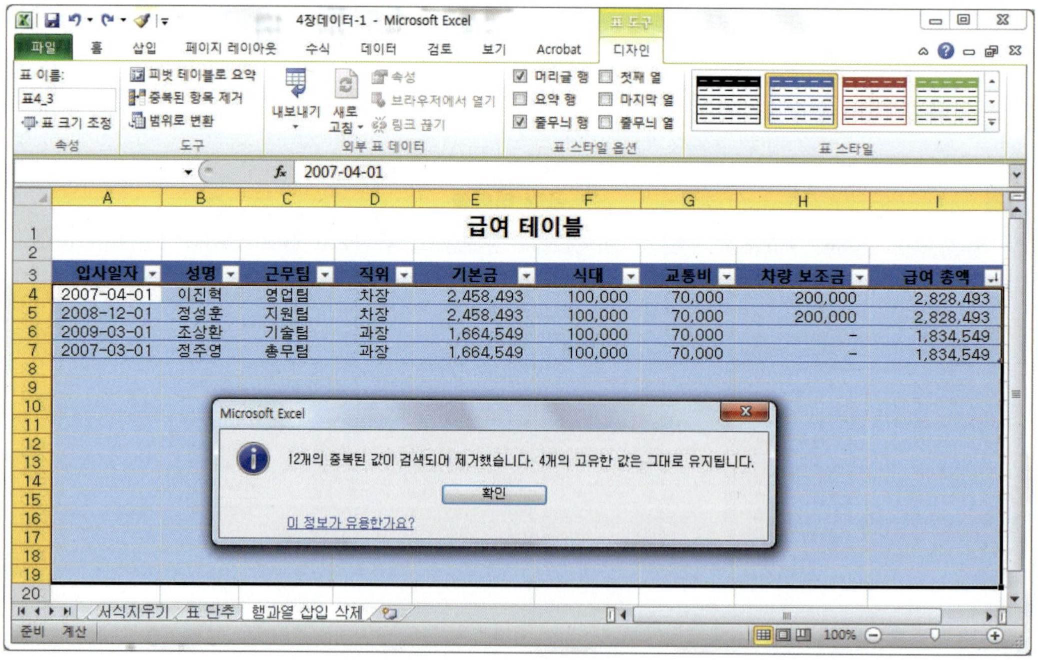

POINT ▸▸▸

[중복된 항목 제거] 대화상자 창의 닫기 단추를 눌러도 확인을 누르는 것과 동일하다. 실행을 취소하려면 [빠른 실행 도구모음]에서 취소 단추(Ctrl+Z)를 클릭한다.

4-3 범위로 변환

표를 범위로 변환하면 정상 범위가 된다. 정상 범위가 되면서 표스타일에 지정된 서식은 셀 서식이 된다. 셀 서식은 표 스타일 보다 우선하므로 표 스타일이 반영되지 못한다. 따라서 표 스타일을 제대로 반영할려면 셀 서식을 지워야 한다.

따라하기 »

① 표의 한 셀을 선택하고, [디자인] 탭을 클릭한다.

② "범위로 변환"을 클릭한다.

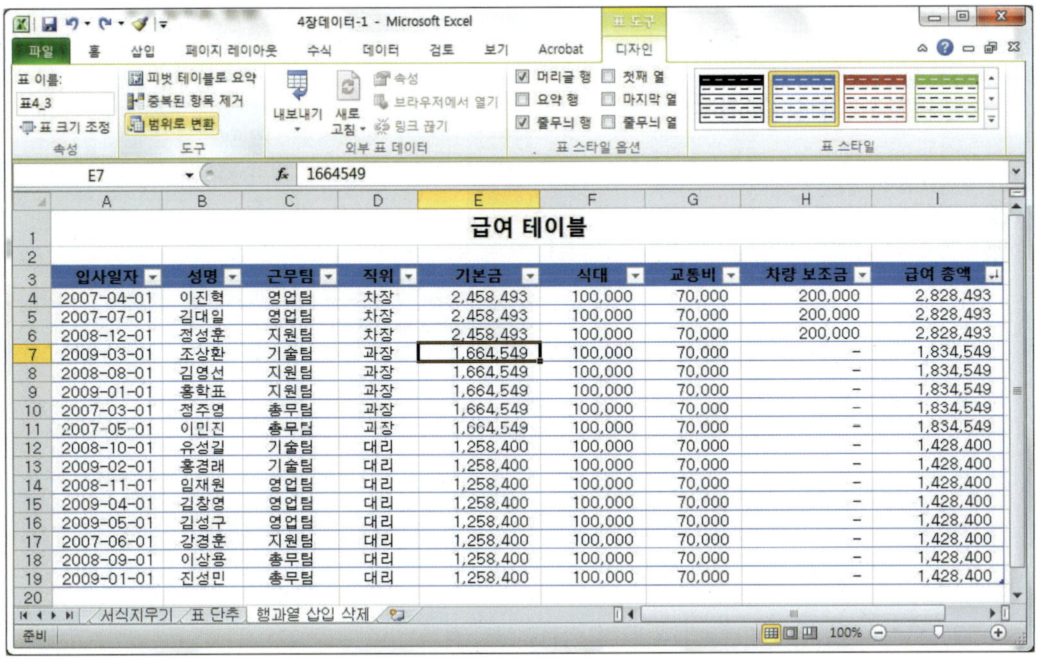

③ 표를 정상 범위로 변환하는 메시지 상자가 나타나면 "예"를 클릭한다.

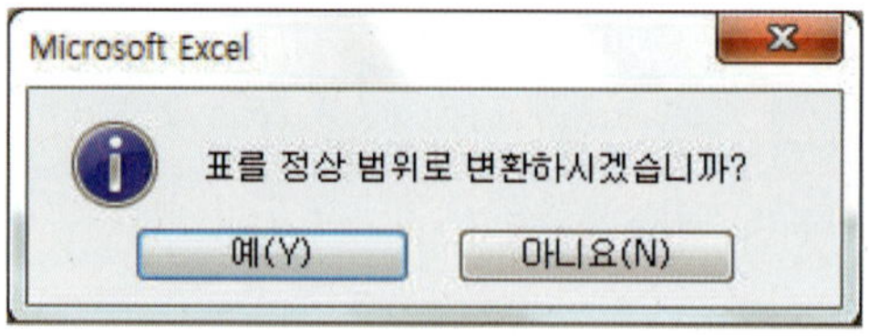

④ 표가 정상 범위가 되었으면 표의 한셀을 선택하고, [홈] 탭의“표 서식” 단추를 클릭하여 “표 스타일 보통 7”을 지정한다.

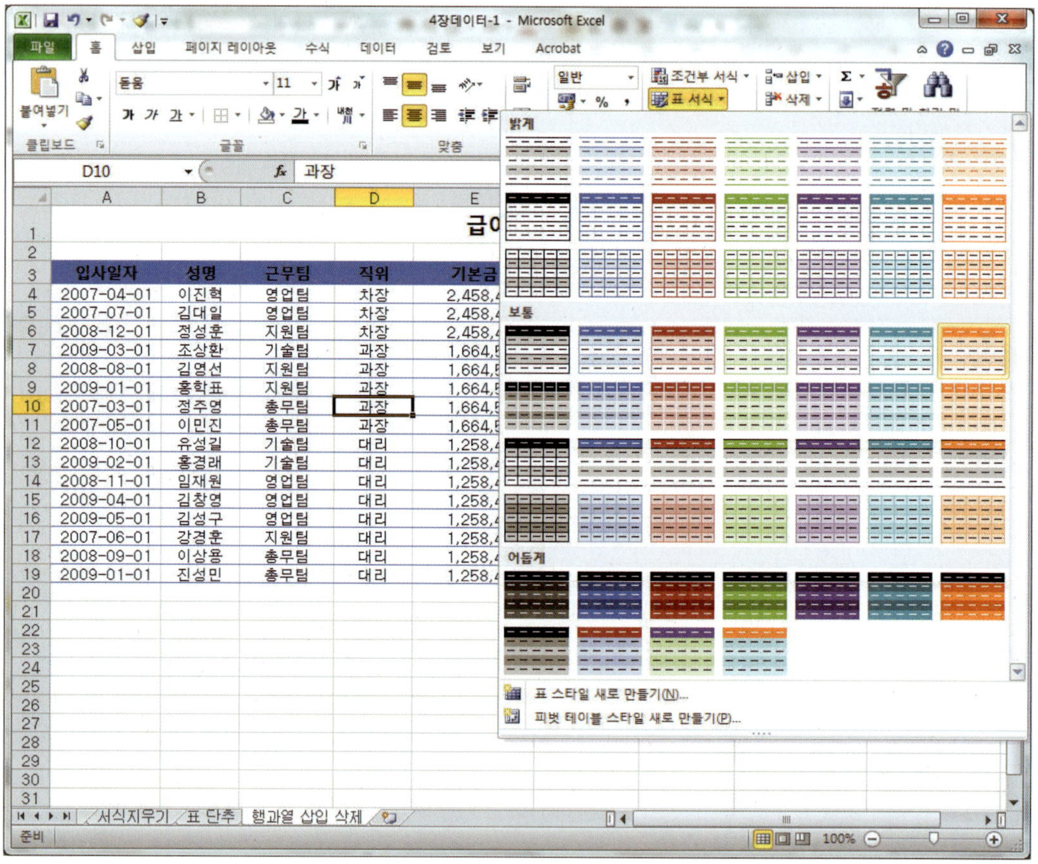

⑤ [표 서식] 대화상자가 나타나면 [확인]을 클릭한다.

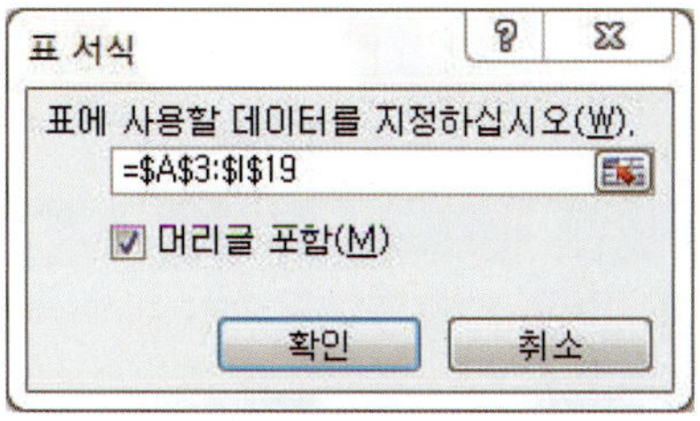

⑥ 표 스타일을 변경해도 스타일이 제대로 반영되지 않을 것이다.

급여 테이블

입사일자	성명	근무팀	직위	기본금	식대	교통비	차량 보조금	급여 총액
2007-04-01	이진혁	영업팀	차장	2,458,493	100,000	70,000	200,000	2,828,493
2007-07-01	김대일	영업팀	차장	2,458,493	100,000	70,000	200,000	2,828,493
2008-12-01	정성훈	지원팀	차장	2,458,493	100,000	70,000	200,000	2,828,493
2009-03-01	조상환	기술팀	과장	1,664,549	100,000	70,000	-	1,834,549
2008-08-01	김영선	지원팀	과장	1,664,549	100,000	70,000	-	1,834,549
2009-01-01	홍학표	지원팀	과장	1,664,549	100,000	70,000	-	1,834,549
2007-03-01	정주영	총무팀	과장	1,664,549	100,000	70,000	-	1,834,549
2007-05-01	이민진	총무팀	과장	1,664,549	100,000	70,000	-	1,834,549
2008-10-01	유성길	기술팀	대리	1,258,400	100,000	70,000	-	1,428,400
2009-02-01	홍경래	기술팀	대리	1,258,400	100,000	70,000	-	1,428,400
2008-11-01	임재원	영업팀	대리	1,258,400	100,000	70,000	-	1,428,400
2009-04-01	김창영	영업팀	대리	1,258,400	100,000	70,000	-	1,428,400
2009-05-01	김성구	영업팀	대리	1,258,400	100,000	70,000	-	1,428,400
2007-06-01	강경훈	지원팀	대리	1,258,400	100,000	70,000	-	1,428,400
2008-09-01	이상용	총무팀	대리	1,258,400	100,000	70,000	-	1,428,400
2009-01-01	진성민	총무팀	대리	1,258,400	100,000	70,000	-	1,428,400

POINT ▸▸▸

셀에 서식이 지정되어 있으면 표 스타일이 적용되지 않는다. 표 서식보다 셀 서식이 우선하기 때문이다.

⑦ 표 전체 범위를 지정한다.

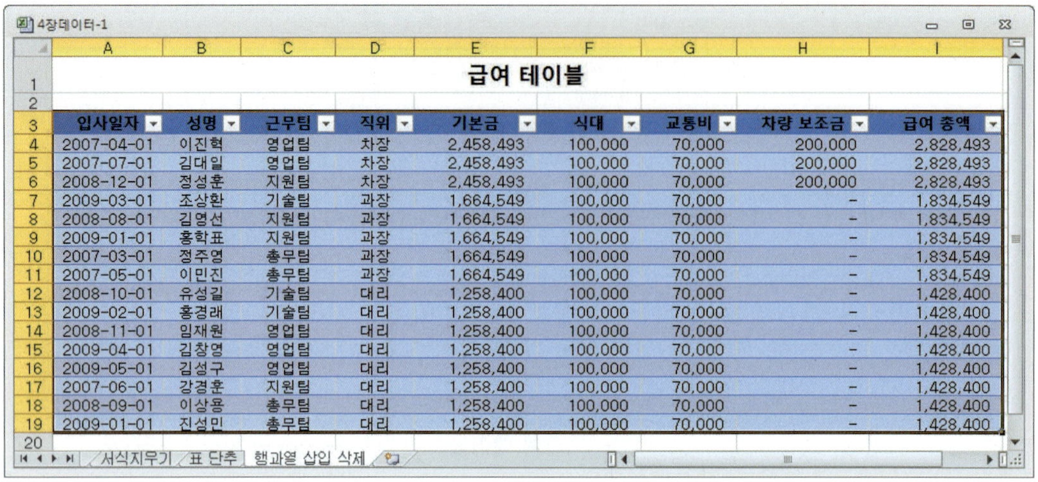

급여 테이블

입사일자	성명	근무팀	직위	기본금	식대	교통비	차량 보조금	급여 총액
2007-04-01	이진혁	영업팀	차장	2,458,493	100,000	70,000	200,000	2,828,493
2007-07-01	김대일	영업팀	차장	2,458,493	100,000	70,000	200,000	2,828,493
2008-12-01	정성훈	지원팀	차장	2,458,493	100,000	70,000	200,000	2,828,493
2009-03-01	조상환	기술팀	과장	1,664,549	100,000	70,000	-	1,834,549
2008-08-01	김영선	지원팀	과장	1,664,549	100,000	70,000	-	1,834,549
2009-01-01	홍학표	지원팀	과장	1,664,549	100,000	70,000	-	1,834,549
2007-03-01	정주영	총무팀	과장	1,664,549	100,000	70,000	-	1,834,549
2007-05-01	이민진	총무팀	과장	1,664,549	100,000	70,000	-	1,834,549
2008-10-01	유성길	기술팀	대리	1,258,400	100,000	70,000	-	1,428,400
2009-02-01	홍경래	기술팀	대리	1,258,400	100,000	70,000	-	1,428,400
2008-11-01	임재원	영업팀	대리	1,258,400	100,000	70,000	-	1,428,400
2009-04-01	김창영	영업팀	대리	1,258,400	100,000	70,000	-	1,428,400
2009-05-01	김성구	영업팀	대리	1,258,400	100,000	70,000	-	1,428,400
2007-06-01	강경훈	지원팀	대리	1,258,400	100,000	70,000	-	1,428,400
2008-09-01	이상용	총무팀	대리	1,258,400	100,000	70,000	-	1,428,400
2009-01-01	진성민	총무팀	대리	1,258,400	100,000	70,000	-	1,428,400

⑧ [홈] 탭의 "테두리" 단추를 클리하여 "테두리 없음"을 선택한다. "채우기 색" 단추를 클릭하여 "채우기 없음"을 선택한다. "글꼴 색" 단추를 클릭하여 "검정, 텍스트 1"을 선택한다.

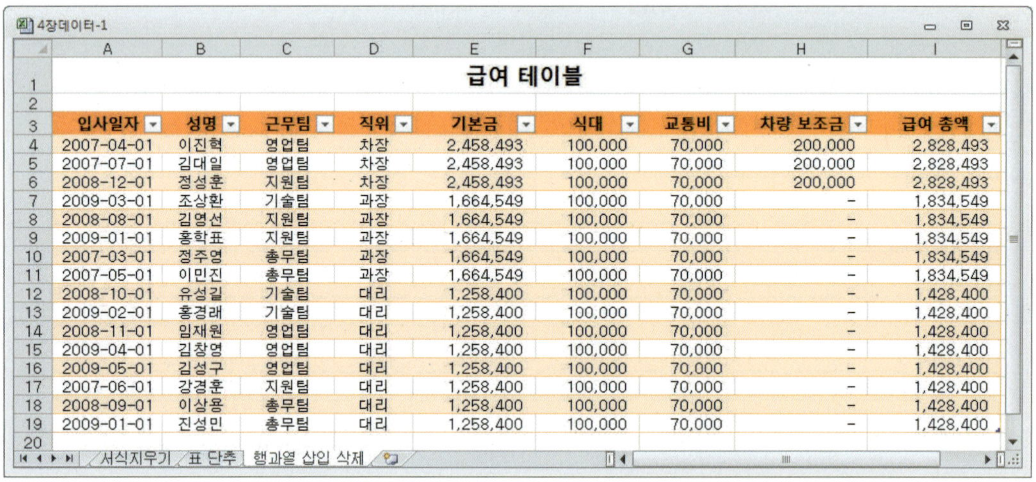

급여 테이블

입사일자	성명	근무팀	직위	기본금	식대	교통비	차량 보조금	급여 총액
2007-04-01	이진혁	영업팀	차장	2,458,493	100,000	70,000	200,000	2,828,493
2007-07-01	김대일	영업팀	차장	2,458,493	100,000	70,000	200,000	2,828,493
2008-12-01	정성훈	지원팀	차장	2,458,493	100,000	70,000	200,000	2,828,493
2009-03-01	조상환	기술팀	과장	1,664,549	100,000	70,000	-	1,834,549
2008-08-01	김영선	지원팀	과장	1,664,549	100,000	70,000	-	1,834,549
2009-01-01	홍학표	지원팀	과장	1,664,549	100,000	70,000	-	1,834,549
2007-03-01	정주영	총무팀	과장	1,664,549	100,000	70,000	-	1,834,549
2007-05-01	이민진	총무팀	과장	1,664,549	100,000	70,000	-	1,834,549
2008-10-01	유성길	기술팀	대리	1,258,400	100,000	70,000	-	1,428,400
2009-02-01	홍경래	기술팀	대리	1,258,400	100,000	70,000	-	1,428,400
2008-11-01	임재원	영업팀	대리	1,258,400	100,000	70,000	-	1,428,400
2009-04-01	김창영	영업팀	대리	1,258,400	100,000	70,000	-	1,428,400
2009-05-01	김성구	영업팀	대리	1,258,400	100,000	70,000	-	1,428,400
2007-06-01	강경훈	지원팀	대리	1,258,400	100,000	70,000	-	1,428,400
2008-09-01	이상용	총무팀	대리	1,258,400	100,000	70,000	-	1,428,400
2009-01-01	진성민	총무팀	대리	1,258,400	100,000	70,000	-	1,428,400

POINT ▸▸▸

표 전체를 선택하는 단축키는 "Ctrl + Shift + *"이다.

연습문제

EXERCISE

01 다음 데이터를 작성한 후 [처리 조건]에 따라 처리하시오.

4장(연습)

대한텔레콤 요금 청구 내역

고객명	요금청구일	정보이용료	컨텐츠이용료	서비스료	사용요금
김동수	3월 21일	₩ 39,500	₩ 12,500	₩ 7,390	₩ 59,390
성진우	4월 23일	₩ 5,600	₩ 4,300	₩ 7,680	₩ 17,580
정민철	4월 24일	₩ 6,754	₩ 56,700	₩ 5,640	₩ 69,094
김동진	5월 2일	₩ 21,300	₩ 67,500	₩ 34,520	₩ 123,320
이천수	5월 12일	₩ 156,700	₩ 65,400	₩ 21,380	₩ 243,480
형민철	5월 17일	₩ 32,000	₩ 7,580	₩ 77,680	₩ 117,260
전치국	5월 20일	₩ 45,320	₩ 14,520	₩ 9,070	₩ 68,910
박태국	5월 21일	₩ 235,000	₩ 45,300	₩ 5,674	₩ 285,974
천기우	5월 21일	₩ 78,650	₩ 22,100	₩ 7,890	₩ 108,640

Sheet1

[처리 조건]

- 사용요금 = 정보이용료 + 컨텐츠이용료 + 서비스료

02 ① 워크시트를 "표 스타일 보통 2"로 작성하시오.

4장(연습)

대한텔레콤 요금 청구 내역

고객명	요금청구일	정보이용료	컨텐츠이용료	서비스료	사용요금
김동수	3월 21일	₩ 39,500	₩ 12,500	₩ 7,390	₩ 59,390
성진우	4월 23일	₩ 5,600	₩ 4,300	₩ 7,680	₩ 17,580
정민철	4월 24일	₩ 6,754	₩ 56,700	₩ 5,640	₩ 69,094
김동진	5월 2일	₩ 21,300	₩ 67,500	₩ 34,520	₩ 123,320
이천수	5월 12일	₩ 156,700	₩ 65,400	₩ 21,380	₩ 243,480
형민철	5월 17일	₩ 32,000	₩ 7,580	₩ 77,680	₩ 117,260
전치국	5월 20일	₩ 45,320	₩ 14,520	₩ 9,070	₩ 68,910
박태국	5월 21일	₩ 235,000	₩ 45,300	₩ 5,674	₩ 285,974
천기우	5월 21일	₩ 78,650	₩ 22,100	₩ 7,890	₩ 108,640

Sheet1

03 ② 워크시트의 합계 "요약 행"을 작성하시오.

4장(연습)

	A	B	C	D	E	F
1	대한텔레콤 요금 청구 내역					
2						
3	고객명	요금청구일	정보이용료	컨텐츠이용료	서비스료	사용요금
4	김동수	3월 21일	₩ 39,500	₩ 12,500	₩ 7,390	₩ 59,390
5	성진우	4월 23일	₩ 5,600	₩ 4,300	₩ 7,680	₩ 17,580
6	정민철	4월 24일	₩ 6,754	₩ 56,700	₩ 5,640	₩ 69,094
7	김동진	5월 2일	₩ 21,300	₩ 67,500	₩ 34,520	₩ 123,320
8	이천수	5월 12일	₩ 156,700	₩ 65,400	₩ 21,380	₩ 243,480
9	형민철	5월 17일	₩ 32,000	₩ 7,580	₩ 77,680	₩ 117,260
10	전치국	5월 20일	₩ 45,320	₩ 14,520	₩ 9,070	₩ 68,910
11	박태국	5월 21일	₩ 235,000	₩ 45,300	₩ 5,674	₩ 285,974
12	천기우	5월 21일	₩ 78,650	₩ 22,100	₩ 7,890	₩ 108,640
13	요약					₩ 1,093,648
14						

Sheet1

04 다음 워크시트의 "사용요금"이 "100,000" 이상인 금액만 필터링 하시오.

4장(연습)

	A	B	C	D	E	F
1	대한텔레콤 요금 청구 내역					
2						
3	고객명	요금청구일	정보이용료	컨텐츠이용료	서비스료	사용요금
7	김동진	5월 2일	₩ 21,300	₩ 67,500	₩ 34,520	₩ 123,320
8	이천수	5월 12일	₩ 156,700	₩ 65,400	₩ 21,380	₩ 243,480
9	형민철	5월 17일	₩ 32,000	₩ 7,580	₩ 77,680	₩ 117,260
11	박태국	5월 21일	₩ 235,000	₩ 45,300	₩ 5,674	₩ 285,974
12	천기우	5월 21일	₩ 78,650	₩ 22,100	₩ 7,890	₩ 108,640
13	요약					₩ 878,674
14						

Sheet1

05 다음 데이터를 작성한 후 [처리 조건]에 따라 처리하시오.

4장(연습)

	A	B	C	D	E	F	G
1	핸드폰 사용 요금 내역						
2							
3	고객명	주소	핸드폰번호	요금체제	기본요금	추가통화	사용금액
4	연혜은	마포구	010-9711-0098	일반형	₩ 14,000	321	₩ 23,512
5	태현우	영등포구	010-6783-9908	베이직플러스	₩ 18,000	345	₩ 28,354
6	황동철	성동구	010-4567-3245	프리미엄	₩ 52,000	524	₩ 59,860
7	구대구	강동구	010-2345-0110	패밀리	₩ 13,000	423	₩ 19,922
8	명재민	영등포구	010-3452-7765	미즈 플러스	₩ 21,000	210	₩ 26,845
9	연주남	은평구	010-2234-5678	일반형	₩ 14,000	157	₩ 19,528
10	유대성	서대문구	010-2231-6657	베이직플러스	₩ 18,000	132	₩ 17,569
11	최미경	노원구	010-1234-5678	일반형	₩ 14,000	100	₩ 16,658
12	김상욱	강동구	010-4567-8901	베이직플러스	₩ 18,000	213	₩ 23,587
13	임선호	마포구	010-9876-5432	패밀리	₩ 13,000	195	₩ 15,982
14							
15							
16	기본요금	기본요금					
17	>=15000	<=30000					
18							
19							
20	고객명	기본요금	추가통화	사용금액			
21	태현우	₩ 18,000	345	₩ 28,354			
22	명재민	₩ 21,000	210	₩ 26,845			
23	유대성	₩ 18,000	132	₩ 17,569			
24	김상욱	₩ 18,000	213	₩ 23,587			
25							

Sheet1　Sheet2

[처리 조건]

- 기본요금[G4:G13]이 15000원 이상, 30000원 이하인 데이터의 "고객명", "기본요금", "추가통화", "사용금액" 만을 고급 필터를 사용하여 검색하시오.
  - 조건은 [A16:G18] 범위 내에 알맞게 입력하시오.
  - 결과의 복사 위치는 동일 시트의 [A20] 셀에서 시작하시오.

05
CHAPTER

수식

1. 수식
2. 재계산 방법 선택
3. 합계와 평균
4. 참조의 종류
5. 함수 마법사를 이용한 계산
6. 수식 입력시 나타나는 오류값
7. 이름을 이용한 수식 작성

05 CHAPTER 수식

1. 수식

- 워크시트에 입력되어 있는 기존의 데이터를 바탕으로 데이터를 계산, 분석하는 계산식을 수식이라고 한다.
- 수식은 반드시 등호(=)로 시작해야 하며 워크시트에 입력되어 있는 데이터를 수식에서 참조할 때는 셀 주소를 사용한다.
- 셀에 입력된 데이터를 변경하면 해당 셀을 참조하는 수식의 결과 값도 자동 재계산된다.

▶ 연산자 우선순위

- 하나의 수식에 여러 종류의 연산자가 사용될 때에는 연산자 우선순위에 따라 연산이 수행된다.
- 우선순위가 같은 연산자는 왼쪽부터 차례로 연산되며, 괄호를 사용하여 먼저 계산할 부분을 지정할 수 있다.

엑셀 노트 ▸▸▸

▶ 수식과 결과 값

- 수식을 입력하면 해당 셀에는 기본적으로 결과 값이 나타난다.
- 셀 포인터를 수식이 입력된 셀로 이동하면 수식 입력줄에 원본 수식이 나타난다.
- 단축키 Ctrl + `를 누르면 수식 결과값과 원본 수식이 번갈아 표시된다.

2. 재계산 방법 선택

- 기본적으로 수식이 참조하는 셀의 데이터가 변경되면 해당 수식이 자동으로 재계산되어 결과 값이 변경된다.
- 데이터의 양이 많아 재계산을 수행할 때 시간이 많이 소요될 때는 재계산 방식을 수동으로 지정하여 사용자가 원하는 시점에서 계산을 수행하도록 할 수 있다.
- [파일] → [옵션] → [수식] 메뉴를 선택하고 [계산 옵션] 탭에서 계산 방식을 "수동"으로 설정한다.
- 계산 방식이 수동으로 설정되면 재계산 단축키 F9를 누를 때만 변경된 데이터를 적용하여 통합문서를 다시 계산한다.

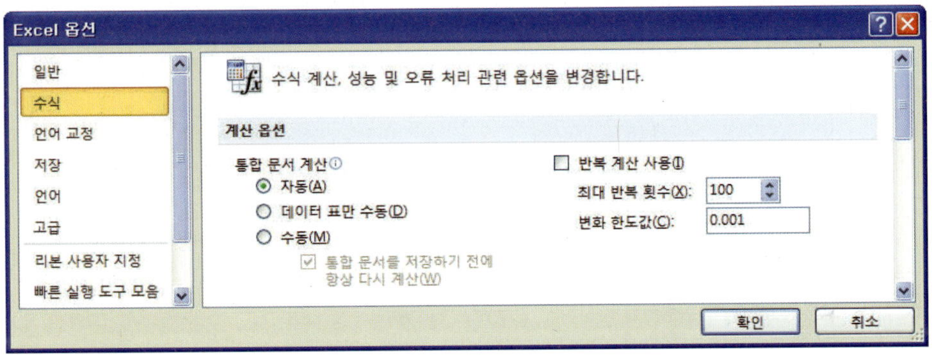

3. 합계와 평균

3-1 합계

해당 셀에 수식 전체를 직접 입력하거나 마우스나 키보드의 방향키를 이용하여 셀 주소를 자동으로 입력되도록 하면서 수식을 입력할 수 있다.

따라하기 »

① 다음과 같은 데이터를 작성하고, 합계를 구할 F4셀에 셀 포인터를 위치시킨다.

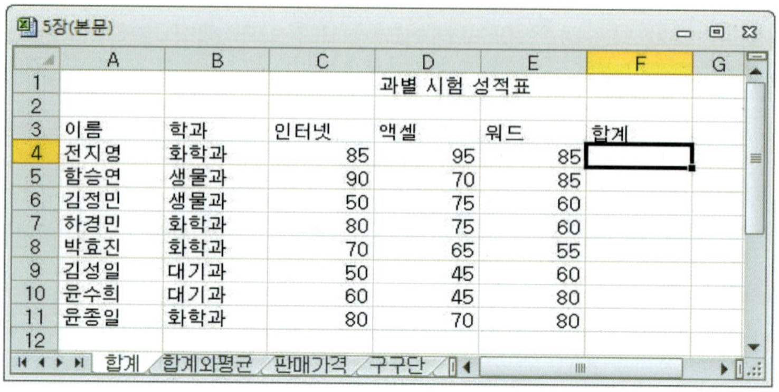

	A	B	C	D	E	F
1				과별 시험 성적표		
2						
3	이름	학과	인터넷	액셀	워드	합계
4	전지영	화학과	85	95	85	
5	함승연	생물과	90	70	85	
6	김정민	생물과	50	75	60	
7	하경민	화학과	80	75	60	
8	박효진	화학과	70	65	55	
9	김성일	대기과	50	45	60	
10	윤수희	대기과	60	45	80	
11	윤종일	화학과	80	70	80	
12						

② '='를 입력한 후 셀 포인터를 C4셀을 클릭하면 셀 주소가 자동으로 입력된다.

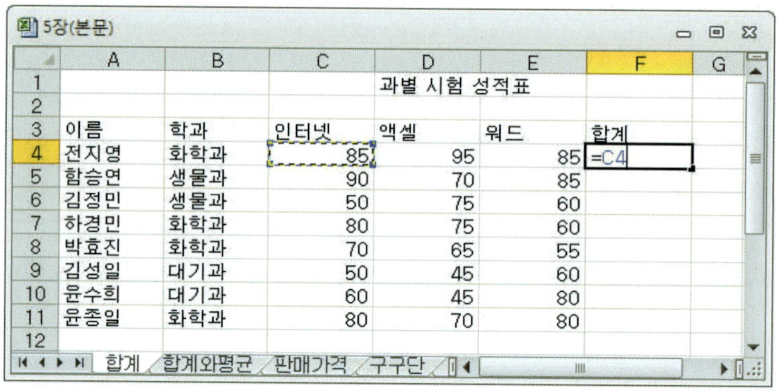

	A	B	C	D	E	F
1				과별 시험 성적표		
2						
3	이름	학과	인터넷	액셀	워드	합계
4	전지영	화학과	85	95	85	=C4
5	함승연	생물과	90	70	85	
6	김정민	생물과	50	75	60	
7	하경민	화학과	80	75	60	
8	박효진	화학과	70	65	55	
9	김성일	대기과	50	45	60	
10	윤수희	대기과	60	45	80	
11	윤종일	화학과	80	70	80	
12						

③ '+'연산자를 입력하고 D4셀 클릭, '+' 연산자를 입력하고 E4셀 클릭한 다음 Enter↵를 누르면 합계가 구해진다.

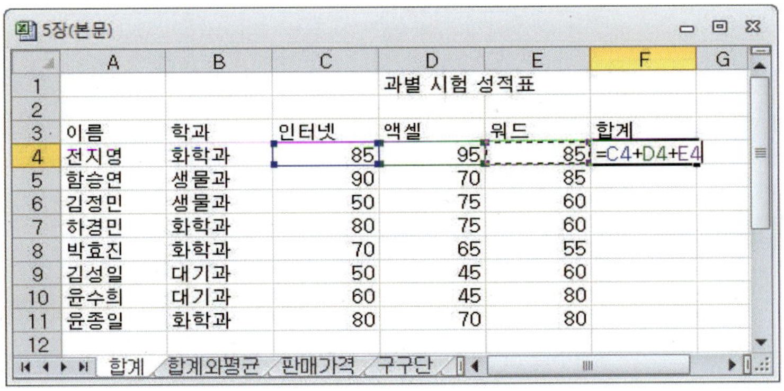

④ 합계가 구해지면 F4셀에 셀 포인터를 위치시키고, 채우기 핸들을 F11셀까지 끌어 수식을 복사한다.

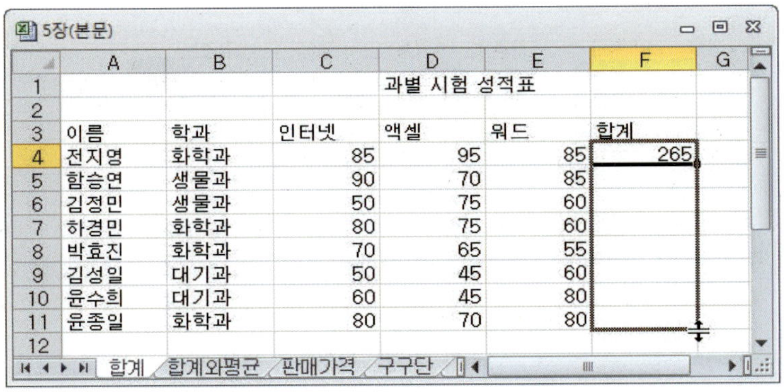

⑤ 모든 학생의 합계가 나타난다.

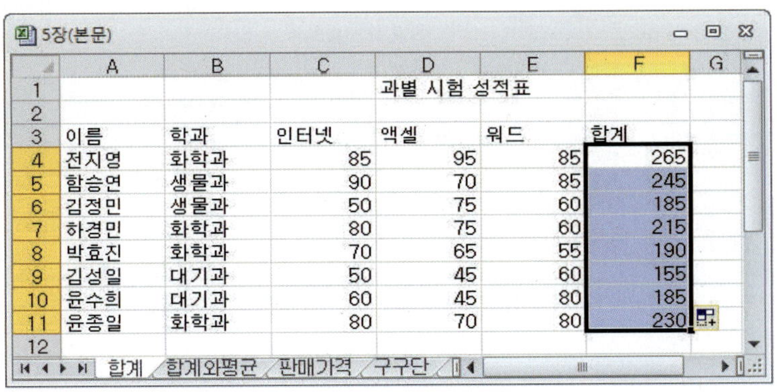

▶ 자동 합계

표준 도구 모음의 자동 합계 아이콘을 누르면 인접한 셀 범위의 수치 데이터를 참조 영역으로 지정하여 SUM함수를 자동으로 입력하고 합계를 나타내 준다.

따라하기 »

① 합계를 계산하여 나타낼 셀에 셀 포인터를 위치한 후 자동 합계(Σ 자동 합계 ▾) 아이콘을 누른다.

② SUM 함수가 자동 입력되고 참조 범위가 점선으로 표시되는데 참조 범위가 맞으면 Enter↵를 눌러 입력을 마친다.

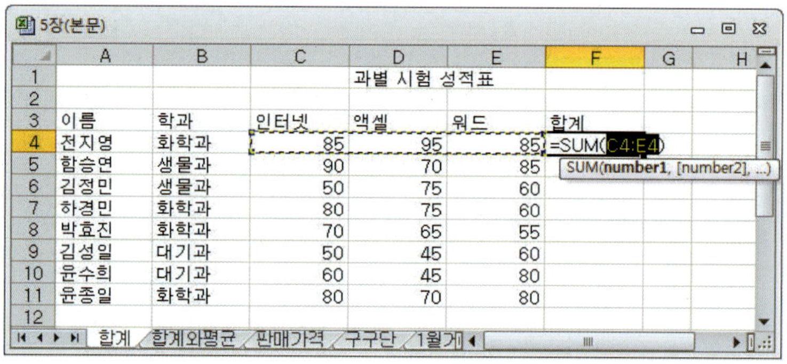

③ 나타난 참조 범위가 맞지 않으면 마우스 끌기로 합계를 구할 범위를 직접 지정한 뒤 Enter↵를 누른다.

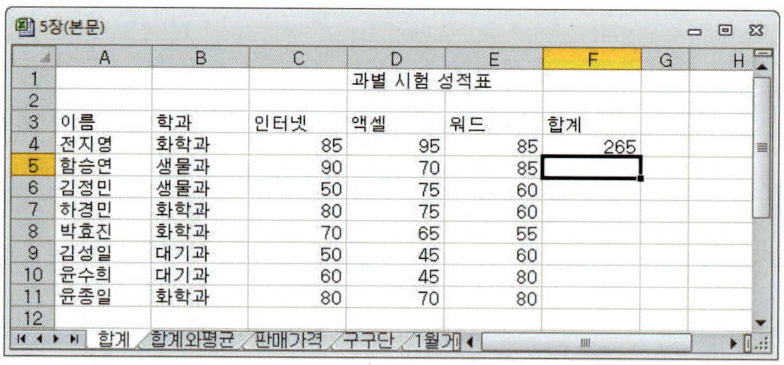

3-2 평균

평균도 합계를 구하는 방법과 같이 구한 후 수식을 복사한다. 평균은 3과목의 합을 3으로 나누면 된다.

따라하기 »

① 평균을 구할 셀 G4에 수식 "=F4/3"을 입력하여 평균을 구한다.

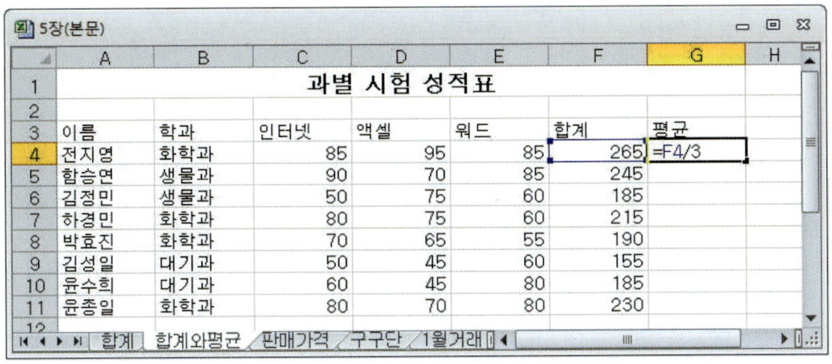

5장(본문)

	A	B	C	D	E	F	G	H
1	과별 시험 성적표							
2								
3	이름	학과	인터넷	액셀	워드	합계	평균	
4	전지영	화학과	85	95	85	265	=F4/3	
5	함승연	생물과	90	70	85	245		
6	김정민	생물과	50	75	60	185		
7	하경민	화학과	80	75	60	215		
8	박효진	화학과	70	65	55	190		
9	김성일	대기과	50	45	60	155		
10	윤수희	대기과	60	45	80	185		
11	윤종일	화학과	80	70	80	230		

합계 / 합계와평균 / 판매가격 / 구구단 / 1월거래

② G4셀에 셀 포인터를 위치시키고 채우기 핸들을 G11까지 드래그하여 수식을 복사한다.

③ 모든 사원의 평균이 계산되어 나타난다.

▶ SUM함수와 AVERAGE함수

따라하기 »

다음과 같은 데이터에서 합계와 평균 부분을 지우고 다시 작업해 보자.

① F4셀에 "=SUM("까지 입력한 다음 셀 포인터를 D4셀로 이동한다.

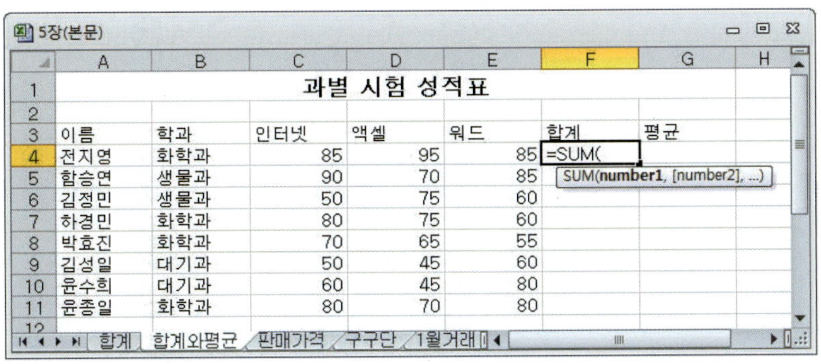

5장(본문)

	A	B	C	D	E	F	G	H
1	과별 시험 성적표							
2								
3	이름	학과	인터넷	액셀	워드	합계	평균	
4	전지영	화학과	85	95	85	=SUM(		
5	함승연	생물과	90	70	85	SUM(**number1**, [number2], ...)		
6	김정민	생물과	50	75	60			
7	하경민	화학과	80	75	60			
8	박효진	화학과	70	65	55			
9	김성일	대기과	50	45	60			
10	윤수희	대기과	60	45	80			
11	윤종일	화학과	80	70	80			

합계 / 합계와평균 / 판매가격 / 구구단 / 1월거래

② 참조 연산자 ':'을 입력하고 F4셀로 셀 포인터를 이동한 다음 닫는 괄호 ')'를 입력하고 Enter↵를 누른다.

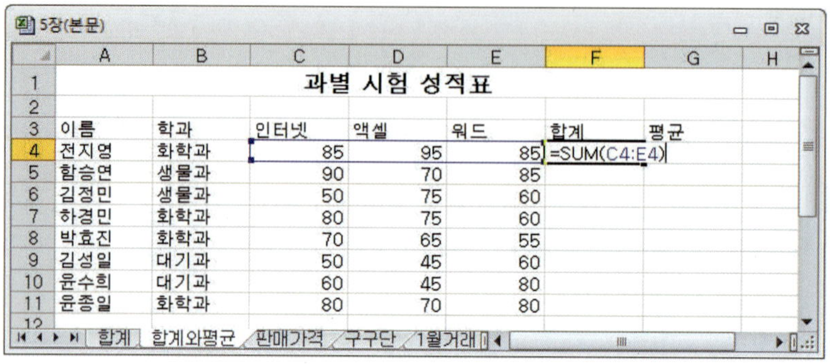

③ G4셀에 "=AVERAGE("까지 입력한다.

④ C4셀부터 E4셀까지 마우스 끌기를 수행하고 닫는 괄호')'를 입력한 다음 Enter↵를 누른다.

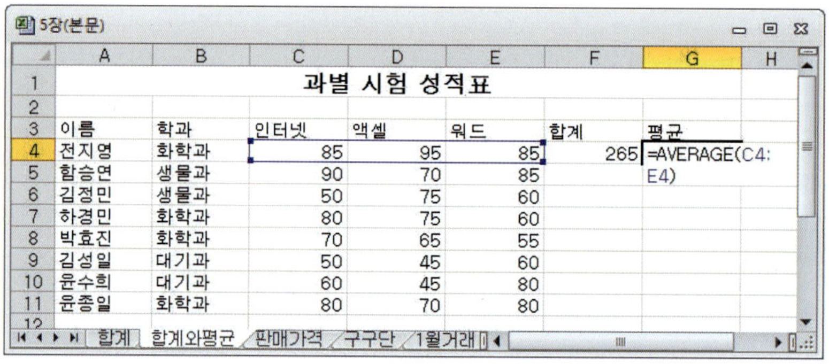

⑤ F4셀부터 G4셀까지 범위를 지정하고 채우기 핸들을 H11셀까지 끌어 수식을 복사한다.

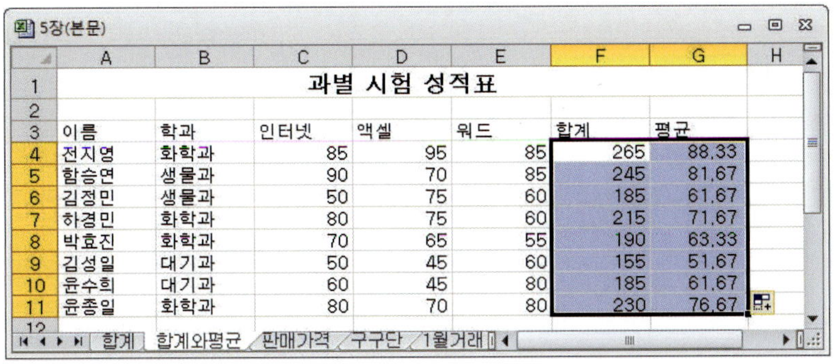

	A	B	C	D	E	F	G
1	과별 시험 성적표						
2							
3	이름	학과	인터넷	엑셀	워드	합계	평균
4	전지영	화학과	85	95	85	265	88.33
5	함승연	생물과	90	70	85	245	81.67
6	김정민	생물과	50	75	60	185	61.67
7	하경민	화학과	80	75	60	215	71.67
8	박효진	화학과	70	65	55	190	63.33
9	김성일	대기과	50	45	60	155	51.67
10	윤수희	대기과	60	45	80	185	61.67
11	윤종일	화학과	80	70	80	230	76.67

엑셀 노트 ▸▸▸

▶기초 통계 함수

- SUM(참조범위) : 합계 계산
- AVERAGE(참조범위) : 평균 계산
- MAX(참조범위) : 최대값 계산
- MIN(참조범위) : 최소값 계산

4. 참조의 종류

4-1 참조의 의미

참조란 워크시트의 셀이나 셀 범위에 입력된 데이터를 수식에서 사용하는 것을 말한다. 수식이 참조한 셀의 데이터가 변경되면 수식의 결과 값도 자동으로 변경된다.

- 셀 범위를 참조하려면 다음 순서대로 입력한다.
  범위의 시작 셀 주소 → 콜론(:) → 범위의 마지막 셀 주소

참조 방법	참조 대상
M35	M열 35행의 셀
A5 : G2	A5셀부터 G2셀까지
P : P	P열의 모든 셀
A : K	A열부터 K열까지의 모든 셀
28 : 28	28행의 모든 셀
15 : 35	15행부터 35행까지의 모든 셀

▶ 상대 참조

- 수식을 복사할 때 기본적으로 지정되는 참조 형식이다.
- 수식이 있는 셀의 상대적 위치를 기준으로 주소가 지정된다.
- 상대 주소를 사용하는 수식을 다른 위치로 복사하여 붙여 넣으면 셀 주소가 상대 위치에 따라 자동으로 변경되어 원래 수식과는 다른 셀을 참조하게 된다.

– "과별 성적표.xls" 통합문서에서 수식 표시 단축키 Ctrl + `를 눌러보자. 합계와 평균은 셀 주소가 1행씩 증가되며 합계, 평균은 셀 주소가 1열씩 증가함을 알 수 있다. Ctrl + `를 다시 누르면 워크시트가 원래 상태로 전환되어 수식의 결과 값을 나타낸다.

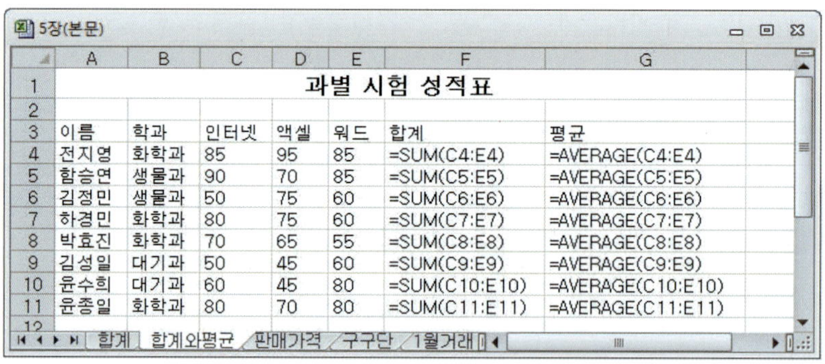

	A	B	C	D	E	F	G
1	과별 시험 성적표						
2							
3	이름	학과	인터넷	액셀	워드	합계	평균
4	전지영	화학과	85	95	85	=SUM(C4:E4)	=AVERAGE(C4:E4)
5	함승연	생물과	90	70	85	=SUM(C5:E5)	=AVERAGE(C5:E5)
6	김정민	생물과	50	75	60	=SUM(C6:E6)	=AVERAGE(C6:E6)
7	하경민	화학과	80	75	60	=SUM(C7:E7)	=AVERAGE(C7:E7)
8	박효진	화학과	70	65	55	=SUM(C8:E8)	=AVERAGE(C8:E8)
9	김성일	대기과	50	45	60	=SUM(C9:E9)	=AVERAGE(C9:E9)
10	윤수희	대기과	60	45	80	=SUM(C10:E10)	=AVERAGE(C10:E10)
11	윤종일	화학과	80	70	80	=SUM(C11:E11)	=AVERAGE(C11:E11)

▶ 절대 참조

- 작업 도중 모든 수식에서 특정 셀을 고정시키고자 할 경우 사용하는 방식으로, 열 문자 또는 행 번호 앞에 $를 붙여 표시한다.
- 원본 수식을 다른 셀로 복사할 때 참조가 바뀌지 않는다.

(예) \$A\$5 ← A행5열 참조 셀 고정

따라하기 »

다음과 같은 워크시트를 작성한 후 판매 가격을 계산한다. (단, 판매 가격은 C2에 입력된 할인율을 참고하여 20%를 할인한 가격으로 계산한다.)

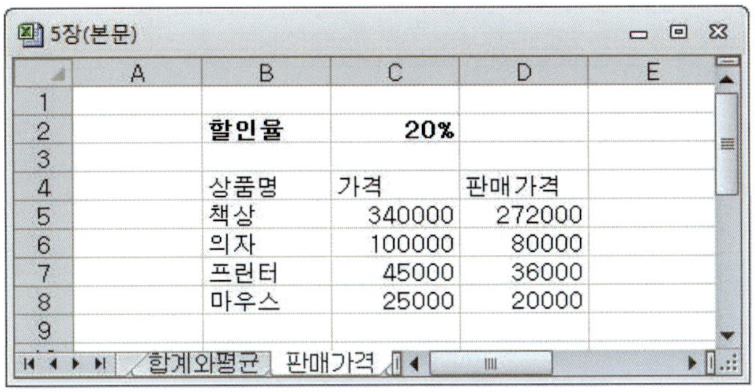

① 판매가격을 계산한다. 할인율은 C2셀에 입력되어 있으므로 판매가격 수식에서 C2셀을 고정시켜야 한다. 셀 D5에 셀 포인터를 위치한 후 계산식 "=C5-C5*\$C\$2"를 입력하면 된다.

② D5셀의 채우기 핸들을 D8까지 마우스로 끌어 수식을 복사한다.

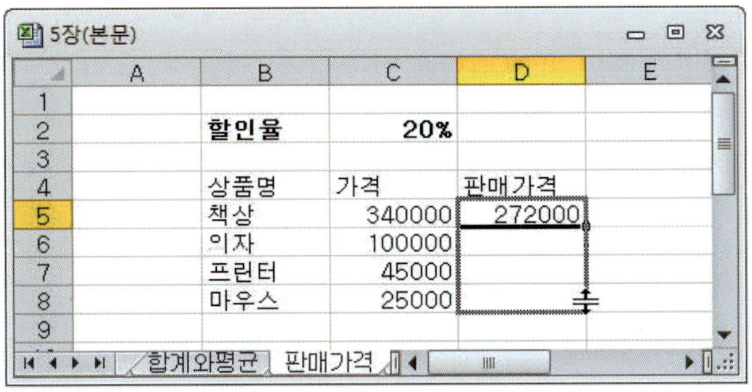

③ Ctrl + \`를 눌러 수식을 확인해 보면 C2셀이 고정되어 계산됨을 확인할 수 있다.

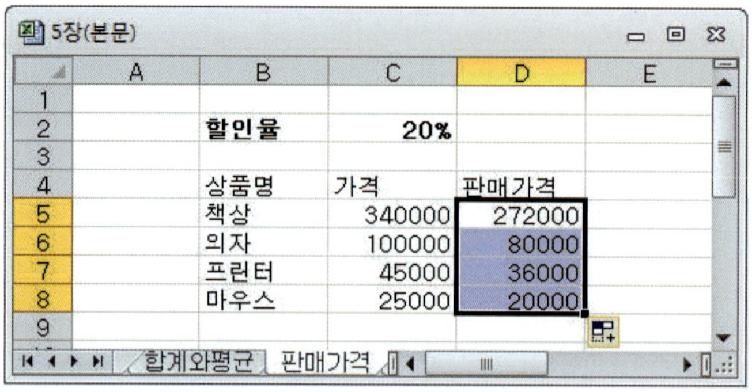

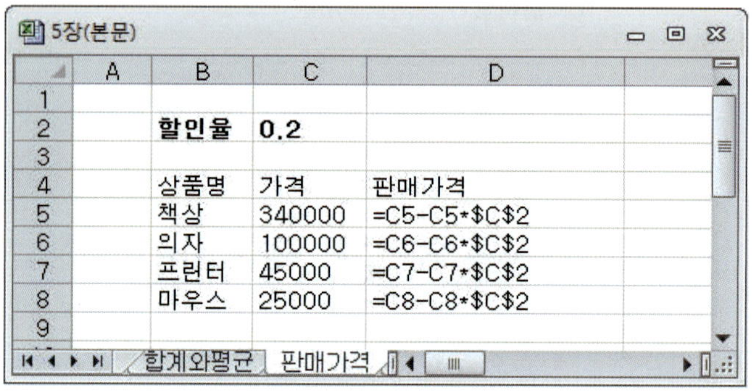

▶ 혼합 주소

- 열 문자나 행 번호 중 참조를 바꾸지 않을 부분에만 $를 붙인 형태의 주소를 말한다.
- 원본 수식을 다른 셀로 복사할 때 $가 붙은 부분은 변하지 않고, $가 붙지 않은 부분의 셀의 상대적인 위치에 따라 변하게 된다.

  (예) $A5 : A열 고정, A$5 : 5행 고정

따라하기 »

다음과 같은 구구단 표를 작성

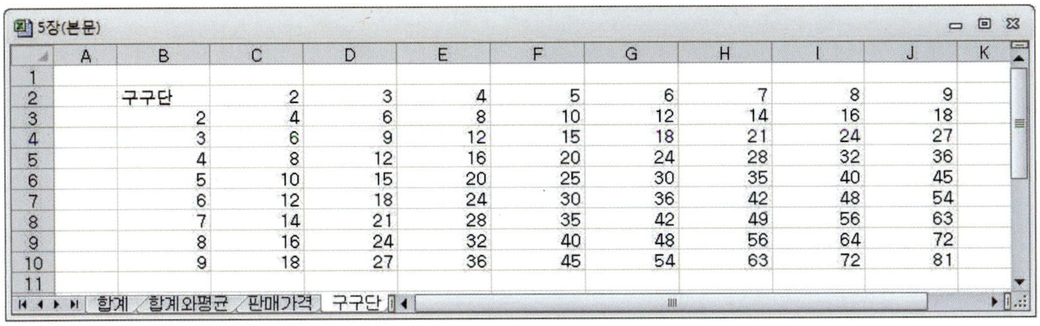

① 구구단 표를 작성하기 위해 다음과 같이 입력한 후 C3셀에 혼합 주소를 사용하여 수식 “=C$2*$B3”을 입력한다.

② C3셀의 채우기 핸들을 J3셀까지 끌어 수식을 복사한다.

③ C3셀부터 J3셀까지 범위를 지정하고 채우기 핸들을 J10셀까지 끌어 수식을 복사하면 구구단이 완성된다.

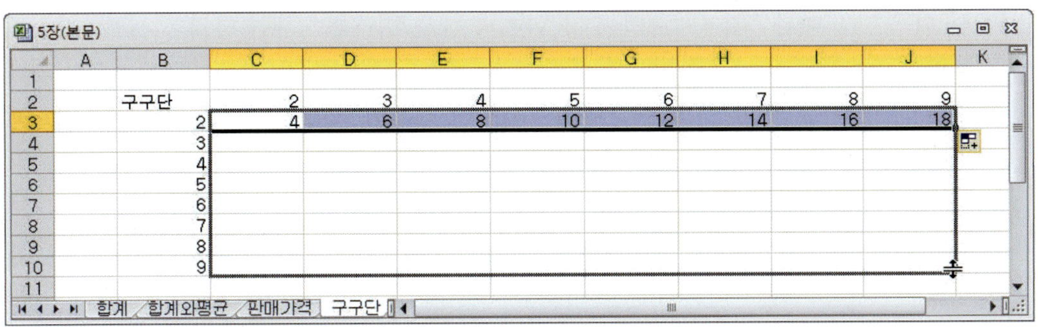

엑셀 노트 ▸▸▸

▶ **참조형식 변환키(F4)**

수식을 입력하거나 편집할 때 셀 참조 앞에서 기능키 F4를 누르면 주소의 형식이 "상대 주소 → 절대주소 → 혼합주소(행) → 혼합주소(열)" 순서로 자동 변경된다.
(예) K5 → F4 → $K$5 → F4 → K$5 → F4 → $K5 → F4 → K5

▶ **3차원 참조**

- 여러 시트에 있는 같은 셀이나 셀 범위를 참조하는 것을 3차원 참조라고 한다.
- 참조하는 첫 번째 시트와 마지막 시트 사이에서 시트를 삭제하면, 삭제된 시트도 계산에 포함된다.
- 참조하는 첫 번째 시트와 마지막 시트 사이에서 시트를 삭제하면, 삭제된 시트는 계산에서 자동으로 제외된다.
  수식 "=SUM(Sheet1 : Sheet3!A1 : A5)"의 의미
- Sheet1부터 Sheet3까지에서 도일한 셀 범위 A1 : A5의 총합계를 계산
- =SUM(Sheet1!A1 : A5) + SUM(Sheet2!A1 : A5) + SUM(Sheet3!A1 :A5)와 동일한 결과를 나타냄

▶ **RICI 참조 유형**

- 행/열 머리글을 아라비아 숫자로만 표기하여 수식에서 셀을 참조할 때 'R' 다음에 행 번호, 'C' 다음에 열 번호를 지정하여 셀을 참조할 수 있다.
- [도구] → [옵션] 메뉴를 선택하여 [일반] 탭의 "R1C1 참조 유형" 항목을 선택하면 행/열 머리글과 수식이 R1C1 참조로 변경된다.

따라하기 »

[처리조건]

- 다음과 같이 통합문서 하나에 4개의 워크시트를 작성한 후 "1분기거래.xls"로 저장한 다음 "1월 거래" 워크시트의 수량 합계와 매출 합계를 3차원 참조를 사용, 작성해 보자.
- "1분기 거래" 워크시트의 수량 합계와 매출 합계는 각 시트의 수량합, 가격합으로 계산한다.

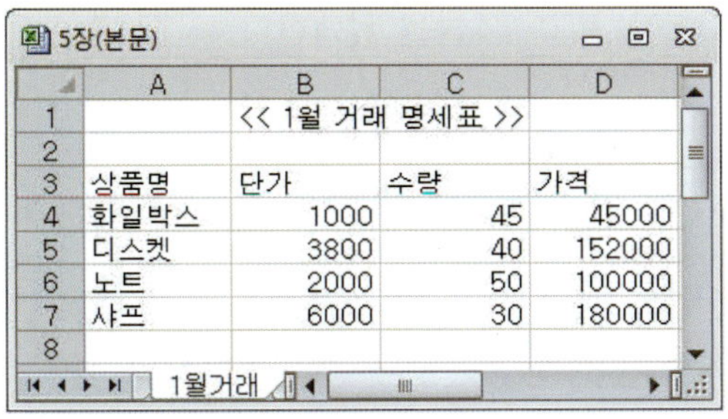

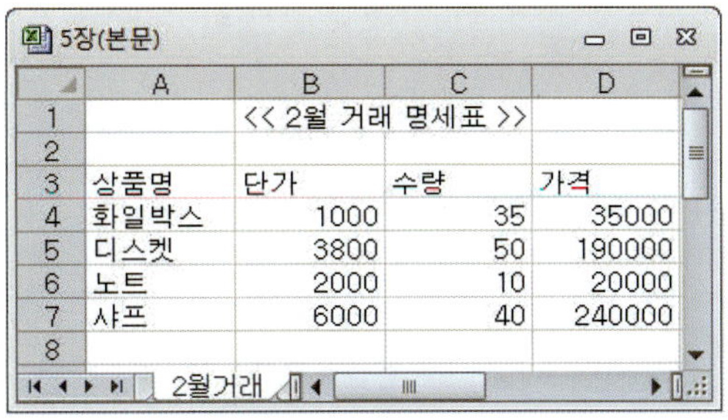

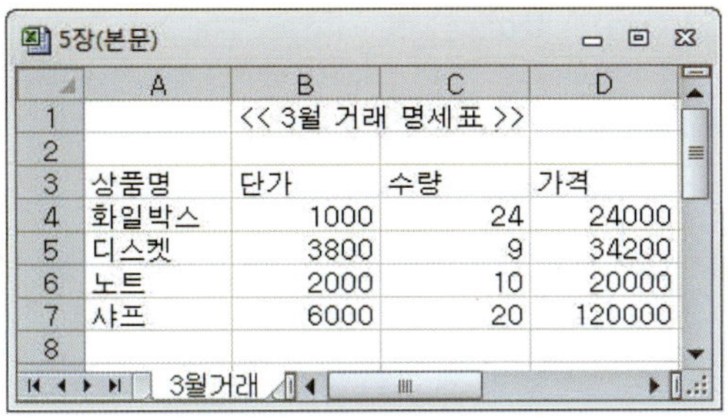

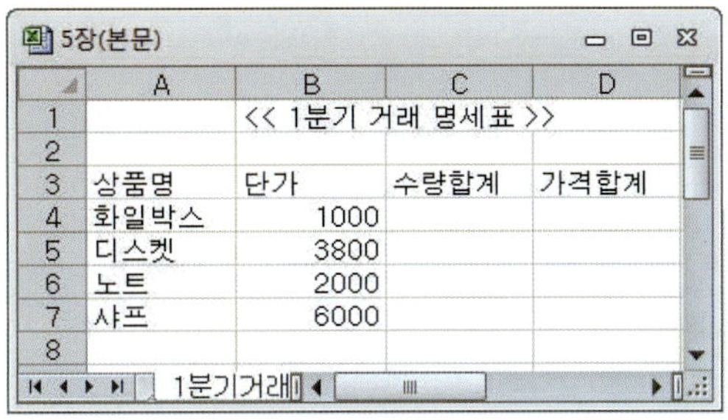

① "1분기 거래" 워크시트의 C4셀에 셀 포인터를 위치시킨 후 "=SUM("을 입력한다.

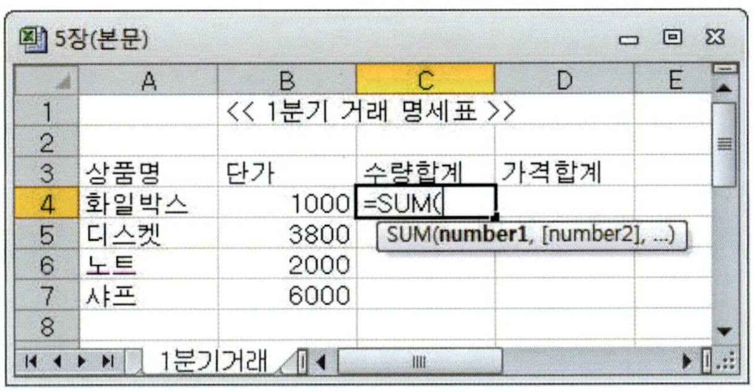

② 시트 탭에서 "1월거래" 워크시트를 누른다.

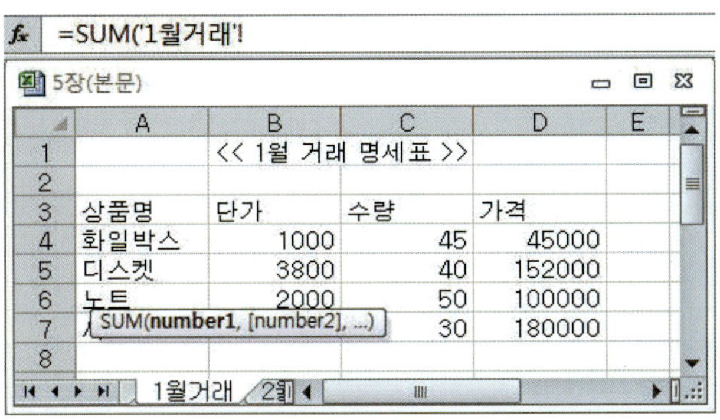

③ Shift를 누른 상태에서 "3월거래" 워크시트를 누르고 C4셀을 선택한다.

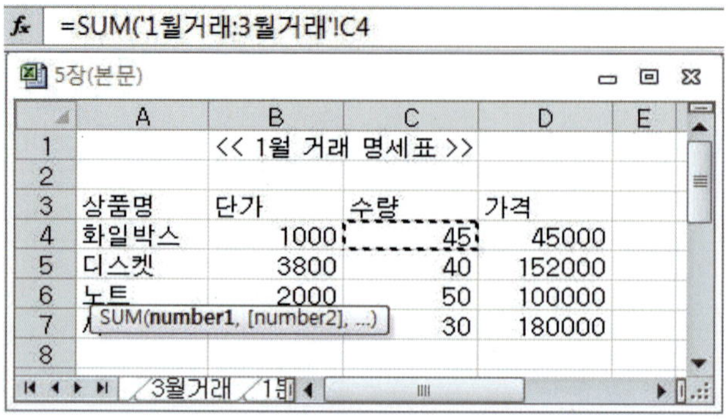

④ 오른쪽 괄호 ')'를 입력하고 Enter↵를 누르면 수식 결과가 나타난다.

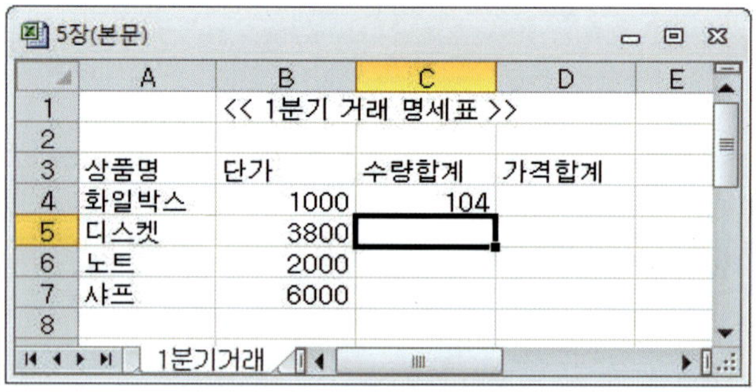

⑤ 같은 방법으로 "1분기 거래" 워크시트의 D4셀에 3차원 참조 수식 "=SUM(" "1월거래:3월거래!D4)"를 입력한다.

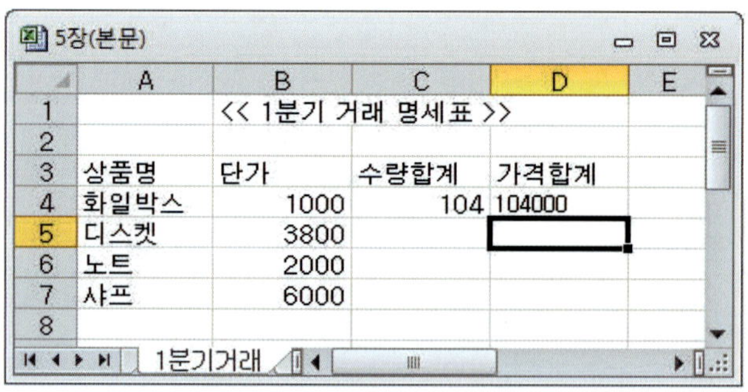

⑥ 셀 [C4:D4]까지 범위를 지정하고 채우기 핸들을 D7까지 끌어 수식을 복사하여 완성한다.

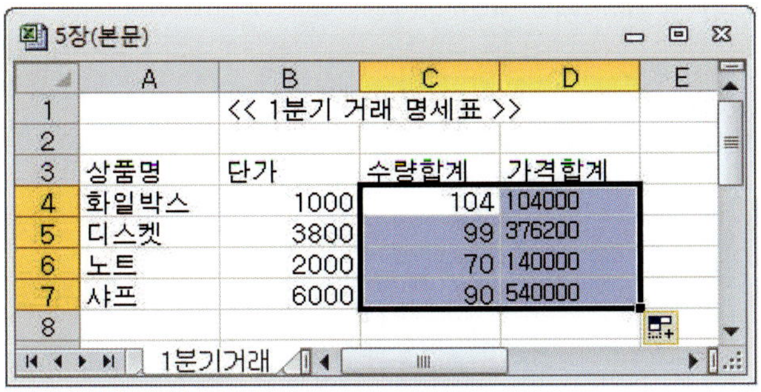

5. 함수 마법사를 이용한 계산

5-1 함수 구분

▶ 함수란?

- 함수란 프로그램에 정의된 수식으로 인수를 지정하여 계산을 수행하는 계산식을 말한다.
- 인수는 콤마(,)로 구분되며 괄호로 둘러싸여 있는 형태이다.
- 함수의 종류에 따라 숫자, 문자열, 논리값, 오류값, 셀 참조 등을 인수로 지정할 수 있다.
- 등호(=)로 시작하여 함수 이름, 왼쪽 괄호, 콤마로 구분되는 인수, 오른쪽 괄호의 순서로 입력한다.

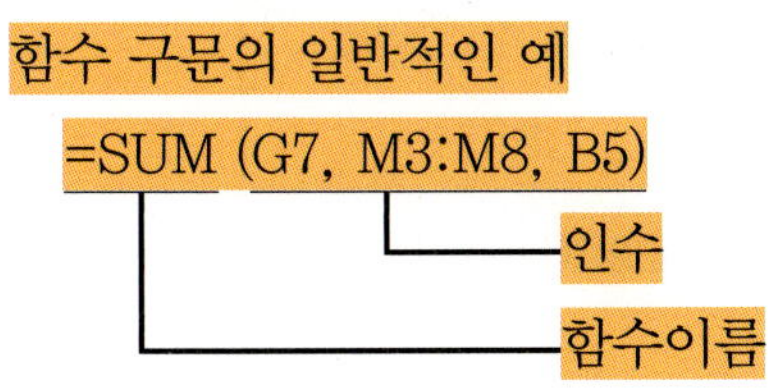

▶ 중첩 함수

- 하나의 함수를 다른 함수의 인수로 사용하는 것을 중첩 함수라 한다.
- 함수 A를 함수 B에서 인수로 사용할 경우 함수 B를 중첩 함수라고 한다.

- 함수는 7단계까지 중첩이 가능하다.
- 함수 C가 함수 B의 인수로 사용되고 함수 B가 함수 A의 인수로 사용될 때 함수 A를 1단계 함수, 함수 B를 2단계 함수, 함수 C를 3단계 함수라고 한다.

중첩 함수의 일반적인 예

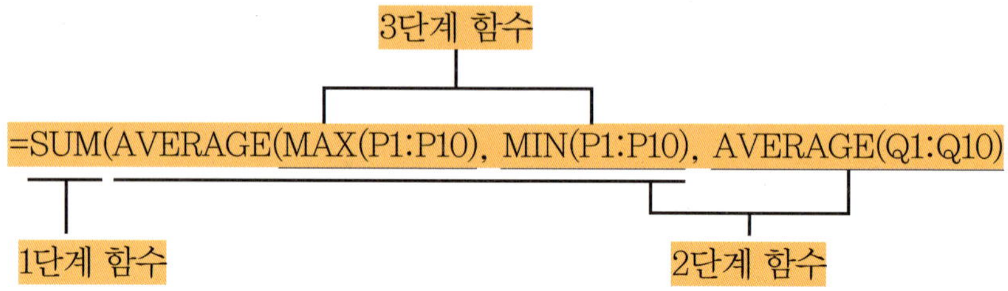

▶ 함수 삽입

- [수식] → [함수 라이브러리] 메뉴를 사용하여 함수를 입력하는 것으로 각 함수에 대한 구문과 인수의 의미에 대한 도움말을 제공하므로 보다 쉽게 함수를 입력할 수 있다.
- 함수 마법사 대화상자에는 엑셀의 내장 함수가 종류별로 나타나므로 원하는 함수를 쉽게 찾아 이용할 수 있다.

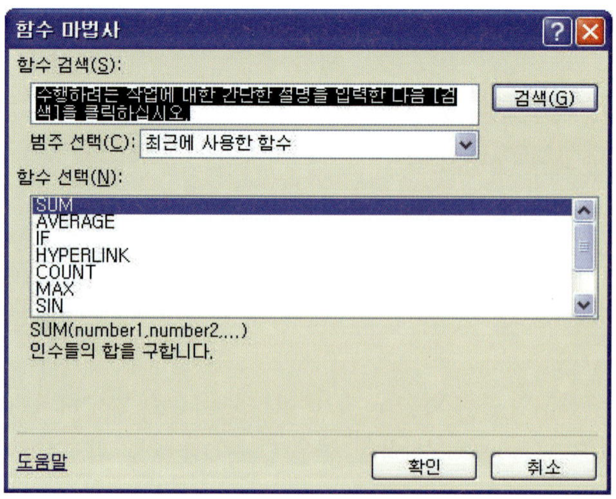

▶ 함수 마법사를 이용한 평균 계산

따라하기 »

① 평균을 계산하여 결과를 나타낼 셀을 선택하고 리본 메뉴의 [홈] → [편집] 메뉴의 자동합계 아이콘(Σ▾)이나 [수식] → [함수 라이브러리] → [자동 합계] 항목을 클릭한다.

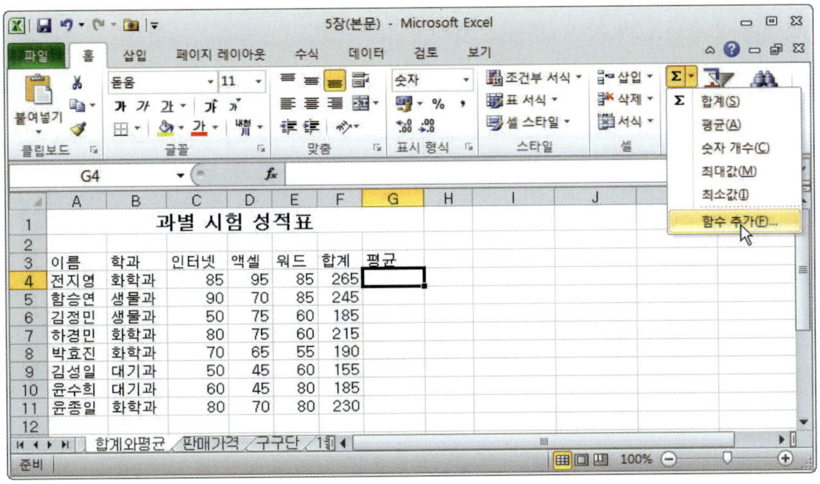

② 범주 종류에서 “통계”를 선택하고, 함수 선택에서 “AVERAGE”를 선택한 다음 [확인] 단추를 누른다.

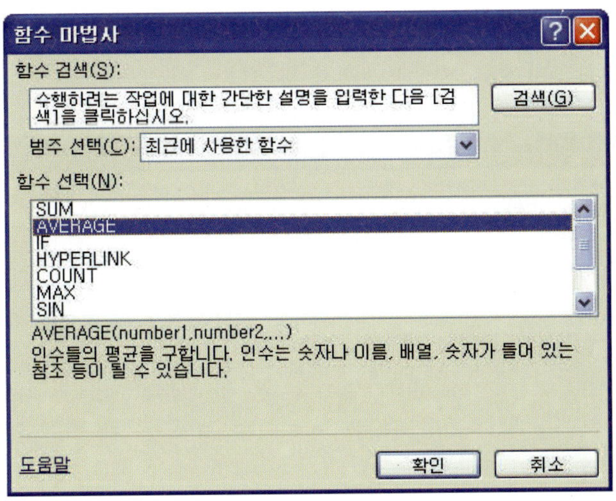

③ [함수 인수] 대화상자에서 셀 범위를 지정하기 위해 조정 단추를 누른다.

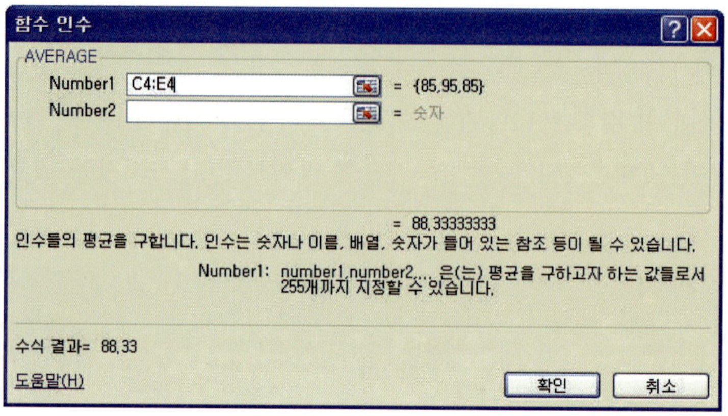

④ 평균을 계산할 범위를 마우스 끌기로 지정한 후 다시 조정 단추를 누른다.

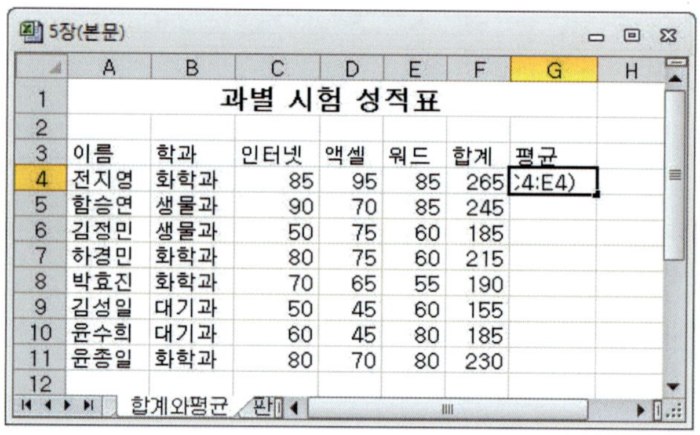

⑤ [함수 인수] 대화상자에서 [확인] 단추를 누른다.

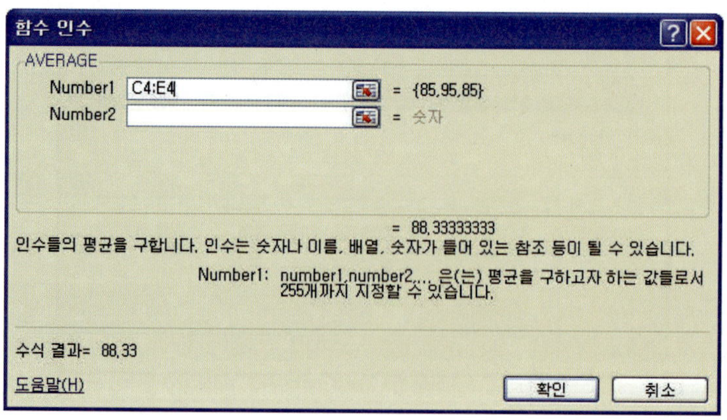

⑥ 평균이 구해지면 마우스 끌기로 나머지 행의 평균까지 구한다.

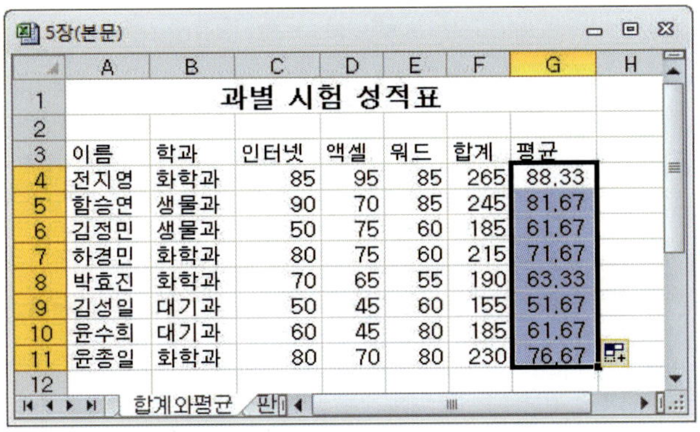

⑦ 과목 평균을 구할 셀 C13에서 함수 마법사 도구를 사용하여 평균을 구한다.

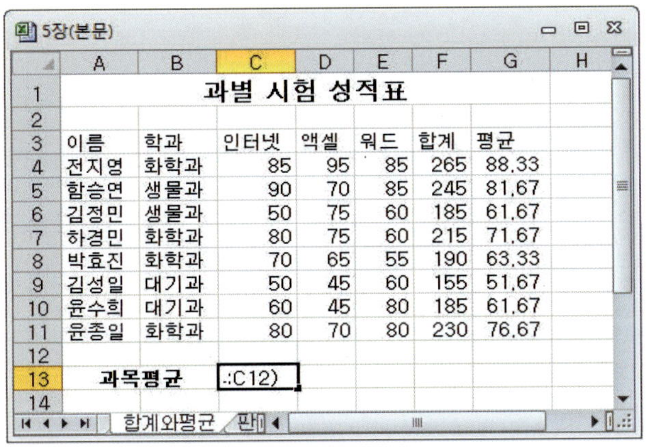

⑧ C13셀의 채우기 핸들을 H13셀까지 끌어 수식을 복사하여 완성한다.

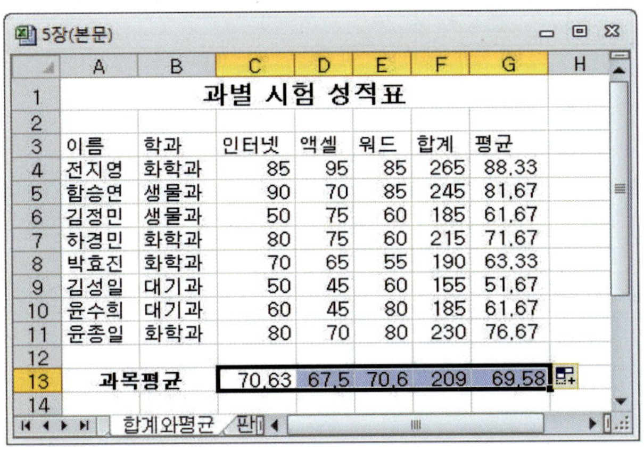

6. 수식 입력시 나타나는 오류값

수식을 입력했을 때 결과를 계산할 수 없으면 오류값으로 표시된다. 예를 들어 수치 데이터를 사용해야 하는 수식에 문자열 데이터를 사용한 경우에 오류값이 나타날 수 있다.

오류값	발생 원인
#####	• 셀에 입력된 숫자값이 너무 커서 셀 안에 나타낼 수 없을 때 발생 → 해결 : 열 머리글 사이의 경계를 끌어 열 너비 조절 • 수식의 결과가 너무 길어 셀 안에 모두 표시할 수 없을 경우 발생 → 해결 : 열 너비를 늘리거나 숫자 서식 변경 • 날짜와 시간의 연산 결과가 음수일 경우 발생 → 해결 : 연산 결과의 서식을 날짜가 아닌 서식으로 변경
#VALUE	• 수식에서 잘못된 피연산자를 사용했을 때 • 함수의 인수에 적당하지 않은 값이나 셀 범위를 지정했을 때
#NAME?	수식에서 값을 0으로 나누려고 할 때
#DIV/0!	수식에 인식할 수 없는 문자열(정의되지 않은 이름)이나 잘못된 함수명을 사용했을 때
#N/A	함수나 수식에 잘못된 값을 지정했거나 생략할 수 없는 함수의 인수를 생략했을 때
#REF!	셀 참조가 유효하지 않을 때
#NUM!	숫자 인수가 필요한 함수에서 잘못된 인수를 사용한 경우처럼 수식이나 함수에서 숫자와 관련된 문제가 있을 때
#NULL!	교차하지 않는 두 영역에 교점 연산자(단일 공백)를 지정했을 때

7. 이름을 이용한 수식 작성

7-1 이름

셀이나 셀 범위를 쉽게 기억하고 수식이나 함수식에서 간단하게 참조하기 위해 이름을 지정하여 사용할 수 있는데, 수식에 셀 주소 대신 이름을 사용하면 수식이 읽기 쉬워지고 통합문서의 어느 워크시트에서든 이름을 사용, 셀이나 셀 범위를 참조할 수 있다.

7-2 이름 작성 규칙

- 반드시 문자나 밑줄(_)로 시작하며 두 번째 문자부터 문자, 숫자, 밑줄을 사용할 수 있다.
- 이름에 공백을 포함할 수 없으며 255자 이내의 길이로 정의해야 한다.
- 이름은 대소문자를 구분하지 않으며 기본적으로 절대 참조로 정의한다.

따라하기 »

① 이름을 지정할 셀이나 셀 범위를 선택하고 [수식] → [정의된 이름] → [이름 정의] 메뉴를 선택한다.

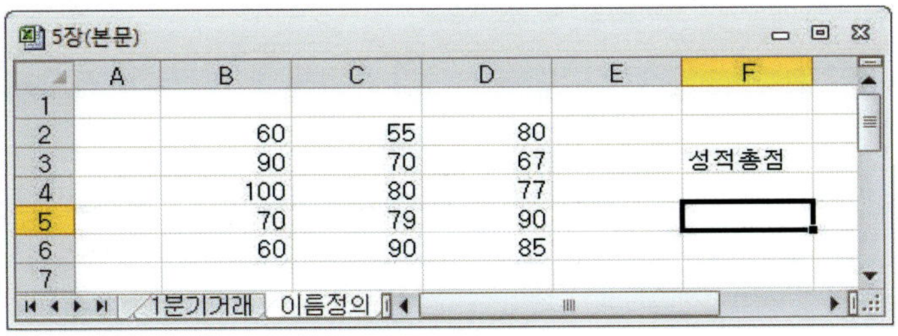

② 정의된 이름상자에 새로운 이름을 입력하고 [확인] 단추를 누른다. 정의된 이름은 해당 셀 범위를 선택했을 때 수식 입력줄의 이름상자에 표시된다.

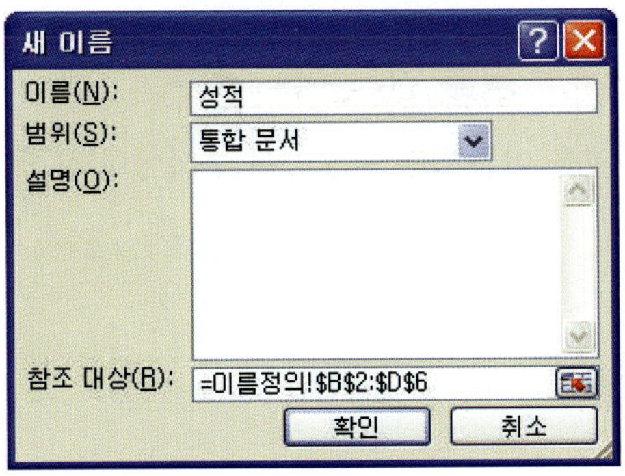

③ 이름을 사용하여 수식을 작성한다.

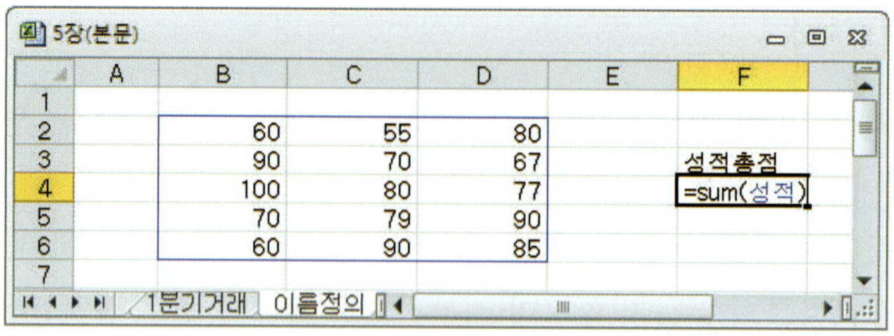

④ 정의된 이름이나 이름을 새로 만들려면 이름을 [수식] → [정의된 이름] → [이름 관리자]를 클릭하면 된다.

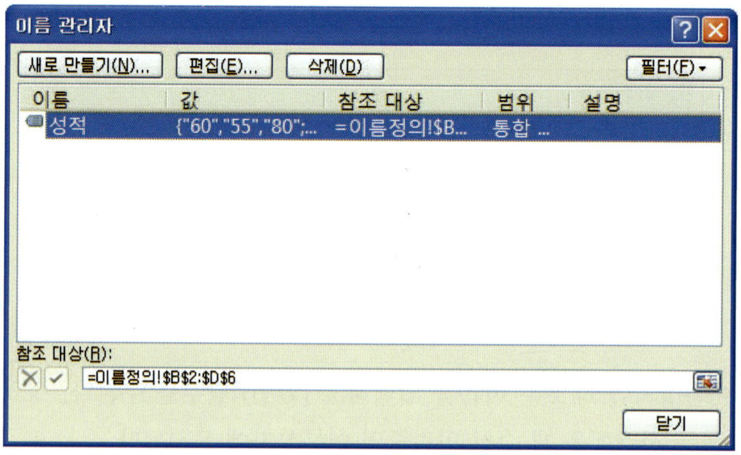

7-3 계산표의 첫 행과 왼쪽 열을 이름으로 정의

계산표의 첫 행과 왼쪽 열을 이름으로 지정하여 수식에 사용할 수 있다.

따라하기 »

① 과별 성적표를 다음과 같은 범위로 지정한다.

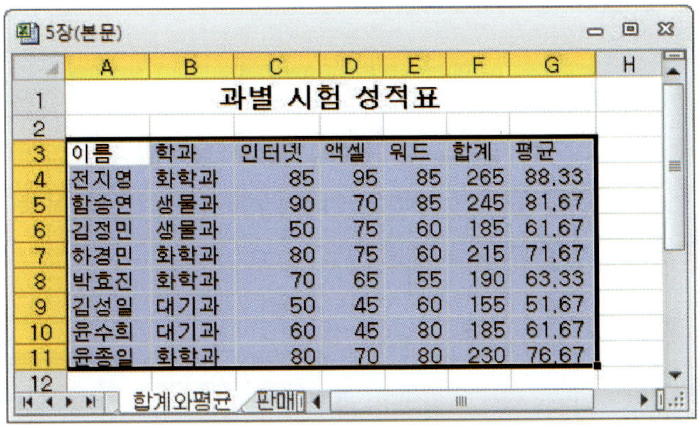

② [수식] → [정의된 이름] → [선택영역에서 만들기] 메뉴를 선택한다.

③ 첫 행과 왼쪽 열을 선택한 다음 [확인] 단추를 누른다.

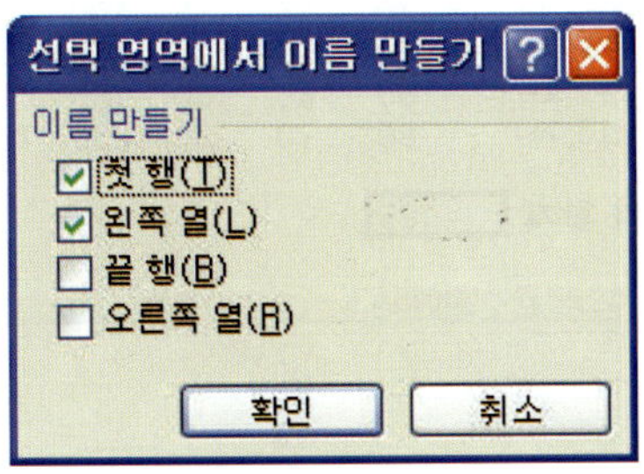

④ 정의된 이름을 사용하여 두 개의 이름이 교차되는 지점의 데이터를 쉽게 검색할 수 있다. 예를 들어 성적표 워크시트에서 "함승연"의 합계를 찾으려면 수식 이름사이에 공백(교점 연산자)을 입력하여 수식을 작성한다.

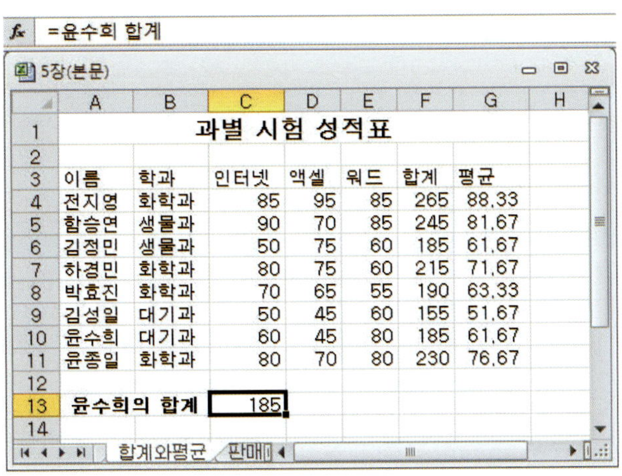

7-4 정의된 이름 확인

- 현재 통합문서에 정의되어 있는 이름의 목록을 확인하거나 이름을 사용하여 원하는 부분으로 이동하려면 수식 입력줄의 이름상자를 사용하면 된다.
- 이름상자의 목록 단추를 누르면 정의된 이름 목록이 나타나고 목록 중에서 하나를 선택하면 셀 포인터가 해당 범위로 이동된다.

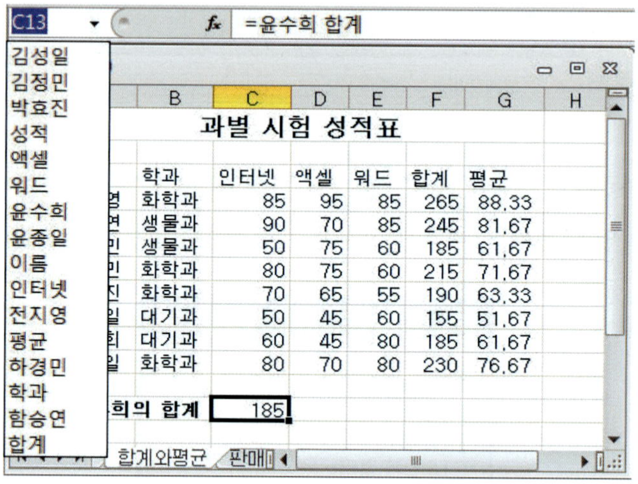

연습문제 EXERCISE

01 다음 [A코너] 워크시트를 작성한 후 [처리 조건]에 따라 처리하시오.

A코너 판매현황						
담당직원	품목	입고가	출고가	수량	판매금액	이익금
권혁원	냉장고	890,000		5		
조두식	오디오	450,000		7		
이문세	세탁기	690,000		9		
한라산	T V	1,100,000		3		
까 치	전화기	200,000		5		
유희종	시 계	90,000		15		
이우형	컴퓨터	900,000		8		
문종탁	모니터	450,000		8		

[처리 조건]

- 출고가 = 입고가 + 입고가 * 20%
- 판매금액 = 출고가 * 수량
- 이익금 = 판매금액 – 입고가 * 수량

02 다음 [B코너] 워크시트를 작성한 후 [처리 조건]에 따라 처리하시오.

B코너 판매현황			
		할인율	0.2
코드번호	단가	수량	판매가격
IPS-100	120,000	50	
ICS-100	124,000	100	
PPA-111	200,000	70	
PPS-112	110,000	90	
PDA-100	250,000	60	
			평균가격	
			총매출액	

[처리 조건]

- 판매가격은 (단가×수량)에서 20%를 할인하여 계산한다.
- 판매가격의 F12에 평균을 구한다.
- 총매출액은 모든 판매가격을 더한 값으로 F13에 계산한다.

03 다음 [판매현황] 워크시트를 작성한 후 [처리 조건]에 따라 처리하시오.

5장(연습)

중부대리점 전자제품 판매 현황

품목	판매수량	단가	판매금액	판매 이익금	이익률
냉장고	4	980,000			25%
세탁기	5	600,000			
TV	3	1,200,000			
에어컨	9	2,500,000			
드라이기	3	20,000			
김치냉장고	7	700,000			
전기밥솥	9	200,000			
합계	40	6,200,000			

A코너 / B코너 / 판매현황

[처리 조건]

- 판매금액 = 판매수량 * 단가
- 판매이익금 = 판매금액 * 이익률

EXCEL

CHAPTER 06

함수 라이브러리

1. 통계 함수
2. 순위(RANK 함수)
3. 수학 함수
4. 조건부 수학 함수
5. 날짜/시간 함수
6. 논리 함수
7. IF 논리 함수
8. 중첩 IF 함수
9. 텍스트 함수
10. 찾기/참조 함수
11. 데이터베이스 함수
12. 함수 실전문제

06 CHAPTER 함수 라이브러리

재무, 논리, 찾기, 텍스트, 날짜 및 시간, 수학/삼각 등 함수를 용도별로 그룹되어 있다. 이 중 하나를 선택하여 함수식을 작성할 수 있다. “최근에 사용한 함수” 단추에는 사장 최근에 사용한 함수 10개를 목록으로 표시한다.

1. 통계 함수

일정한 셀 범위의 데이터를 통계적으로 분석할 때 수식에서 통계 함수를 사용한다. [수식] → [함수 라이브러리] → [함수 삽입]을 클릭하면 함수 마법사로 통계 함수를 계산할 수 있다.

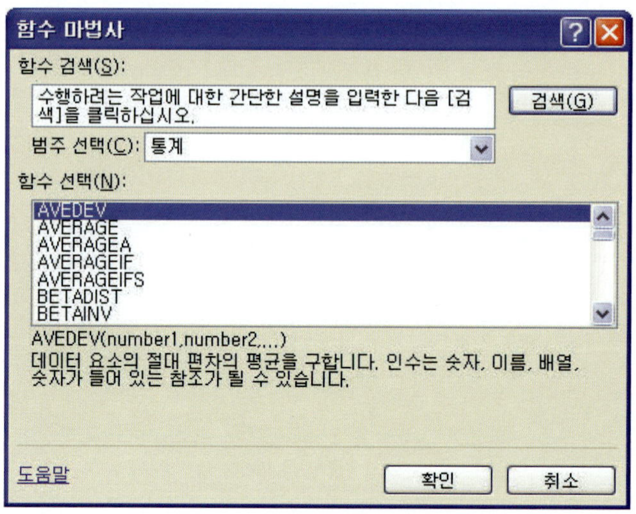

▶ 주요 통계 함수

함 수	내 용
SUM(인수1, 인수2, 인수3, ...)	인수의 합을 계산
AVERAGE(인수1, 인수2, ...)	인수의 평균을 계산
MAX(인수1, 인수2, ...)	인수들 중 최대값을 구함
MIN(인수1, 인수2, ...)	인수들 중 최소값을 구함
COUNT(인수1, 인수2, ...)	인수 중 문자와 공백을 제외한 숫자의 개수를 구함
COUNTA(인수1, 인수2, ...)	인수의 개수 즉, 공백을 제외한 숫자와 문자의 개수를 구함
COUNTBLACK(인수1, 인수2, ...)	데이터가 입력되지 않은 셀의 개수를 구함
LARGE(인수1, 인수2, ...)	인수 중 x번째로 큰 수를 구함
SMALL(인수1, 인수2, ...)	인수 중 x번째로 작은 수를 구함
RANK(값, 참조 범위, 방법)	범위 중 지정한 값의 순위를 구함

▶ 통계 함수 사용 예

=SUM(A1:A4) ← A1 셀에서 A4 셀까지에서 합을 구함
=AVERAGE(A1:A4) ← A1 셀에서 A4 셀까지에서 평균을 구함
=SUM(A1, A4) ← A1 셀과 A4 셀의 합계를 구함
=AVERAGE(A1, A4) ← A1 셀과 A4 셀의 평균을 구함
=MIN(A1:A4) ← A1 셀에서 A4 셀까지에서 최소값을 구함
=MAX(A1:A4) ← A1 셀에서 A4 셀까지에서 최대값을 구함

엑셀 노트 ▶▶▶

▶ 함수란?

- 함수란 복잡한 계산식을 간단하게 처리할 수 있도록 한 미리 정의된 수식으로 엑셀 작업을 쉽고, 빠르게 할 수 있는 유용한 기능이다.
- 함수에서 사용되는 셀, 셀 범위, 상수, 범위 이름 등이 올 수 있다.

▶ 통계 함수 사용

따라하기 »

① 다음과 같은 워크시트를 작성해 보자.

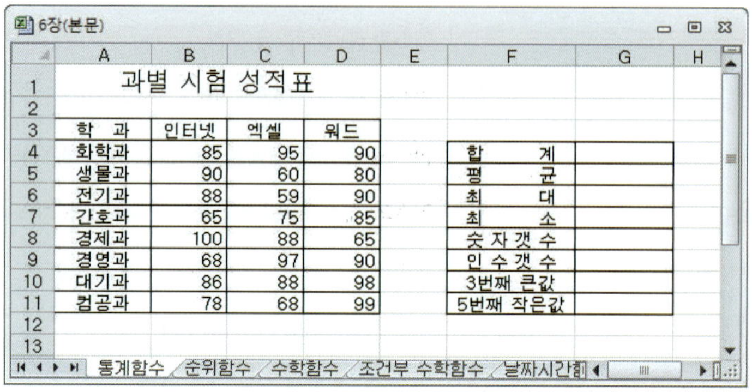

	A	B	C	D	E	F	G
1	과별 시험 성적표						
2							
3	학 과	인터넷	엑셀	워드			
4	화학과	85	95	90		합 계	
5	생물과	90	60	80		평 균	
6	전기과	88	59	90		최 대	
7	간호과	65	75	85		최 소	
8	경제과	100	88	65		숫 자 갯 수	
9	경영과	68	97	90		인 수 갯 수	
10	대기과	86	88	98		3번째 큰값	
11	컴공과	78	68	99		5번째 작은값	

② G열에 다음과 같은 함수를 입력하면서 결과를 확인해 보자.

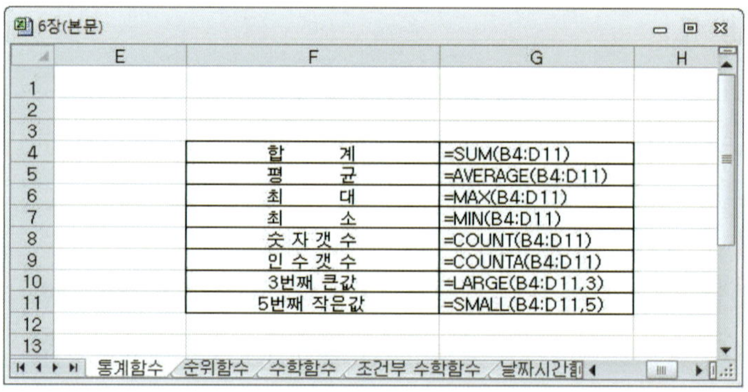

	F	G
4	합 계	=SUM(B4:D11)
5	평 균	=AVERAGE(B4:D11)
6	최 대	=MAX(B4:D11)
7	최 소	=MIN(B4:D11)
8	숫 자 갯 수	=COUNT(B4:D11)
9	인 수 갯 수	=COUNTA(B4:D11)
10	3번째 큰값	=LARGE(B4:D11,3)
11	5번째 작은값	=SMALL(B4:D11,5)

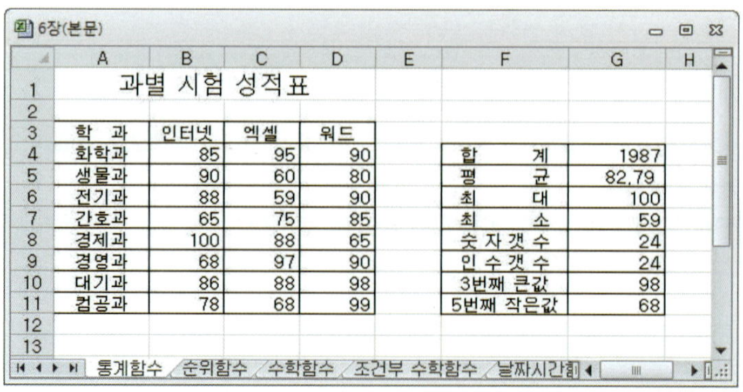

	A	B	C	D	E	F	G
1	과별 시험 성적표						
2							
3	학 과	인터넷	엑셀	워드			
4	화학과	85	95	90		합 계	1987
5	생물과	90	60	80		평 균	82.79
6	전기과	88	59	90		최 대	100
7	간호과	65	75	85		최 소	59
8	경제과	100	88	65		숫 자 갯 수	24
9	경영과	68	97	90		인 수 갯 수	24
10	대기과	86	88	98		3번째 큰값	98
11	컴공과	78	68	99		5번째 작은값	68

2. 순위(RANK 함수)

- 통계 함수 RANK를 사용하여 어떤 값이 일정한 범위 안에서 몇 번째 크기를 갖는지 계산할 수 있다.
- 내림차순 또는 오름차순으로 순위를 계산할 수 있다.

엑셀 노트 ▸▸▸

▶ RANK(값, 참조 범위, 방법)

- 참조 범위에서 지정한 값의 순위를 구한다.
- 값 : 순위를 구하려는 수
- 참조 범위 : 순위를 구하려는 수가 들어 있는 수의 목록 범위로 일반적으로 절대 참조를 사용한다.
- 방법 : 순위를 구하는 방법으로 생략하거나 0을 사용하면 내림차순으로, 0이 아닌 값을 지정하면 오름차순으로 순위를 계산한다.

따라하기 »

① 다음과 같은 워크시트를 작성해 보자. (평균은 필기 점수와 실기 점수의 평균값으로 함수를 사용하여 계산하며, 소수이하 둘째 자리까지 표시되도록 한다.)

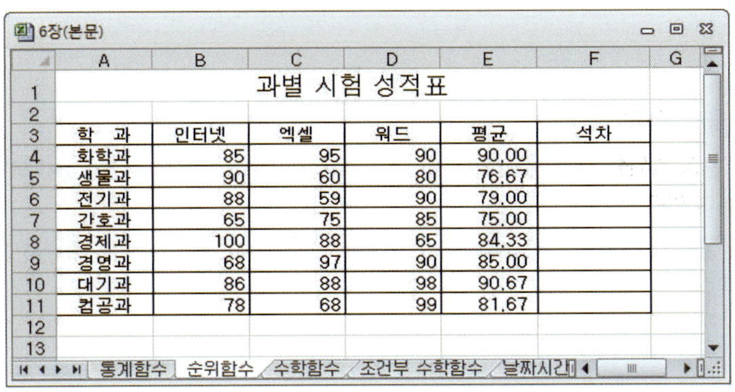

과별 시험 성적표

학 과	인터넷	엑셀	워드	평균	석차
화학과	85	95	90	90.00	
생물과	90	60	80	76.67	
전기과	88	59	90	79.00	
간호과	65	75	85	75.00	
경제과	100	88	65	84.33	
경영과	68	97	90	85.00	
대기과	86	88	98	90.67	
컴공과	78	68	99	81.67	

② G4 셀에 함수식 “=RANK(E4, $E$4:$E$11)”을 입력하여 석차를 구한다.

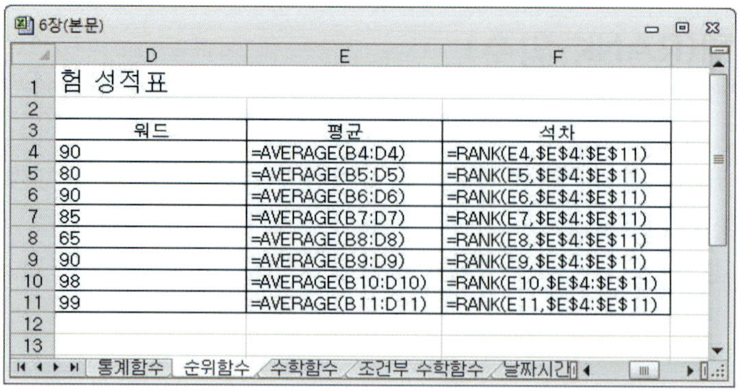

6장(본문)

	D	E	F
1	험 성적표		
2			
3	워드	평균	석차
4	90	=AVERAGE(B4:D4)	=RANK(E4,$E$4:$E$11)
5	80	=AVERAGE(B5:D5)	=RANK(E5,$E$4:$E$11)
6	90	=AVERAGE(B6:D6)	=RANK(E6,$E$4:$E$11)
7	85	=AVERAGE(B7:D7)	=RANK(E7,$E$4:$E$11)
8	65	=AVERAGE(B8:D8)	=RANK(E8,$E$4:$E$11)
9	90	=AVERAGE(B9:D9)	=RANK(E9,$E$4:$E$11)
10	98	=AVERAGE(B10:D10)	=RANK(E10,$E$4:$E$11)
11	99	=AVERAGE(B11:D11)	=RANK(E11,$E$4:$E$11)
12			
13			

통계함수 / 순위함수 / 수학함수 / 조건부 수학함수 / 날짜시간

③ 채우기 핸들을 끌어 수식을 복사한다.

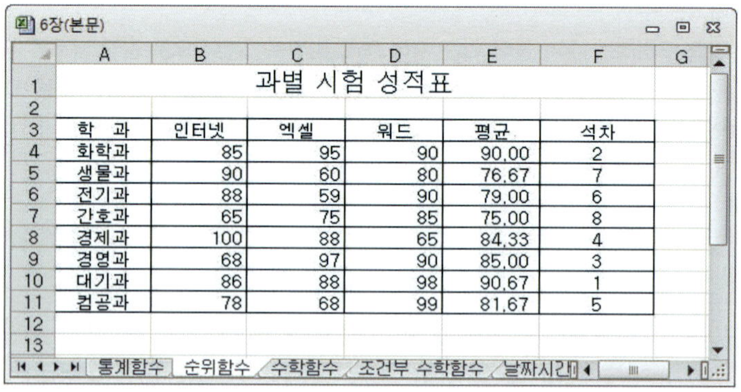

6장(본문)

	A	B	C	D	E	F	G
1	과별 시험 성적표						
2							
3	학 과	인터넷	엑셀	워드	평균	석차	
4	화학과	85	95	90	90.00	2	
5	생물과	90	60	80	76.67	7	
6	전기과	88	59	90	79.00	6	
7	간호과	65	75	85	75.00	8	
8	경제과	100	88	65	84.33	4	
9	경영과	68	97	90	85.00	3	
10	대기과	86	88	98	90.67	1	
11	컴공과	78	68	99	81.67	5	
12							
13							

통계함수 / 순위함수 / 수학함수 / 조건부 수학함수 / 날짜시간

엑셀 노트 ▸▸▸

▶ RANK함수 사용시 유의할 점

- RANK 함수의 참조 범위를 상대 참조로 사용하게 되면 수식이 복사되면서 주소가 상대적으로 변하게 되므로 올바른 결과를 얻을 수 없다.
- 따라서 RANK 함수식을 다른 위치로 복사(채우기)해야 할 경우에는 반드시 참조 범위를 절대 참조로 사용해야 한다.

(틀린 예)

6장(본문)

	D	E	F
1	험 성적표		
2			
3	워드	평균	석차
4	90	=AVERAGE(B4:D4)	=RANK(E4,E4:E11)
5	80	=AVERAGE(B5:D5)	=RANK(E5,E5:E12)
6	90	=AVERAGE(B6:D6)	=RANK(E6,E6:E13)
7	85	=AVERAGE(B7:D7)	=RANK(E7,E7:E14)
8	65	=AVERAGE(B8:D8)	=RANK(E8,E8:E15)
9	90	=AVERAGE(B9:D9)	=RANK(E9,E9:E16)
10	98	=AVERAGE(B10:D10)	=RANK(E10,E10:E17)
11	99	=AVERAGE(B11:D11)	=RANK(E11,E11:E18)
12			
13			

통계함수 / 순위함수 / 수학함수 / 조건부 수학함수 / 날짜시간

6장(본문)

	A	B	C	D	E	F	G
1			과별 시험 성적표				
2							
3	학 과	인터넷	엑셀	워드	평균	석차	
4	화학과	85	95	90	90.00	2	
5	생물과	90	60	80	76.67	6	
6	전기과	88	59	90	79.00	5	
7	간호과	65	75	85	75.00	5	
8	경제과	100	88	65	84.33	3	
9	경영과	68	97	90	85.00	2	
10	대기과	86	88	98	90.67	1	
11	컴공과	78	68	99	81.67	1	
12							
13							

통계함수 / 순위함수 / 수학함수 / 조건부 수학함수 / 날짜시간

3. 수학 함수

나머지, 반올림, 조건을 만족하는 셀 범위의 합계나 개수 계산과 같은 수학적인 계산을 할 때 사용한다. [수식] → [함수 라이브러리] → [함수 삽입]을 클릭하면 함수 마법사로 수학/삼각 함수를 계산할 수 있다.

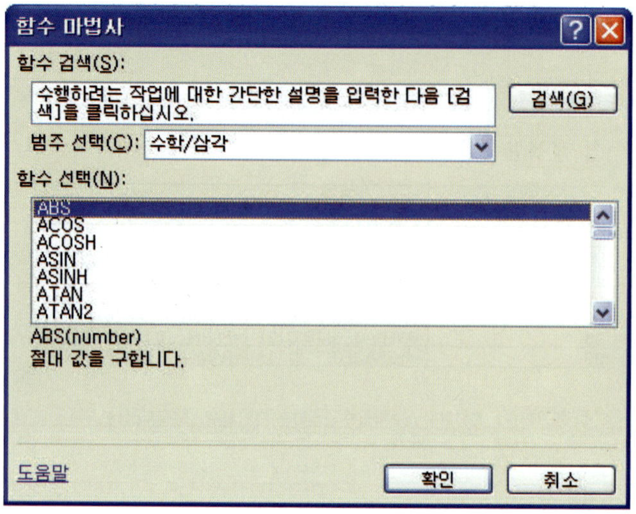

▶ 주요 수학 함수

함 수	내 용
ABS(수치)	수치의 절대값을 구함
EXP(수치)	E를 밑으로 하는 수치의 거듭 제곱근을 구함
FACT(수치)	수치의 계승값을 계산
INT(수치)	수치를 넘지 않는 최대의 정수를 구함
TRUNC(수치)	수치의 소수 부분을 절삭
LN(수치)	수치의 자연 대수값을 구함
LOG(수치)	밑에 값에 의한 수치의 자연 대수값을 구함
MOD(수치1, 수치2)	수치1을 수치2로 나눈 나머지를 구함
RAND( )	0과 1사이의 난수를 구함
ROUND(수치, 자릿수)	수치를 자릿값으로 반올림
ROUNDDOWN(수치, 자릿수)	자릿수에 맞도록 수치를 버림
ROUNDUP(수치, 자릿수)	자릿수에 맞도록 수치를 올림
SIGN(수치)	수치의 부호 표시 (수가 양수이면 1, 0이면0, 음수이면-1)
SQRT(수치)	수치의 제곱근을 구함

▶ 수학 함수 사용 예

함 수 식	설 명
=ABS(−10)	−10의 절대값을 구함
=INT(13.5)	13.5를 넘지 않는 최대 정수를 구함
=TRUNC(145.45)	145.45의 소수 부분을 버린 수를 구함
=MOD(100,3)	100을 3으로 나눈 나머지를 구함
=RAND( )	0과 1사이에서 임의의 수를 자동으로 구함
=ROUND(34.567,2)	34.567을 무조건 반올림하여 소수 둘째 자리까지 구함
=ROUNDDOWN(34.567,2)	34.567을 무조건 버림하여 소수 둘째 자리로 만듦
=SIGN(−100)	−100의 부호를 구함
=SQRT(49)	49의 제곱근을 구함

따라하기 »

① 다음과 같은 워크시트를 작성해 보자.

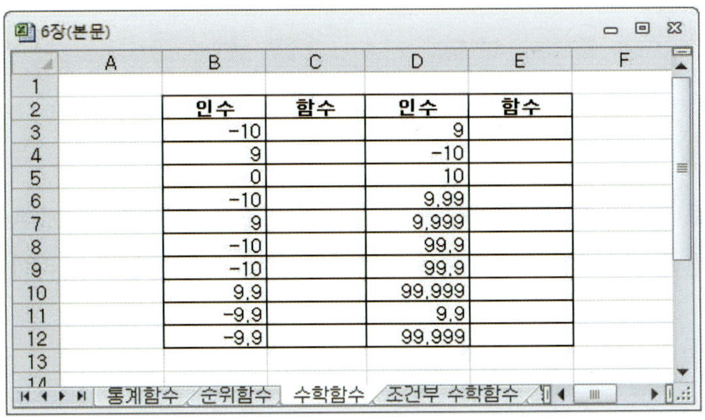

② C열과 E열에 함수식을 입력하면서 결과를 확인해 보자.

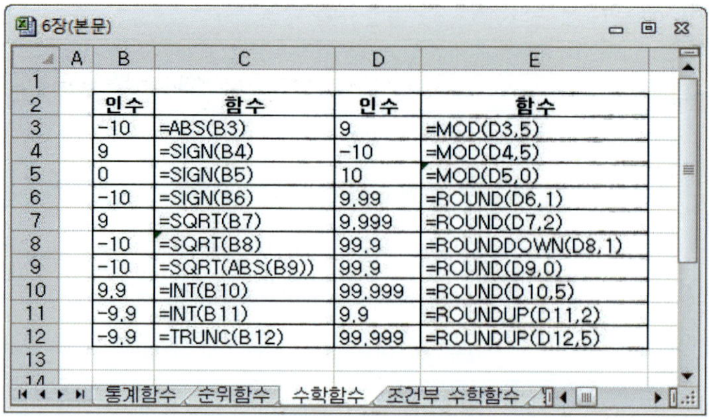

	A	B	C	D	E
1					
2		인수	함수	인수	함수
3		-10	=ABS(B3)	9	=MOD(D3,5)
4		9	=SIGN(B4)	-10	=MOD(D4,5)
5		0	=SIGN(B5)	10	=MOD(D5,0)
6		-10	=SIGN(B6)	9.99	=ROUND(D6,1)
7		9	=SQRT(B7)	9.999	=ROUND(D7,2)
8		-10	=SQRT(B8)	99.9	=ROUNDDOWN(D8,1)
9		-10	=SQRT(ABS(B9))	99.9	=ROUND(D9,0)
10		9.9	=INT(B10)	99.999	=ROUND(D10,5)
11		-9.9	=INT(B11)	9.9	=ROUNDUP(D11,2)
12		-9.9	=TRUNC(B12)	99.999	=ROUNDUP(D12,5)

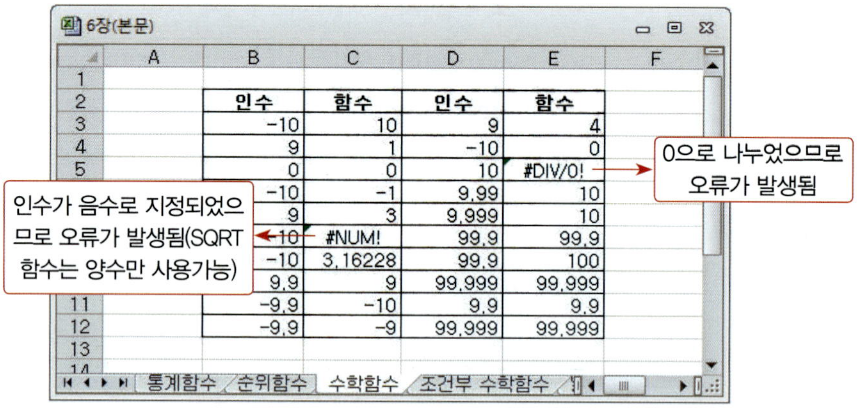

	A	B	C	D	E	F
1						
2		인수	함수	인수	함수	
3		-10	10	9	4	
4		9	1	-10	0	
5		0	0	10	#DIV/0!	
6		-10	-1	9.99	10	
7		9	3	9.999	10	
8		-10	#NUM!	99.9	99.9	
9		-10	3.16228	99.9	100	
10		9.9	9	99.999	99.999	
11		-9.9	-10	9.9	9.9	
12		-9.9	-9	99.999	99.999	

따라하기 »

다음 데이터로 영어 듣기 평가 계산할 때 합계와 평균은 SUM과 AVERAGE 함수를 이용하여 구하고, "평균 점수 재계산" 부분은 평균값을 모두 소수점 둘째 자리까지 표현한다.

① 다음과 같은 워크시트를 작성해 보자.

회원별 영어 듣기 평가 점수

회원명	1차	2차	3차	합계	평균	평균 점수 재계산 ROUND	ROUNDUP	ROUNDDOWN
조용희	74.9	92	68.7					
김선화	90.6	87.5	88.34					
박우철	66.5	45.8	70.7					
이영수	20.5	65.7	74.8					
최진용	87.5	90.5	78.5					
서인철	90.5	85.5	99					
편차호	83	80	95.2					

② F열, G열, H열, I열, J열에 함수식을 입력하면서 결과를 확인해 보자. 단 F열(평균)은 평균 계산 후에 [셀 서식] 대화상자에서 "숫자" 항목에서 소수자리수를 2자리로 표기한다.

회원별 영어 듣기 평가 점수

회원명	1차	2차	3차	합계	평균	평균 점수 재계산 ROUND	ROUNDUP	ROUNDDOWN
조용희	74.9	92	68.7	=SUM(C5:E5)	=AVERAGE(C5:E5)	=ROUND(G5,2)	=ROUNDUP(G5,2)	=ROUNDDOWN(G5,2)
김선화	90.6	87.5	88.34	=SUM(C6:E6)	=AVERAGE(C6:E6)	=ROUND(G6,2)	=ROUNDUP(G6,2)	=ROUNDDOWN(G6,2)
박우철	66.5	45.8	70.9	=SUM(C7:E7)	=AVERAGE(C7:E7)	=ROUND(G7,2)	=ROUNDUP(G7,2)	=ROUNDDOWN(G7,2)
이영수	20.5	65.7	74.8	=SUM(C8:E8)	=AVERAGE(C8:E8)	=ROUND(G8,2)	=ROUNDUP(G8,2)	=ROUNDDOWN(G8,2)
최진용	87.5	90.5	78.7	=SUM(C9:E9)	=AVERAGE(C9:E9)	=ROUND(G9,2)	=ROUNDUP(G9,2)	=ROUNDDOWN(G9,2)
서인철	90.5	85.5	99	=SUM(C10:E10)	=AVERAGE(C10:E10)	=ROUND(G10,2)	=ROUNDUP(G10,2)	=ROUNDDOWN(G10,2)
편차호	83	80	95.2	=SUM(C11:E11)	=AVERAGE(C11:E11)	=ROUND(G11,2)	=ROUNDUP(G11,2)	=ROUNDDOWN(G11,2)

회원별 영어 듣기 평가 점수

회원명	1차	2차	3차	합계	평균	평균 점수 재계산 ROUND	ROUNDUP	ROUNDDOWN
조용희	74.9	92	68.7	235.6	78.53	78.53	78.54	78.53
김선화	90.6	87.5	88.34	266.44	88.81	88.81	88.82	88.81
박우철	66.5	45.8	70.9	183.2	61.07	61.07	61.07	61.06
이영수	20.5	65.7	74.8	161	53.67	53.67	53.67	53.66
최진용	87.5	90.5	78.7	256.7	85.57	85.57	85.57	85.56
서인철	90.5	85.5	99	275	91.67	91.67	91.67	91.66
편차호	83	80	95.2	258.2	86.07	86.07	86.07	86.06

4. 조건부 수학 함수

- 셀 범위에서 조건을 만족하는 셀을 찾아 개수를 세거나 합계를 구할 때 사용하는 함수로 매우 많이 사용된다.
- COUNTIF 함수는 조건을 만족하는 셀의 개수를 구하고, SUMIF 함수는 조건을 만족하는 셀의 합계를 구한다.

COUNTIF(값, 참조 범위, 방법)

– 데이터 범위에서 조건에 맞는 셀의 개수를 세어 준다.

SUMIF(데이터 범위, 조건, 합계 범위)

– 데이터 범위에서 조건에 맞는 셀을 찾아 합계 범위에서 대응하는 위치에 있는 셀들의 합계를 계산한다.

▶ 조건부 수학 함수 사용 예

=COUNTIF(K1:K20,">100") ← K1:K20에서 100보다 큰 값인 개수

=COUNTIF(K1:K20,"서울") ← K1:K20에서 셀값이 "서울"인 개수

=SUMIF(A1:A20,"<=55",B1:B20) ← A1:A20에서 55이하인 셀과 대응하는 B1:B20의 셀합계

따라하기 »

① 다음과 같은 워크시트를 작성하고 함수식을 입력하여 영업팀 인원수와 기부금 총액을 계산한다. 단 기부금의 표시형식은 사용자 지정에서 "_– ₩* #,##0"로 표기한다.

기부금 납입 현황

이름	부서명	기부금
권기식	영업부	₩ 100,000
이상환	기획부	₩ 150,000
이영철	영업부	₩ 90,000
최주명	관리부	₩ 80,000
허영란	영업부	₩ 76,000
김영신	기획부	₩ 150,000
박선명	영업부	₩ 200,000
유명환	영업부	₩ 280,000
양미라	기획부	₩ 100,000
손정희	관리부	₩ 90,000

영업팀 인원수	
영업팀 기부액 총액	

② 다음과 같은 함수를 입력하면서 결과를 확인해 보자.

기부금 납입 현황

이름	부서명	기부금
권기식	영업부	100000
이상환	기획부	150000
이영철	영업부	90000
최주명	관리부	80000
허영란	영업부	76000
김영신	기획부	150000
박선명	영업부	200000
유명환	영업부	280000
양미라	기획부	100000
손정희	관리부	90000

영업팀 인원수	=COUNTIF(C4:C13,"영업부")
영업팀 기부액 총액	=SUMIF(C4:C13,"영업부",D4:D13)

기부금 납입 현황

이름	부서명	기부금
권기식	영업부	₩ 100,000
이상환	기획부	₩ 150,000
이영철	영업부	₩ 90,000
최주명	관리부	₩ 80,000
허영란	영업부	₩ 76,000
김영신	기획부	₩ 150,000
박선명	영업부	₩ 200,000
유명환	영업부	₩ 280,000
양미라	기획부	₩ 100,000
손정희	관리부	₩ 90,000

영업팀 인원수	5
영업팀 기부액 총액	₩ 746,000

따라하기 »

① 다음과 같은 워크시트를 작성하고 함수식을 입력하여 결과를 확인해 보자. 금액은 단가와 수량을 곱한 값으로 계산한다.

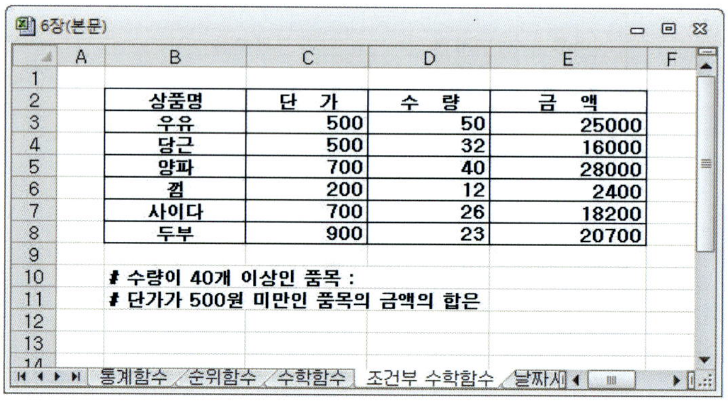

상품명	단 가	수 량	금 액
우유	500	50	25000
당근	500	32	16000
양파	700	40	28000
껌	200	12	2400
사이다	700	26	18200
두부	900	23	20700

\# 수량이 40개 이상인 품목 :

\# 단가가 500원 미만인 품목의 금액의 합은

② 다음과 같은 함수를 입력하면서 결과를 확인해 보자.

6장(본문)

	C	D	E	F
1				
2	단 가	수 량	금 액	
3	500	50	=C3*D3	
4	500	32	=C4*D4	
5	700	40	=C5*D5	
6	200	12	=C6*D6	
7	700	26	=C7*D7	
8	900	23	=C8*D8	
9				
10			=COUNTIF(D3:D8,">=40")	
11	금액의 합은 :		=SUMIF(C3:C8,"<500",E3:E8)	
12				
13				

통계함수 / 순위함수 / 수학함수 / 조건부 수학함수 / 날짜시

6장(본문)

	A	B	C	D	E	F
1						
2		상품명	단 가	수 량	금 액	
3		우유	500	50	25000	
4		당근	500	32	16000	
5		양파	700	40	28000	
6		껌	200	12	2400	
7		사이다	700	26	18200	
8		두부	900	23	20700	
9						
10		# 수량이 40개 이상인 품목 :			2	
11		# 단가가 500원 미만인 품목의 금액의 합은			2400	
12						
13						

통계함수 / 순위함수 / 수학함수 / 조건부 수학함수 / 날짜시

따라하기 »

① 다음과 같은 워크시트를 작성하고 함수식을 입력하여 결과를 확인해 보자.

6장(본문)

	A	B	C	D	E	F	G	H	I	J
1					성적표					
2										
3		번호	이름	국어	영어	수학	과학	합계	순위	
4		1	이용현	55	80	100	90			
5		2	김남수	60	90	90	100			
6		3	최재웅	90	70	80	80			
7		4	전순수	100	85	65	65			
8		5	허재일	90	60	80	80			
9		6	김민하	80	80	90	75			
10		7	이상철	55	50	75	60			
11		8	차나리	69	90	95	90			
12		9	차순철	95	100	100	80			
13		10	임채옥	80	80	90	100			
14		합계								
15		평균								
16		최대								
17		최소								
18										
19		2번째 큰값								
20		2번째 작은값								
21										
22		국어 점수가 90점 이상인 인원수								
23		영어 점수가 90점 이하인 인원수								
24										

조건부 수학함수 / 조건부 수학함수(기부금) / 성적표 / 날짜시간함수

② 다음과 같은 함수를 입력하면서 결과를 확인해 보자.

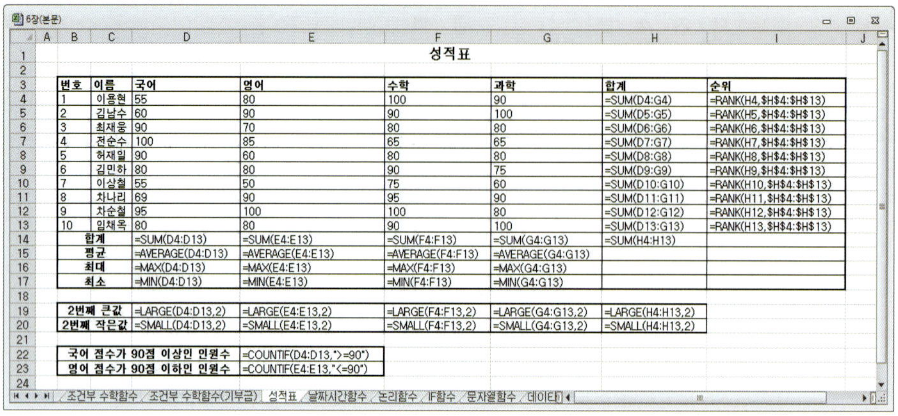

성적표

번호	이름	국어	영어	수학	과학	합계	순위
1	이용현	55	80	100	90	=SUM(D4:G4)	=RANK(H4,$H$4:$H$13)
2	김남수	60	90	90	100	=SUM(D5:G5)	=RANK(H5,$H$4:$H$13)
3	최재웅	90	70	80	80	=SUM(D6:G6)	=RANK(H6,$H$4:$H$13)
4	전순수	100	85	65	65	=SUM(D7:G7)	=RANK(H7,$H$4:$H$13)
5	허재일	90	60	80	80	=SUM(D8:G8)	=RANK(H8,$H$4:$H$13)
6	김민하	80	80	90	75	=SUM(D9:G9)	=RANK(H9,$H$4:$H$13)
7	이상철	55	50	75	60	=SUM(D10:G10)	=RANK(H10,$H$4:$H$13)
8	차나리	69	90	95	90	=SUM(D11:G11)	=RANK(H11,$H$4:$H$13)
9	차순철	95	100	100	80	=SUM(D12:G12)	=RANK(H12,$H$4:$H$13)
10	임채옥	80	80	90	100	=SUM(D13:G13)	=RANK(H13,$H$4:$H$13)
합계		=SUM(D4:D13)	=SUM(E4:E13)	=SUM(F4:F13)	=SUM(G4:G13)	=SUM(H4:H13)	
평균		=AVERAGE(D4:D13)	=AVERAGE(E4:E13)	=AVERAGE(F4:F13)	=AVERAGE(G4:G13)		
최대		=MAX(D4:D13)	=MAX(E4:E13)	=MAX(F4:F13)	=MAX(G4:G13)		
최소		=MIN(D4:D13)	=MIN(E4:E13)	=MIN(F4:F13)	=MIN(G4:G13)		

2번째 큰값	=LARGE(D4:D13,2)	=LARGE(E4:E13,2)	=LARGE(F4:F13,2)	=LARGE(G4:G13,2)	=LARGE(H4:H13,2)
2번째 작은값	=SMALL(D4:D13,2)	=SMALL(E4:E13,2)	=SMALL(F4:F13,2)	=SMALL(G4:G13,2)	=SMALL(H4:H13,2)

국어 점수가 90점 이상인 인원수	=COUNTIF(D4:D13,">=90")
영어 점수가 90점 이하인 인원수	=COUNTIF(E4:E13,"<=90")

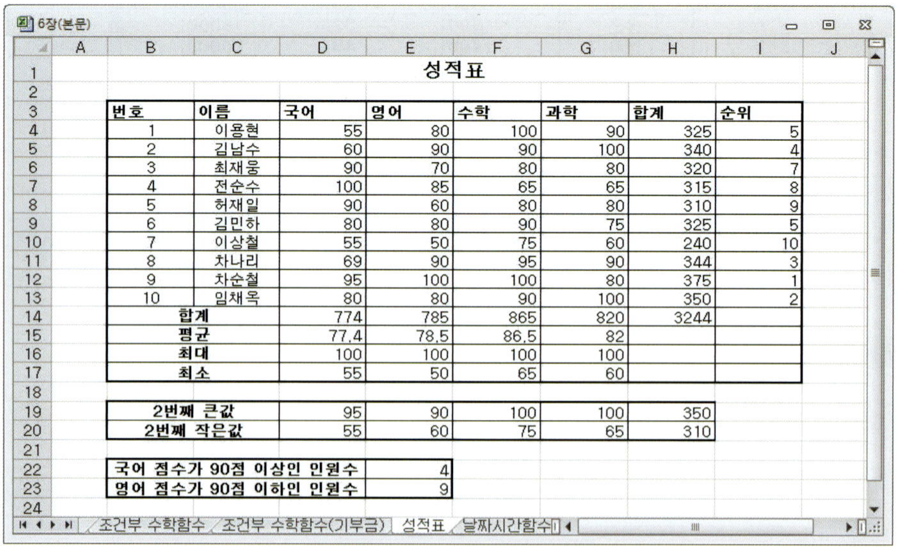

성적표

번호	이름	국어	영어	수학	과학	합계	순위
1	이용현	55	80	100	90	325	5
2	김남수	60	90	90	100	340	4
3	최재웅	90	70	80	80	320	7
4	전순수	100	85	65	65	315	8
5	허재일	90	60	80	80	310	9
6	김민하	80	80	90	75	325	5
7	이상철	55	50	75	60	240	10
8	차나리	69	90	95	90	344	3
9	차순철	95	100	100	80	375	1
10	임채옥	80	80	90	100	350	2
합계		774	785	865	820	3244	
평균		77.4	78.5	86.5	82		
최대		100	100	100	100		
최소		55	50	65	60		

2번째 큰값	95	90	100	100	350
2번째 작은값	55	60	75	65	310

국어 점수가 90점 이상인 인원수	4
영어 점수가 90점 이하인 인원수	9

5. 날짜/시간 함수

날짜와 시간을 삽입하거나 수식에서 날짜와 시간을 이용하여 값을 계산할 때 사용한다. [수식] → [함수 라이브러리] → [함수 삽입]을 클릭하면 함수 마법사로 날짜/시간 함수를 계산할 수 있다.

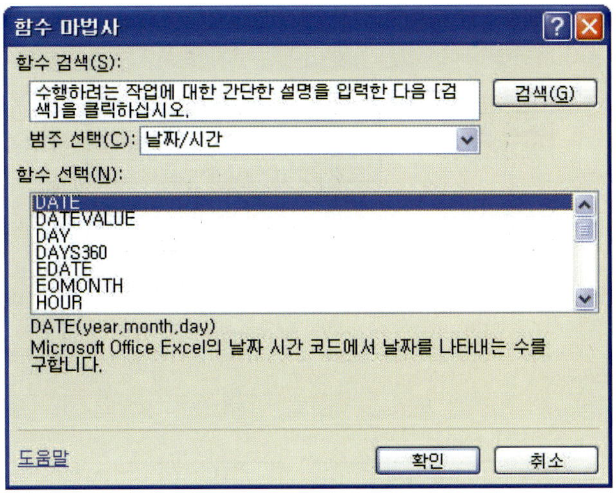

▶ 주요 날짜/시간 함수

함 수	내 용
DATE(연, 월, 일)	연, 월, 일에 해당하는 수치를 구함
NOW( )	오늘에 해당하는 날짜(연, 월, 일, 시간)를 구함
YEAR(날짜)	날짜에 해당하는 연도를 구함
MONTH(날짜)	날짜에 해당하는 월을 구함
TODAY( )	오늘 날짜를 구함
DAY(날짜)	날짜에서 일 부분을 추출
WEEKDAY(날짜)	날짜의 요일을 계산
HOUR(시간)	시간 부분만을 추출
MINUTE(시간)	분 부분만을 추출
SECOND(시간)	초 부분만을 추출

따라하기 »

다음 워크시트를 작성하고 지정한 날짜/시간 함수를 입력하여 결과를 확인해 보자.

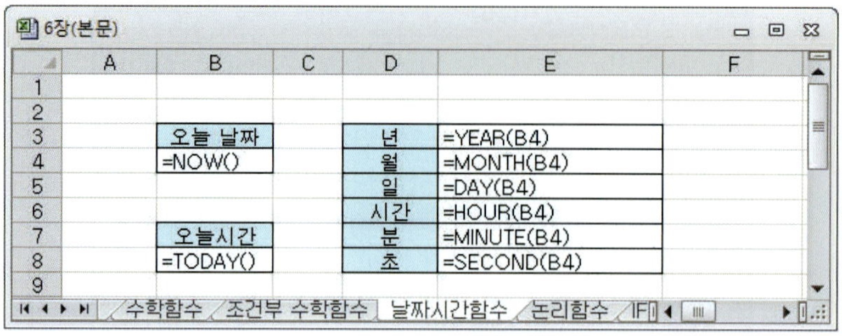

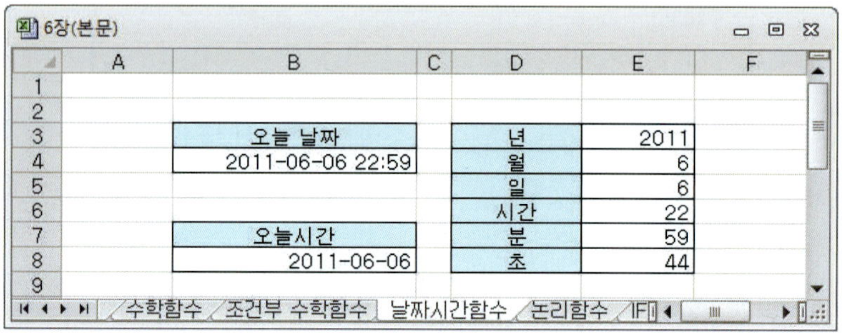

6. 논리 함수

지정한 조건의 참/거짓 여부를 판정하거나 여러 개의 조건을 검색할 때 사용한다. [수식] → [함수 라이브러리] → [함수 삽입]을 클릭하면 함수 마법사로 날짜/시간 함수를 계산할 수 있다.

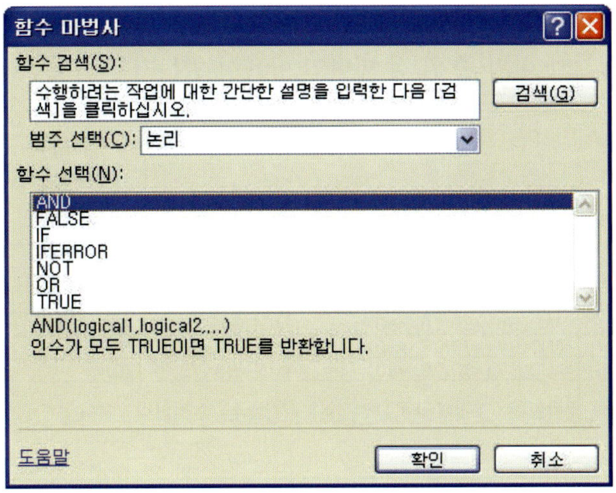

▶ 주요 논리 함수

함 수	내 용
AND(논리식1, 논리식2)	논리식1과 논리식2를 AND연산함
OR(논리식1, 논리식2)	논리식1과 논리식2를 OR연산함
NOT(논리식)	논리식을 NOT연산함
IF(조건, 값1, 값2)	조건이 참이면 값1을, 거짓이면 값2를 구함

▶ 논리 함수 사용 예

=AND(K5>100, L5="서울") ←K5가 100보다 크고 L5가 "서울"이면 TRUE 반환
=OR(K5>100, L5="서울") ←K5가 100보다 크거나 L5가 "서울"이면 TRUE 반환
=NOT(M7<50) ←M7이 50보다 작으면 FALSE 반환
=IF(A9>=80, "합격", "불합격") ←A9가 80이상이면 "합격", 아니면 "불합격"

따라하기 »

다음과 같이 "합격판정.xls"을 저장하여 합격여부를 평가하려고 한다. D4, E4 셀에 각각 어떤 논리함수를 사용해야 하는지 생각해 보자. 결과는 참이면 TRUE, 거짓이면 FALSE로 표시한다.

- 합격여부1 : 필기와 실기가 80점 이상인가 ?
- 합격여부2 : 필기와 실기 중 70점 미만인 항목이 있는가 ?

6장(본문)

	C	D	E
1	제 50회 워드 2급 최종 합격현황		
2			
3	실기	합격여부1	합격여부2
4	100	=AND(B4>=80,C4>=80)	=OR(B4<70,C4<70)
5	90	=AND(B5>=80,C5>=80)	=OR(B5<70,C5<70)
6	80	=AND(B6>=80,C6>=80)	=OR(B6<70,C6<70)
7	91	=AND(B7>=80,C7>=80)	=OR(B7<70,C7<70)
8	89	=AND(B8>=80,C8>=80)	=OR(B8<70,C8<70)
9			

수학함수 / 조건부 수학함수 / 날짜시간함수 / 논리함수 / IF

6장(본문)

	A	B	C	D	E
1	제 50회 워드 2급 최종 합격현황				
2					
3	성명	필기	실기	합격여부1	합격여부2
4	이민진	90	100	TRUE	FALSE
5	전지영	50	90	FALSE	TRUE
6	함승연	80	80	TRUE	FALSE
7	권혁원	88	91	TRUE	FALSE
8	정주명	92	89	TRUE	FALSE
9					

수학함수 / 조건부 수학함수 / 날짜시간함수 / 논리함수 / IF

7. IF 논리 함수

IF 논리 함수는 조건식을 사용하여 조건식이 참이냐 거짓이냐에 따라 서로 다른 값을 출력하거나 계산해야 하는 경우에 사용한다.

▶ IF(조건식, 값1, 값2)

- 조건식 : IF 함수에 사용할 조건식
- 값1 : 조건식이 참일 때의 값
- 값2 ; 조건식이 거짓일 때의 값

  (예) =IF(A>B, 500, 100) ← A>B 이면 500을 표시, A<=B 이면 100을 표시

▶ 합격/불합격 판정

따라하기 »

① 다음과 같은 워크시트를 작성하여 평균을 구한 후 평균이 80점 이상이면 합격, 그렇지 않으면 불합격 판정을 내린다.

제 50회 워드 2급 최종 합격현황

성명	필기	실기	평균	합격여부	평점
이민진	90	100	95		
전지영	50	90	70		
함승연	80	80	80		
권혁원	88	91	89.5		
정주영	92	89	90.5		

② 다음과 같은 함수를 입력하면서 결과를 확인해 보자.

제 50회 워드 2급 최종 합격현황

성명	필기	실기	평균	합격여부
이민진	90	100	=AVERAGE(B4:C4)	=IF(D4>=80,"합　격","불합격")
전지영	50	90	=AVERAGE(B5:C5)	=IF(D5>=80,"합　격","불합격")
함승연	80	80	=AVERAGE(B6:C6)	=IF(D6>=80,"합　격","불합격")
권혁원	88	91	=AVERAGE(B7:C7)	=IF(D7>=80,"합　격","불합격")
정주영	92	89	=AVERAGE(B8:C8)	=IF(D8>=80,"합　격","불합격")

제 50회 워드 2급 최종 합격현황

성명	필기	실기	평균	합격여부	평점
이민진	90	100	95	합　격	A
전지영	50	90	70	불합격	C
함승연	80	80	80	합　격	C
권혁원	88	91	89.5	합　격	B
정주영	92	89	90.5	합　격	A

8. 중첩 IF 함수

- 중첩 함수란 하나의 함수를 다른 함수의 인수로 사용하는 것을 말한다.
- 함수는 7단계까지 중첩이 가능하다.
- IF 함수의 중첩은 하나의 값을 여러 조건과 검사하고자 할 때 사용한다.
- 단일 IF 함수는 하나의 조건식을 통해 참과 거짓을 판별하지만 중첩 IF 함수를 사용하면 7단계까지 중첩하여 8개의 서로 다른 결과를 얻을 수 있다.

(예) =IF(K5>=3000, "최우수", IF(K5>=2000, "우수", IF(K5>=1000, "보통", "낙제")))
← K5가 3000이상이면 "최우수", 2000이상이면 "우수", 1000이상이면 "보통", 나머지는 "낙제"를 출력한다.

따라하기 »

① 다음 데이터에서 평균이 90점 이상이면 "A", 80점 이상이면 "B", 70점 이상이면 "C", 60점 이상이면 "D", 60점 미만이면 "F"로 평가를 구해보자.

6장(본문)

	A	B	C	D	E	F
1	제 50회 워드 2급 최종 합격현황					
2						
3	성명	필기	실기	평균	합격여부	평점
4	이민진	90	100	95		
5	전지영	50	90	70		
6	함승연	80	80	80		
7	권혁원	88	91	89.5		
8	정주영	92	89	90.5		
9						

날짜시간함수 / 논리함수 / IF함수 / 문자열함수 / 데이

② 다음과 같은 함수를 입력하면서 결과를 확인해 보자.

6장(본문)

	E	F
1	2급 최종 합격현황	
2		
3	합격여부	평점
4	=IF(D4>=80,"합　격","불합격")	=IF(D4>=90,"A",IF(D4>80,"B",IF(D4>=70,"C","D")))
5	=IF(D5>=80,"합　격","불합격")	=IF(D5>=90,"A",IF(D5>80,"B",IF(D5>=70,"C","D")))
6	=IF(D6>=80,"합　격","불합격")	=IF(D6>=90,"A",IF(D6>80,"B",IF(D6>=70,"C","D")))
7	=IF(D7>=80,"합　격","불합격")	=IF(D7>=90,"A",IF(D7>80,"B",IF(D7>=70,"C","D")))
8	=IF(D8>=80,"합　격","불합격")	=IF(D8>=90,"A",IF(D8>80,"B",IF(D8>=70,"C","D")))
9		

날짜시간함수 / 논리함수 / IF함수 / 문자열함수 / 데이

제 50회 워드 2급 최종 합격현황

성명	필기	실기	평균	합격여부	평점
이민진	90	100	95	합 격	A
전지영	50	90	70	불합격	C
함승연	80	80	80	합 격	C
권혁원	88	91	89.5	합 격	B
정주영	92	89	90.5	합 격	A

날짜시간함수 / 논리함수 / IF함수 / 문자열함수 / 데이터

따라하기 »

① 다음 데이터를 입력하고, 처리조건에 따라 각 항목을 계산한다.

[처리조건]

- 평가 1 = 평균이 90점 이상이면 "상", 70점 이상이면 "중", 나머지는 "하"
- 평가 2 = 1차, 2차, 3차 모두 70점 이상일 경우만 "합격

회원별 영어 듣기 평가 점수

회원명	1차	2차	3차	합계	평균	평균 점수 재계산 ROUND	ROUNDUP	ROUNDDOWN	평가방법 평가 1	평가 2
조용희	74.9	92	68.7	235.6	78.53	78.53	78.54	78.53		
김선화	90.6	87.5	88.34	266.44	88.81	88.81	88.82	88.81		
박우철	66.5	45.8	70.9	183.2	61.07	61.07	61.07	61.06		
이영수	20.5	65.7	74.8	161	53.67	53.67	53.67	53.66		
최진용	87.5	90.5	78.7	256.7	85.57	85.57	85.57	85.56		
서인철	90.5	85.5	99	275	91.67	91.67	91.67	91.66		
편차호	83	80	95.2	258.2	86.07	86.07	86.07	86.06		

통계함수 / 순위함수 / 수학함수 / 평균점수재계산수학함수 / 조건부 수학함

② 다음과 같은 함수를 입력하면서 결과를 확인해 보자.

평균 점수 재계산 ROUNDUP	ROUNDDOWN	평가방법 평가 1	평가 2
=ROUNDUP	=ROUNDDOWN(	=IF(G5>=90,"상",IF(G5>=70,"중","하"))	=IF(AND(C5>=70,D5>=70,E5>=70),"합 격","불합격")
=ROUNDUP	=ROUNDDOWN(	=IF(G6>=90,"상",IF(G6>=70,"중","하"))	=IF(AND(C6>=70,D6>=70,E6>=70),"합 격","불합격")
=ROUNDUP	=ROUNDDOWN(	=IF(G7>=90,"상",IF(G7>=70,"중","하"))	=IF(AND(C7>=70,D7>=70,E7>=70),"합 격","불합격")
=ROUNDUP	=ROUNDDOWN(	=IF(G8>=90,"상",IF(G8>=70,"중","하"))	=IF(AND(C8>=70,D8>=70,E8>=70),"합 격","불합격")
=ROUNDUP	=ROUNDDOWN(	=IF(G9>=90,"상",IF(G9>=70,"중","하"))	=IF(AND(C9>=70,D9>=70,E9>=70),"합 격","불합격")
=ROUNDUP	=ROUNDDOWN(	=IF(G10>=90,"상",IF(G10>=70,"중","하"))	=IF(AND(C10>=70,D10>=70,E10>=70),"합 격","불합격")
=ROUNDUP	=ROUNDDOWN(	=IF(G11>=90,"상",IF(G11>=70,"중","하"))	=IF(AND(C11>=70,D11>=70,E11>=70),"합 격","불합격")

통계함수 / 순위함수 / 수학함수 / 평균점수재계산수학함수 / 조건부 수학함수 / 조건부

회원별 영어 듣기 평가 점수

회원명	1차	2차	3차	합계	평균	평균 점수 재계산			평가방법	
						ROUND	ROUNDUP	ROUNDDOWN	평가 1	평가 2
조용희	74.9	92	68.7	235.6	78.53	78.53	78.54	78.53	중	불합격
김선화	90.6	87.5	88.34	266.44	88.81	88.81	88.82	88.81	중	합 격
박우철	66.5	45.8	70.9	183.2	61.07	61.07	61.07	61.06	하	불합격
이영수	20.5	65.7	74.8	161	53.67	53.67	53.67	53.66	하	불합격
최진용	87.5	90.5	78.7	256.7	85.57	85.57	85.57	85.56	중	합 격
서인철	90.5	85.5	99	275	91.67	91.67	91.67	91.66	상	합 격
편차호	83	80	95.2	258.2	86.07	86.07	86.07	86.06	중	합 격

따라하기 »

① 다음 데이터를 입력하고, 처리조건에 따라 각 항목을 계산한다.

[처리조건]

- 총실적 = 상반기 + 하반기
- 평균실적 = 상반기와 하반기의 평균값
- 성과급 = 평균 실적이 50 이상이면 평균 실적의 10%, 나머지는 평균 실적의 5%
- 특별 수당금 = 상반기나 하반기의 실적 중 하나 이상이 85 이상이면 평균 실적의 20%, 나머지는 공백으로 처리

실적별 성과급

사번	부서	상반기	하반기	총실적	평균실적	성과급	특별 수당금
A010	관리부	85	65				
A011	총무부	60	90				
A012	인사부	55	30				
A013	총무부	40	55				
A014	교육부	30	50				
A015	관리부	25	65				
A016	영업부	35	80				

② 다음과 같은 함수를 입력하면서 결과를 확인해 보자.

실적별 성과급

사번	부서	상반기	하반기	총실적	평균실적	성과급	특별 수당금
A010	관리부	85	65	=SUM(D4:E4)	=AVERAGE(D4:E4)	=IF(G4>=50,G4*10%,G4*5%)	=IF(OR(D4>=85,E4>=85),G4*20%,"")
A011	총무부	60	90	=SUM(D5:E5)	=AVERAGE(D5:E5)	=IF(G5>=50,G5*10%,G5*5%)	=IF(OR(D5>=85,E5>=85),G5*20%,"")
A012	인사부	55	30	=SUM(D6:E6)	=AVERAGE(D6:E6)	=IF(G6>=50,G6*10%,G6*5%)	=IF(OR(D6>=85,E6>=85),G6*20%,"")
A013	총무부	40	55	=SUM(D7:E7)	=AVERAGE(D7:E7)	=IF(G7>=50,G7*10%,G7*5%)	=IF(OR(D7>=85,E7>=85),G7*20%,"")
A014	교육부	30	50	=SUM(D8:E8)	=AVERAGE(D8:E8)	=IF(G8>=50,G8*10%,G8*5%)	=IF(OR(D8>=85,E8>=85),G8*20%,"")
A015	관리부	25	65	=SUM(D9:E9)	=AVERAGE(D9:E9)	=IF(G9>=50,G9*10%,G9*5%)	=IF(OR(D9>=85,E9>=85),G9*20%,"")
A016	영업부	35	80	=SUM(D10:E10)	=AVERAGE(D10:E10)	=IF(G10>=50,G10*10%,G10*5%)	=IF(OR(D10>=85,E10>=85),G10*20%,"")

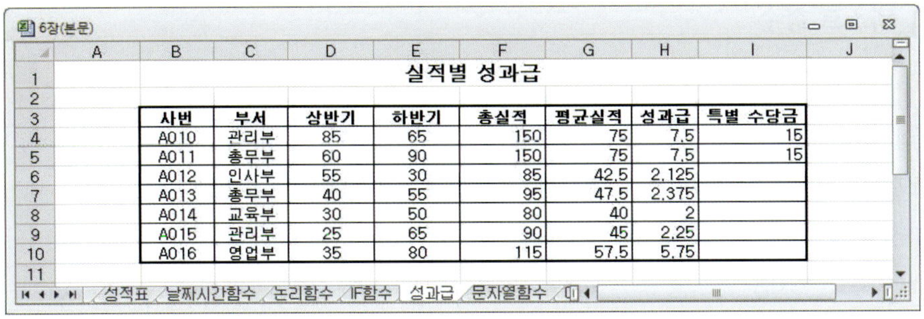

실적별 성과급

사번	부서	상반기	하반기	총실적	평균실적	성과급	특별 수당금
A010	관리부	85	65	150	75	7.5	15
A011	총무부	60	90	150	75	7.5	15
A012	인사부	55	30	85	42.5	2.125	
A013	총무부	40	55	95	47.5	2.375	
A014	교육부	30	50	80	40	2	
A015	관리부	25	65	90	45	2.25	
A016	영업부	35	80	115	57.5	5.75	

9. 텍스트 함수

대소문자를 변환하거나 문자열의 길이, 문자열의 부분 추출 등 수식에서 문자열을 조작할 때 텍스트 함수를 사용한다. [수식] → [함수 라이브러리] → [함수 삽입]을 클릭하면 함수 마법사로 텍스트 함수를 계산할 수 있다.

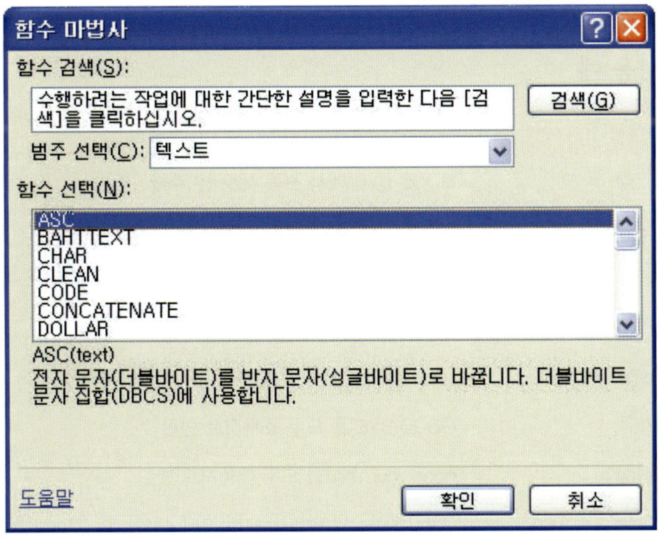

▶ 주요 텍스트 함수

함 수	내 용
EXACT(문자1, 문자2)	문자1과 문자2가 일치하는지 비교함
LEFT(문자열, 수치)	문자열의 왼쪽에서 지정 수치만큼의 문자 구함
RIGHT(문자열, 수치)	문자열의 오른쪽에서 지정 수치 만큼의 문자 구함
MID(문자열, 수치1, 수치2)	문자열의 수치1에서부터 수치2 만큼의 문자 구함
LEN(문자열)	문자열의 길이를 계산
PROPER(문자열)	문자열의 첫글자를 대문자로 변환하여 구함
LOWER(문자열)	대문자를 모두 소문자로 변환
UPPER(문자열)	소문자를 모두 대문자로 변환
REPLACE(문자열,수치1, 수치2,문자열2)	문자열 1의 수치1번째 문자부터 수치2만큼의 문자열을 문자열2로 치환함
REPT(문자열, 수치)	문자열을 지정 수치만큼 반복함
TEXT(인수, 서식)	인수를 서식에 맞춰 표시함
TRIM(문자열)	문자열에 포함된 한 칸 이상의 공백을 모두 한 칸의 공백으로 바꿈
VALUE(문자)	문자를 숫자로 변환하는 함수

▶ 텍스트 함수 사용 예

함수식	결과
=LEFT("GOOD BYE", 4)	"GOOD BYE"에서 왼쪽 4문자만 추출
=RIGHT("GOOD BYE", 3)	"GOOD BYE"에서 오른쪽 3문자만 추출
=MID("HELLO", 2, 3)	"HELLO"의 2번째 문자부터 3문자를 추출
=LEN("GOOD BYE")	"GOOD BYE"의 문자열 길이를 구함
=PROPER("good morning")	"good morning"의 첫 글자를 대문자로 전환
=LOWER("GOOD BYE")	"GOOD BYE"를 모두 소문자로 변환
=UPPER("good morning")	"good morning"을 모두 대문자로 변환
=REPLACE("Good Time",1,4,"TEA")	"Good Time"의 1번째 문자로부터 4문자, 즉 "Good"을 "Tea"로 치환
=REPT("*", 12)	"*"문자를 12번 반복하여 출력
=TEXT(123.45, "#, ##0")	123.45를 "#,##0"형식에 맞춰 표시함
=TRIM("사 랑 해")	문자열의 공백을 한 칸으로 변환

따라하기 »

다음과 같은 워크시트에 주어진 주민등록번호를 이용하여 나이와 성별을 구해보자.

6장(본문)

	A	B	C	D
1		제 50회 워드 2급 합격자 나이현황		
2				
3	성명	생년월일	나이	성별
4	이민진	990512-2168955		
5	전지영	789615-2849325		
6	함승연	750214-1859234		
7	권혁원	760517-1589422		
8	정주영	710888-2165879		
9				

날짜시간함수 / 논리함수 / IF함수 / 문자열함수

6장(본문)

	B	C	D
1	제 50회 워드 2급 합격자 나이현황		
2			
3	생년월일	나이	성별
4	990512-2168955	=112-LEFT(B4,2)	=IF(MID(B4,8,1)="1","남자","여자")
5	789615-2849325	=112-LEFT(B5,2)	=IF(MID(B5,8,1)="1","남자","여자")
6	750214-1859234	=112-LEFT(B6,2)	=IF(MID(B6,8,1)="1","남자","여자")
7	760517-1589422	=112-LEFT(B7,2)	=IF(MID(B7,8,1)="1","남자","여자")
8	710888-2165879	=112-LEFT(B8,2)	=IF(MID(B8,8,1)="1","남자","여자")
9			

날짜시간함수 / 논리함수 / IF함수 / 문자열함수

엑셀 노트 ▸▸▸

"116"는 2015년 기준이며, 연마다 1씩 증가한다.

6장(본문)

	A	B	C	D
1		제 50회 워드 2급 합격자 나이현황		
2				
3	성명	생년월일	나이	성별
4	이민진	990512-2168955	13	여자
5	전지영	789615-2849325	34	여자
6	함승연	750214-1859234	37	남자
7	권혁원	760517-1589422	36	남자
8	정주영	710888-2165879	41	여자
9				

날짜시간함수 / 논리함수 / IF함수 / 문자열함수

▶ 문자를 숫자로 변환하는 VALUE 함수

따라하기 »

① 다음과 같은 워크시트를 작성해서 주어진 주민등록번호를 이용하여 문자인 MID 함수와 숫자로 변환된 VALUE 함수를 알아보자.

성명	주민등록번호	MID 함수	VALUE 함수
김용철	700518-1357614		
정용수	821813-1547814		
박정수	782517-2145922		
정창길	922401-1547824		
김동수	800212-1597421		
조영숙	710614-2154718		
합 계			

② 다음과 같은 함수를 입력하면서 결과를 확인해 보자.

성명	주민등록번호	MID 함수	VALUE 함수
김용철	700518-1357614	=MID(C3,8,1)	=VALUE(D3)
정용수	821813-1547814	=MID(C4,8,1)	=VALUE(D4)
박정수	782517-2145922	=MID(C5,8,1)	=VALUE(D5)
정창길	922401-1547824	=MID(C6,8,1)	=VALUE(D6)
김동수	800212-1597421	=MID(C7,8,1)	=VALUE(D7)
조영숙	710614-2154718	=MID(C8,8,1)	=VALUE(D8)
합 계		=SUM(D3:D8)	=SUM(E3:E8)

6장(본문)

성명	주민등록번호	MID 함수	VALUE 함수
김용철	700518-1357614	1	1
정용수	821813-1547814	1	1
박정수	782517-2145922	2	2
정창길	922401-1547824	1	1
김동수	800212-1597421	1	1
조영숙	710614-2154718	2	2
합 계		0	8

성과급 / 문자열함수 / 문자변환 / 성별

POINT ▸▸▸

D열에는 "=MID(C3,8,1)" 함수식으로 문자를 추출하는 것이므로 숫자처럼 보이지만 문자이다. 그래서 합계를 계산해도 계산되지 않는다. D열에 "=VALUE(D3)" 이나 "=VALUE(MID(C3,8,1))" 입력시 수식을 작성하면 계산된다.

10. 찾기/참조 함수

데이터베이스 함수는 목록 범위나 셀의 참조 범위 등을 찾을 때 사용한다. [수식] → [함수 라이브러리] → [함수 삽입]을 클릭하면 함수 마법사로 찾기/참조 함수를 계산할 수 있다.

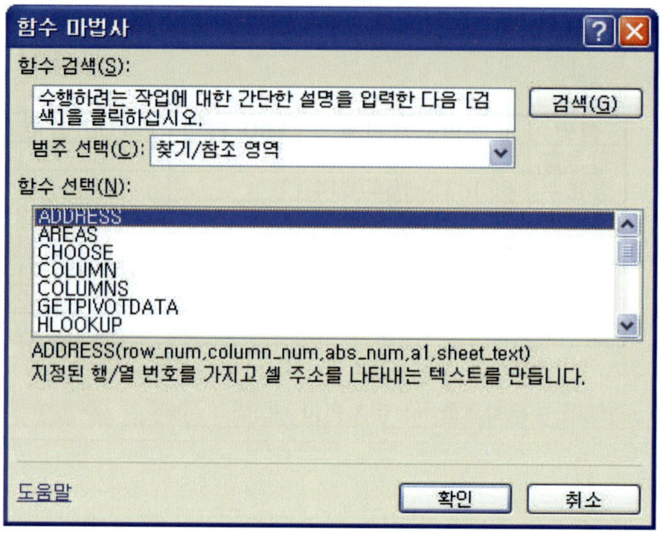

▶ 주요 찾기/참조 함수

함 수	내 용
CHOOSE(참조값, 값1, 값2)	• 참조값 : 선택할 인수를 지정, 1에서 29까지의 수이거나 1에서 29까지의 숫자를 포함하는 셀에 대한 수식이거나 참조 영역. • 값 : 참조범위에 따라 선택되는 값들. • 참조범위가 1이면 값 1을 2이면 값 2를 구한다.
MATCH (값, 참조범위, 방법)	• 참조범위에서 값의 위치 번호를 구함 • 방법이 1이면 찾는 값 이하인 값 중에서 최대값을 구하고, 0이면 일치하는 값을, –1이면 찾는 값 이상인 값 중에서 최소값을 구함
INDEX (참조범위, 행번호, 열번호)	참조범위에서 지정한 행과 열이 교차하는 지점의 값을 구함
HLOOKUP (값, 참조범위, 행번호, 방법)	• 참조범위의 첫 번째 행에서 값을 찾아 지정한 행에서 같은 열의 값을 구함
VLOOKUP (값, 참조범위, 열번호, 방법)	• 참조범위의 첫 번째 열에서 값을 찾아 지정한 열에서 같은 열의 값을 구함 • 방법은 HLOOKUP과 동일함
LOOKUP (값, 참조범위1, 참조범위2)	참조범위 1에서 값을 찾아 참조범위 2의 대응되는 위치에 값을 구함

▶ MID와 CHOOSE 함수로 성별 구분

따라하기 »

① 다음과 같은 워크시트를 작성해 보자.

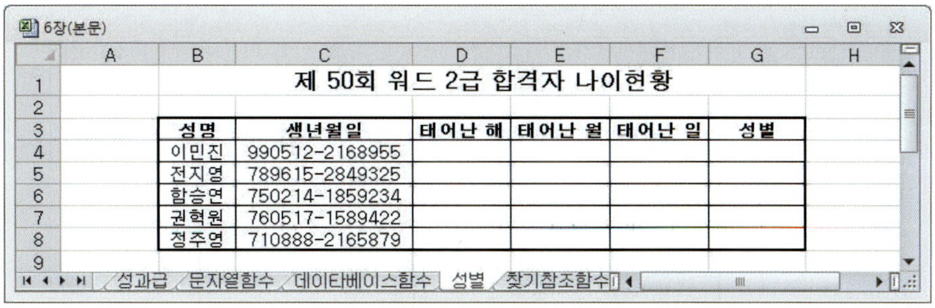

성명	생년월일	태어난 해	태어난 월	태어난 일	성별
이민진	990512-2168955				
전지영	789615-2849325				
함승연	750214-1859234				
권혁원	760517-1589422				
정주영	710888-2165879				

② 다음과 같은 함수를 입력하면서 결과를 확인해 보자.

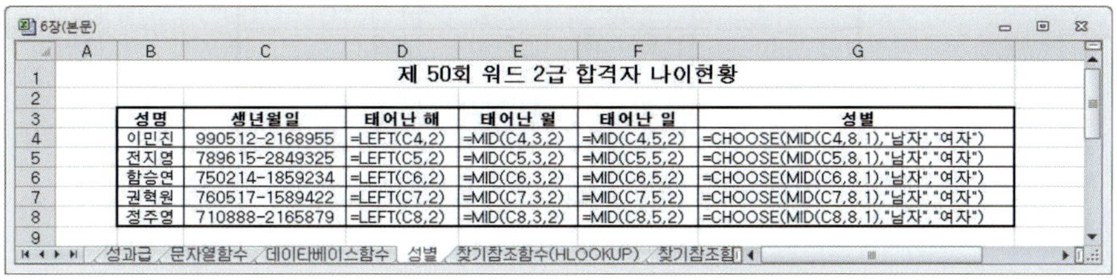

성명	생년월일	태어난 해	태어난 월	태어난 일	성별
이민진	990512-2168955	=LEFT(C4,2)	=MID(C4,3,2)	=MID(C4,5,2)	=CHOOSE(MID(C4,8,1),"남자","여자")
전지영	789615-2849325	=LEFT(C5,2)	=MID(C5,3,2)	=MID(C5,5,2)	=CHOOSE(MID(C5,8,1),"남자","여자")
함승연	750214-1859234	=LEFT(C6,2)	=MID(C6,3,2)	=MID(C6,5,2)	=CHOOSE(MID(C6,8,1),"남자","여자")
권혁원	760517-1589422	=LEFT(C7,2)	=MID(C7,3,2)	=MID(C7,5,2)	=CHOOSE(MID(C7,8,1),"남자","여자")
정주영	710888-2165879	=LEFT(C8,2)	=MID(C8,3,2)	=MID(C8,5,2)	=CHOOSE(MID(C8,8,1),"남자","여자")

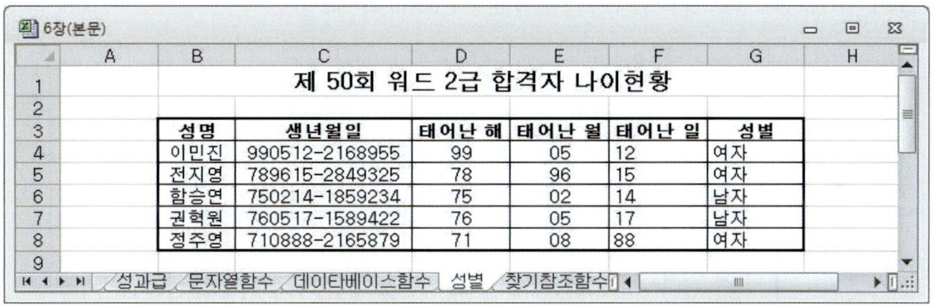

성명	생년월일	태어난 해	태어난 월	태어난 일	성별
이민진	990512-2168955	99	05	12	여자
전지영	789615-2849325	78	96	15	여자
함승연	750214-1859234	75	02	14	남자
권혁원	760517-1589422	76	05	17	남자
정주영	710888-2165879	71	08	88	여자

▶ INDEX 함수로 과목명 작성

따라하기 »

① 다음과 같은 워크시트를 작성해 보자.

6장(본문)

12월 전산교육 신청 과목

신청일	신청자	과목코드	과목명
12월 01일	김용철	B1	
12월 02일	저용기	C4	
12월 03일	박정숙	A1	
12월 04일	안희진	C3	
12월 05일	김정우	A3	
12월 06일	정도전	B4	
12월 07일	남동수	C2	
12월 08일	김연철	A2	
12월 09일	이숙미	B3	
12월 10일	임병숙	B2	

과목 코드표

	A	B	C
1	윈도우 XP	인터넷	포토샵
2	한글	엑세스	일러스터
3	엑셀	웹에디터	3D-MAX
4	파워포인트	드림위버	페인트샵 프로

성과급 / 문자열함수 / 데이타베이스함수 / 성별

② 다음과 같은 함수를 입력하면서 결과를 확인해 보자.

6장(본문)

12월 전산교육 신청 과목

신청일	신청자	과목코드	과목명
12월 01일	김용철	B1	=INDEX(C17:E20,1,2)
12월 02일	저용기	C4	=INDEX(C17:E20,4,3)
12월 03일	박정숙	A1	=INDEX(C17:E20,1,1)
12월 04일	안희진	C3	=INDEX(C17:E20,3,3)
12월 05일	김정우	A3	=INDEX(C17:E20,3,1)
12월 06일	정도전	B4	=INDEX(C17:E20,4,2)
12월 07일	남동수	C2	=INDEX(C17:E20,2,3)
12월 08일	김연철	A2	=INDEX(C17:E20,2,1)
12월 09일	이숙미	B3	=INDEX(C17:E20,3,2)
12월 10일	임병숙	B2	=INDEX(C17:E20,2,2)

과목 코드표

	A	B	C
1	윈도우 XP	인터넷	포토샵
2	한글	엑세스	일러스터
3	엑셀	웹에디터	3D-MAX
4	파워포인트	드림위버	페인트샵 프로

성과급 / 문자열함수 / 데이타베이스함수 / 성별

6장(본문)

12월 전산교육 신청 과목

신청일	신청자	과목코드	과목명
12월 01일	김용철	B1	인터넷
12월 02일	저용기	C4	페인트샵 프로
12월 03일	박정숙	A1	윈도우 XP
12월 04일	안희진	C3	3D-MAX
12월 05일	김정우	A3	엑셀
12월 06일	정도전	B4	드림위버
12월 07일	남동수	C2	일러스터
12월 08일	김연철	A2	한글
12월 09일	이숙미	B3	웹에디터
12월 10일	임병숙	B2	엑세스

과목 코드표

	A	B	C
1	윈도우 XP	인터넷	포토샵
2	한글	엑세스	일러스터
3	엑셀	웹에디터	3D-MAX
4	파워포인트	드림위버	페인트샵 프로

성과급 / 문자열함수 / 데이타베이스함수 / 성별

▶ **총점은 조건에 따라 학점 입력**

따라하기 »

① 다음과 같은 워크시트를 작성해 보자.

[처리조건]

- 총점은 출석, 중간 기말의 합계 점수이다.
- 학점은 총점으로 〈표〉에서 찾아 입력 되도록 한다.

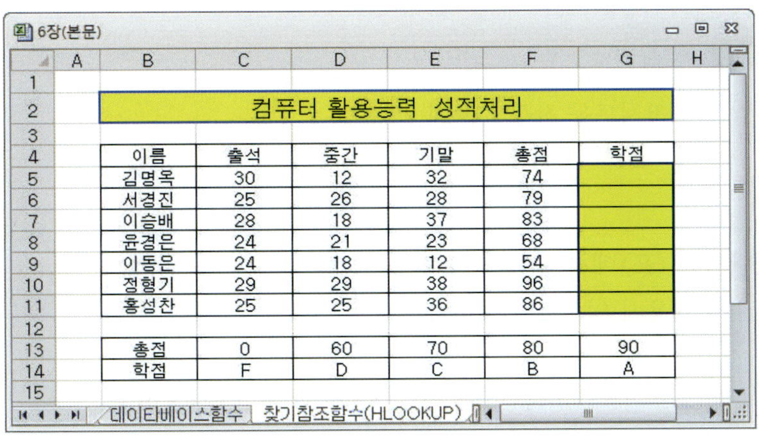

6장(본문)

컴퓨터 활용능력 성적처리

이름	출석	중간	기말	총점	학점
김명옥	30	12	32	74	
서경진	25	26	28	79	
이승배	28	18	37	83	
윤경은	24	21	23	68	
이동은	24	18	12	54	
정형기	29	29	38	96	
홍성찬	25	25	36	86	

총점	0	60	70	80	90
학점	F	D	C	B	A

데이타베이스함수 / 찾기참조함수(HLOOKUP)

② 다음과 같은 함수를 입력하면서 결과를 확인해 보자.

6장(본문)

	F	G	H
1			
2	컴퓨터 활용능력 성적처리		
3			
4	총점	학점	
5	=SUM(C5:E5)	=HLOOKUP(F5,$C$13:$G$14,2,TRUE)	
6	=SUM(C6:E6)	=HLOOKUP(F6,$C$13:$G$14,2,TRUE)	
7	=SUM(C7:E7)	=HLOOKUP(F7,$C$13:$G$14,2,TRUE)	
8	=SUM(C8:E8)	=HLOOKUP(F8,$C$13:$G$14,2,TRUE)	
9	=SUM(C9:E9)	=HLOOKUP(F9,$C$13:$G$14,2,TRUE)	
10	=SUM(C10:E10)	=HLOOKUP(F10,$C$13:$G$14,2,TRUE)	
11	=SUM(C11:E11)	=HLOOKUP(F11,$C$13:$G$14,2,TRUE)	
12			
13	80	90	
14	B	A	
15			

데이타베이스함수 / 찾기참조함수(HLOOKUP)

6장(본문)

	A	B	C	D	E	F	G	H
1								
2		컴퓨터 활용능력 성적처리						
3								
4		이름	출석	중간	기말	총점	학점	
5		김명옥	30	12	32	74	C	
6		서경진	25	26	28	79	C	
7		이승배	28	18	37	83	B	
8		윤경은	24	21	23	68	D	
9		이동은	24	18	12	54	F	
10		정형기	29	29	38	96	A	
11		홍성찬	25	25	36	86	B	
12								
13		총점	0	60	70	80	90	
14		학점	F	D	C	B	A	
15								

데이타베이스함수 / 찾기참조함수(HLOOKUP)

▶ 품목과 단가 자동 입력

따라하기 »

① 다음과 같은 워크시트를 작성해 보자.

[처리조건]

- 품목과 단가는 〈표〉에서 찾아 입력 되도록 한다.
- 수량은 수식 적용시 임의로 입력한다.

② 다음과 같은 함수를 입력하면서 결과를 확인해 보자.

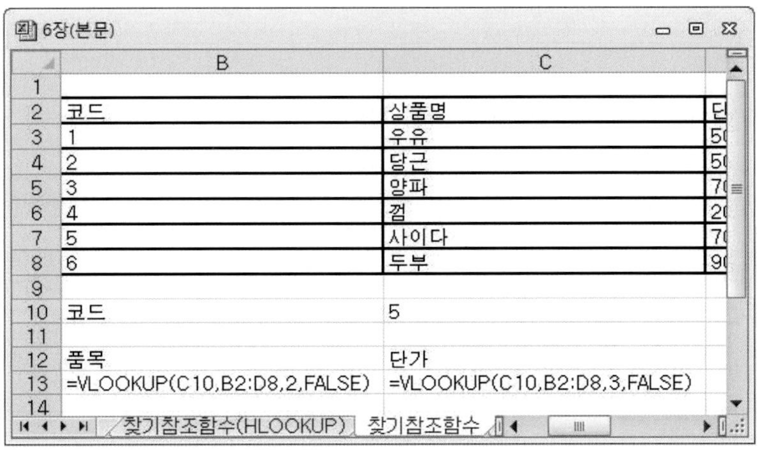

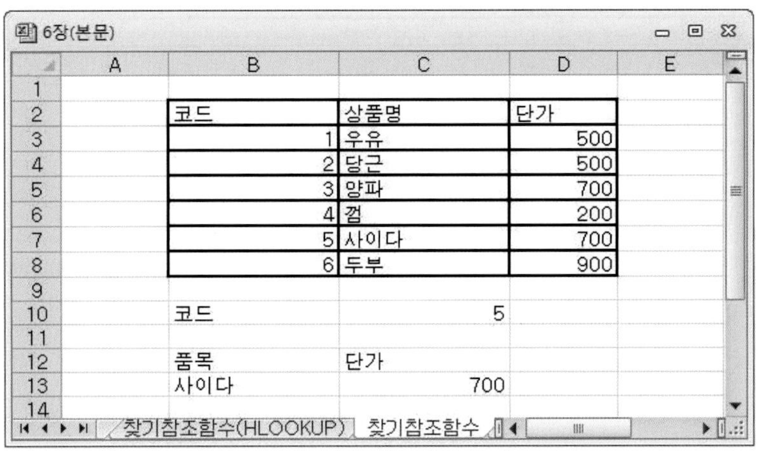

따라하기 »

① 다음과 같은 워크시트를 작성해 보자.

제품별 판매도

번호	판매일	제품 코드	제품명	단가	수량	금액
1	12월 1일	PT-03			5	
2	12월 2일	PT-05			4	
3	12월 3일	PT-05			9	
4	12월 4일	DS-10			10	
5	12월 5일	DS-10			6	
6	12월 6일	DS-10			8	
7	12월 7일	DS-11			3	
8	12월 8일	DS-12			5	
9	12월 9일	TT-30			8	
10	12월 10일	PT-03			7	

제품 코드표

코드명	PT-03	PT-05	DS-10	DS-11	DS-11	TT-30
제품명	비디오	오디오	LED TV	냉장고	에어컨	컴퓨터
단가	250,000	450,000	800,000	750,000	900,000	550,000

데이타베이스함수 / 찾기참조함수(HLOOKUP) / 찾기참조함수 / 판매도

② 다음과 같은 함수를 입력하면서 결과를 확인해 보자.

제품별 판매도

번호	판매일	제품 코드	제품명	단가	수량	금액
1	12월 1일	PT-03	=HLOOKUP(D4,$B$17:$H$19,2)	=HLOOKUP(D4,$B$17:$H$19,3)	5	=F4*G4
2	12월 2일	PT-05	=HLOOKUP(D5,$B$17:$H$19,2)	=HLOOKUP(D5,$B$17:$H$19,3)	4	=F5*G5
3	12월 3일	PT-05	=HLOOKUP(D6,$B$17:$H$19,2)	=HLOOKUP(D6,$B$17:$H$19,3)	9	=F6*G6
4	12월 4일	DS-10	=HLOOKUP(D7,$B$17:$H$19,2)	=HLOOKUP(D7,$B$17:$H$19,3)	10	=F7*G7
5	12월 5일	DS-10	=HLOOKUP(D8,$B$17:$H$19,2)	=HLOOKUP(D8,$B$17:$H$19,3)	6	=F8*G8
6	12월 6일	DS-10	=HLOOKUP(D9,$B$17:$H$19,2)	=HLOOKUP(D9,$B$17:$H$19,3)	8	=F9*G9
7	12월 7일	DS-11	=HLOOKUP(D10,$B$17:$H$19,2)	=HLOOKUP(D10,$B$17:$H$19,3)	3	=F10*G10
8	12월 8일	DS-12	=HLOOKUP(D11,$B$17:$H$19,2)	=HLOOKUP(D11,$B$17:$H$19,3)	5	=F11*G11
9	12월 9일	TT-30	=HLOOKUP(D12,$B$17:$H$19,2)	=HLOOKUP(D12,$B$17:$H$19,3)	8	=F12*G12
10	12월 10일	PT-03	=HLOOKUP(D13,$B$17:$H$19,2)	=HLOOKUP(D13,$B$17:$H$19,3)	7	=F13*G13

제품 코드표

코드명	PT-03	PT-05	DS-10	DS-11	DS-11	TT-30
제품명	비디오	오디오	LED TV	냉장고	에어컨	컴퓨터
단가	250000	450000	800000	750000	900000	550000

데이타베이스함수 / 찾기참조함수(HLOOKUP) / 찾기참조함수 / 판매도

6장(본문)

제품별 판매도

번호	판매일	제품 코드	제품명	단가	수량	금액
1	12월 1일	PT-03	에어컨	900,000	5	4,500,000
2	12월 2일	PT-05	에어컨	900,000	4	3,600,000
3	12월 3일	PT-05	에어컨	900,000	9	8,100,000
4	12월 4일	DS-10	LED TV	800,000	10	8,000,000
5	12월 5일	DS-10	LED TV	800,000	6	4,800,000
6	12월 6일	DS-10	LED TV	800,000	8	6,400,000
7	12월 7일	DS-11	에어컨	900,000	3	2,700,000
8	12월 8일	DS-12	에어컨	900,000	5	4,500,000
9	12월 9일	TT-30	컴퓨터	550,000	8	4,400,000
10	12월 10일	PT-03	에어컨	900,000	7	6,300,000

제품 코드표

코드명	PT-03	PT-05	DS-10	DS-11	DS-11	TT-30
제품명	비디오	오디오	LED TV	냉장고	에어컨	컴퓨터
단가	250,000	450,000	800,000	750,000	900,000	550,000

데이터베이스함수 / 찾기참조함수(HLOOKUP) / 찾기참조함수 / 판매도

엑셀 노트 ▸▸▸

HLOOKUP, VLOOKUP 함수에서 4번째 인수는 정확하게 일치하는 데이터를 찾으려면 "FALSE"를, 비슷하게 일치하는 것을 찾으려면 "TRUE"를 입력하거나 또는 생략한다.

11. 데이터베이스 함수

목록의 값이 조건을 만족하는지 분석할 때 사용하는 함수로서 'D'로 시작하기 때문에 "D 함수"라고도 한다. 데이터베이스 함수는 다음과 같은 인수를 공통적으로 사용한다. [수식] → [함수 라이브러리] → [함수 삽입]을 클릭하면 함수 마법사로 데이터베이스 함수를 계산할 수 있다.

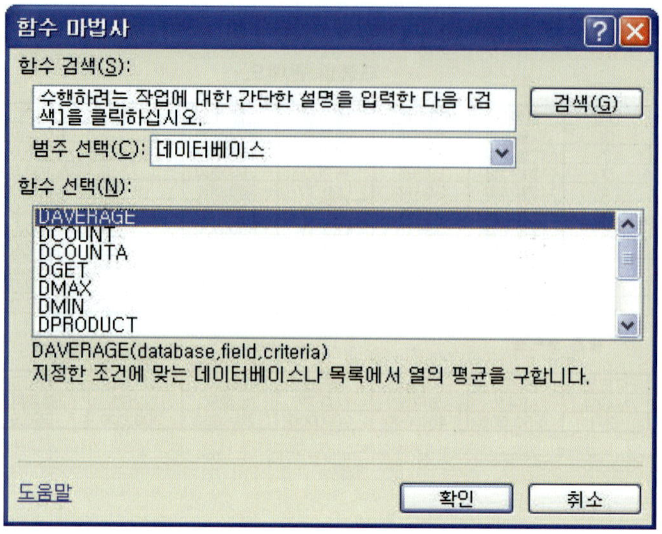

▶ 주요 데이터베이스 함수

함 수	내 용
DAVERAGE(database, field, criteria)	데이터베이스 범위에서 조건에 맞는 자료를 대상으로 필드번호에 해당하는 필드값의 평균을 구함
DSUM(database, field, criteria)	데이터베이스 범위에서 조건에 맞는 자료를 대상으로 필드번호에 해당하는 필드값의 합계를 구함
DCOUNT(database, field, criteria)	데이터베이스 범위에서 조건에 맞는 자료를 대상으로 필드번호에 해당하는 필드값의 개수를 구함
DMAX(database, field, criteria)	데이터베이스 범위에서 조건에 맞는 자료를 대상으로 필드번호에 해당하는 값 중 가장 큰 수를 구함
DMIN(database, field, criteria)	데이터베이스 범위에서 조건에 맞는 자료를 대상으로 필드번호에 해당하는 값 중 가장 작은 수를 구함

- 데이터베이스 범위(database) : 목록을 포함하는 데이터 범위로서 필드 이름표를 포함해야 한다.
- 필드(field) : 요약할 필드의 이름표 또는 필드번호를 지정한다.
- 조건 범위(criteria) : 조건 범위로서 열 이름표 아래에 조건식을 입력하여 작성한다.

▶ DCOUNT와 DMIN 함수

따라하기 »

① 다음과 같은 워크시트로 물음(E25,E26)에 답하기 위해 조건 범위(B22:C23)를 작성

한다.

선호도 조사

고객번호	연령	연령구분	선호제품	단가	구매수량	구매총액
A101	15	10대	치즈 크러스트 피자	22,000	3	66,000
A102	33	30대	불고기 피자	15,000	2	30,000
A103	28	20대	슈퍼 슈크림 피자	18,000	5	90,000
A104	44	40대	불고기 피자	15,000	6	90,000
A105	35	30대	슈퍼 슈크림 피자	18,000	3	54,000
B101	16	10대	치즈 크러스트 피자	22,000	6	132,000
B102	31	30대	치즈 크러스트 피자	22,000	4	88,000
B103	47	40대	불고기 피자	15,000	9	135,000
B104	18	10대	슈퍼 슈크림 피자	18,000	3	54,000
B105	27	20대	불고기 피자	15,000	4	60,000

단가표	
제품	단가
불고기 피자	15,000
슈퍼 슈크림 피자	18,000
치즈 크러스트 피자	22,000

연령	선호제품
<=20	불고기 피자

20세 이하의 고객수	
불고기 피자의 최저 구매 총액	

② 다음과 같이 수식을 입력하고 결과를 확인한다.

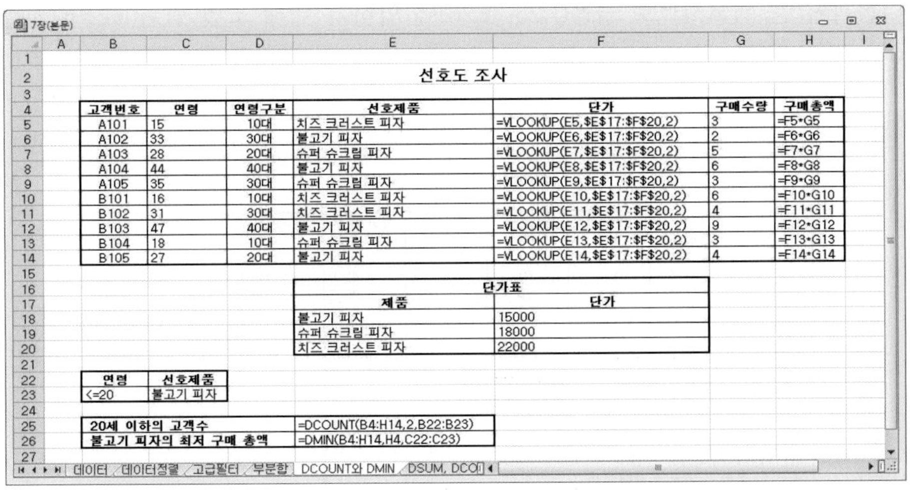

선호도 조사

고객번호	연령	연령구분	선호제품	단가	구매수량	구매총액
A101	15	10대	치즈 크러스트 피자	=VLOOKUP(E5,$E$17:$F$20,2)	3	=F5*G5
A102	33	30대	불고기 피자	=VLOOKUP(E6,$E$17:$F$20,2)	2	=F6*G6
A103	28	20대	슈퍼 슈크림 피자	=VLOOKUP(E7,$E$17:$F$20,2)	5	=F7*G7
A104	44	40대	불고기 피자	=VLOOKUP(E8,$E$17:$F$20,2)	6	=F8*G8
A105	35	30대	슈퍼 슈크림 피자	=VLOOKUP(E9,$E$17:$F$20,2)	3	=F9*G9
B101	16	10대	치즈 크러스트 피자	=VLOOKUP(E10,$E$17:$F$20,2)	6	=F10*G10
B102	31	30대	치즈 크러스트 피자	=VLOOKUP(E11,$E$17:$F$20,2)	4	=F11*G11
B103	47	40대	불고기 피자	=VLOOKUP(E12,$E$17:$F$20,2)	9	=F12*G12
B104	18	10대	슈퍼 슈크림 피자	=VLOOKUP(E13,$E$17:$F$20,2)	3	=F13*G13
B105	27	20대	불고기 피자	=VLOOKUP(E14,$E$17:$F$20,2)	4	=F14*G14

단가표	
제품	단가
불고기 피자	15000
슈퍼 슈크림 피자	18000
치즈 크러스트 피자	22000

연령	선호제품
<=20	불고기 피자

20세 이하의 고객수	=DCOUNT(B4:H14,2,B22:B23)
불고기 피자의 최저 구매 총액	=DMIN(B4:H14,H4,C22:C23)

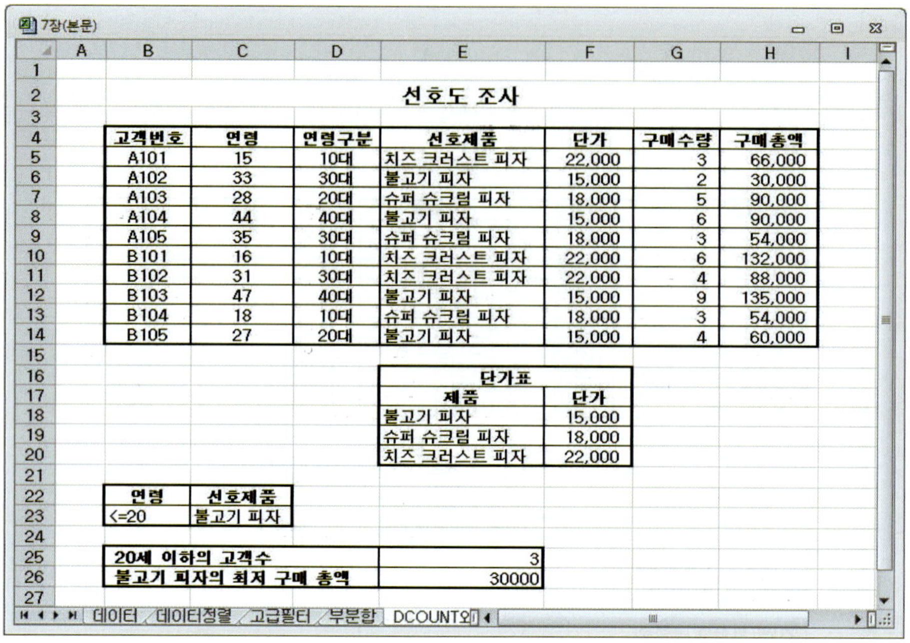

선호도 조사

고객번호	연령	연령구분	선호제품	단가	구매수량	구매총액
A101	15	10대	치즈 크러스트 피자	22,000	3	66,000
A102	33	30대	불고기 피자	15,000	2	30,000
A103	28	20대	슈퍼 슈크림 피자	18,000	5	90,000
A104	44	40대	불고기 피자	15,000	6	90,000
A105	35	30대	슈퍼 슈크림 피자	18,000	3	54,000
B101	16	10대	치즈 크러스트 피자	22,000	6	132,000
B102	31	30대	치즈 크러스트 피자	22,000	4	88,000
B103	47	40대	불고기 피자	15,000	9	135,000
B104	18	10대	슈퍼 슈크림 피자	18,000	3	54,000
B105	27	20대	불고기 피자	15,000	4	60,000

단가표	
제품	단가
불고기 피자	15,000
슈퍼 슈크림 피자	18,000
치즈 크러스트 피자	22,000

연령	선호제품
<=20	불고기 피자

20세 이하의 고객수	3
불고기 피자의 최저 구매 총액	30000

▶ DSUM, DCOUNTA와 DMAX 함수

따라하기 »

① 다음과 같은 워크시트로 물음(E25, E26)에 답하기 위해 조건 범위(B12:E13)를 작성한다.

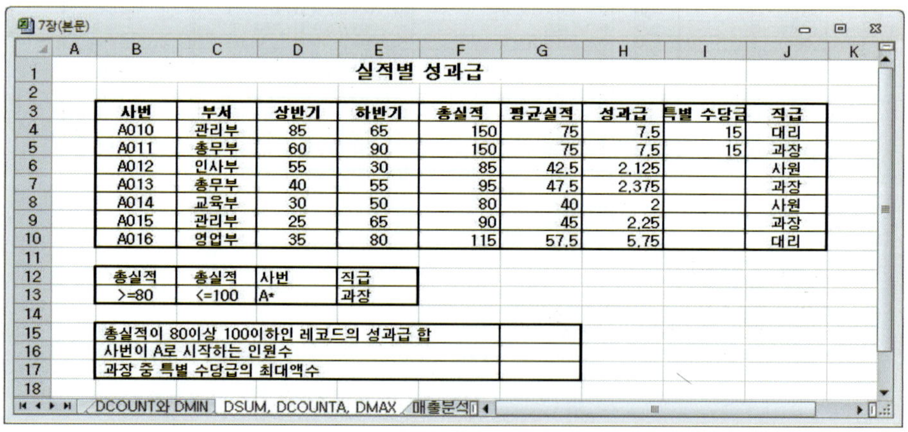

실적별 성과급

사번	부서	상반기	하반기	총실적	평균실적	성과급	특별 수당금	직급
A010	관리부	85	65	150	75	7.5	15	대리
A011	총무부	60	90	150	75	7.5	15	과장
A012	인사부	55	30	85	42.5	2.125		사원
A013	총무부	40	55	95	47.5	2.375		과장
A014	교육부	30	50	80	40	2		사원
A015	관리부	25	65	90	45	2.25		과장
A016	영업부	35	80	115	57.5	5.75		대리

총실적	총실적	사번	직급
>=80	<=100	A*	과장

총실적이 80이상 100이하인 레코드의 성과급 합	
사번이 A로 시작하는 인원수	
과장 중 특별 수당금의 최대액수	

② 다음과 같이 수식을 입력하고 결과를 확인한다.

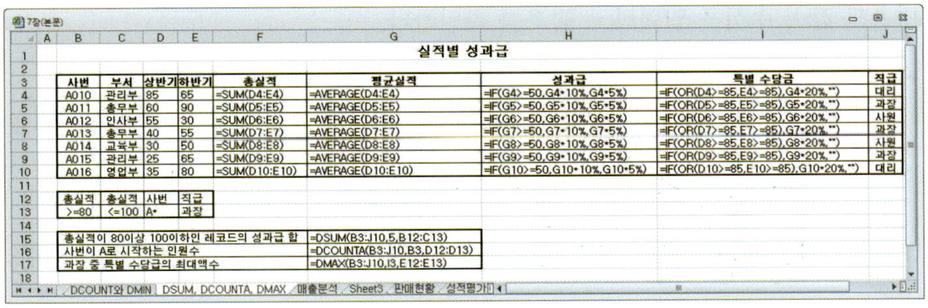

실적별 성과급

사번	부서	상반기	하반기	총실적	평균실적	성과급	특별 수당금	직급
A010	관리부	85	65	=SUM(D4:E4)	=AVERAGE(D4:E4)	=IF(G4>=50,G4*10%,G4*5%)	=IF(OR(D4>=85,E4>=85),G4*20%,"")	대리
A011	총무부	60	90	=SUM(D5:E5)	=AVERAGE(D5:E5)	=IF(G5>=50,G5*10%,G5*5%)	=IF(OR(D5>=85,E5>=85),G5*20%,"")	과장
A012	인사부	55	30	=SUM(D6:E6)	=AVERAGE(D6:E6)	=IF(G6>=50,G6*10%,G6*5%)	=IF(OR(D6>=85,E6>=85),G6*20%,"")	사원
A013	총무부	40	55	=SUM(D7:E7)	=AVERAGE(D7:E7)	=IF(G7>=50,G7*10%,G7*5%)	=IF(OR(D7>=85,E7>=85),G7*20%,"")	과장
A014	교육부	30	50	=SUM(D8:E8)	=AVERAGE(D8:E8)	=IF(G8>=50,G8*10%,G8*5%)	=IF(OR(D8>=85,E8>=85),G8*20%,"")	사원
A015	관리부	25	65	=SUM(D9:E9)	=AVERAGE(D9:E9)	=IF(G9>=50,G9*10%,G9*5%)	=IF(OR(D9>=85,E9>=85),G9*20%,"")	과장
A016	영업부	35	80	=SUM(D10:E10)	=AVERAGE(D10:E10)	=IF(G10>=50,G10*10%,G10*5%)	=IF(OR(D10>=85,E10>=85),G10*20%,"")	대리

총실적	총실적	사번	직급
>=80	<=100	A*	과장

총실적이 80이상 100이하인 레코드의 성과급 합	=DSUM(B3:J10,5,B12:C13)
사번이 A로 시작하는 인원수	=DCOUNTA(B3:J10,B3,D12:D13)
과장 중 특별 수당금의 최대액수	=DMAX(B3:J10,I3,E12:E13)

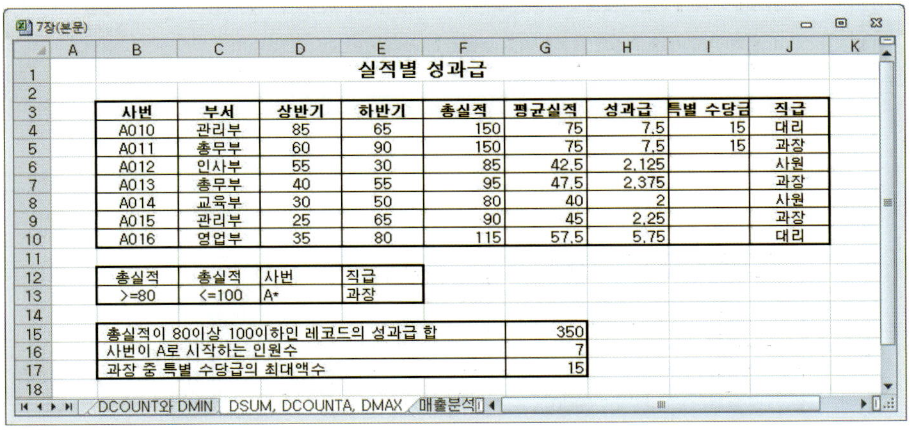

실적별 성과급

사번	부서	상반기	하반기	총실적	평균실적	성과급	특별 수당금	직급
A010	관리부	85	65	150	75	7.5	15	대리
A011	총무부	60	90	150	75	7.5	15	과장
A012	인사부	55	30	85	42.5	2.125		사원
A013	총무부	40	55	95	47.5	2.375		과장
A014	교육부	30	50	80	40	2		사원
A015	관리부	25	65	90	45	2.25		과장
A016	영업부	35	80	115	57.5	5.75		대리

총실적	총실적	사번	직급
>=80	<=100	A*	과장

총실적이 80이상 100이하인 레코드의 성과급 합	350
사번이 A로 시작하는 인원수	7
과장 중 특별 수당급의 최대액수	15

▶ 데이터베이스 함수

따라하기 »

① 다음과 같은 워크시트로 1~5번의 물음에 답하기 위해 조건 범위를 작성한다. 조건 범위의 첫 행에는 데이터베이스 범위의 필드 이름표(단가, 수량, 금액)와 동일한 필드 이름표를 사용하고, 두 번째 행에 조건(>=700, >=40, >=20,000)을 입력한다. 금액은 단가 * 수량으로 계산한다.

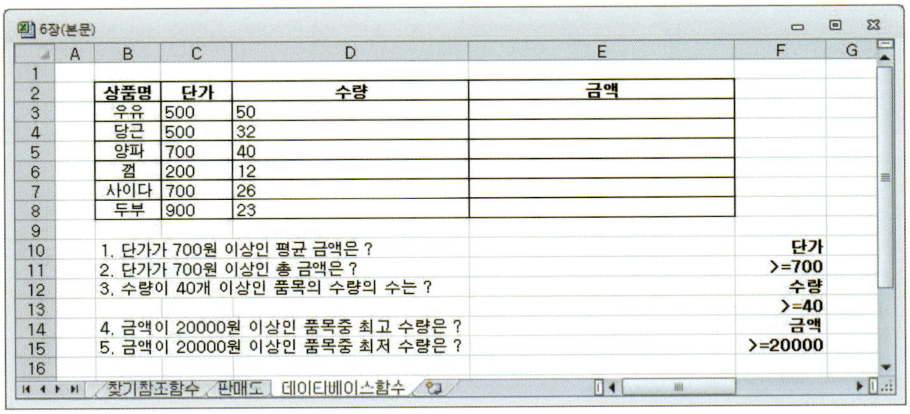

상품명	단가	수량	금액
우유	500	50	
당근	500	32	
양파	700	40	
껌	200	12	
사이다	700	26	
두부	900	23	

1. 단가가 700원 이상인 평균 금액은 ?
2. 단가가 700원 이상인 총 금액은 ?
3. 수량이 40개 이상인 품목의 수량의 수는 ?

4. 금액이 20000원 이상인 품목중 최고 수량은 ?
5. 금액이 20000원 이상인 품목중 최저 수량은 ?

단가
>=700
수량
>=40
금액
>=20000

② 다음과 같이 수식을 입력하고 결과를 확인한다.

6장(본문)

	A	B	C	D	E	F	G
1							
2		상품명	단가	수량	금액		
3		우유	500	50	=C3*D3		
4		당근	500	32	=C4*D4		
5		양파	700	40	=C5*D5		
6		껌	200	12	=C6*D6		
7		사이다	700	26	=C7*D7		
8		두부	900	23	=C8*D8		
9							
10		1. 단가가 700원 이상인 평균 금액은 ?			=DAVERAGE(B2:E8,4,F10:F11)	단가	
11		2. 단가가 700원 이상인 총 금액은 ?			=DSUM(B2:E8,4,F10:F11)	>=700	
12		3. 수량이 40개 이상인 품목의 수량의 수는 ?			=DCOUNT(B2:E8,3,F12:F13)	수량	
13						>=40	
14		4. 금액이 20000원 이상인 품목중 최고 수량은 ?			=DMAX(B2:E8,3,F14:F15)	금액	
15		5. 금액이 20000원 이상인 품목중 최저 수량은 ?			=DMIN(B2:E8,3,F14:F15)	>=20000	
16							

찾기참조함수 / 판매도 / 데이터베이스함수

6장(본문)

	A	B	C	D	E	F	G
1							
2		상품명	단가	수량	금액		
3		우유	500	50	25,000		
4		당근	500	32	16,000		
5		양파	700	40	28,000		
6		껌	200	12	2,400		
7		사이다	700	26	18,200		
8		두부	900	23	20,700		
9							
10		1. 단가가 700원 이상인 평균 금액은 ?			22,300	단가	
11		2. 단가가 700원 이상인 총 금액은 ?			66,900	>=700	
12		3. 수량이 40개 이상인 품목의 수량의 수는 ?			2	수량	
13						>=40	
14		4. 금액이 20000원 이상인 품목중 최고 수량은 ?			50	금액	
15		5. 금액이 20000원 이상인 품목중 최저 수량은 ?			23	>=20000	
16							

찾기참조함수 / 판매도 / 데이터베이스함수

엑셀 노트 ▸▸▸

데이터베이스의 제목명(상품명, 단가, 수량, 금액)이 조건과 같지 않으면 결과가 나오지 않는다.

[틀린 예]

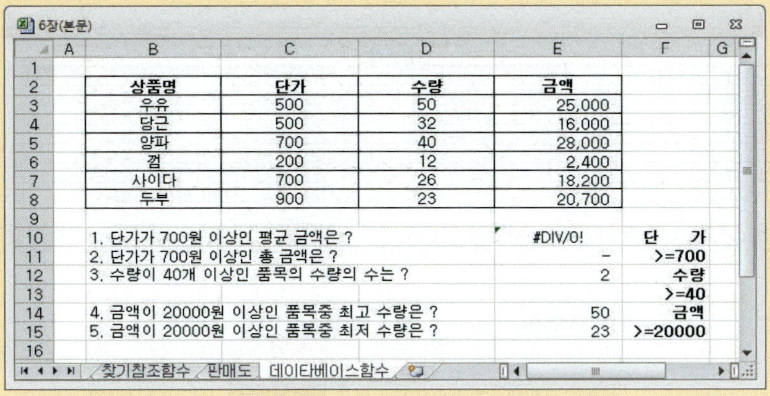

	A	B	C	D	E	F
1						
2		상품명	단가	수량	금액	
3		우유	500	50	25,000	
4		당근	500	32	16,000	
5		양파	700	40	28,000	
6		껌	200	12	2,400	
7		사이다	700	26	18,200	
8		두부	900	23	20,700	
9						
10		1. 단가가 700원 이상인 평균 금액은 ?			#DIV/0!	단 가
11		2. 단가가 700원 이상인 총 금액은 ?			-	>=700
12		3. 수량이 40개 이상인 품목의 수량의 수는 ?			2	수량
13						>=40
14		4. 금액이 20000원 이상인 품목중 최고 수량은 ?			50	금액
15		5. 금액이 20000원 이상인 품목중 최저 수량은 ?			23	>=20000
16						

12. 함수 실전문제

따라하기 »

① 다음 데이터를 작성한 후 [처리 조건]에 따라 처리하시오.

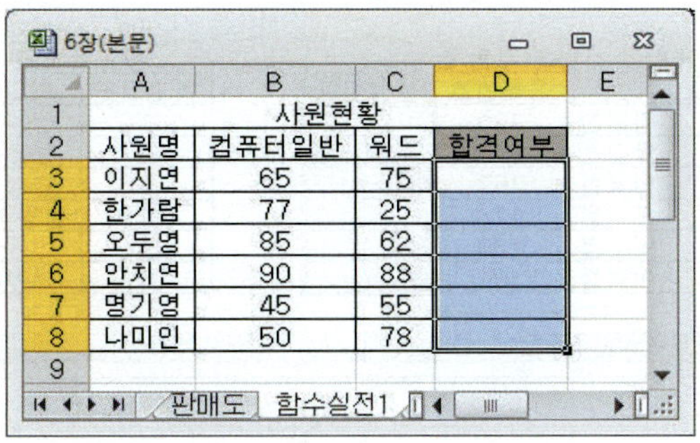

	A	B	C	D
1	사원현황			
2	사원명	컴퓨터일반	워드	합격여부
3	이지연	65	75	
4	한가람	77	25	
5	오두영	85	62	
6	안치연	90	88	
7	명기영	45	55	
8	나미인	50	78	
9				

[처리 조건]

- 컴퓨터일반 [B3:B8]과 워드 [C3:C8]을 이용하여 합격여부 [D3:D8]에 표시한다.
  - 합격여부는 평균점수 60점 이상, 한과목이라도 40점 미만 없다.
  - AND, AVERAGE, IF 함수 사용

② 다음과 같은 함수를 입력하면서 결과를 확인해 보자.

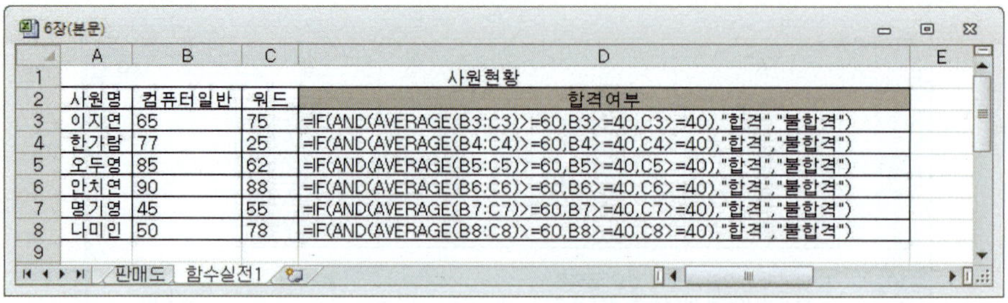

	A	B	C	D
1	사원현황			
2	사원명	컴퓨터일반	워드	합격여부
3	이지연	65	75	=IF(AND(AVERAGE(B3:C3)>=60,B3>=40,C3>=40),"합격","불합격")
4	한가람	77	25	=IF(AND(AVERAGE(B4:C4)>=60,B4>=40,C4>=40),"합격","불합격")
5	오두영	85	62	=IF(AND(AVERAGE(B5:C5)>=60,B5>=40,C5>=40),"합격","불합격")
6	안치연	90	88	=IF(AND(AVERAGE(B6:C6)>=60,B6>=40,C6>=40),"합격","불합격")
7	명기영	45	55	=IF(AND(AVERAGE(B7:C7)>=60,B7>=40,C7>=40),"합격","불합격")
8	나미인	50	78	=IF(AND(AVERAGE(B8:C8)>=60,B8>=40,C8>=40),"합격","불합격")

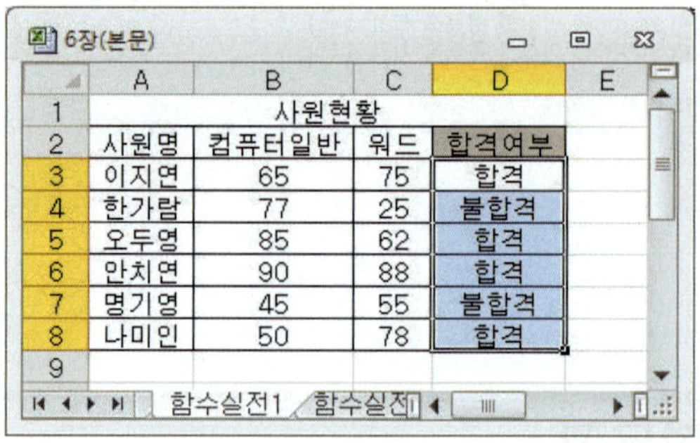

	A	B	C	D
1	사원현황			
2	사원명	컴퓨터일반	워드	합격여부
3	이지연	65	75	합격
4	한가람	77	25	불합격
5	오두영	85	62	합격
6	안치연	90	88	합격
7	명기영	45	55	불합격
8	나미인	50	78	합격

따라하기 »

① 다음 데이터를 작성한 후 [처리 조건]에 따라 처리하시오.

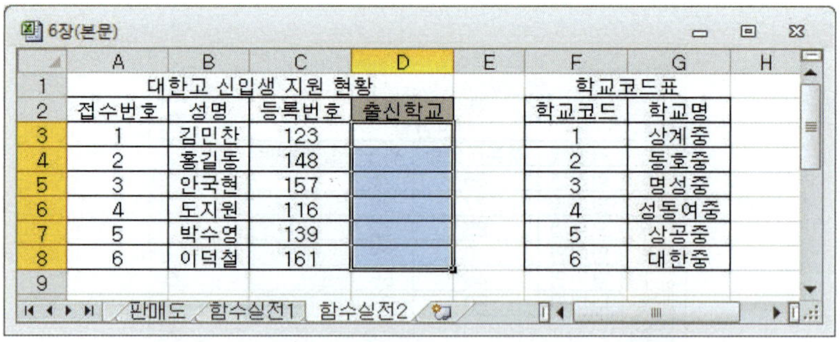

	A	B	C	D	E	F	G
1	대한고 신입생 지원 현황					학교코드표	
2	접수번호	성명	등록번호	출신학교		학교코드	학교명
3	1	김민찬	123			1	상계중
4	2	홍길동	148			2	동호중
5	3	안국현	157			3	명성중
6	4	도지원	116			4	성동여중
7	5	박수영	139			5	상공중
8	6	이덕철	161			6	대한중

[처리 조건]

- 등록번호 [C3:C8]와 학교코드표 [F3:G8]을 이용하여 출신학교 [D3:D8]에 표시한다.
  - 학교코드는 등록번호의 가운데 문자를 이용하여 계산
  - MID와 VLOOKUP 함수 사용

② 다음과 같은 함수를 입력하면서 결과를 확인해 보자.

6장(본문)

	A	B	C	D	E	F	G	H
1	대한고 신입생 지원 현황					학교코드표		
2	접수번호	성명	등록번호	출신학교		학교코드	학교명	
3	1	김민찬	123	=VLOOKUP(MID(C3,2,1),$F$3:$G$8,2)		1	상계중	
4	2	홍길동	148	=VLOOKUP(MID(C4,2,1),$F$3:$G$8,2)		2	동호중	
5	3	안국현	157	=VLOOKUP(MID(C5,2,1),$F$3:$G$8,2)		3	명성중	
6	4	도지원	116	=VLOOKUP(MID(C6,2,1),$F$3:$G$8,2)		4	성동여중	
7	5	박수영	139	=VLOOKUP(MID(C7,2,1),$F$3:$G$8,2)		5	상공중	
8	6	이덕철	161	=VLOOKUP(MID(C8,2,1),$F$3:$G$8,2)		6	대한중	
9								

판매도 / 함수실전1 / 함수실전2

6장(본문)

	A	B	C	D	E	F	G	H
1	대한고 신입생 지원 현황					학교코드표		
2	접수번호	성명	등록번호	출신학교		학교코드	학교명	
3	1	김민찬	123	동호중		1	상계중	
4	2	홍길동	148	성동여중		2	동호중	
5	3	안국현	157	상공중		3	명성중	
6	4	도지원	116	상계중		4	성동여중	
7	5	박수영	139	명성중		5	상공중	
8	6	이덕철	161	대한중		6	대한중	
9								

판매도 / 함수실전1 / 함수실전2

따라하기 »

① 다음 데이터를 작성한 후 [처리 조건]에 따라 처리하시오.

6장(본문)

	A	B	C	D	E
1	영업실적현황				
2	사원명	소속지점	판매량	판매금액	
3	정기영	북부	45	2,592,000	
4	장금이	남부	33	1,900,800	
5	박태훈	북부	25	1,440,000	
6	태구영	남부	36	2,073,600	
7	우지원	북부	23	1,324,800	
8	여혜경	남부	34	1,958,400	
9	유미나	북부	15	864,000	
10		북부지점 평균			
11					
12					

함수실전2 / Sheet3

[처리 조건]

- "북부" 소속지점의 판매금액 평균을 구하여 북부지점 평균[B11]에 표시한다.
  - 북부지점 평균은 백 단위에서 반올림하여 천 단위까지 표시 (예 : 1,345,600 – 1,346,000)
  - DAVERAGE와 ROUND 함수 사용

② 다음과 같은 함수를 입력하면서 결과를 확인해 보자.

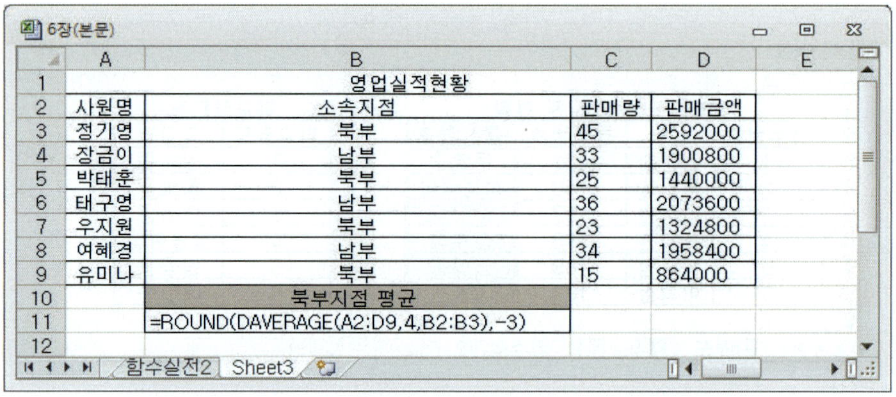

	A	B	C	D
1	영업실적현황			
2	사원명	소속지점	판매량	판매금액
3	정기영	북부	45	2592000
4	장금이	남부	33	1900800
5	박태훈	북부	25	1440000
6	태구영	남부	36	2073600
7	우지원	북부	23	1324800
8	여혜경	남부	34	1958400
9	유미나	북부	15	864000
10		북부지점 평균		
11		=ROUND(DAVERAGE(A2:D9,4,B2:B3),-3)		

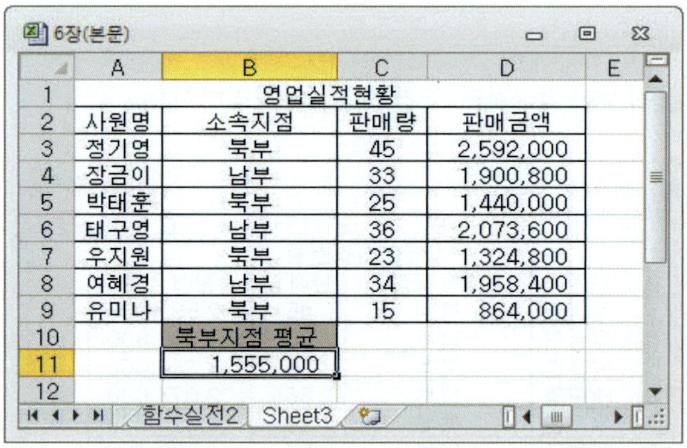

	A	B	C	D
1	영업실적현황			
2	사원명	소속지점	판매량	판매금액
3	정기영	북부	45	2,592,000
4	장금이	남부	33	1,900,800
5	박태훈	북부	25	1,440,000
6	태구영	남부	36	2,073,600
7	우지원	북부	23	1,324,800
8	여혜경	남부	34	1,958,400
9	유미나	북부	15	864,000
10		북부지점 평균		
11		1,555,000		

따라하기 »

① 다음 데이터를 작성한 후 [처리 조건]에 따라 처리하시오.

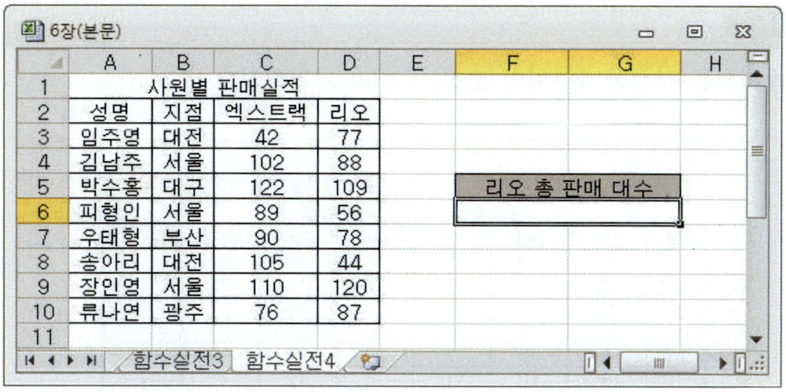

6장(본문)

	A	B	C	D	E	F	G	H
1	사원별 판매실적							
2	성명	지점	엑스트랙	리오				
3	임주영	대전	42	77				
4	김남주	서울	102	88				
5	박수홍	대구	122	109		리오 총 판매 대수		
6	피형인	서울	89	56				
7	우태형	부산	90	78				
8	송아리	대전	105	44				
9	장인영	서울	110	120				
10	류나연	광주	76	87				
11								

함수실전3 함수실전4

[처리 조건]

- "서울" 지점에서 판매한 리오의 총판매 대수를 구하여 리오 총 판매대수에 표시한다.
  - 표기 예 : 25대
  - SUMIF함수와 & 연산자 사용

② 다음과 같은 함수를 입력하면서 결과를 확인해 보자.

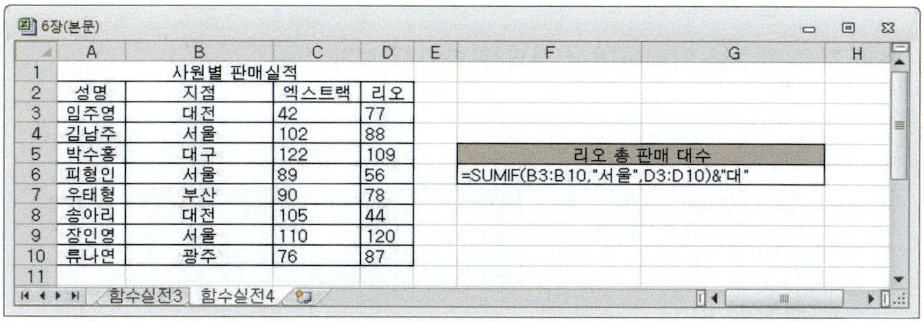

6장(본문)

	A	B	C	D	E	F	G	H
1		사원별 판매실적						
2	성명	지점	엑스트랙	리오				
3	임주영	대전	42	77				
4	김남주	서울	102	88				
5	박수홍	대구	122	109		리오 총 판매 대수		
6	피형인	서울	89	56		=SUMIF(B3:B10,"서울",D3:D10)&"대"		
7	우태형	부산	90	78				
8	송아리	대전	105	44				
9	장인영	서울	110	120				
10	류나연	광주	76	87				
11								

함수실전3 함수실전4

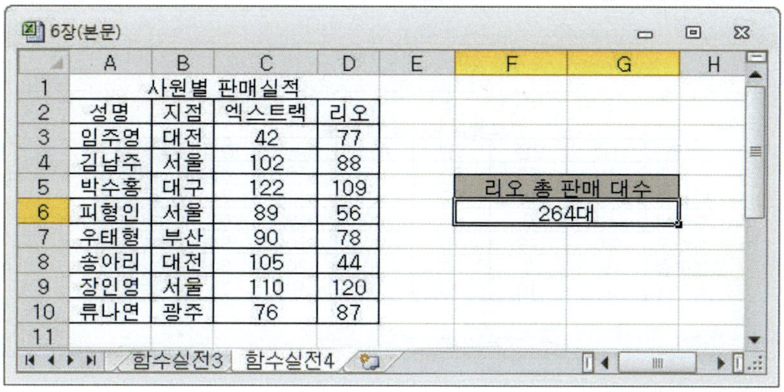

6장(본문)

	A	B	C	D	E	F	G	H
1	사원별 판매실적							
2	성명	지점	엑스트랙	리오				
3	임주영	대전	42	77				
4	김남주	서울	102	88				
5	박수홍	대구	122	109		리오 총 판매 대수		
6	피형인	서울	89	56		264대		
7	우태형	부산	90	78				
8	송아리	대전	105	44				
9	장인영	서울	110	120				
10	류나연	광주	76	87				
11								

함수실전3 함수실전4

따라하기 »

① 다음 데이터를 작성한 후 [처리 조건]에 따라 처리하시오.

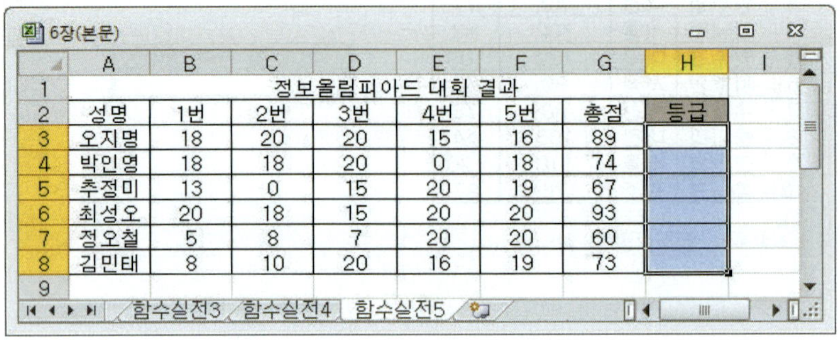

	A	B	C	D	E	F	G	H
1	정보올림피아드 대회 결과							
2	성명	1번	2번	3번	4번	5번	총점	등급
3	오지명	18	20	20	15	16	89	
4	박인영	18	18	20	0	18	74	
5	추정미	13	0	15	20	19	67	
6	최성오	20	18	15	20	20	93	
7	정오철	5	8	7	20	20	60	
8	김민태	8	10	20	16	19	73	

[처리 조건]

- 총점 [G3:G8]에 대한 순위를 구하여 1위는 "대상", 2위는 "금상", 3위는 "은상", 4위는 "동상", 그 외는 공란을 등급 [H3:H8]에 표시한다.
  - 순위는 총점이 가장 큰 값이 1위
  - CHOOSE와 RANK 함수 사용

② 다음과 같은 함수를 입력하면서 결과를 확인해 보자.

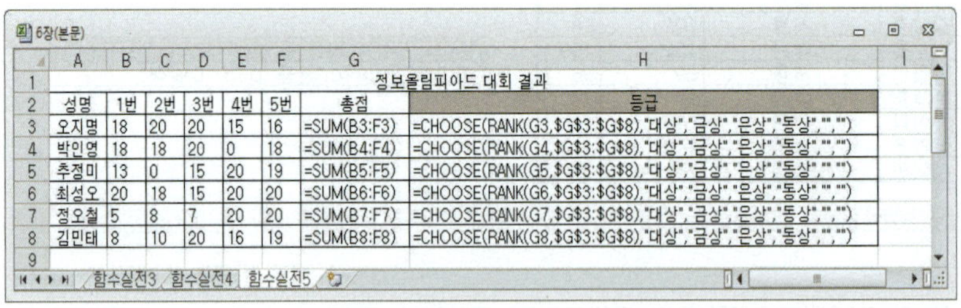

	A	B	C	D	E	F	G	H
1	정보올림피아드 대회 결과							
2	성명	1번	2번	3번	4번	5번	총점	등급
3	오지명	18	20	20	15	16	=SUM(B3:F3)	=CHOOSE(RANK(G3,$G$3:$G$8),"대상","금상","은상","동상","","")
4	박인영	18	18	20	0	18	=SUM(B4:F4)	=CHOOSE(RANK(G4,$G$3:$G$8),"대상","금상","은상","동상","","")
5	추정미	13	0	15	20	19	=SUM(B5:F5)	=CHOOSE(RANK(G5,$G$3:$G$8),"대상","금상","은상","동상","","")
6	최성오	20	18	15	20	20	=SUM(B6:F6)	=CHOOSE(RANK(G6,$G$3:$G$8),"대상","금상","은상","동상","","")
7	정오철	5	8	7	20	20	=SUM(B7:F7)	=CHOOSE(RANK(G7,$G$3:$G$8),"대상","금상","은상","동상","","")
8	김민태	8	10	20	16	19	=SUM(B8:F8)	=CHOOSE(RANK(G8,$G$3:$G$8),"대상","금상","은상","동상","","")

	A	B	C	D	E	F	G	H
1	정보올림피아드 대회 결과							
2	성명	1번	2번	3번	4번	5번	총점	등급
3	오지명	18	20	20	15	16	89	금상
4	박인영	18	18	20	0	18	74	은상
5	추정미	13	0	15	20	19	67	
6	최성오	20	18	15	20	20	93	대상
7	정오철	5	8	7	20	20	60	
8	김민태	8	10	20	16	19	73	동상

연습문제

EXERCISE

01 다음과 같이 VLOOKUP 함수를 이용하여 평균 점수로 A+, A, B+, B 등의 학점을 계산하시오.

6장(연습)

성명	국어	영어	수학	평균	학점		점수	학점
강애연	63	53	62	59.33	F		0	F
강충기	80	58	94	77.33	C+		60	D
김규한	91	66	89	82.00	B		65	D+
김동구	67	66	88	73.67	C		70	C
김병철	96	91	99	95.33	A+		75	C+
김영석	54	55	65	58.00	F		80	B
김용철	96	58	84	79.33	C+		85	B+
김인철	86	87	84	85.67	B+		90	A
김재웅	50	60	55	55.00	F		95	A+

학점계산(VLOOKUP)

02 다음 워크시트를 작성한 후 [처리 조건]에 따라 처리하시오.

6장(연습)

성명	국어	영어	수학	판정
강애연	63	53	62	불합격
강충기	80	38	94	불합격
김규한	91	66	89	합 격
김동구	67	66	88	합 격
김영석	62	55	65	불합격
김재웅	50	60	39	불합격

학점계산(VLOOKUP) IF와AND

[처리 조건]

- IF와 AND 함수를 사용하여 국어, 영어, 수학 세 과목 전부 60점 이상일때 합격, 아니면 불합격으로 처리한다.

03 다음 워크시트를 작성한 후 [처리 조건]에 따라 처리하시오.

6장(연습)

	A	B	C	D	E	F	G
1		성명	국어	영어	수학	판정	
2		강애연	63	53	62	합 격	
3		강춘기	80	38	94	불합격	
4		김규한	91	66	89	합 격	
5		김동구	67	66	88	합 격	
6		김영석	62	55	65	합 격	
7		김재웅	50	60	39	불합격	
8							

IF와AND / IF와OR

[처리 조건]

- IF와 OR 함수를 사용하여 국어, 영어, 수학 중 한과목이라도 40점 미만일 경우 불합격으로 처리한다.

04 다음과 같이 ROUNDDOWN 함수를 이용하여 백원미만을 절삭하는 수식으로 계산하시오.

6장(연습)

	A	B	C	D	E	F	G	H	I
1		성명	근무팀	직위	기본급	식대	급여 총액	100원 미만 절삭	
2		김용철	총무팀	차장	2,416,656	100,000	2,516,656	2,516,600	
3		정용기	총무팀	차장	2,416,656	100,000	2,516,656	2,516,600	
4		허선도	총무팀	차장	2,416,656	100,000	2,516,656	2,516,600	
5		박정우	영업팀	차장	2,234,614	100,000	2,334,614	2,334,600	
6		정창욱	영업팀	차장	2,234,614	100,000	2,334,614	2,334,600	
7		김동구	영업팀	차장	2,234,614	100,000	2,334,614	2,334,600	
8		조용길	R/D팀	부장	3,195,163	100,000	3,295,163	3,295,100	
9									

IF와OR / ROUNDDOWN

05 다음과 같이 ROUNDUP 함수를 이용하여 천원미만을 올림하는 수식으로 계산하시오.

6장(연습)

	A	B	C	D	E	F	G	H	I
1		성명	근무팀	직위	기본급	식대	급여 총액	100원 미만 절삭	
2		김용철	총무팀	차장	2,416,656	100,000	2,516,656	2,517,000	
3		정용기	총무팀	차장	2,416,656	100,000	2,516,656	2,517,000	
4		허선도	총무팀	차장	2,416,656	100,000	2,516,656	2,517,000	
5		박정우	영업팀	차장	2,234,614	100,000	2,334,614	2,335,000	
6		정창욱	영업팀	차장	2,234,614	100,000	2,334,614	2,335,000	
7		김동구	영업팀	차장	2,234,614	100,000	2,334,614	2,335,000	
8		조용길	R/D팀	부장	3,195,163	100,000	3,295,163	3,296,000	
9									

IF와OR / ROUNDDOWN / ROUNDUP

06 다음 워크시트를 작성한 후 [처리 조건]에 따라 처리하시오.

6장(연습)

	A	B	C	D	E
1	성명	회비(원)		인원수 COUNTA	
2	이건중	10,000		13	
3	최수곤	10,000			
4	김영대				
5	황선갑			회비 납부자 COUNT	
6	편창규	10,000		9	
7	곽철문	10			
8	임기봉	10,000			
9	최삼수	10,000		미납자 COUNTBLANK	
10	전인수	10,000		4	
11	송도제	10,000			
12	박기석				
13	황순희	10,000			
14	하을연				
15					

개수(COUNT,COUNTA,COUNTBLACK)

[처리 조건]

- COUNTA는 숫자, 문자 구분하지 않고 셀에 입력된 데이터의 개수를 구한다. 따라서 성명이 입력된 영역을 선택하여 인원수를 구할 수 있다.
- COUNT는 숫자가 입력된 셀의 개수, COUNTBLACK는 데이터가 입력되지 않은 셀의 개수를 구한다.

07 다음 워크시트를 작성한 후 [처리 조건]에 따라 처리하시오.

6장(연습)

	A	B	C	D	E
1	프로젝터 수리 현황				
2	모델명	사용시간	점검회수	등급	
3	TDP-S90	1,020	6	우수	
4	DLP-234	5,450	3		
5	TDPT901	12,350	17		
6	EP-R81	9,786	10		
7	SIN-P90	4,532	18		
8	DFD-G61	16,543	45		
9	TDP-S95	1,234	2		
10	DP-W23	59	0	최우수	
11	BAP-E45	1,090	5	우수	
12	GT-U987	23,480	25		
13					

Sheet1

[처리 조건]

- 사용시간 [B3:B12]이 500 미만이고, 점검회수 [C3:C12]가 3 이하면 "최우수", 사용시간 [B3:B12]이 1200 미만이고 점검회수 [C3:C12]가 10 이하면 "우수", 그 외는 빈칸으로 등급 [D3:D12]에 표시한다.
  - IF와 AND 함수 사용

08 다음 워크시트를 작성한 후 [처리 조건]에 따라 처리하시오.

6장(연습) — 프로젝터 수리 현황

모델명	사용시간	점검회수	등급
TDP-S90	1,020	6	우수
DLP-234	5,450	3	
TDPT901	12,350	17	
EP-R81	9,786	10	
SIN-P90	4,532	18	
DFD-G61	16,543	45	
TDP-S95	1,234	2	
DP-W23	59	0	최우수
BAP-E45	1,090	5	우수
GT-U987	23,480	25	

[처리 조건]

- 지점명 [B3:B12]이 중부인 판매금액 [D3:D12]의 합계를 구하여 중부판매금액 [C15]에 표시한다.
  - 중부판매금액의 십의 자리에서 반올림하여 표시 (예 : 53,375 → 54,400).
  - ROUND와 DSUM 함수 사용

09 다음 워크시트를 작성한 후 [처리 조건]에 따라 처리하시오.

6장(연습) — 문화센터 회원 현황

회원코드	성명	계약금액	회원분류
U-001	연지우	25,000,000	특별회원
Q-002	원상현	3,650,000	비회원
S-003	김우철	12,350,000	우수회원
T-004	성시연	18,600,000	골드회원
Q-005	장대우	3,650,000	비회원
U-006	방상태	25,000,000	특별회원
R-007	조자룡	8,750,000	정회원

코드	이용회수	회원분류
Q	10미만	비회원
R	11~20	정회원
S	21~30	우수회원
T	31~40	골드회원
U	41~50	특별회원

[처리 조건]

- 회원코드[A3:A9]의 맨 앞 첫 번째 문자와 [A12:C16] 영역의 표를 이용하여 각 회원의 회원 분류 [D3:D9]를 계산하시오.
  - VLOOKUP와 LEFT 함수 사용

10 다음 워크시트를 작성한 후 [처리 조건]에 따라 처리하시오.

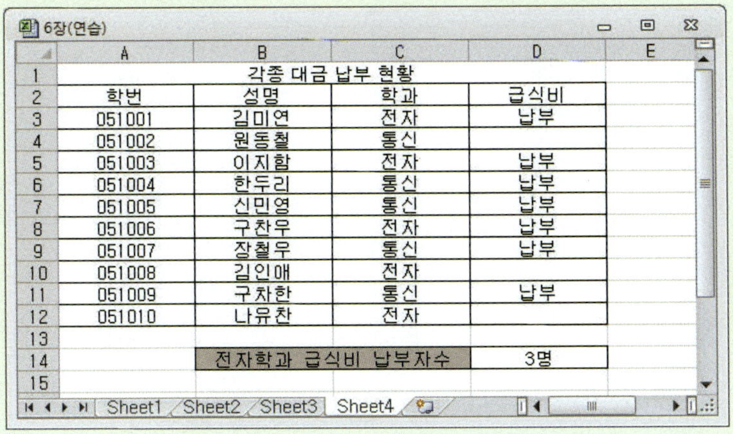

6장(연습)

	A	B	C	D	E
1	각종 대금 납부 현황				
2	학번	성명	학과	급식비	
3	051001	김미연	전자	납부	
4	051002	원동철	통신		
5	051003	이지함	전자	납부	
6	051004	한두리	통신	납부	
7	051005	신민영	통신	납부	
8	051006	구찬우	전자	납부	
9	051007	장철우	통신	납부	
10	051008	김인애	전자		
11	051009	구차한	통신	납부	
12	051010	나유찬	전자		
13					
14		전자학과 급식비 납부자수		3명	
15					

Sheet1 Sheet2 Sheet3 Sheet4

[처리 조건]

- 전자학과 학생들의 급식비 납부자 수를 구하여 [D14]에 표시한다.
  - 숫자 뒤에 "명"이 표시되도록 할 것(예 : 9명)
  - DCOUNTA 함수와 & 연산자 사용

07
CHAPTER

데이터베이스와 데이터 분석

1. 데이터베이스
2. 데이터 정렬
3. 필터링-자동 필터/고급 필터
4. 부분합
5. 피벗 테이블 작성
6. 목표값
7. 시나리오 작성

07 CHAPTER 데이터베이스와 데이터 분석

1. 데이터베이스

데이터베이스는 어떤 대상의 데이터를 체계적으로 모아놓고, 데이터를 보다 쉽게 검색하거나 필요한 데이터만 따로 추출할 수 있다.

▶ 데이터베이스의 특징

- 워크시트에서 서로 관련된 데이터가 들어 있는 일련의 행을 목록이라고 한다.
- 데이터베이스의 열은 필드(Field)로 행은 레코드(Record)로 이용한다.
- 목록의 최상위 행에는 반드시 필드명(열 이름표)을 기재해야한다.

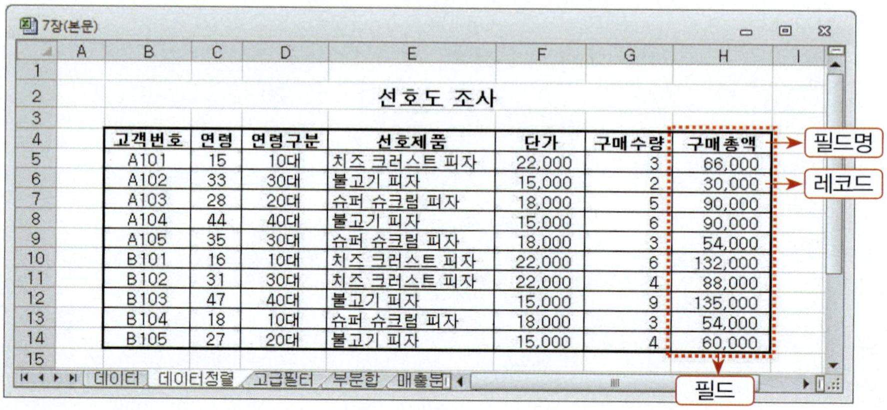

선호도 조사

고객번호	연령	연령구분	선호제품	단가	구매수량	구매총액
A101	15	10대	치즈 크러스트 피자	22,000	3	66,000
A102	33	30대	불고기 피자	15,000	2	30,000
A103	28	20대	슈퍼 슈크림 피자	18,000	5	90,000
A104	44	40대	불고기 피자	15,000	6	90,000
A105	35	30대	슈퍼 슈크림 피자	18,000	3	54,000
B101	16	10대	치즈 크러스트 피자	22,000	6	132,000
B102	31	30대	치즈 크러스트 피자	22,000	4	88,000
B103	47	40대	불고기 피자	15,000	9	135,000
B104	18	10대	슈퍼 슈크림 피자	18,000	3	54,000
B105	27	20대	불고기 피자	15,000	4	60,000

▶ 데이터 관리 기능의 특성

- 데이터를 크기순으로 정렬하거나 추출할 때에는 열 기준에 의해 분류 · 검색이 가능하다.
- 기존의 엑세스나 웹, 텍스트 데이터를 엑셀 데이터로 저장할 수 있다.
- 피벗 테이블의 표 기능을 이용해서 특정 기준에 의한 집계표 작성이 가능하다.

▶ 데이터베이스 관련 용어

필드명 (Field Name)	• 데이터베이스를 구성하는 각 필드를 구분하기 위한 이름 • 하나의 데이터베이스에서 동일한 필드명은 사용할 수 없음
레코드(Record)	• 필드의 집합체로 행 단위의 데이터
파일(File)	• 레코드가 모여서 구성된 데이터의 집합
정렬(sort)	• 특정키를 기준으로 데이터를 크기순(오름차순, 내림차순)으로 재배열 하는것
검색(Search)	• 데이터베이스에 저장되어 있는 데이터를 일정한 조건에 의해 찾아 내는것

2. 데이터 정렬

정렬은 작은 값에서 큰 값으로 정렬되는 오름차순과 큰 값에서 작은 값으로 정렬되는 내림차순이 있다.

▶ 기본정렬 순서(오름차순 정렬일 때)

- 숫자는 가장 작은 음수에서 가장 큰 양수로 정렬된다.
- 논리값은 TRUE보다 FALSE가 앞에 정렬된다.
- 오류값의 정렬순서는 모두 같다.
- 빈 셀은 항상 마지막으로 정렬된다.

▶ 메뉴를 이용한 데이터 정렬

따라하기 »

① 다음 데이터를 입력하고, 함수식을 작성한다.

선호도 조사

고객번호	연령	연령구분	선호제품	단가	구매수량	구매총액
A101	15	10대	치즈 크러스트 피자		3	
A102	33	30대	불고기 피자		2	
A103	28	20대	슈퍼 슈크림 피자		5	
A104	44	40대	불고기 피자		6	
A105	35	30대	슈퍼 슈크림 피자		3	
B101	16	10대	치즈 크러스트 피자		6	
B102	31	30대	치즈 크러스트 피자		4	
B103	47	40대	불고기 피자		9	
B104	18	10대	슈퍼 슈크림 피자		3	
B105	27	20대	불고기 피자		4	

단가표	
제품	단가
불고기 피자	15,000
슈퍼 슈크림 피자	18,000
치즈 크러스트 피자	22,000

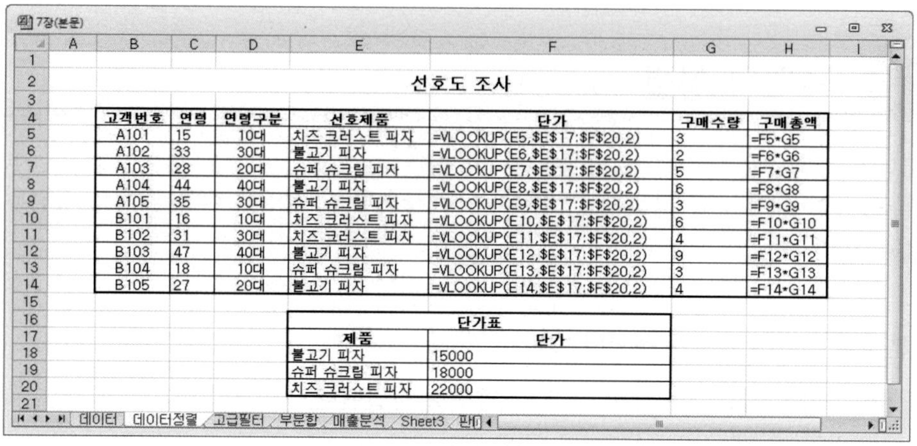

선호도 조사

고객번호	연령	연령구분	선호제품	단가	구매수량	구매총액
A101	15	10대	치즈 크러스트 피자	=VLOOKUP(E5,$E$17:$F$20,2)	3	=F5*G5
A102	33	30대	불고기 피자	=VLOOKUP(E6,$E$17:$F$20,2)	2	=F6*G6
A103	28	20대	슈퍼 슈크림 피자	=VLOOKUP(E7,$E$17:$F$20,2)	5	=F7*G7
A104	44	40대	불고기 피자	=VLOOKUP(E8,$E$17:$F$20,2)	6	=F8*G8
A105	35	30대	슈퍼 슈크림 피자	=VLOOKUP(E9,$E$17:$F$20,2)	3	=F9*G9
B101	16	10대	치즈 크러스트 피자	=VLOOKUP(E10,$E$17:$F$20,2)	6	=F10*G10
B102	31	30대	치즈 크러스트 피자	=VLOOKUP(E11,$E$17:$F$20,2)	4	=F11*G11
B103	47	40대	불고기 피자	=VLOOKUP(E12,$E$17:$F$20,2)	9	=F12*G12
B104	18	10대	슈퍼 슈크림 피자	=VLOOKUP(E13,$E$17:$F$20,2)	3	=F13*G13
B105	27	20대	불고기 피자	=VLOOKUP(E14,$E$17:$F$20,2)	4	=F14*G14

단가표	
제품	단가
불고기 피자	15000
슈퍼 슈크림 피자	18000
치즈 크러스트 피자	22000

② 다음과 같이 셀 포인터를 정렬할 데이터가 있는 임의의 위치로 이동한 다음 [데이터] → [정렬 및 필터] → [정렬]을 선택한다.

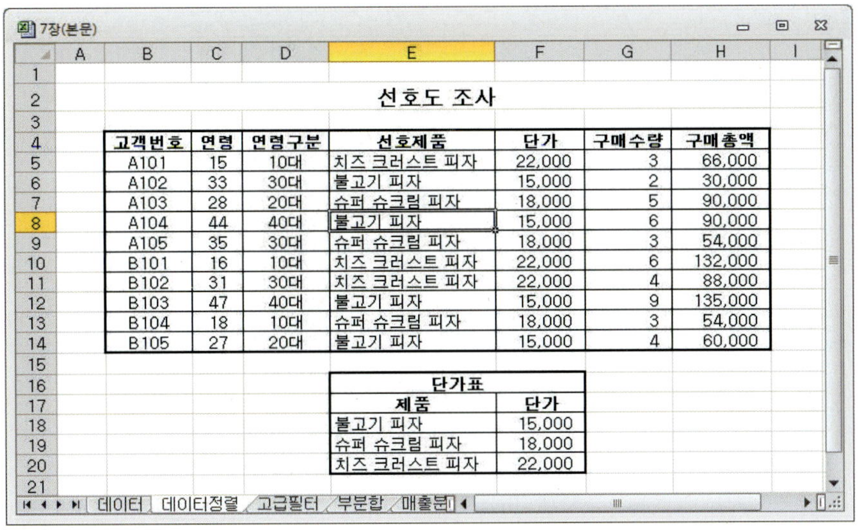

선호도 조사

고객번호	연령	연령구분	선호제품	단가	구매수량	구매총액
A101	15	10대	치즈 크러스트 피자	22,000	3	66,000
A102	33	30대	불고기 피자	15,000	2	30,000
A103	28	20대	슈퍼 슈크림 피자	18,000	5	90,000
A104	44	40대	불고기 피자	15,000	6	90,000
A105	35	30대	슈퍼 슈크림 피자	18,000	3	54,000
B101	16	10대	치즈 크러스트 피자	22,000	6	132,000
B102	31	30대	치즈 크러스트 피자	22,000	4	88,000
B103	47	40대	불고기 피자	15,000	9	135,000
B104	18	10대	슈퍼 슈크림 피자	18,000	3	54,000
B105	27	20대	불고기 피자	15,000	4	60,000

단가표

제품	단가
불고기 피자	15,000
슈퍼 슈크림 피자	18,000
치즈 크러스트 피자	22,000

③ 다음과 같이 첫 번째 정렬 기준을 "연령구분", 정렬 기준은 "값", 정렬은 "오름차순"으로 지정하고, [기준 추가] 단추를 클릭하여 다음 기준 항목을 "연령"으로 지정하고 [확인] 단추를 누른다.

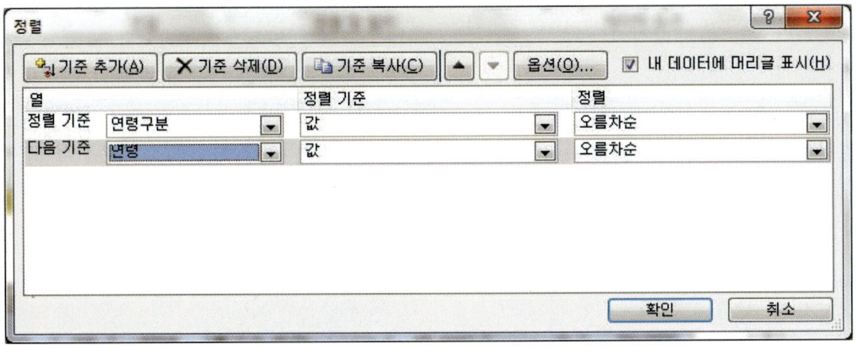

④ 데이터가 특정 항목에 의해 정렬되었음을 볼 수 있다.

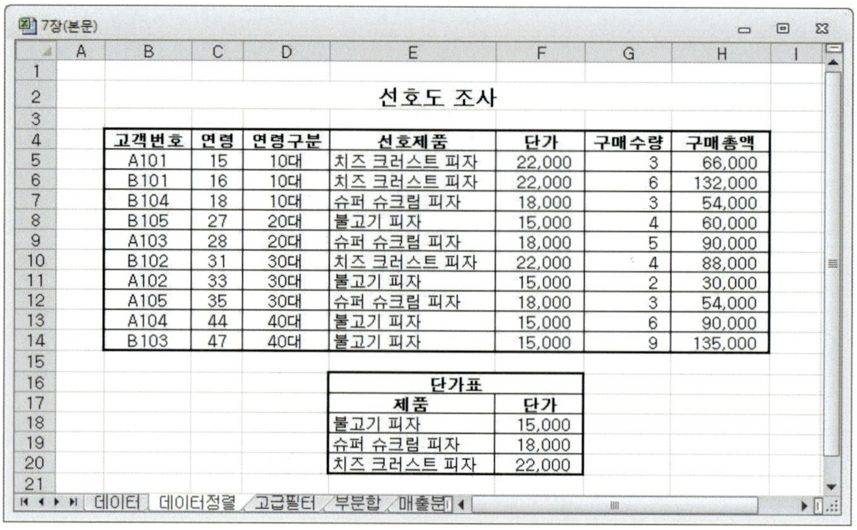

선호도 조사

고객번호	연령	연령구분	선호제품	단가	구매수량	구매총액
A101	15	10대	치즈 크러스트 피자	22,000	3	66,000
B101	16	10대	치즈 크러스트 피자	22,000	6	132,000
B104	18	10대	슈퍼 슈크림 피자	18,000	3	54,000
B105	27	20대	불고기 피자	15,000	4	60,000
A103	28	20대	슈퍼 슈크림 피자	18,000	5	90,000
B102	31	30대	치즈 크러스트 피자	22,000	4	88,000
A102	33	30대	불고기 피자	15,000	2	30,000
A105	35	30대	슈퍼 슈크림 피자	18,000	3	54,000
A104	44	40대	불고기 피자	15,000	6	90,000
B103	47	40대	불고기 피자	15,000	9	135,000

단가표

제품	단가
불고기 피자	15,000
슈퍼 슈크림 피자	18,000
치즈 크러스트 피자	22,000

엑셀 노트 ▸▸▸

▶ **정렬**

- 정렬 이전의 상태로 되돌리려면 정렬 명령을 수행하고 난 후 [빠른 실행 도구모음] → [정렬 취소]를 선택한다.
- 정렬 기준이 되는 열의 셀을 선택하고 정렬 도구( )를 누르면 현재 열을 첫 번째 기준으로 자동 정렬된다.
- 정렬 도구는 첫 번째 기준만 사용 가능하다.
- (오름차순 정렬) 도구 : 현재 열을 기준으로 오름차순으로 정렬한다.
- (내림차순 정렬) 도구 : 현재 열을 기준으로 내림차순으로 정렬한다.

▶ 사용자 지정 정렬 순서

- 가나다순이나 역순으로 정렬하지 않고 월별, 요일별 등으로 정렬하거나 사용자가 직접 정렬 순서를 지정하여 수행하고자 할 때 이용한다.
- 사용자 지정 정렬 순서는 “사용자 지정 목록”에 등록되어 있는 것만 가능하므로 사용자 정의 정렬을 수행하기 전에 원하는 목록이 있는지 확인하고, 만약에 목록에 등록되어 있지 않으면 기준으로 사용할 목록을 추가한 다음 수행한다.
- 사용자 지정 정렬 순서는 첫 번째 기준에만 적용이 가능하다.

▶ 사용자 지정 정렬 순서로 정렬

따라하기 »

① 다음과 같은 워크시트에서 이름을 사용자 지정 정렬 순서로 지정하여 정렬해 보자.

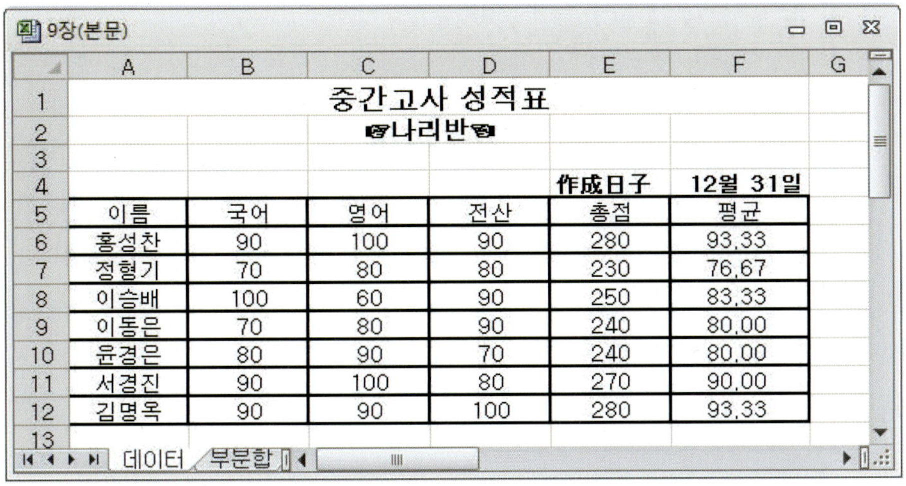

9장(본문)

중간고사 성적표

☞나리반☜

이름	국어	영어	전산	총점	평균
				作成日子	12월 31일
홍성찬	90	100	90	280	93.33
정형기	70	80	80	230	76.67
이승배	100	60	90	250	83.33
이동은	70	80	90	240	80.00
윤경은	80	90	70	240	80.00
서경진	90	100	80	270	90.00
김명옥	90	90	100	280	93.33

데이터 / 부분합

② "사용자 지정 목록"에 정렬 순서를 등록하기 위해 [파일] → [옵션] → [고급] → [사용자 지정 목록 편집]을 선택한다.

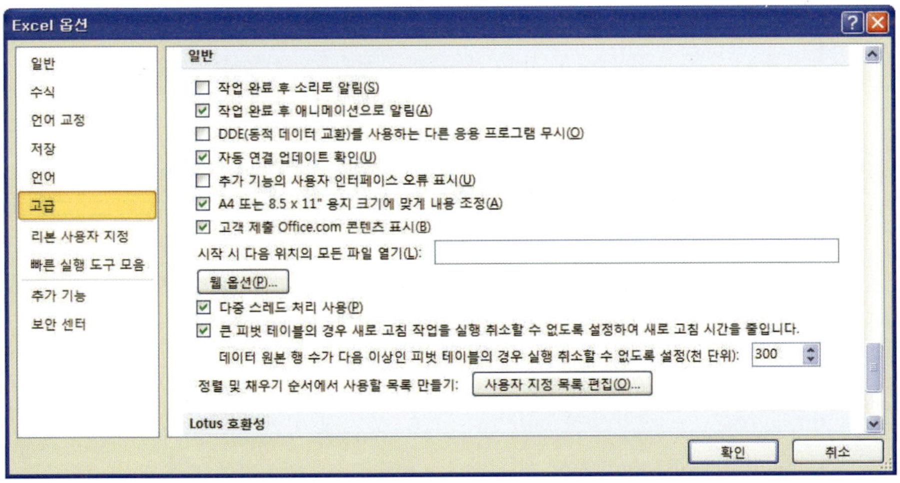

③ [사용자 지정 목록]에서 "새 목록" 항목을 마우스로 누르고 다음과 같이 새로운 목록을 입력한 다음 [추가] 단추를 누른다. 새로운 목록이 추가되면 [확인] 단추를 누른다.

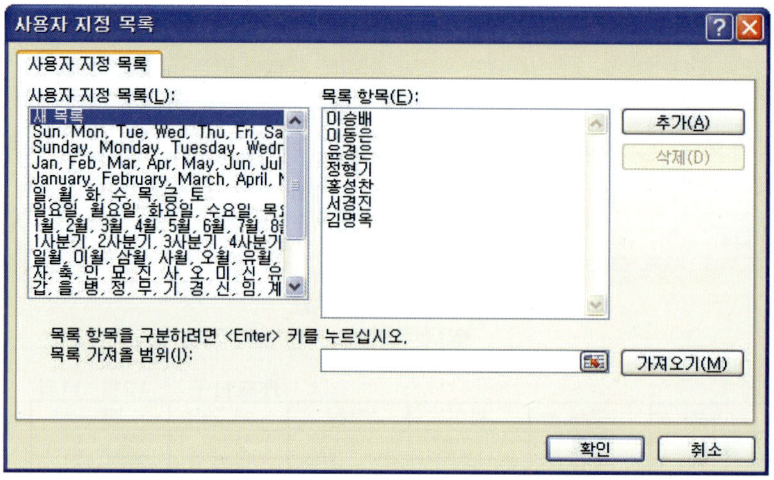

④ 정렬할 데이터가 있는 위치에 셀 포인터를 놓고 [데이터] → [정렬 및 필터] → [정렬]을 선택한 다음 [정렬] 대화상자에서 정렬 순서를 "사용자 지정 목록"으로 선택한다.

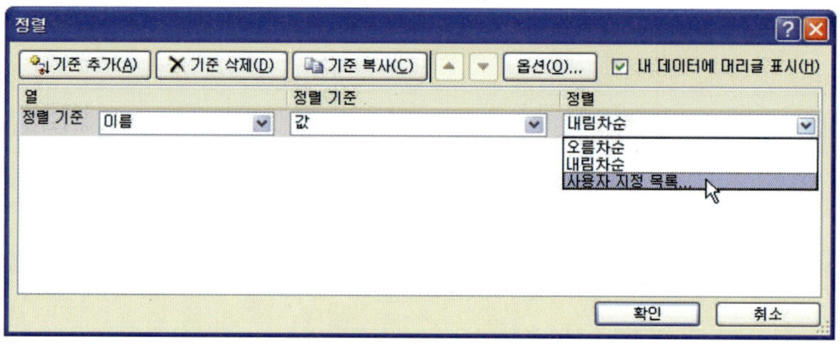

⑤ [사용자 지정 목록] 대화상자에서 사용자 지정 정렬 순서를 선택한 다음 [확인] 단추를 누른다.

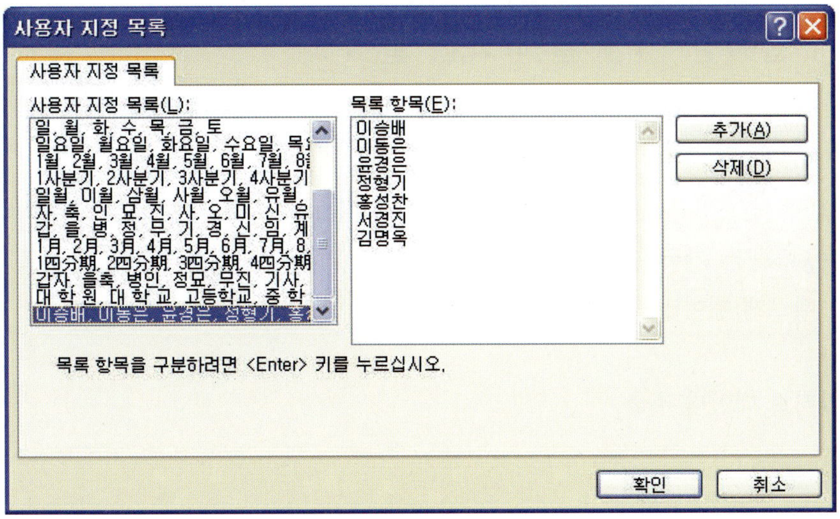

⑥ [정렬] 대화상자에서 다시 [확인] 단추를 누르면 데이터가 정렬된다.

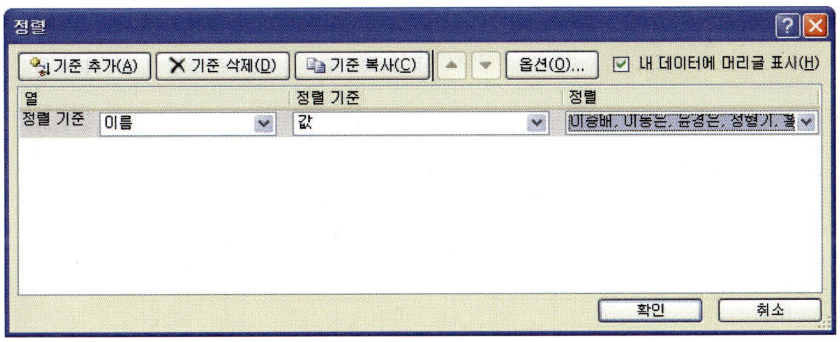

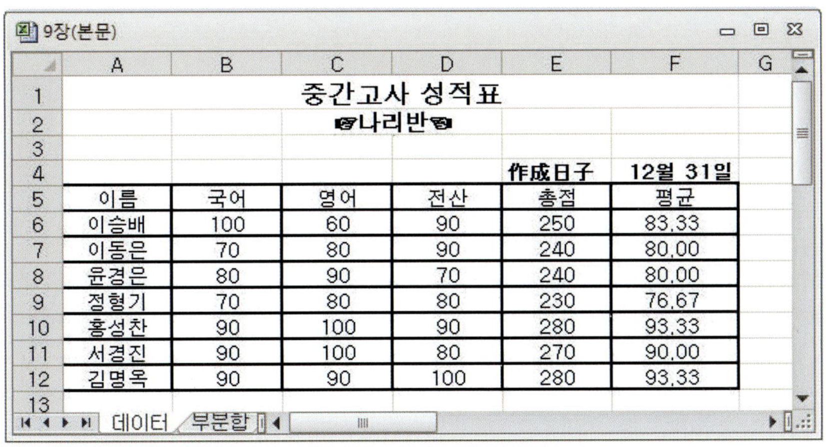
중간고사 성적표

나리반

이름	국어	영어	전산	총점	평균
이승배	100	60	90	250	83.33
이동은	70	80	90	240	80.00
윤경은	80	90	70	240	80.00
정형기	70	80	80	230	76.67
홍성찬	90	100	90	280	93.33
서경진	90	100	80	270	90.00
김명옥	90	90	100	280	93.33

3. 필터링-자동 필터/고급 필터

데이터베이스에서 가장 빈번하게 이루어지는 작업은 전체 레코드 중 특정 조건을 만족하는 레코드만을 추출하는 것으로 워크시트에서 데이터를 검색하려면 필터 기능을 사용한다.

필터의 종류에는 자동 필터와 고급 필터가 있으며 자동 필터는 [필터] 단추를 사용하여 간단하고, 빠르게 데이터를 검색한다.

▶ 자동 필터로 데이터 추출

따라하기 »

① 다음 워크시트를 보고 자동 필터 기능을 이용해서 데이터를 추출해 보자.

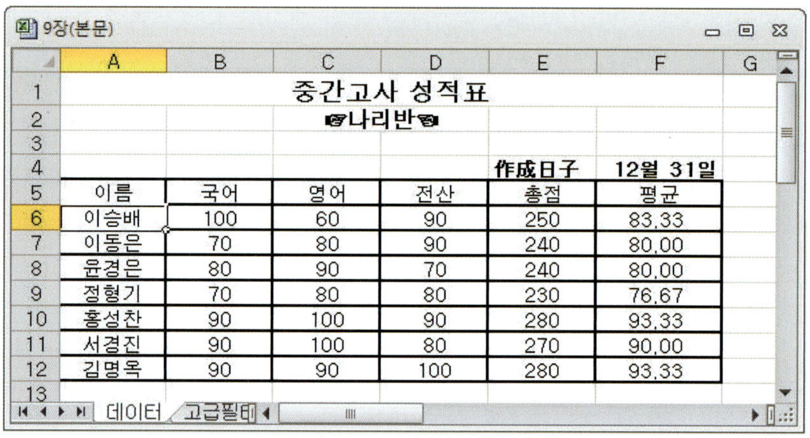

이름	국어	영어	전산	총점	평균
이승배	100	60	90	250	83.33
이동은	70	80	90	240	80.00
윤경은	80	90	70	240	80.00
정형기	70	80	80	230	76.67
홍성찬	90	100	90	280	93.33
서경진	90	100	80	270	90.00
김명옥	90	90	100	280	93.33

② 임의의 데이터 목록에 셀 포인터를 놓고 [데이터] → [정렬 및 필터] → [필터]를 선택하면 자동 필터 단추가 나타난다.

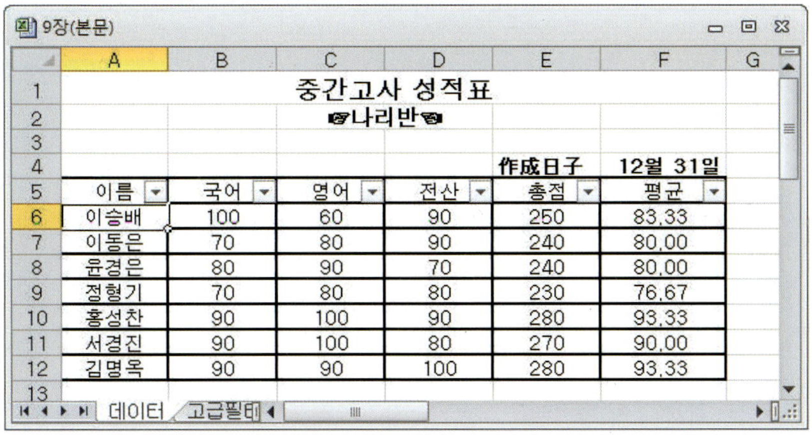

③ 추출하려는 “이름” 열의 자동 필터 단추를 누르고 나타내려는 항목을 선택한다.

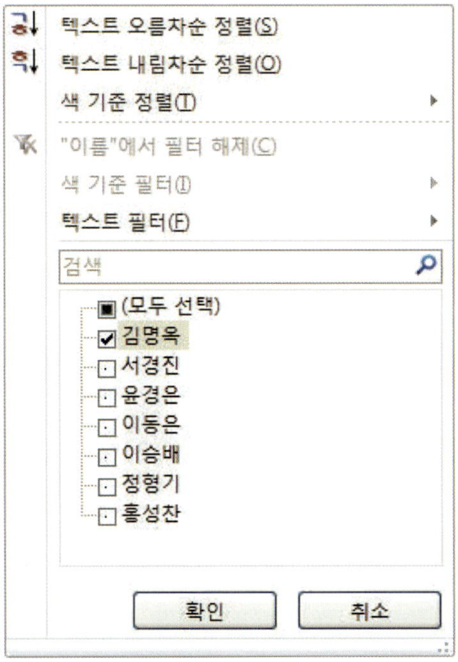

④ 선택한 항목(이름이 “김명옥”인 행)을 포함하는 레코드만 화면에 표시한다.

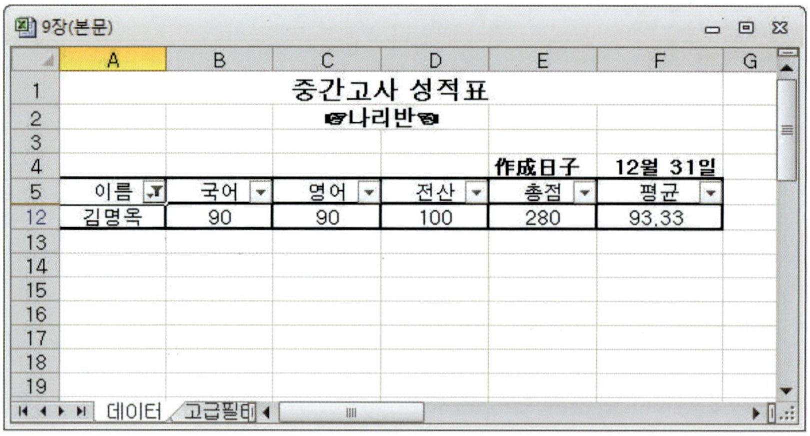

엑셀 노트 ▸▸▸

▶ 자동 필터 복원

- 필터 단추를 누르고 “모두” 항목을 선택하면 모든 행이 다시 워크시트에 표시된다.
- [데이터] → [정렬 및 필터] → [필터] 메뉴를 다시 선택하면 자동 필터가 해제된다.
- “필터” 단추 여러 개를 선택하여 필요한 항목을 선택하면 모든 항목을 포함하는 행만 표시된다.

▶ 자동 필터 옵션

따라하기 »

① [데이터] → [정렬 및 필터] → [필터] 메뉴를 사용하여 자동 필터 단추를 나타낸다. “총점”의 필터 단추를 누르고 [사용자 지정 필터] 항목을 선택한다.

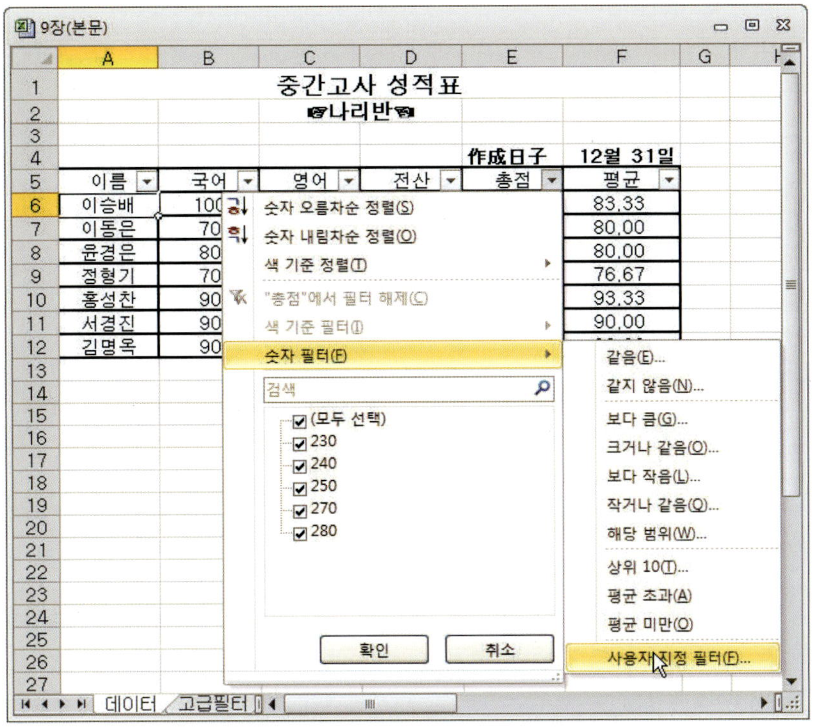

② 연산자와 비교값을 입력하고 [확인] 단추를 누른다. 다음과 같이 지정하면 수량이 240보다 크거나 같고, 270보다 작거나 같은 행을 필터링 한다.

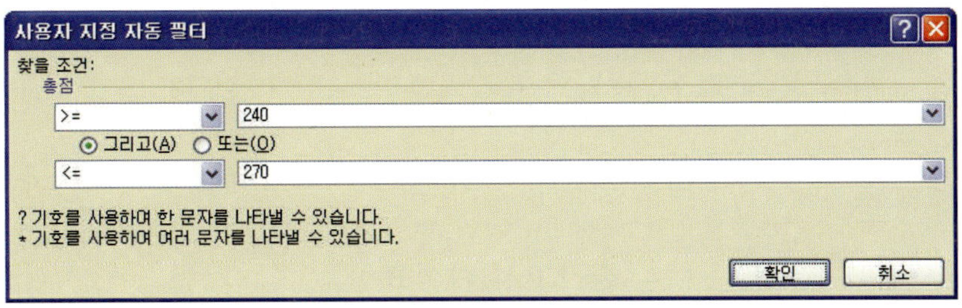

③ 수량이 240보다 크고, 270보다 작은 행만 표시한다.

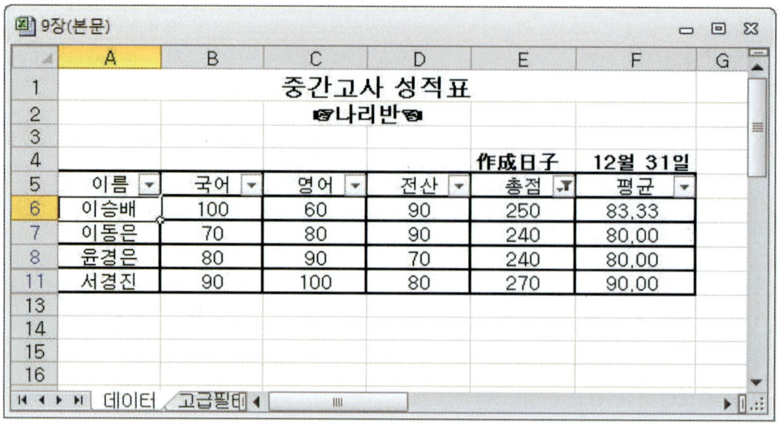

④ "총점"의 필터 단추를 누르고 [모두 선택] 항목을 선택하여 모든 행을 표시한 다음, "총점"의 필터 단추를 누르고 "숫자 필터"의 [상위 10] 항목을 선택해 보자.

⑤ [상위 10 자동 필터] 대화상자에서 필터 위치와 값, 종류를 선택하고 [확인] 단추를 누른다.

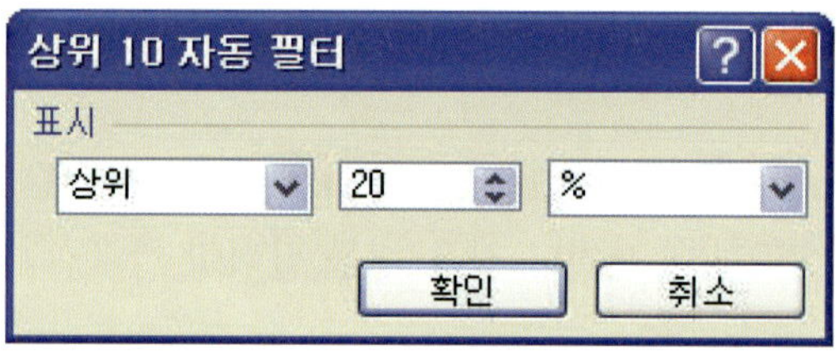

⑥ 상위(큰 순서) 20%에 해당하는 행만 표시된다.

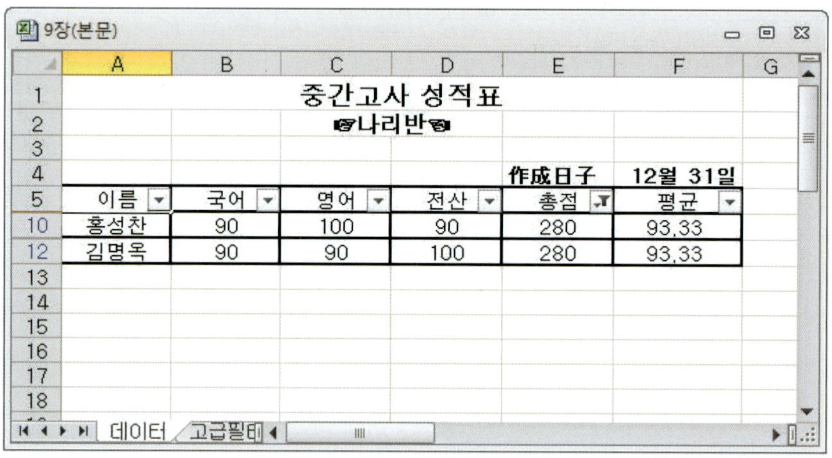

▶ 고급 필터

- 추출하는 데이터들을 다른 위치로 표시하거나 검색 레코드의 특정 필드에 해당하는 데이터만 추출 가능하다.
- 고급 필터 기능을 사용할 경우 전체 데이터 범위와 조건 범위 그리고 필요에 따라 결과값이 나타날 범위를 같은 필드명과 함께 지정한다.

▶ 조건 범위 작성 규칙

- 조건 범위의 첫머리에는 목록과 동일한 필드 명을 반드시 기재한다.
- 특정 값을 입력하면 일치하는 항목만 검색 할 수 있다.
- 비교 연산자를 사용하여 검색 범위를 지정할 수 있다.
- 대표 문자를 사용하여 조건을 지정할 수 있다.
- 같은 행에 조건을 입력하면 AND 조건이 되고, 다른 행에 조건을 입력하면 OR 조건이 된다.

▶ 고급 필터를 이용한 검색

따라하기 »

① 다음과 같은 워크시트에서 총점이 "240" 이상인 데이터만 고급 필터로 검색해 보자. 미리 조건 범위를 작성해 놓도록 한다.

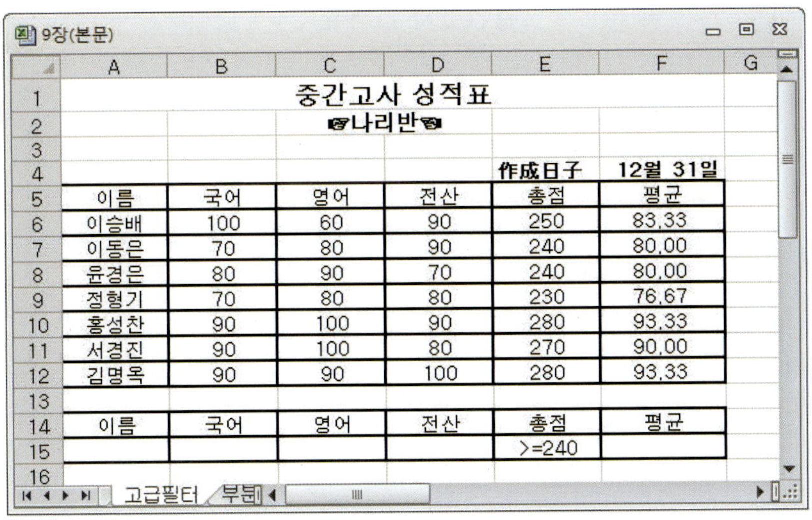

9장(본문)

	A	B	C	D	E	F	G
1			중간고사 성적표				
2			나리반				
3							
4					作成日子	12월 31일	
5	이름	국어	영어	전산	총점	평균	
6	이승배	100	60	90	250	83.33	
7	이동은	70	80	90	240	80.00	
8	윤경은	80	90	70	240	80.00	
9	정형기	70	80	80	230	76.67	
10	홍성찬	90	100	90	280	93.33	
11	서경진	90	100	80	270	90.00	
12	김명옥	90	90	100	280	93.33	
13							
14	이름	국어	영어	전산	총점	평균	
15					>=240		
16							

고급필터 / 부분

② 데이터 범위 내에 셀 포인터를 놓고 [데이터] → [정렬 및 필터] → [고급] 메뉴를 선택한다.
[고급 필터] 대화상자에서 결과 옵션과 목록 범위, 조건 범위를 지정하고 [확인] 단추를 누른다.

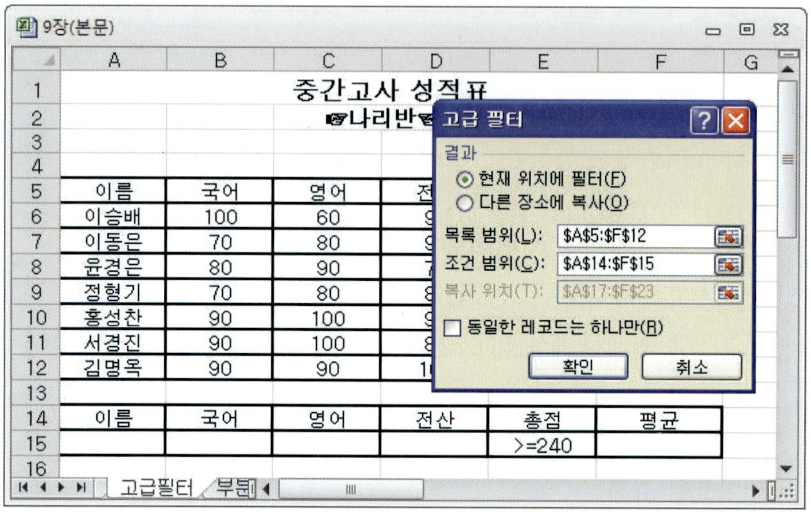

③ 현재 위치에 "총점>=240"인 행만 표시되고 나머지 행은 일시적으로 숨겨진다.

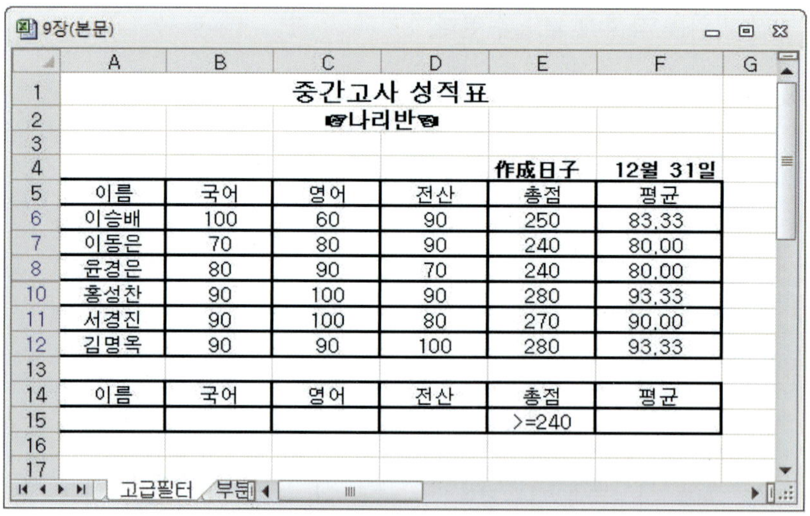

④ 숨겨진 행을 다시 나타내려면 [데이터] → [정렬 및 필터] → [지우기] 메뉴를 선택하여 고급 필터를 해제해야 한다.

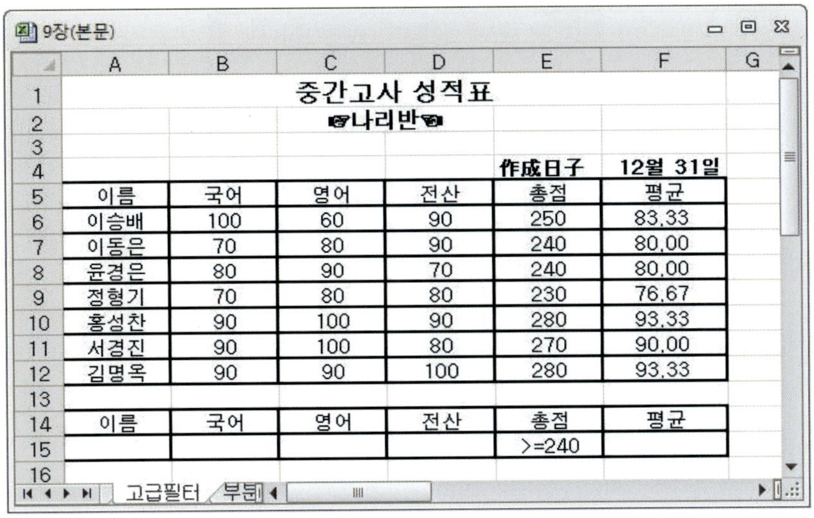

9장(본문)

	A	B	C	D	E	F	G
1			중간고사 성적표				
2			나리반				
3							
4					作成日子	12월 31일	
5	이름	국어	영어	전산	총점	평균	
6	이승배	100	60	90	250	83.33	
7	이동은	70	80	90	240	80.00	
8	윤경은	80	90	70	240	80.00	
9	정형기	70	80	80	230	76.67	
10	홍성찬	90	100	90	280	93.33	
11	서경진	90	100	80	270	90.00	
12	김명옥	90	90	100	280	93.33	
13							
14	이름	국어	영어	전산	총점	평균	
15					>=240		
16							

고급필터 / 부분

엑셀 노트 ▸▸▸

▶ **고급 필터 옵션**

- 현재 위치에 필터 : 고급 필터 결과를 현재 위치에 일시적으로 표시한다.
- 다른 장소에 복사 : 고급 필터 결과를 지정한 복사 위치에 표시한다.
- 목록 범위 : 고급 필터의 대상이 되는 워크시트의 데이터 범위를 지정한다.
- 조건 범위 : 데이터 범위의 필드명과 동일한 필드명을 갖는 조건 범위를 지정한다.
- 복사 위치 : 다른 장소에 복사 옵션을 선택했을 때만 결과가 복사될 위치를 지정한다.
- 동일한 레코드는 하나만 : 고급 필터의 결과가 동일한 경우 하나만 나타낸다.

▶ 필터 결과를 다른 장소에 복사

따라하기 »

① 다음과 같이 조건 범위와 고급 필터의 결과를 복사할 범위를 미리 작성한다. 데이터 범위 내에 셀 포인터를 놓고 [데이터] → [정렬 및 필터] → [고급] 메뉴를 선택한다.

② "다른 장소에 복사" 옵션을 선택하고 목록 범위, 조건 범위, 복사 위치를 지정한 다음 [확인] 단추를 누른다.

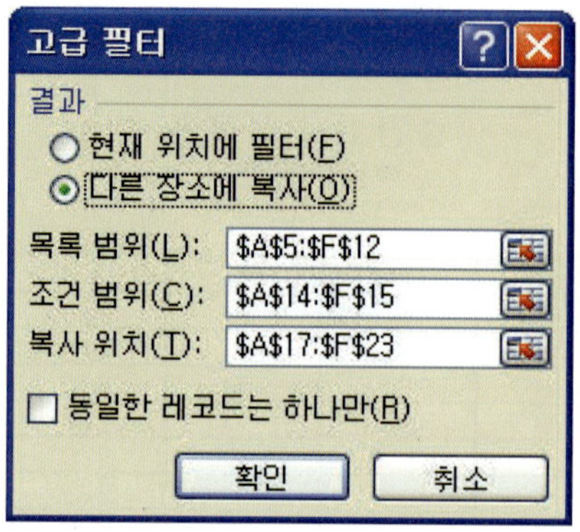

③ 총점이 "240"이상인 레코드만 복사 위치에 표시된다.

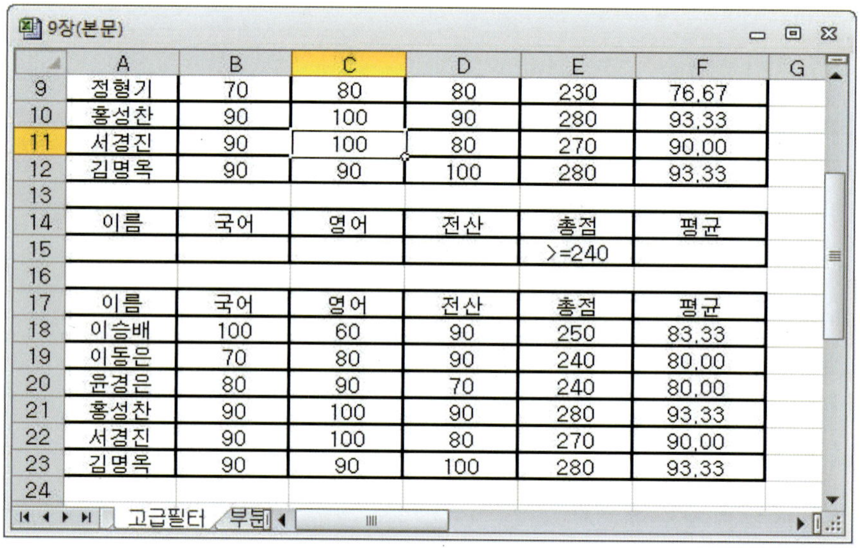

9장(본문)

	A	B	C	D	E	F	G
9	정형기	70	80	80	230	76.67	
10	홍성찬	90	100	90	280	93.33	
11	서경진	90	100	80	270	90.00	
12	김명옥	90	90	100	280	93.33	
13							
14	이름	국어	영어	전산	총점	평균	
15					>=240		
16							
17	이름	국어	영어	전산	총점	평균	
18	이승배	100	60	90	250	83.33	
19	이동은	70	80	90	240	80.00	
20	윤경은	80	90	70	240	80.00	
21	홍성찬	90	100	90	280	93.33	
22	서경진	90	100	80	270	90.00	
23	김명옥	90	90	100	280	93.33	
24							

고급필터 / 부분

④ 조건을 서로 다른 행에 입력하여 여러 조건 중 하나만 만족하더라도 데이터를 검색할 수 있다.

⑤ 복사 위치에 특정한 필드명만 입력한 경우 해당 필드명의 데이터만 복사된다.

4. 부분합

- 메뉴에서 [데이터] → [윤곽선] → [부분합]을 선택해서 목록의 부분합과 총합계를 자동으로 구할 수 있는데 부분합을 구하기 위해서는 먼저 부분합의 기준이 항목에 의해 크기순으로 정렬한다.
- 여러 수준으로 부분합을 작성하려면 부분합을 구할 모든 열로 우선 순위를 정하여 정렬해야 하며 부분합이 삽입된 상태에서 데이터를 변경하면 부분합과 총합계가 자동으로 재 계산된다.

▶ 실행과정

① 먼저 분류대상을 기준 키로 해서 크기순(오름차순 또는 내림차순)으로 분류한다.

② 메뉴에서 [데이터] → [윤곽선] → [부분합]을 선택해서 부분합을 설정한다.

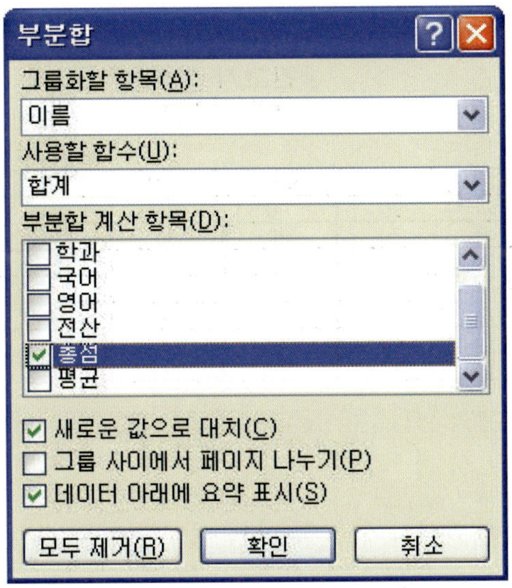

▶ 각 항목의 의미

그룹화할 항목	부분합을 구할 때 기준이 되는 필드명
사용할 함수	부분합의 요약 함수 종류 선택(합계, 개수, 평균, 최대값, 최소값, 곱, 수치개수, 표본 표준편차, 표준편차, 표본분산, 분산 등)
부분합 계산 항목	부분합을 나타내고자 하는 필드명 선택
새로운 값으로 대치	목록에 있는 기존의 부분합을 지우고 새로운 부분합으로 대치
그룹 사이에 페이지 구분	부분합을 구한 각 그룹 항목 다음에 쪽 구분 삽입
데이터 아래에 요약 표시	부분합과 총합계를 하위 데이터 아래에 표시
모두 제거	목록에 있는 부분합 취소

따라하기 »

① 다음과 같이 워크시트에서 학과별로 부분합을 계산하려고 한다. 먼저 지역으로 정렬해야 하므로 B열에 셀 포인터를 두고 오름차순으로 정렬한다.

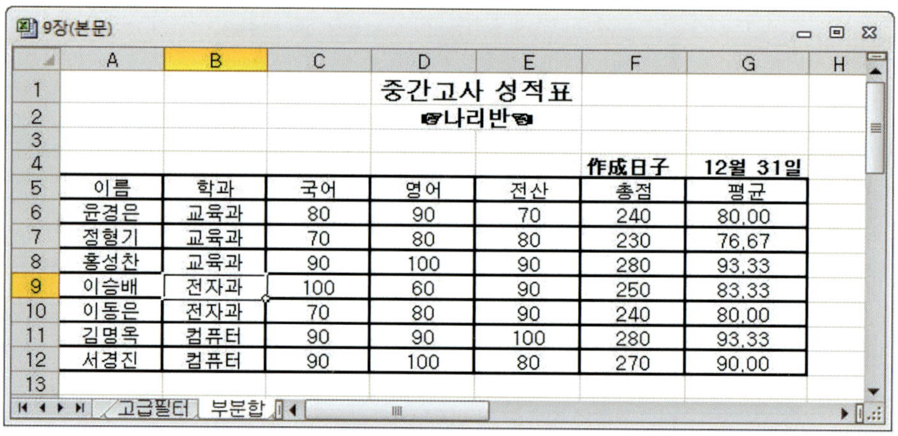

② 다음과 같이 [정렬] 대화상자에서 정렬기준을 "학과"로 지정하고 [확인] 단추를 클릭한다.

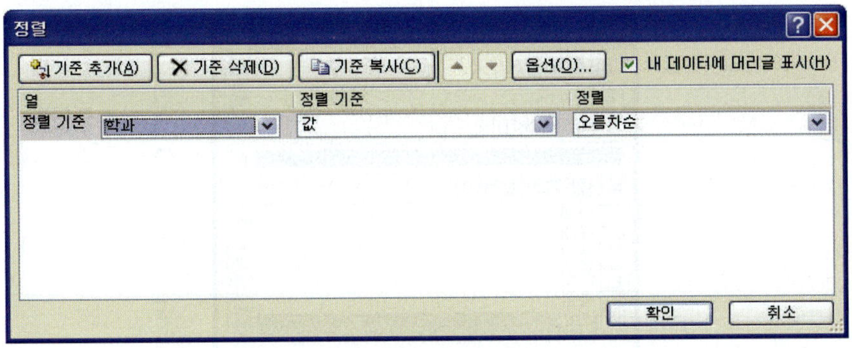

③ 정렬되면 데이터 범위에 셀 포인터를 두고 [데이터] → [부분합] 단추를 선택한다.

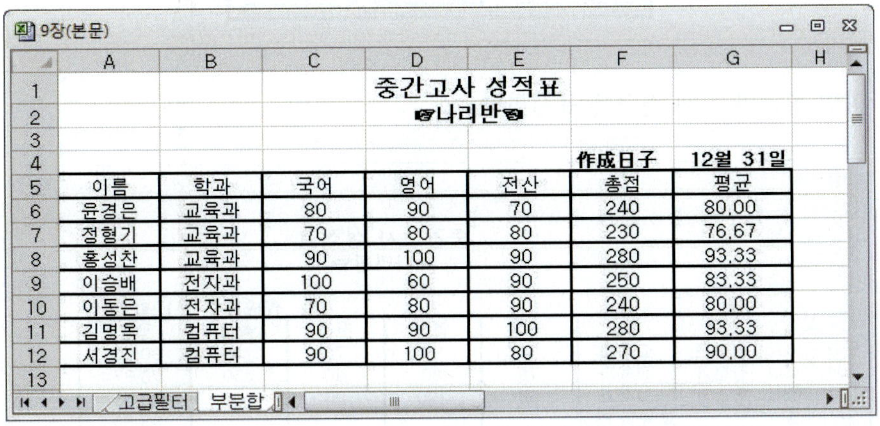

④ 다음과 같이 그룹화 할 항목으로 “학과”를 선택하고 함수와 계산 항목을 지정한 다음 [확인] 단추를 누른다.

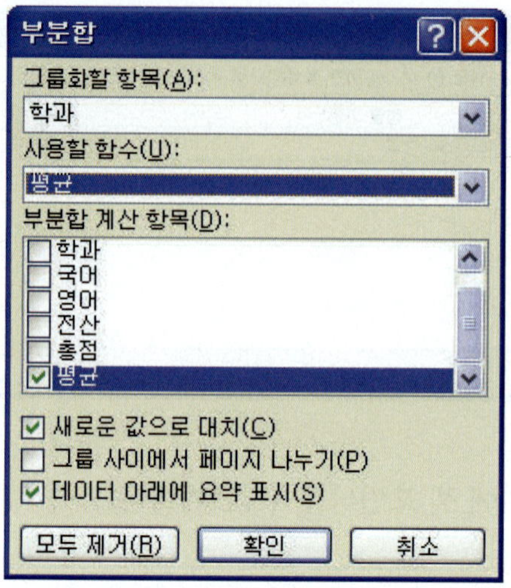

⑤ 학과별 평균과 전체 평균을 표시한다.

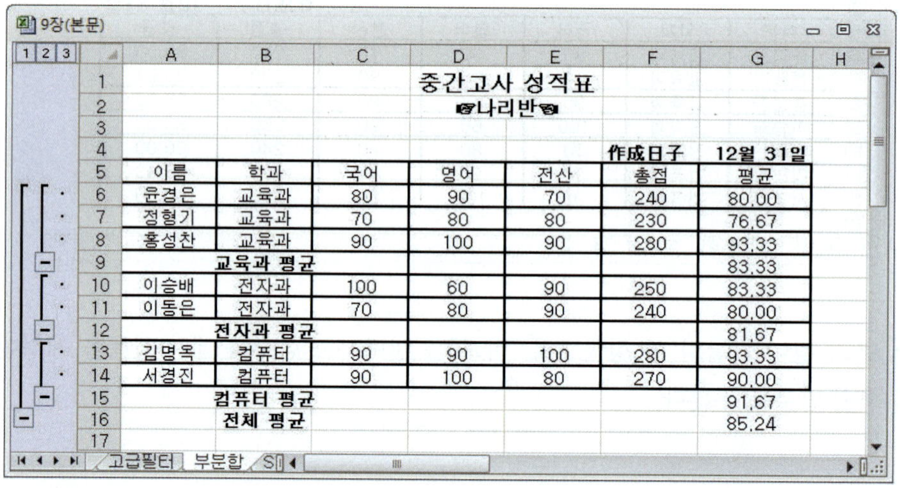

▶ 하위 수준 표시

부분합의 윤곽 기호를 이용하여 일시적으로 하위 수준 데이터의 표시를 선택할 수 있다. 부분합 부분만 확인하거나 하위 데이터까지 표시하도록 지정한다.

1 2 3	1단계(총계), 2단계(소계), 3단계(데이터) 등으로 하위 데이터의 표시를 지정한다.
−	현재 단계에서 하위 데이터를 표시하지 않도록 한다.
+	현대 단계에서 숨겨져 있는 하위 데이터를 다시 표시하도록 한다.

▶ 하위 데이터의 표시 선택

따라하기 »

① 다음과 같이 학과별로 평균을 나타내는 부분합을 작성하고, 교육과 평균의 윤곽 기호를 누르면 "교육과"의 하위 데이터가 표시되지 않는다.

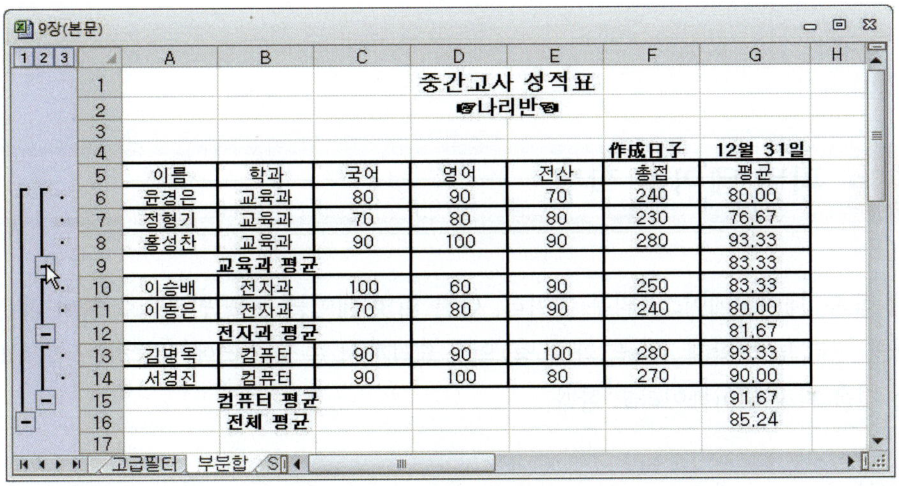

	A	B	C	D	E	F	G
1				중간고사 성적표			
2				나리반			
3							
4						作成日子	12월 31일
5	이름	학과	국어	영어	전산	총점	평균
6	윤경은	교육과	80	90	70	240	80.00
7	정형기	교육과	70	80	80	230	76.67
8	홍성찬	교육과	90	100	90	280	93.33
9		교육과 평균					83.33
10	이승배	전자과	100	60	90	250	83.33
11	이동은	전자과	70	80	90	240	80.00
12		전자과 평균					81.67
13	김명옥	컴퓨터	90	90	100	280	93.33
14	서경진	컴퓨터	90	100	80	270	90.00
15		컴퓨터 평균					91.67
16		전체 평균					85.24
17							

② 2단계 윤곽 기호를 누르면 2단계(소계)까지만 표시되고, 하위 데이터가 표시되지 않는다.

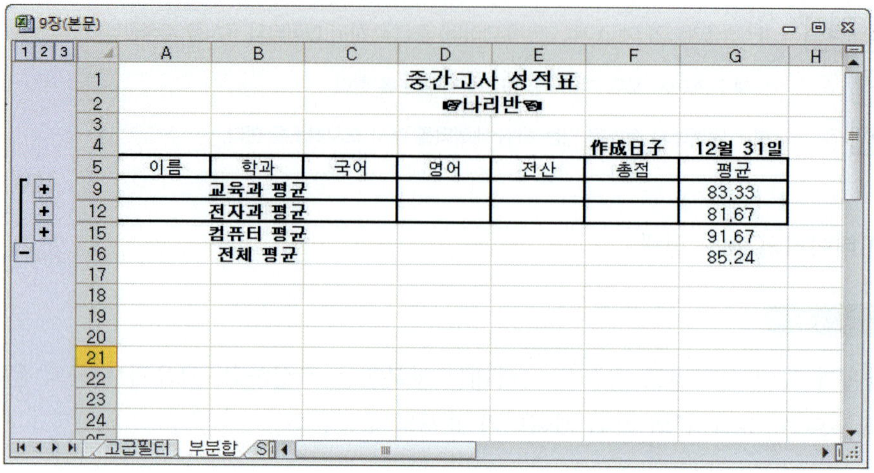

5. 피벗 테이블 작성

엑셀 목록, 데이터베이스, 외부 데이터, 다른 피벗 테이블 등을 원본으로 하여 많은 양의 데이터를 여러 방법(합계, 평균, 개수 등)으로 요약해서 특정 조건에 해당하는 집계표를 작성하는 것을 피벗 테이블이라고 한다.

- 원본 데이터의 행 또는 열의 위치를 변경하여 데이터를 여러 모양으로 표시할 수 있다.
- 특정 항목으로 필터링 하거나 상세히 보기 등을 지정할 수 있다.
- 각 필드에 여러 조건을 지정 가능하며 분야별로 데이터를 집계할 수 있다.
- 피벗 테이블은 작업중인 워크시트나 새로운 워크시트에 작성 가능하다.
- 피벗 테이블을 작성한 다음에라도 기본 데이터 값을 변경하면 피벗 테이블의 데이터 값 역시 자동으로 바뀐다.

따라하기 »

① 다음 데이터로 "매출분석" 시트에서 영업장은 "보고서 필터", 메뉴는 "행 레이블", "데이터 값"에 판매가의 합계와 판매 수량의 합계를 계산하는 피벗 테이블을 작성한다.

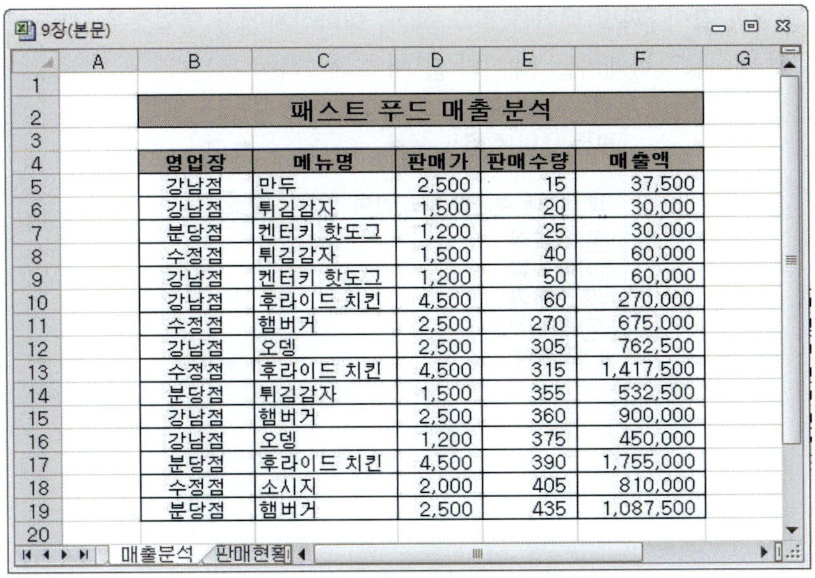

9장(본문)

영업장	메뉴명	판매가	판매수량	매출액
강남점	만두	2,500	15	37,500
강남점	튀김감자	1,500	20	30,000
분당점	켄터키 핫도그	1,200	25	30,000
수정점	튀김감자	1,500	40	60,000
강남점	켄터키 핫도그	1,200	50	60,000
강남점	후라이드 치킨	4,500	60	270,000
수정점	햄버거	2,500	270	675,000
강남점	오뎅	2,500	305	762,500
수정점	후라이드 치킨	4,500	315	1,417,500
분당점	튀김감자	1,500	355	532,500
강남점	햄버거	2,500	360	900,000
강남점	오뎅	1,200	375	450,000
분당점	후라이드 치킨	4,500	390	1,755,000
수정점	소시지	2,000	405	810,000
분당점	햄버거	2,500	435	1,087,500

② 데이터 범위 내에 셀 포인터를 놓고 [삽입] → [표] → [피벗 테이블]을 선택한다.

③ 그림과 같이 "분석할 데이터를 선택하십시오"와 "피벗 테이블 보고서 넣을 위치를 선택하십시오"를 설정하고 [확인] 단추를 누른다.

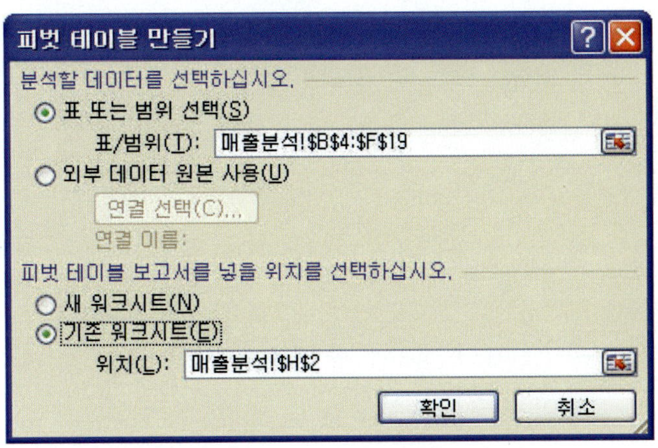

④ 다음 그림과 같이 [피벗 테이블 필드 목록] 대화상자에서 영업장은 “보고서 필터”, 메뉴는 “행 레이블”, 판매가는 “데이터 값”에 드래그하여 놓는다.

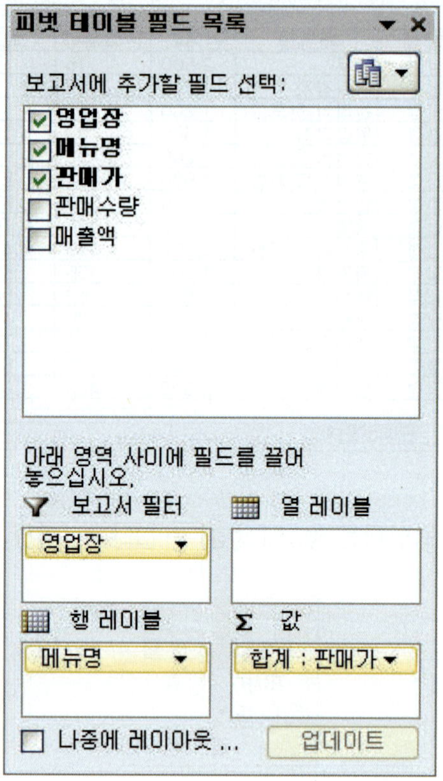

⑤ [피벗 테이블 필드 목록] 대화상자에서 판매수량을 “데이터 값”에 드래그하면 “열 레이블”에 데이터 값이 생긴다.

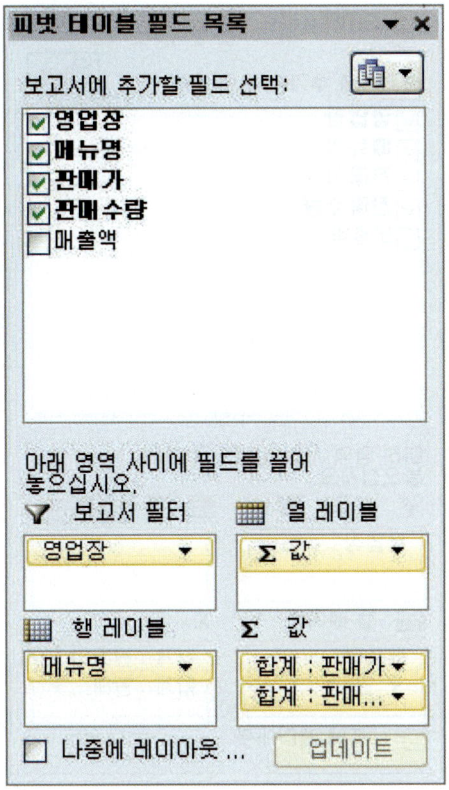

⑥ "열 레이블"의 데이터 값을 "행 레이블에 드래그하여 이동한다.

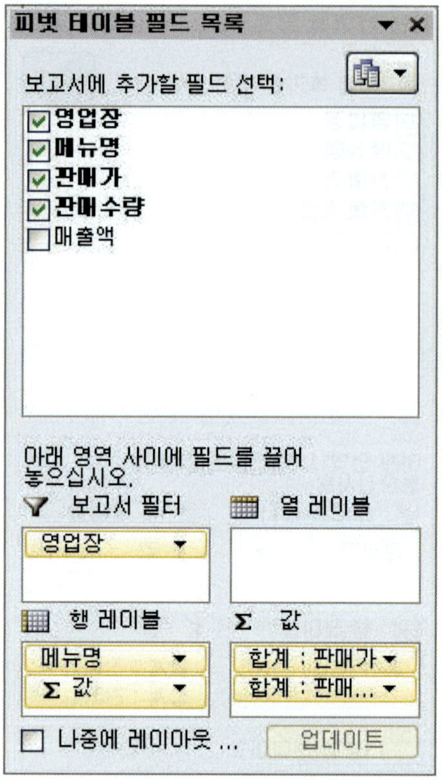

⑦ "데이터 값"의 판매가와 판매수량의 합계는 "합계 : 판매가▼"를 클릭하여 "값 필드 설정"에서 변경할 수 있다.

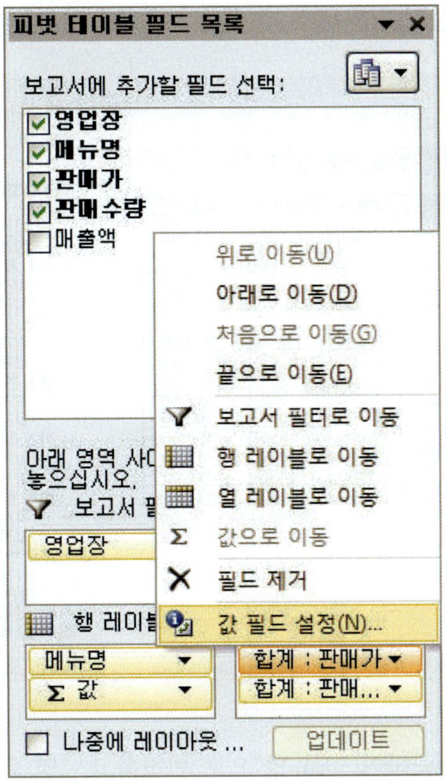

⑧ [값 필드 설정] 대화상자에서 합계, 개수, 평균 등의 함수를 표시 할 수 있다.

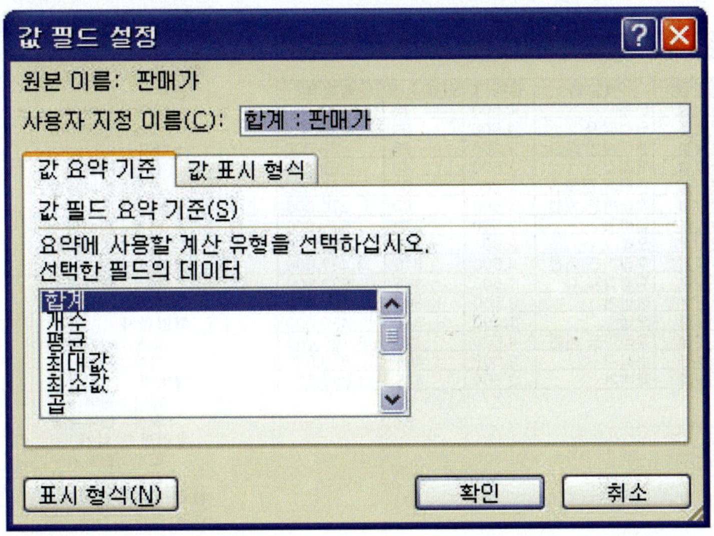

⑨ "값 필드 설정"까지 설정하면 피벗 테이블의 구조를 결정한다.

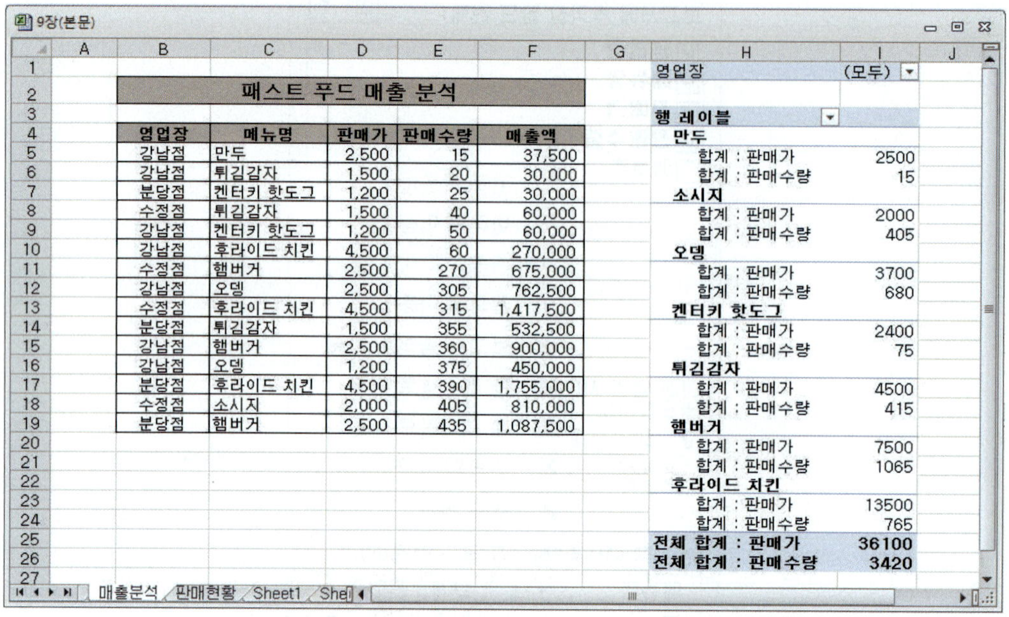

⑩ "행 레이블"은 더블클릭하여 "메뉴명"으로 변경하고, "영업장" 등을 클릭하여 [홈] → [글꼴] 그룹에서 변경한다.

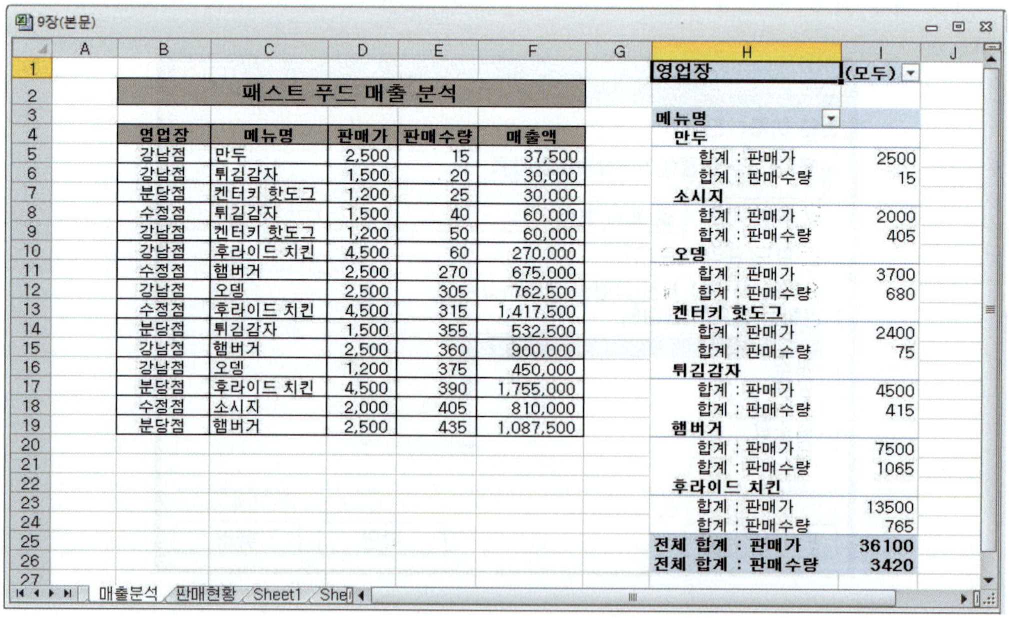

▶ 피벗 테이블 보기

따라하기 »

① 피벗 테이블의 보고서 필터 단추를 누르고 특정 항목을 선택하면, 그 항목에 대한 데이터만 표시된다. [모두] 항목을 선택하면 다시 원래 상태대로 표시할 수 있다.

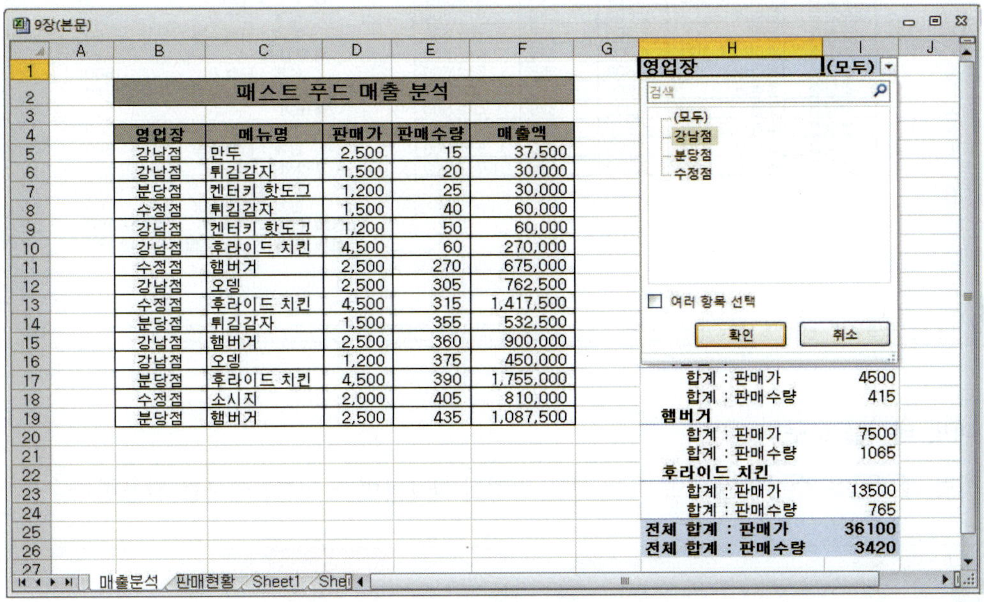

② 피벗 테이블의 필드 단추를 마우스 끌기로 이동하여 즉석에서 피벗 테이블의 구조를 변경할 수 있다. "판매지역" 필드 단추를 열 필드 쪽으로 끌어다 놓고 "판매지점" 필드 단추를 쪽 필드 쪽으로 끌어다 놓아 구조를 변경해 보자.

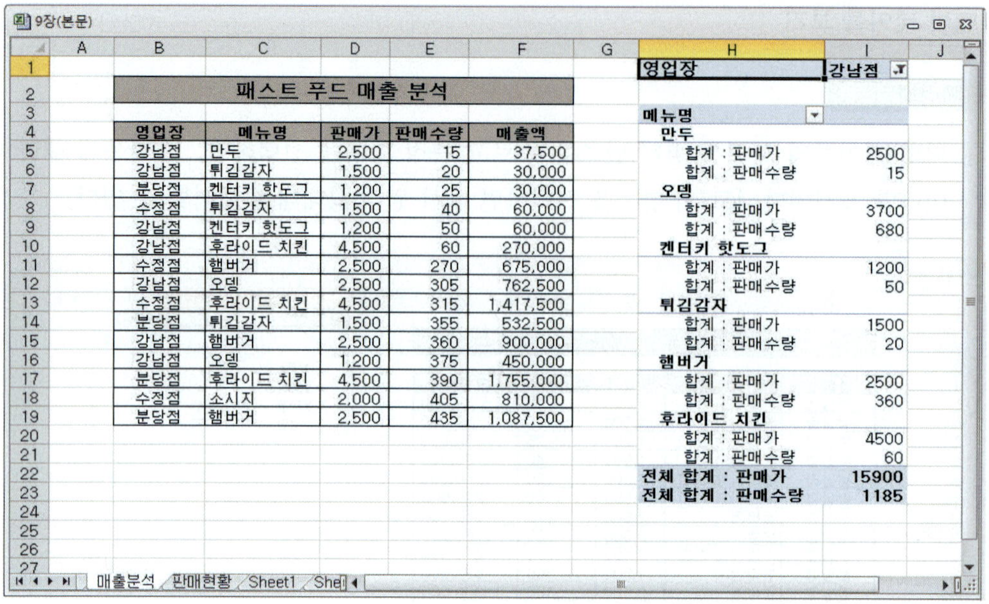

▶ 피벗 테이블 도구

피벗 테이블을 수정하거나 보기 형식을 변경할 때 [피벗 테이블] 도구를 사용한다.

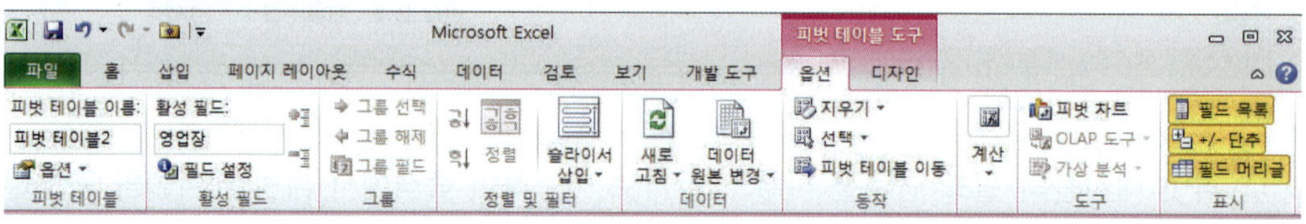

따라하기 »

① 다음 데이터로 "판매현황" 시트에서 판매지역은 "보고서 필터", 판매지점는 "행 레이블", 판매품목은 "열 레이블", "데이터 값"은 금액의 개수 계산하는 피벗 테이블을 작성한다.

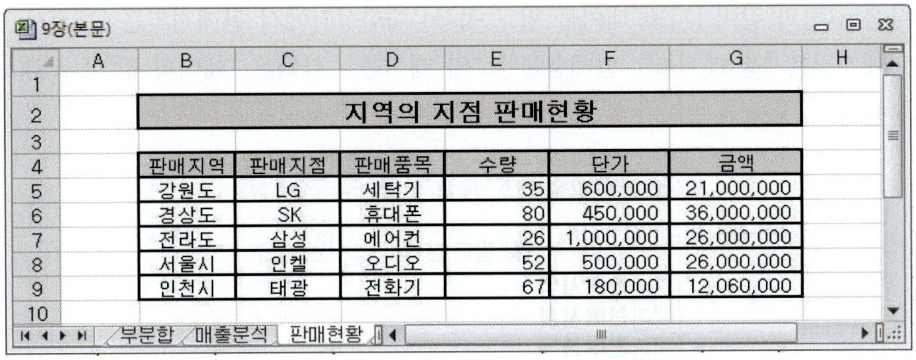

② 데이터 범위 내에 셀 포인터를 놓고 [삽입] → [표] → [피벗 테이블]을 선택한다.

③ 그림과 같이 "피벗 테이블 보고서 넣을 위치를 선택하십시오"는 "새 워크시트"로 설정하고 [확인] 단추를 누른다.

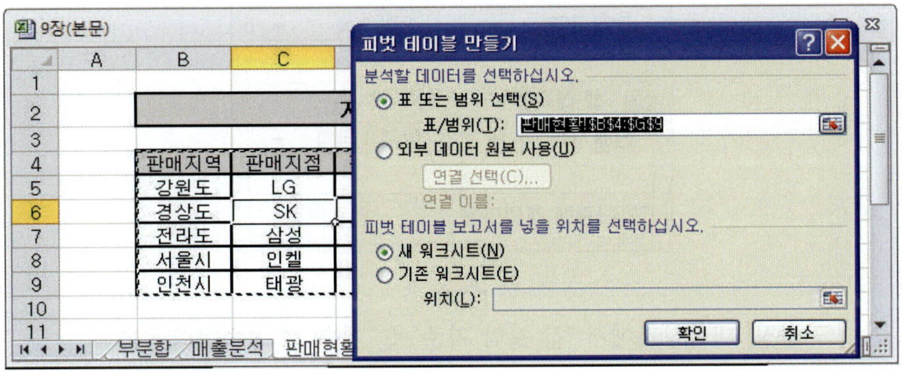

④ "판매현황" 시트 전에 "Sheet"가 생긴다.

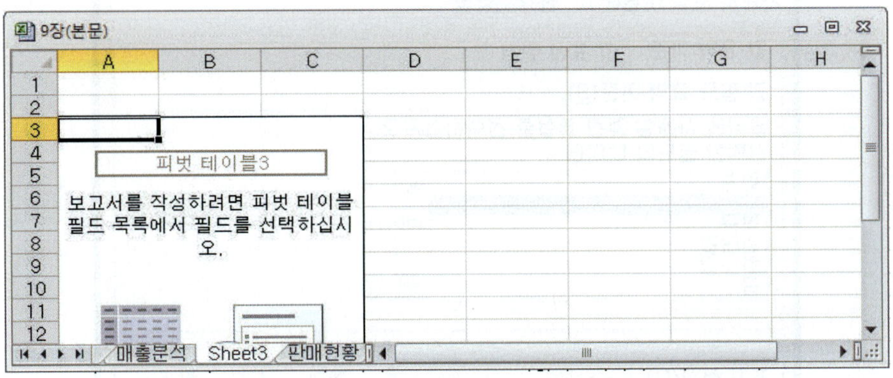

⑤ 다음 그림과 같이 [피벗 테이블 필드 목록] 대화상자에서 판매지역은 “보고서 필터”, 판매지점는 “행 레이블”, 판매품목은 “열 레이블”, 금액은 “데이터 값”에 드래그하여 놓는다.

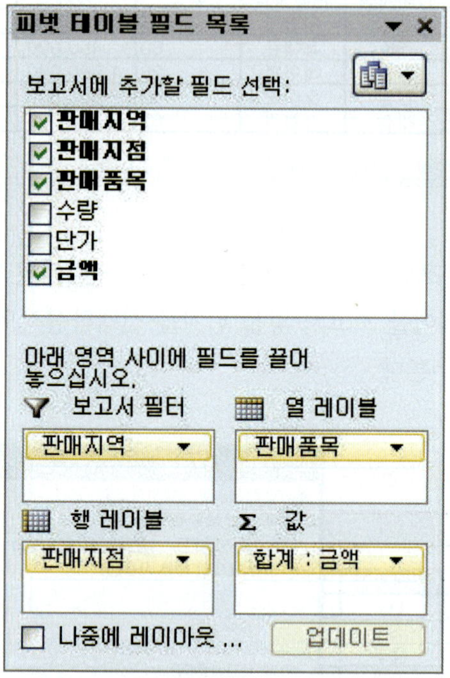

⑥ [값 필드 설정] 대화상자에서 “값 요약 기준”을 “개수”로 설정한다.

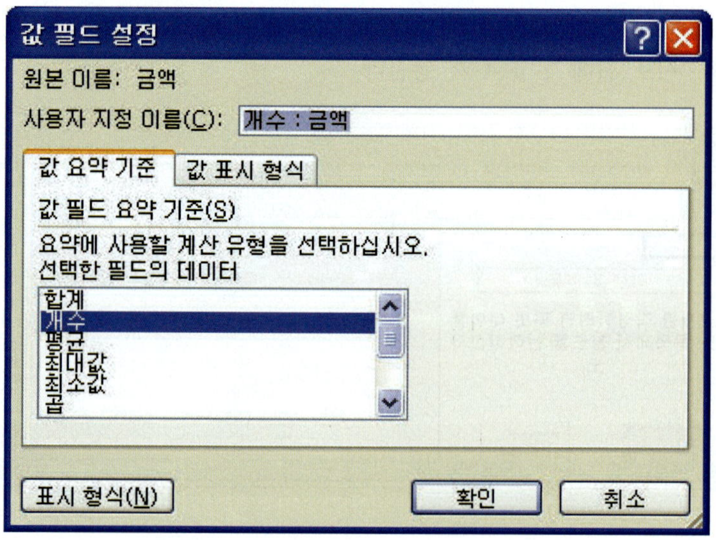

⑦ "데이터 값"이 평균으로 계산된다.

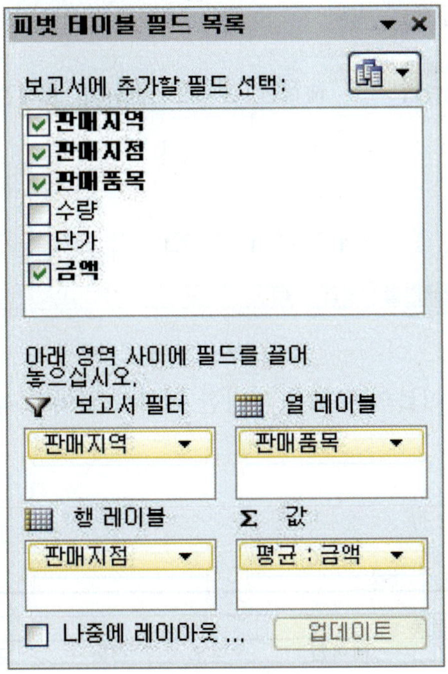

⑧ [피벗 테이블 필드 목록] 대화상자를 수정하면 피벗 테이블의 구조를 결정한다.

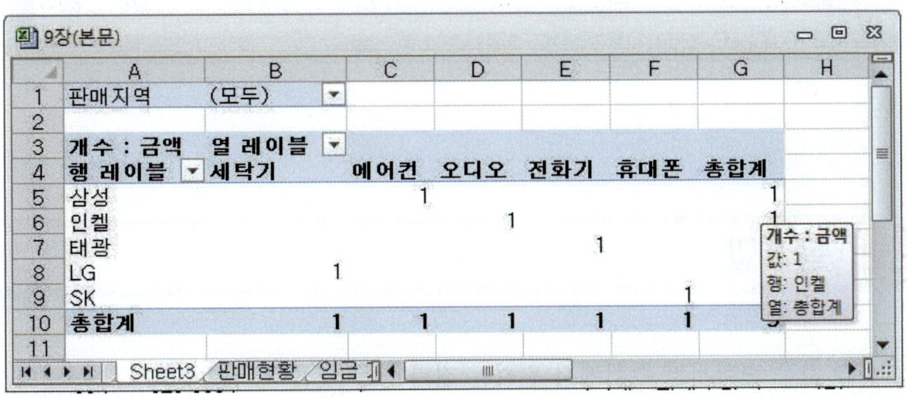

⑨ "행 레이블"은 "판매지점", "열 레이블"은 "판매품목"으로 변경하고, [홈] → [글꼴] 그룹에서 변경한다.

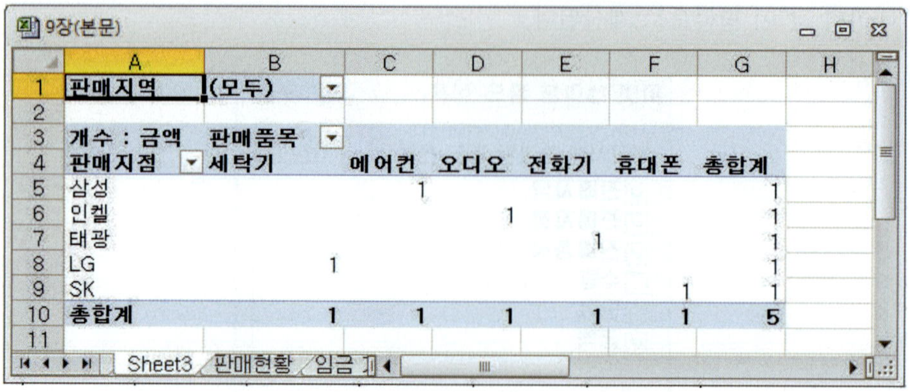

	A	B	C	D	E	F	G
1	판매지역	(모두)					
2							
3	개수 : 금액	판매품목					
4	판매지점	세탁기	에어컨	오디오	전화기	휴대폰	총합계
5	삼성		1				1
6	인켈			1			1
7	태광				1		1
8	LG	1					1
9	SK					1	1
10	총합계	1	1	1	1	1	5

⑩ 필드 단추를 피벗 테이블의 구조를 적당한 위치로 끌어다 놓아 피벗 테이블의 구조를 결정한다.

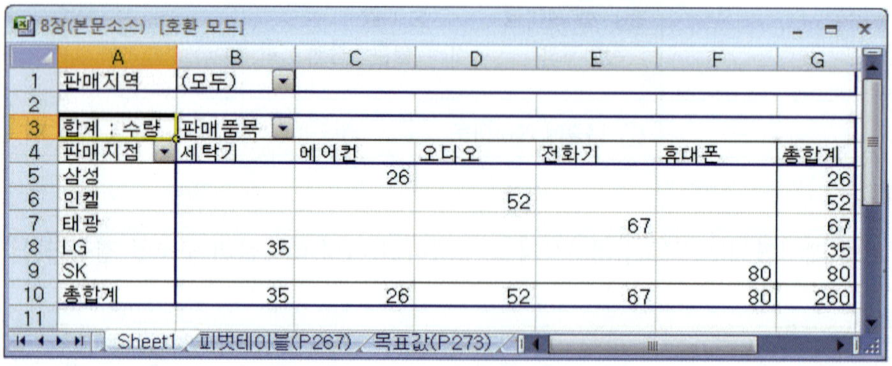

	A	B	C	D	E	F	G
1	판매지역	(모두)					
2							
3	합계 : 수량	판매품목					
4	판매지점	세탁기	에어컨	오디오	전화기	휴대폰	총합계
5	삼성		26				26
6	인켈			52			52
7	태광				67		67
8	LG	35					35
9	SK					80	80
10	총합계	35	26	52	67	80	260

6. 목표값

특정 셀의 값을 변화시켜 수식에서 원하는 결과 값을 찾을 때 사용한다. 값을 변화시키려는 셀은 결과를 계산하는 수식에서 반드시 참조하고 있어야 한다.

따라하기 »

① 다음과 같은 워크시트를 작성해 보자. "평균"은 "국사, 영어, 과제"의 평균으로 계산한다.

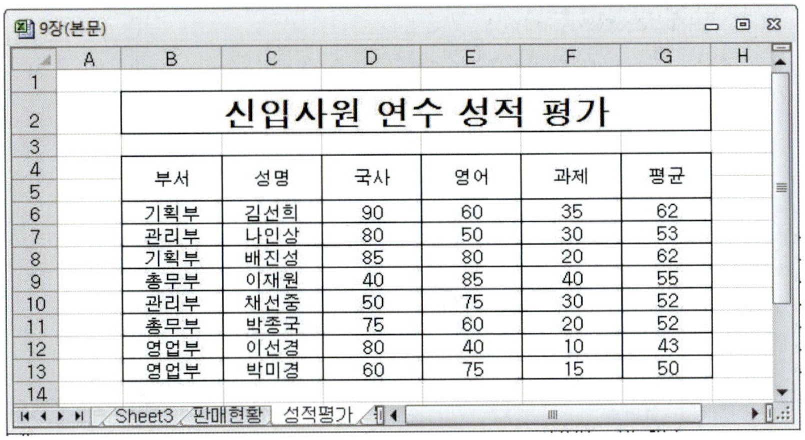

② 김선희의 평균은 70점원으로 만들기 위해 "영어" 점수을 변화시키려고 한다. 수식이 들어 있는 셀 G6에 셀 포인터를 놓고 [데이터] → [데이터 도구] → [가상 분석] → [목표값 찾기]를 선택한다.

③ "수식 셀"은 원하는 결과 값을 얻고자 하는 셀로 수식이 들어 있어야 한다. 여기에서는 평균을 구하는 수식이 들어있는 G6 셀로 지정한다. "찾는 값"은 G6 셀에 어떤 결과가 나오기를 원하는가 하는 것이므로 "70"원으로 입력한다. "값을 바꿀 셀"은 원하는 결과값을 찾기 위해 변화시킬 셀로, 판매 마진율이 있는 "E6"셀로 지정하고 [확인] 단추를 누른다.

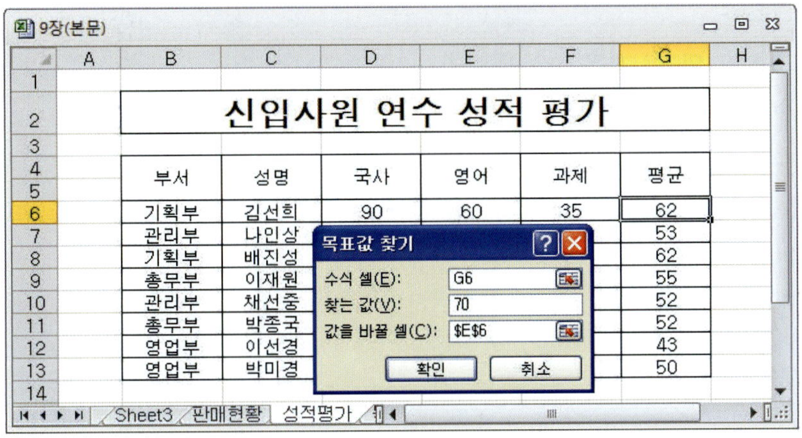

④ 엑셀이 수식을 분석하여 목표값을 찾아준다. [확인] 단추를 누르면 목표값 찾기의 결

과를 워크시트에 반영해 준다.

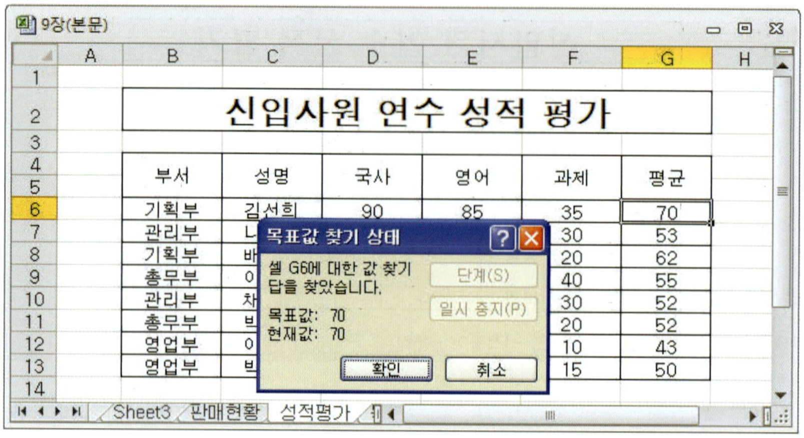

7. 시나리오 작성

워크시트를 다양한 방법으로 예측할 때 사용하는 값의 집합을 시나리오라고 한다. 워크시트를 구성하는 셀의 가상 값을 저장하여 결과를 예측하여 나타낼 수 있다.

따라하기 »

① 다음과 같은 워크시트를 작성해 보자.

- 공항세(2) = 환율*공항세(엔화)
- 합계 = 왕복 항공료 + 공항세(1) + 공항세(2)
- 셀 이름 정의 : [C16] 셀은 "환율", [H15] 셀은 "총금액으로 정의한다.
- 시나리오1 : 시나리오 이름은 "환율인상", 환율 13%로 설정한다.
- 시나리오2 : 시나리오 이름은 "환율인하", 환율 10%로 설정한다.

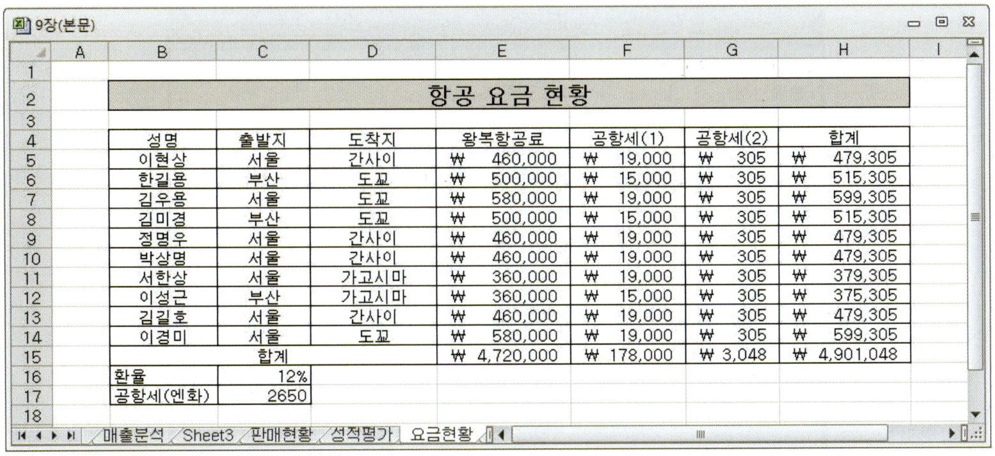

② C16 셀을 선택하고 [이름 상자]를 클릭하여 "환율", H16 셀을 선택하고 [이름 상자]를 클릭하여 "총금액"이라고 입력하고 Enter↵를 누른다.

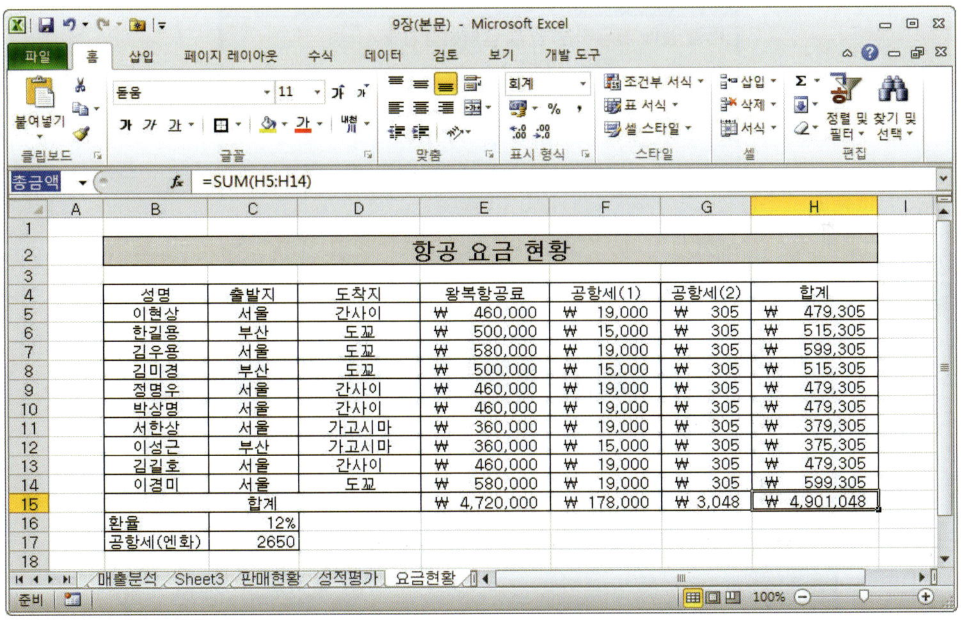

③ C16 셀을 선택하고 [데이터] → [데이터 도구] → [가상 분석] → [시나리오 관리자]를 선택한다. [시나리오 관리자] 대화상자에서 "추가" 단추를 클릭한다.

④ [시나리오 추가] 대화상자에서 시나리오 이름은 "환율인상", 변경 셀은 "C16" 셀로 지정하고 [확인] 단추를 누른다.

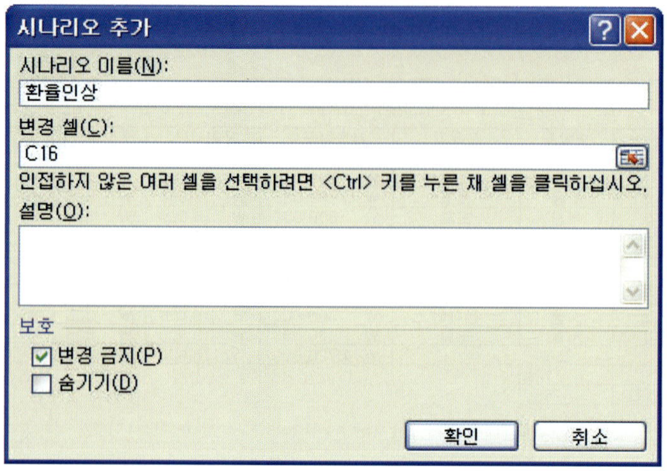

⑤ [시나리오 값] 대화상자에서 환율은 "13%"로 입력하고 [추가] 단추를 누른다.

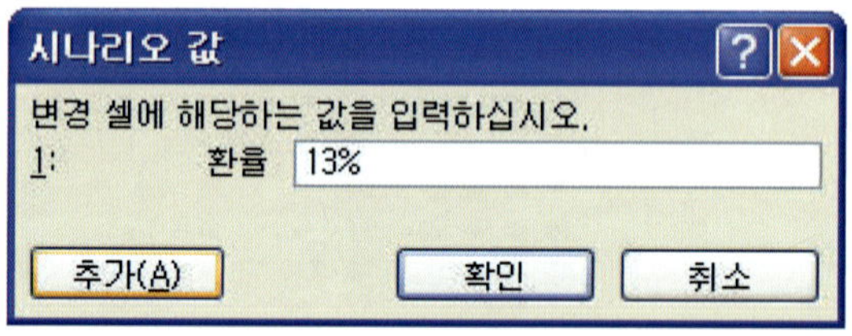

⑥ [시나리오 추가] 대화상자에서 시나리오 이름은 "환율인하", 변경 셀은 "C16" 셀로 지정하고 [확인] 단추를 누른다.

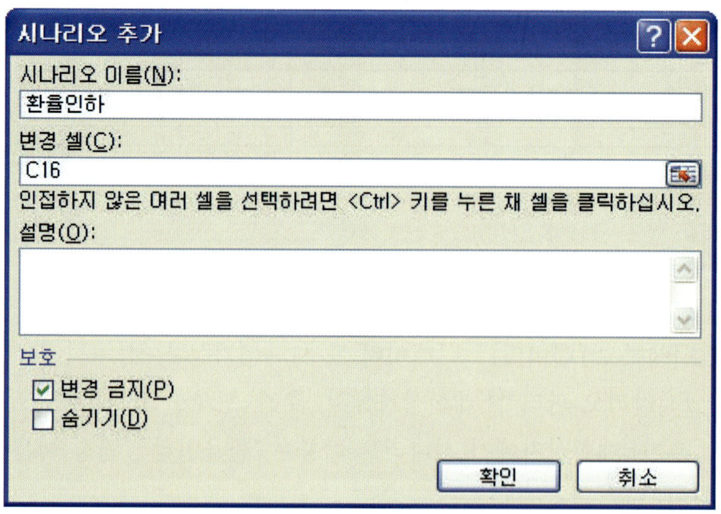

⑦ [시나리오 값] 대화상자에서 환율은 "13%"로 입력하고 [확인] 단추를 누른다.

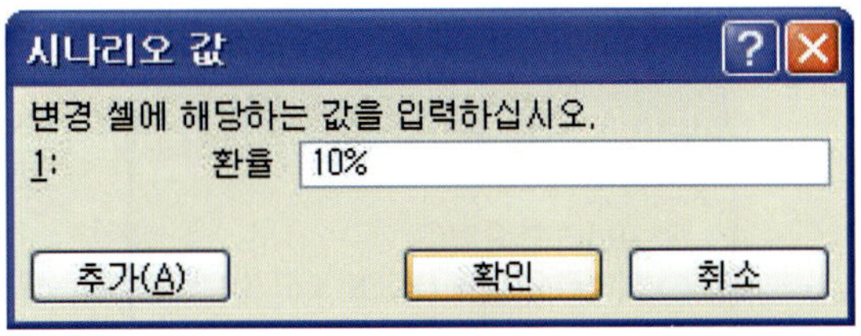

⑧ [시나리오 관리자] 대화상자에서 "요약" 단추를 누른다.

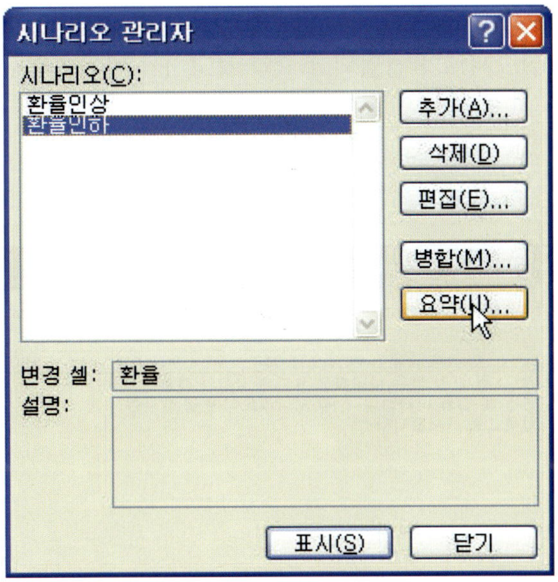

엑셀 노트 ▸▸▸

▶ **시나리오 관리자 명령 단추**

- 추가 : 새로운 시나리오를 정의한다.
- 삭제 : 선택한 시나리오를 목록에서 삭제한다.
- 편집 : 선택한 시나리오의 이름, 변경, 셀, 설명, 가상 값 등을 변경한다.
- 병합 : 다른 통합문서의 시나리오를 현재 시나리오 목록에 결합한다.
- 요약 : 시나리오 요약 보고서, 피벗 테이블 보고서를 만든다.
- 표시 : 선택한 시나리오를 워크시트에 반영하여 결과를 본다.
- 닫기 : [시나리오 관리자] 대화상자를 닫고 워크시트로 복귀한다.

⑨ [시나리오 요약] 대화상자에서 "보고서 종류"는 "시나리오 요약", "결과 셀"은 "H15" 셀을 설택하고 "확인" 단추를 누른다.

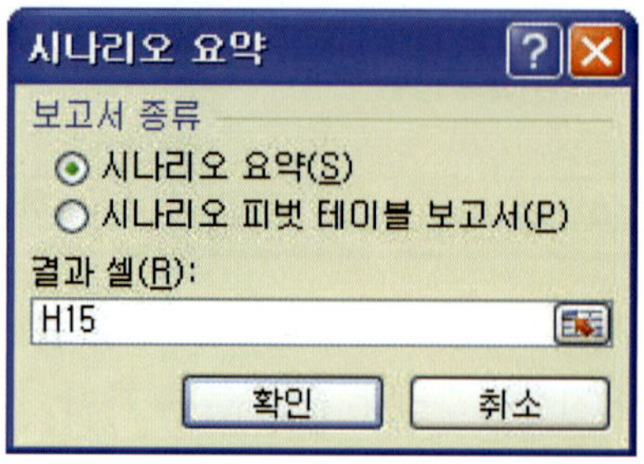

⑩ "시나리오 요약" 워크시트가 삽입되고 요약 보고서가 만들어졌다.

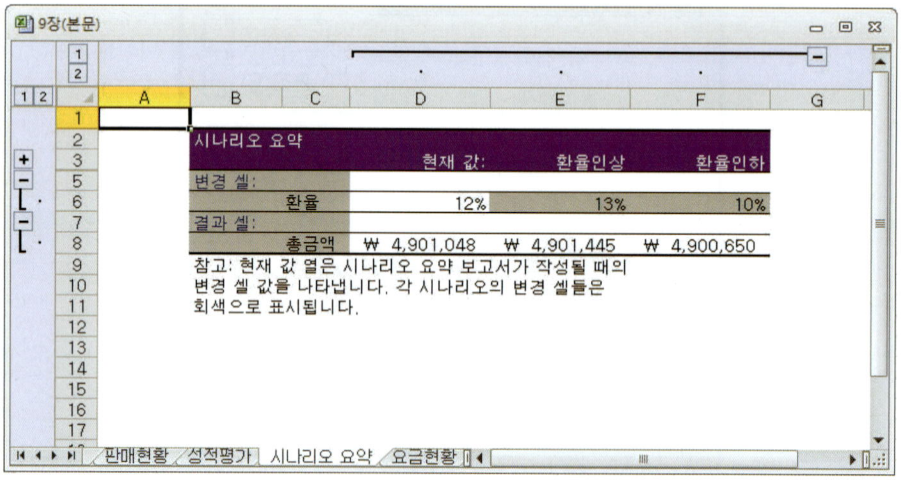

연습문제
EXERCISE

01 다음 워크시트를 작성한 후 [처리 조건]에 따라 처리하시오.

8장(연습소스) [호환 모드]

	A	B	C	D	E	F	G	H
1								
2	분기별 판매현황							
3								
4	지역	1분기	2분기	3분기	4분기	평균	비율	상태
5	속초	120	150	90	88	112		
6	강릉	110	100	200	160	143		
7	고성	50	60	70	65	61		
8	원주	90	80	100	110	95		
9	춘천	150	170	120	170	153		
10	인천	200	250	290	380	280		
11	서울	250	200	180	220	213		
12	김포	100	80	90	60	83		
13	인제	60	50	90	150	88		
14								
15	합계	1130	1140	1230	1403	1226		
16	평균	126	127	137	156	136		
17								

지역별 / 지역별제품 / 고급필터 / Sheet3 / 품목 지점별 매출액

[처리 조건]

- 비율 : 지역평균/평균의 합계
- 상태 : 평균이 150이상이면 "우수", 아니면 "부진"

02 [지역별] 워크시트에서 자동필터의 기능을 이용하여 "평균"이 150 이상인 데이터만 나타내보자.

9장(연습)

	A	B	C	D	E	F	G	H
1								
2	분기별 판매현황							
3								
4	지역	1분기	2분기	3분기	4분기	평균	비율	상태
9	춘천	150	170	120	170	153	12%	우수
10	인천	200	250	290	380	280	23%	우수
11	서울	250	200	180	220	213	17%	우수
14								
15	합계	1130	1140	1230	1403	1226		
16	평균	126	127	137	156	136		
17								

지역별 / 지역별제품 / 고급필터 / Sheet3 / 품목 지점별 매출액

03 다음 워크시트의 데이터와 조건으로 고급필터를 작성하시오.

9장(연습)

2011년도 시험 성적

성명	부서	직급	영어	컴퓨터	상식	합계	평균
김경자	기획부	부장	90	95	85	270	135
이수만	경리부	대리	80	100	65	245	123
최인숙	총무부	과장	70	85	80	235	118
방철수	경리부	사원	75	65	90	230	115
김세라	기획부	부장	95	80	95	270	135
임길수	기획부	대리	100	90	100	290	145
최양숙	경리부	과장	85	75	85	245	123
임수근	총무부	대리	65	72	96	233	117
오나라	경리부	부장	80	69	98	247	124
함수철	기획부	대리	90	66	100	256	128

직급	평균
대리	>=120

지역별 / 고급필터 / 지역별제품 / Sheet3 / 시나리오

04 다음 [지역별] 워크시트 데이터로 [피벗테이블] 워크시트에 다음과 같은 피벗테이블을 작성하시오.

9장(연습)

우수제품 판매현황

지역	대리점	품목	수량	단가	판매금액
강릉	삼성	세탁기	60	500,000	30,000,000
원주	현대	자동차	100	1,200,000	120,000,000
춘천	LG	세탁기	80	550,000	44,000,000
원주	바텔	전화기	120	120,000	14,400,000
강릉	대우	자동차	200	1,600,000	320,000,000
속초	드림	세탁기	95	400,000	38,000,000
춘천	샤프	오디오	105	300,000	31,500,000
속초	인켈	오디오	200	450,000	90,000,000

지역별 / 고급필터 / 지역별제품 / Sheet3 / 시나리

9장(연습)

지역 (모두)

합계 : 판매금액	품목				
대리점	**세탁기**	**오디오**	**자동차**	**전화기**	**총합계**
대우			320000000		320000000
드림	38000000				38000000
바텔				14400000	14400000
삼성	30000000				30000000
샤프		31500000			31500000
인켈		90000000			90000000
현대			120000000		120000000
LG	44000000				44000000
총합계	**112000000**	**121500000**	**440000000**	**14400000**	**687900000**

고급필터 / Sheet1 / 지역별제품

05 다음과 같이 워크시트를 작성한 후 [처리 조건]에 따라 부분합을 작성하시오.

9장(연습)

거래처별 판매 분석

거래처	품명	단가	수량	금액	입금액	미수금액
성원	선풍기	245,000	5	1,225,000	294,000	931,000
아키	마작시트	23,000	5	115,000	86,000	29,000
제일	마작시트	23,000	5	115,000	115,000	-
성원	시트커버	67,000	7	469,000	239,000	230,000
청구	시트커버	67,000	7	469,000	469,000	-
성원	방향제	16,000	10	160,000	160,000	-
성원	방향제	16,000	12	192,000	192,000	-
아키	마작시트	23,000	12	276,000	276,000	-
아키	선풍기	245,000	13	3,185,000	315,000	2,870,000
성원	시트커버	67,000	15	1,005,000	156,000	849,000
제일	마작시트	23,000	19	437,000	437,000	-
성원	선풍기	245,000	20	4,900,000	300,000	4,600,000
아키	공기청정기	44,000	20	880,000	312,000	568,000
제일	마작시트	23,000	20	460,000	460,000	-
제일	시트커버	67,000	21	1,407,000	458,000	949,000
성원	선풍기	245,000	23	5,635,000	384,000	5,251,000
성원	마작시트	23,000	25	575,000	392,000	183,000
제일	시트커버	67,000	27	1,809,000	968,000	841,000
청구	선풍기	245,000	28	6,860,000	78,000	6,782,000
아키	방향제	16,000	29	464,000	100,000	364,000
청구	시트커버	67,000	29	1,943,000	572,000	1,371,000
성원	시트커버	67,000	34	2,278,000	94,000	2,184,000

지역별제품 / 부분합 / 시나리오

[처리 조건]

- "품명"을 오름차순으로 정렬한다.
- "품목"별 "미수금액"의 합계를 계산한 후, "입ㄱ습액"의 평균을 계산하여 평균, 요약의 순서로 부분합을 작성한다.

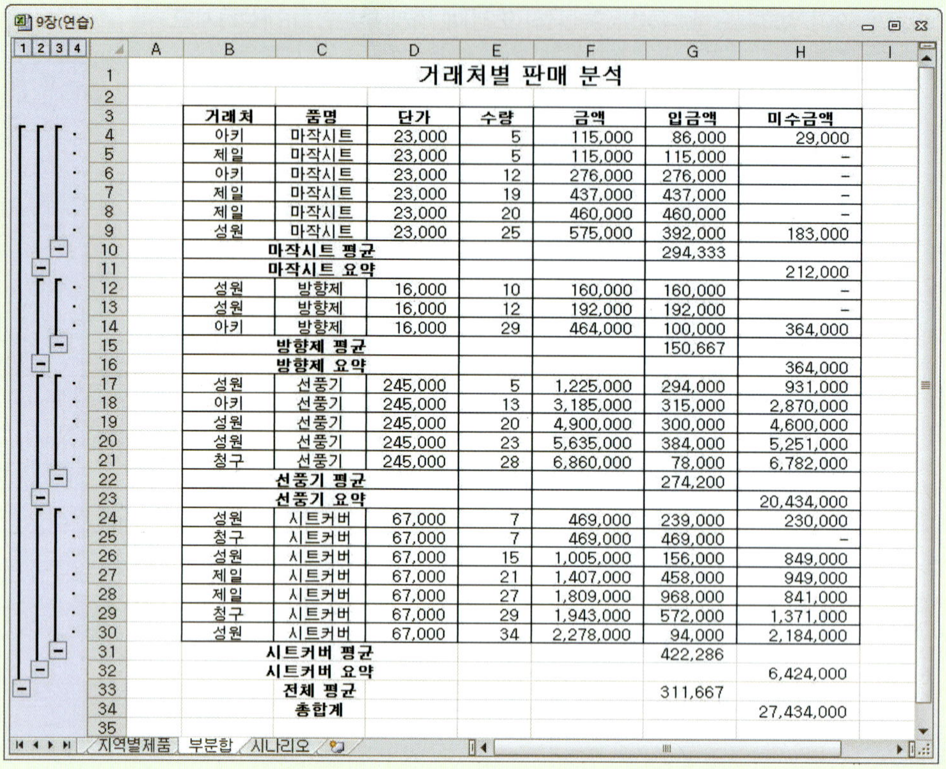

거래처별 판매 분석

거래처	품명	단가	수량	금액	입금액	미수금액
아키	마작시트	23,000	5	115,000	86,000	29,000
제일	마작시트	23,000	5	115,000	115,000	-
아키	마작시트	23,000	12	276,000	276,000	-
제일	마작시트	23,000	19	437,000	437,000	-
제일	마작시트	23,000	20	460,000	460,000	-
성원	마작시트	23,000	25	575,000	392,000	183,000
	마작시트 평균				294,333	
	마작시트 요약					212,000
성원	방향제	16,000	10	160,000	160,000	-
성원	방향제	16,000	12	192,000	192,000	-
아키	방향제	16,000	29	464,000	100,000	364,000
	방향제 평균				150,667	
	방향제 요약					364,000
성원	선풍기	245,000	5	1,225,000	294,000	931,000
아키	선풍기	245,000	13	3,185,000	315,000	2,870,000
성원	선풍기	245,000	20	4,900,000	300,000	4,600,000
성원	선풍기	245,000	23	5,635,000	384,000	5,251,000
청구	선풍기	245,000	28	6,860,000	78,000	6,782,000
	선풍기 평균				274,200	
	선풍기 요약					20,434,000
성원	시트커버	67,000	7	469,000	239,000	230,000
청구	시트커버	67,000	7	469,000	469,000	-
성원	시트커버	67,000	15	1,005,000	156,000	849,000
제일	시트커버	67,000	21	1,407,000	458,000	949,000
제일	시트커버	67,000	27	1,809,000	968,000	841,000
청구	시트커버	67,000	29	1,943,000	572,000	1,371,000
성원	시트커버	67,000	34	2,278,000	94,000	2,184,000
	시트커버 평균				422,286	
	시트커버 요약					6,424,000
	전체 평균				311,667	
	총합계					27,434,000

06 다음과 같이 워크시트를 작성한 후 [처리 조건]에 따라 시나리오를 작성하시오.

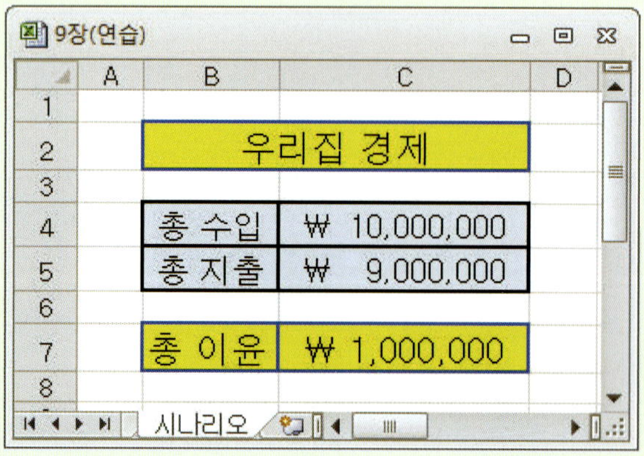

우리집 경제

총 수입	₩ 10,000,000
총 지출	₩ 9,000,000
총 이윤	₩ 1,000,000

[처리 조건]

- 총 이윤 : 총수입 – 총지출
- 최상 시나리오 : 총수입 = 10,000,000과 총지출 = 1,000,000
- 최악 시나리오 : 총수입 = 1,000,000과 총지출 = 10,000,000

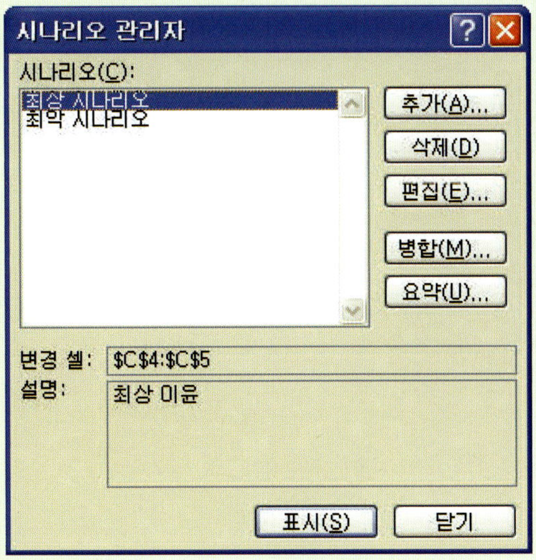

[최상 시나리오]

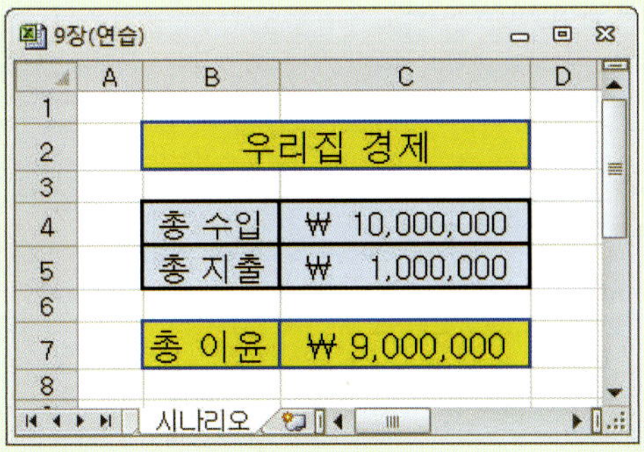

[최악 시나리오]

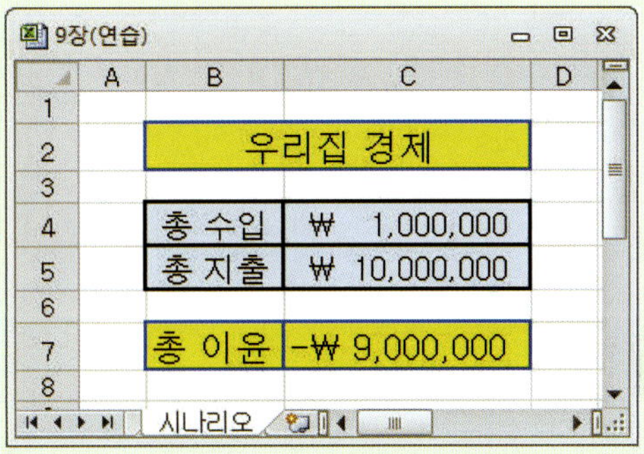

EXCEL

08
CHAPTER

차트의 작성

1. 차트 개요

2. 효과적인 차트의 적용

3. 차트 작성과 표

4. 차트 레이아웃과 스타일

5. 차트 종류 변경 / 서식 파일로 저장

08 CHAPTER 차트의 작성

1. 차트 개요

차트는 시각적으로 쉽게 분석하여 판단할 수 있도록 셀에 있는 데이터를 그림 막대나 꺾은선, 원 등으로 표시한다. 엑셀 2010에서는 파워포인트, 워드 모두 엑셀 차트를 사용한다. 따라서 엑셀에서는 차트를 만들어 다른 프로그램에 복사하는 것이 편리하다.

▶ 차트 만드는 방법

- 방법1 단축키 F11을 누르면 기본 차트가 바로 작성된다.
- 방법2 리본 메뉴에서 [삽입] → [차트] → [차트 종류]를 선택하여 작성한다.
- 방법3 차트 만들기 아이콘()을 눌러 차트 작성을 시작한다.

▶ 차트의 구성 요소

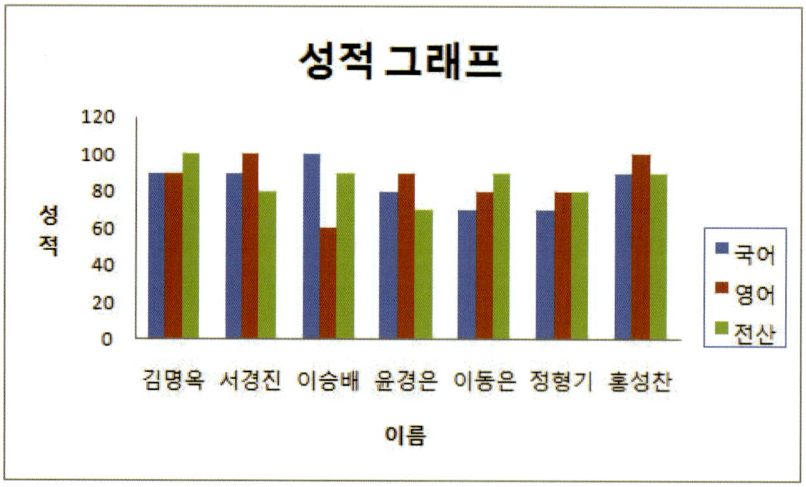

2. 효과적인 차트의 적용

리본 메뉴에서 [삽입] → [차트] → [차드 종류]를 선택하면 여러 종류의 차트를 선택할 수 있다.

- 막대형 차트
  - 일정 기간 동안의 데이터 변화를 보여 주거나 항목간의 값을 비교할 때 이용한다. 가로막대형과 세로막대형으로 구분된다.
- 꺾은선형
  - 동일한 간격으로 데이터의 추세를 보여 줄 때 이용한다.
- 원형
  - 전체 항목의 합에 대한 각 항목의 비율을 나타내며, 항상 계열 하나로 이루어지고 중요한 요소를 강조할 때 유용하다.
- 영역형
  - 시간에 따른 각 값의 추세를 나타낼 때 이용한다.
- 분산형
  - 여러 데이터 계열값 들의 관계를 보여 주고, 두 개의 숫자 그룹을 XY 좌표로 이루어진 한 계열로 그리며, 데이터의 불규칙한 간격이나 묶음을 보여 준다. 주로 과학 데이터에 사용된다.
- 도넛형
  - 원형 차트에서처럼 전체에 대한 각 부분의 관계를 나타낼 때 이용한다.
- 방사형
  - 각 항목마다 가운데 요소에서 뻗어 나온 값축을 가지며, 선은 같은 계열의 모든 값을 연결한다.
- 표면형
  - 두 데이터 집합에서 최적의 조합을 찾을 때 유용하다.
- 거품형
  - 분산형 차트의 한 종류이다.
- 주식형
  - 고가 – 저가 – 종가 차트는 주식 가격을 나타내는 데 사용하며, 온도 변화와 같은 과학 데이터를 나타내는 데 사용되기도 한다.

- 원통형, 원뿔형, 피라미드형
  - 3차원 막대형 차트에 극적 효과를 줄 수 있다.

3. 차트 작성과 표

차트는 표를 만들어 작성하는 것이 좋다. 차트의 데이터 원본은 행과 열이 확실히 있는 100% 표를 만들 수 있는 자료다. 표에서 차트를 만들면 표에서 행 또는 열을 삭제 또는 삽입하면 자동으로 반영되어 매우 편리한다.

▶ 표에서 차트 작성 / 크기 조절

하나의 셀만 선택해도 전체 표를 범위로 해서 차트를 작성한다. 특정 열과 행만으로 차트를 작성하려면 해당 영역만 선택하고 작성한다. 작성된 차트를 이동하고 크기 조절할 수 있다.

따라하기 »

① 다음과 같이 표를 작성하고, 표의 한 셀을 선택한다.

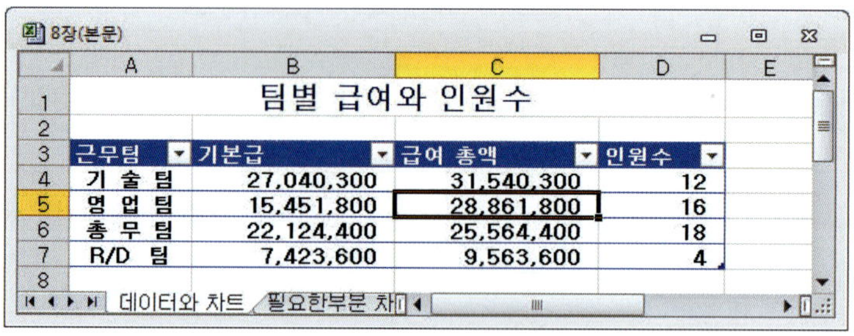

팀별 급여와 인원수

근무팀	기본급	급여 총액	인원수
기 술 팀	27,040,300	31,540,300	12
영 업 팀	15,451,800	28,861,800	16
총 무 팀	22,124,400	25,564,400	18
R/D 팀	7,423,600	9,563,600	4

② [삽입] 탭의 “세로 막대형” 단추를 클릭하고, “묶은 세로 막대형”을 선택한다.

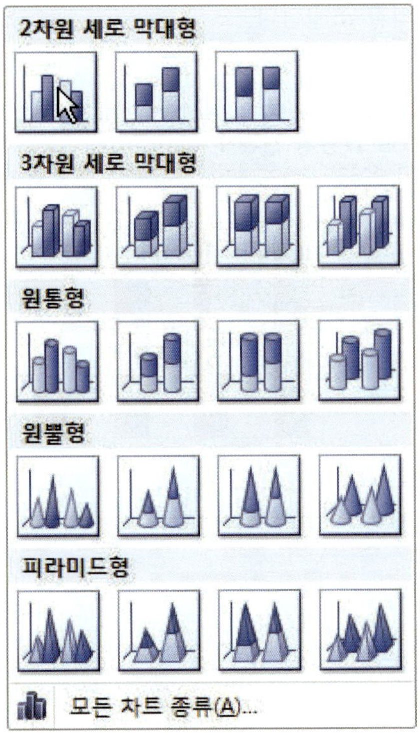

③ 차트가 작성된다.

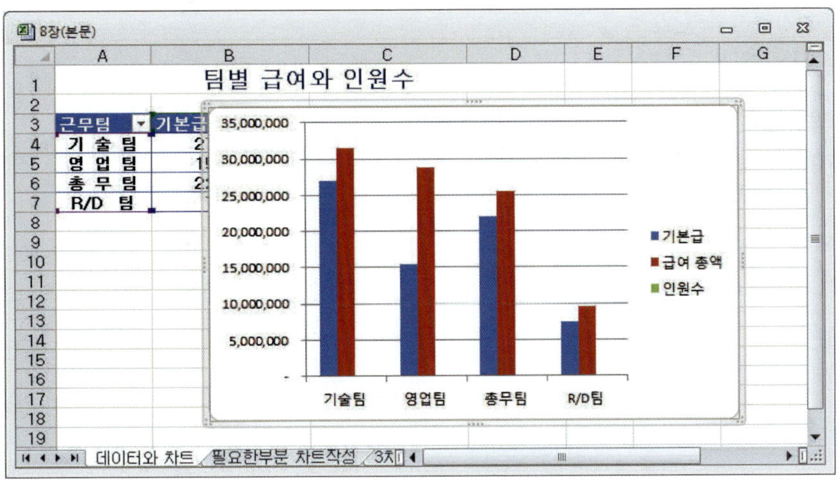

④ 차트를 이동하려면 외곽 굵은 선에 포인터를 두고 드래그 한다.

⑤ 크기 조절은 크기 조절점에 포인터를 두고 드래그 한다.

⑥ 그림처럼 이동하고 크기를 조절한다.

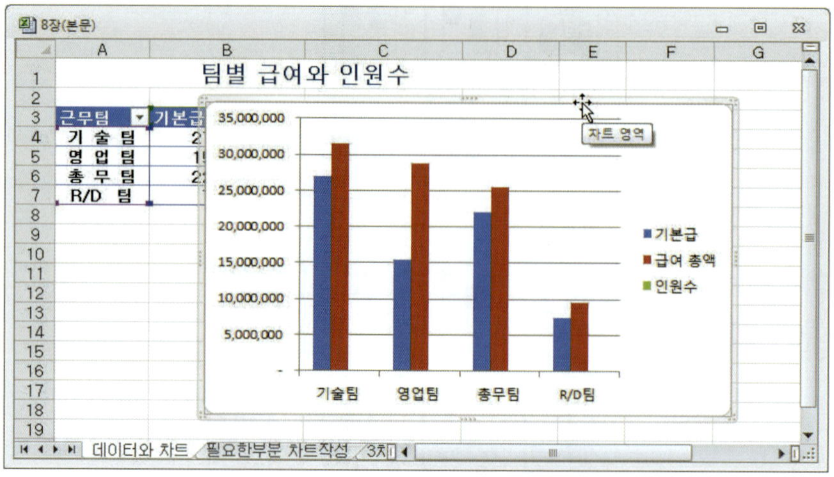

▶ **행/열 전환과 계열 이동 / 제거 / 추가**

앞의 그림 설명에서 보듯이 막대로 표시되는 것을 "계열", X축의 이름으로 표시되는 것을 "항목" 이라고 한다. 이들을 바꾸는 것이 "행/열 전환" 이다. [디자인] 탭의 "데이터 선택" 으로 계열을 위로 아래로 이동할 수 있으며, 계열을 추가하거나 삭제할 수도 있다. 숨기기 된 행도 차트에 표시할 수 있다.

따라하기 »

① 차트를 선택하고, [디자인] 탭을 선택한다.

② "데이터 선택" 단추를 선택한다.

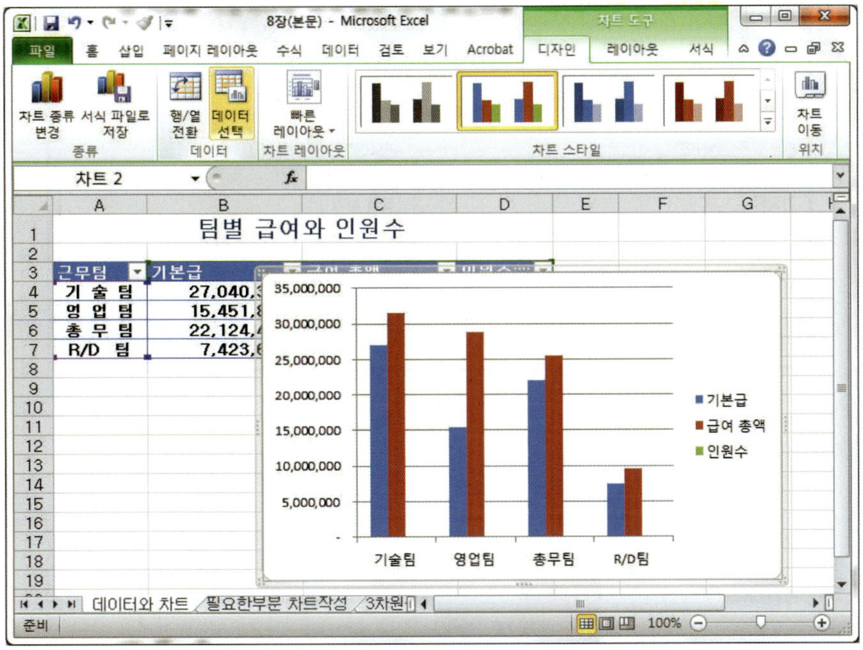

③ 계열을 제거해 보자. “기본급”을 선택하고, “제거”를 선택한다.

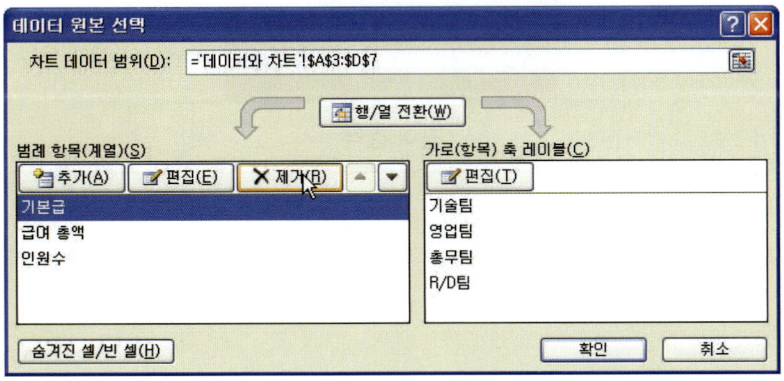

④ “인원수”를 선택하고, “제거” 단추를 선택한다.

⑤ “행/열 전환” 단추를 클릭하고, [확인]을 누른다.

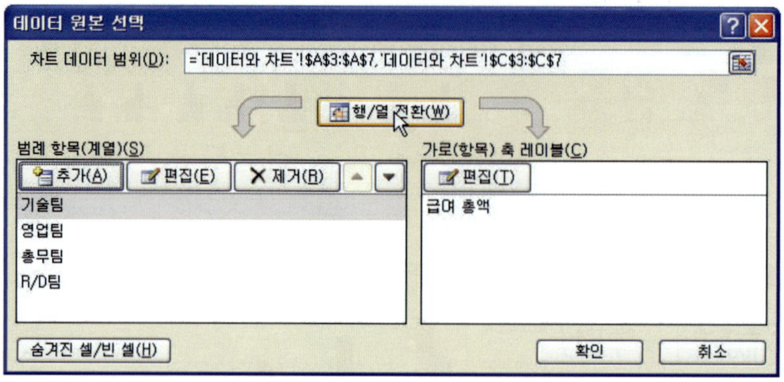

⑥ "행/열"이 전환되어 표시된다.

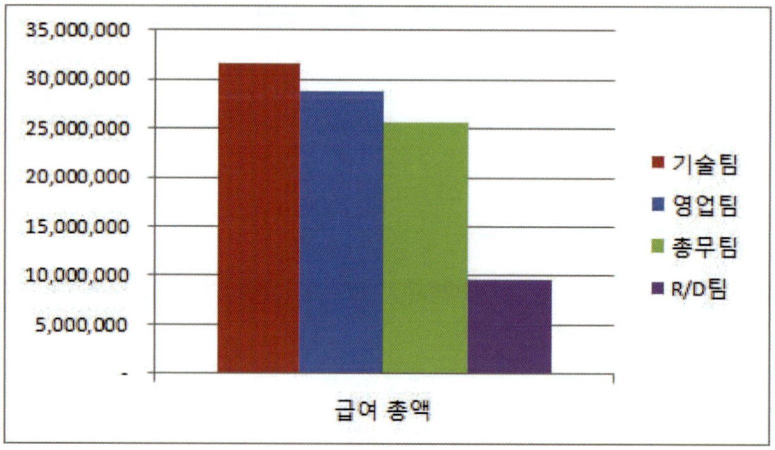

⑦ 차트 도구 [디자인] 탭에 있는 " 행/열 전환" 단추를 클릭해도 행과 열이 전환 된다.

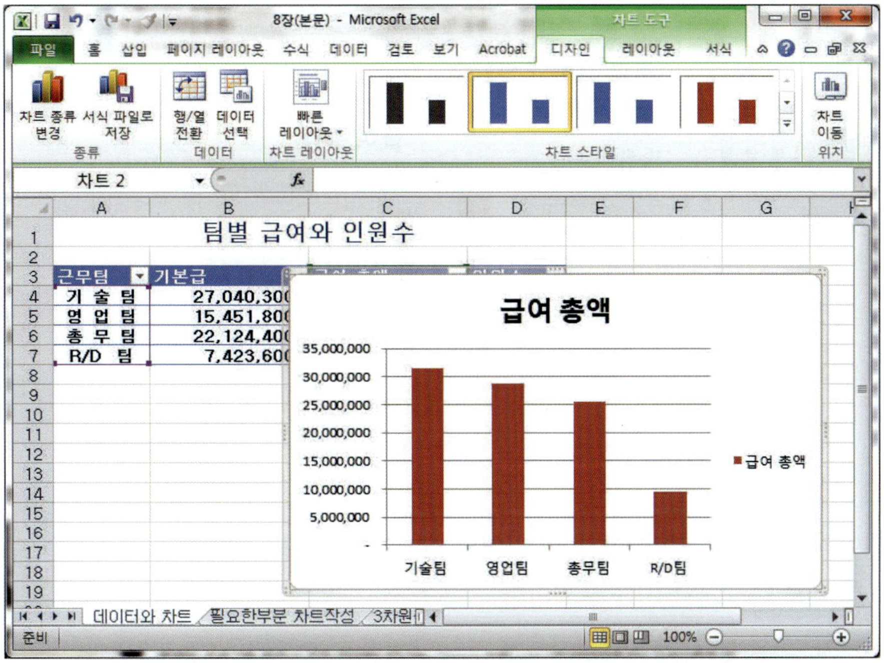

▶ **계열 겹치기와 너비**

그림 막대로 표시되는 것을 계열이라고 한다. 계열 옵션으로 계열의 너비와 그림 막대의 겹치기를 조절할 수 있다.

따라하기 »

① 차트의 그림 막대에 마우스 포인터를 두고 오른쪽 버튼을 클릭하고, “데이터 계열 서식” 을 선택 한다.

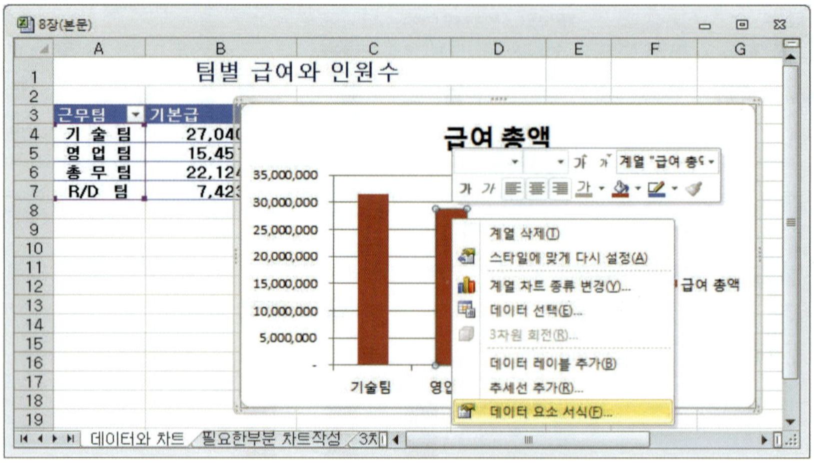

② [데이터 계열 서식] 대화상자에서 "계열 겹치기"를 "-90" 정도, "간격 너비"는 간격 없음 "0%"로 하고, [닫기]를 클릭한다.

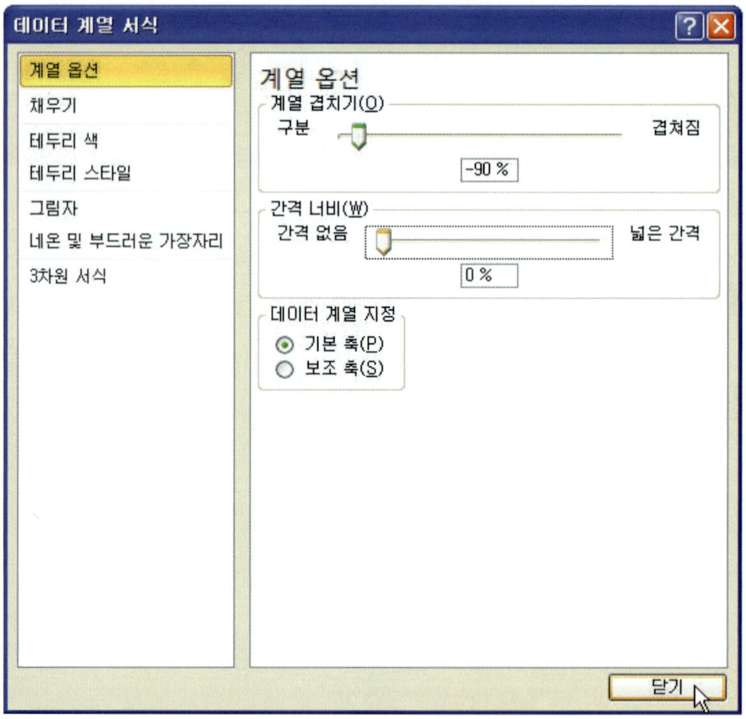

③ 양쪽 그림 막대와 그림 영역과의 간격이 없어졌다. 간격 너비를 "0%"로 했기 때문이다.

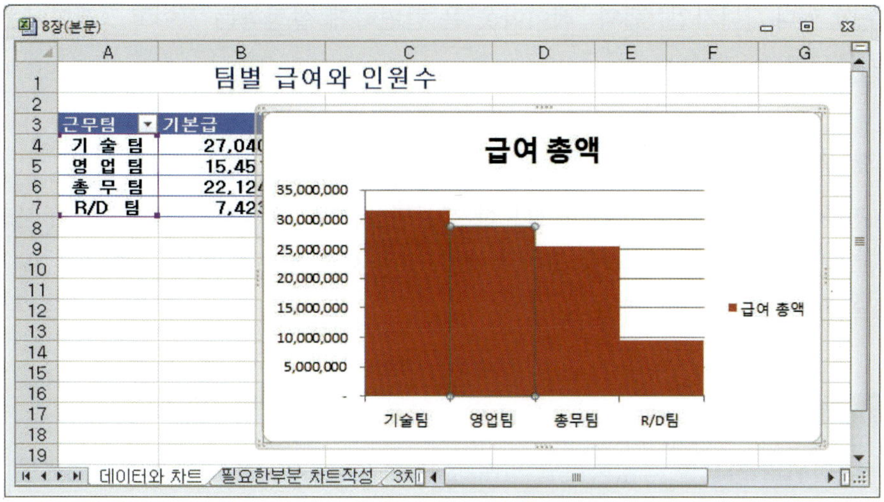

④ 데이터 계열 서식] 대화상자에서 "계열 겹치기"를 "0" 정도, "간격 너비"는 간격 없음 "150%"로 하고, [닫기]를 클릭하면 겹쳐져 있던 사이가 벌어졌다.

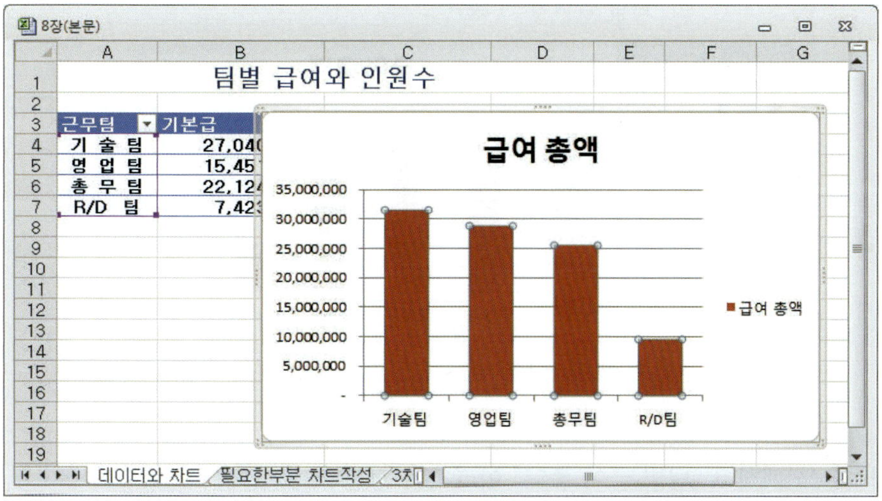

4. 차트 레이아웃과 스타일

레이아웃은 세로 가로 축, 레이블, 배경 등을 설정한다. 차트 도구 리본 메뉴에서 두 가지 레이아웃이 있다. [디자인] 탭의 "레이아웃"은 간편하게 설정하는 것이고, [레이아웃] 탭은 자세하게 설정하는 것이다.

▶ 필요한 부분만의 차트 작성

표를 전부 차트로 작성하지 않고 필요한 부분만 차트로 작성하려면 필요한 부분만 선택하고 차트를 작성하면 된다. 팀별 급여 총액을 묶은 세로 막대형 차트로 작성해 보자. 묶은형은 항목간의 값을 비교할 때 좋다.

따라하기 »

① 특정 범위의 차트를 작성하려면 먼저 범위를 선택해야 한다. [A3:A7] 범위를 선택하고, Ctrl 키를 누른 채 [C3:C7] 범위를 선택한다.
② [삽입] 탭의 "세로 막대형" 단추를 클릭하고, "묶은 세로 막대형"을 선택한다.

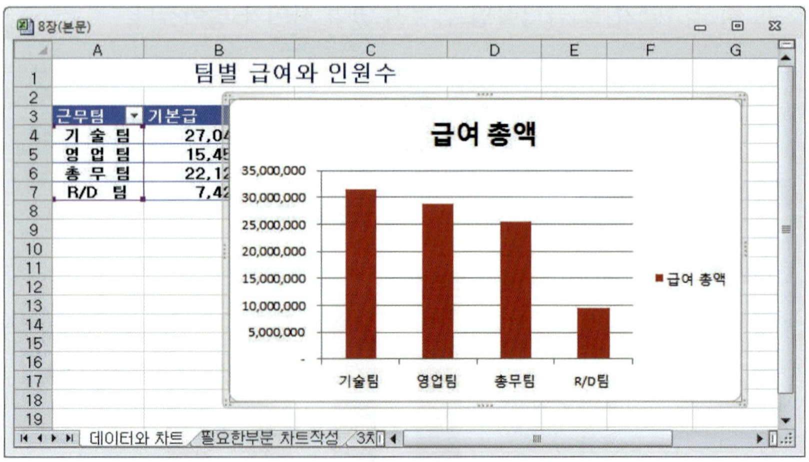

③ 제목을 선택하고 "팀별 급여 총액" 이라고 수정한다.

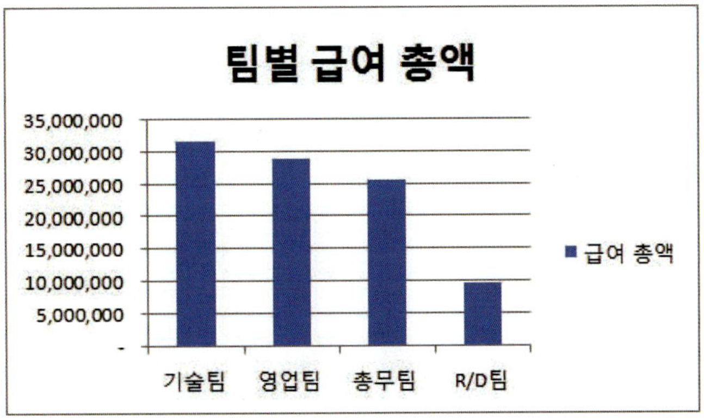

④ 범례를 선택하고 Delete 키를 누르면 삭제된다.

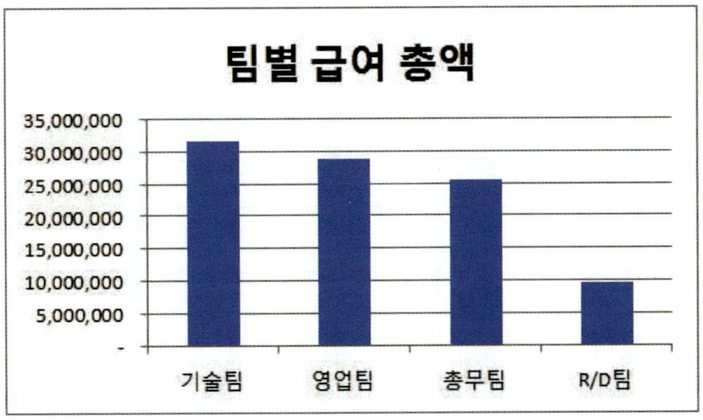

▶ 차트 스타일 / 레이아웃

차트 스타일은 테마에 따라서 표시되는 색, 글꼴, 효과의 스타일이다. "스타일 1"부터 "스타일 48"까지 48개의 스타일 중에서 선택할 수 있다. 레이아웃은 차트의 구성 요소인 범례, 차트 제목, 축 제목, 계열의 배치, 데이터 표 등을 차트 영역 내에 효과적으로 배치하는 것이다.

따라하기 »

① 차트를 선택한다.

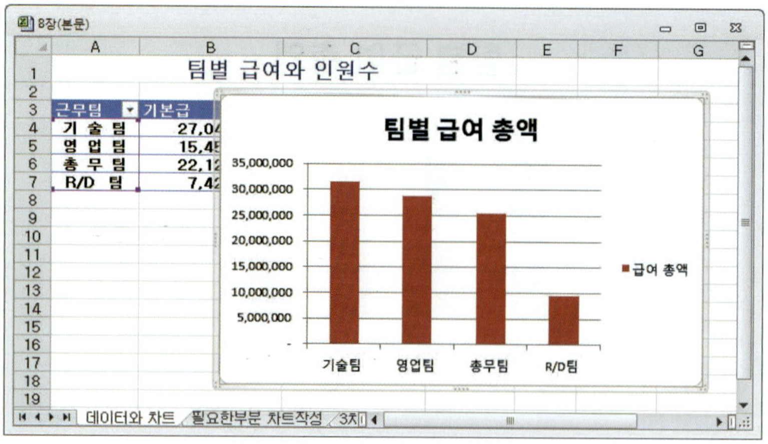

② [디자인] 탭의 "차트 스타일"의 "자세히" 단추를 클릭하고, "스타일 45"를 선택한다.

③ 차트 레이아웃을 지정해 보자. [디자인] 탭의 차트 레이아웃 "자세히" 단추를 클릭하고, "레이아웃 5"를 선택한다.

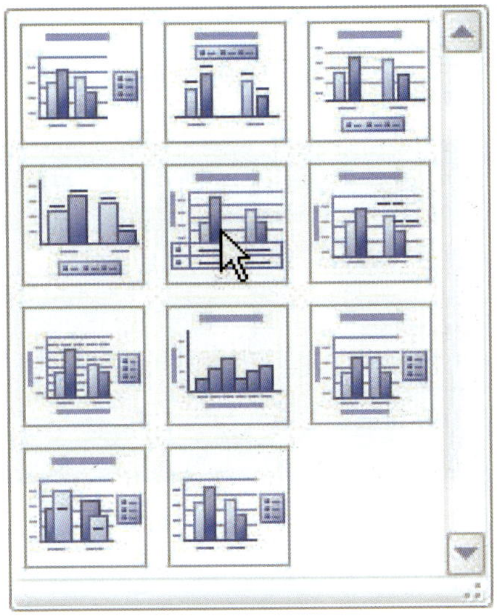

④ 데이터 표가 표시된다.

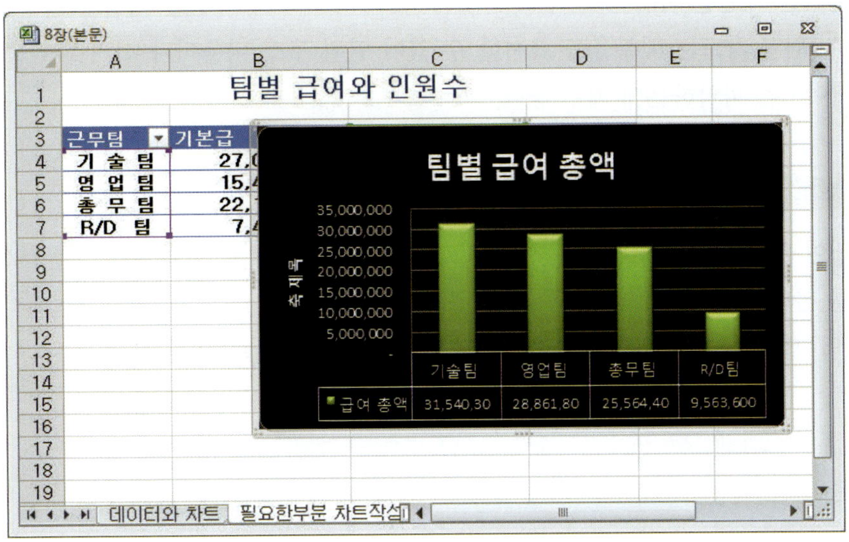

⑤ 다시 “차트 레이아웃”의 “자세히” 단추를 클릭하고, “레이아웃 1”을 선택한다.

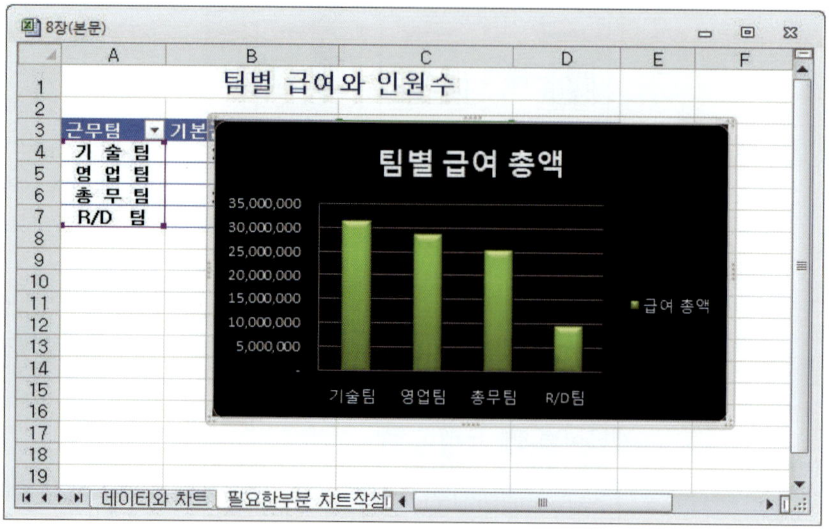

▶ 3차원 원형 차트 작성과 백분율 표시

원형 차트는 계열을 하나만 표시할 수 있다. 따라서 차트로 작성할 계열을 먼저 선택하는 것이 좋다. 원형 차트는 백분율을 표시할 수 있어 인원 구성 비율이나 선거결과 등 각 구성 요소의 기여도를 파악하는데 매우 좋다.

따라하기 »

① 팀명이 있는 [A3:A7] 범위를 선택하고, Ctrl 키를 누른 채 인원수가 있는 [D3:D7] 범위를 선택한다.

② [삽입] 탭의 “원형” 단추를 클릭하고, “3차원 원형”을 선택한다.

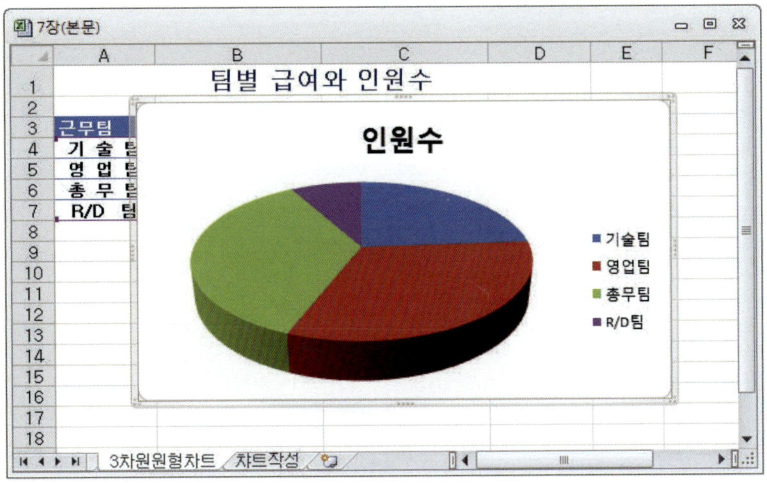

③ 3차원 원형 차트가 작성되면 크기를 크게 조정한다.

④ [차트 레이아웃] 그룹의 “레이아웃 1”을 선택한다.

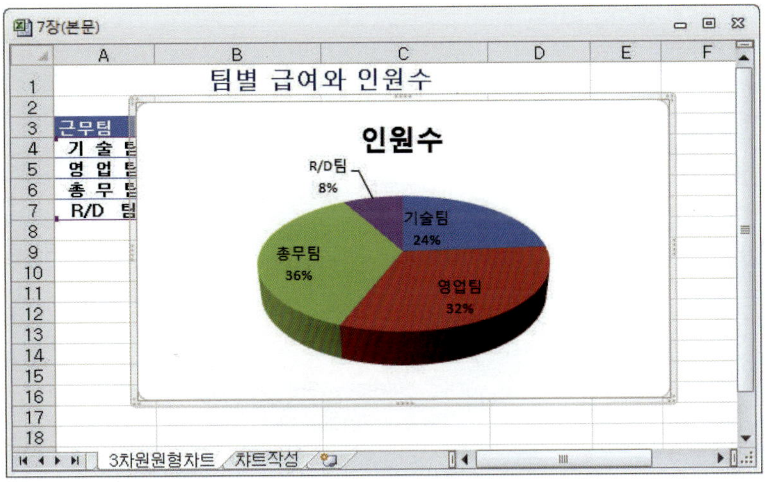

⑤ 팀명과 백분율이 표시된다.

⑥ 차트 제목(인원수)를 원의 가운데로 이동시키고 “팀별 인원수 비율” 이라고 이름을 수정한다.

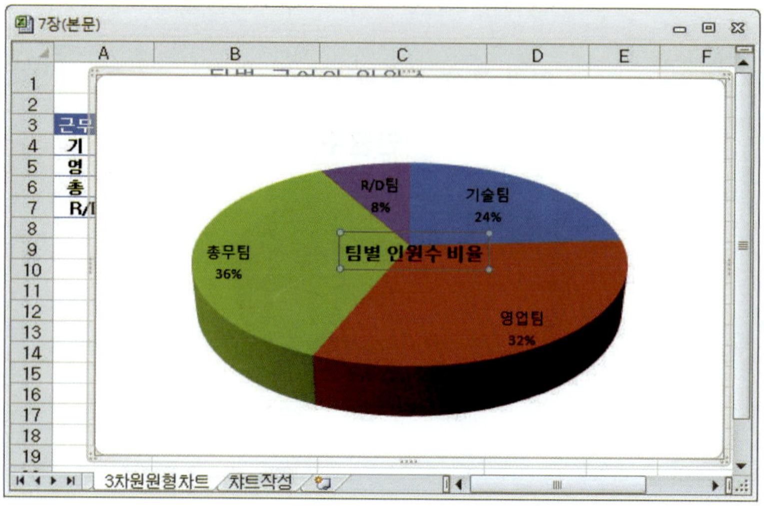

⑦ 3차원 원형이 그려져 있는 영역을 그림 영역이라 한다. 이를 선택하고 크기 조절점을 드래그 하여 최대한 크게 한다.

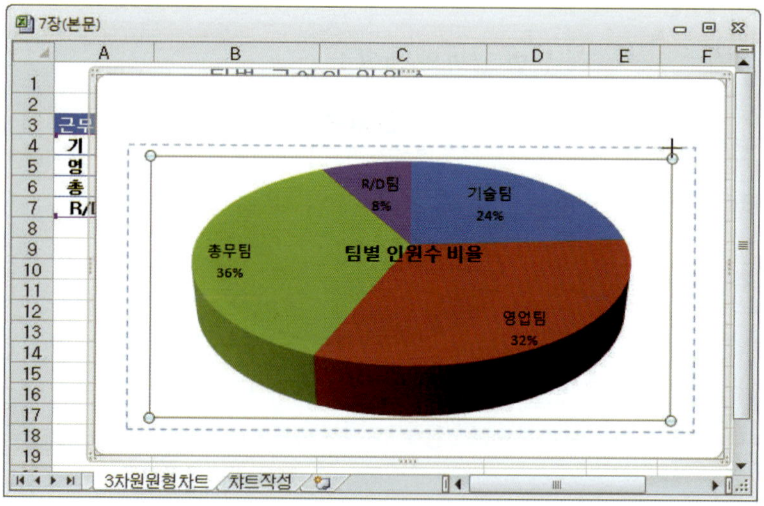

⑧ 글꼴 색, 크기 등을 지정해 보자. 차트 외곽선에 포인터를 두고 클릭한다. 그러면 차트 영역이 선택된다.

⑨ [홈] 탭에서 "글꼴 색" 은 "흰색", "굵게"를 지정한다.

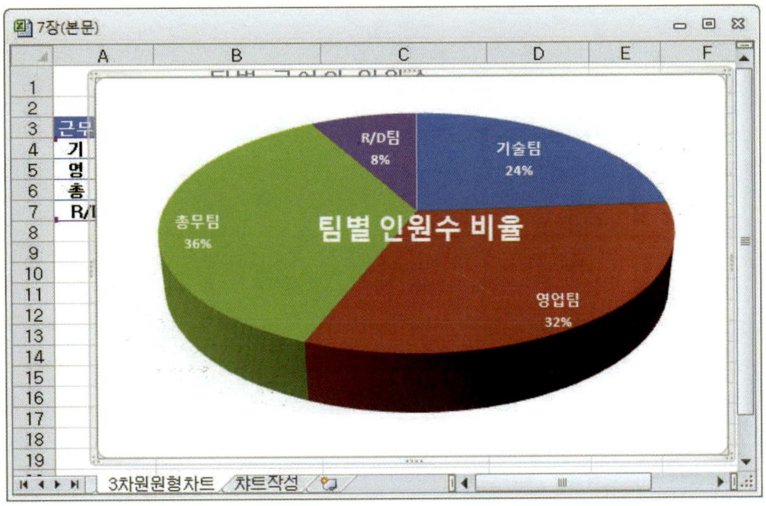

⑩ 차트 도구의 [서식] 탭의 "도형 채우기"는 "채우기 없음", "도형 윤곽선"은 "윤곽선 없음" 을 선택한다.

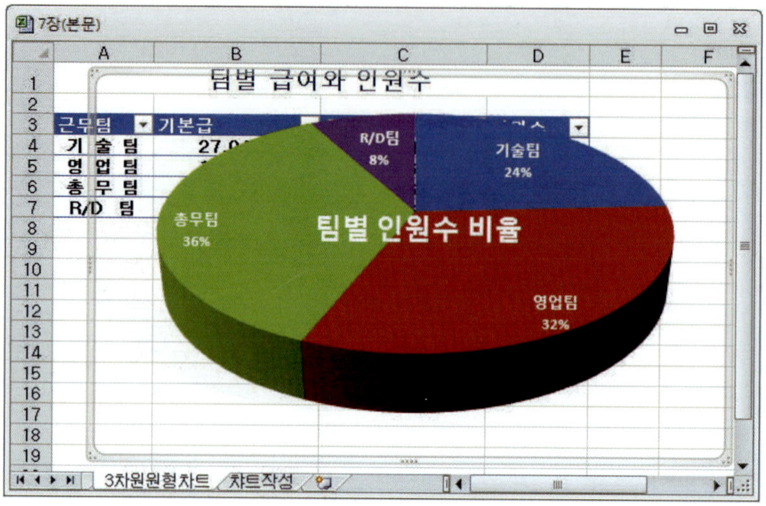

5. 차트 종류 변경 / 서식 파일로 저장

차트 종류는 11가지 종류가 있다. 각 종류마다 2차원 3차원 등으로 구분되는 다양한 차트형이 있다. 이중 축 혼합형과 같이 제공되지 않는 종류는 사용자가 모양을 만들어서 서식 파일로 저장하여 차트 종류처럼 활용할 수 있다.

▶ 방사형에서 도넛형으로 변경

방사형은 중심에서 거미줄처럼 표시하므로 어느 곳으로 치중하고 있는지 경향을 알 수 있다. 팀별로 급여가 어떤 경향을 띠고 있는지 방사형 차트로 작성해 보자 그리고 도넛형으로 변경하여 인원수와 급여 총액이 어떻게 분포되어 있는지 백분율을 표시하여 파악해 보자.

따라하기 »

① 방사형 차트를 작성하기 위하여 표의 한 셀을 선택한다.

② [삽입] 탭의 [차트] 그룹의 "기타" 단추를 클릭하고, "채워진 방사형"을 선택한다.

③ 방사형 차트가 작성된다. 팀 별 급여 총액이 총무팀과 영업팀에 편중되어 있음을 알 수 있다. 그러나 인원수에 따른 비교를 할 수 없다.

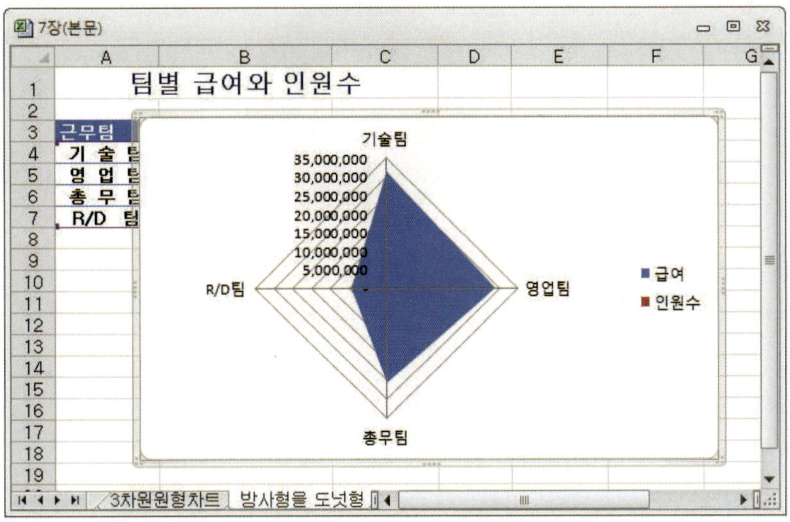

④ 도넛형으로 변경해 보자. "차트 종류 변경" 단추를 클릭한다.

⑤ [차트 종류 변경] 대화상자에서 "도넛형"을 선택하고, [확인]을 누른다.

⑥ 도넛형으로 변경된다. [차트 레이아웃] 그룹에서 "레이아웃 1"을 선택한다.

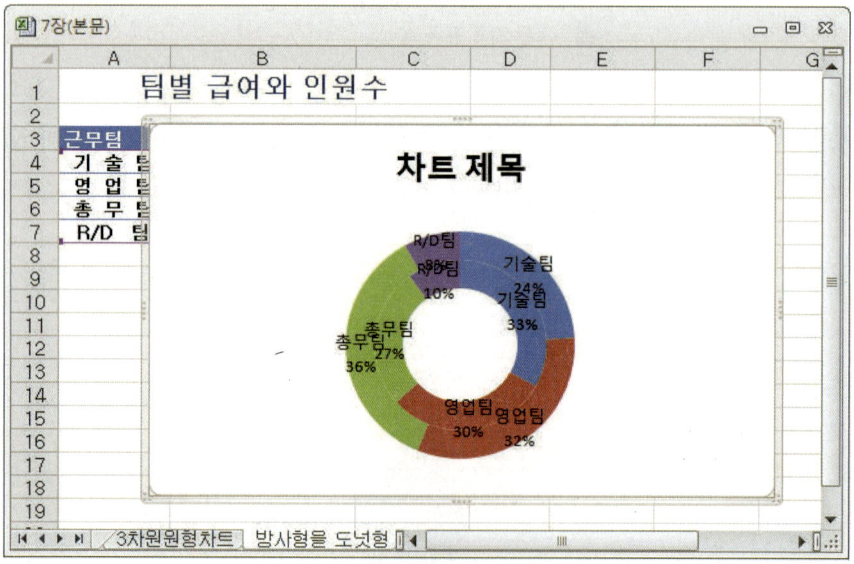

⑦ "차트 제목"을 선택하고 Delete 키로 삭제한다.
⑧ 백분율로 표시되어 인원수 대비 급여 총액을 비교 분석할 수 있다.
⑨ 차트 스타일을 지정해 보자. 차트 스타일 그룹에서 "스타일 42"를 선택한다.

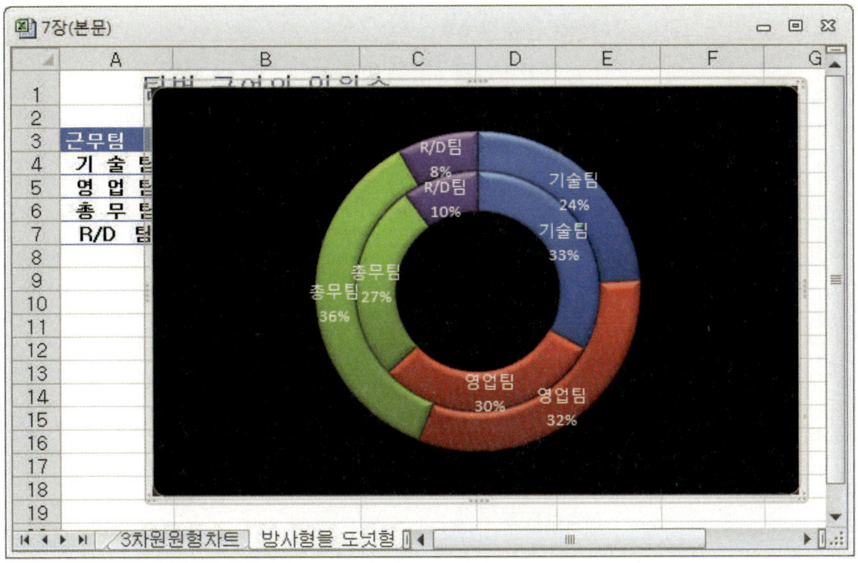

▶ **이중 축 혼합형 차트**

계열 값이 현저하게 차이 날 때는 하나의 축으로 표시할 수 없다. 이중 축으로 만들어 높은 쪽과 낮은 쪽을 축으로 분리해야 한다. 차트 종류도 하나로 하는 것보다는 여러 종류로 하는 것이 좋다. 가장 많이 사용되는 것이 막대형과 꺾은선형 두 가지를 혼합하는 것이다.

따라하기 »

① 표의 한 셀을 선택한다.

② [삽입] 탭의 "세로 막대형" 단추에서 "묶은 세로 막대형"을 선택한다.

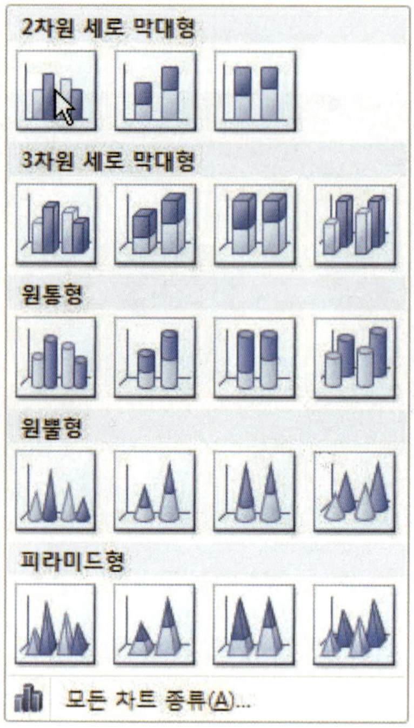

③ 차트가 작성되면 크기를 크게 조절 한다.

④ 인원수 단위가 급여 총액의 단위가 너무 차이가 많아 막대로 보이지 않는다.

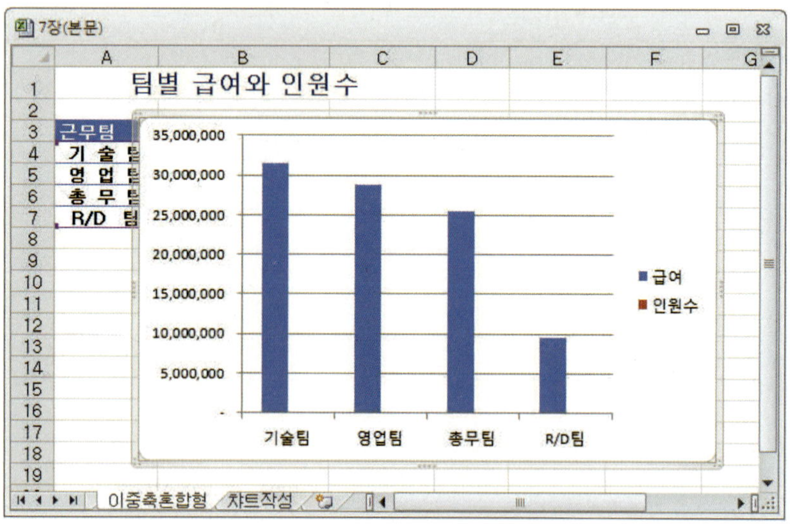

⑤ [서식] 탭의 "차트 요소" 단추 화살표를 클릭하여 "계열 인원수"를 선택한다.

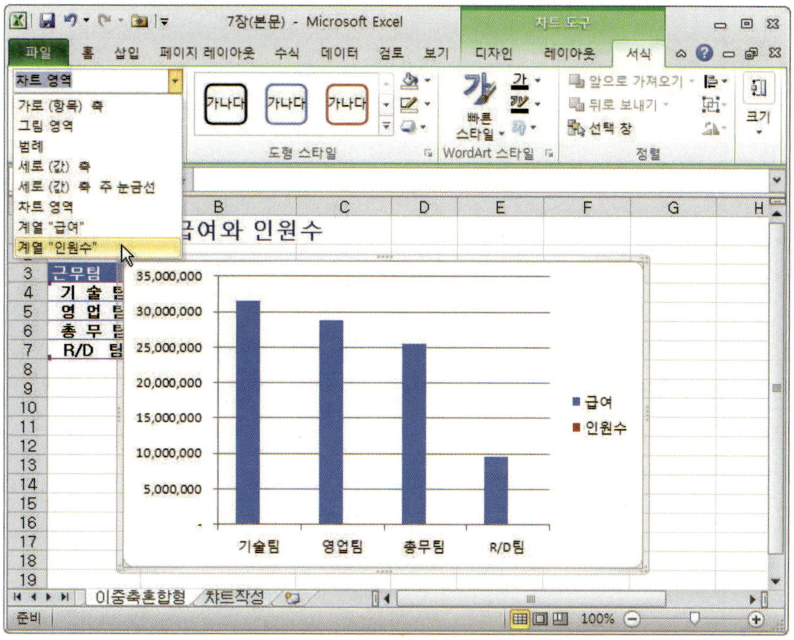

⑥ 차트 요소 아래의 "선택 영역 서식" 단추를 클릭한다.

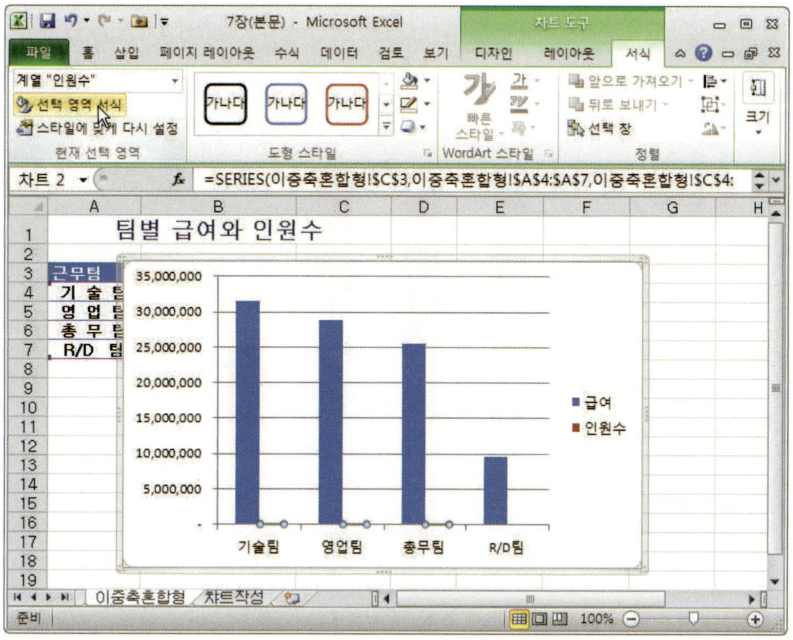

⑦ [데이터 계열 서식] 대화상자에서 "보조 축"을 선택하고, [닫기]를 누른다.

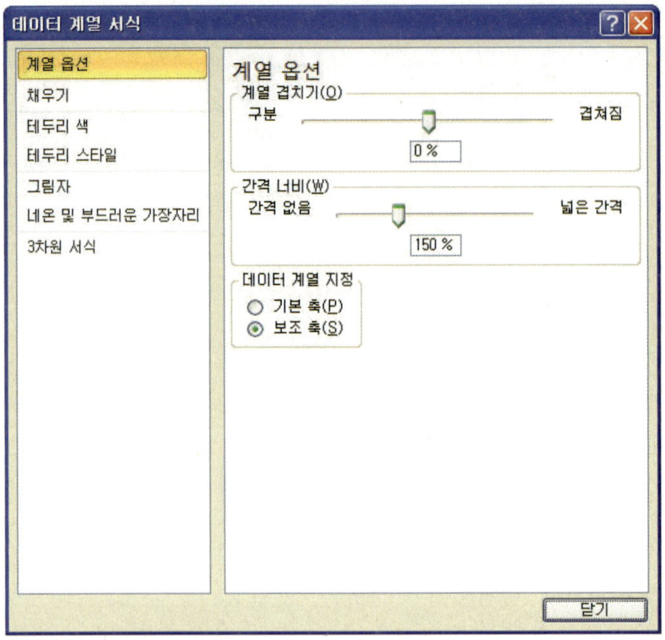

⑧ 단위를 달리해서 보조 축이 생긴다.

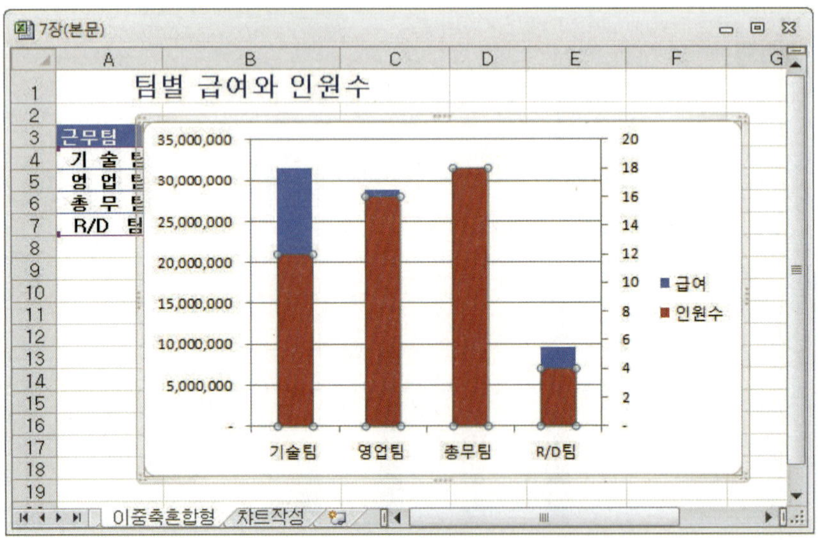

⑨ [디자인] 탭의 "차트 종류 변경" 단추를 클릭한다.

⑩ [차트 종류 변경] 대화상자에서 "표식이 있는 꺾은선형"을 선택하고, [확인]을 누른다.

⑪ "인원수" 계열은 꺾은선형이 되었다

⑫ 기술팀은 인원수는 적은데 급여가 많음을 알 수 있고, 총무팀은 인원수는 많은데 급여가 적음을 알 수 있다.

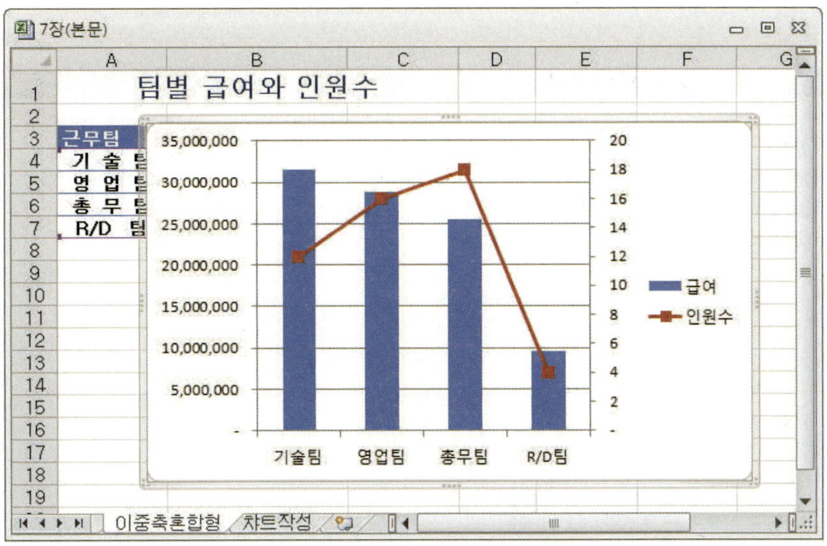

▶ 서식 파일로 저장

따라하기 »

① 차트를 선택한다.

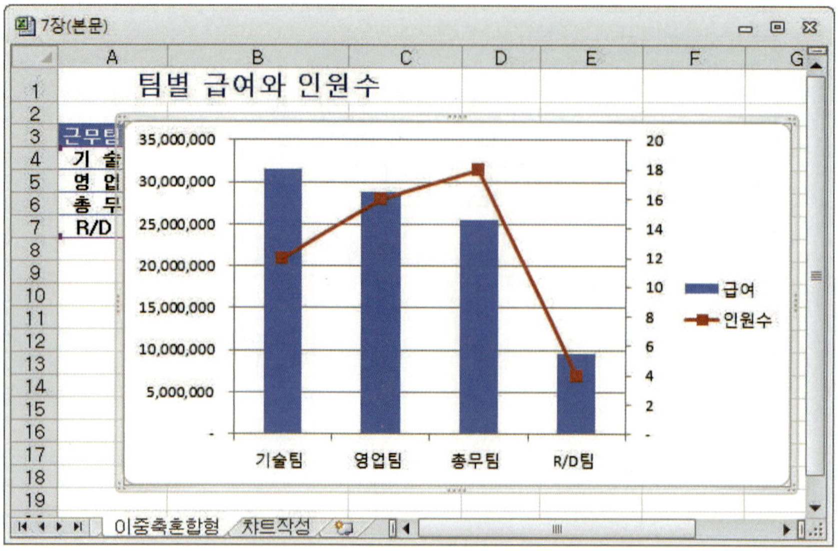

② [디자인] 탭의 "서식 파일로 저장" 단추를 클릭한다.

③ [차트 서식 파일 저장] 대화상자에서 "파일 이름"에 "이중축 혼합형" 이라고 입력하고 [저장]을 누른다.

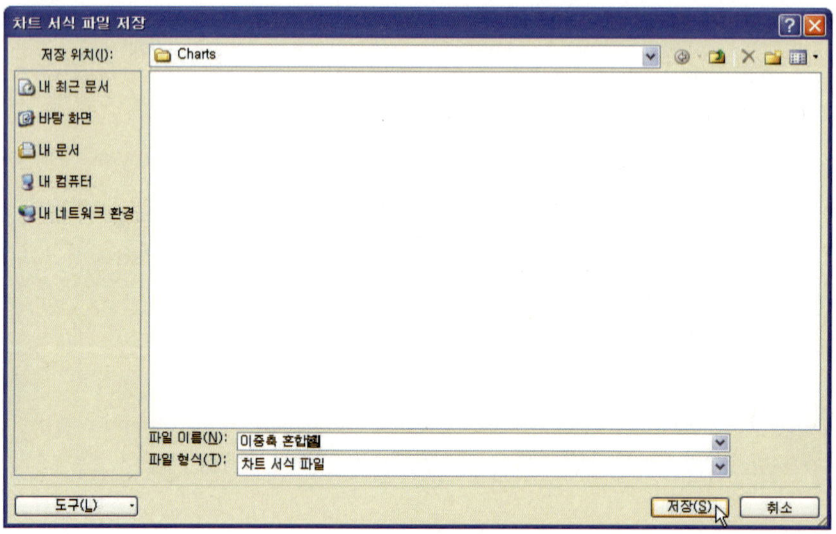

④ 저장된 차트 서식을 적용하기 위하여 현재 있는 차트를 선택하고 Delete키를 눌러 삭제한다.

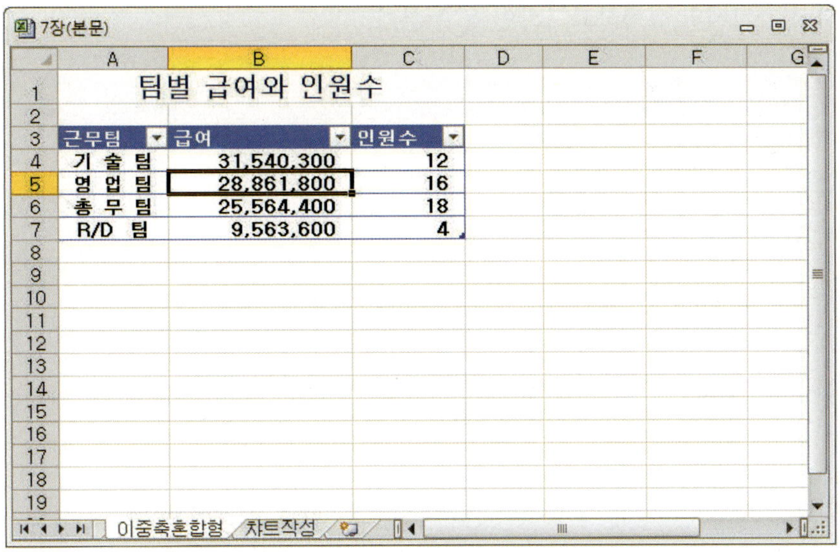

⑤ 표의 한 셀을 선택하고, [삽입] 탭의 [차트] 그룹의 "기타" 단추에서 "모든 차트 종류"를 선택한다.

⑥ "서식 파일"을 선택한다.

⑦ 내 서식 파일에서 선택하고, [확인]을 누른다.

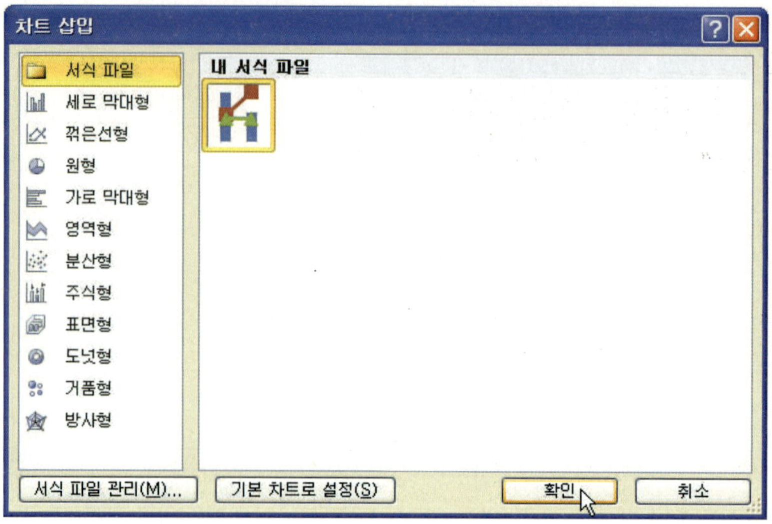

⑧ 바로 이중 축 혼합형 차트가 작성된다. 자신이 선호하거나 좋아하는 차트 종류를 만들어 활용하면 매우 편리하다.

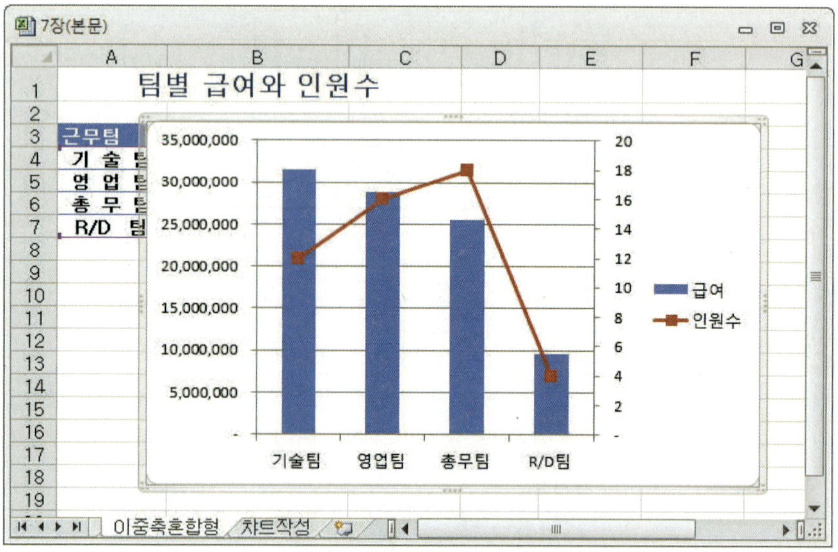

연습문제 EXERCISE

01 다음 [연령별] 워크시트를 작성하고, 저장하시오.

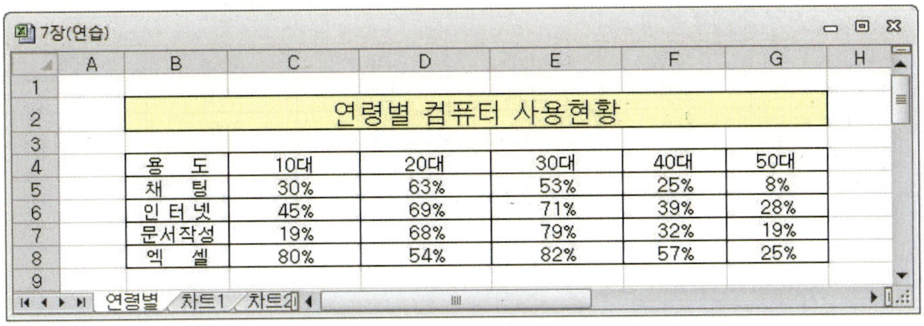

연령별 컴퓨터 사용현황

용 도	10대	20대	30대	40대	50대
채 팅	30%	63%	53%	25%	8%
인 터 넷	45%	69%	71%	39%	28%
문서작성	19%	68%	79%	32%	19%
엑 셀	80%	54%	82%	57%	25%

02 [연령별] 워크시트로 [차트1] 워크시트에 세로막대형 차트를 작성해 보자. (범례 : 오른쪽, 글꼴 : 10의 돋움체, 나머지 서식은 그림을 참조)

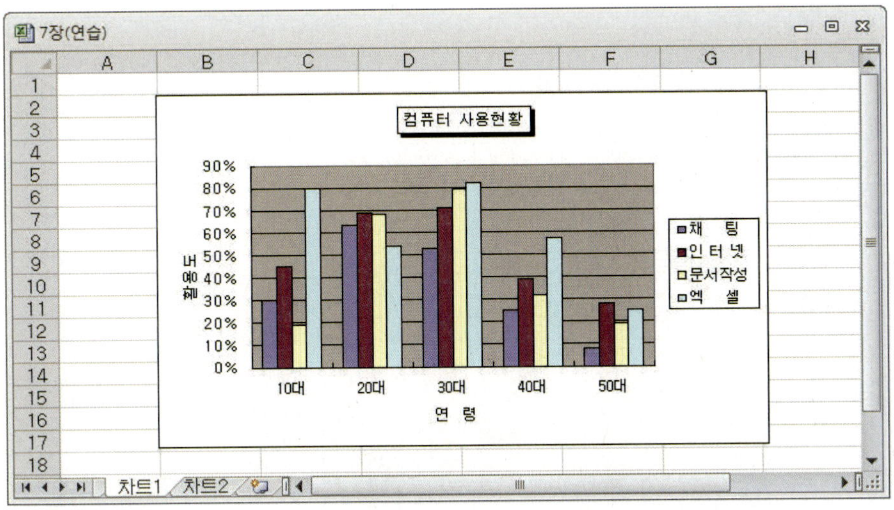

03 [차트1] 워크시트로 [차트2] 워크시트에 차트의 종류를 "표식이 있는 꺾은선형" 차트로 변환하고 X축의 주눈금선을 제거해 보자.(데이타 레이블 : 왼쪽, 데이터 표 표시)

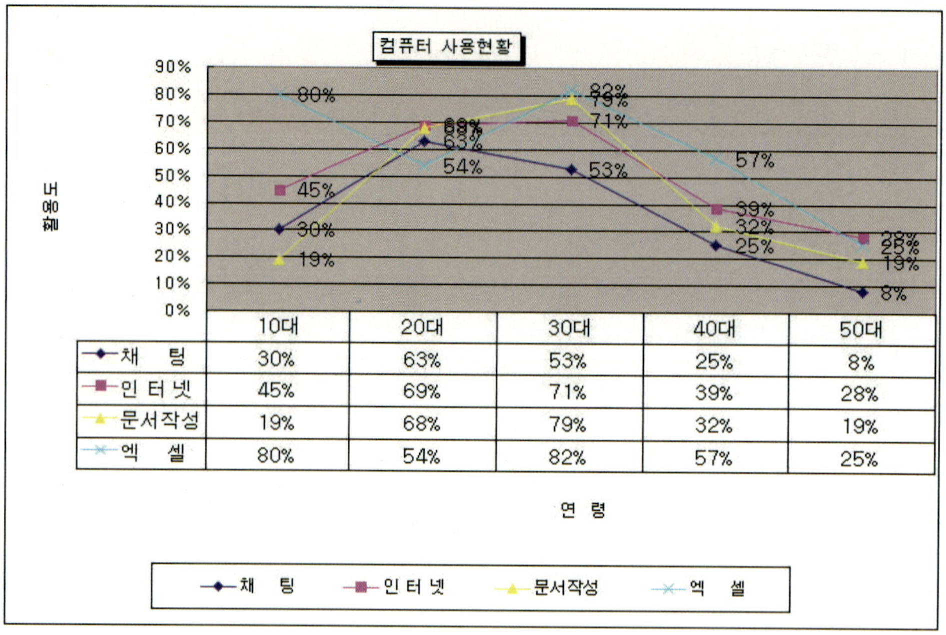

05 다음 워크시트를 작성한 후 [처리 조건]에 따라 처리하시오.

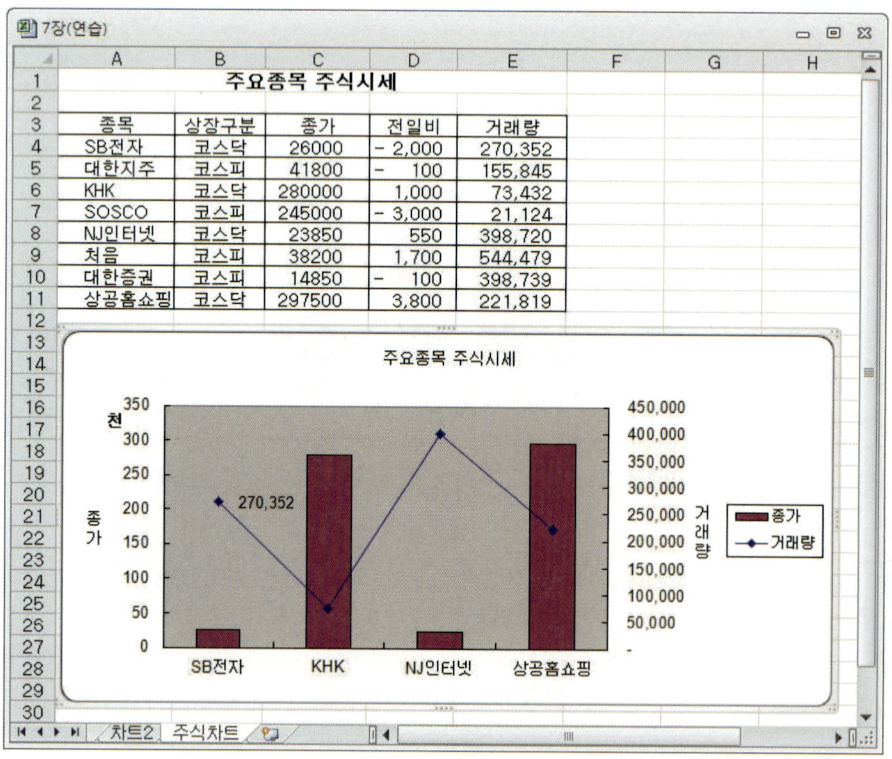

종목	상장구분	종가	전일비	거래량
SB전자	코스닥	26000	- 2,000	270,352
대한지주	코스피	41800	- 100	155,845
KHK	코스닥	280000	1,000	73,432
SOSCO	코스피	245000	- 3,000	21,124
NJ인터넷	코스닥	23850	550	398,720
처음	코스피	38200	1,700	544,479
대한증권	코스피	14850	- 100	398,739
상공홈쇼핑	코스닥	297500	3,800	221,819

[처리 조건]

- 상장구분이 "코스닥"인 정보만 "종목명"별 "종가"와 "거래량"이 차트에 표시되도록 데이터 범위를 수정한다.
- 차트 제목 등은 그림과 같이 입력하고, Y(값) 축 제목, 보조 Y(값) 축 제목의 문자열에 대해 지정한다.
- Y(값) 축의 눈금 표시 단위를 "천"으로 지정한다.
- 데이터 계열 서식에서 "SB전자"의 "거래량" 계열만 데이터 레이블"값 표시" 지정한다.
- 차트 영역 서식은 테두리"모서리를 둥글게"로 지정한다.

CHAPTER 09

일러스트레이션

1. 클립아트
2. 도형
3. 도형의 텍스트
4. 개체 정렬
5. 워드아트
6. SmartArt 그래픽

09 CHAPTER 일러스트레이션

1. 클립아트

엑셀에서 그래픽 응용 프로그램을 별도로 사용하지 않고서도 그림이나 도형을 추가하여 워크시트의 자료를 시각적으로 표현할 수 있다. 이러한 그림이나 도형을 그래픽 개체라고 하며 하나의 단위로 삽입이 가능하다. 엑셀이 제공하는 클립아트의 그림을 워크시트에 삽입할 수 있다.

따라하기 »

① [삽입] → [일러스트레이션] → [클립아트] 단추를 선택한다.

② [클립아트] 대화상자에서 [이동] 단추를 클릭한다.

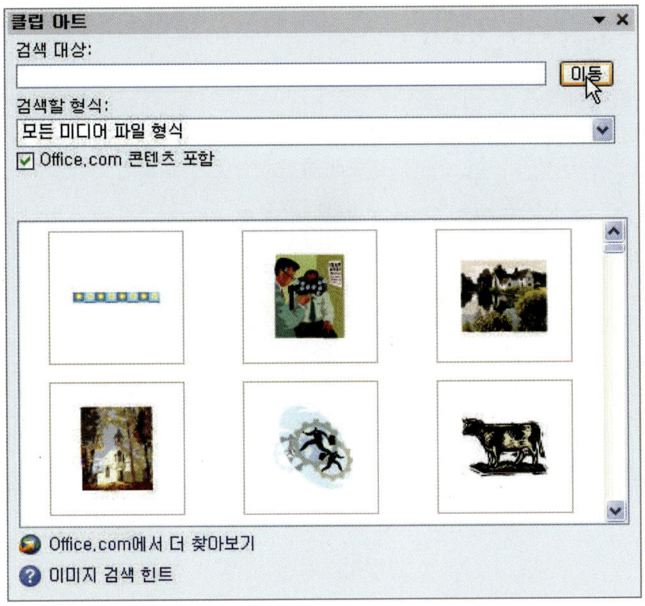

③ 삽입하고자 하는 그림을 마우스로 클릭 하거나, 마우스로 선택한 다음 [삽입] 단추를 누르면 워크시트에 클립아트 개체가 삽입된다.

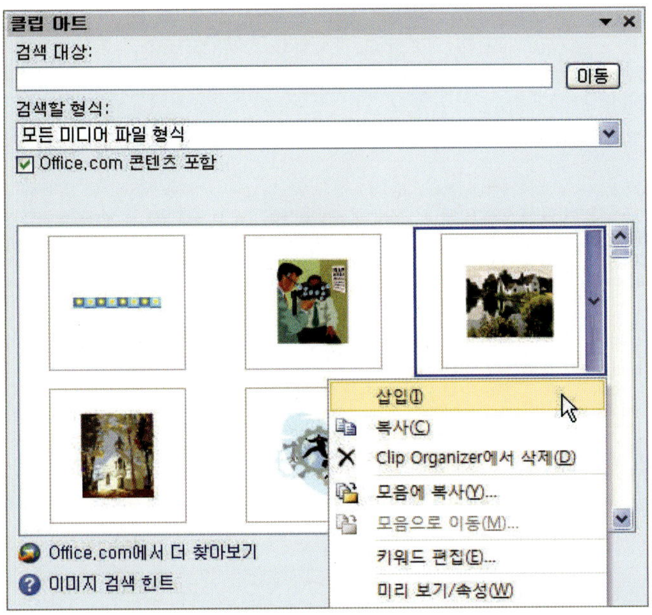

④ 클립아트 개체의 테두리에 나타난 원형 조절 핸들에서 마우스 끌기로 크기를 변경할

수 있으며, 클립아트 내부에서 마우스 끌기로 다른 위치로 이동할 수도 있다.

엑셀 노트 ▸▸▸

▶ **그림의 종류**

- Window용 그래픽 프로그램에서 만들어진 그림 파일
- 그림이나 사진을 스캐너와 같은 장치를 통해 컴퓨터로 읽어들인 그림 파일
- 엑셀에서 기본적으로 제공하는 클립아트의 그림 파일
- 문자열을 꾸밀 때 사용하는 문자 이미지를 제공하는 워드아트 등이 있다.

2. 도형

도형 그리기 도구를 이용하여 선이나 원, 사각형 등을 그릴 수 있으며, 크기와 색 등을 사용자 임의대로 변경할 수 있다. [삽입] → [일러스트레이션] → [도형] 단추에 의해 화면에 표시하고 원하는 도형 모양을 선택하여 그린다.

도형이 삽입되면 [그리기 도구] 메뉴가 추가된다.

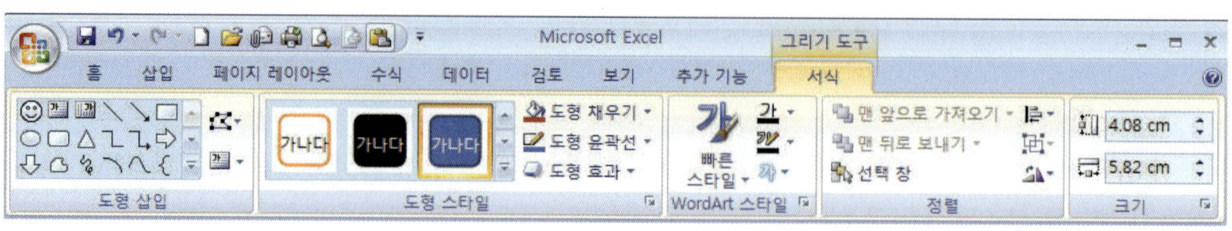

따라하기 »

① [도형] → [기본 도형]의 “웃는 얼굴” 도형을 선택하여 드래그하면 [그리기 도구] 메뉴가 추가된다.

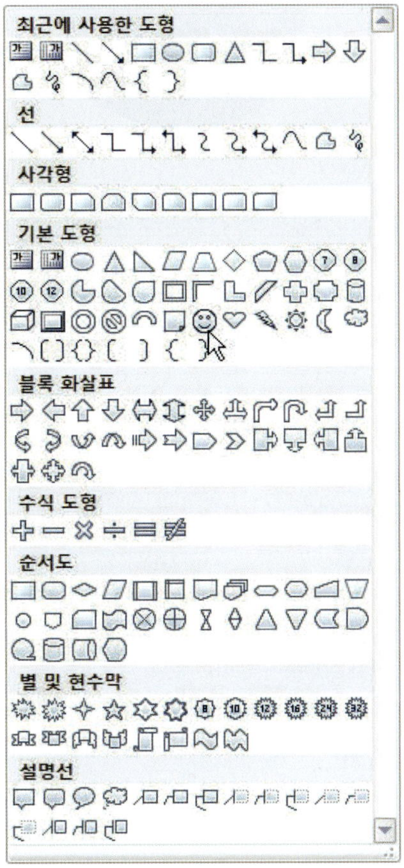

② 웃는 얼굴 도형이 삽입되면 [그리기 도구] 메뉴로 삽입된 도형을 편집할 수 있다.

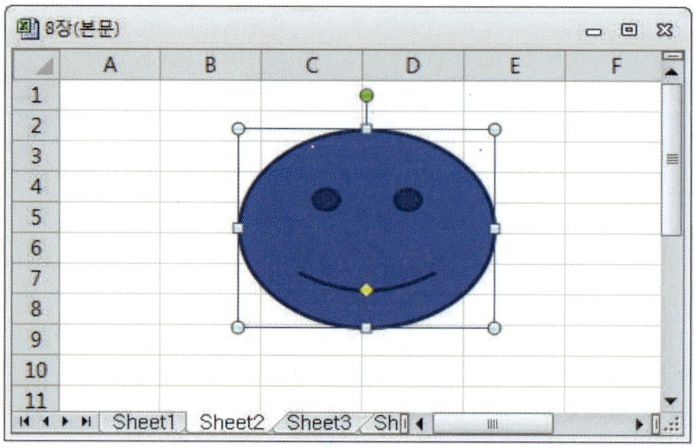

엑셀 노트 ▸▸▸

▶ 그리기

- Shift + 그리기 : 모양의 높이와 너비 비례를 유지하여 그린다.
- Ctrl + 그리기 : 모양의 중심에서부터 그리기 시작한다.
- Alt + 그리기 : 셀 크기에 맞추어 그린다.

▶ 도형 편집

- 도형을 마우스로 눌러 선택하면 도형 종류에 따라 크기 조절점과 모양 조절점이 나타난다. 도형 선택 상태에서 크기, 위치, 서식 지정 등 편집 작업을 수행해야 한다.
- 도형을 편집할 때는 [그리기 도구]를 사용하는 것이 편리하다.

▶ [그리기 도구] 상자

따라하기 »

① 도형이 선택된 상태에서 원형 조절 핸들(크기 조절점)을 끌어 크기를 변경할 수 있다.

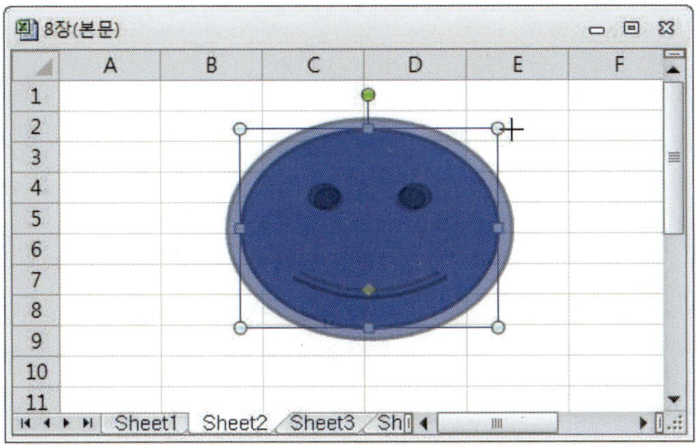

② 다이아몬드 조절 핸들(모양 조절점)을 끌어 모양을 변경할 수 있다.

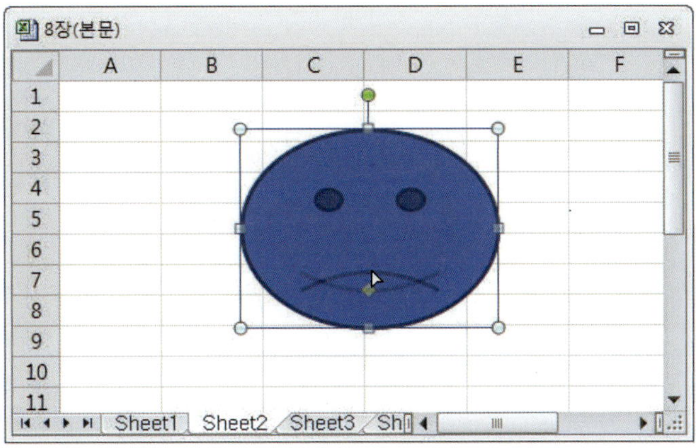

③ [도형 스타일]에서 [도형 채우기], [도형 윤곽선], [도형 효과]를 선택하여 도형을 편집할 수 있다.

④ 다음은 [도형 스타일] → [도형 효과]의 "반사" → "근접 반사, 터치" 효과를 적용한 결과이다.

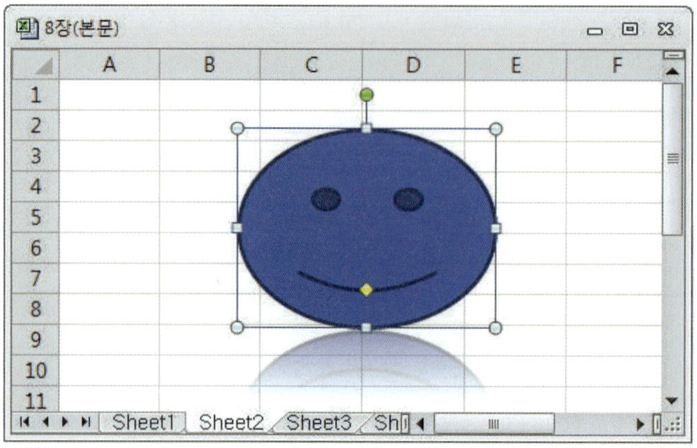

⑤ 다음은 [도형 스타일] → [도형 윤곽선]의 색깔을 "노랑"으로 변경한 결과이다.

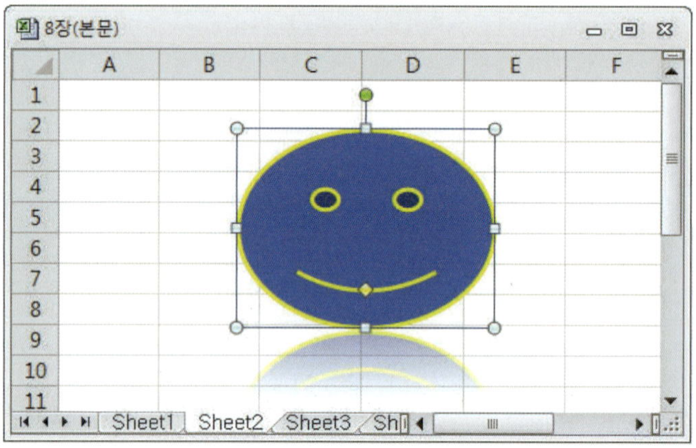

엑셀 노트 ▸▸▸

▶ **개체의 이동 방법**

- 개체를 선택하고 키보드의 방향키를 사용하면 개체가 조금씩 움직인다.
- 개체를 수평이나 수직으로만 움직이려면 Shift 를 누른 상태에서 마우스로 끌기 한다.

3. 도형의 텍스트

그리기 개체에 텍스트를 추가하려면 개체를 선택하고 마우스 오른쪽 단축 메뉴 단추를 눌러 단축 메뉴에서 [텍스트 편집]을 선택한다. 도형에 텍스트를 추가한 후 도형의 서식과 함께 텍스트의 서식을 지정할 수 있다.

따라하기 »

① 원하는 도형을 그린 다음 텍스트를 추가하려는 도형 위에서 마우스 오른쪽 단축 메뉴 단추를 누르고 [텍스트 편집]을 선택한다.

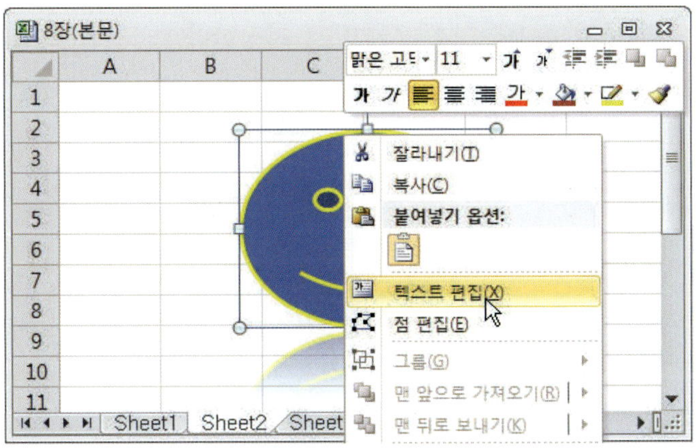

② 도형 내부에 커서가 생기면 텍스트를 입력하고 도형 테두리 부분을 마우스로 눌러 도형 전체를 선택한다.

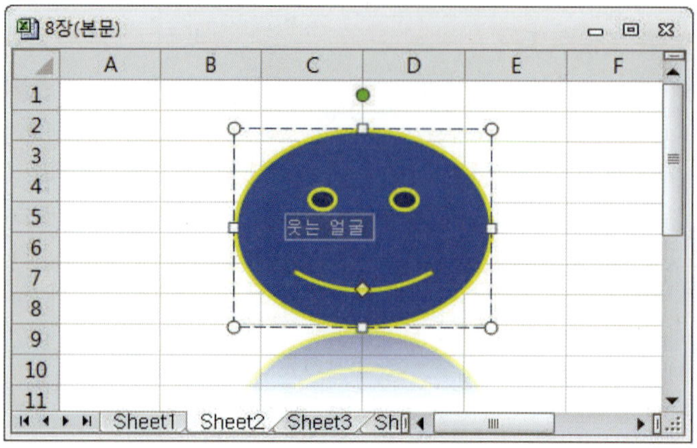

③ [홈] → [글꼴] 메뉴에서 서식을 변경한다.

④ 다음과 같이 [글꼴]은 "돋움", "14", "굵게"로 지정한다.

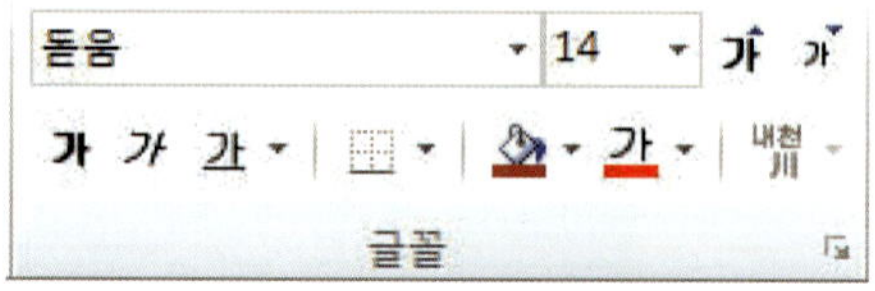

⑤ 변경된 도형은 다음과 같다.

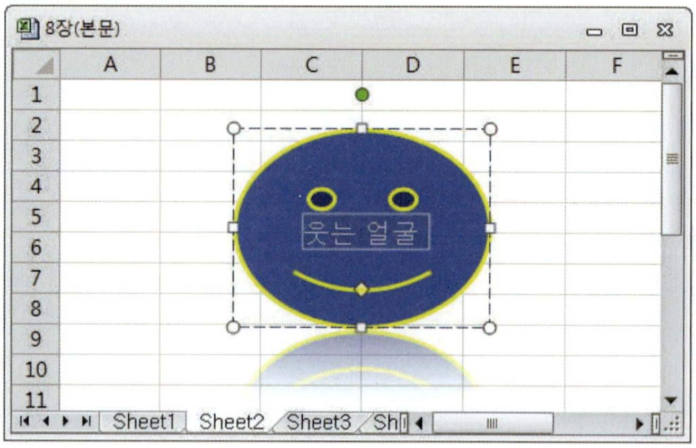

엑셀 노트 ▸▸▸

▶ **도형 이동/복사/삭제**

- 도형을 이동하거나 복사, 삭제하려면 먼저 도형을 마우스로 눌러 선택한다.
- 이동 : 마우스 왼쪽 단추를 누른 채 다른 위치로 끌어다 놓기
- 복사 : Ctrl을 누른 상태에서 마우스 왼쪽 단추를 누른 채 다른 위치로 끌어다 놓기
- 삭제 : Delete를 눌러 선택된 도형 삭제 가능

4. 개체 정렬

워크시트에 여러 개의 개체가 그려진 경우 다수의 개체를 그룹으로 묶거나 개체의 위치 등을 변경할 수 있다. 개체의 배열 상태를 변경할 때는 작업 대상이 되는 개체를 모두 선택하고 작업을 수행한다.

- 단일 개체 선택 : 마우스 왼쪽 단추를 클릭한다.
- 여러 개체 선택 : Shift를 누른 상태에서 원하는 개체를 차례로 마우스로 누른다.

▶ **원에는 번호, 사각형에는 내용을 넣어 회사를 소개하는 목차 작성**

따라하기 »

① 다음 그림과 같이 "도형" 단추로 두 도형 스타일을 만든다.
② 두 도형을 선택하고, [서식] 탭의 "그룹" 단추를 클릭하여 그룹화 한다.
그룹을 해제하는 방법은 "그룹" 단추로 "그룹 해제"를 선택한다.

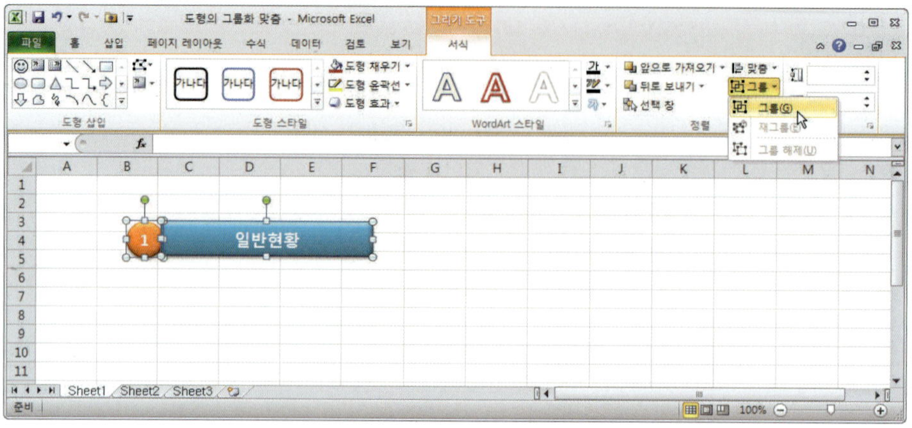

③ 그룹이 되어 하나의 도형처럼 되었다. 이를 선택하고 Ctrl키를 누른 채 드래그하면 복사된다.

④ 5개가 되도록 복사한다. 간격과 맞춤은 생각하지 말고 자유로이 복사한다.

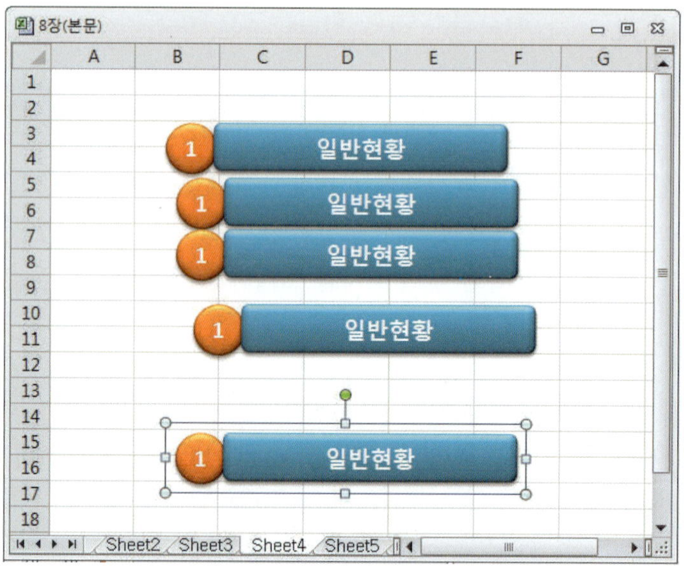

⑤ 번호는 "2, 3, 4, 5"를 입력하고, 텍스트는 "경영공시, 윤리경영, 조직소개, 찾아오시는 길"을 차례대로 입력한다.

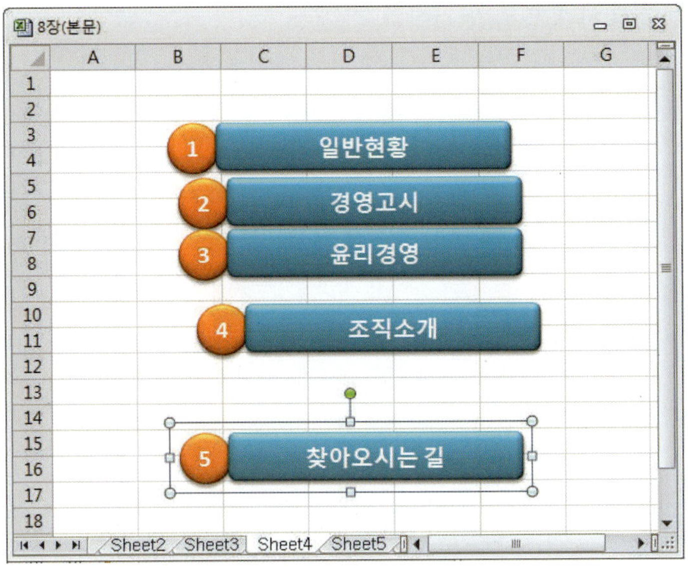

⑥ 5개를 전부 선택한다.

⑦ [서식] 탭의 "맞춤" 단추로 "왼쪽 맞춤"을 선택한다.
왼쪽 맞춤을 선택하면 가장 왼쪽에 있는 도형에 맞추게 된다.

⑧ 가장 왼쪽에 있는 도형에 가지런히 맞춤된다.

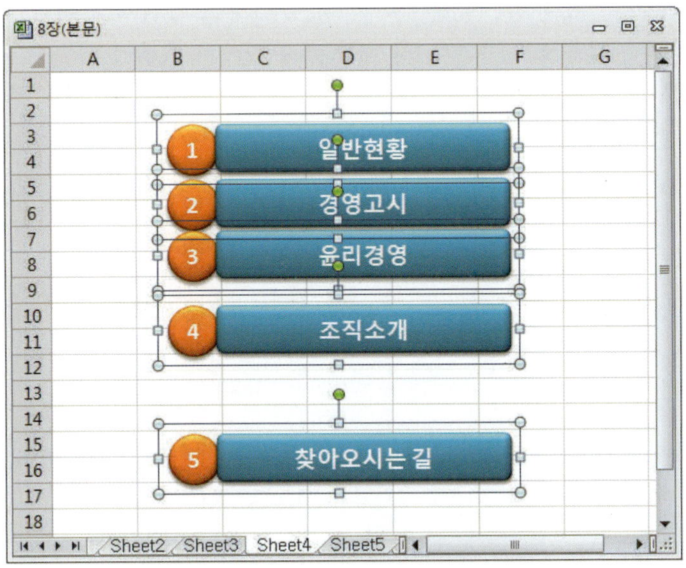

⑨ 다시 "맞춤" 단추로 "세로 간격을 동일하게"를 선택한다.

⑩ 세로 간격이 동일하게 맞춤될 것이다.

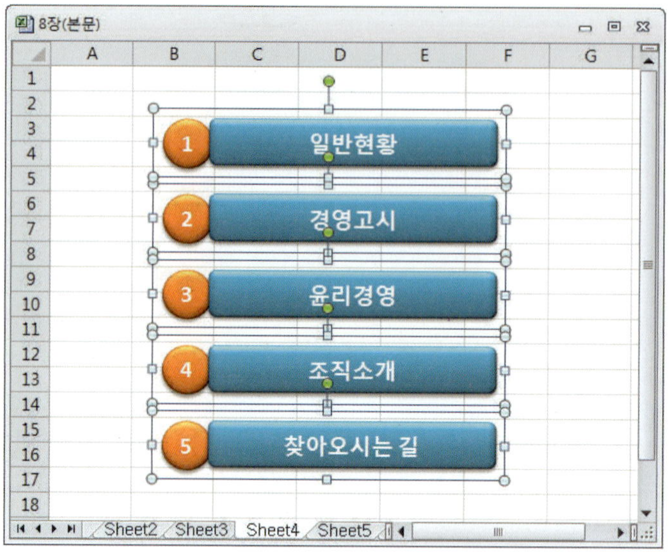

⑪ 다시 "맞춤"단추를 클릭 "눈금에 맞춤"을 선택한다.
"도형에 맞추기"를 선택하면 도형에 맞추고, "눈금에 맞춤"을 선택하면 셀 구분선에 도형을 맞추어 그려진다.

⑫ "도형" 단추에서 "모서리가 둥근 직사각형"을 5개 도형위에 그린다. "눈금에 맞춤"이 선택되었으므로 도형은 셀 눈금선에 맞춤되어 그려질 것이다.

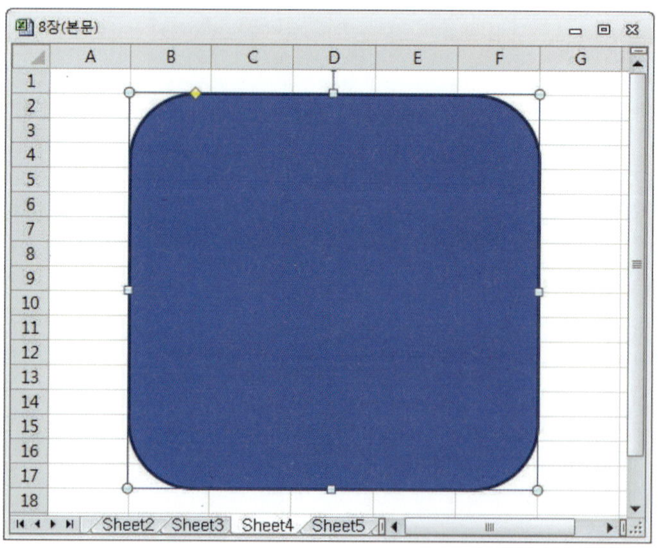

⑬ [서식] → [정렬] 그룹에서 "맨 뒤로 보내기"를 선택한다. 그러면 5개 텍스트가 입력된 도형이 보이게 된다.

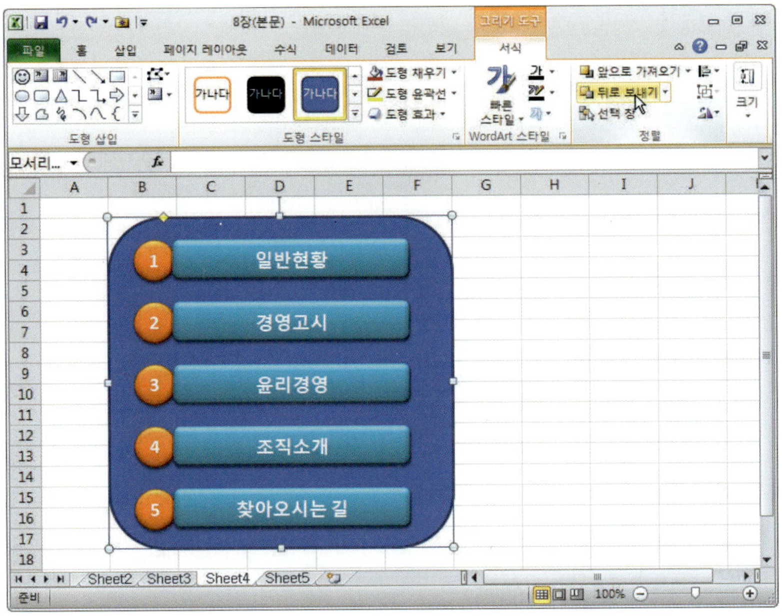

⑭ 다시 "맞춤" 단추의 "눈금에 맞춤"을 선택 이를 해제한다.

5. 워드아트

[그리기 도구]의 [WordArt 스타일]에서 "텍스트 채우기", "텍스트 윤곽선", "텍스트 효과"를 선택하여 특수 효과를 가진 문자열을 워크시트에 삽입한다.

따라하기 »

① 다음 시트의 [WordArt 스타일]을 변경한다.

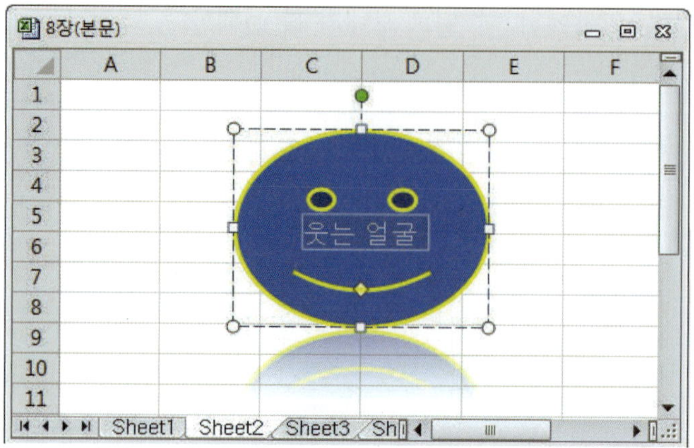

② 다음과 같이 [WordArt 스타일]의 "자세히" 단추( )를 클릭하여 만들어진 스타일을 선택하거나, [WordArt 스타일]의 "텍스트 채우기", "텍스트 윤곽선", "텍스트 효과"로 스타일을 만든다.

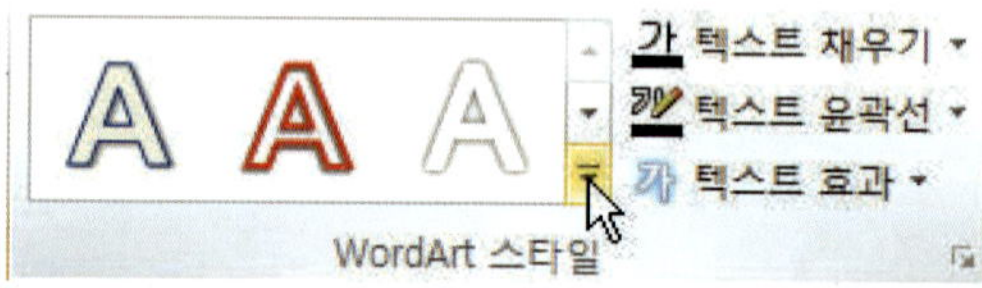

③ 다음과 같이 [WordArt 스타일]을 선택한다.

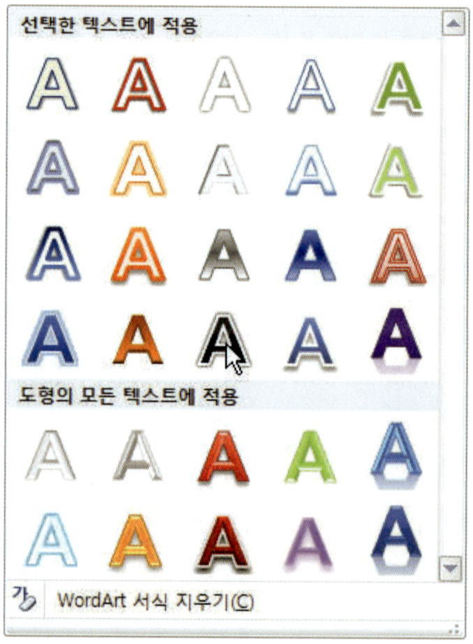

④ 변경된 [WordArt 스타일]이 적용된 결과이다.

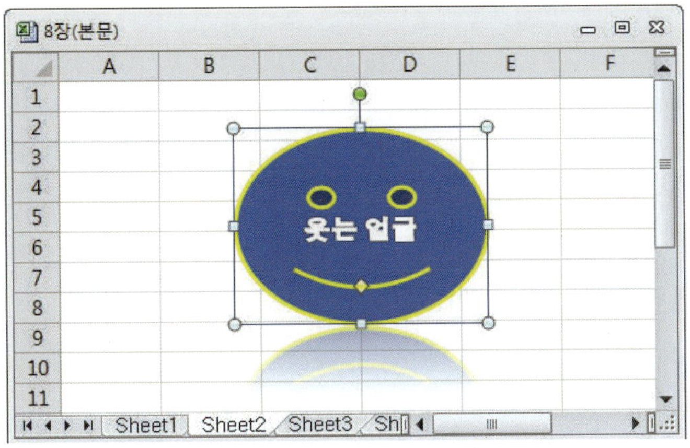

⑤ 다음 [WordArt 스타일]의 아이콘()을 클릭하여 여러 가지 효과를 적용할 수 있다.

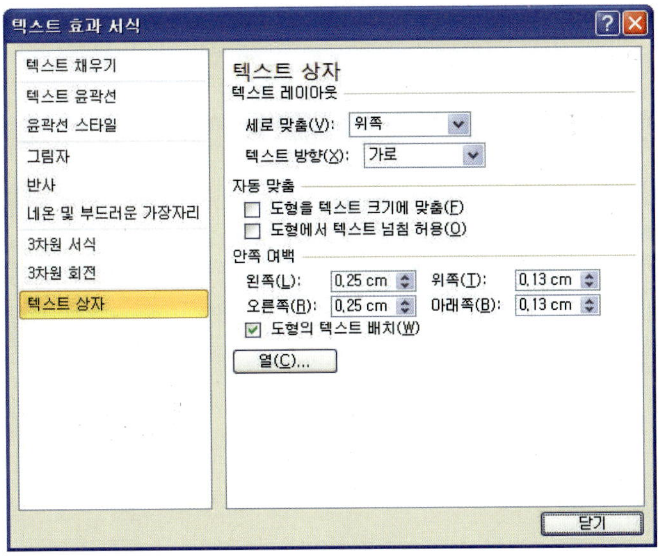

6. SmartArt 그래픽

SmartArt 그래픽을 사용하여 정보를 시각적으로 표현할 수 있다. 엑셀 2007부터 새로 추가된 기능이다. 다양한 레이아웃을 선택할 수 있고, 스타일을 지정하여 한 번에 전문가 수준의 디자인을 할 수 있다. 엑셀보다는 파워포인트 프로그램에서 더 잘 이용할 수 있다.

▶ SmartArt 그래픽 작성

따라하기 »

목록형의 SmartArt 그래픽을 만들면서 텍스트 입력하는 방법, 텍스트 창 다루기, 색 변경, 스타일 지정해 보자.

① [삽입] 탭의 "SmartArt" 단추를 클릭한다.

② [SmartArt 그래픽 선택] 대화상자에서 "세로 상자 목록형"을 선택하고, [확인]을 누른다.

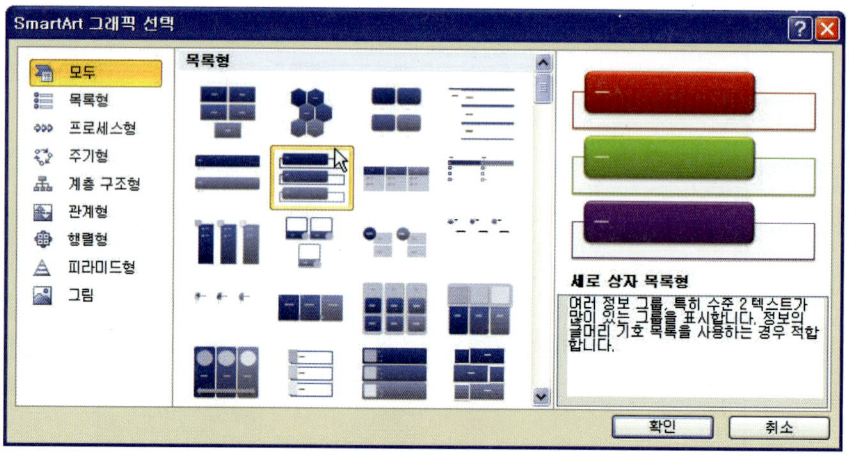

③ 기본적으로 3개가 나타난다.

④ 텍스트 창의 텍스트에 "주주이익 극대화, 책임경영, 투명경영" 3개를 입력하고, Enter 키를 누르면 추가된다. "가치경영, 사원복지 향상" 두 개를 더 입력한다.
"텍스트 창" 단추를 클릭하면 텍스트 창이 표시되거나 숨기기 된다.

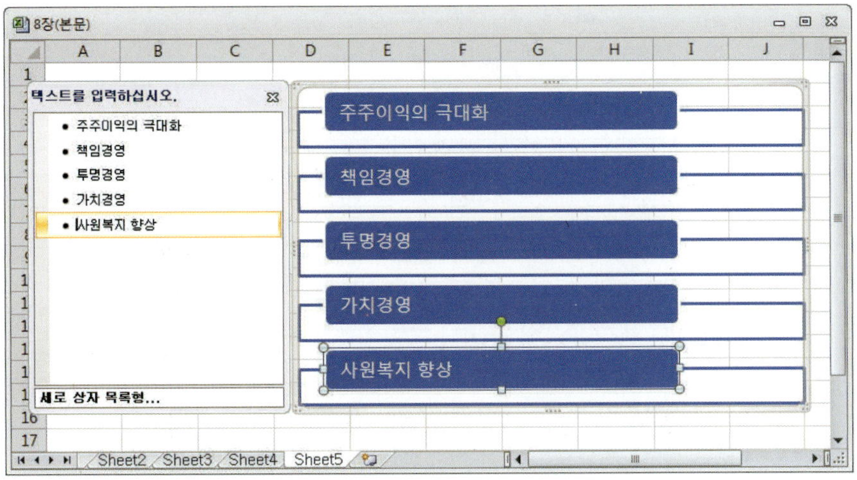

⑤ 텍스트 창을 [닫기] 한다.

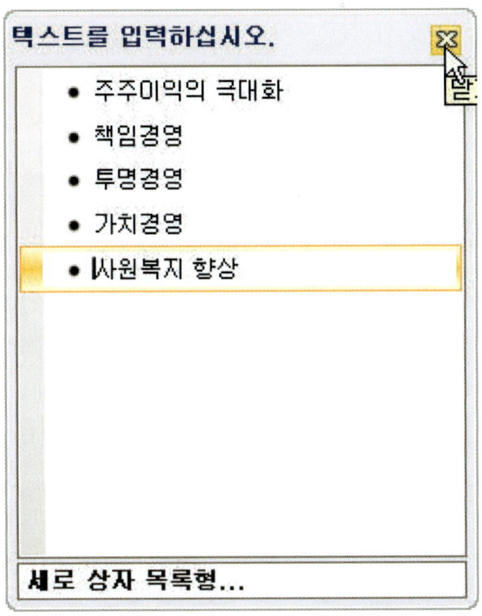

⑥ 다음 그림과 같이 "색 변경" 단추에서 "색상형"을 선택한다.

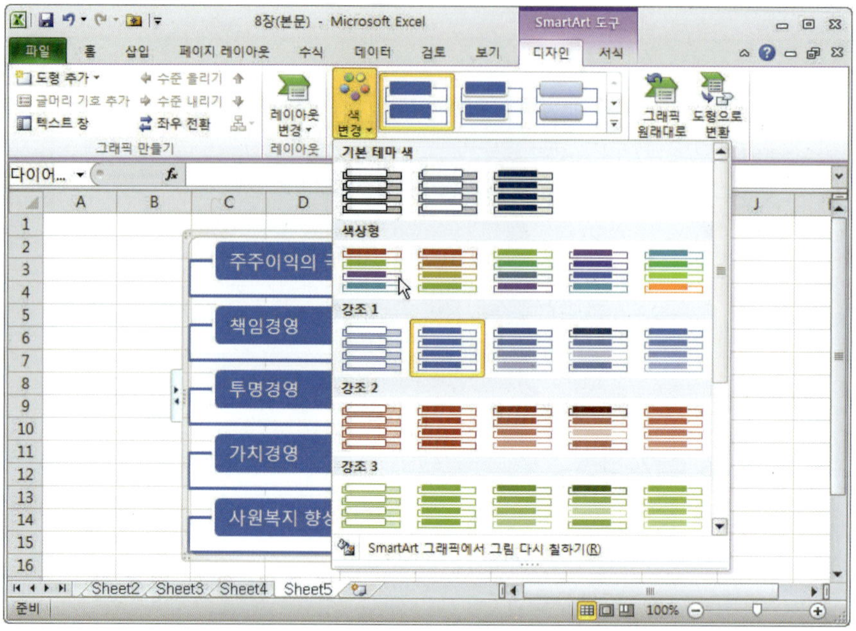

⑦ "SmartArt 스타일" 단추로 "평면" 스타일을 선택한다

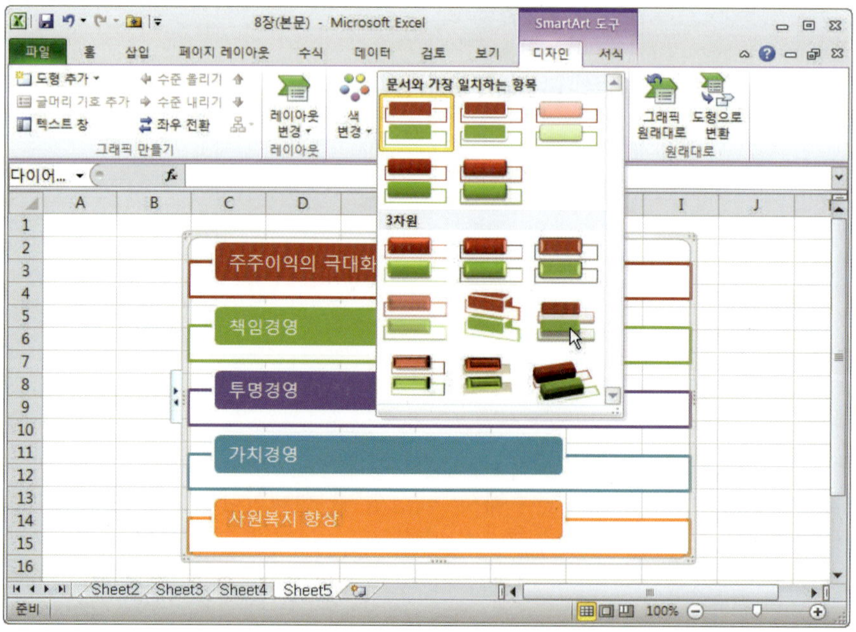

⑧ [홈] 탭에서 "글꼴 크기", "굵게", "가운데 맞춤" 단추로 SmartArt의 텍스트에 관련된

서식을 지정한다.

8장(본문)
주주이익의 극대화
책임경영
투명경영
가치경영
사원복지 향상
Sheet2
Sheet3
Sheet4
Sheet5

연습문제

EXERCISE

01 다음과 같이 워크시트에 클립아트를 삽입하고, 도형에 텍스트를 추가하여 저장하시오.

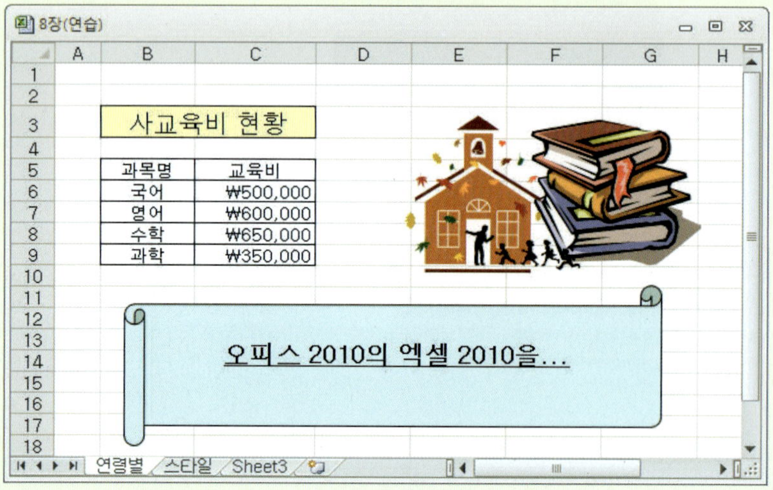

02 다음과 같이 워크시트에 클립아트를 삽입하고, [그림 도구] → [서식] → [그림 스타일]에서 다음과 같은 스타일 형태로 지정하시오.

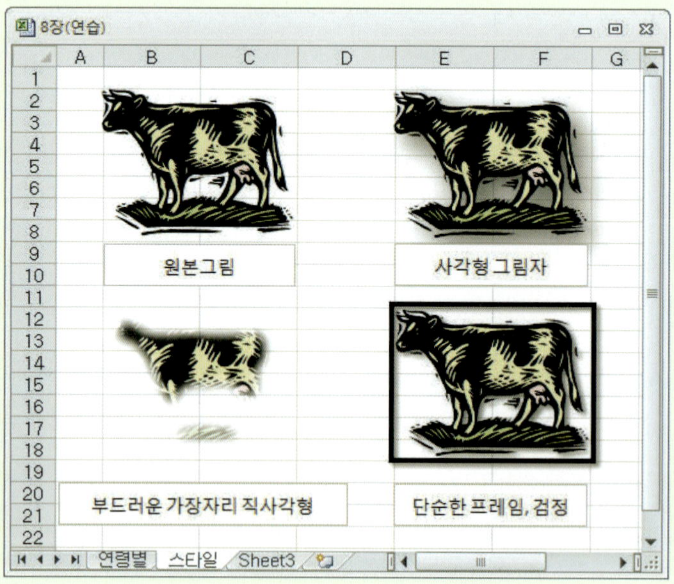

EXCEL

CHAPTER 10

매크로 작성

1. 매크로 생성
2. 매크로 실행
3. 매크로 편집
4. 매크로 프로그램 개요와 주요 명령어

10 CHAPTER 매크로 작성

1. 매크로 생성

엑셀에서 문제를 처리해 나가는 과정을 특정키에 기록해 두었다가 필요할 때마다 해당키만 누르면 기록해둔 처리과정이 수행되도록 하는 기능을 매크로라고 한다. 매크로는 여러 번 이루어지는 반복적인 작업이나 시간이 많이 걸리는 작업을 보다 빠르고 신속하게 처리할 수 있다.

▶ 매크로의 특징

- 엑셀에서 문제처리를 위해 마우스나 키보드를 통해 이루어지는 동작들을 특정키에 기록해 두었다가 필요할 때마다 해당키에 의해 반복 수행이 가능하다.
- 작성된 매크로의 내용은 작업 중인 워크시트나 새로운 워크시트 또는 개인용 매크로 통합문서에 저장할 수 있다.
- 개인용 매크로 통합문서에 저장한 매크로는 워크시트를 열지 않은 상태에서도 실행이 가능하며 또 엑셀의 어느 위치에서나 실행이 가능하다.
- 매크로는 통합문서에 첨부된 모듈 시트에 저장되며, 매크로로 작성한 내용은 필요에 따라 추가, 삭제, 변경 등이 가능하다.
- 키보드나 마우스의 동작에 의해 매크로를 작성하더라도 엑셀에서는 Visual Basic언어로 작성된 매크로 프로그램이 자동으로 생성된다.
- 대화 형식의 데이터 처리가 가능하며 순수한 엑셀 기능에서 불가능한 작업도 구현이 가능하다.

▶ Visual Basic 도구모음

매크로를 작성하거나 실행할 때 [파일] → [옵션] → [리본 사용자 지정] → [개발 도구]를 선택하면 리본 메뉴에 [개발 도구] 탭이 생긴다.

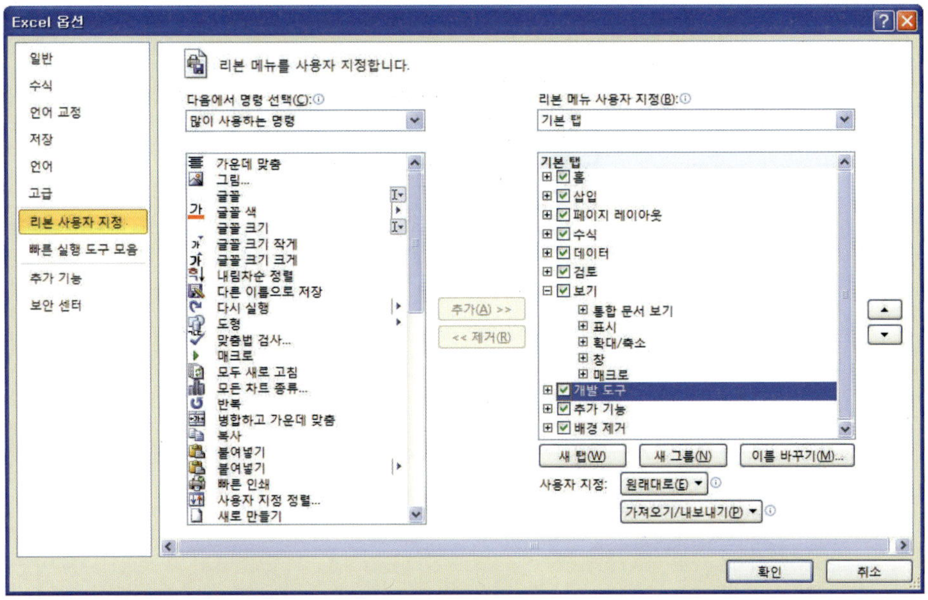

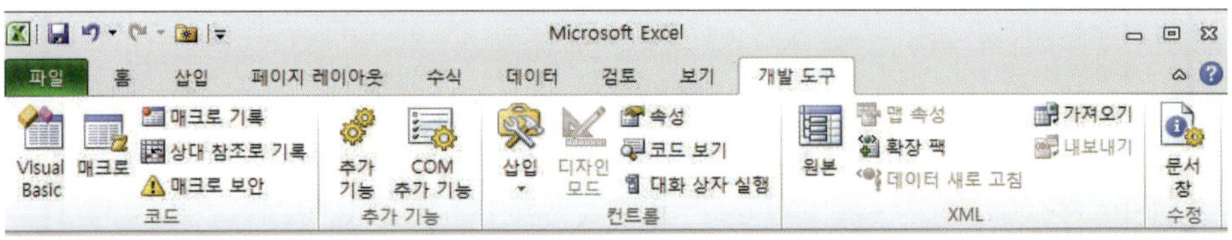

- Visual Basic : Visual Basic 편집기 화면으로 전환한다.
- 매크로 : 작성된 매크로를 실행한다.
- 매크로 기록 : 새로운 매크로 작성을 시작한다.
- 삽입 : 컨트롤 도구상자를 화면에 표시하거나 표시를 취소한다.
- 디자인모드 : 컨트롤 도구를 편집하기 위해 작업 모드를 전환한다.

▶ 서식 변경 매크로

따라하기 »

① 다음의 워크시트를 작성한 다음 선택 영역의 글꼴 크기를 12포인트의 돋움, 굵게로 변경하고, 글꼴 색을 파랑색으로 바꾸는 매크로를 작성한다.

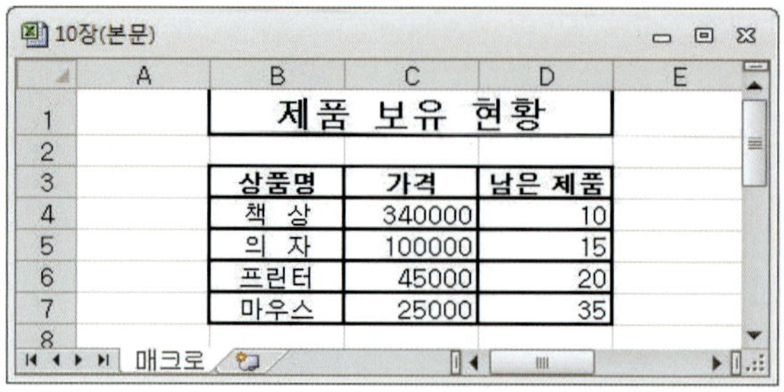

② [파일] → [옵션] → [리본 사용자 지정] → [개발 도구]를 선택하면 리본 메뉴에 [개발 도구] 탭이 나타난다.

③ [개발도구] → [코드] → [매크로 보안]을 클릭하고, [보안 센터] 대화상자의 [매크로 설정]에서 "모든 매크로 포함"을 클릭한다.

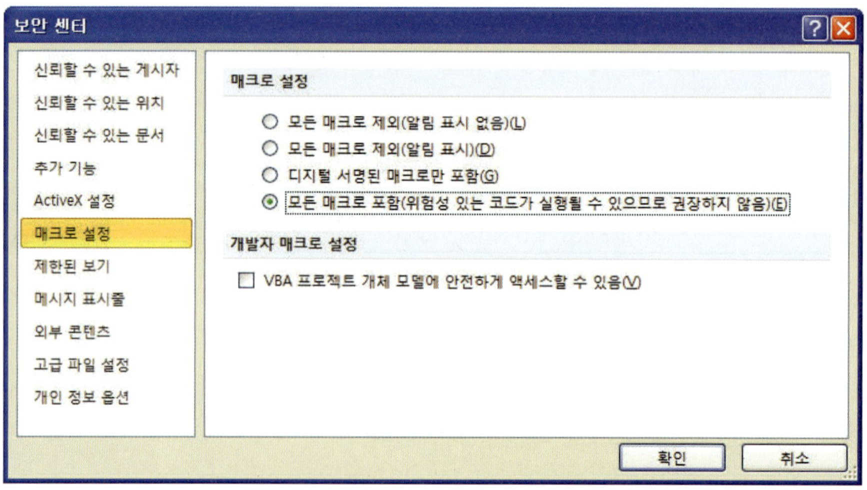

④ 다음과 같은 워크시트에서 서식을 변경할 부분을 블록 지정하고 [보기] → [매크로] → [매크로 기록]을 선택한다.

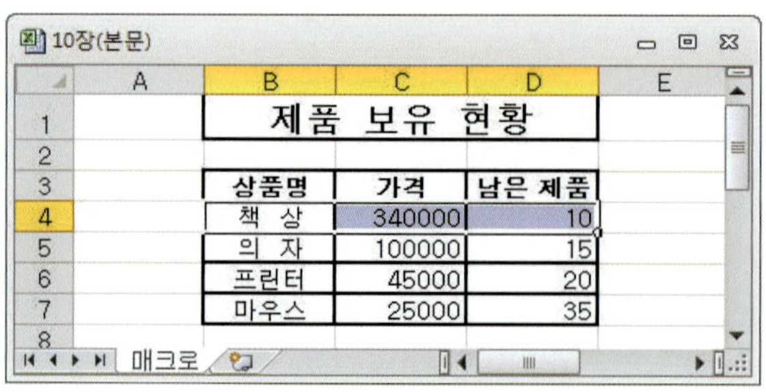

⑤ 매크로 이름, 바로 가는 키를 지정하고 [확인] 단추를 누른다.

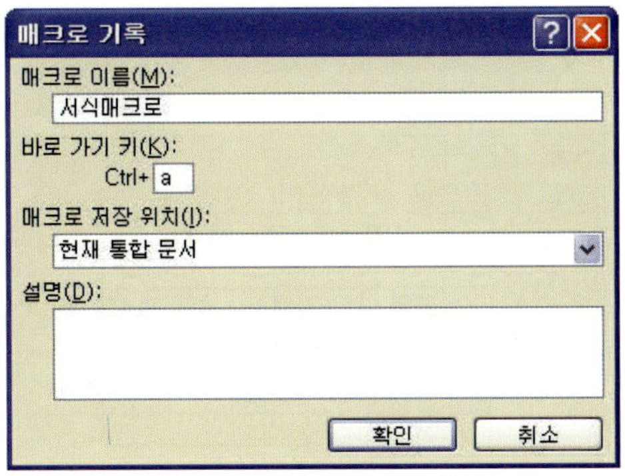

엑셀 노트 ▸▸▸

▶ **[매크로 기록] 지정사항**

- 매크로 이름 : 자동으로 설정되는 매크로1, 매크로2, ...와 같은 이름을 그대로 사용하거나 사용자가 임의로 새로운 이름을 지정하여 사용 가능하다.
- 바로 가는 키 : Ctrl과 함께 알파벳 한 문자를 지정하여 매크로를 실행할 때 사용한다.
- 매크로 저장 위치 : 작성한 매크로를 저장할 위치를 지정한다.
- 설명 : 매크로에 대한 간단한 설명이나 기타 필요한 설명을 사용자 임의로 입력한다.

⑥ [홈] → [글꼴] 대화상자 아이콘( )을 선택하여 [셀 서식] 대화상자의 [글꼴] 탭에서 12포인트, 돋움, 굵게, 파랑색으로 지정하고 [확인] 단추를 누른다.

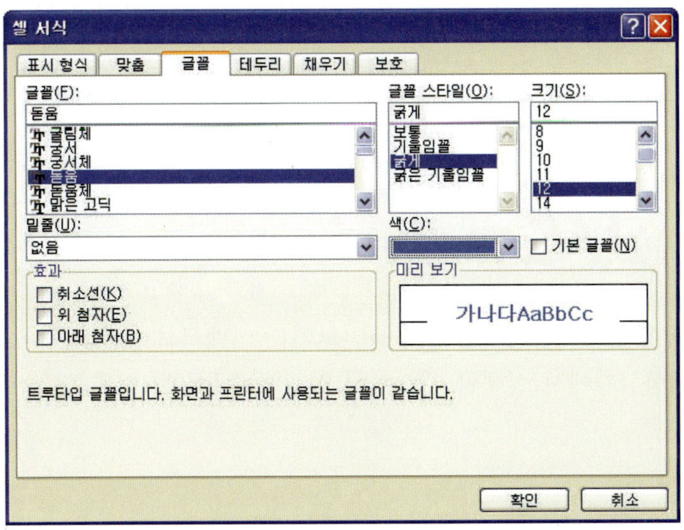

⑦ 매크로 "기록중지" 아이콘을 눌러 매크로 작성을 끝낸다.

⑧ "서식 매크로"를 실행해 보기 위해 블록을 지정하고, 바로 가는 키 [Ctrl + a]를 눌러 매크로 실행을 확인한다.

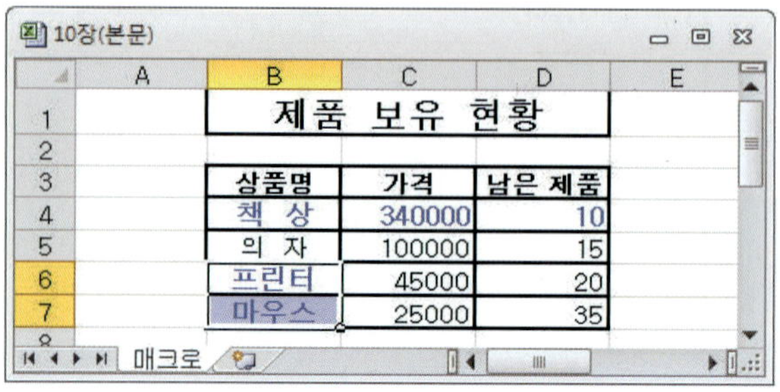

2. 매크로 실행

기록된 매크로는 엑셀 창에서 실행하거나 매크로를 편집중이면 Visual Basic 창에서 실행할 수 있다. 매크로를 실행할 때는 다음 세 가지 방법 중 하나로 실행한다.

- 방법1 : [보기] → [매크로] → [매크로 보기] 아이콘을 선택하여 실행한다.
- 방법2 : 매크로를 작성할 때 지정한 단축키를 눌러 실행한다. (Ctrl+문자)
- 방법3 : 매크로를 연결하여 지정한 각종 개체를 눌러 실행한다.

▶ 단축키 또는 메뉴를 이용한 매크로 실행

따라하기 »

① 매크로를 실행할 영역을 블록 지정하고 바로 가는 키 Ctrl + a를 눌러 매크로를 실행해 보자.

② 매크로를 실행할 영역을 블록 지정하고 [보기] → [매크로 보기] 메뉴를 선택한다.

③ [매크로] 대화상자에서 실행할 매크로를 선택하고 [실행] 단추를 누르면 매크로가 실행된다.

▶ [매크로] 대화상자

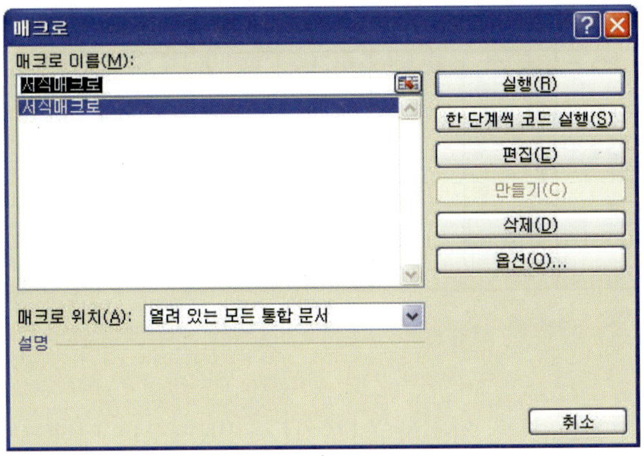

[도구] → [매크로] → [매크로 보기] 메뉴를 선택하면 [매크로] 대화상자가 나타난다. 매크로 대화상자를 통해 매크로를 만들고 실행, 한 단계식씩 코드 실행, 편집 등의 작업을 변경할 수 있다.

- 실행 : 선택한 매크로를 실행한다.
- 한 단계씩 코드실행 : 선택한 매크로를 한 번에 한 줄씩 실행한다.
- 편집 : Visual Basic 편집기 창으로 전환하여 선택한 매크로를 편집한다.
- 만들기 : 새 매크로 이름을 입력하여 새로운 매크로를 작성한다.
- 삭제 : 선택한 매크로를 삭제한다.
- 옵션 : 바로 가는 키와 설명을 수정한다.

▶ 도형에 매크로를 연결하여 실행

따라하기 »

① 다음과 같은 워크시트에서 "회계변경" 매크로를 작성한다.

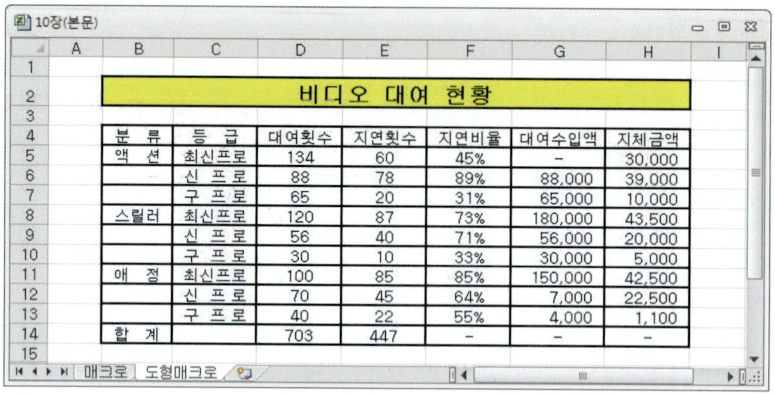

분 류	등 급	대여횟수	지연횟수	지연비율	대여수입액	지체금액
액 션	최신프로	134	60	45%	-	30,000
	신 프 로	88	78	89%	88,000	39,000
	구 프 로	65	20	31%	65,000	10,000
스릴러	최신프로	120	87	73%	180,000	43,500
	신 프 로	56	40	71%	56,000	20,000
	구 프 로	30	10	33%	30,000	5,000
애 정	최신프로	100	85	85%	150,000	42,500
	신 프 로	70	45	64%	7,000	22,500
	구 프 로	40	22	55%	4,000	1,100
합 계		703	447	-	-	-

② 회계를 변경할 부분을 블록 지정하고 [보기] → [매크로] → [매크로 기록]을 선택한다.

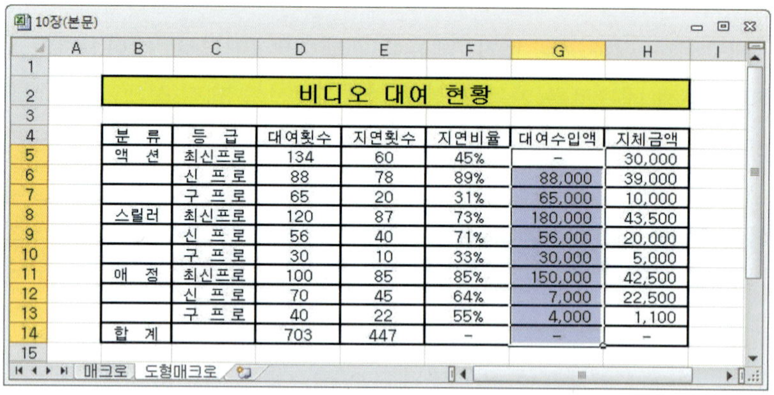

분 류	등 급	대여횟수	지연횟수	지연비율	대여수입액	지체금액
액 션	최신프로	134	60	45%	-	30,000
	신 프 로	88	78	89%	88,000	39,000
	구 프 로	65	20	31%	65,000	10,000
스릴러	최신프로	120	87	73%	180,000	43,500
	신 프 로	56	40	71%	56,000	20,000
	구 프 로	30	10	33%	30,000	5,000
애 정	최신프로	100	85	85%	150,000	42,500
	신 프 로	70	45	64%	7,000	22,500
	구 프 로	40	22	55%	4,000	1,100
합 계		703	447	-	-	-

④ 매크로 이름, 바로 가는 키를 지정하고 [확인] 단추를 누른다.

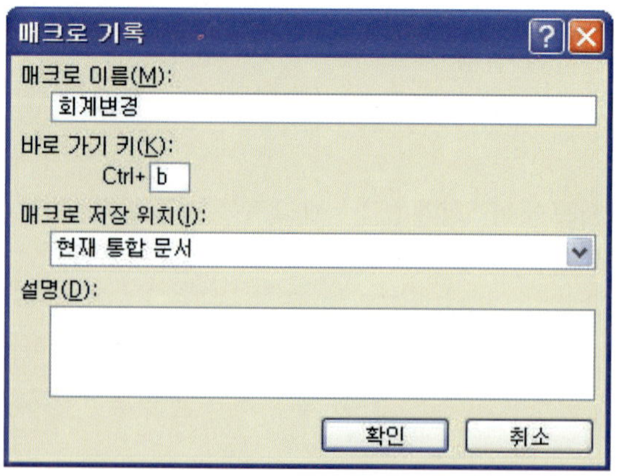

⑤ [홈] → [표시형식] 대화상자 아이콘( )을 선택하여 [셀 서식] 대화상자의 [표시 형식] 탭에서 다음과 같이 설정하고 [확인] 단추를 누른다.

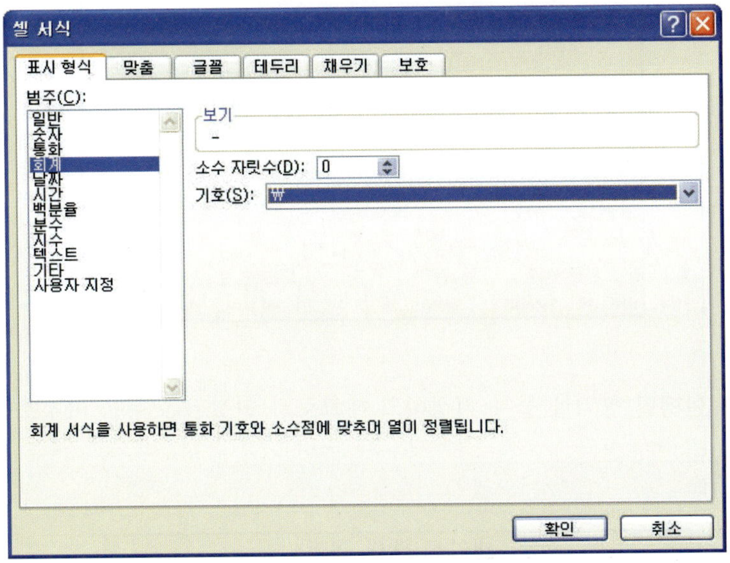

⑥ 매크로 기록중지 아이콘을 눌러 매크로 작성을 끝낸다.

⑦ “도형 매크로” 워크시트에 [삽입] → [일러스트레이션] → [도형]에서 여러분이 좋아하는 도형을 지정하여 그린다.

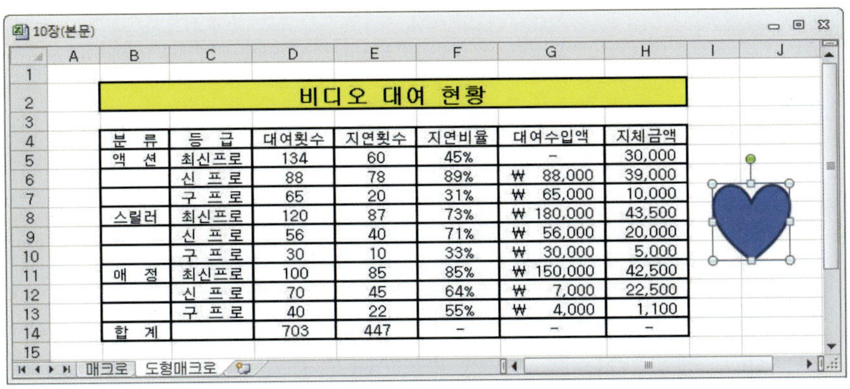

분 류	등 급	대여횟수	지연횟수	지연비율	대여수입액	지체금액
액 션	최신프로	134	60	45%	-	30,000
	신 프 로	88	78	89%	₩ 88,000	39,000
	구 프 로	65	20	31%	₩ 65,000	10,000
스릴러	최신프로	120	87	73%	₩ 180,000	43,500
	신 프 로	56	40	71%	₩ 56,000	20,000
	구 프 로	30	10	33%	₩ 30,000	5,000
애 정	최신프로	100	85	85%	₩ 150,000	42,500
	신 프 로	70	45	64%	₩ 7,000	22,500
	구 프 로	40	22	55%	₩ 4,000	1,100
합 계		703	447	-	-	-

⑧ 도형 위에서 마우스 오른쪽 단추를 누르고 단축 메뉴에서 [매크로 지정]을 선택한다.

⑨ [매크로 지정] 대화상자에서 도형에 연결할 “회계 변경” 매크로를 선택한다.

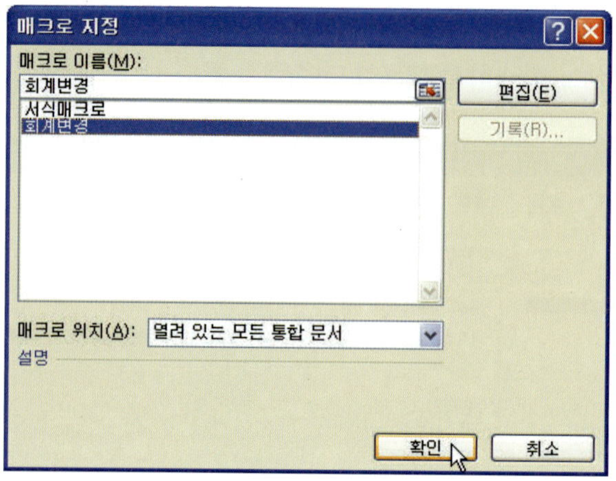

⑩ 매크로를 실행할 영역을 블록 지정하고 매크로가 연결된 도형을 마우스로 누른다.

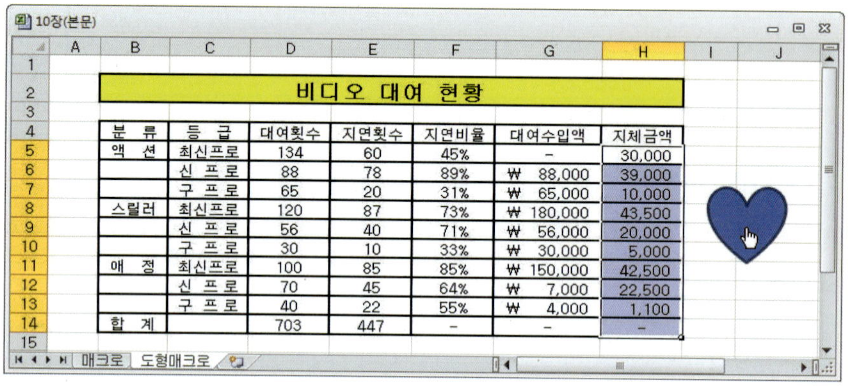

⑪ 선택한 영역에 매크로가 실행된 결과가 나타난다.

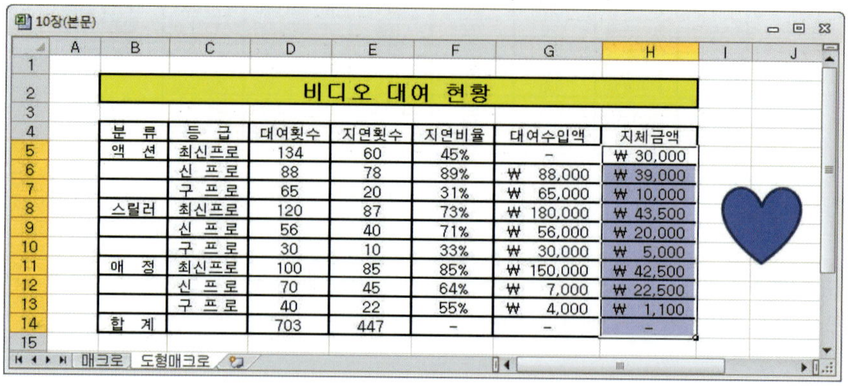

▶ 매크로

- 매크로 실행 도중에 매크로를 중지시키려면 Esc를 누른다.
- 매크로를 연결할 수 있는 대상 : OLE 개체, 도구단추, 도형, 문자열 상자, 클립아트 등
- VBA(Visual Basic for Application) : 매크로가 기록되는 언어로 Visual Basic 프로그래밍 언어를 기반으로 만들어 졌다. 매크로가 기록되는 언어이므로 매크로 언어라고도 하며, VBA의 문법을 알고 있으면 Visual Basic 편집기 창에서 직접 매크로를 프로그래밍 할 수도 있다.

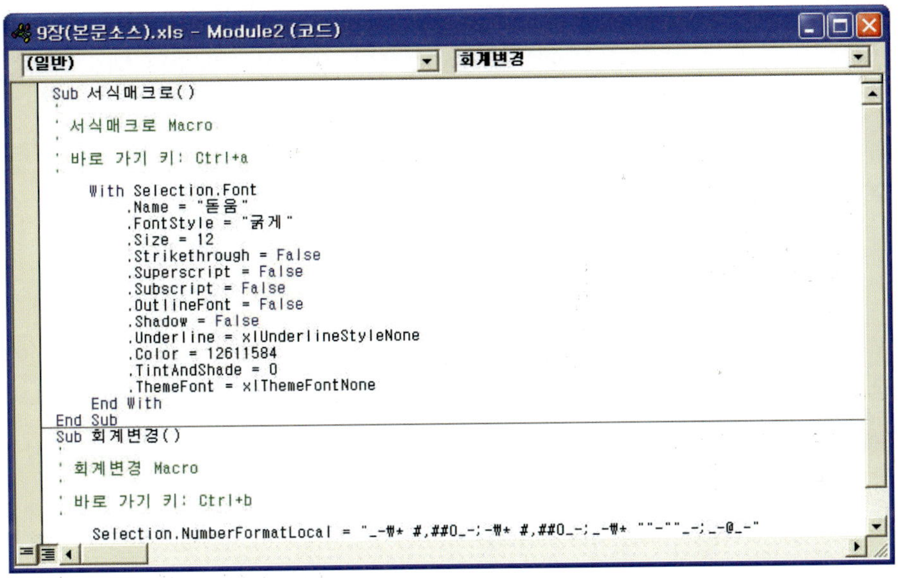

3. 매크로 편집

작성된 매크로를 부분적으로 수정하려면 Visual Basic 편집기를 실행하여 직접 매크로 코드를 편집해야 한다. 매크로 코드를 편집하려면 VBA에 대한 지식이 필요하다.

▶ 매크로 코드 보기

따라하기 »

① [보기] → [매크로] → [매크로 보기] 메뉴를 선택하여 [매크로] 대화상자에서 편집하려는 매크로를 선택한 다음 [편집] 단추를 누른다.

② Visual Basic 편집기 창이 열리고 선택한 매크로의 코드가 나타난다.

▶ Visual Basic 편집기의 화면 구성

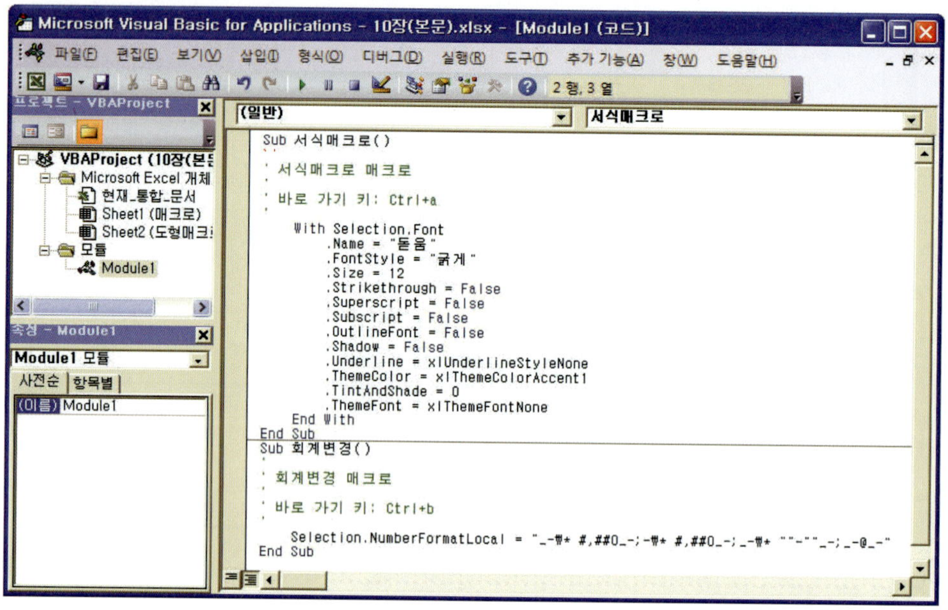

- 프로젝트 탐색기 : 현재 작업 중인 통합 문서와 각 워크시트, 모듈 시트의 이름을 표시하며 엑셀의 시트 탭처럼 여러 개의 모듈 시트 중에서 작업할 시트로 이동하기 위해 사용한다.
- 모듈 시트 : 매크로가 기록되는 부분으로 하나의 모듈 시트에 여러 개의 매크로를 기록할 수 있다.
- 속성 창 : 선택한 요소의 속성(이름, 화면 표시 상태 등)을 표시하며 속성창의 각 항목을 눌러 속성을 변경할 수 있다.

4. 매크로 프로그램 개요와 주요 명령어

4-1 매크로의 구성

매크로는 통합문서에 첨부된 모듈 시트에 하나의 Sub 프로시저로 기록된다. 프로시저는 하나의 작업 단위를 의미하며, Sub로 시작하여 End Sub로 종료된다.

매크로 명령은 개체의 속성을 변경하거나 개체의 방법을 실행하는 것으로 이루어져 있다.

▶ Sub프로시저의 구성

```
Sub 매크로 이름 ( )              ← 매크로의 시작
 ... 실행 가능한 명령문 그룹      ← 실제 처리되는 내용
End Sub                          ← 매크로의 끝
```

▶ 개체

- 개체란 워크시트, 차트, 통합문서 등 엑셀의 구성 요소를 의미한다.
- 개체는 계층을 가지고 있으며 하나의 개체를 지정하기 위해 개체 계층에 따라 상위 개체부터 해당 개체까지 차례로 지정해야 한다.
- 개체와 개체 사이는 마침표(.)로 구분하여 지정한다.
- Application 개체 : 엑셀 개체의 최상위 개체이며 대부분 생략 가능하다.

(예) : Workbooks("Book1.xls").Worksheets("Sheet1").Range("A1")

→ 통합문서 Book1.xls의 Sheet1 워크시트에서 A1셀을 지정하는 경우

▶ 속성(Property)

- 개체가 가지고 있는 특성을 의미한다.
- 개체와 개체, 개체와 속성 또는 개체와 방법은 마침표(.)로 구분한다.

(예) : ActiveCell.Interior.ColorIndex = 3

→ 액티브 셀(개체)의 채우기 색(속성)을 빨강색(3번)으로 변경하는 경우

▶ 방법(Method)

개체에 대한 동작 명령을 의미한다.

(예) : Worksheets.Add → 새로운 워크시트를 삽입하는 경우

4-2 주요 명령어

매크로 프로그램에서는 엑셀 창에서 매크로 기록 기능을 사용할 때 자동으로 생성되는 코드에서 볼 수 없는, 여러 가지 제어 명령과 반복 명령 등을 사용, 유연하게 프로그램을 작성할 수 있다.

▶ 개체의 반복

- 동일한 대상에 대해 여러 개의 명령문을 실행하는 경우에 사용한다.
- 동일한 대상을 매번 명시할 필요가 없으므로 코드가 간단해질 수 있다.
- With 다음에 개체(명령의 대상)를 지정한다

  With 개체

  .... 명령문 그룹

  End With

▶ 조건 명령문

조건식을 검사하여 서로 다른 명령문 그룹을 수행할 때 사용한다.

- IF 조건 Then 문장1 Else 문장2

  → 조건을 만족하면 문장1을 수행하고 거짓이면 문장2를 수행
- Select Case

  → 다수의 조건을 지정하여 조건에 만족하는 CASE문의 명령을 수행

▶ 반복 명령문

명령문 그룹을 반복적으로 실행할 때 지정한다.

- Do ~ Loop

  → 조건이 만족되거나 조건이 TRUE일 때까지 명령문 반복 수행
- For ~ Next

  → 카운터 변수를 사용하여 특정 횟수만큼 명령문 반복 수행
- For Each ~ Next

  → 컬렉션에 들어 있는 각각의 개체에 대해 명령문 반복 수행

▶ 셀 작업

VBA로 매크로를 작성할 때 가장 중요한 것은 셀 또는 셀 범위를 지정하는 방법으로 셀이

나 셀 범위를 작업 대상으로 만들기 위해서 Activate 방법이나 Select 방법을 사용한다.

▶ **셀 포인터를 K5셀로 이동하는 방법**

- Range("K5").Activate
- Range("K5").Select

4-3 셀 범위를 지정하는 방법

▶ **입력 처리**

셀을 지정하여 수치나 문자 데이터를 입력하려면 먼저 데이터가 입력될 범위, 등호 기호(=), 입력될 데이터 내용을 순서대로 입력한다.

- 일반 숫자나 문자 입력

  (예)

  Range("K5") = 777 → K5셀에 숫자 777을 입력

  Range("E20") = "엑셀 매크로" → E20셀에 문자 "엑셀 매크로" 입력

- 수식 입력(Formula 속성 사용)

  (예)

  Range("A3").Formula = "=A1*A2" → A3셀에 수식 "=A1*A2"입력

매크로 코드	지정 셀 범위
Range("A1")	A1셀 지정
Range("A1:A10")	A1부터 A10셀까지 지정
Range("A1:A10, C1:C10")	A1부터 A10셀까지, C1부터 C10셀까지 지정
Cells(5, 4)	5행 4열, 즉 D5셀
Cells	워크시트 전체 지정
ActiveCell.oFFSET(2, 3)	현재 셀로부터 아래쪽으로 2행, 오른쪽으로 3열 떨어진 위치의 셀
Range("K5").Offset(-3, 2)	K5셀로부터 위쪽으로 3행, 오른쪽으로 2열 떨어진 위치의 셀
Rows(5)	5행 전체
Rows("3:9")	3행부터 9행 전체
Columns(3)	3열, 즉 C열 전체
Columns("5:7")	5열부터 7열까지, 즉 E열부터 G열 전체

연습문제

EXERCISE

01 다음과 같은 [처리 조건]으로 매크로를 작성하시오.

[처리 조건]

- 매크로 이름 : 서식1
- 바로 가는 키 : Ctrl + s
- 변경 서식 : 이중실선과 노랑색으로 채우기

(매크로 실행전)

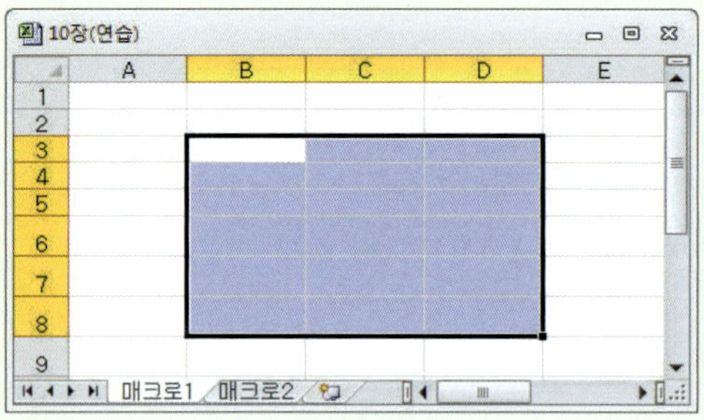

(매크로 실행후)

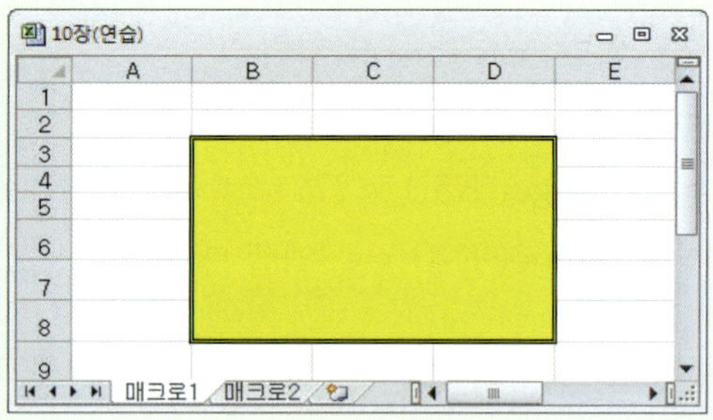

02 다음과 같이 워크시트를 작성한 후 [처리 조건]에 따라 시나리오를 작성하시오.

중간고사 성적

성명	국어	영어	수학	정보처리	평균
김윤태	85	93	89	77	
김창순	50	100	45	94	
박옥남	80	77	100	85	
소가광	56	67	78	85	
소홍섭	47	55	86	88	
양해춘	90	85	92	84	
이병학	79	98	93	96	
이용기	78	94	88	80	
장흥주	89	88	88	86	

[서식] [평균]

[처리 조건]

- [B1]과 [B3:G3] 영역
  - 매크로 이름 : 서식
  - 바로 가는 키 : Ctrl + g
  - 변경 서식 : 노랑색으로 채우기
- [G4:G12] 영역
  - 매크로 이름 : 평균
  - 바로 가는 키 : Ctrl + j
  - 변경 서식 : 평균계산하기

POWERPOINT

파워포인트 2010

POWERPOINT

CHAPTER 01

파워포인트 2010 프로그램

1. 파워포인트
2. 파워포인트의 시작과 종료
3. 새 슬라이드 삽입
4. 보기화면
5. 새 파일 작성
6. 파일 저장
7. 파일 열기와 닫기
8. 파일 삭제
9. 인쇄
10. 슬라이드 디자인

01 CHAPTER 파워포인트 2010 프로그램

1. 파워포인트

1-1 파워포인트의 정의

마이크로소프트 오피스의 일부인 마이크로소프트 오피스 파워포인트는 세계에서 가장 널리 쓰이는 프레젠테이션 프로그램이다.

프레젠테이션은 청중에게 나의 이야기를 전개하여 전달하는 브리핑하는 작업을 의미하며, 최근에는 입사를 위한 자기소개의 영역까지 광범위하게 사용하며 의사소통을 위한 핵심도구로 쓰이고 있다.

누군가와 의사소통을 한다는 것은 단순한 이야기가 아니라 논리적으로 대화를 하는 것이다. 따라서 제시하고자하는 정보를 논리적으로 풀어가는 이야기 구조를 만들어 가는 것이 중요하다. 프레젠테이션은 논술형태의 보고서가 아니라 상황에 따라 발표 시간이 변하기 때문에, 융통성 있게 발표를 하는 능력이 필요하다. 또한 호소력 있는 목소리, 발표 내용을 구성하는 기획력, 전달 효과를 높이는 디자인 감각 등이 요구된다.

따라서, 프레젠테이션이란 자신이 전달하려는 생각이나 의견을 정해진 장소에서 자신의 목적을 달성하기 위해 전달하는 의사소통의 수단이며, 제반 정보를 특정 대상에게 효과적으로 전달 · 설득하여 의사결정을 유도하는 커뮤니케이션 수단이라고 정의한다. 이를 위해 효과적인 전달 매체 제작 도구가 필요하다. 현재 파워포인트, 프레지, 키노트 등이 많이 사용되고 있다. 그 중 마이크로소프트사에서 개발한 파워포인트가 보편적으로 사용되고 있다.

엑셀 노트 ▸▸▸

▶ 파워포인트의 확장자

파워포인트는 기본적으로 슬라이드와 객체에 애니메이션 효과를 주는 등 프레젠테이션을 위해 다양한 옵션을 제공하고 있다. 파워포인트 2007 이전 버전에서 만든 "ppt" 확장자의 파일을 불러오고 처리하는 데 오랜 시간이 걸릴 수 있으며 기능을 위해서라도 "pptx" 확장자를 사용하는편이 좋다.

1-2 파워포인트의 기능

- 워드 프로세서의 기능 : 파워포인트는 짧은 문구를 다양하게 표현할 수 있다.
- 차트 작성 기능 : 엑셀과 마찬가지로 입력자료를 시각적으로 표현할 수 있는 차트 작성 기능이 있다.
- 개체 삽입 기능 : 선, 사각형, 원, 별 등 다양한 모양을 자유 자재로 그릴 수 있고, 그림이나 클립아트, 워드 아트, 지도 등 개체 삽입이 가능하다.
- 영상처리 기능 : 디지털로 되어 있는 어떠한 영상이라도 파워포인트는 보여줄 수 있고, 필요한 부분만을 잘라서 보여줄 수도 있다.
- 사운드처리 기능 : 컴퓨터에서 사용할 수 있는 사운드를 프레젠테이션에 사용할 수 있다.
- 다른 응용 프로그램의 파일을 사용 기능 : 엑셀의 워크 시트나, 워드의 도표 등을 자유 자재로 사용할 수 있다.
- 원거리 화상회의 기능
- 슬라이드 레이아웃 기능 : 자주 사용되는 슬라이드 레이아웃 양식을 제공한다.
- 단어 오류 자동 검사 기능 : 단어 오류가 발생하면 자동으로 교정하고, 경고를 해주는 보다 완벽한 자료를 작성할 수 있다.

엑셀 노트 ▸▸▸

▶ **파워포인트의 슬라이드**

프레젠테이션에서 하나 하나의 "화면"을 슬라이드라고 한다. 슬라이드에는 제목, 문자열, 다양한 챠트나 도형, 클립아트, 그리고 다른 응용 프로그램으로 만든 화면 요소 등이 포함될 수 있다.

1-3 파워포인트 2010의 주요 기능

(1) 확장자의 변화

확장자가 2003 버전까지 "ppt"였으나, 2007 버전부터 "pptx"를 사용한다. 2007 버전부터는 XML코드를 많이 이용하는 방식으로 변경되었기 때문이다. 이러한 확장자의 변화에도 불구하고 이전 버전인 2003버전과 2007, 2010 번전과의 호환에는 문제가 없다.

(2) 리본 메뉴 화면

엑셀과 파워포인트 2007과 2010 버전을 보면 사용자가 가장 크게 느끼는 변화가 바로 리본메뉴의 등장인 GUI(Graphic User Interface) 변화이다.

(3) 초보자도 전문가처럼 할 수 있는 그래픽 디자인

파워포인트 2010 버전을 사용하다보면 SmartArt 기능으로 포토샵과 같은 전문그래픽 프로그램을 사용해야지 가능한 여러 가지 효과를 몇 번 클릭하여 쉽게 구현이 가능하다.

단순한 도형과 그림을 입체감 있고, 사실적이며 자연스럽게 변경하여 고급스러운 파워포인트 디자인 작업이 가능하다.

(4) 이미지 편집

파워포인트 2010은 그림 편집 툴 없이도 다양한 꾸밈 효과와 배경 제거 기능을 제공한다.

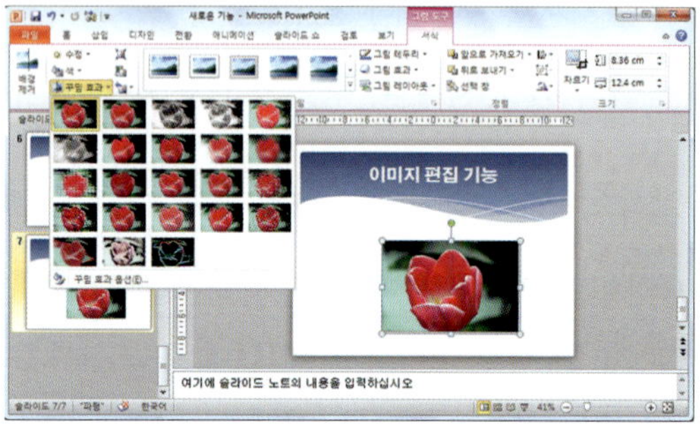

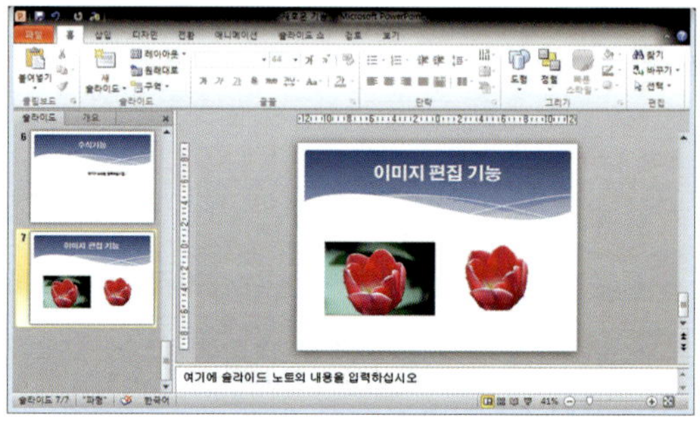

(5) 편리한 수식 편집

공학에서는 프레젠테이션 자료에 수식을 많이 활용하고 있다. 파워포인트 2010은 이전 버전보다 편리한 수식기능을 제공한다.

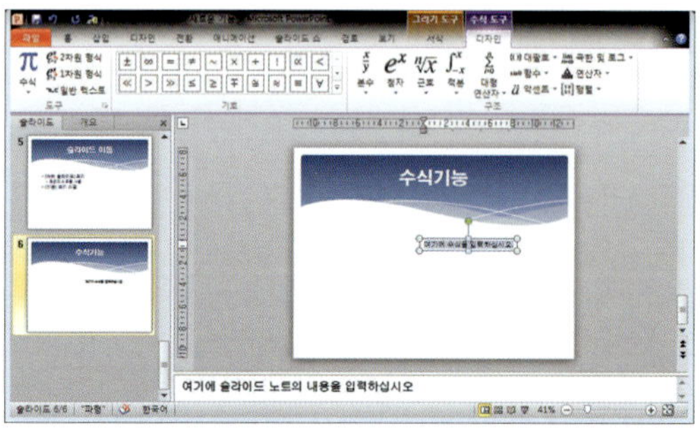

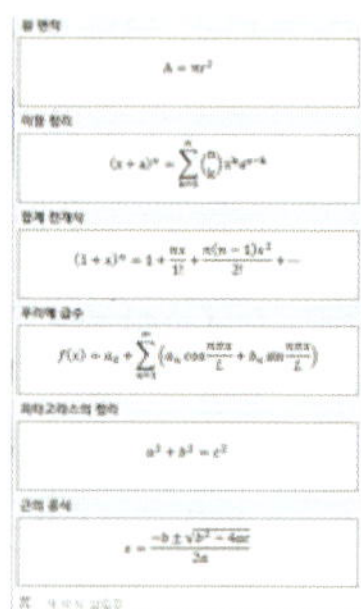

(6) 스크린 샷

파워포인트 2010의 스크린 샷 기능은 현재 윈도우에 작업 중인 창의 내용을 캡쳐하기 위한 기능이다. 이전 버전에서는 현재 화면의 이미지를 얻기 위하여 화면 캡처 프로그램을 추가적으로 설치하거나 키보드의 PrtSc키를 사용하여 클립보드에 저장한 후, 복사하여 편집하였다.

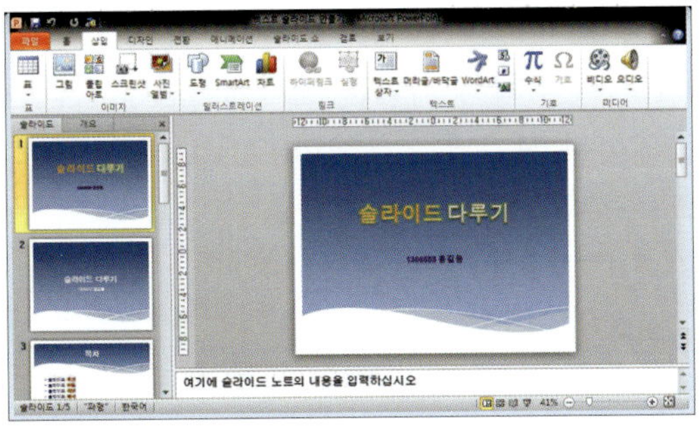

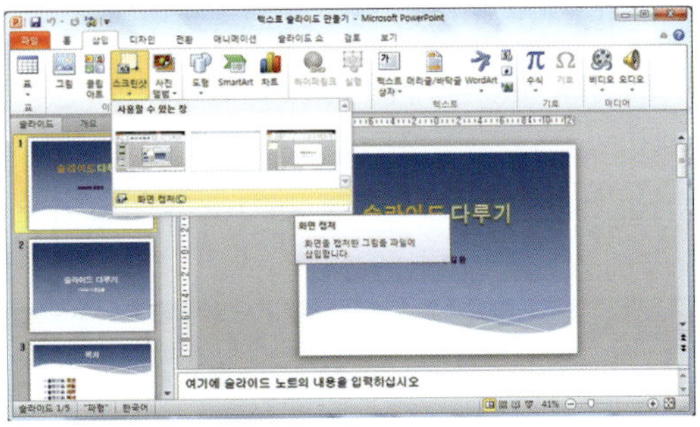

(7) 미디어 클립의 강력한 비디오

파워포인트 2010은 비디오 파일에 대한 비디오 세이프, 비디오 트리밍, 페이드 인, 페이드 아웃 등의 다양한 추가 기능을 제공한다. 사각형의 고정된 틀이 아닌 도형 속에 비디오 실행이 가능하고, 원본 비디오의 편집 기능과 페이드 인과 페이드 아웃을 이용하여 자연스러운 동영상의 실행이 가능하다. 또한 동영상 위에 개체를 추가 할 수 있다.

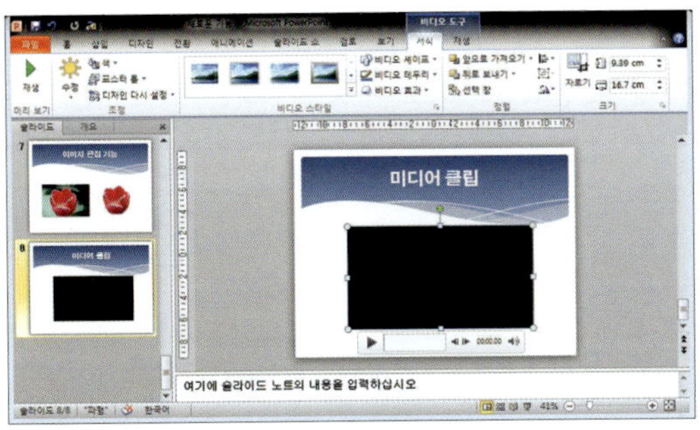

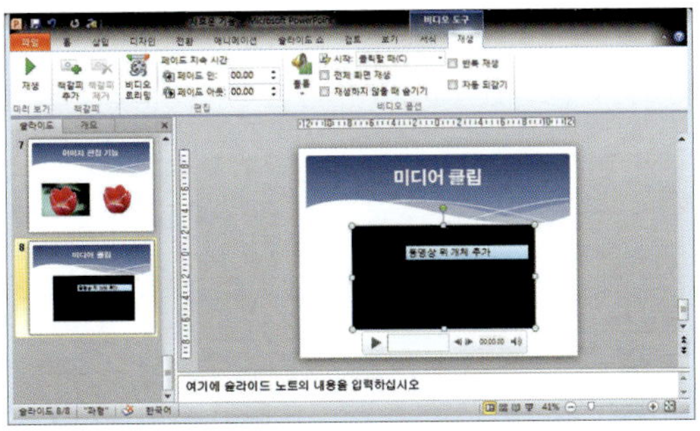

(8) 읽기용 보기 기능

파워포인트 2010은 전체 화면 슬라이드 쇼 뿐 아니라 제목 표시줄과 상태 표시줄이 표시되는 창 크기의 슬라이드 쇼 기능을 추가하였다.

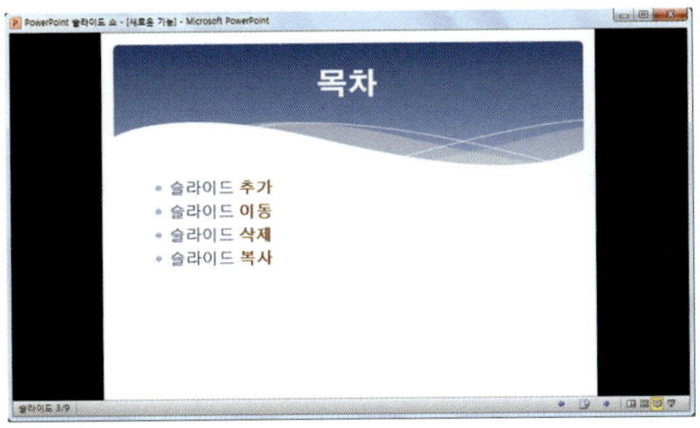

(9) 애니메이션 복사

애니메이션 복사는 이전 버전에서 없던 기능으로 서식 복사 기능을 애니메이션에 적용한 것이다. 단순하게 버튼을 클릭하는 것으로 애니메이션 복사가 가능하다. 프레젠테이션 자료 작성 후에 일괄적으로 애니메이션 복사를 하면 시간을 단축 할 수 있다.

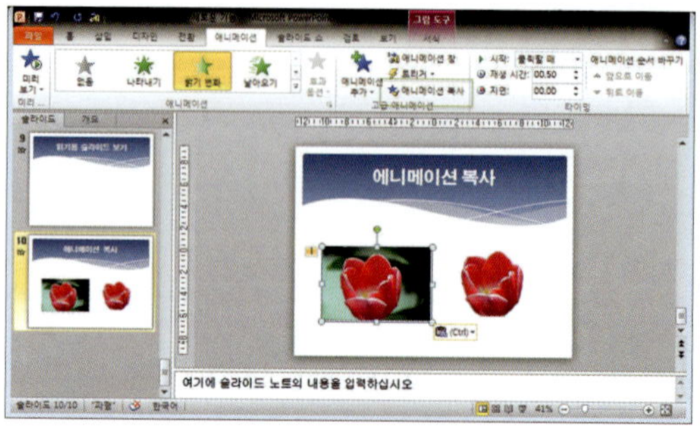

(10) 슬라이드 쇼 브로드캐스트

슬라이드 쇼 브로드캐스트 기능은 파워포인트 2010에서 새롭게 제공하는 기능이다. 웹을 통하여 실시간으로 공유하는 기능으로 발표 현장에 없더라도 발표 내용을 확인 할 수 있다.

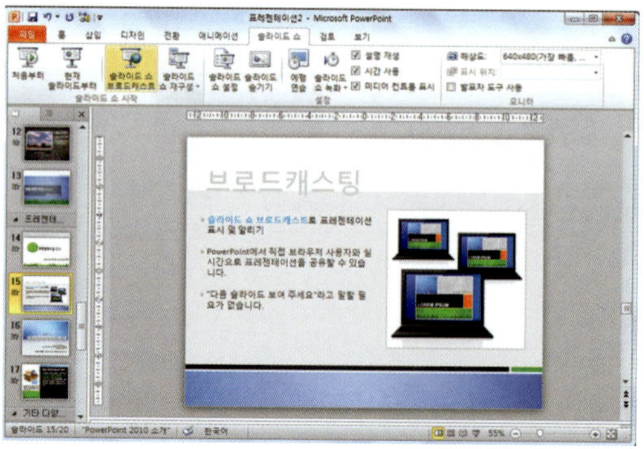

1-4 슬라이드

(1) 기본

파워포인트를 시행하면 프레젠테이션 파일에 기본적으로 열리는 슬라이드 형태를 말한다.

(2) 여러 슬라이드

기본적으로 프레젠테이션에서는 하나의 슬라이드만을 화면에 나타내는데 여러 슬라이드를 선택하면 한 번에 많은 슬라이드를 볼 수 있다.

(3) 슬라이드 노트

연설자 노트를 슬라이드와 개요 보기에 추가할 수 있게 되어 노트, 텍스트 목차, 그림을 동시에 작업할 수 있다.

(4) 슬라이드 쇼

연속되는 그림이나 슬라이드를 차례대로 표시하여 하나의 프리젠테이션을 작성하여 슬라이드 쇼를 시작한다.

(5) 슬라이드 마스터

마스터 슬라이드의 디자인 및 레이아웃을 변경할 때 슬라이드 마스터를 사용한다.

(6) 유인물 마스터

인쇄된 유인물의 디자인 및 레이아웃을 변경할 때 유인물 마스터를 사용한다.

(7) 슬라이드 노트 마스터

노트 마스터를 열어 수정할 수 있다.

(8) 디자인

미리 설정된 애니메이션으로 구성된 여러 애니메이션 서식 등과 다양한 새 디자인을 슬라이드에 적용할 수 있다.

(9) 컬러/회색조

현재 슬라이드로 회색조 색깔의 여러 가지 상태로 설정할 수 있다.

(10) 애니메이션

텍스트와 개체에 대한 애니메이션 효과를 정의하고 멀티미디어 기능을 통해서 소리나 음악을 집어넣을 수 있다. 막대, 데이터 요소, 차트 데이터를 애니메이션 할 수 있다.

2. 파워포인트의 시작과 종료

(1) 파워포인트의 시작

- [시작] 메뉴로 시작
  ① 작업표시줄의 [시작] 단추를 클릭한다.
  ② [프로그램] → [Microsoft Office] → [Microsoft Office PowerPoint 2010]을 선택한다.
- 단축아이콘으로 시작
  ① 바탕화면에 단축아이콘을 더블 클릭한다.
- 탐색기로 시작
  ① Windows 탐색기를 더블 클릭한다.
  ② "C:₩Program Files₩Microsoft Office₩Office14" 폴더의 "POWERPNT.exe" 파일을 더블 클릭한다.

따라하기 »

① 작업표시줄의 [시작] → [프로그램] → [Microsoft Office PowerPoint 2010]을 차례로 선택한다

② 다음과 같이 [제목 슬라이드]가 적용된 화면이 나온다.

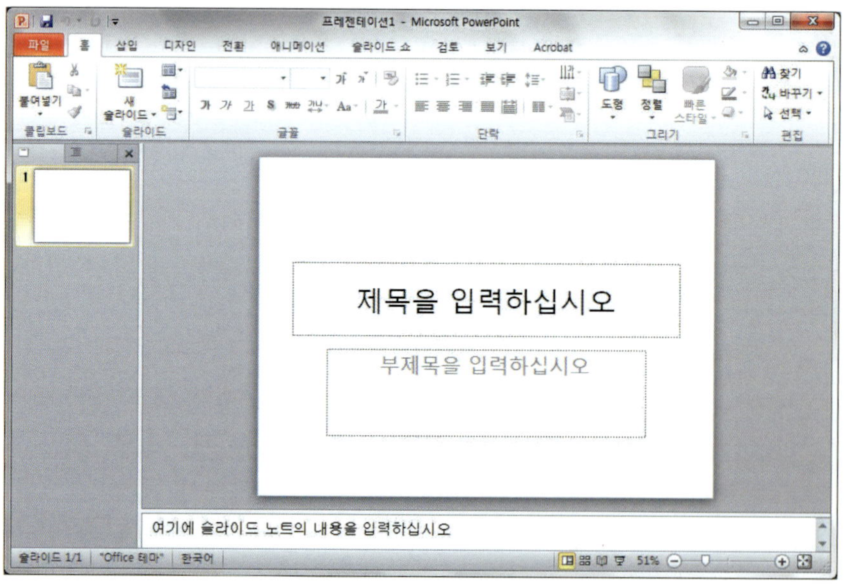

③ [제목을 입력하십시오]에 "파워포인트 2010 시작"과 [부제목을 입력하십시오]에 "정주영"을 입력한다.

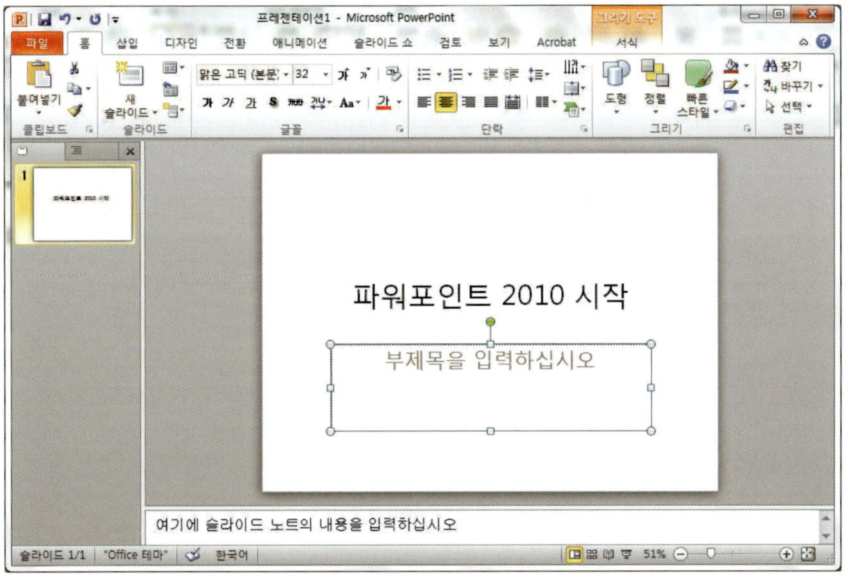

④ [제목 슬라이드]의 화면은 다음과 같다.

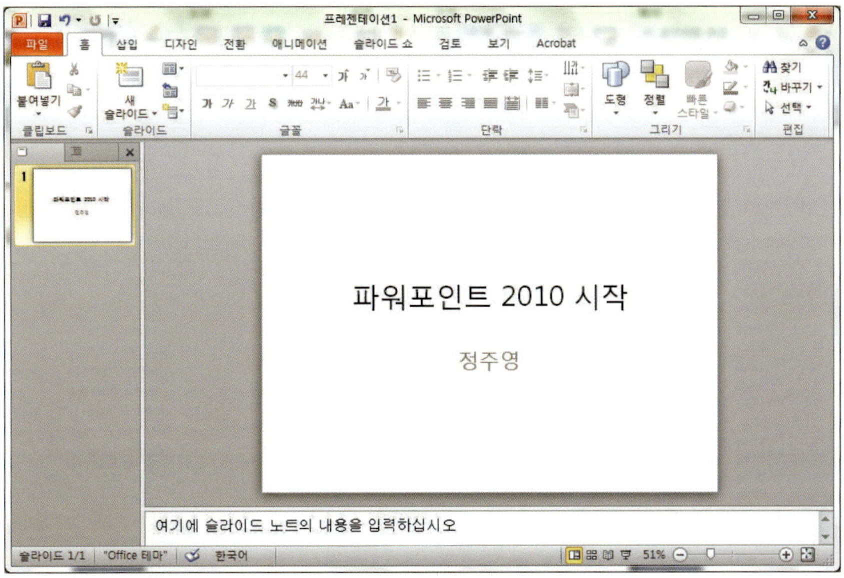

⑤ [홈] → [새 슬라이드]를 선택하면 슬라이드 종류를 보고 선택할 수 있다.

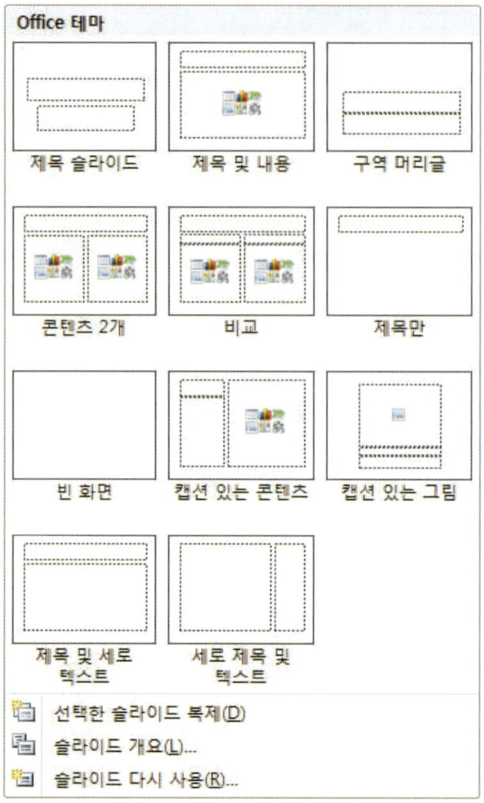

(2) 파워포인트의 종료

- [파일] 메뉴로 종료 : [파일] → [닫기] 메뉴를 클릭한다.
- 단축키로 종료 : 단축키 Alt + F4를 누른다.
- 조절 메뉴로 종료 : 파워포인트 프로그램 창 제목 표시줄의 [닫기] 단추(X)를 클릭한다.

따라하기 »

① [파일] → [닫기] 메뉴를 클릭한다.

② 다음과 같은 대화상자가 나타난다. 현재 파워포인트 파일을 저장하는 방법을 배우지 않았으므로 [저장안함] 단추를 누르면 파워포인트 프로그램이 종료된다.

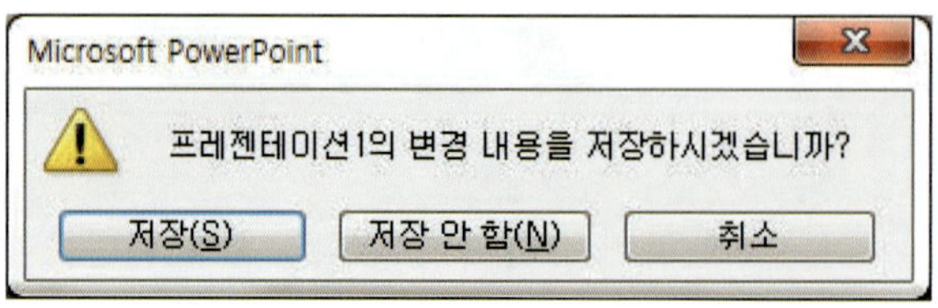

3. 새 슬라이드 삽입

따라하기 »

① 새로운 슬라이드를 삽입하기 위해서는 [홈] → [새 슬라이드]를 선택한다.

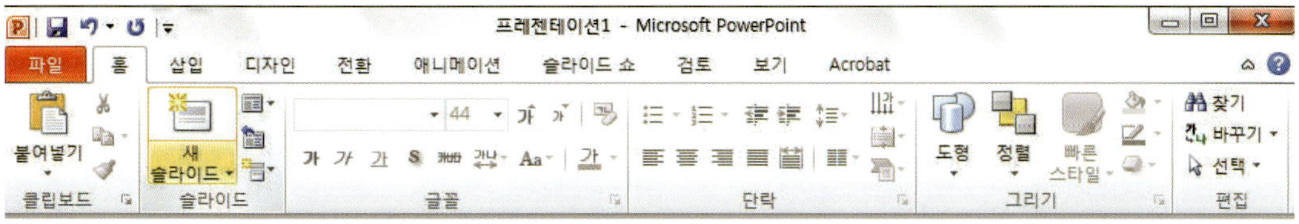

② 슬라이드 구성 선택에서 [제목 슬라이드]를 선택한다.

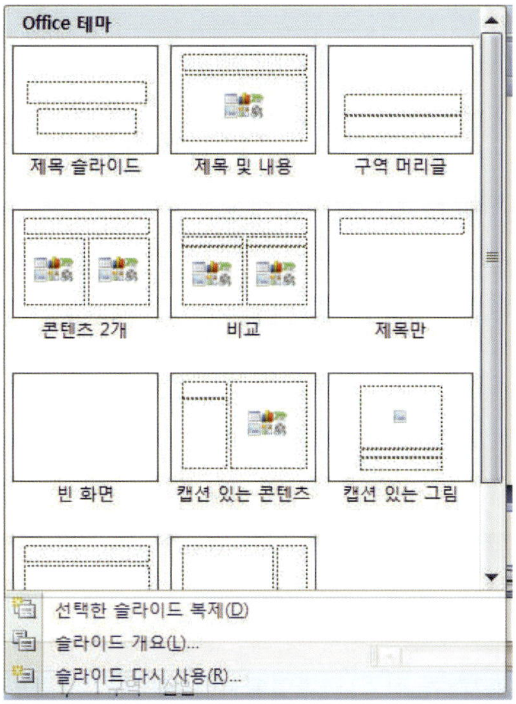

③ [제목 슬라이드]에 다음과 같이 입력한다.

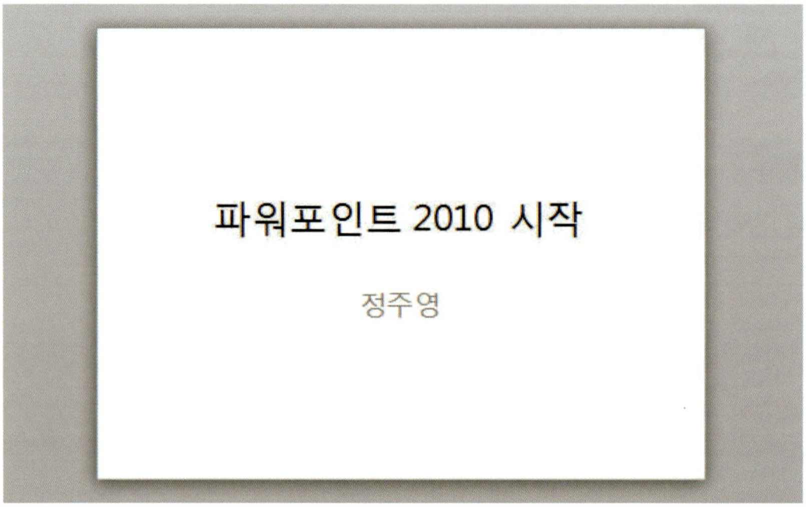

④ [홈] → [새 슬라이드]를 선택하고, 다음 슬라이드를 선택한다.

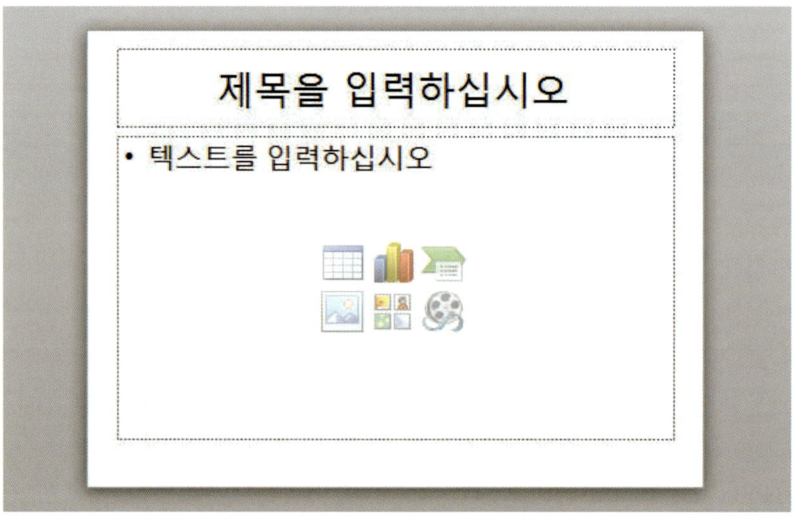

⑤ 파워포인트 2010 버전에서는 [제목 및 내용], [비교] 등의 슬라이드에 [표 삽입], [차트 삽입], [SmartArt 그래픽 삽입], [파일에서 그림 삽입], [클립아트], [미디어 클립 삽입]을 바로 실행 할 수 있다.

4. 보기화면

슬라이드 보기 화면에는 [기본, 개요, 여러 슬라이드, 슬라이드 노트, 슬라이드쇼] 가 있는데 여기에서는 화면의 구성만을 보여준다.

(1) 기본 보기

[기본]으로 한 번에 한 슬라이드씩 작업할 수 있다.

따라하기 »

① [보기] → [프레젠테이션 보기] → [기본]을 선택한다.

② [기본] 보기 화면은 다음과 같다.

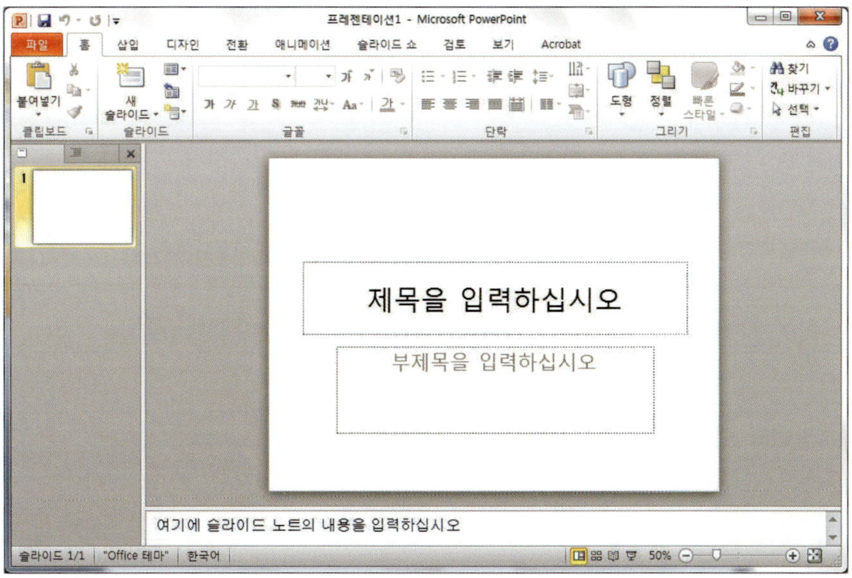

(2) 개요보기

개요 보기에서는 개요 양식으로 나타나는 파일의 구조를 확인하면서 파일의 내용을 구성하고 늘릴 때 개요 보기에서 작업한다.

따라하기 »

① 화면 왼쪽의 [보기 아이콘] 중 [개요] 단추를 누른다.

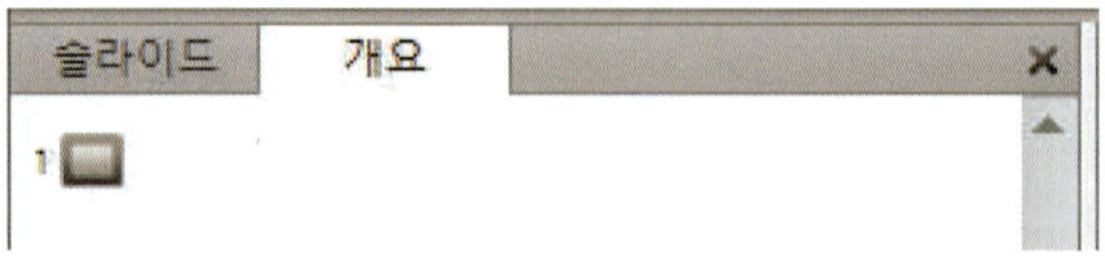

② [개요] 보기 화면은 다음과 같다.

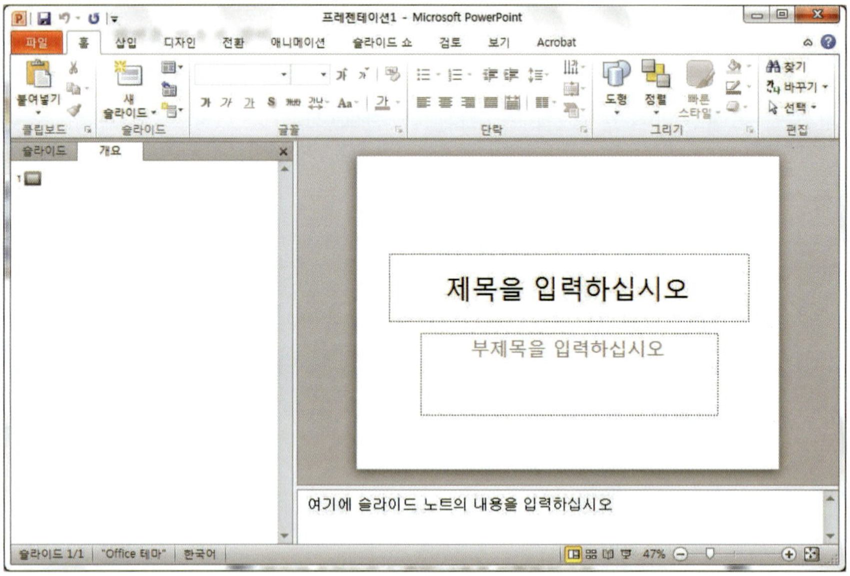

(3) 여러 슬라이드 보기

여러 슬라이드 보기에서는 프레젠테이션에 있는 모든 슬라이드를 축소하여 보여주며 슬라이드의 순서를 바꾸거나 전환 및 애니메이션 효과를 추가하거나 또는 전자 슬라이드 쇼의 진행 시간 등을 설정할 수 있다.

따라하기 »

① [보기] → [프레젠테이션 보기] → [여러 슬라이드]를 선택하거나 화면 아래쪽의 [보기 아이콘] 중 [여러 슬라이드 보기] 단추를 누른다.

② [여러 슬라이드] 보기 화면은 다음과 같다.

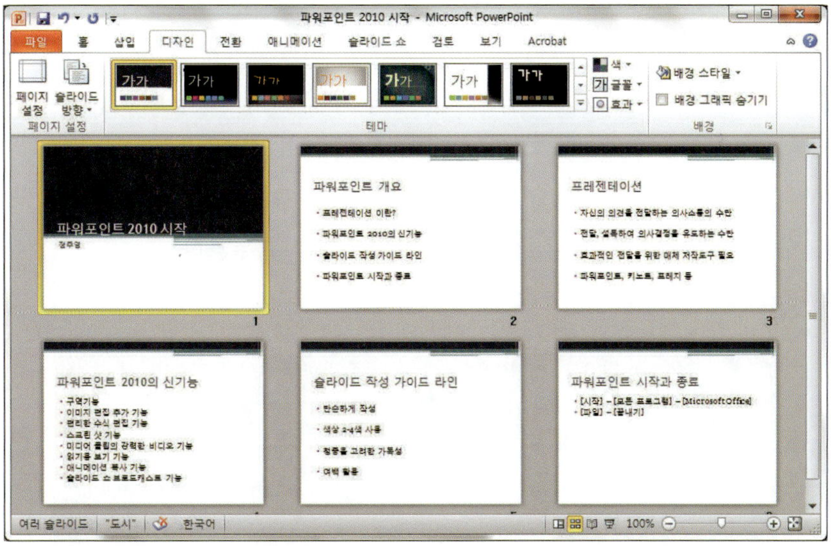

(4) 슬라이드 노트보기

슬라이드 노트보기에서는 선택한 슬라이드의 슬라이드 노트가 나타나고 슬라이드 별 연설자 노트를 작성할 수 있다.

따라하기 »

① [보기] → [프레젠테이션 보기] → [슬라이드 노트]를 선택한다.

② [슬라이드 노트] 보기 화면은 다음과 같다.

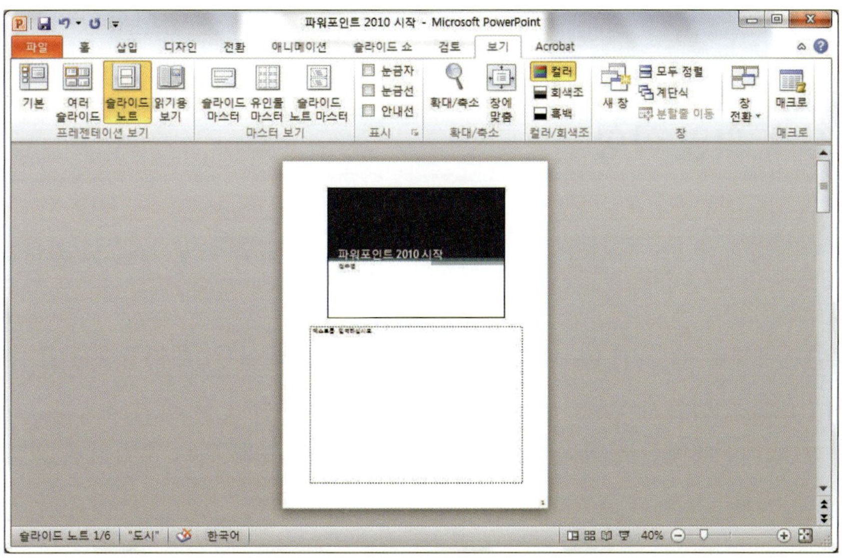

(5) 슬라이드 쇼

[슬라이드 보기]에서는 슬라이드를 청중에게 큰 화면을 보여주기 위해 선택한 슬라이드로 슬라이드 쇼를 한다.

따라하기 »

① [보기] → [프레젠테이션 보기] → [슬라이드 쇼]를 선택한다.
화면 아래쪽의 [보기 아이콘] 중 [슬라이드 쇼] 단추를 누른다.

② [슬라이드 쇼] 화면은 다음과 같다.

5. 새 파일 작성

새로운 프레젠테이션을 작성할 수 있도록 하기 위해 새 문서 창을 여는 것을 말한다.

- [파일] → [새로 만들기] 메뉴를 선택하면 [새 프레젠테이션] 대화상자를 표시해 준다.
- 단축키 Ctrl + N을 누르면 새로운 프레젠테이션을 시작할 수 있다.
- 새로운 프레젠테이션 창이 열리면 작업 중이던 문서 창은 뒤로 숨겨지게 된다.

따라하기 »

① [파일] → [새로 만들기] 메뉴를 선택한다.

② [새 프레젠테이션]을 선택하고, [만들기] 단추를 클릭하면 새 프레젠테이션이 나타난다.

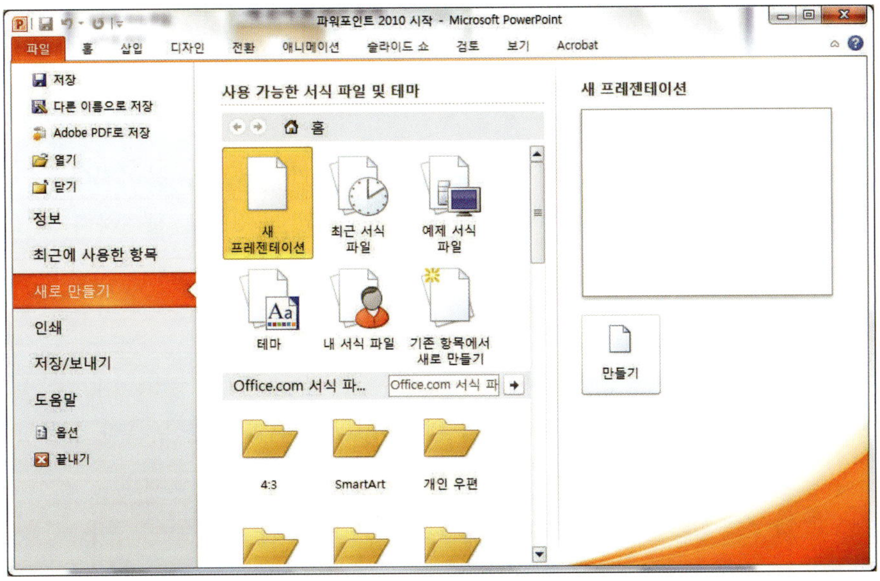

③ 새 프레젠테이션에 [제목 슬라이드]가 적용된다.

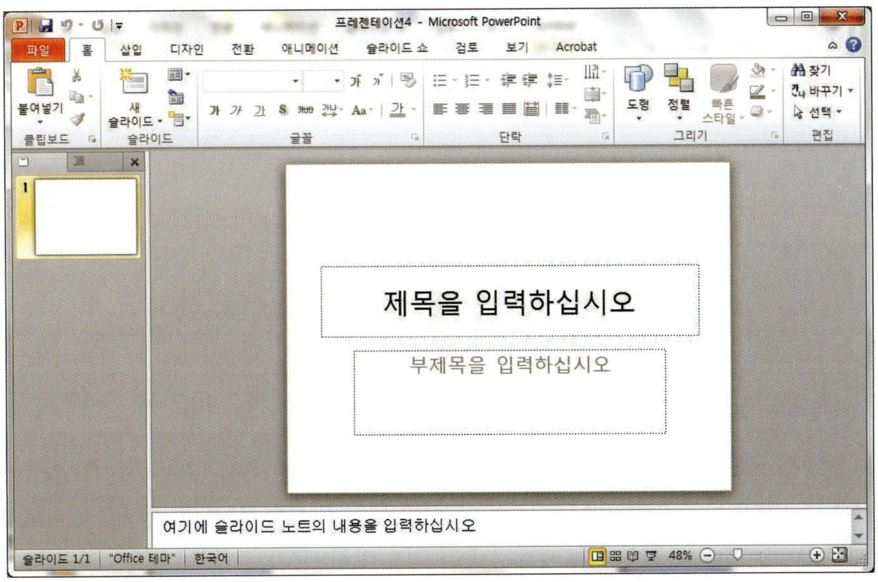

6. 파일 저장

(1) 저장

현재 작업중인 프레젠테이션을 저장해 두어야 나중에 필요할 경우 다시 사용할 수 있다. 이때 데이터 및 창 구성, 화면 특성 등도 함께 저장된다.

- 파워포인트 2010 문서를 저장하면 자동으로 확장자가 "pptx"로 붙여진다.
- [파일] → [저장] 메뉴를 선택하거나, 단축키 Ctrl + S로 저장을 실행한다.

따라하기 »

① [파일] → [저장] 메뉴를 선택한다.

② 대화상자에서 저장 위치와 파일 이름을 입력하고 [저장] 단추를 누른다.

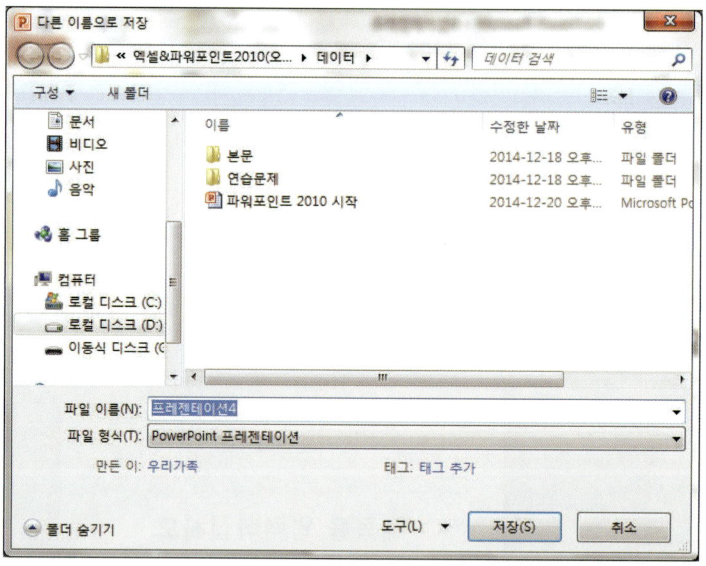

(2) 다른 이름으로 저장

이미 이름이 지정된 프레젠테이션을 다른 이름으로 저장하고자 할 경우에 많이 사용한다. 또는 이미 저장한 파일의 저장 옵션을 변경하기 위해서도 사용할 수 있다. 다른 이름으로 변경하여 프레젠테이션을 다시 저장하더라도 변경하기 전 프레젠테이션은 그 이름 그대로 존재한다.

7. 파일 열기와 닫기

(1) 파일 열기

디스크에 저장되어 있는 프레젠테이션을 편집하기 위해 파워포인트 프로그램에 읽어 들이고자 할 경우에 사용한다. [파일] → [열기] 메뉴를 선택하거나, 단축키 Ctrl + O 등을 사용한다.

따라하기 »

① [파일] → [열기] 메뉴를 선택한다.

② [열기] 대화상자에서 파일을 선택하고 [열기] 단추를 누른다.

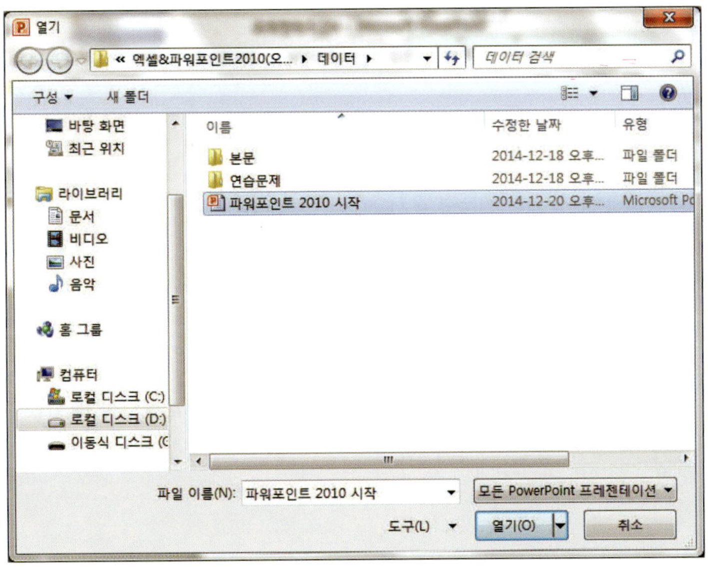

③ 여러 개의 파일을 동시에 열기 하려면 Ctrl을 누른 상태에서 원하는 파일을 모두 선택한 후 [열기] 단추를 누를수도 있다.

(2) 최근에 사용한 항목

- [파일]을 클릭하면 최근 문서를 [열기] 대화상자를 통하지 않고 최근에 불러 사용했던 파일을 빠르게 열 수 있다.

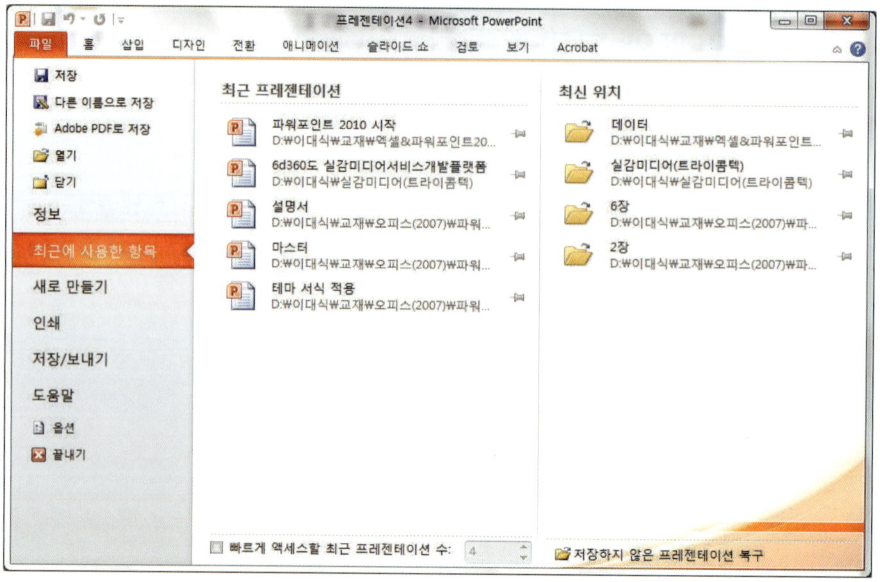

엑셀 노트 ▸▸▸

▶ 열기] 대화상자에서 여러 개의 파일 열기

- 연속된 파일 선택 : 첫 번째 파일을 선택한 후 Shift와 함께 마지막 파일을 선택하여 열기 한다.
- 떨어진 파일 선택 : 각각의 파일을 Ctrl과 함께 선택하여 열기한다.

(3) 파일 닫기

사용이 끝난 프레젠테이션을 닫고자 할 경우 사용한다. 닫으려는 문서가 변경된 후 저장되지 않았으면 저장 여부를 묻는 대화상자가 나타난다.

따라하기 »

① [파일] → [닫기] 메뉴를 선택한다.

② 닫으려는 프레젠테이션이 변경되지 않았으면 그대로 닫기 명령이 실행되지만 변경하고 저장하지 않았다면, 다음과 같은 대화상자를 나타내 저장 여부를 묻는다.

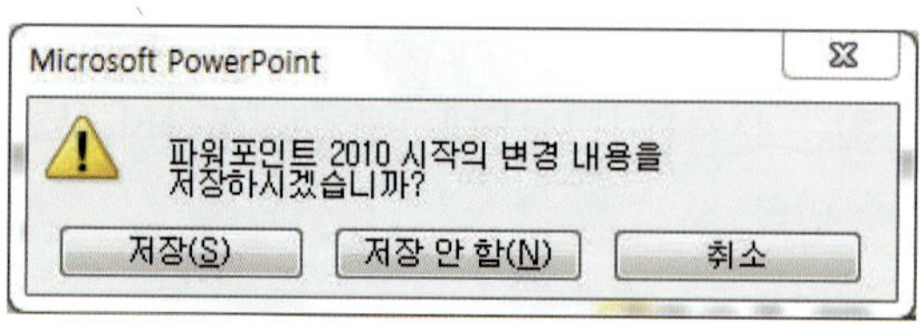

③ 모든 프레젠테이션을 닫으면 파워포인트 프로그램의 종료는 [파일] → [닫기] 메뉴를 선택하여 실행하거나 Alt + F4를 누르면 된다.

8. 파일 삭제

작성한 파워포인트 문서를 삭제하려면 [열기] 대화상자를 실행하여 해당 파일 선택 후 단축 메뉴의 [삭제]를 사용하거나 Delete를 누르면 된다.

따라하기 »

① [파일] → [열기] 메뉴를 선택하여 [열기] 대화상자를 실행한다.

② 삭제할 파일을 선택하고 Delete를 누르거나 마우스 오른쪽 단추를 눌러 나오는 단축 메뉴에서 [삭제]를 선택한다.

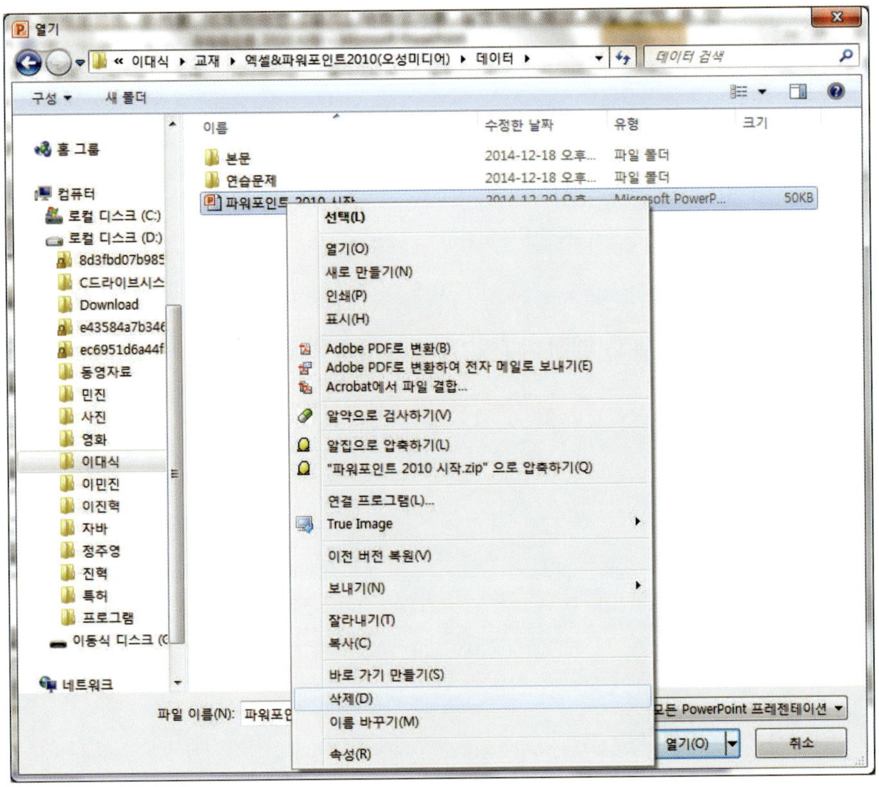

③ [파일 삭제] 대화상자에서 [예(Y)] 단추를 누르면 선택한 파일이 삭제된다.

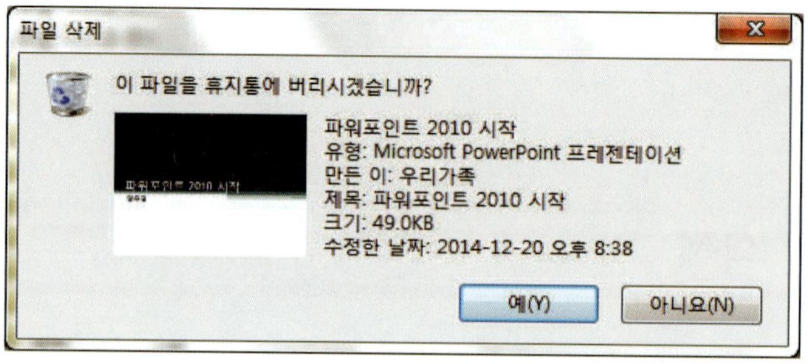

9. 인쇄

작성한 파워포인트 문서를 인쇄할 수 있는 프린터 설정과 인쇄 용지의 크기, 인쇄 범위나 매수, 그리고 인쇄 방식을 지정하는 기능이다.

9-1 페이지 설정

페이지 설정 기능은 인쇄하기 전에 인쇄의 오류를 방지하기 위해 슬라이드의 크기와 방향 등을 설정할 수 있다.

따라하기 »

① [파일] → [열기] 메뉴를 선택하여 [열기] 대화상자에서 작성된 파일을 연다.

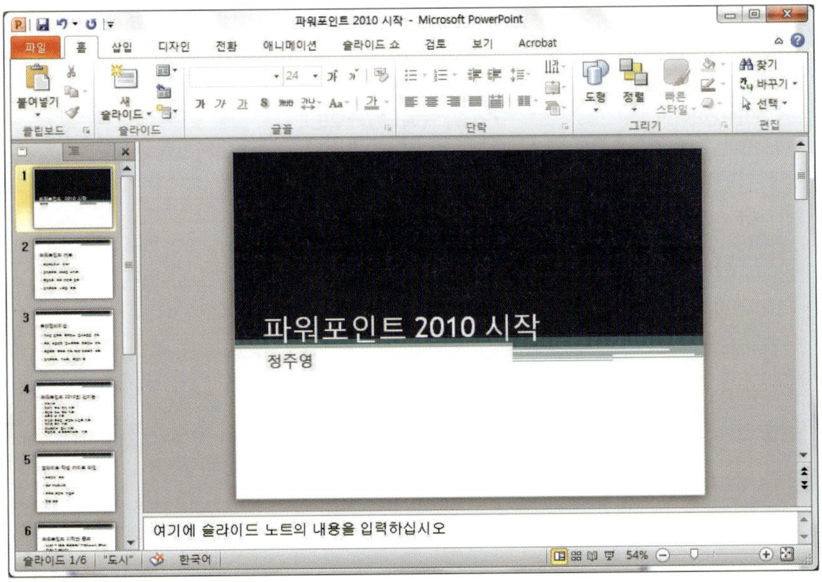

② [디자인] → [페이지 설정] → [페이지 설정]을 클릭한다.

③ [페이지 설정] 대화상자에서는 슬라이드의 크기와 인쇄할 시작번호, 그리고 방향 등을 설정할 수 있다. 슬라이드 크기 입력 창 아이콘을 클릭하면 크기 목록이 나타난다.

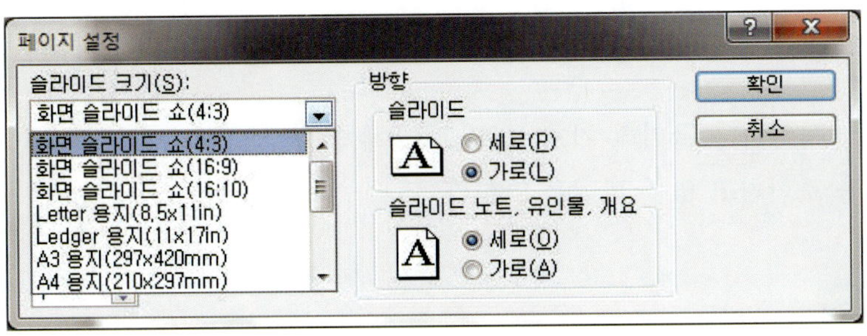

④ 슬라이드 크기를 지정하고 인쇄할 슬라이드의 시작 번호, 그리고 방향 등을 확인한 후 [확인] 단추를 클릭한다.

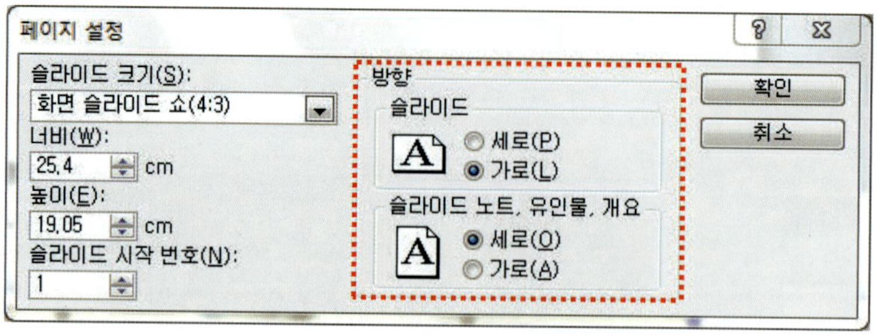

9-2 인쇄

페이지 설정 기능은 인쇄하기 전에 인쇄의 오류를 방지하기 위해 슬라이드의 크기와 방향 등을 설정할 수 있다.

따라하기 »

① [파일] → [열기] 메뉴를 선택하여 [열기] 대화상자에서 작성된 파일을 연다.

② [파일] → [인쇄] 메뉴를 클릭한다.

③ [인쇄] 대화상자에서 인쇄할 프린터 기종, 인쇄 범위를 설정하고, 인쇄대상과 인쇄방식, 즉 컬러나 흑백, 회색조 출력 여부를 설정하고, [확인] 단추를 클릭한다.

10. 슬라이드 디자인

10-1 테마 적용

테마란 글꼴 서식이나 글머리 기호, 그리고 개체 틀 서식, 슬라이드 색 구성표와 슬라이드 마스터 등을 포함하고 있는 파일을 말한다.

따라하기 »

① 다음과 같이 슬라이드를 작성한다.

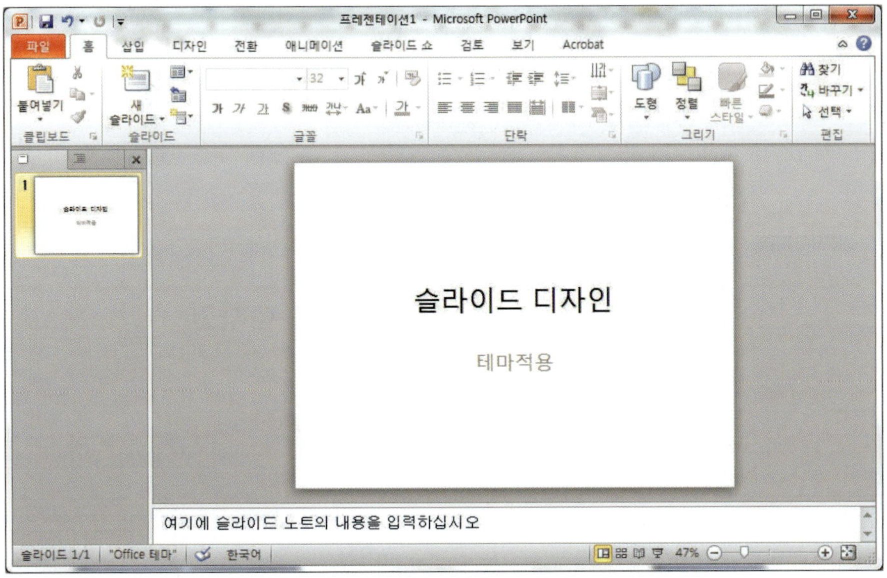

② [디자인] → [테마] 메뉴를 클릭하고, 입력 창 아이콘을 클릭하여 [광장] 테마를 선택한다.

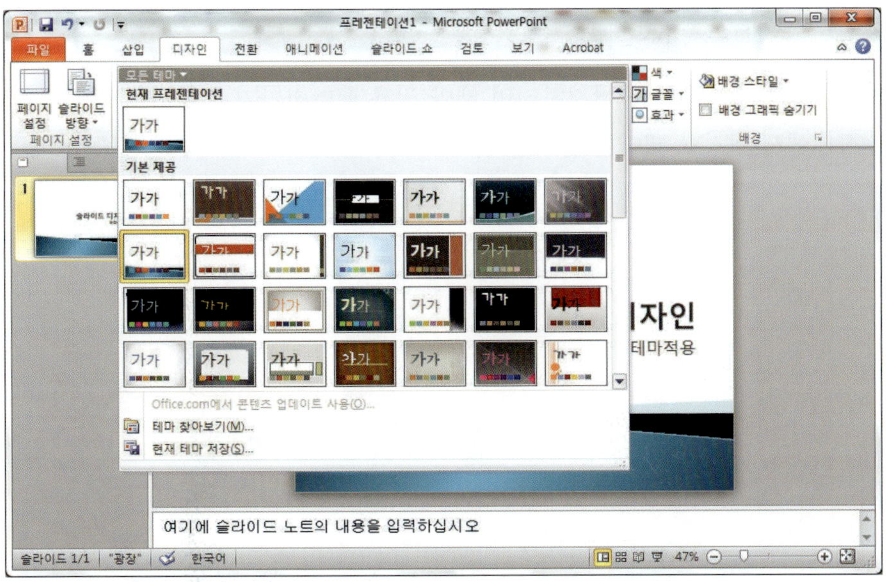

③ [광장] 테마가 적용된 결과이다.

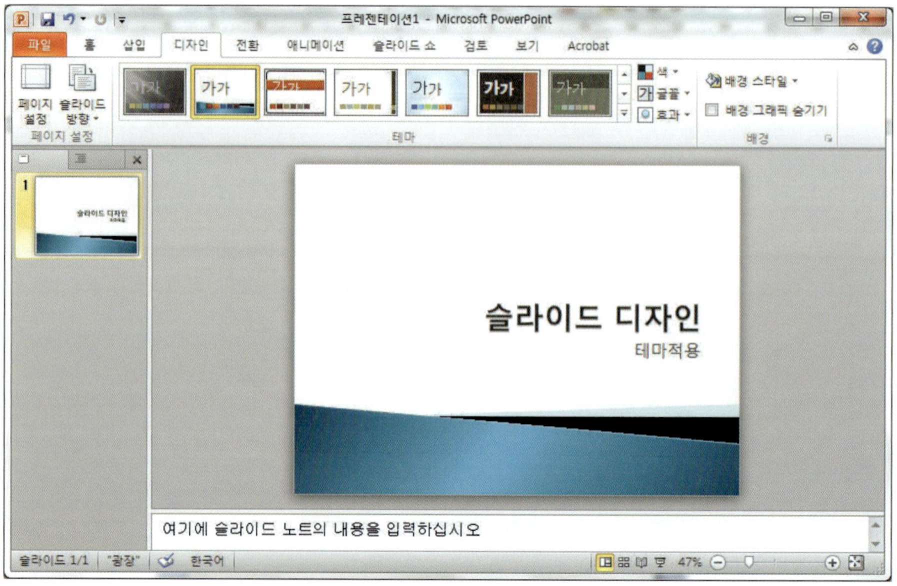

10-2 적용된 테마 변경

따라하기 »

① 적용된 슬라이드 테마를 변경하려면 테마 적용과 마찬가지로 슬라이드가 지정되어 있는 상태에서 변경할 테마를 클릭한다.

[변경전 : 광장]

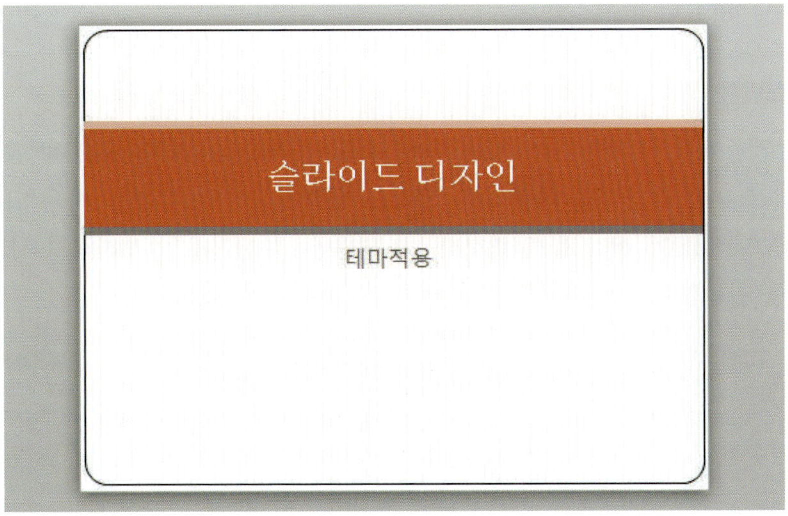

[변경후 : 균형]

② [디자인] → [테마] 메뉴에서 현재 테마색, 글꼴, 효과 등을 변경할 수 있다.

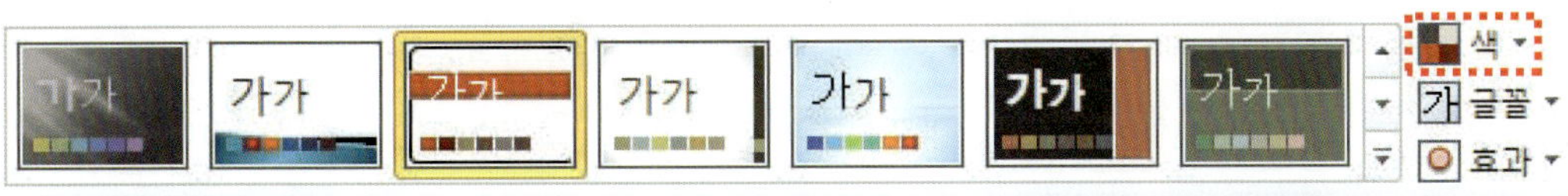

③ [디자인] → [배경] → [배경 스타일]에서 새로운 스타일을 적용할 수 있다.
다음은 [배경 스타일]의 [스타일 10]을 적용한 결과이다.

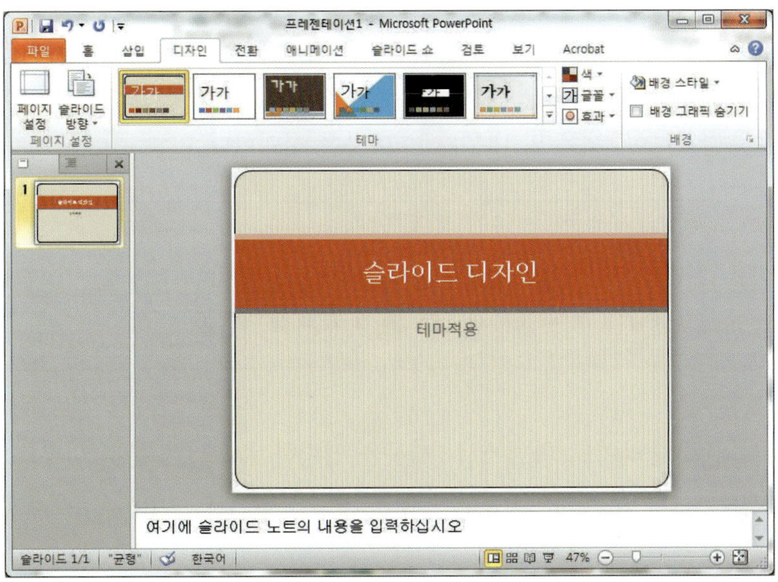

▶ 파워포인트 2010 슬라이드 작성

따라하기 »

① 작업표시줄에서 [시작]-[모든 프로그램]-[Microsoft PowerPoint 2010]을 실행한다.

② 화면의 오른쪽 슬라이드 화면에서 [제목을 입력하십시오] 부분을 마우스로 클릭하고 "파워포인트 2010 시작"를 입력한다. 그 다음은 [부제목을 입력하십시오] 부분에 "정주영"을 입력한다.

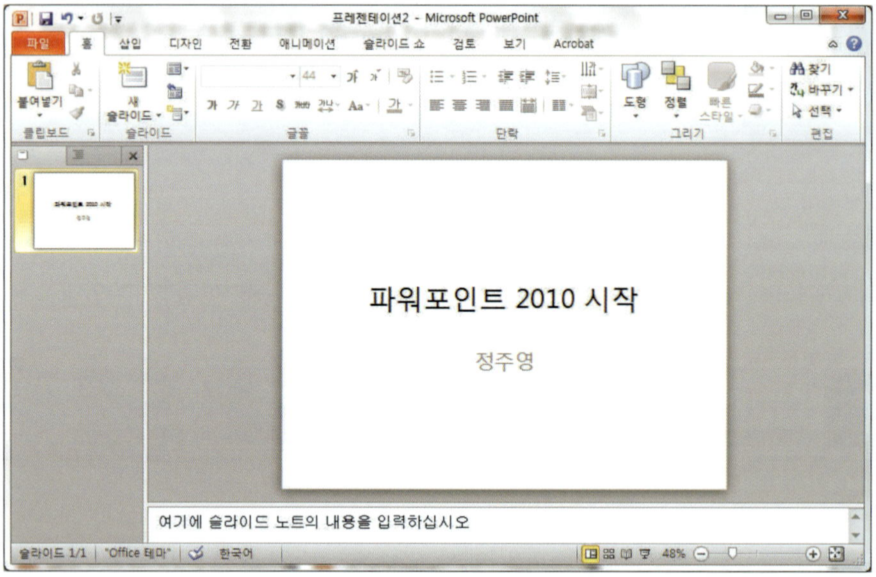

③ 다음 슬라이드를 입력하기 위해 새 슬라이드를 추가한다. [홈] 리본-[슬라이드] 그룹-[새 슬라이드] 아이콘을 클릭한다. 그 결과, 화면의 오른쪽의 슬라이드 창에 다음과 같이 본문을 입력할 수 있는 새 슬라이드가 만들어 진다. 또는 [새 슬라이드] 자세히 버튼을 클릭하여 [제목 및 내용] 레이아웃을 선택한다.

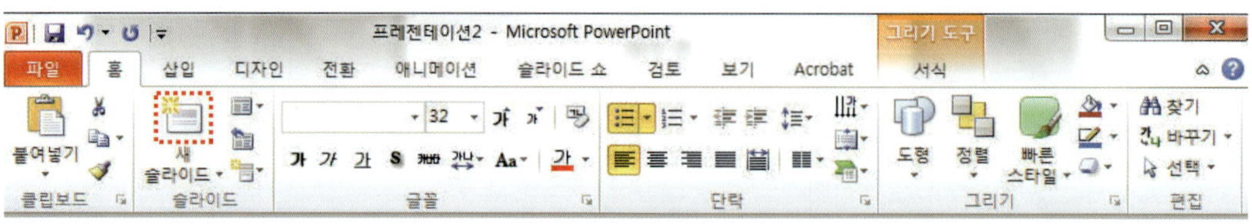

④ 화면의 오른쪽 슬라이드 화면에서 [제목을 입력하십시오] 부분을 마우스로 클릭하고 "파워포인트 개요"를 입력한다. 그 다음은 [텍스트를 입력하십시오] 부분에 "프레젠테

이션이란"을 입력하고 Enter↵를 누르면 글머리표 기호가 다시 나타나며, "파워포인트 시작과 종료" 까지 차례로 입력한다.

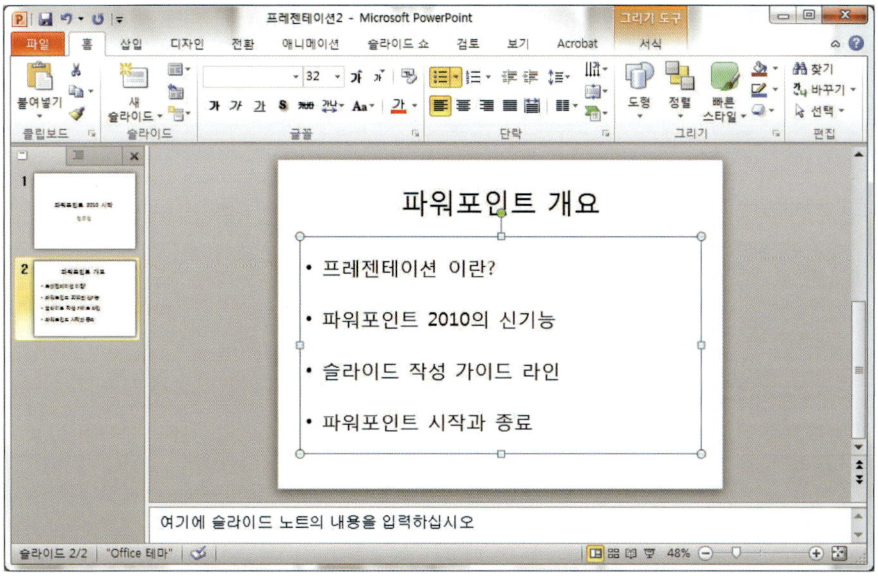

⑤ 세 번째 슬라이드를 입력하기 위해 [홈] 리본-[슬라이드] 그룹-[새 슬라이드] 자세히 버튼을 클릭하여 [제목 및 내용] 레이아웃을 선택한다.

⑥ 제목 부분을 클릭하고 "프레젠테이션"을 입력한 다음, [텍스트를 입력하십시오]를 클릭하고 "자신의 의견을 전달하는......"부터 "파워포인트, 키노트......"까지 차례로 입력한다.

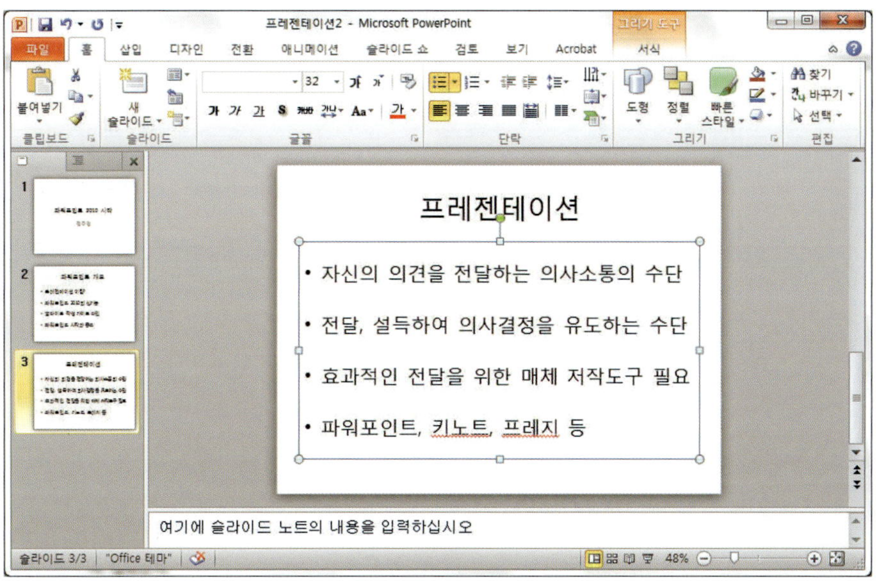

⑦ 다음의 데이터 들을 네 번째 슬라이드부터 여섯 번째 슬라이드 까지 각각의 본문을 반복하여 입력한다.

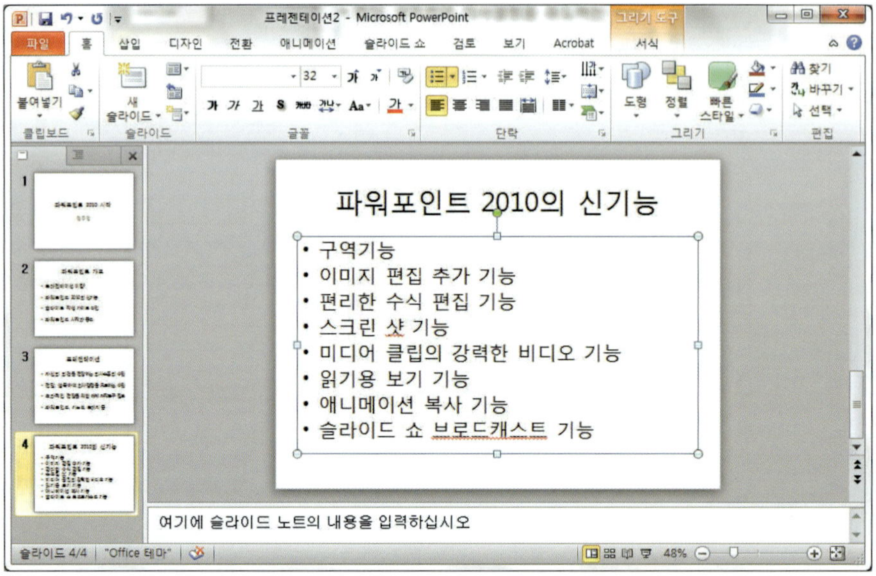

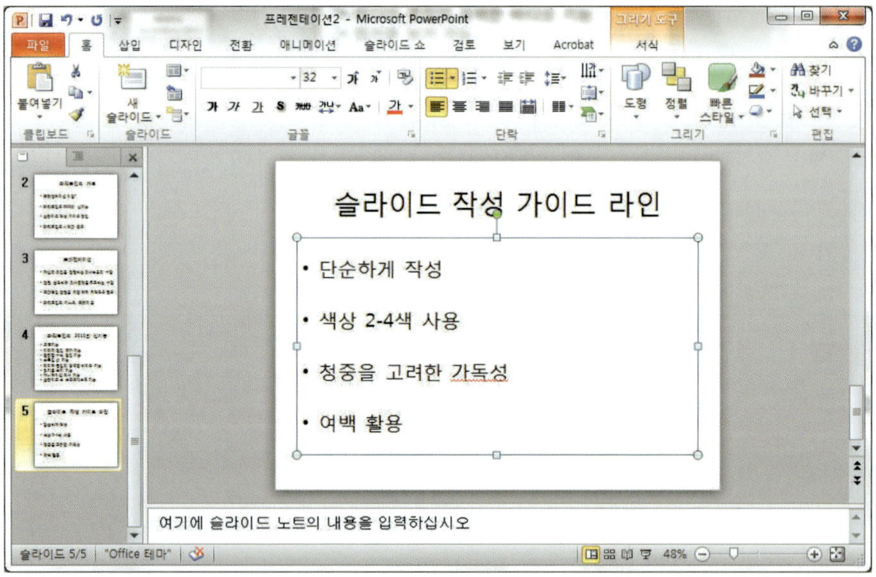

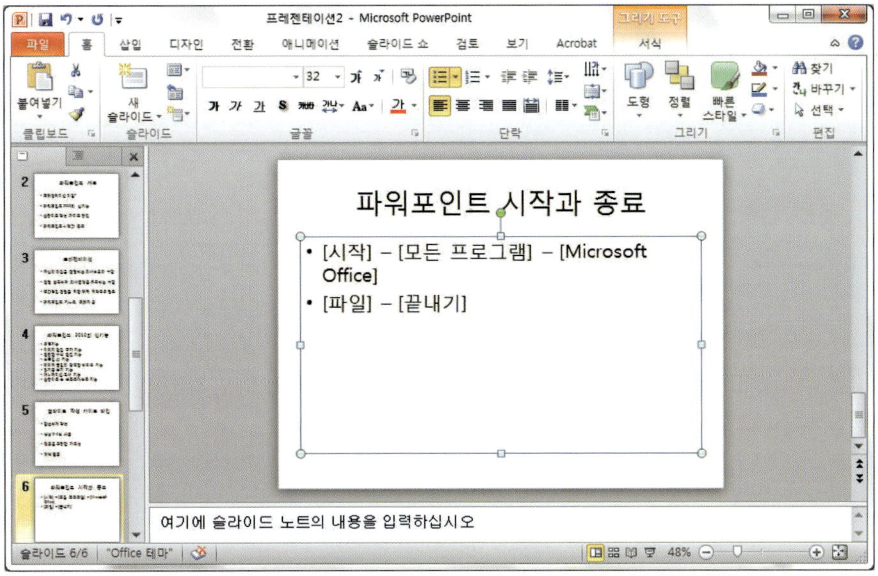

⑧ 모두 입력한 다음 [디자인] 리본–[테마] 그룹–[도시] 테마를 찾아 적용한다.

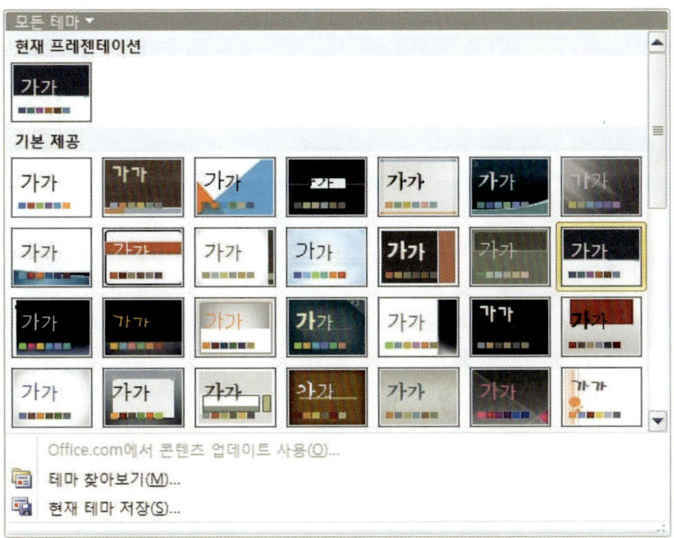

⑨ 모두 입력한 다음 [파일]–[저장]을 클릭하면 [다른 이름으로 저장] 대화상자가 나타나고, [파일 이름]에 "파워포인트 2010 시작"을 입력하고 [저장]을 누르면 슬라이드로 구성된 파워포인트 파일이 작성되어 사용자가 지정한 폴더에 저장된다.

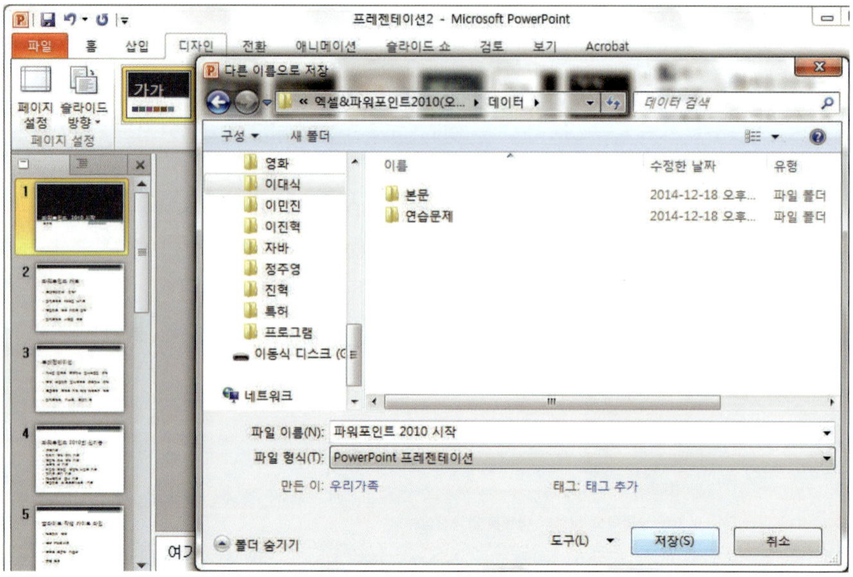

⑩ "파워포인트 2010 시작" 파일이 작성되고 파워포인트 화면은 다시 편집할 수 있는 상태로 나타난다. [파일]-[끝내기]를 클릭하면 파워포인트 2010 프로그램이 종료된다.

⑪ 작성한 전체 슬라이드는 다음과 같다.

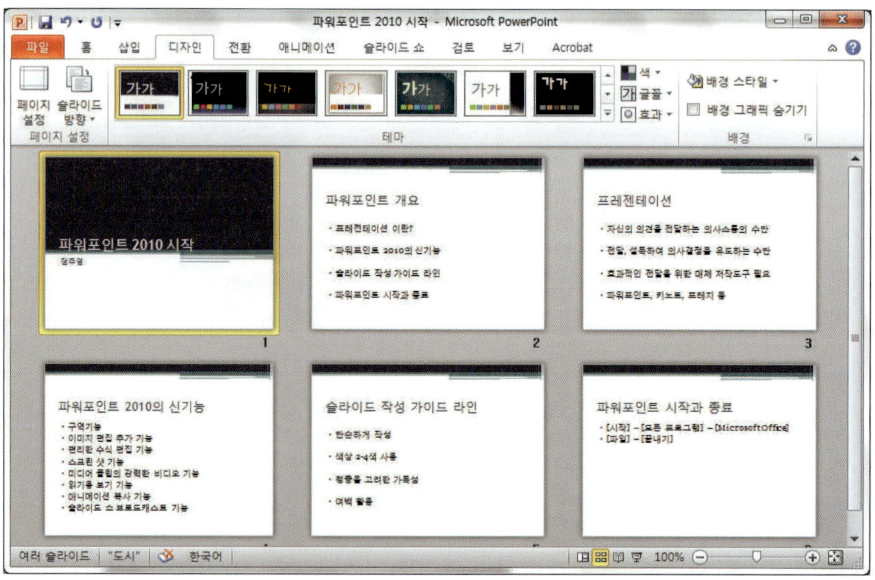

02 CHAPTER

텍스트와 애니메이션

02 CHAPTER 텍스트와 애니메이션

기본적으로 하나의 슬라이드를 만들기 위해서는 텍스트 상자, 도형, 그림, 애니메이션 효과 등 많은 요소들이 필요하다. 텍스트 상자는 가장 많이 쓰이는 기능 중의 하나이다. 슬라이드에 텍스트를 입력하는 방법은 다양하다. 다른 개체들의 입력, 추가, 수정의 기능도 리본메뉴, 단축키, 팝업 메뉴 등을 이용하여 다양하게 작성 할 수 있다. 각 슬라이드에 텍스트를 입력하기 위한 방법은 다음 세 가지를 이용한다.

① [슬라이드]–[레이아웃]을 이용하여 텍스트 입력
② 리본 메뉴에서 [삽입]– [텍스트]–[텍스트 상자]를 이용하여 입력
③ 도형에 텍스트 상자 추가

1. 텍스트 서식

1-1 텍스트 입력

따라하기 »

① 파워포인트 2010을 실행하여 프레젠테이션의 슬라이드를 [제목 슬라이드]로 선택하고, [디자인] → [배경 스타일] → [스타일 7]을 선택한다.

② 다음과 같은 슬라이드를 작성한다.

③ [홈] → [슬라이드] → [새 슬라이드]에서 [빈 화면] 슬라이드를 삽입한다.

④ [삽입] → [텍스트 상자] → [가로 텍스트 상자]를 선택하여 슬라이드 편집화면에서 드래그 한다. 텍스트 상자의 테두리 부분을 클릭하면 6개의 조절점이 생긴다.

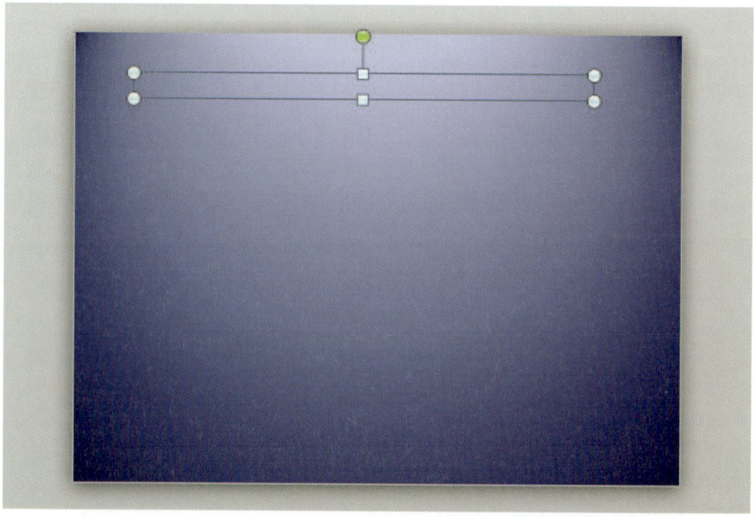

⑤ 6개의 조절점으로 텍스트 상자의 크기를 임의로 조절한다.
⑥ 텍스트 상자 테두리에 마우스 포인터를 맞추고 드래그하면 이동된다.

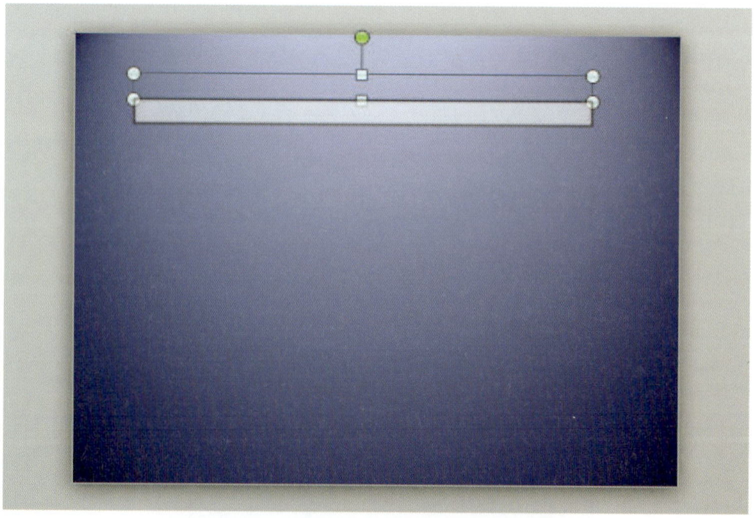

⑦ 입력란에 커서가 나타나는 곳에서 제목을 입력한다.

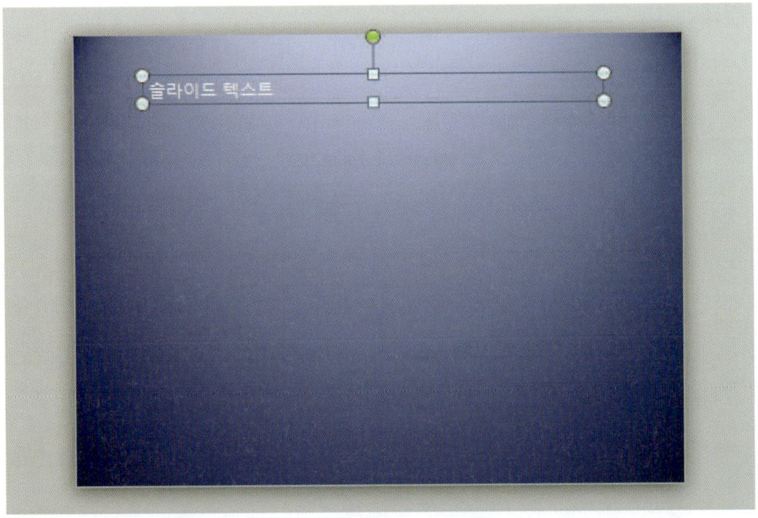

⑧ 텍스트를 입력한 후 [홈] → [글꼴]과 [단락]을 이용하여 텍스트를 편집할 수 있다.

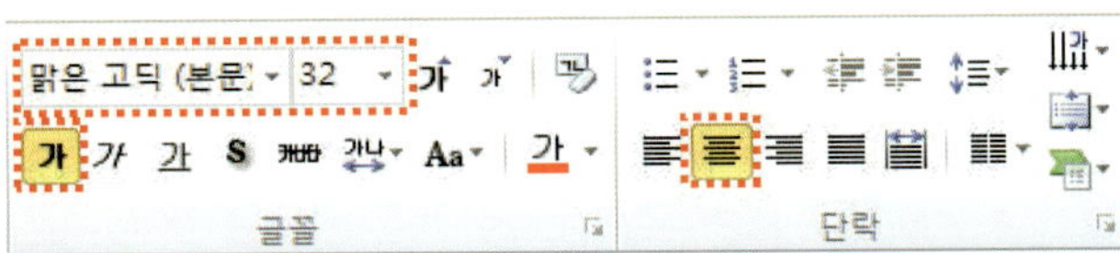

⑨ [그리기 도구] → [서식]을 클릭하여 [도형 스타일]에서 "색 윤곽선-주황, 강조 6"을 적용하였다.

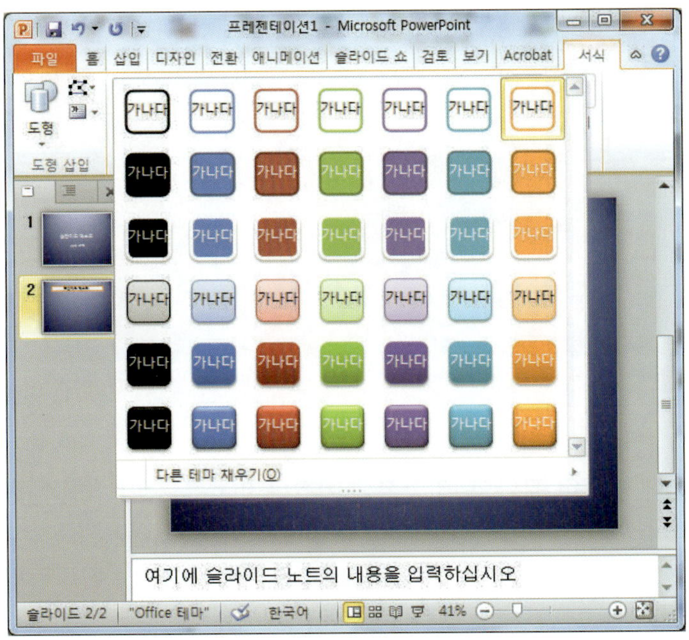

⑩ 적용한 결과는 다음과 같다.

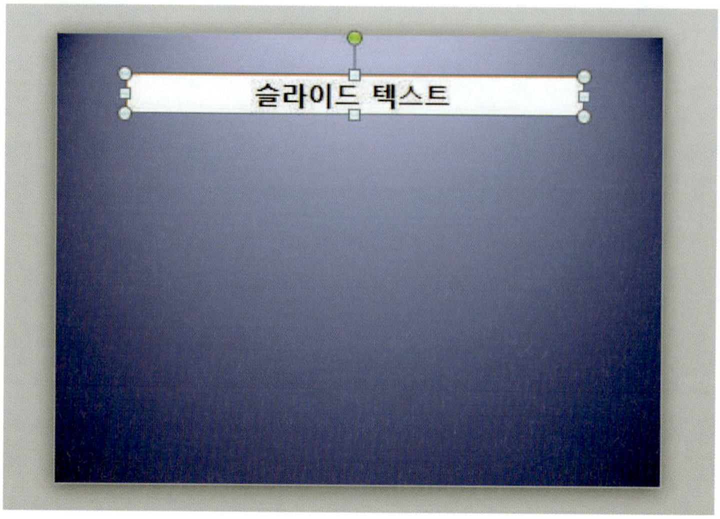

1-2 글머리 기호

따라하기 »

① 다음과 같이 [삽입] → [텍스트 상자] → [가로 텍스트 상자]를 선택하여 드래그 한다.

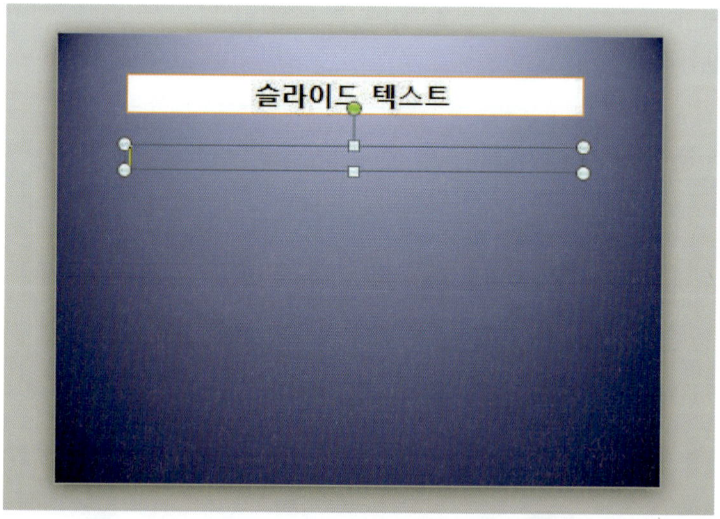

② 텍스트 상자에 입력한 문단의 맨 앞쪽에 기호나 번호를 삽입하고 수정 및 삭제하기 위하여 [홈] → [단락] → [글머리 기호 및 번호 매기기]를 선택한다.

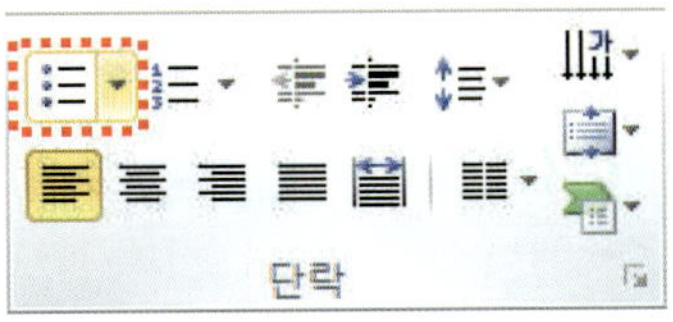

③ [글머리 기호]에서 "별표 글머리 기호"를 선택한다.

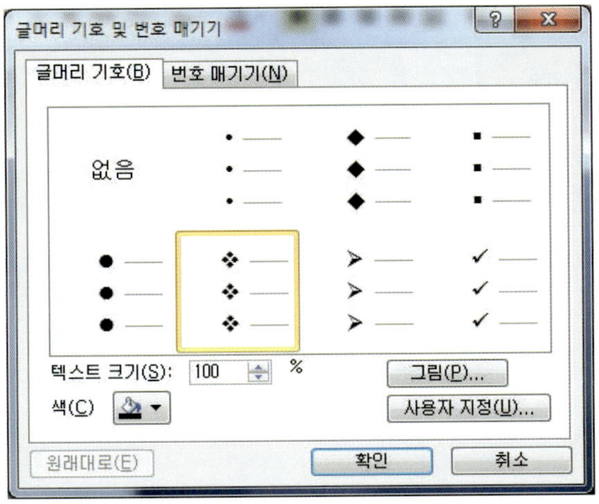

④ [글머리 기호 및 번호 매기기] 대화상자에서 여러 가지 옵션을 선택할 수 있다. 특히 원하는 글머리 기호가 없을 때는 [그림]이나 [사용자 지정]을 선택하면 그림 글머리 기호나 여러 가지 특수문자를 선택할 수 있다.

⑤ 아래의 그림과 같이 데이터를 입력하고, 글머리 기호를 삽입한다.

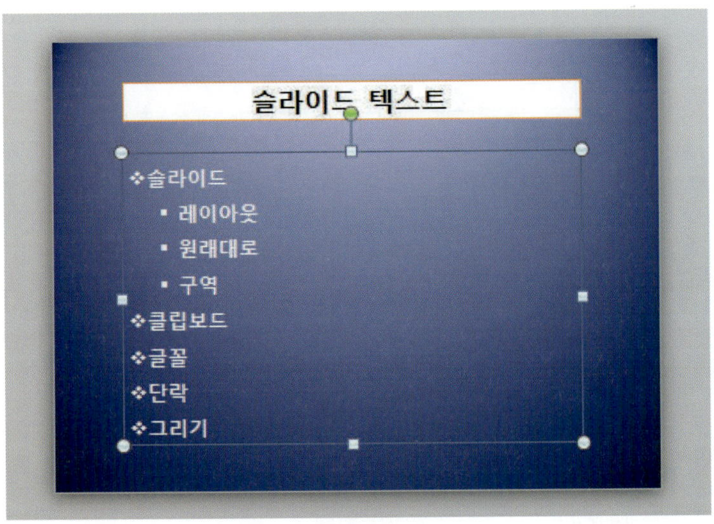

⑥ "슬라이드 텍스트"로 저장한다.

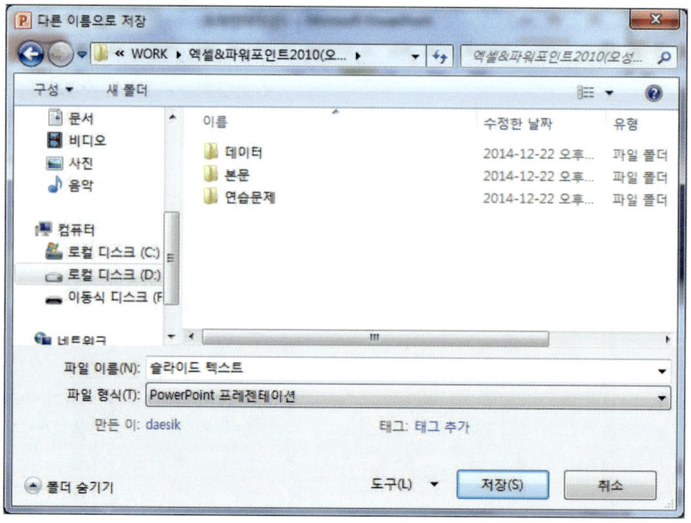

1-3 워드 아트

텍스트에 특수한 효과를 내어 프레젠테이션을 만들고자 할 때 워드 아트를 사용한다. 워드 아트를 사용하면 다양한 형태의 텍스트와 더불어 3차원효과, 질감 채우기 효과 등을 낼 수 있다.

따라하기 »

① "슬라이드 텍스트" 파워포인트를 열고 WordArt를 작성한다.

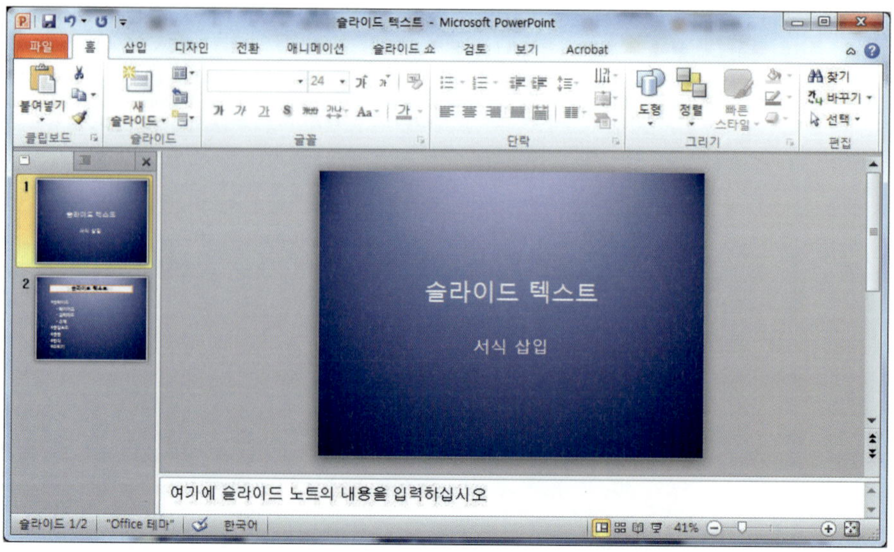

② [삽입] → [텍스트] → [WordArt]를 클릭하고, 원하는 [WordArt] 스타일을 선택한다.

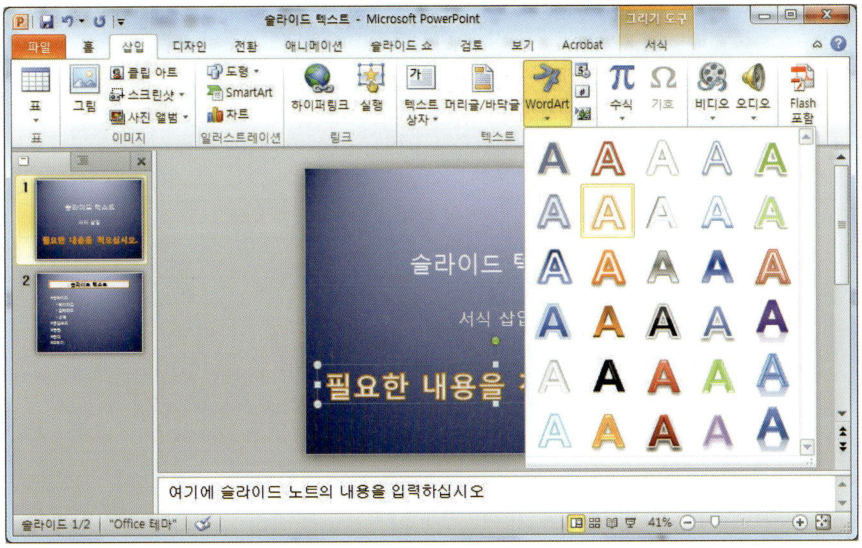

③ [WordArt] 스타일을 삽입한 결과는 다음과 같다.

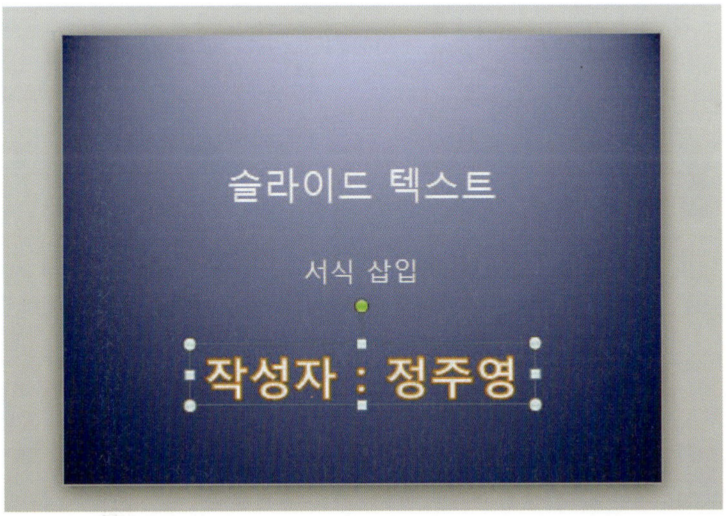

④ "슬라이드 텍스트", "서식 삽입", "작성자 : 정주영" 텍스트 문자열을 [WordArt] 스타일로 변경하려면, 세 개의 문자열을 선택한다.

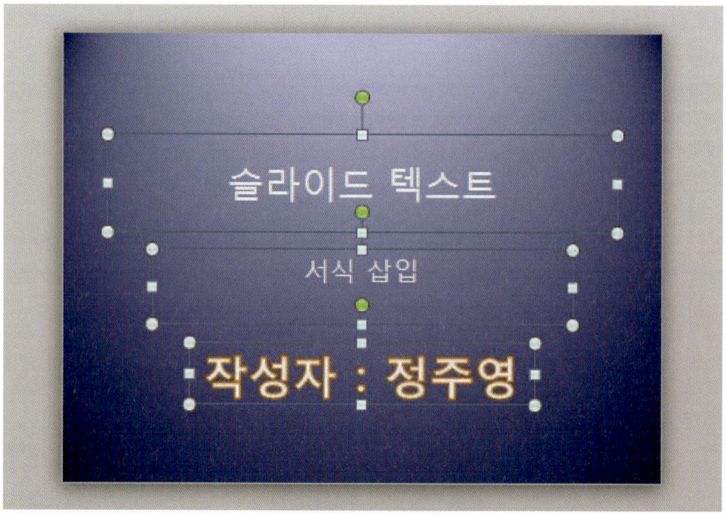

⑤ [서식] → [WordArt 스타일]의 자세히 단추(▼)를 클릭하여 원하는 [WordArt] 스타일을 적용한다.

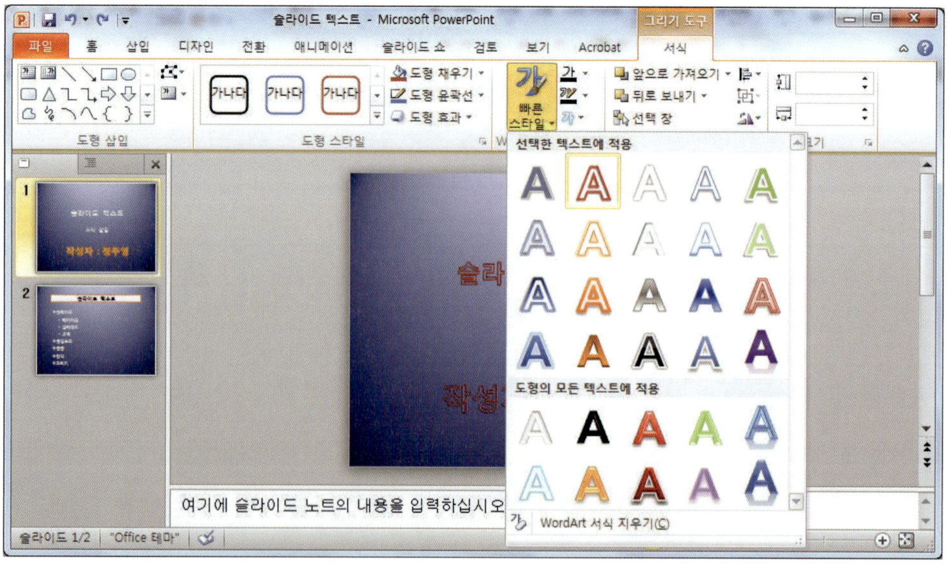

⑥ [WordArt] 스타일을 적용된 결과는 다음과 같다.

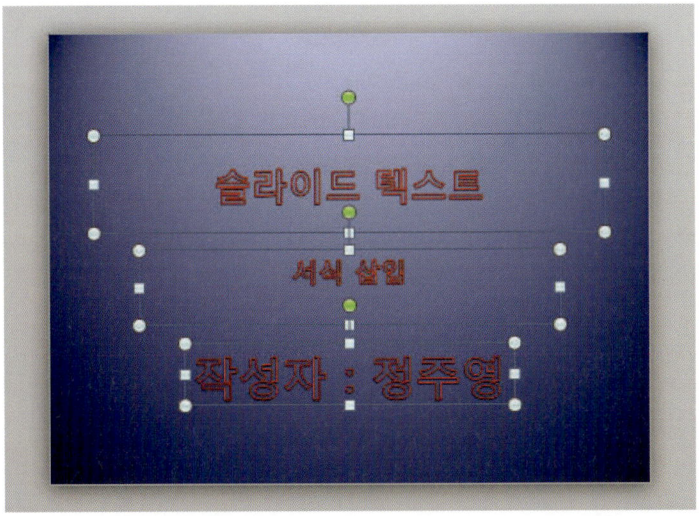

⑦ [WordArt 스타일]에서 텍스트 채우기, 텍스트 윤곽선, 텍스트 효과 등을 적용할 수 있다.

2. 애니메이션 효과

슬라이드에 삽입한 텍스트, 그래픽, 다이어그램, 차트 및 개체에 특수한 시각적 효과를 설정하여 프레젠테이션에 생동감을 줄 수 있을 뿐만 아니라 중요한 요점을 강조하면서 정보의 흐름을 표현할 수 있는 기능이다. 애니메이션 효과를 주지 않은 개체들은 슬라이드가 나타날 때 함께 나타나고 애니메이션 효과를 설정한 개체들은 순서에 따라 슬라이드에 하나씩 나타난다.

[애니메이션]-[애니메이션]을 선택하면 특정 개체들의 각종 효과 적용 등을 직접 설정해 줄 수 있으며, 각각의 개체를 지정할 때마다 변화되는 과정이 미리보기 상태로 나타난다.

파워포인트 2010에서 [애니메이션] 메뉴와 [고급 애니메이션] 메뉴로 구성되어 있다.

따라하기 »

"슬라이드 텍스트" 파일로 애니메이션을 간단하게 구성한다.

① 첫 번째 슬라이드에서 세 개의 텍스트 상자를 순차적으로 하나씩 선택하여 애니메이션을 삽입한다.

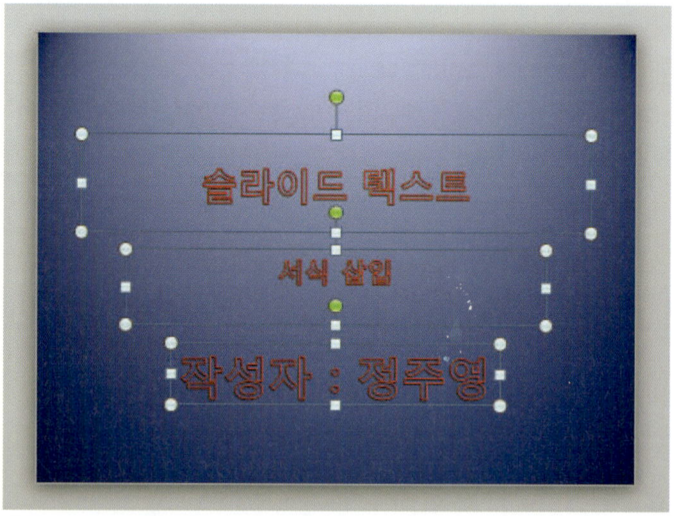

② 애니메이션 효과를 적용한다.

- [애니메이션] → [애니메이션] → [나타나기]

③ [고급 애니메이션] → [애니메이션 창]으로 재생 및 적용된 애니메이션을 볼 수 있다.

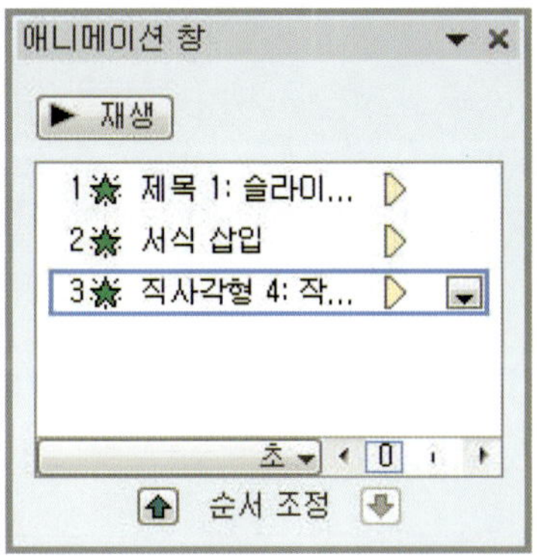

④ 슬라이드 화면 전환, 타이밍 : [슬라이드 화면 전환]은 슬라이드의 사이에 지정할 애니메이션을 선택하는 기능이고, [타이밍]은 슬라이드의 화면 전환에 필요한 효과 전환 시간에 대한 상세 속성을 지정하는 그룹이다. [타이밍]은 자동/수동으로 화면 전환을 할 것인지, 음향 효과를 설정할 것인지, 얼마나 빠르게 변화 시킬 것 인가를 지정한다.

슬라이드 쇼에서 각 슬라이드를 펼치는 특수효과를 추가하거나 변경한다. 다음과 같이 화면 전환, 화면 전환 소리, 화면 전환 속도 등을 지정한다.

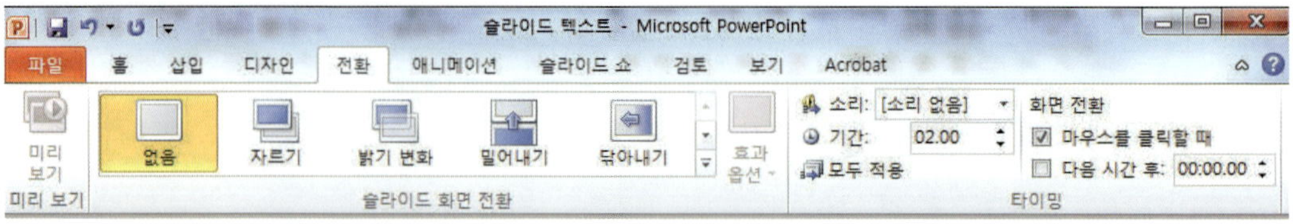

⑤ 두 번째 슬라이드도 [애니메이션]에서 여러분이 원하는 효과 적용한다.

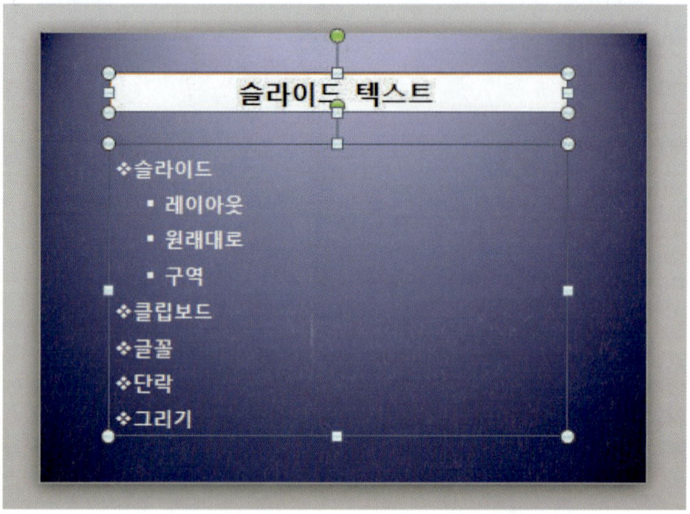

▶ 단순 텍스트 홍보물

따라하기 »

① 파워포인트를 실행하고, [홈] → [슬라이드] → [레이아웃]으로 [Office 테마]의 [빈 화면] 슬라이드로 변경한다.

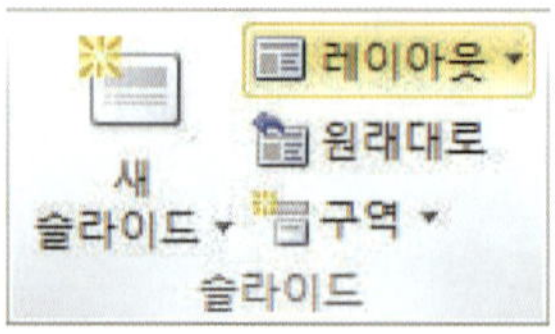

② [디자인] → [배경] → [배경 스타일]을 선택한다.

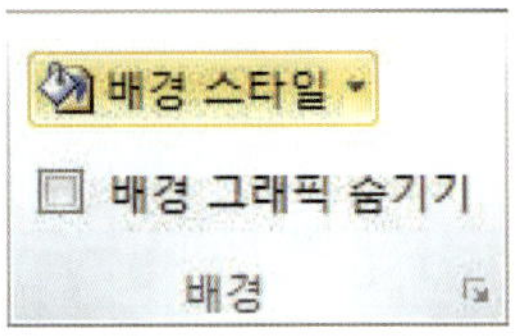

③ [배경 서식] 대화상자의 [채우기] → [배경 또는 질감 채우기] → [질감]에서 "작은 물방울"을 선택한 후 [모두 적용]을 클릭한다.

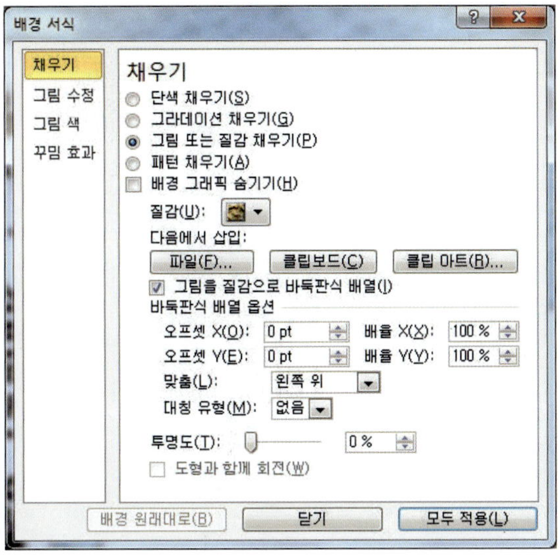

④ [삽입] → [텍스트] → [텍스트 상자] → [가로 텍스트 상자]로 텍스트 상자를 그린 다음 "대학교 축제"라고 입력한다.

⑤ 텍스트 상자에서 [삽입] → [기호] → [기호]를 클릭한다.

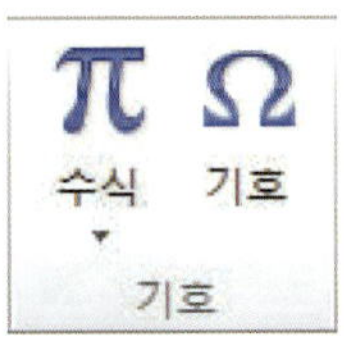

⑥ [기호] 대화상자에 있는 수직 이동줄에 마우스 표인터를 맞추고 드래그하면 기호를 볼 수 있다. 삽입하고 싶은 기호를 선택한 후 [삽입]을 클릭한다.

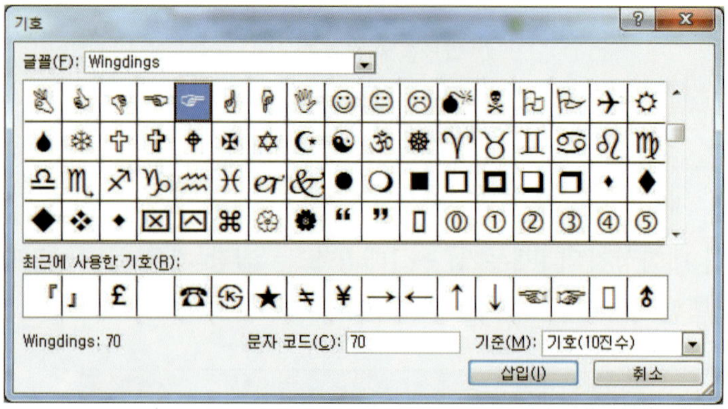

⑦ [기호] 대화상자에서 [닫기] 버튼을 누르면 기호가 삽입된 것을 확인할 수 있다.

⑧ [홈] → [글꼴]에서 글자 속성을 "HY강B, 굵게, 36, 가운데 맞춤'으로 한다.

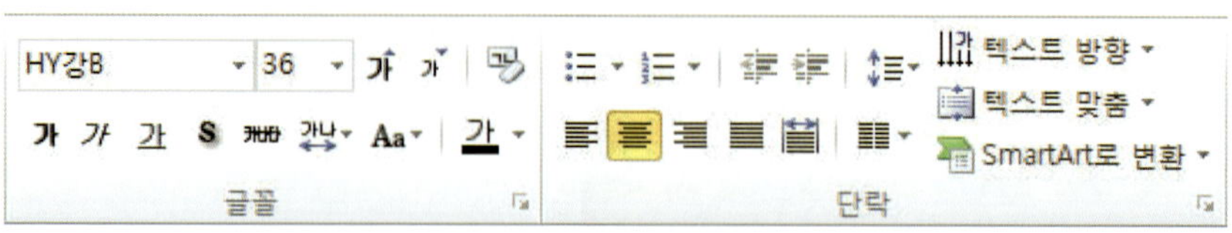

⑨ 텍스트 상자를 적당한 위치로 이동하고, [그리기 도구] → [도형 스타일]과 [그리기 도구] → [WordArt 스타일]에서 자세히 단추( )를 누르고 원하는 스타일을 지정한다.

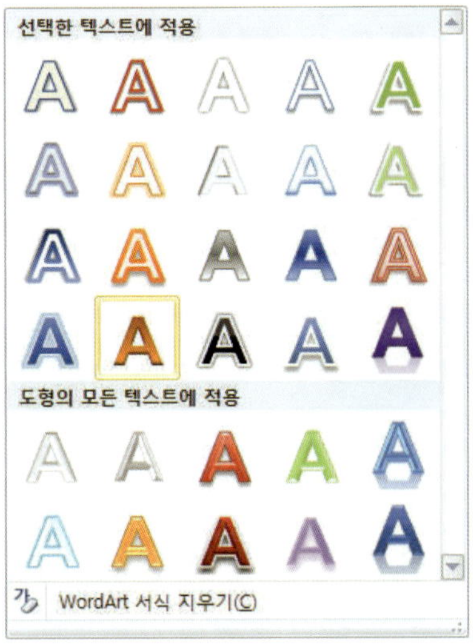

⑩ 변경된 스타일은 다음과 같다.

⑪ 같은 방법으로 아래의 텍스트 상자를 만들어 보자.

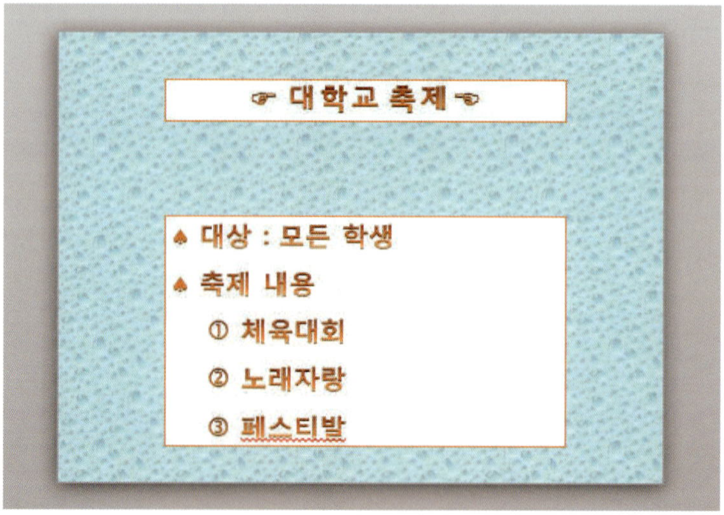

⑫ 세로 텍스트 상자로 다음과 같이 완성한다.

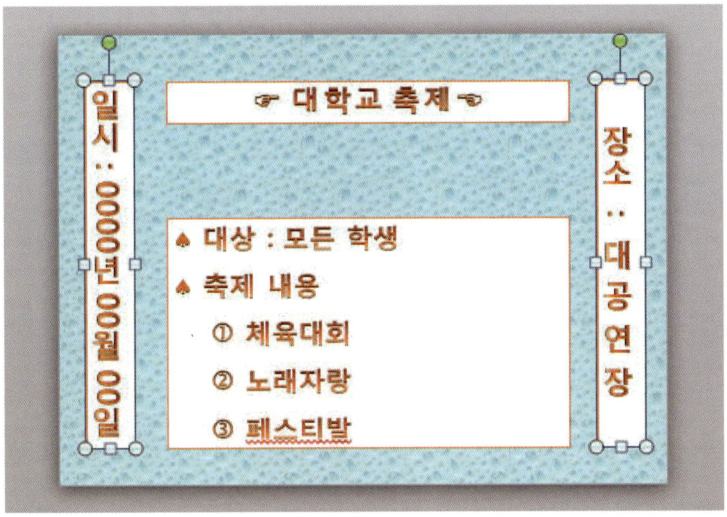

⑬ [애니메이션]으로 여러분이 원하는 애니메이션 효과를 지정한다.

⑭ [슬라이드 화면전환]으로 여러분이 원하는 화면전환을 지정한다.

⑮ [미리보기]로 슬라이드 쇼를 진행한다.

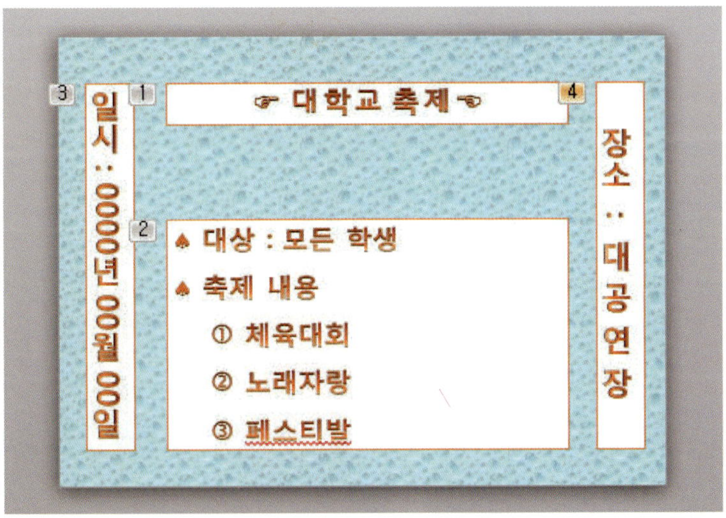

⑯ 애니메이션을 삭제하고자 할때는 [고급 애니메이션] → [애미메이션 창]에서 삭제 한다.

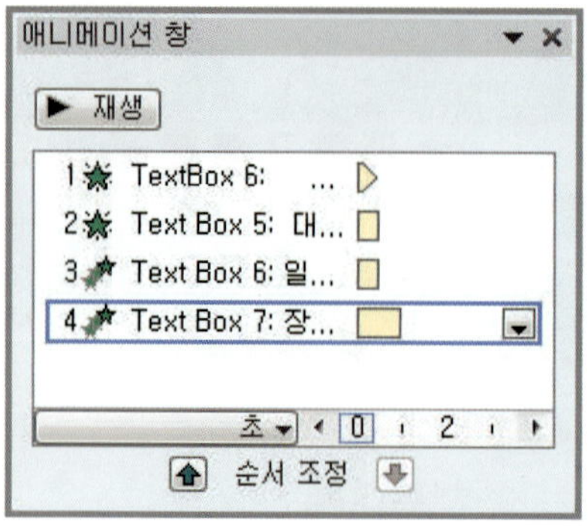
애니메이션 창
재생
1 TextBox 6: ...
2 Text Box 5: 대...
3 Text Box 6: 일...
4 Text Box 7: 장...
초
0 2
순서 조정

POWERPOINT

03 CHAPTER

일러스트레이션

1. 그림과 클립아트
2. 스크린샷
3. 사진 앨범
4. 도형
5. SmartArt
6. 차트

03 CHAPTER 일러스트레이션

파워포인트에서는 텍스트만 사용한 프레젠테이션은 너무 단조로운 느낌을 준다. 따라서 다양한 그림, 클립 아트, 사진 앨범, 도형, SmartArt, 차트 등을 삽입하여 효과적이고 생동감 있게 프레젠테이션을 표현할 수 있다.

1. 그림과 클립아트

파워포인트 2010에서 새롭게 추가된 기능 중의 하나가 그림 스타일 및 효과이며, 그래픽 전문 프로그램 못지않은 스타일 및 효과를 제공하여 원하는 그림 스타일을 쉽게 만들 수 있다.

클립아트는 파워포인트에 제공되는 이미지로, 주제에 알맞은 그림이나 일러스트를 제공한다. 삽입하고 싶은 클립아트를 주제어로 검색한 다음, 검색 결과물 중에서 원하는 클립아트를 선택하여 삽입한다. 클립아트를 검색하고 삽입하는 모든 작업은 클립아트 작업창에서 이루어진다.

따라하기 »

① 그림 삽입

- [삽입] → [이미지] → [그림] 메뉴를 클릭하여 그림을 직접 찾아 삽입한다.

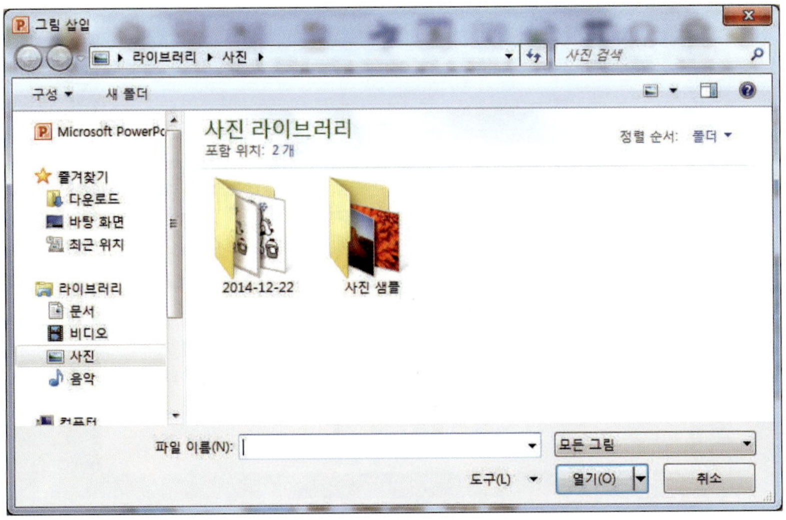

• [삽입] → [이미지] → [클립아트] 메뉴를 클릭하여 클립아트 그림 삽입할수 있다.

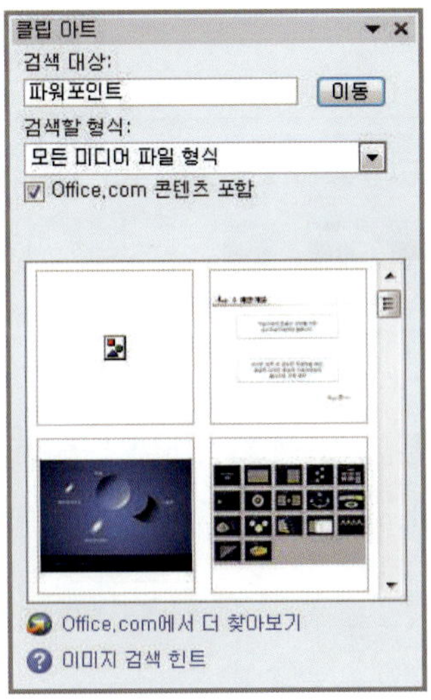

② 파워포인트 2010을 실행하여 프레젠테이션의 슬라이드를 [빈 화면] 슬라이드로 변경하고, 그림 파일과 클립아트 파일을 삽입한다.

③ 그림 편집 : 그림 파일이나 클립 아트를 삽입하고 개체를 선택하면 [그림 도구] → [서식] 메뉴가 나타난다. [조정], [그림 스타일], [정렬], [크기] 메뉴로 그림을 변경할 수 있다.

④ 다음은 [조정]→ [수정]의 [밝기 : −40%, 대비 : −40%]와 [그림 스타일]의 [금속 프레임] 서식을 변경한 경우이다.

2. 스크린샷

스크린샷은 컴퓨터에 작동중인 인터넷 화면이나 보이는 화면의 정보를 캡쳐하여 슬라이드 편집화면으로 불러올 수 있는 기능이다. 또한 스크린샷에는 작동중인 화면 그대로 가져올 수 있는 스크린샷 기능과 부분적으로 특정 화면만 가져올 수 있는 화면 캡쳐 기능이 있다.

따라하기 »

① [삽입] → [이미지]→ [스크린샷] 기능을 클릭하면 내 컴퓨터에 현재 띄어져 있는 모든 창이 나타나면 필요한 창을 선택한다.

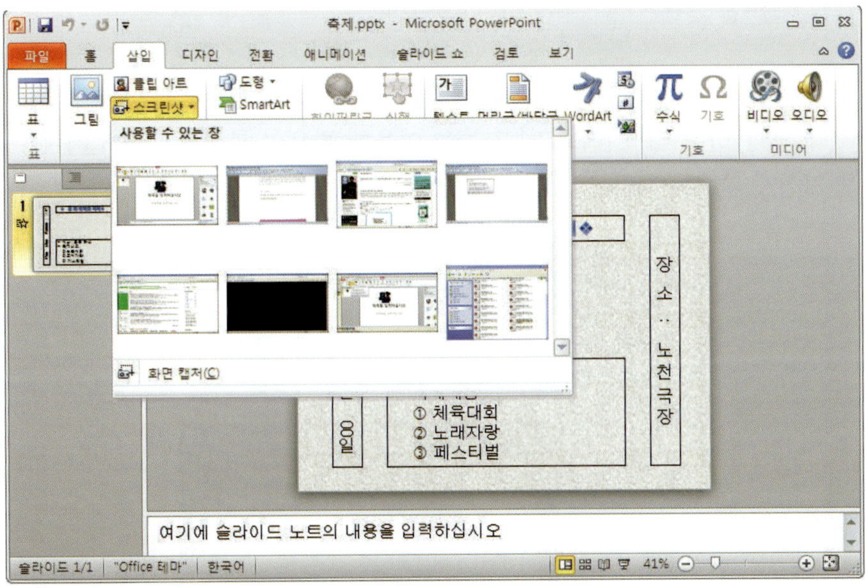

엑셀 노트 ▸▸▸

파워포인트 이외 다른 프로그램이 실행되지 않았다면 스크린샷 기능을 사용할 수 없다. 캡쳐를 원하는 프로그램을 실행한 후 스크린샷 기능을 실행한다. 또한 내컴퓨터에 띄어져 있는 창에 따라 사용할 수 있는 창 화면이 달리 보일 수 있다.

② 선택된 창의 화면이 슬라이드에 삽입된다.

③ [그림 도구] → [서식]→ [자르기] 기능을 이용해 필요한 부분만 가져오거나 여러 스타일을 지정해 완성한다.

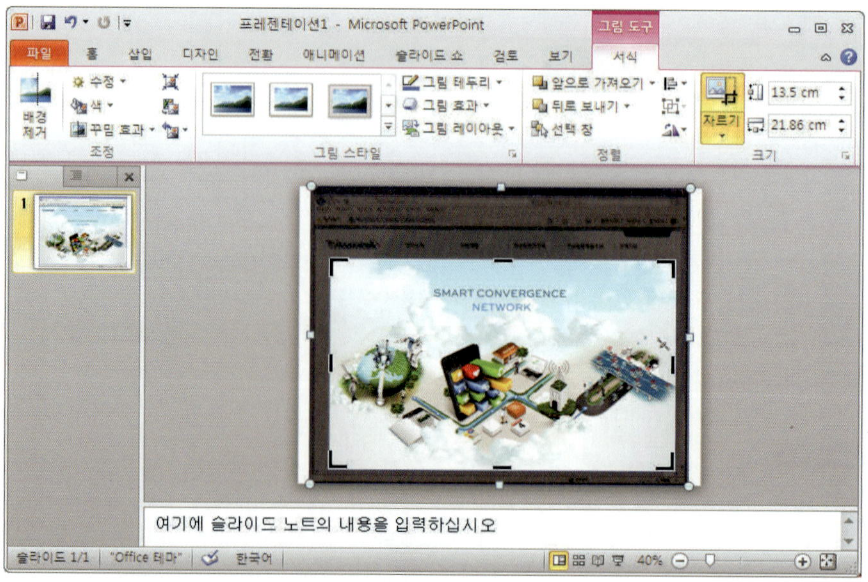

④ 특정 영역만 삽입하고자 한다면 [삽입] → [이미지]→ [스크린샷]→ [화면 캡처]를 클릭한다.

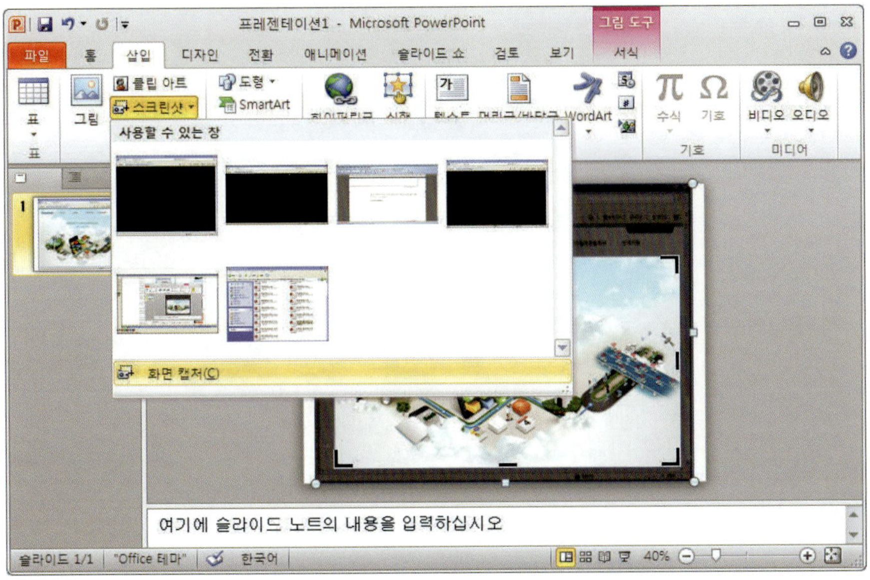

⑤ 삽입하고자하는 특정 영역만 드래그한다.

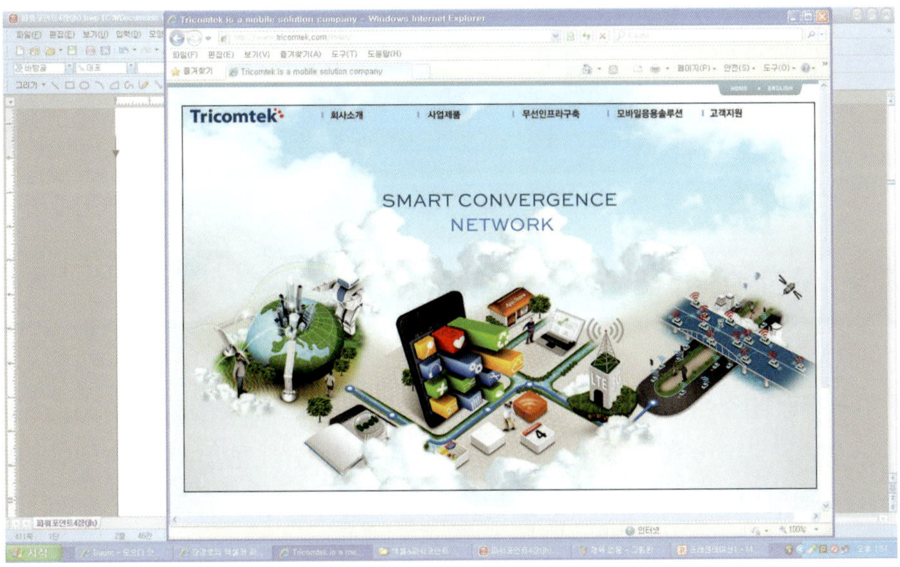

⑥ 특정 영역이 슬라이드 화면에 삽입된다.

엑셀 노트 ▸▸▸

화면 캡쳐 기능은 바로 전에 실행한 프로그램 화면이 캡쳐된다. 참고로 엑셀 창을 캡쳐하고 싶다면 엑셀을 실행한 후 파워포인트의 화면 캡쳐를 실행한다.

3. 사진 앨범

여행이나 관광 명소에 대한 소개는 사진을 많이 활용하는데, 파워포인트 2010에는 간단히 사진을 연속으로 정리하여 보여주는 [사진 앨범] 기능을 제공한다. 사진 앨범 프레젠테이션 파일은 [삽입] 탭–[이미지] 그룹–[사진 앨범]–[새 사진 앨범]을 클릭하여 만든다.

엑셀 노트 ▸▸▸

▶ **사진 앨범 제작**

사진 앨범 제작시 앨범을 만들 사진 파일들을 미리 일정한 폴더에 저장한다.

따라하기 »

① 파워포인트 2010을 실행하고, 다음과 같은 슬라이드를 작성한다.

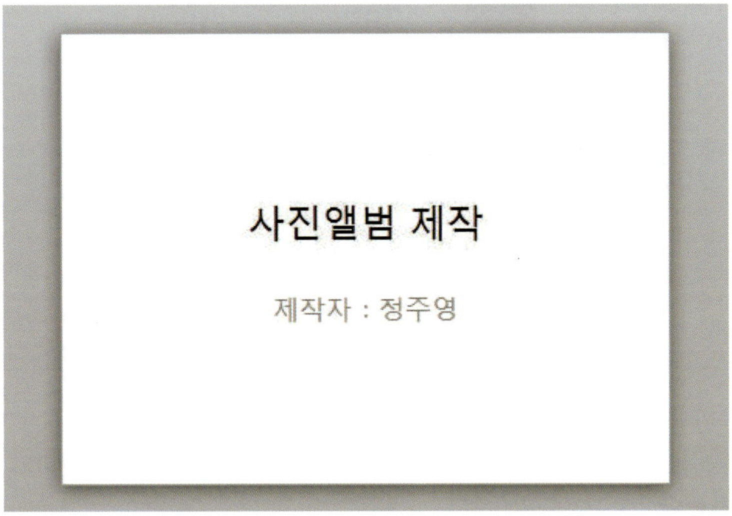

② [삽입] → [이미지] → [사진 앨범] → [새 사진 앨범] 메뉴를 선택하고, [사진 앨범] 대화상자에서 앨범의 내용과 레이아웃을 설정하기 위해 [파일/디스크] 단추를 클릭한다.

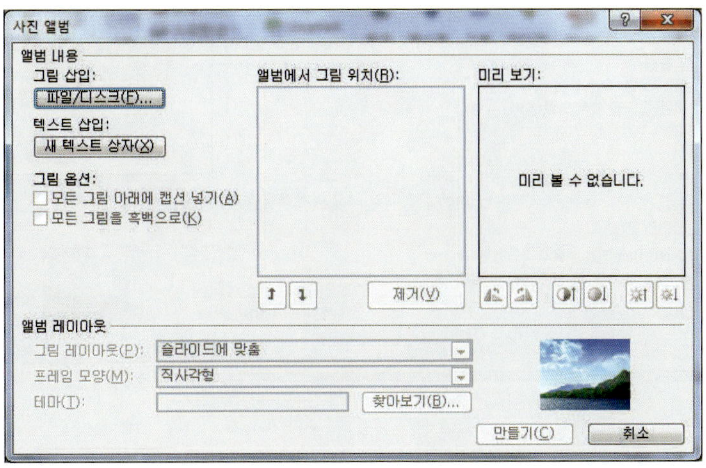

③ [새 그림 삽입] 대화상자에서 키보드의 [Ctrl]이나 [Shift] 키로 앨범을 만들 사진 파일들을 삽입한다.

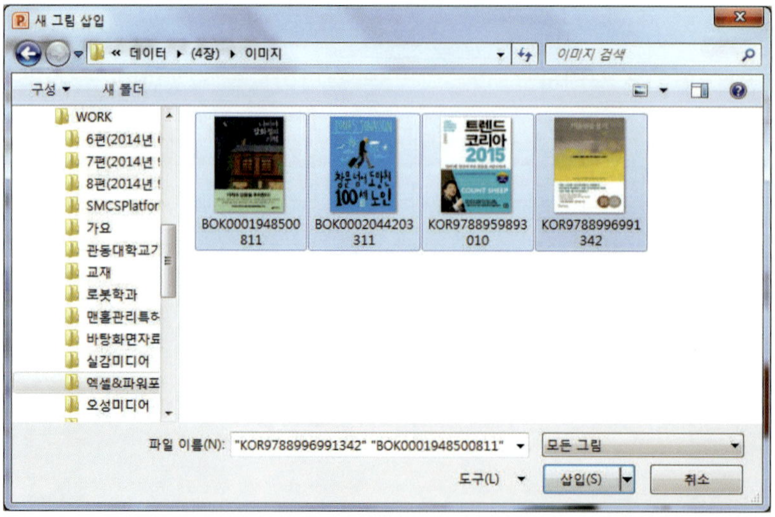

④ 그림 파일의 순서를 변경하고자 할 경우 순서를 변경할 파일을 지정한 후 상하 이동 단추를 클릭함으로서 변경할 수 있다.

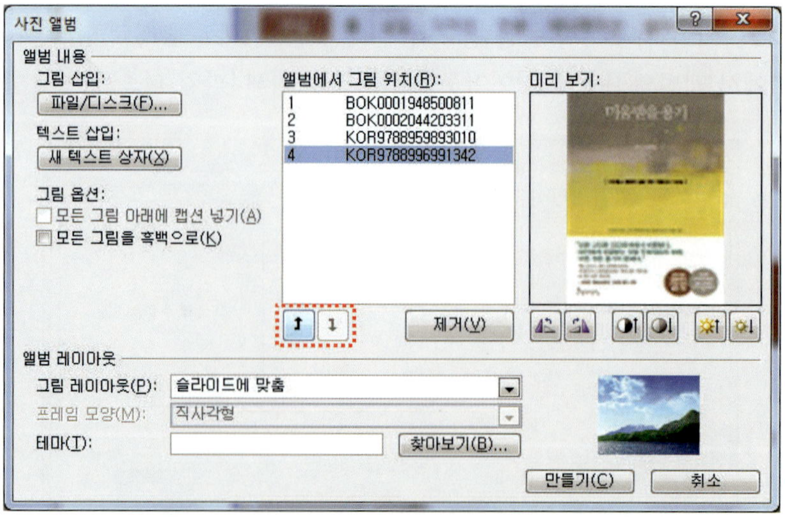

⑤ 그림 파일의 위치를 변경한 후 [그림 레이아웃] 지정 아이콘은 "그림 2개", [프레임 모양] 지정 아이콘은 "사각형 가운데 그림자"를 지정한다.

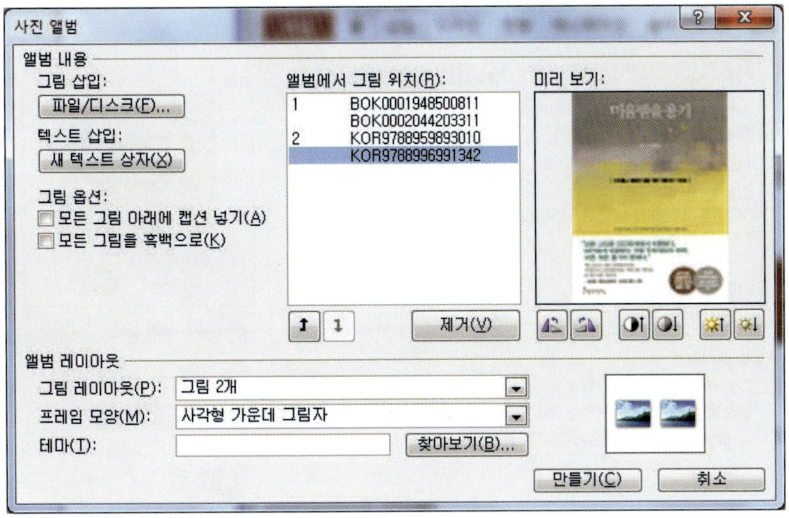

⑥ [찾아보기] 단추를 클릭하여 [테마 선택] 대화상자에서 "Angles.thmx"를 선택한다.

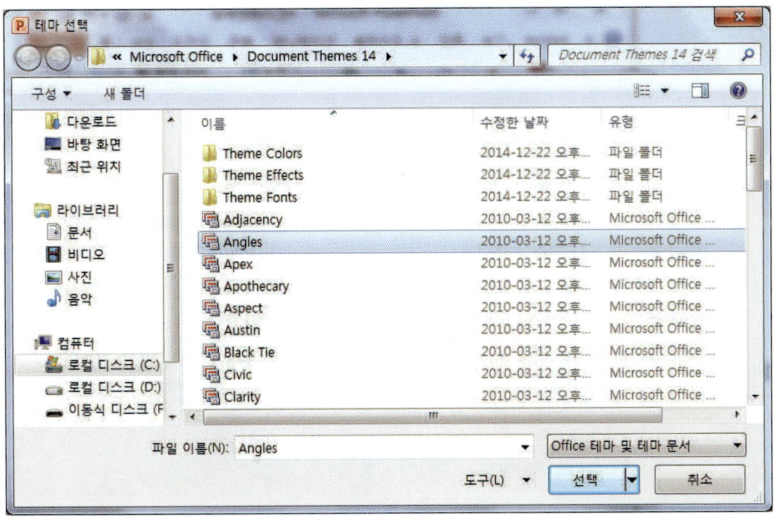

⑦ [사진 앨범] 대화상자에서 [그림 옵션]을 "모든 그림 아래에 캡션 넣기"로 설정하고, [만들기] 단추를 클릭한다.

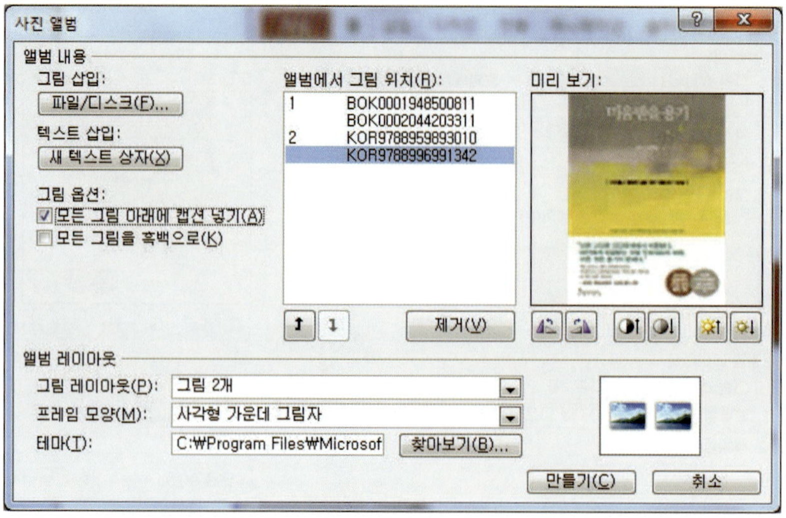

⑧ 사진 앨범을 제작한 결과이다.

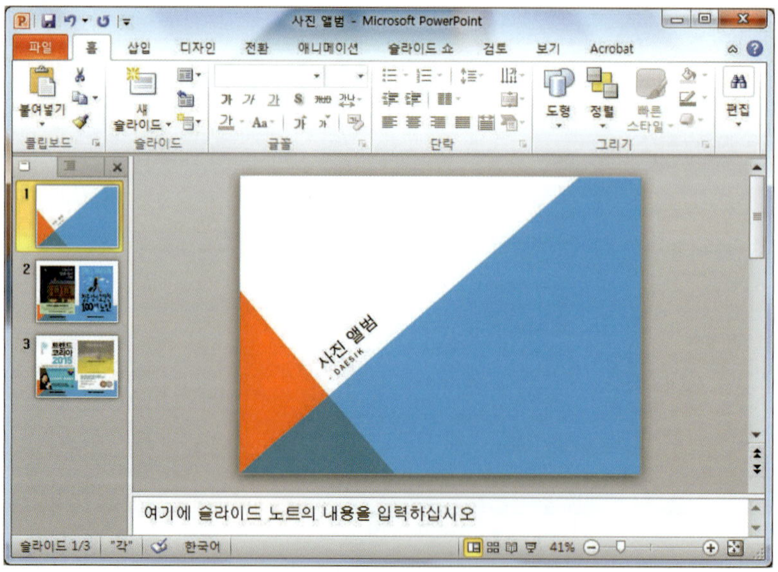

4. 도형

파워포인트 2010은 이전 버전보다 훨씬 다양한 도형을 제공한다. 도형을 그리는 옵션은 쉽고 단순하면서, 효과적인 모양을 만들 수 있도록 스타일을 제공하고 있다. 프레젠테이션 제작에 있어서 도형을 삽입하고 편집하는 것이 가장 많이 사용하는 기능일 것이다. 슬라이드에 도형을 작성하고 해당 도형에 여러 가지 효과를 적용한다. 파워포인트 2010의 주요 구성 요소인 도형은 화살표, 선, 순서도, 기호 및 설명선 등을 삽입하여 슬라이드를 장식한다.

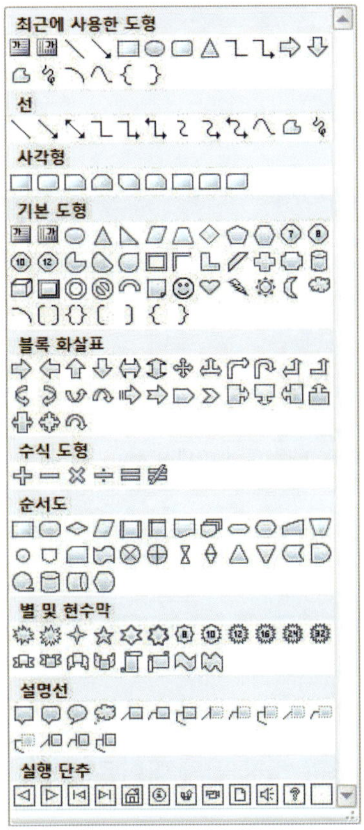

4-1 도형 그리기

따라하기 »

① 파워포인트 2010을 실행하여 프레젠테이션의 슬라이드를 [빈 화면] 슬라이드로 변경하고, [삽입] → [일러스트레이션] → [도형] 메뉴를 선택한다.

② [도형] → [기본도형] → [정육면체]을 선택한다.

③ 마우스로 눌러 삽입하고자 하는 위치에 마우스를 놓고 원하는 크기만큼 드래그한다.

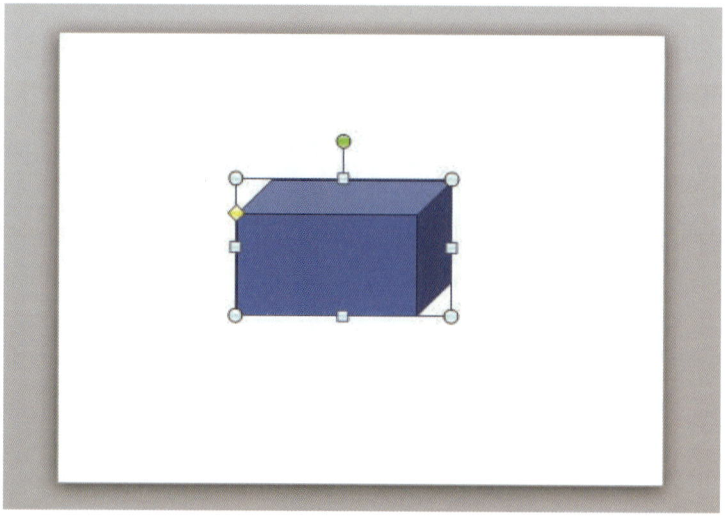

엑셀 노트 ▸▸▸

▶ **도형 크기 조정**

마우스로 크기 조정기를 드래그 할 경우 "Ctrl + 드래그" 하면 좌우가 동시에 늘어나고 "Shift + 드래그"를 하면 일정비율로 그려지며 "Alt + 드래그"를 하면 미세조정이 가능하다.

4-2 도형 서식

따라하기 »

① 도형의 색 변경

: [그리기] → [서식] → [도형 스타일]의 아이콘( )을 클릭하여 채우기 색, 선 색 변경할 수 있다.

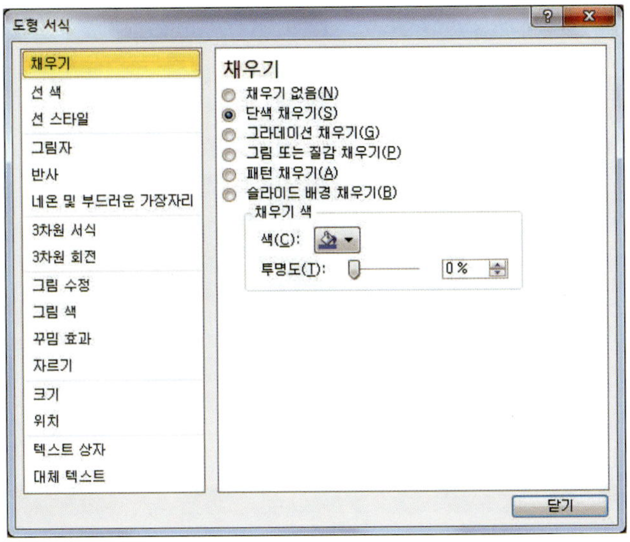

② 도형의 선 두께 · 대시 · 화살표 스타일 변경

: [그리기] → [서식] → [도형 스타일] → [도형 윤곽선]으로 도형의 선 두께 · 대시 · 화살표 스타일을 변경할 수 있다.

③ 도형의 이동 및 크기 변경

: 도형의 이동은 도형을 선택하고, 드래그 한다. 크기 변경은 크기 조정 포인터를 드래그 한다.

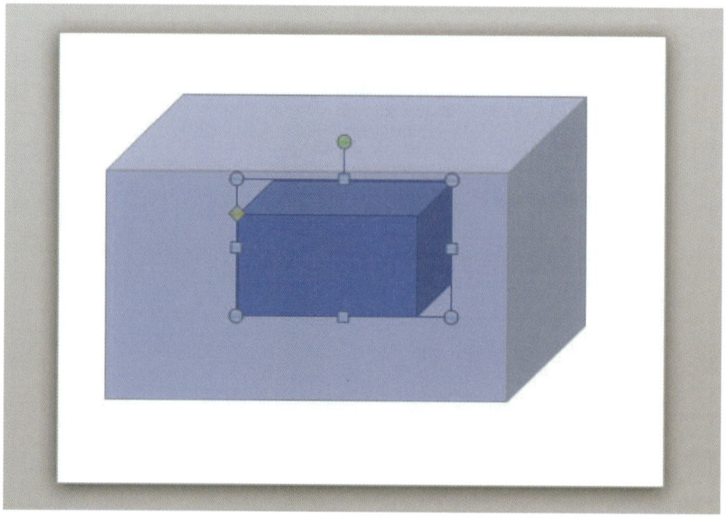

④ 도형의 순서

: 새로운 슬라이드를 삽입하고, 도형 위에 또 다른 도형을 그리면 그린 순서대로 겹쳐진다. [홈] → [그리기] → [정렬] → [개체 순서]를 선택하면 도형의 순서를 변경할 수 있다.

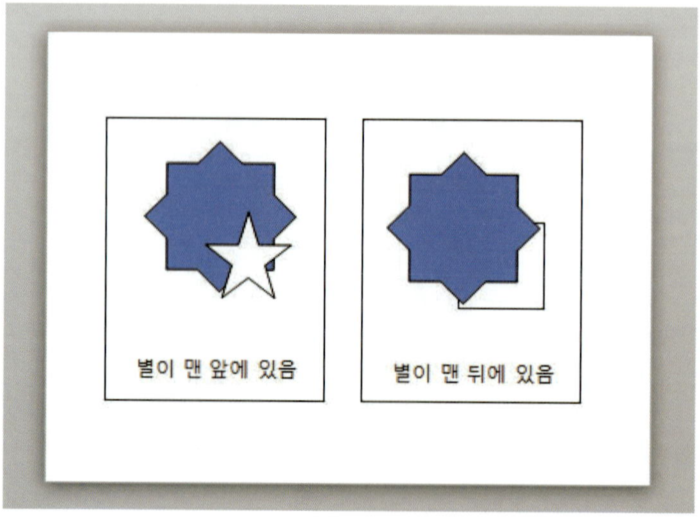

⑤ 도형의 맞춤

: 새로운 슬라이드를 삽입하고, [홈] → [그리기] → [정렬] → [개체 위치]을 선택하면 도형을 일정한 간격으로 배열하여 사용할 수 있다.

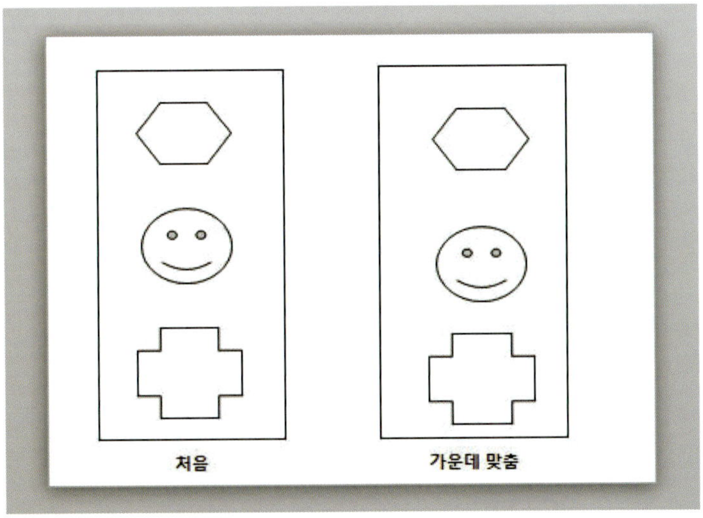

⑥ 그룹 설정 및 해제

: 새로운 슬라이드를 삽입하고, [홈] → [그리기] → [정렬] → [개체 그룹]을 선택하면 여러 도형을 하나인 것처럼 작업할 수 있다.

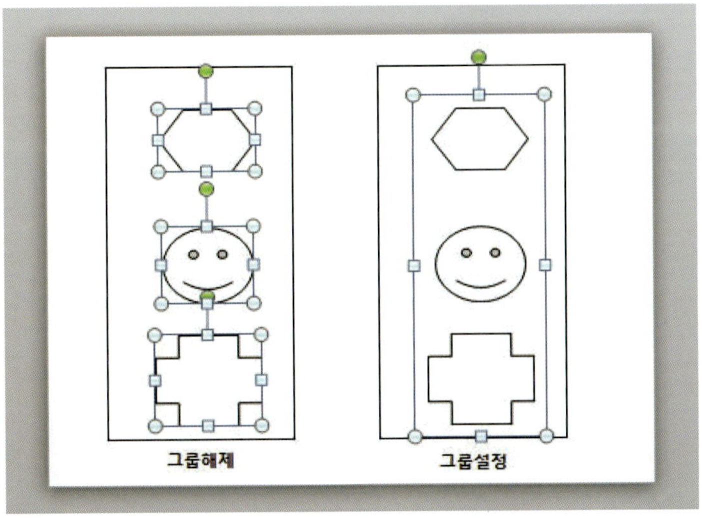

4-3 연결선

따라하기 »

① 연결할 두 개의 개체를 그린 다음, [삽입] → [일러스트레이션] → [도형] → [꺾은 연결선]을 선택한다.

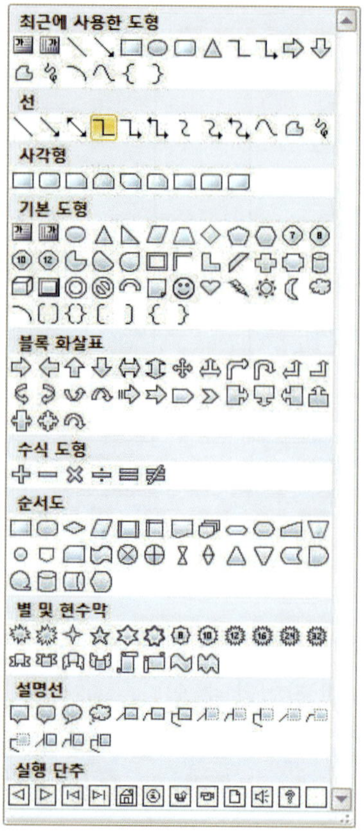

② 첫 번째 개체의 연결 위치에 마우스 포인터를 맞춘다. 마우스 포인터 모양이 바뀌면 클릭한다.

③ 두 번째 개체의 연결 위치에 마우스 포인터를 맞추고 클릭하면 연결선이 만들어진다. 슬라이드 편집화면 빈공간에 마우스 포인터를 맞추고 클릭하면 연결선이 완성된다.

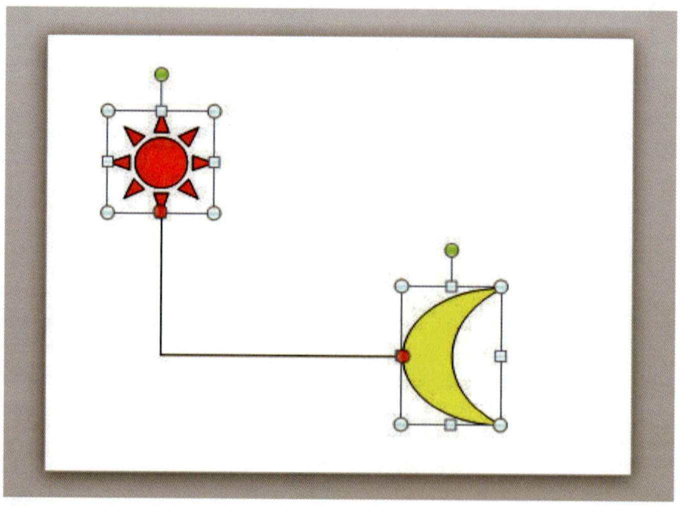

④ 연결된 두 도형은 한 도형의 이동시 연결선도 같이 이동한다.

5. SmartArt

SmartArt 그래픽은 텍스트로 구성된 내용을 시각적으로 표현한 것이다. 여러 다양한 레이아웃 중에서 하나를 선택하여 만드는 방식으로 청중들에게 내용을 빠르고 쉽게 효과적으로 전달할 수 있다.

파워포인트 2010에서는 프로세스형, 계층 구조형, 주기형 또는 관계형 등이 있으며, 내용에 맞는 SmartArt를 선택하여 몇 번의 마우스 클릭 동작만으로도 디자이너 수준의 전문적인 일러스트레이션을 만들 수 있다.

따라하기 »

① 파워포인트 2010을 실행하여 프레젠테이션의 슬라이드를 [제목 만] 슬라이드로 변경한다.

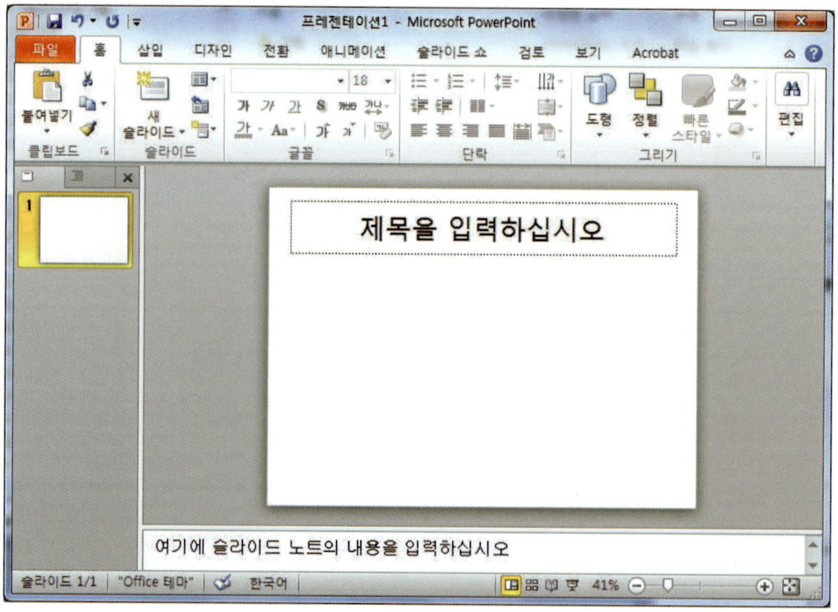

② [삽입] → [일러스트레이션] → [SmartArt] 메뉴를 선택하고, [프로세스형] → [상향 화살표형]를 선택한다.

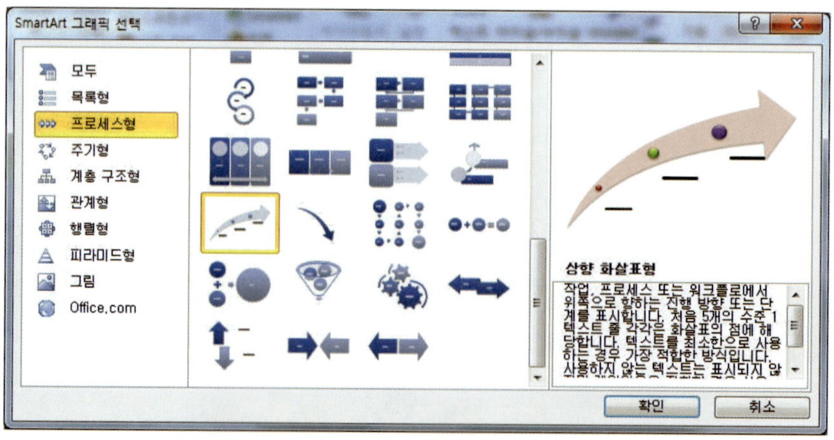

③ [상향 화살표형]은 작업, 프로세스, 워크플로에서 위쪽으로 향하는 진행방향이나 단계를표시한다. 기본적으로 3개 수준과 단계가있다.

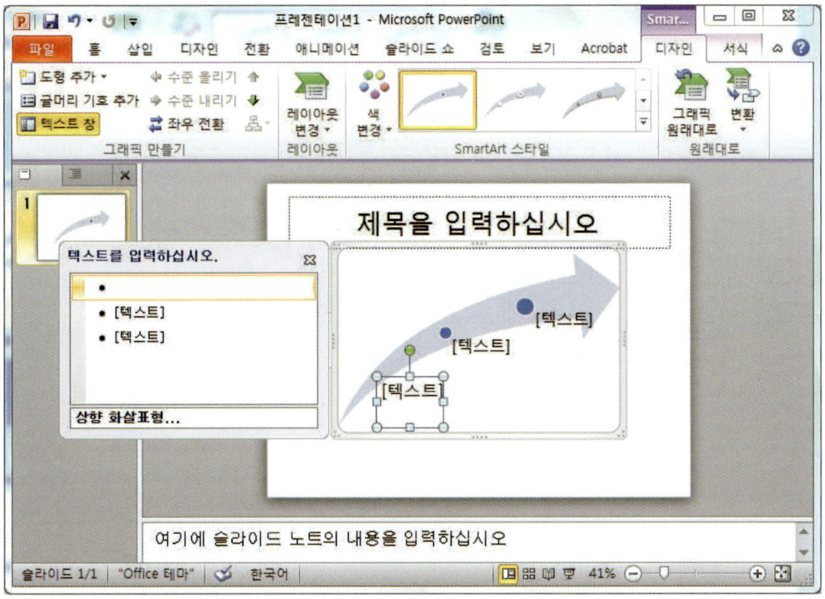

④ 2개 수준을 더 추가하기 위해 [SmartArt] → [디자인] → [그래픽 만들기] → [도형 추가] → [뒤에 도형 추가]를 두 번 클릭하면 2단계가 추가된다.

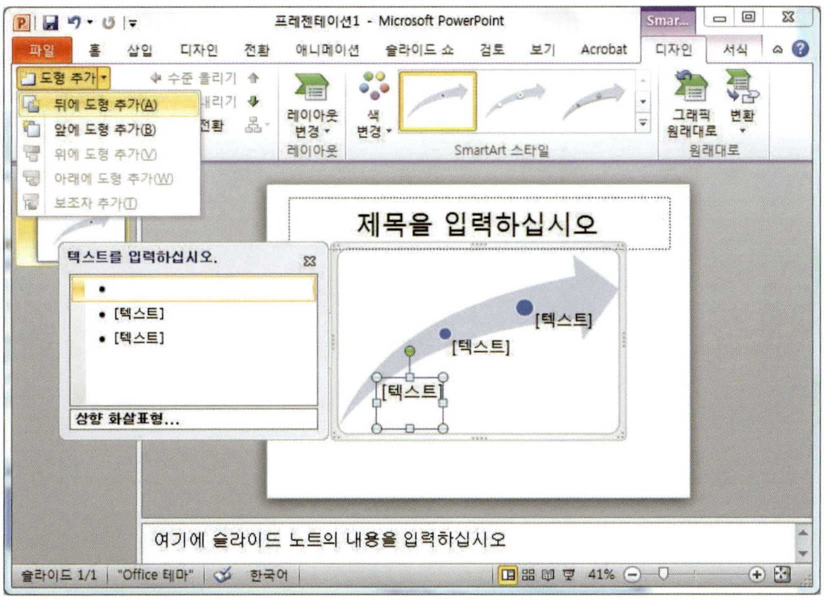

⑤ 텍스트 창에 보기와 같은 숫자를 입력하고, [SmartArt] 도구의 [디자인]에서 글꼴이나 스타일을 변경한다.

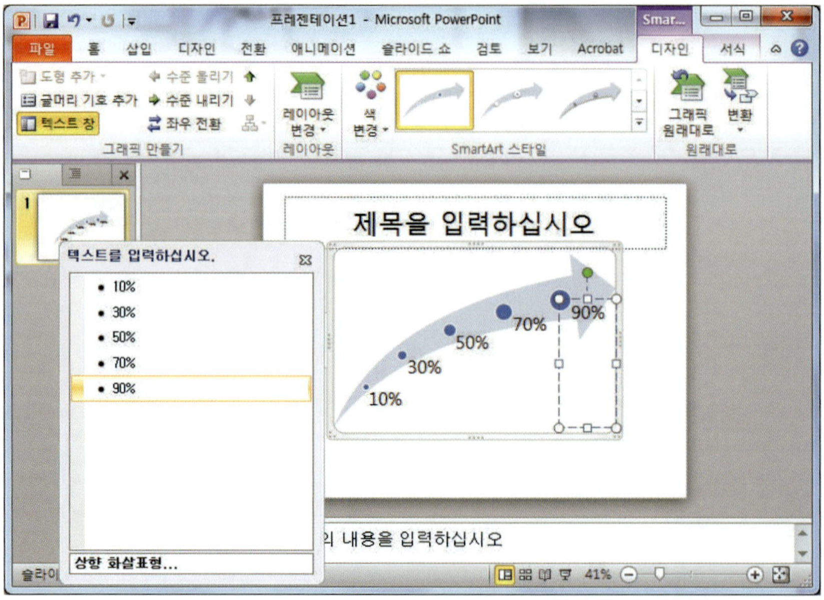

⑥ [삽입] → [텍스트] → [가로 텍스트 상자]로 다음과 같이 텍스트를 입력한다.

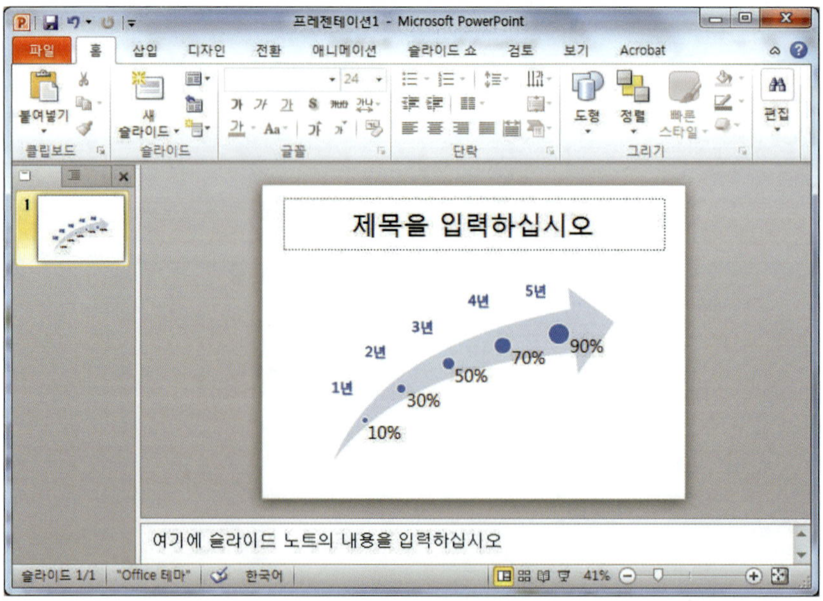

⑦ 입력한 텍스트를 선택하고, [그리기 도구] → [서식] → [WordArt 스타일]에서 [채우기 – 없음, 윤곽선 – 강조2]을 효과를 적용한다.

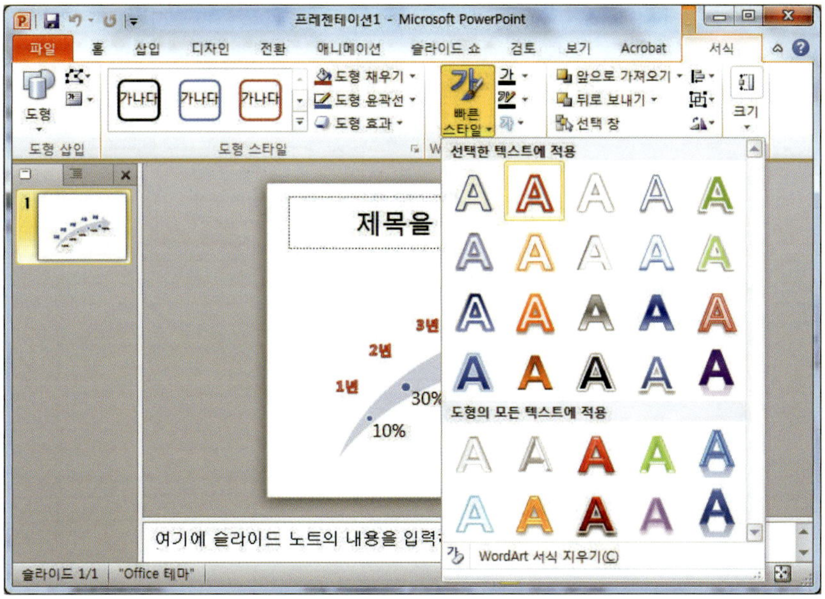

⑧ [삽입] → [일러스트레이션] → [도형]에서 "타원형 설명선"을 삽입한다. 자동으로 [기본 그라데이션] 서식이 적용된다.

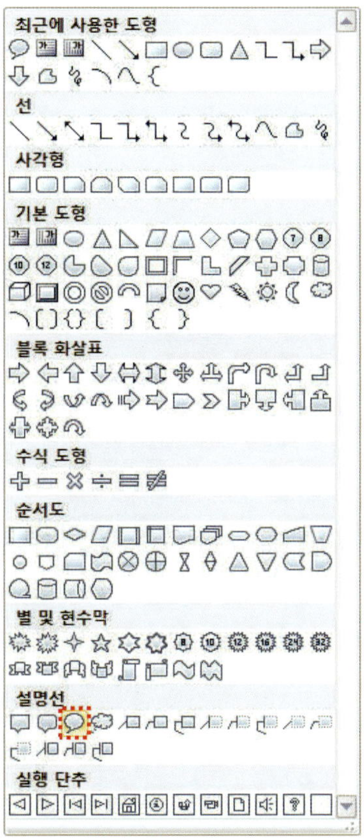

⑨ [그리기 도구] → [서식] → [도형 스타일] → [도형 효과] → [기본 설정]에서 "기본 설정 색 12"를 선택하면 "타원형 설명선"의 도형 효과가 3차원으로 회전된다.

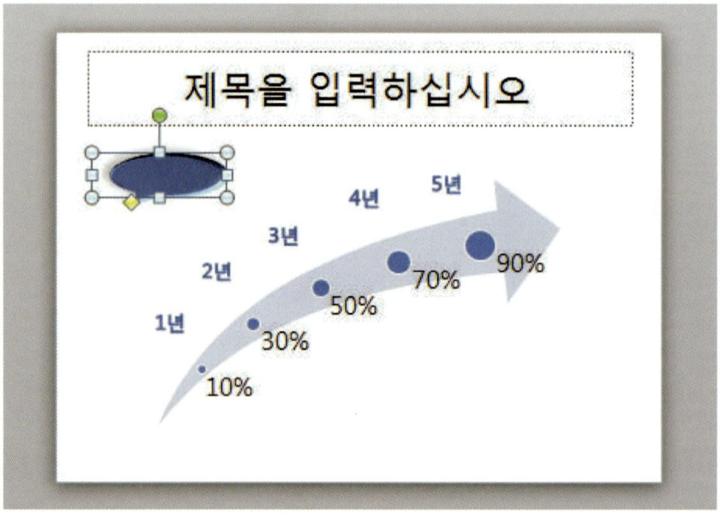

⑩ 3차원 효과가 적용된 모서리 둥근 직사각형을 [녹색 회전 핸들]을 드래그하여 180도 회전한다.

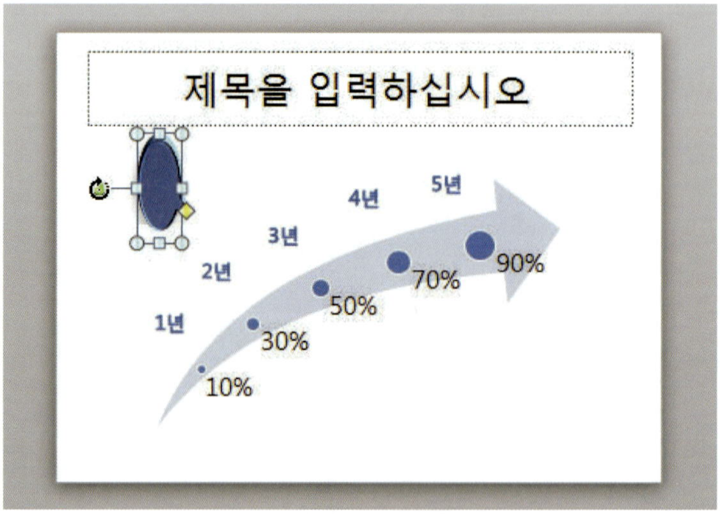

⑪ [텍스트 상자] → [세로 텍스트 상자]로 "진행 시스템" 텍스트를 입력한다.

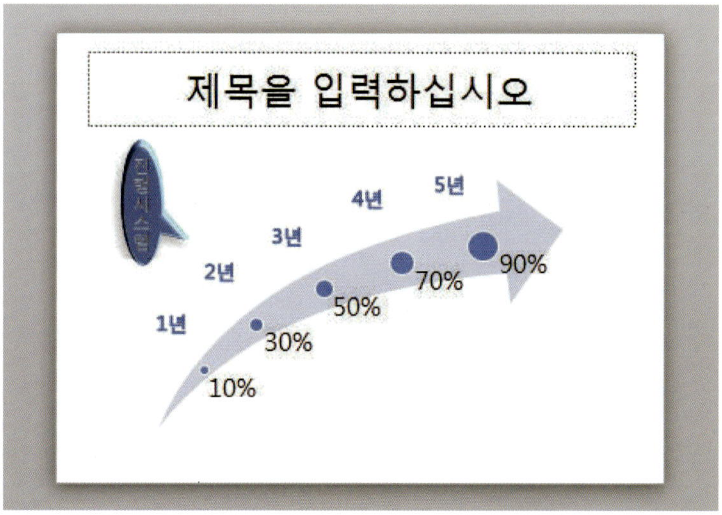

⑫ [그리기 도구] → [서식] → [WordArt 스타일] → [텍스트 채우기]에서 "흰색"과 , [텍스트 효과]에서 "둥글게" 입체 효과를 적용한다.

⑬ [텍스트 효과]를 적용한 결과는 다음과 같다.

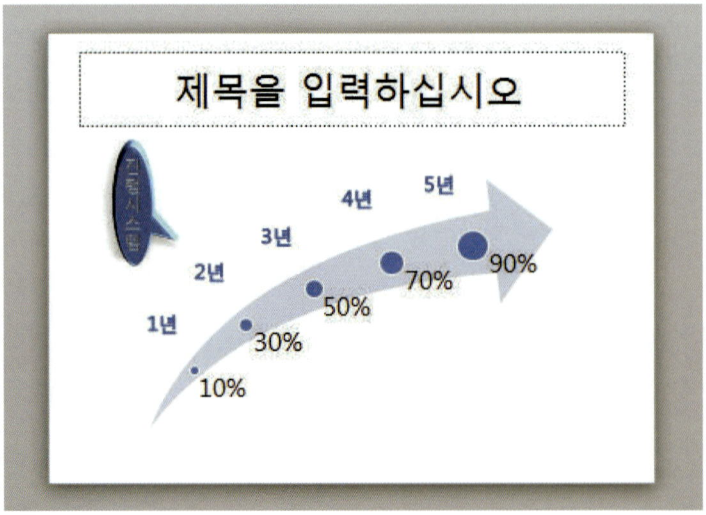

⑭ 제목을 "진행 시스템"으로 입력하고, [디자인] → [테마]를 "기류"로 적용한 결과는 다음과 같다.

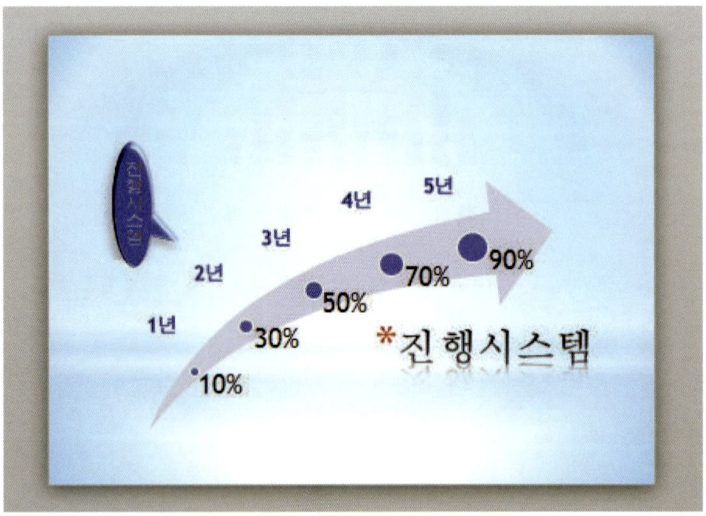

▶ **게임판 작성**

따라하기 »

① 파워포인트를 실행하고, [홈] → [슬라이드] → [레이아웃]에서 [Office 테마]의 [빈 화면] 슬라이드로 변경한다.

② [디자인] → [배경] → [배경 스타일] → [스타일 2]를 지정한다.

③ 제목을 만들기 위해 [삽입] → [텍스트] → [텍스트 상자]를 드래그하고, "사다리 타기" 라는 문자열을 입력한다.

④ [홈] → [글꼴]에서 글꼴을 변경하고, [그리기 도구] → [서식] → [도형 스타일], [WordArt 스타일]에서 글자 형태와 텍스트 상자를 변경한다.

⑤ [삽입] → [일러스트레이션] → [도형] → [선]을 선택하고, 마우스 포인터 모양이 +로 바뀌면 Shift 를 누른 채 드래그하여 수직선을 그린다.

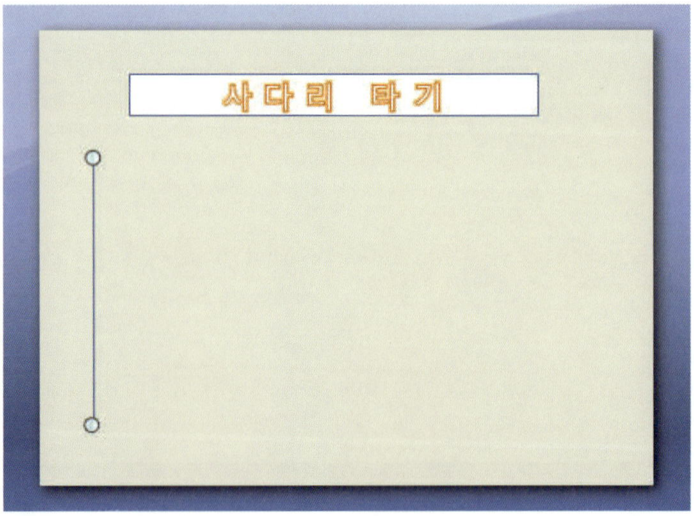

⑥ [그리기 도구] → [서식] → [도형 스타일]의 [도형 윤곽선]에서 두께를 "1 pt"로 설정한다.

⑦ 수직선이 선택된 상태에서 Ctrl를 누른 채 드래그하여 게임에 참가하는 인원수만큼 복사한다.

⑧ 복사한 수직선을 모두 선택(Shift+마우스 왼쪽버튼)한 후 [홈] → [그리기] → [정렬] → [맞춤] → [가로 간격을 동일하게]를 선택한다.

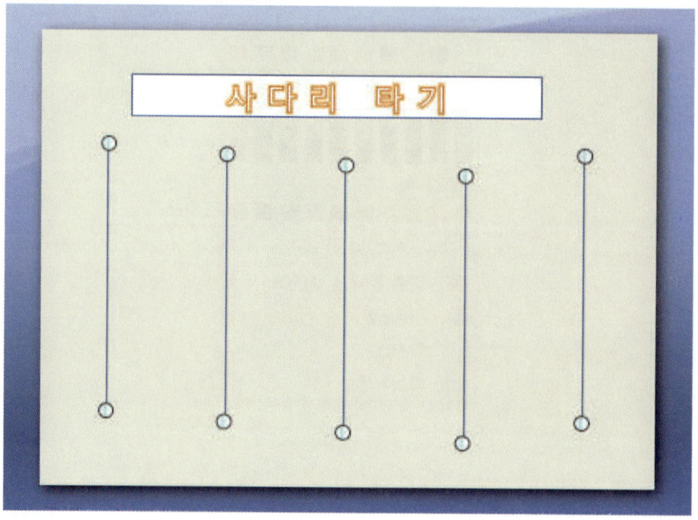

⑨ 수직선이 선택된 상태에서 [홈] → [그리기] → [정렬] → [맞춤] → [위쪽 맞춤]을 선택한다.

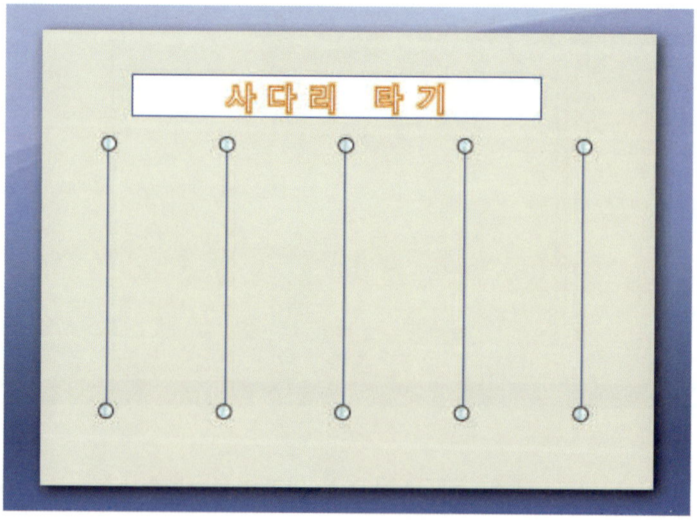

⑩ 같은 방법으로 가로선을 그린 다음 선 스타일을 지정한다.

⑪ 가로선을 선택하고 Ctrl를 누른채 드래그하여 복사한다.

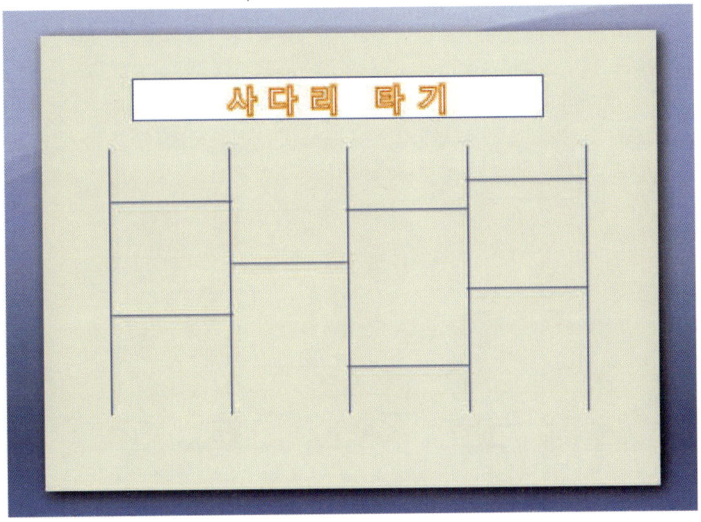

⑫ 가로 텍스트 상자를 이용하여 사다리 하단에 이름을 입력한다.

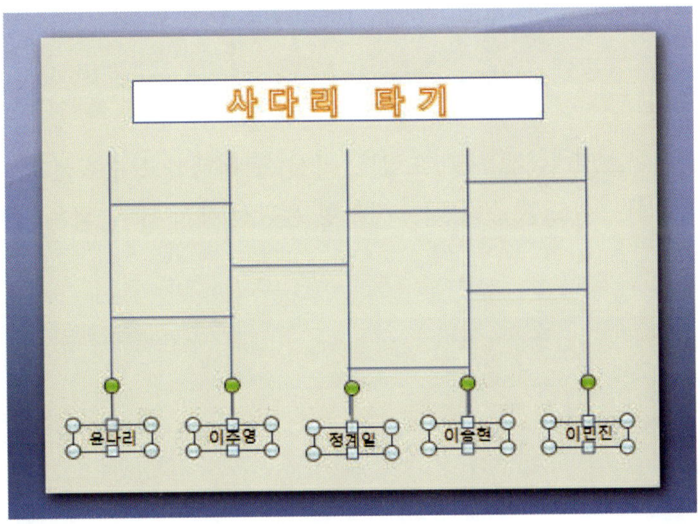

⑬ [홈] → [그리기] → [정렬] → [맞춤] → [가로 간격을 동일하게]와 [위쪽 맞춤]을 선택한 결과는 다음과 같다.

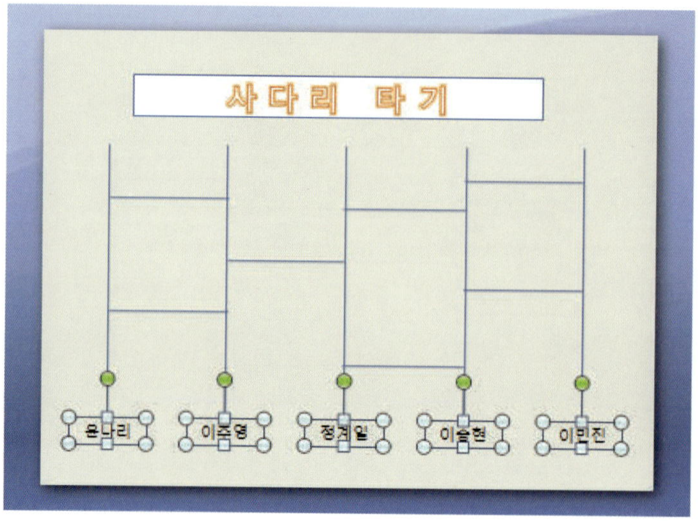

▶ **당첨자 작성**

애니메이션 효과를 이용하여 당첨자에게 사다리를 타고 내려가는 효과를 지정한다.

따라하기 »

① [삽입] → [일러스트레이션] → [도형] → [선]을 선택하고 수직선을 그린다. [그리기 도구] → [서식] → [도형 스타일] → [도형 윤곽선]에서 테마 색은 "흰색", 두께는 "3 pt"로 한다.

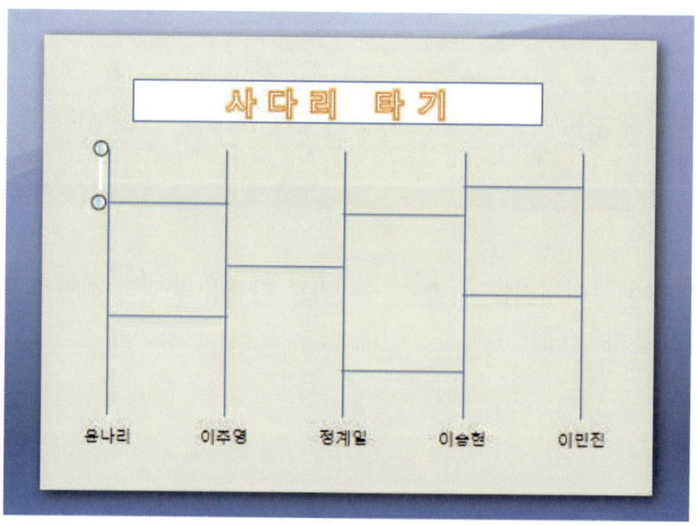

② 수직선을 마우스로 드래그하여 시작 위치에 위치 시킨다.

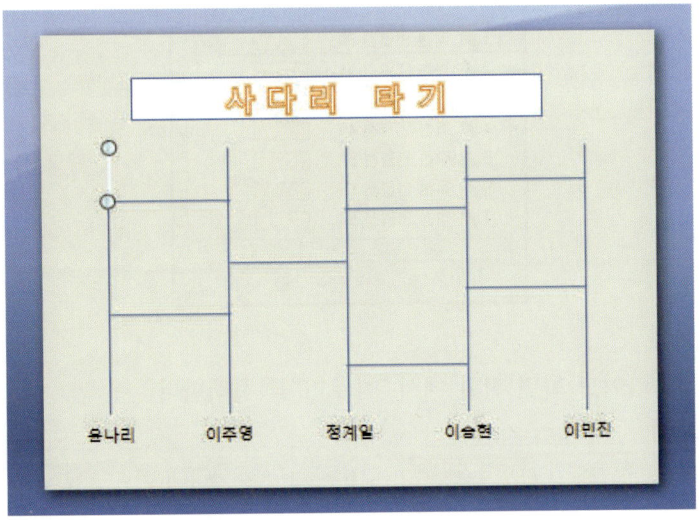

③ 같은 방법으로 수직선과 수평선을 그린다.

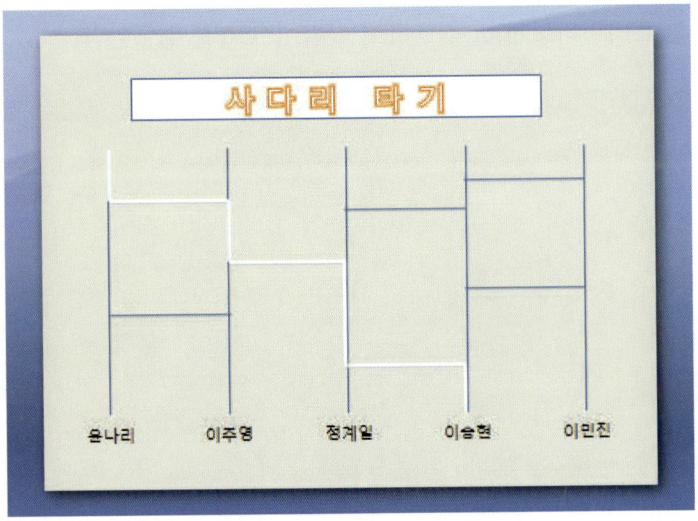

④ 수직선 들을 선택하고 [애니메이션]에서 효과를 지정한다. 순서가 잘못되었으면 [애니메이션 창]에서 순서를 조정한다.

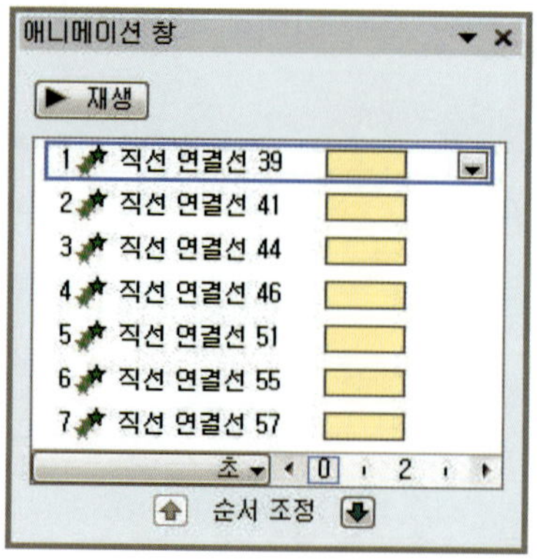

⑤ [전환] → [슬라이드 화면 전환]에서 "자르기"를 선택한다.

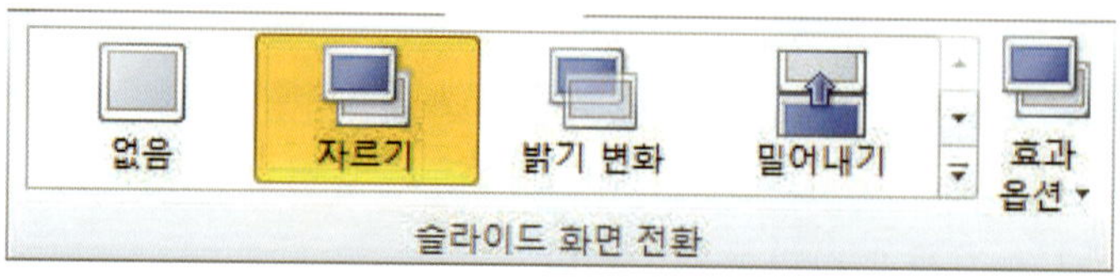

⑥ [애니메이션] → [미리보기]를 실행하여 슬라이드 쇼를 실행한다.

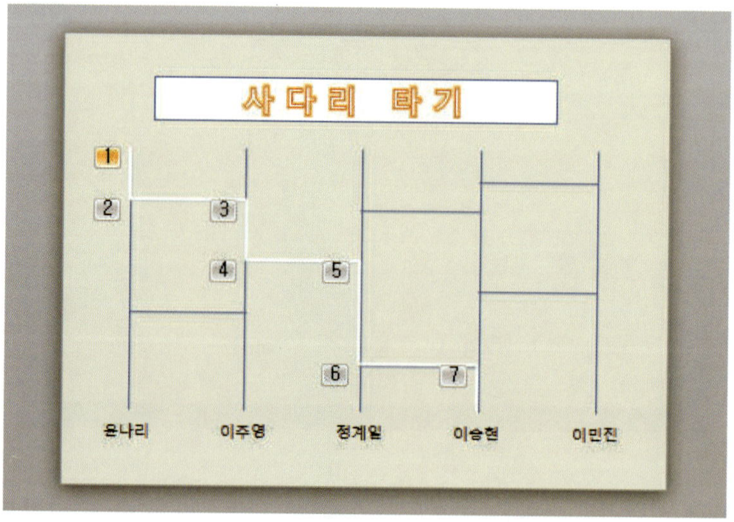

▶ 길 안내도

따라하기 »

① 파워포인트를 실행하고, [홈] → [슬라이드] → [레이아웃]에서 [Office 테마]의 [빈 화면] 슬라이드로 변경한다.

② [디자인] → [배경] → [배경 스타일] → [배경 서식]에서 "신문 용지" 서식을 지정한다.

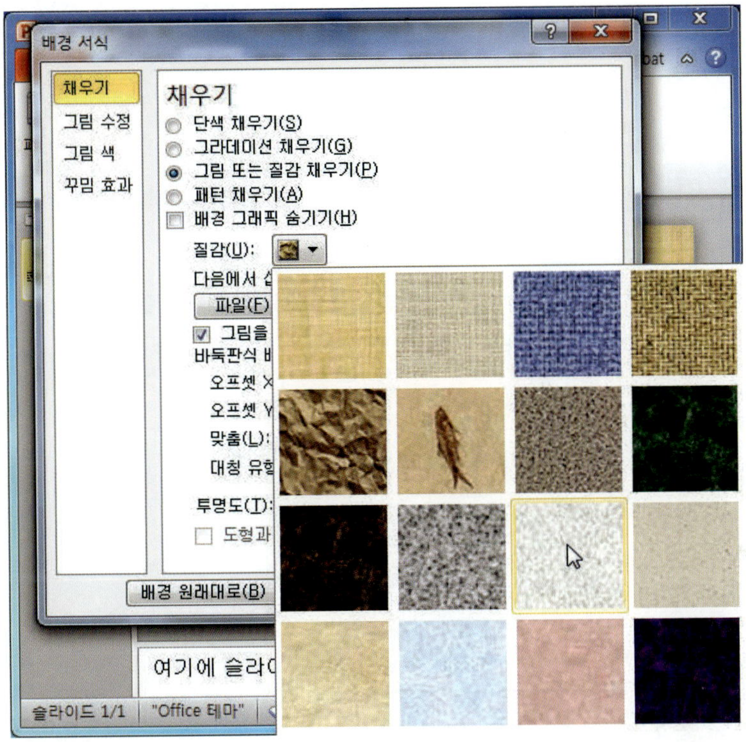

③ 제목을 만들기 위해 [삽입] → [텍스트] → [텍스트 상자]를 드래그하고, "관동대학교 안내도"라는 문자열을 입력한다.(돋음체. 굵게, 그림자, 48, 가운데 정렬)

④ [홈] → [글꼴]에서 글꼴을 변경하고, [그리기 도구] → [서식] → [도형 스타일], [WordArt 스타일]에서 글자 형태와 텍스트 상자를 변경한다.

⑤ [삽입] → [일러스트레이션] → [도형]의 선을 사용하여 도로를 그린다.

⑥ 도로의 표현을 위해 선을 마우스로 드래그하여 모두 선택하여 선의 두께를 4.5pt로 지정한다.

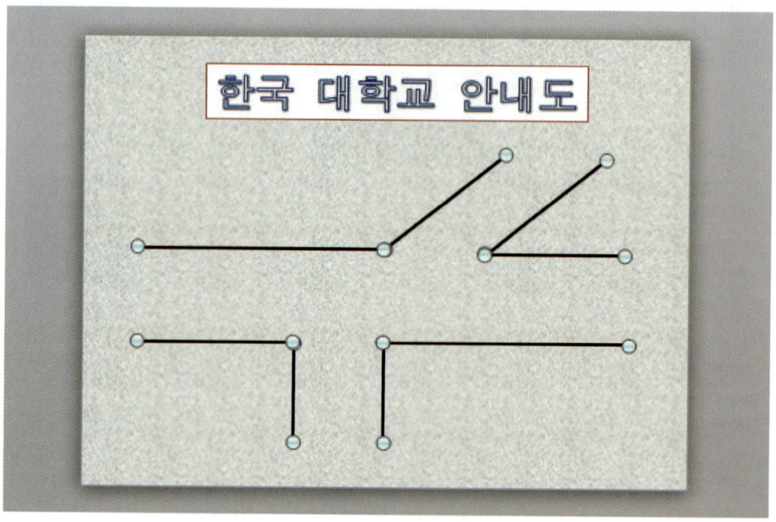

⑦ [삽입] → [이미지] → [클립아트]로 그림을 삽입한다.

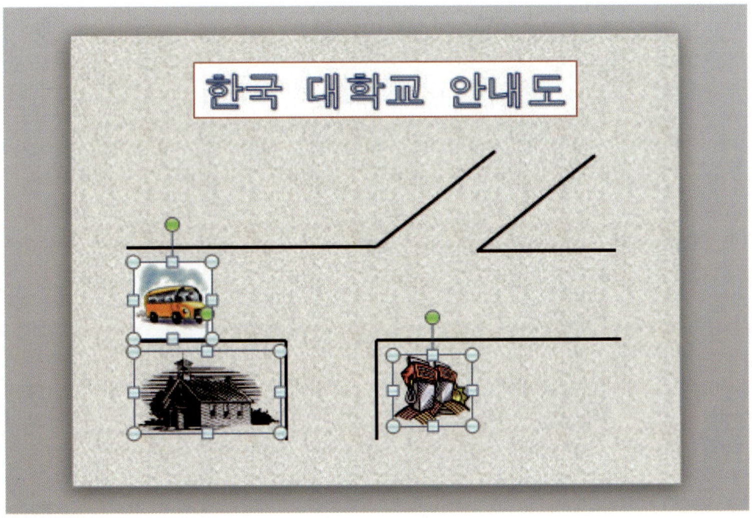

⑧ 주요 건물을 가로 텍스트 상자로 텍스트를 입력한다.

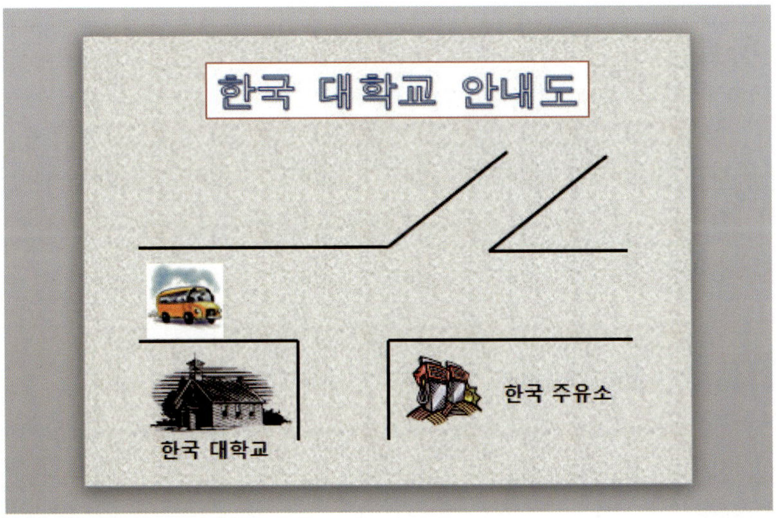

⑨ [삽입] → [일러스트레이션] → [도형]의 화살표를 사용하여 고속버스로 오는 과정을 그린다. 화살표를 눈에 띄게하기 위해 [그리기 도구] → [서식] → [도형 스타일] → [도형 윤곽선] → [테마 색]을 변경한다.

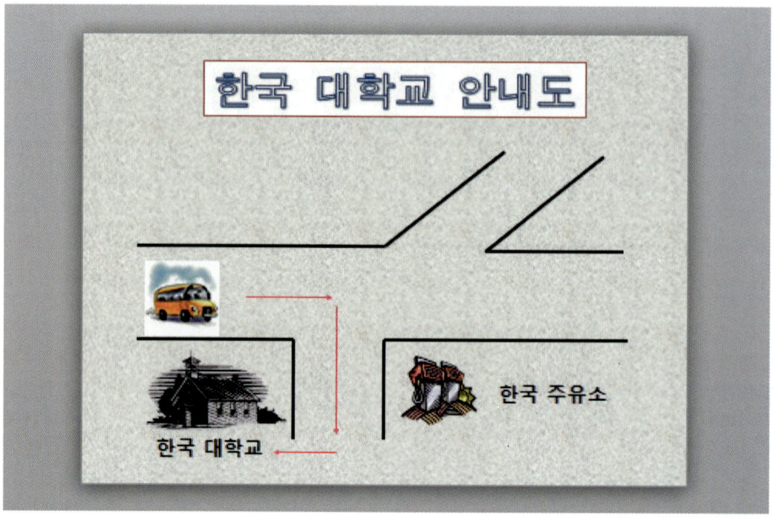

6. 차트

차트를 이용하면 수치 데이터를 보다 쉽게 비교하고, 수치자료를 한눈에 파악하도록 표현할 수 있다. 차트는 가로 막대형, 원형, 꺾은선형 등 비교 분석할 데이터의 성격에 맞는 차트를 삽입할 수 있다.

따라하기 »

① 파워포인트를 실행하고, [홈] → [슬라이드] → [레이아웃]으로 [Office 테마]의 [제목 및 내용] 슬라이드로 변경한다.

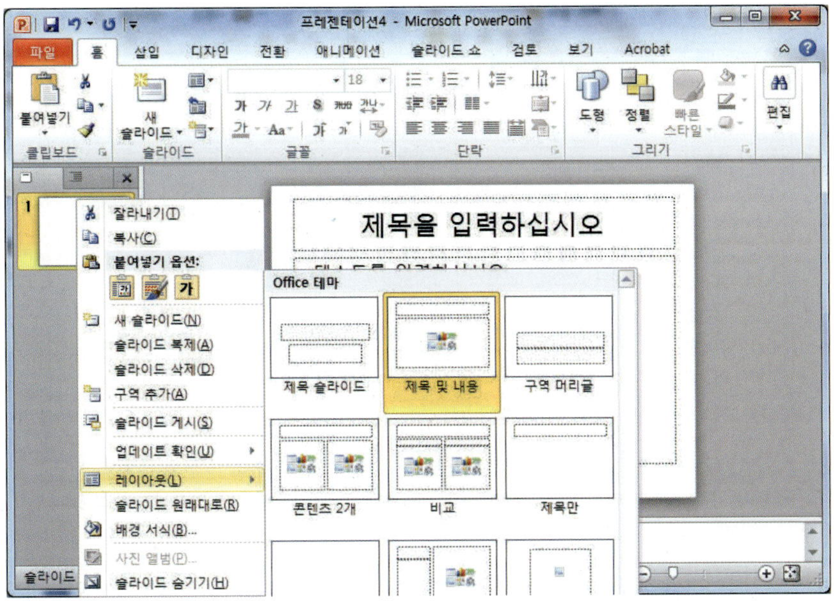

② [제목] 문자열 상자를 삭제하고, [내용] 문자열 상자 크기를 슬라이드 크기에 맞게 조정한다.

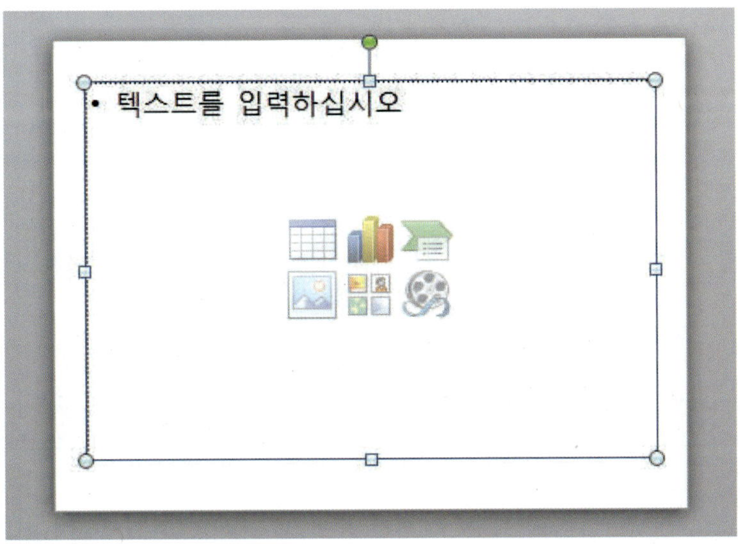

③ [차트 삽입] 아이콘 위에 마우스 포인터를 위치한 후 클릭하면 [차트 삽입] 대화상자가 나타난다. 원하는 [차트 종류]를 선택한다.

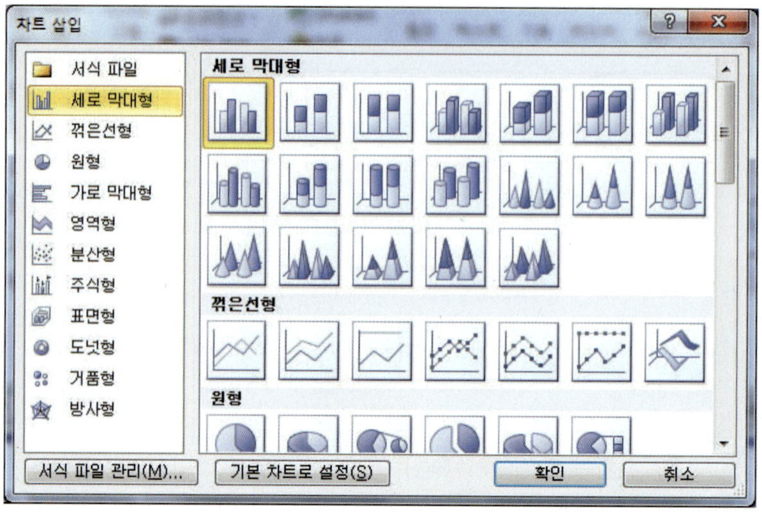

④ [차트 종류]를 선택하면 차트를 구성할 데이터를 입력할 수 있는 데이터 시트 창이 나타난다.

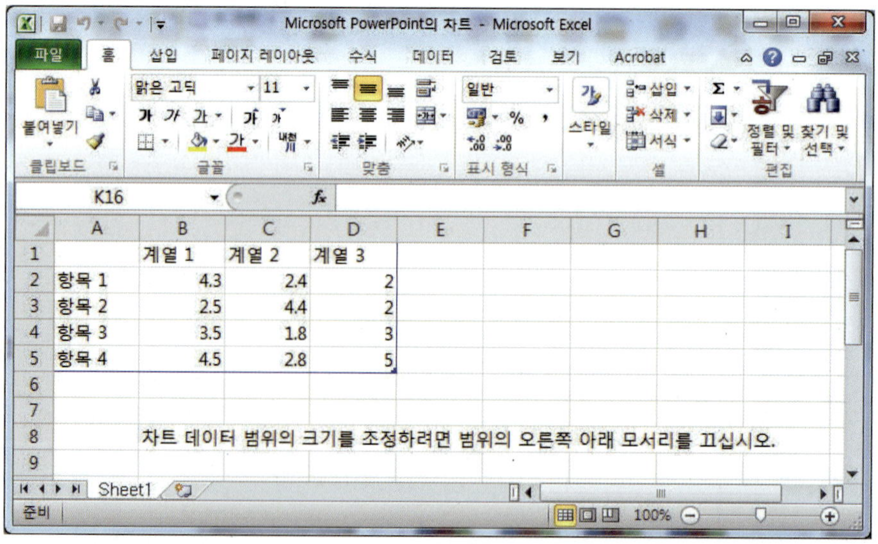

⑤ 다음과 같이 데이터를 입력하고, 나머지 행과 열 데이터는 삭제한다. 차트 데이터 범위의 크기를 조정하려면 범위의 오른쪽 아래 모서리를 드래그한다.

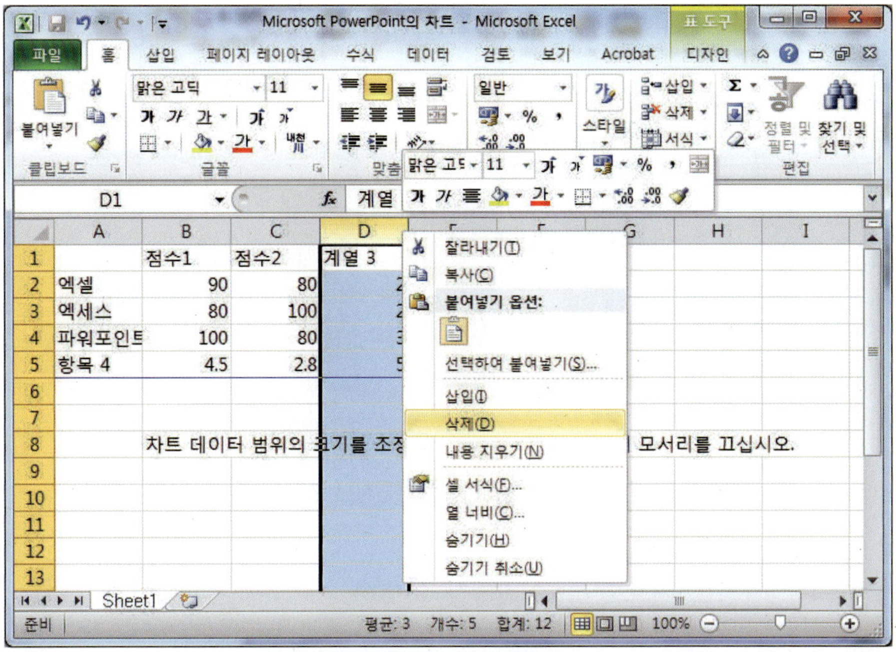

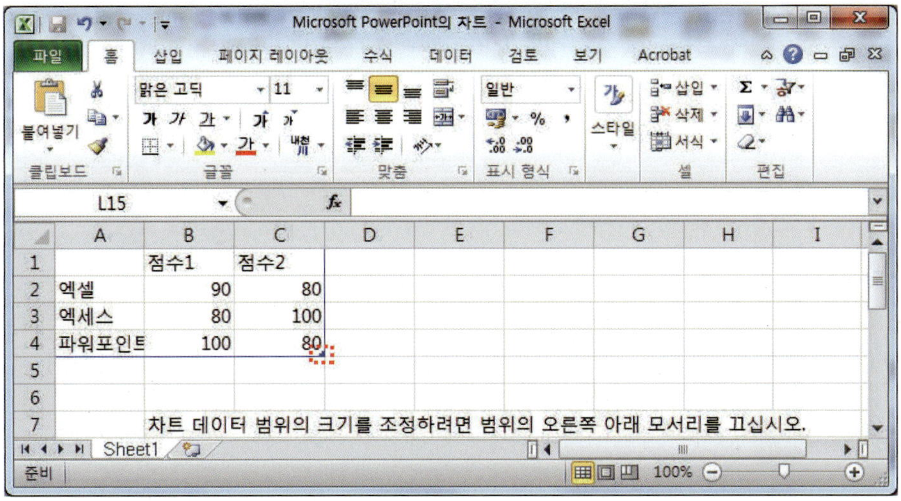

⑥ [닫기]( ) 단추를 클릭하면 입력된 데이터에 맞게 차트가 작성된 것을 볼 수 있다.

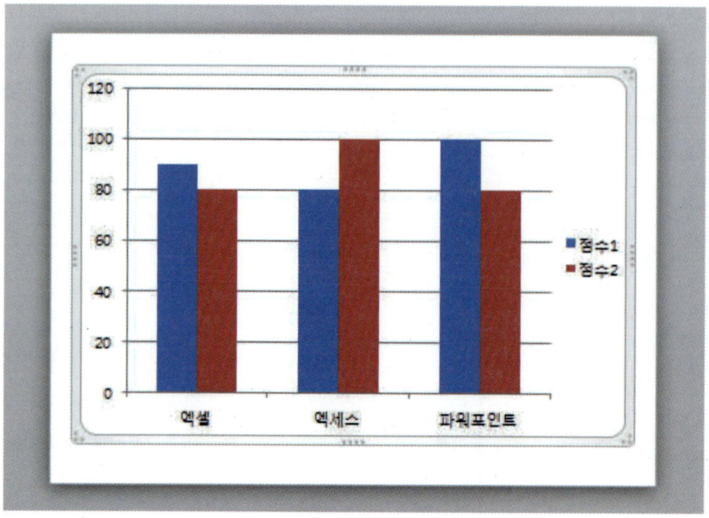

⑦ 엑셀과 마찬가지로 [차트 종류]를 변경할 수 있다.

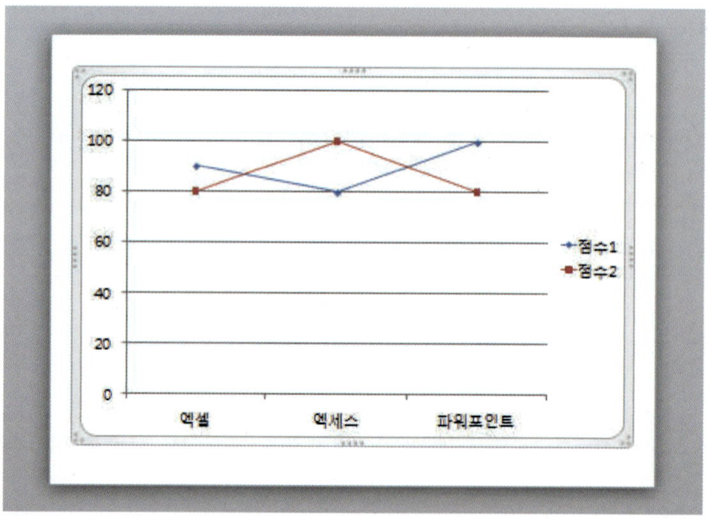

▶ 선호도 분석표

따라하기 »

① 파워포인트를 실행하고, [홈] → [슬라이드] → [레이아웃]에서 [Office 테마]의 [빈 화면] 슬라이드로 변경한다.

② [디자인] → [테마] "고구려 벽화" 테마를 설정한다.

③ 가로 텍스트 상자를 사용하여 "선호도 분석표" 라고 입력한 후 글자 속성을 변경한다. (돋음체, 굵게, 48)

④ [삽입] → [일러스트레이션] → [차트]를 클릭한다. [차트 삽입] 대화상자에서 "세로 막대형" 차트를 선택하고, [확인] 단추를 클릭한다.

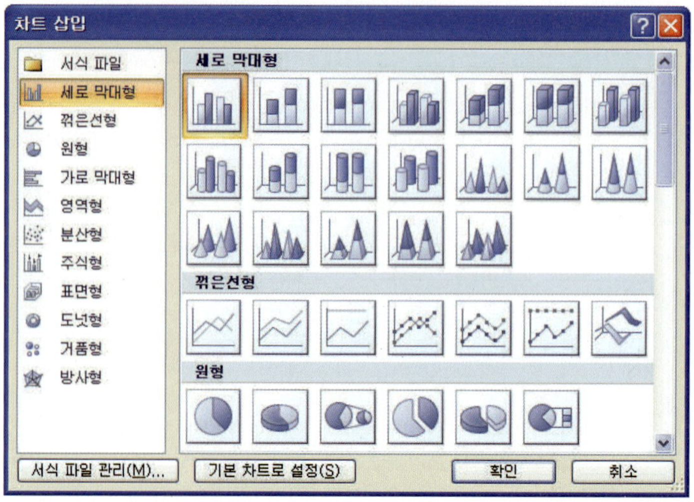

⑤ [엑셀] 워크시트에 데이터를 입력한다.

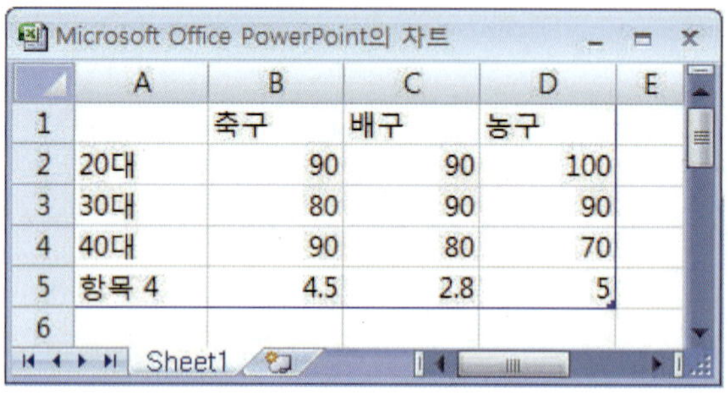

	A	B	C	D	E
1		축구	배구	농구	
2	20대	90	90	100	
3	30대	80	90	90	
4	40대	90	80	70	
5	항목 4	4.5	2.8	5	
6					

⑥ "파랑"색 선 안쪽 내용이 차트로 작성되므로 "항목 4" 행을 삭제한다.

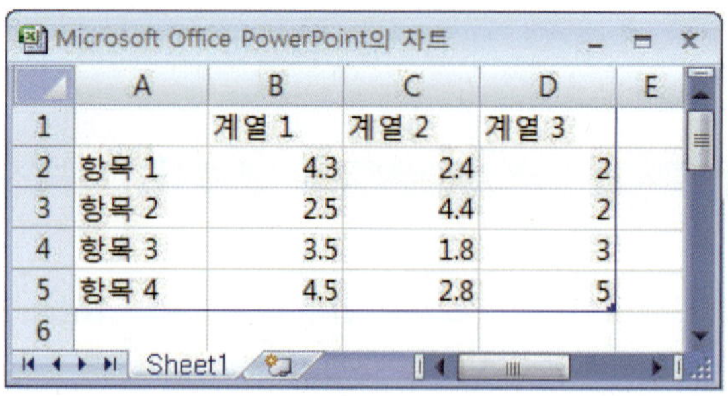

	A	B	C	D	E
1		계열 1	계열 2	계열 3	
2	항목 1	4.3	2.4	2	
3	항목 2	2.5	4.4	2	
4	항목 3	3.5	1.8	3	
5	항목 4	4.5	2.8	5	
6					

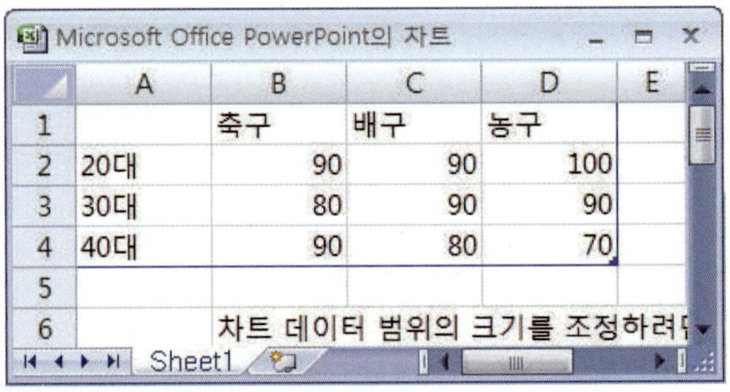

⑦ 삽입된 차트 결과는 다음과 같다.

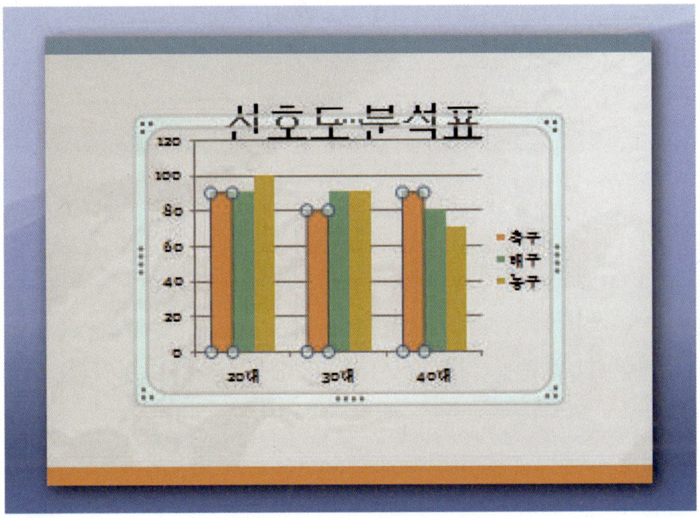

⑧ [차트 종류] 대화상자에서 원하는 차트의 종류를 선택한다.

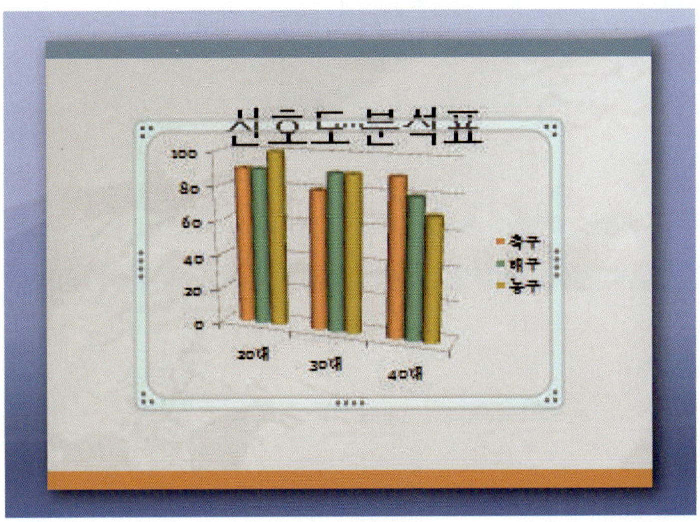

⑨ 차트의 위치 및 크기를 조절한다.

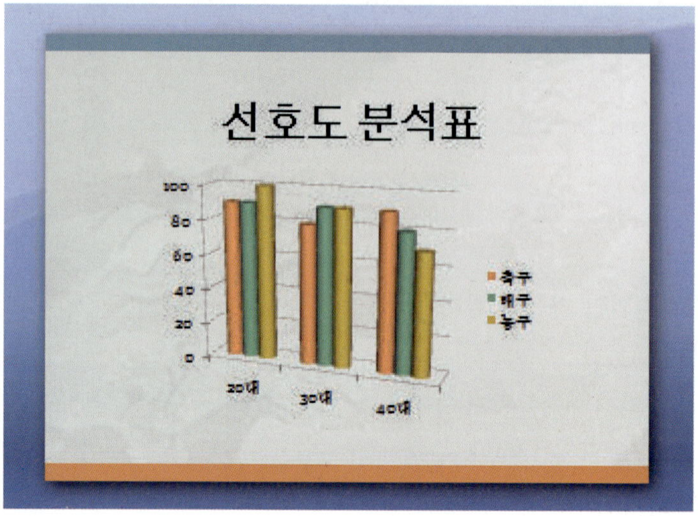

▶ **애니메이션 삽입**

따라하기 »

① 원하는 [애니메이션] 효과를 지정하고, [슬라이드 쇼]에서 [시작]을 실행한다.

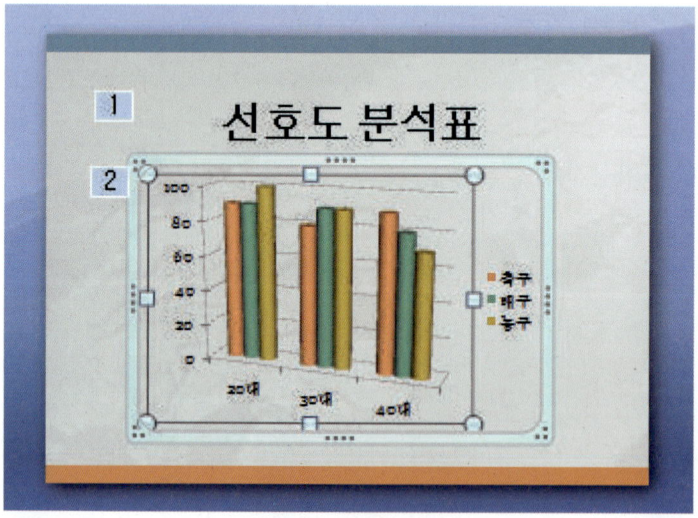

POWERPOINT

04
CHAPTER

표 · 미디어 클립

1. 표

2. 동영상 파일 삽입과 소리 녹음

04 CHAPTER 표 · 미디어 클립

표는 개관적인 데이터를 표현하는데 유용하다. 행과 열로 구성되어 있는 셀에 데이터의 내용을 일목요연하게 정리할 수 있으며, 표는 주로 수치자료를 표현하는데 사용한다. 강조하기를 원하는 부분은 채우기나 윤곽선을 이용하여 전달 효과를 극대화 시킬 수 있다.

1. 표

표는 많은 내용을 간단하게 정리하여 발표하고자 할 때 효과적이다.

1-1 표 안에 텍스트 서식

따라하기 »

① 파워포인트를 실행하고, [홈] → [슬라이드] → [레이아웃]에서 [Office 테마]의 [빈 화면] 슬라이드로 변경한다.

② [삽입] → [표] → [표 삽입]를 선택한다.

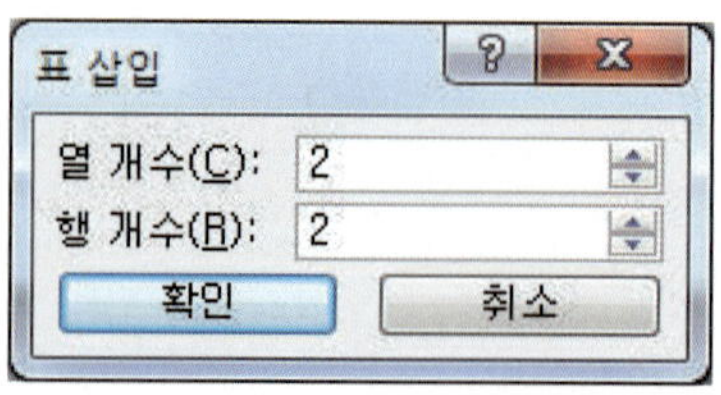

③ [표 삽입] 대화상자에서 [확인] 버튼을 클릭하면 선택한 줄과 칸이 생성된다.

④ 슬라이드 편집화면에 표가 삽입되면 [Tab]나 방향키, 마우스로 셀을 이동하여 내용을 삽입한다.

엑셀 노트 ▸▸▸

▶ 표 내용 삽입시

Enter↵를 누르면 다른 셀로 이동하는 것이 아니라 셀의 크기가 커지게 된다.

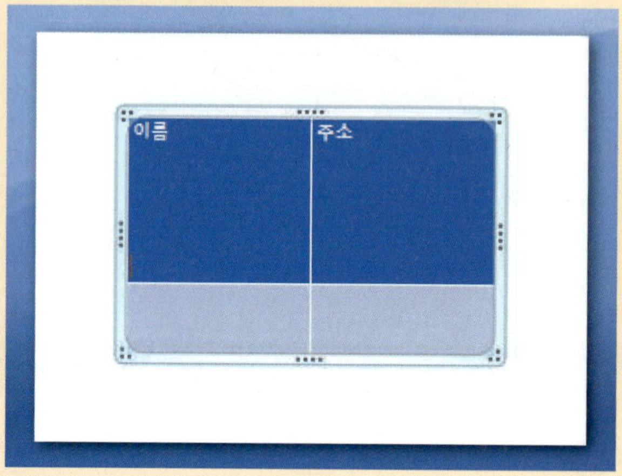

⑤ 글꼴 서식을 바꾸기 위해 셀을 블록으로 설정하고 [홈] → [글꼴]과 [단락]에서 변경한다.

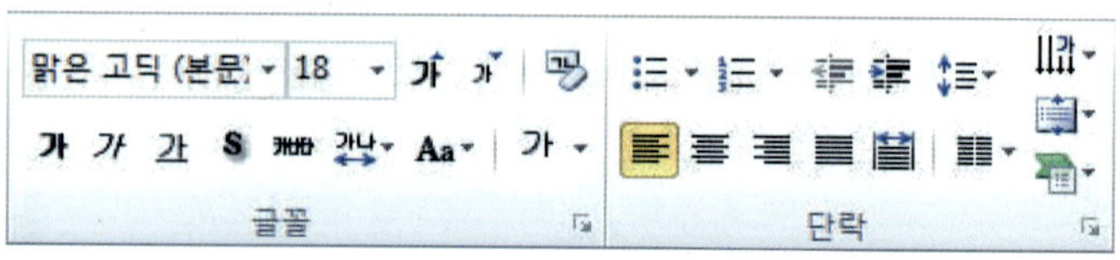

1–2 표 디자인

따라하기 »

① 표 서식의 디자인 : [표 도구] → [디자인]를 선택하거나 표의 테두리 선을 더블클릭하면 표의 디자인을 수정할 수 있다.

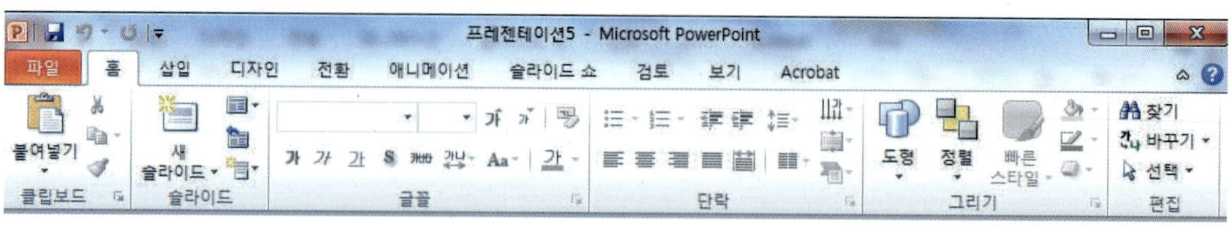

② 표 서식의 [표 스타일]

– 자세히() 단추를 클릭하면 표 전체에 원하는 스타일 효과를 부여할 수 있다.

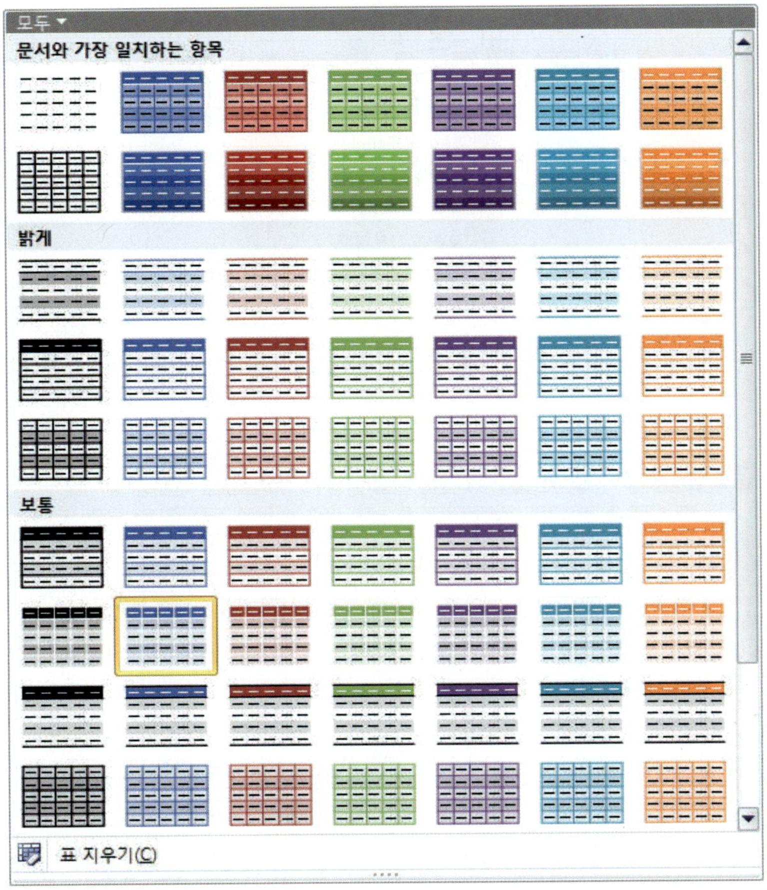

– 음영 단추를 클릭하면 선택한 텍스트나 단락 뒤의 배경색을 지정한다.

– 테두리 단추를 클릭하면 테두리의 선을 지정할 수 있다.

– 효과 단추를 클릭하면 표에 그림자나 반사 효과를 추가한다.

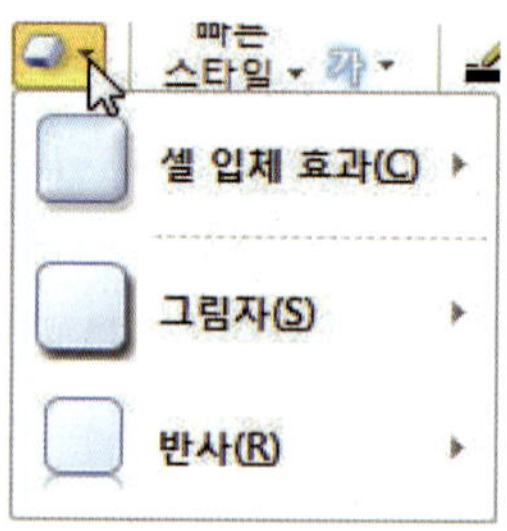

③ [표 도구] – [디자인]의 [WordArt 스타일] : 표 안의 텍스트 채우기, 윤곽선, 효과 등을 변경할 수 있다. WordArt 스타일의 자세히(⧉)을 클릭하여 변경할 수 있다.

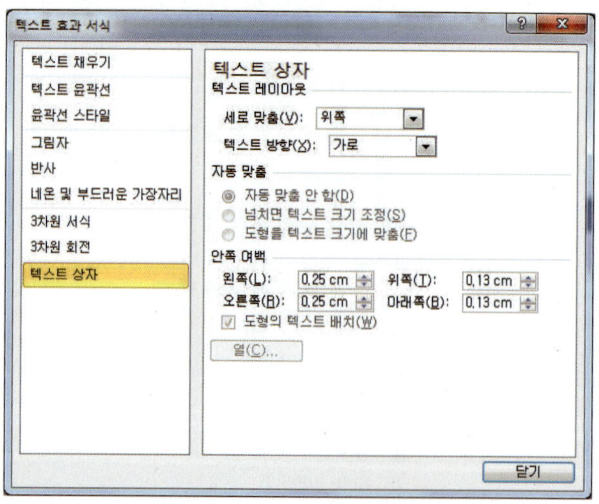

– 표 그리기

: 표 그리기를 선택한 다음 슬라이드 편집화면으로 이동하면 연필 모양으로 드래그하면 표가 만들어진다.

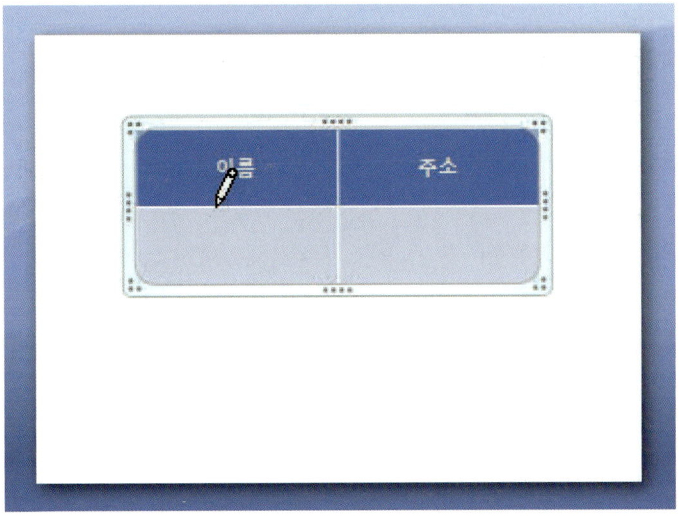

– 표 지우개(선 지우기)

: 지우기를 선택한 다음 슬라이드 편집화면으로 이동하면 지우개 모양으로 선을 클릭하면 선이 지워진다.

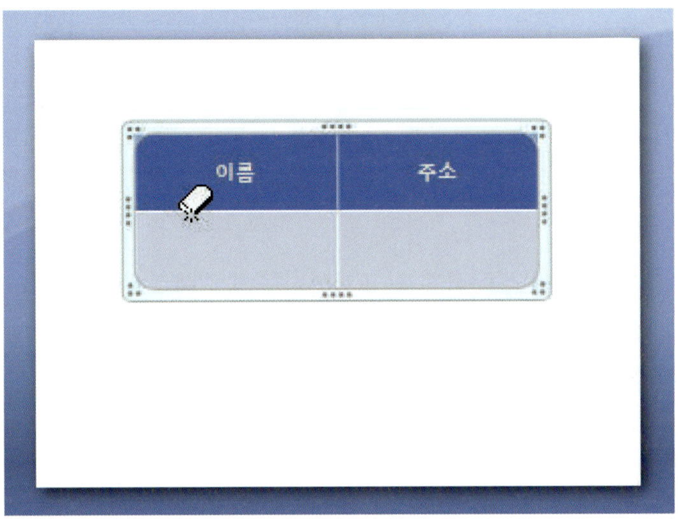

– 펜 스타일 · 두께 · 색 변경

: 테두리를 그리는데 사용하는 선의 스타일을 변경한다. 테두리 스타일 · 두께 · 색을 지정하고 슬라이드 편집화면에 있는 표에서 바꾸고 싶은 선을 클릭한다.

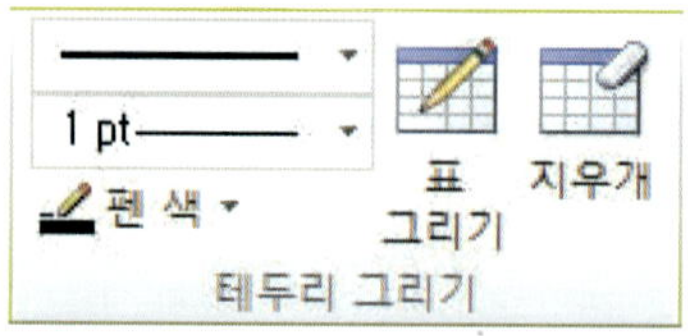

1-3 표 레이아웃

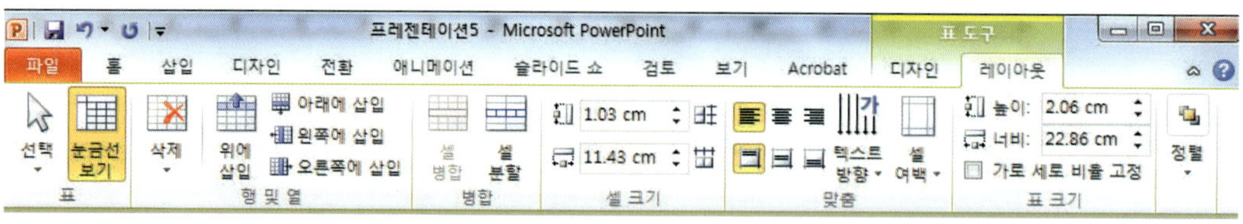

따라하기 »

① [표 선택] : 표 안의 행 또는 열을 선택하거나 표전체를 선택한다.

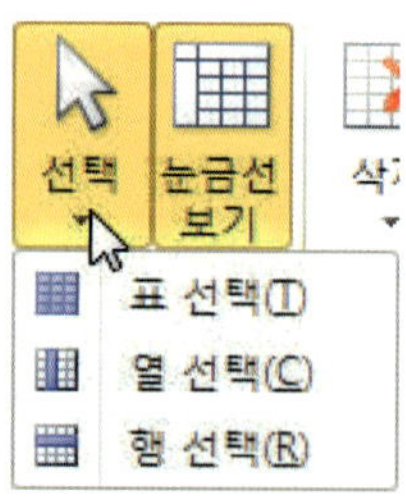

② [표 눈금선 보기] : 표안의 눈금선을 표시하거나 숨긴다.

③ [행 및 열] : 표 또는 시트에서 행이나 열을 삭제하거나 선택한 행이나 열의 위, 아래, 왼쪽, 오른쪽에 추가한다.

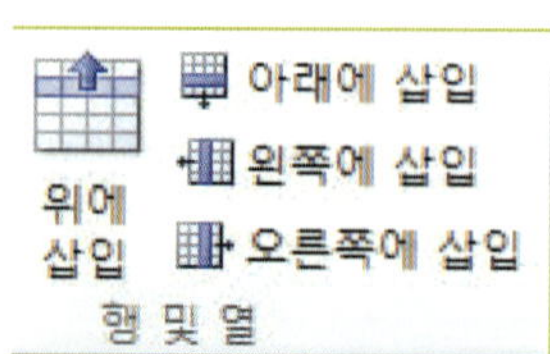

[위쪽에 행 삽입시]

④ [병합] : 셀 병합 할려면 마우스 드래그하여 셀을 선택하고 셀 병합을 클릭하고, 반대로 분할 할려면 분할시킬 셀에 커서를 놓고 셀 분할을 클릭한다.

[1행 1열과 1행 2열의 셀 병합시]

⑤ [셀 크기] : 선택한 셀의 높이와 너비를 조절한다.

⑥ [맞춤] : 선택한 셀의 텍스트의 맞춤과 텍스트 방향, 셀의 여백 등을 지정한다.

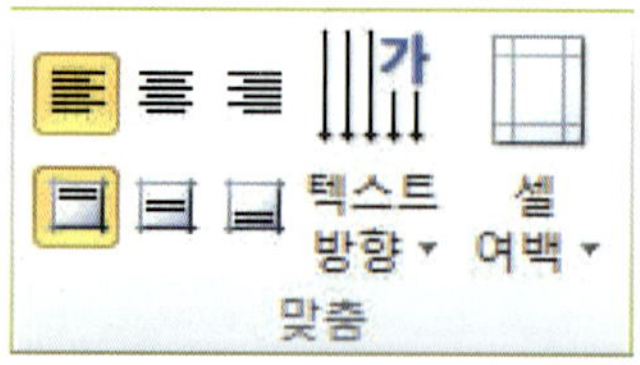

⑦ [표 크기] : 표의 높이와 너비를 변경한다.

⑧ [정렬] : 각 개체를 선택하고, 개체의 순서나 표시 방법을 변경한다.

▶ 몬스터의 종류와 특징 입력

따라하기 »

① 파워포인트를 실행하고, [홈] → [슬라이드] → [레이아웃]에서 [Office 테마]의 [빈 화면] 슬라이드로 변경한다.

② [삽입] → [표] → [표 삽입]을 선택한다.

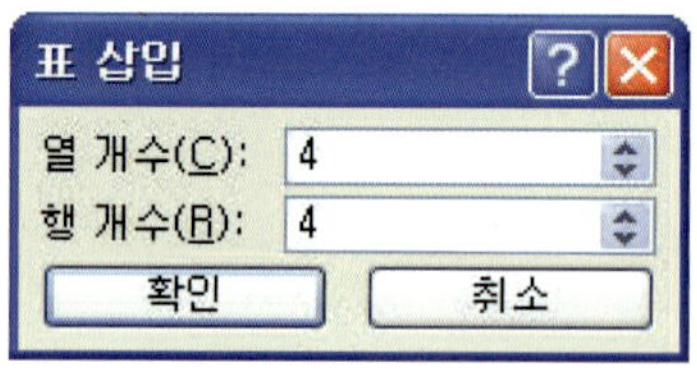

③ 표가 삽입되면, 각각의 셀에 종류와 특징을 입력한다.

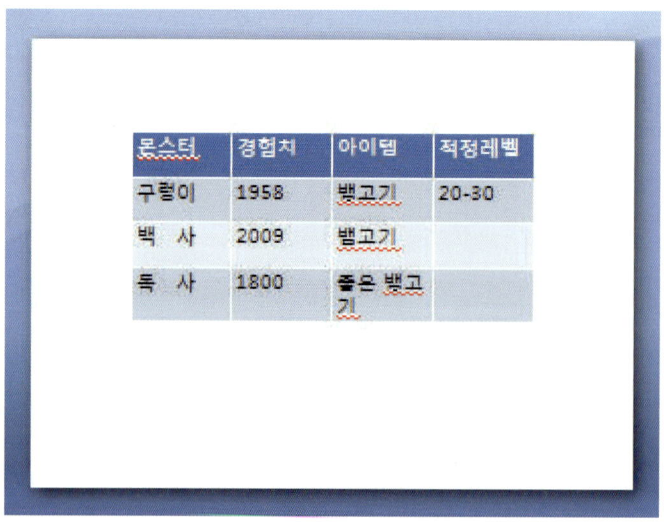

엑셀 노트 ▸▸▸

▶ **맞춤법 검사**

사용자가 입력한 문장에 잘못된 글자가 있는지를 자동으로 검사 교정하는 기능으로 바로 위 그림 ②와 같이 빨강색으로 맞춤법이 잘못 됐음을 표시한다. 맞춤법 기능을 해지하려면 [파일] → [옵션] → [언어 교정] → [PointPower에서 맞춤법 검사] → [입력할 때 자동으로 맞춤법 검사]를 해지(☐)한다.

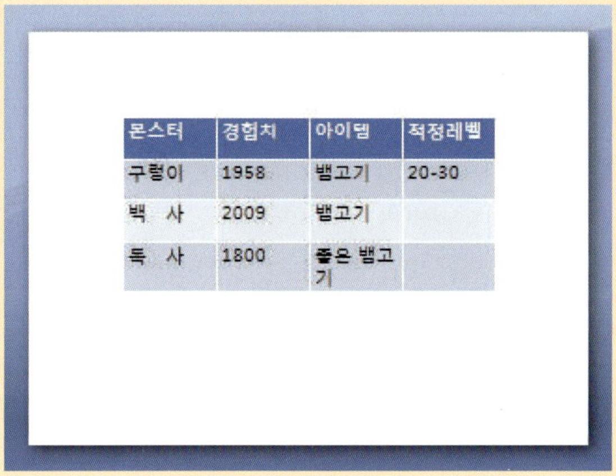

[입력할 때 자동으로 맞춤법 검사]를 해지

▶ 슬라이드 장식

따라하기 »

① 표의 크기를 적절히 조절한다.

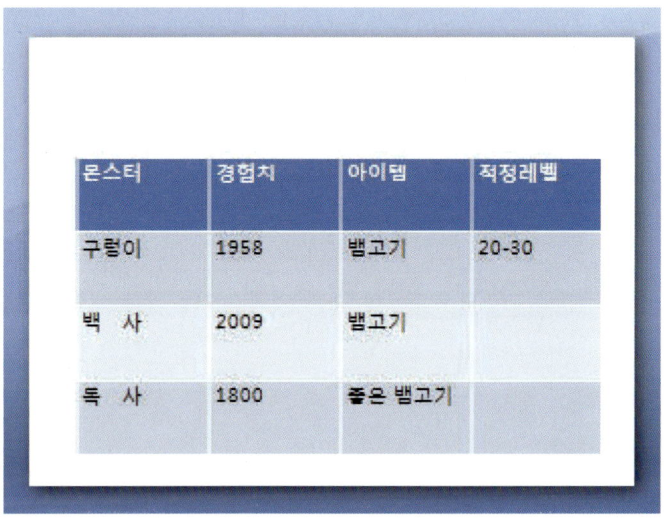

② 병합하고자 하는 셀을 블록으로 설정하고 [표 도구] → [레이아웃] → [셀 병합]을 클릭 한다.

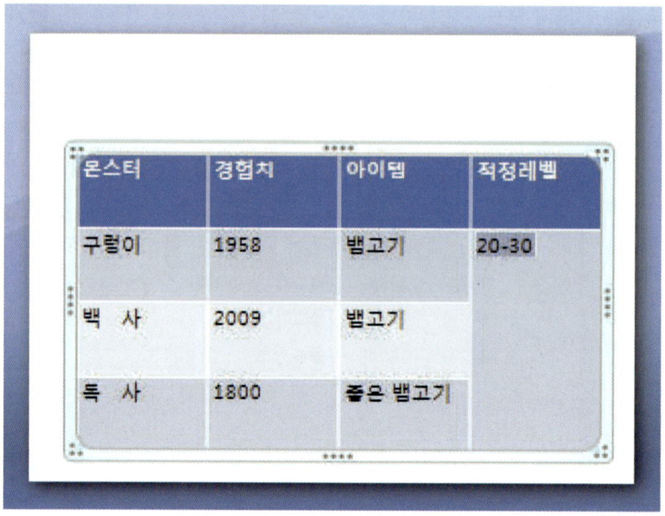

③ 셀 경계선에 마우스 포인터를 맞춘다. 마우스 포인터의 모양이 바뀌면 드래그하여 셀 크기를 조절한다.

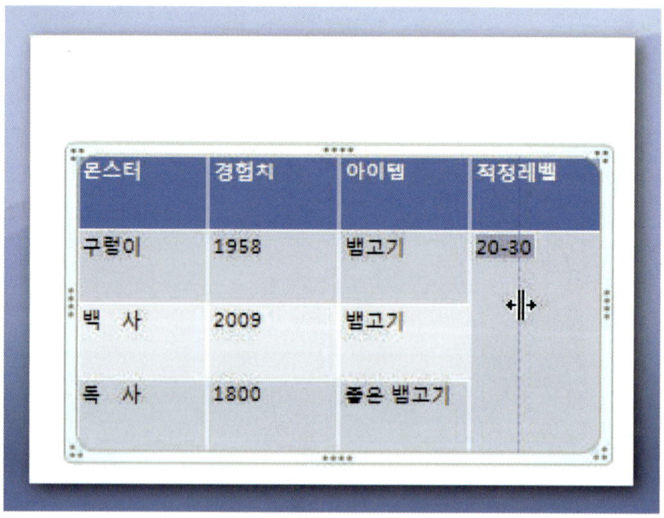

④ 마우스로 드래그하여 셀을 블록 지정한 후 텍스트를 정렬한다.(가운데 맞춤, 세로 가운데 맞춤)

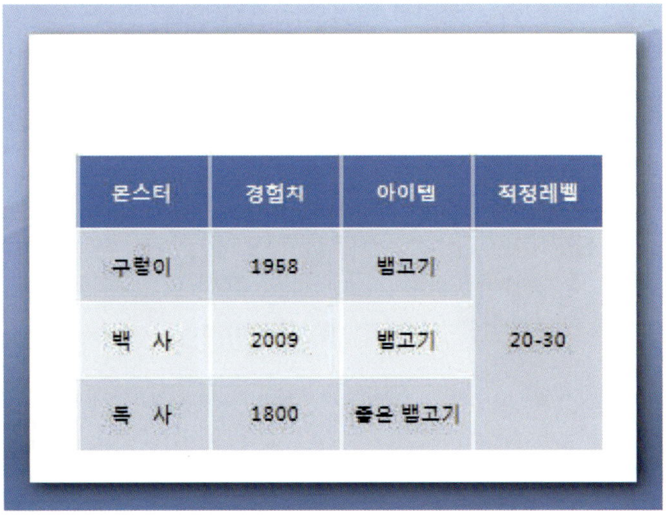

몬스터	경험치	아이템	적정레벨
구렁이	1958	뱀고기	20-30
백 사	2009	뱀고기	
독 사	1800	좋은 뱀고기	

⑤ 표 안에 입력한 텍스트의 글자 속성을 변경한다.(제목 : 돋움, 32)

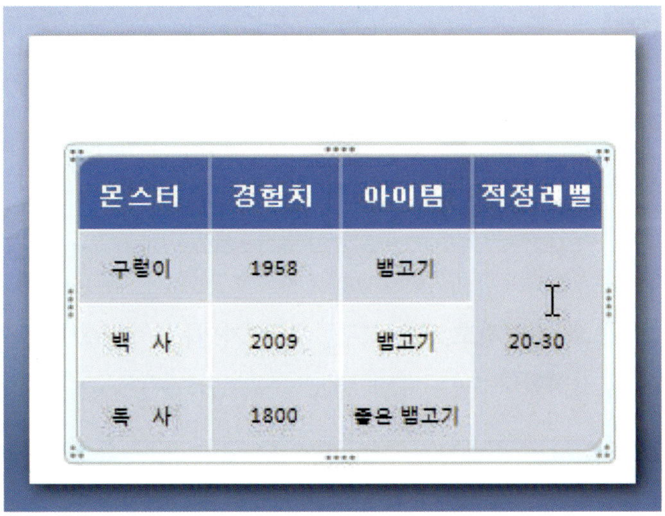

몬스터	경험치	아이템	적정레벨
구렁이	1958	뱀고기	20-30
백 사	2009	뱀고기	
독 사	1800	좋은 뱀고기	

⑥ 표의 디자인을 [보통 스타일 2 – 강조 2]로 지정한다.

⑦ [보통 스타일 2 – 강조 2]로 지정한 결과는 다음과 같다.

⑧ 펜 스타일 · 두께 · 색을 지정하고 슬라이드 편집화면에 있는 표에서 바꾸고 싶은 선을 지정한다.

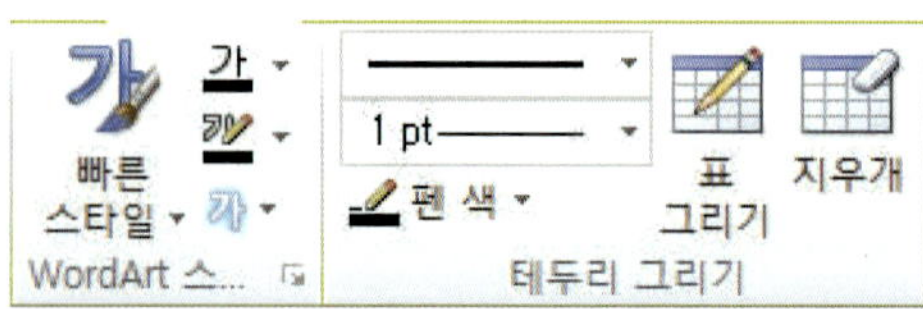

⑨ 표 전체를 블록으로 지정하고, [표 도구] → [디자인] → [표 스타일] → [테두리]에서 "모든 테두리"를 지정한다.

⑩ 가로 텍스트 상자를 사용하여 다음과 같이 제목을 만든 다음 여러분이 원하는 애니메이션을 지정하여 실행한다.

2. 동영상 파일 삽입과 소리 녹음

슬라이드 쇼에 동영상이나 소리를 삽입할 수 있다. 슬라이드 쇼가 진행되는 동안 동영상이 자동으로 재생되도록 하거나 슬라이드 쇼 동영상을 클릭할 때만 재생하도록 할 수 있다.

2-1 동영상 파일 삽입

따라하기 »

① 파워포인트를 실행하고, [홈] → [슬라이드] → [레이아웃]으로 [Office 테마]의 [빈 화면] 슬라이드로 변경한다.

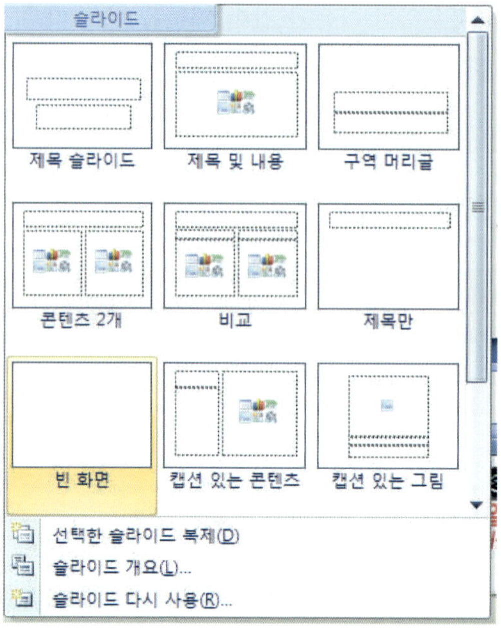

② [디자인] → [배경] → [배경 스타일]을 선택한다. [배경 서식] 대화상자의 [채우기] → [그라데이션 채우기] → [기본 설정 색]에서 "새벽"을 선택한 후 [모두 적용]을 클릭한다.

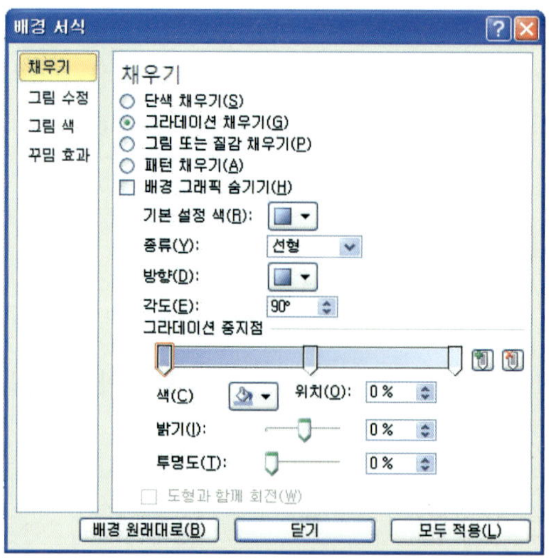

③ [삽입] → [텍스트] → [텍스트 상자] → [가로 텍스트 상자]로 텍스트 상자를 그리고, 다음과 같이 입력한다.

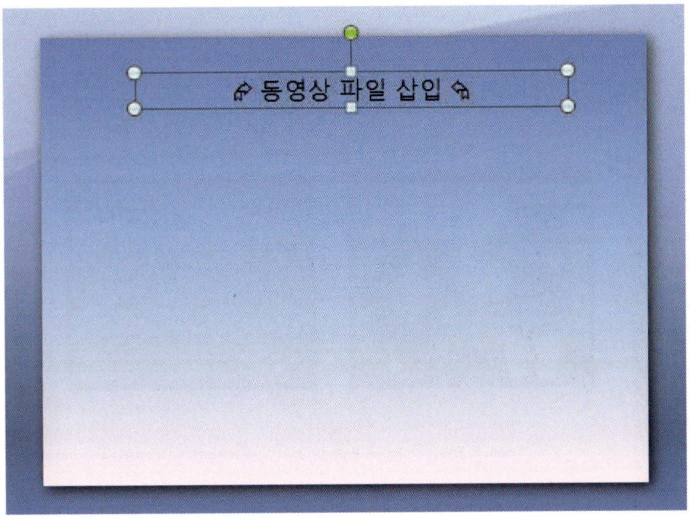

④ [삽입] → [미디어 클립] → [동영상] → [Clip Organizer 동영상]을 클릭한다.

- 비디오 파일 : 직접 만든 동영상 파일이나 인터넷에서 다운 받은 동영상 파일.
- 클립아트 비디오 : 오피스 2010 버전에서 제공하는 동영상 클립아트 파일.

⑤ [클립 아트] 대화상자에서 두 개의 동영상 클립아트 파일을 두 개 삽입한다.

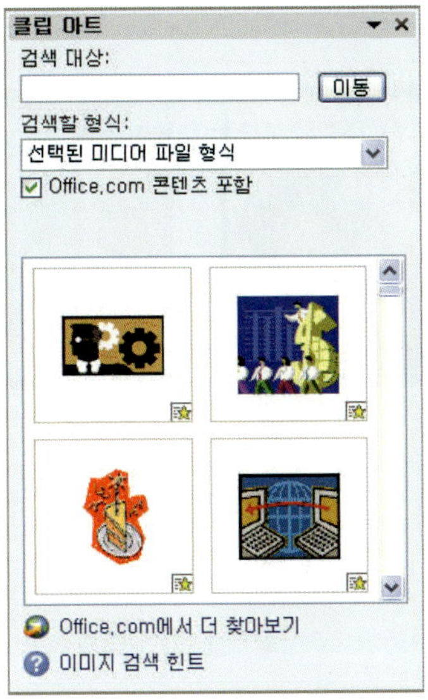

⑥ 삽입된 두 개의 동영상 클립아트 파일을 크기와 위치 조정을 한다.

⑦ 슬라이드에 삽입된 동영상 파일의 확인 방법은 슬라이드 쇼 보기를 하면 동영상이 실행된다.

2-2 소리 녹음과 재생

▶ **소리 녹음과 제작**

따라하기 »

① [홈] → [슬라이드] → [새 슬라이드]의 [Office 테마]에서 [빈 화면] 슬라이드를 추가하

고, 다음과 같이 슬라이드를 준비한다.

② 다음과 같이 두 번째 슬라이드에 Clip Organizer 동영상 파일을 삽입한다.

③ 소리를 녹음할 마이크를 준비한 후 케익 동영상 파일을 선택한 후, [삽입] → [미디어 클립] → [소리] → [소리 녹음]을 클릭한다.

- 오디오 파일 : 직접 만든 소리 파일이나 인터넷에서 다운 받은 소리 파일.
- 클립아트 오디오 : 오피스 2010 버전에서 제공하는 클립아트 소리 파일.
- 오디오 녹음 : 마이크를 통해 직접 소리를 녹음.

④ [소리 녹음] 대화상자에서 이름을 입력하고 [녹음]을 시작하는 아이콘을 클릭한다.

⑤ 마이크를 이용해 소리를 입력한 후 [정지] 아이콘을 클릭한 후 [확인] 단추를 클릭한다.

⑥ 소리 녹음이 완료되면 정중앙에 소리 아이콘이 나타난다. 이 아이콘 위에 마우스 포인터를 위치한 후 상 · 하 · 좌 · 우 화살표 모양일 때 드래그해서 위치를 변경한다.

POWERPOINT

05
CHAPTER

디자인

1. 테마 디자인
2. 마스터
3. 화면 캡쳐

05 CHAPTER 디자인

프레젠테이션은 정보를 효과적으로 전달하는 것이 목적이다. 효과적 전달을 위하여 가장 기초적인 텍스트를 사용하고, 강조를 하고 싶은 내용은 글꼴이나 글자색을 변경하거나 워드아트를 사용하였다. 하지만 전체 슬라이드는 디자인과는 조금 거리가 멀다. 그래서 이제는 좀 그럴듯한 프레젠테이션으로 거듭나기 위하여 [테마]를 이용하도록 한다. 초급 사용자로서는 가장 효과적으로 디자인 할 수 있다.

1. 테마 디자인

테마 디자인은 특정 모양을 만들도록 디자인된 서식과 특정한 글꼴 등을 제공한다.

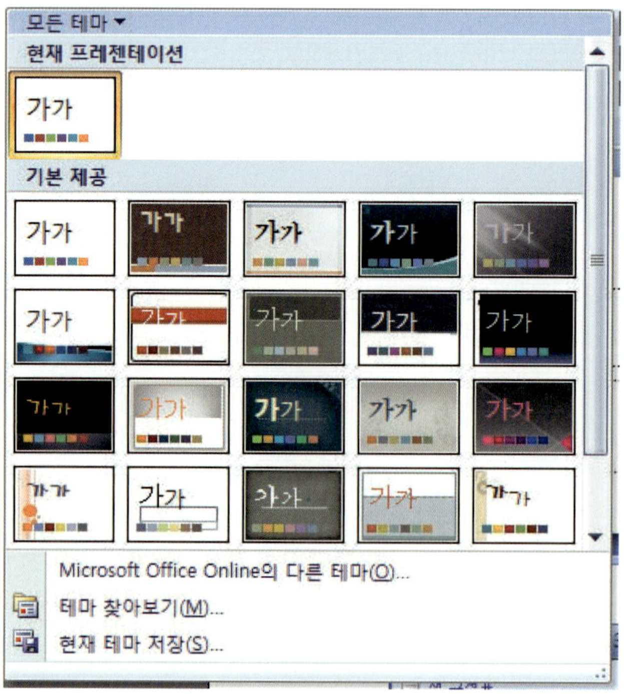

따라하기 »

① 파워포인트를 실행하고, [홈] → [슬라이드] → [레이아웃]에서 [Office 테마]의 [빈 화면] 슬라이드로 변경한다. [디자인] → [테마]를 선택한다.

② 삽입 하고자 하는 [테마]를 선택한다.

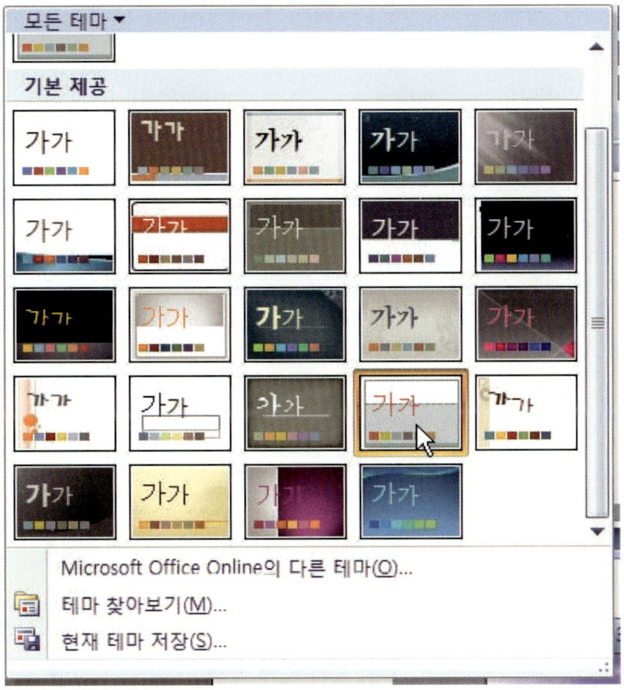

③ 선택한 디자인이 화면에 나타난 것을 볼 수 있다.

④ 선택한 테마 디자인에 원하는 색, 글꼴, 효과 등을 적용할 수 있다.

⑤ 색 구성표와 애니메이션으로 변경된 디자인이 화면에 나타난 것을 볼 수 있다.

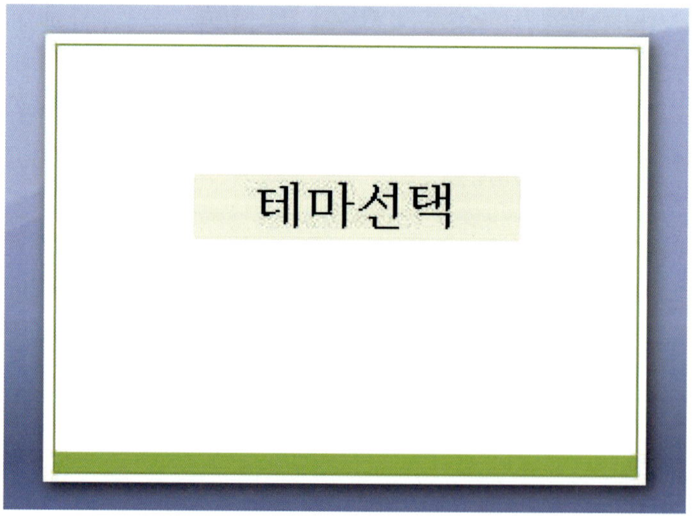

2. 마스터

파워 포인트를 이용하여 프레젠테이션을 만들 때 같은 작업을 반복해서 하는 경우가 종종 있다. 마스터는 여러장의 슬라이드에 공통으로 적용되는 배경이나 그림, 텍스트의 서식을 만들어 적용할 때 사용한다. 마스터로 만든 내용물은 슬라이드 작업 창에서 수정할 수 없으며 마스터에서만 수정이 가능하다. 즉, 마스터란 사용자가 임의로 만드는 테마 디자인 파일이라고 생각하면 된다. 마스터는 슬라이드 마스터, 유인물 마스터, 슬라이드 노트 마스터로 구성되어 있고, 슬라이드의 레이아웃 관련된 배경, 색, 글꼴 등의 정보를 저장하는 최상위 슬라이드이다.

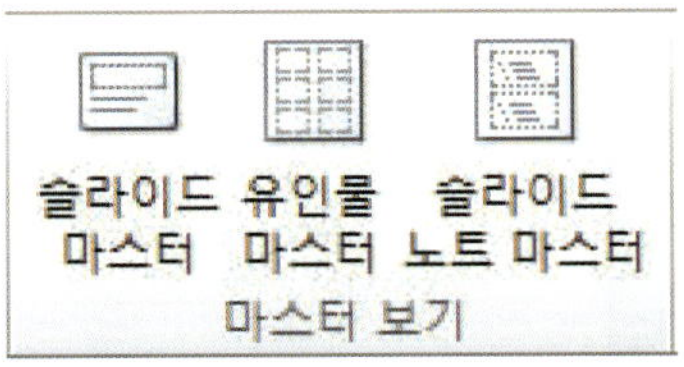

2-1 슬라이드 마스터

슬라이드 마스터에서는 제목과 텍스트의 서식, 위치 등을 관리하고, 그림을 추가하고, 배경을 변경하고, 개체 틀 크기를 조정하고, 글꼴 스타일과 크기, 색 등을 변경할 수 있다. 슬라이드 마스터를 변경하면 기존 슬라이드를 자동으로 고쳐 주며 새롭게 추가되는 슬라이드에도 적용된다. 또한 슬라이드 마스터는 전체 프레젠테이션의 모양에 영향을 주기 때문에 슬라이드 마스터 또는 해당 레이아웃을 만들고 편집할 때 슬라이드 마스터 보기에서 작업한다.

따라하기 »

① 파워포인트를 실행하고, [보기] → [프레젠테이션 보기] → [슬라이드 마스터] 선택하면 왼쪽 창에 슬라이드 레이아웃 형태별로 슬라이드 마스터가 나타난다.

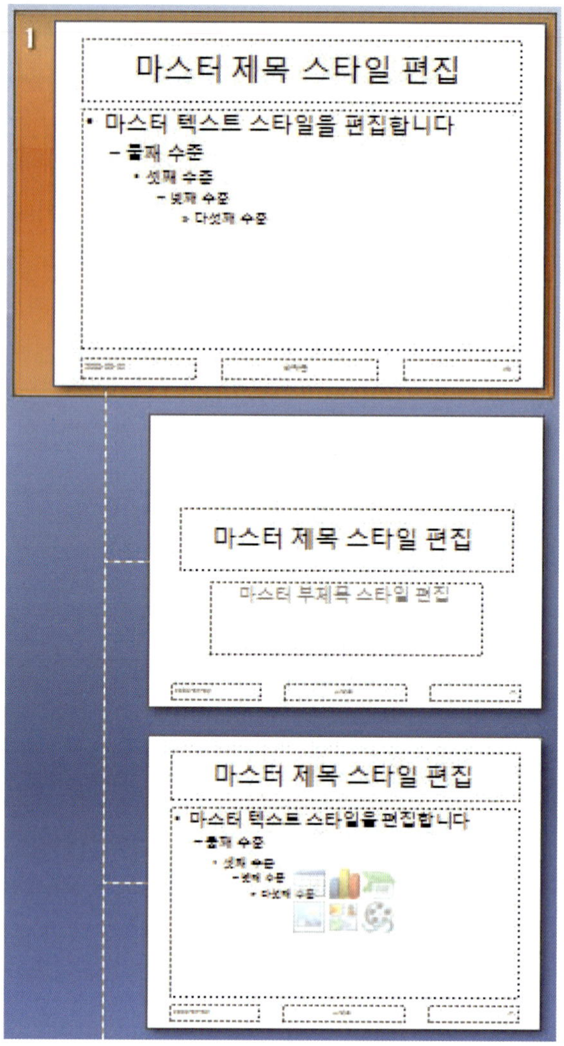

참고사항 ▸▸▸

개체 틀을 선택하여 이동하거나 크기를 조절하면 슬라이드 편집화면에 변경된 내용이 적용된다. 슬라이드 마스터 편집화면에서 입력한 그림, 텍스트, 도형 등은 모든 슬라이드에 나타나며, 슬라이드 편집화면에서는 삭제, 이동 등을 편집할 수 있다.

② [슬라이드 마스터] 리본 메뉴도 생성된다.

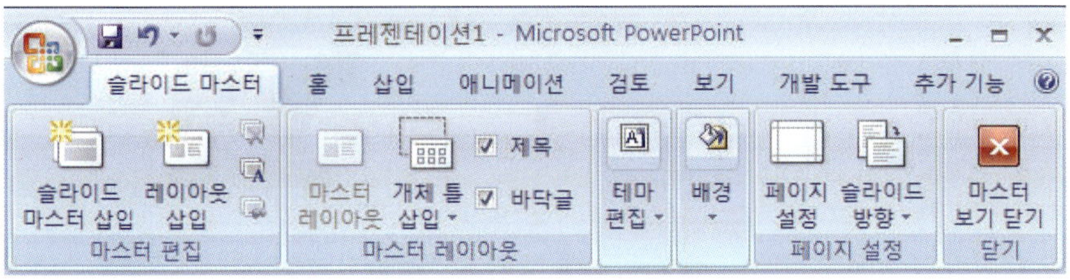

③ 마스터 제목 스타일 편집 틀을 선택한 후 [홈] → [글꼴]을 선택한다. [글꼴] 대화상자에서 글꼴과 크기 등을 지정한다. 왼쪽 창에 모든 슬라이드 레이아웃에 마스터 제목 스타일이 변경된다.

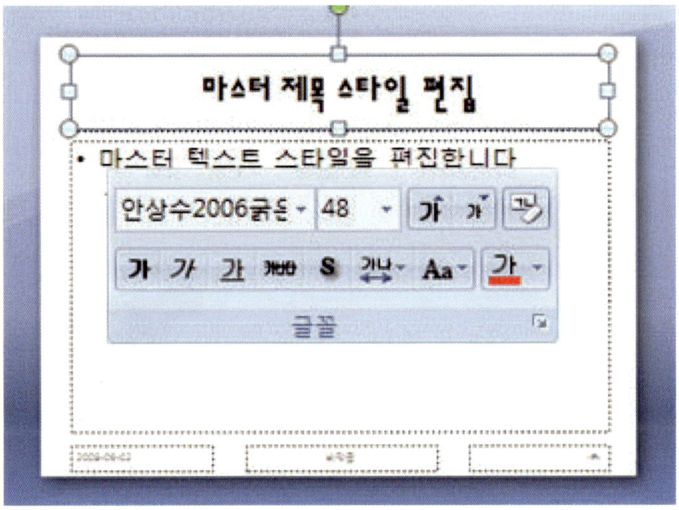

④ [슬라이드 마스터] 상태에서 [삽입] → [이미지] → [클립아트]를 사용하여 클립아트를 삽입하고, 클립아트를 크기와 위치를 조정한다.

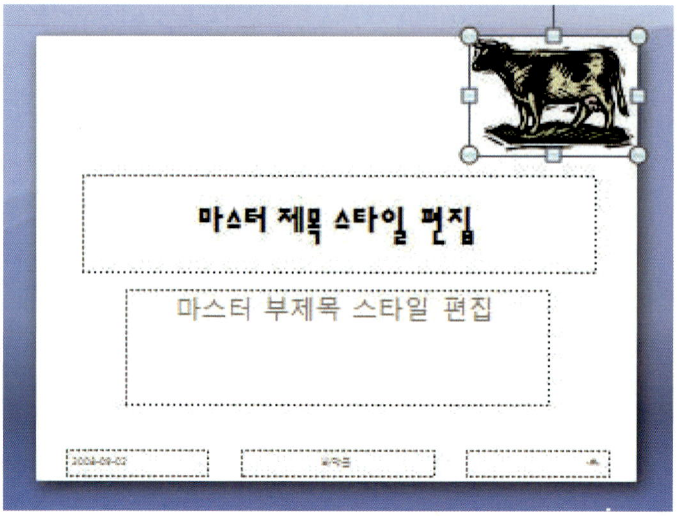

⑤ [슬라이드 마스터]에서 "마스터 보기 닫기"를 클릭하면 슬라이드 편집화면에 슬라이드 마스터가 적용된다.

⑥ [삽입] → [텍스트] → [머리글/바닥글]을 선택하면 [머리글/바닥글] 대화상자가 나타난다. [슬라이드] 탭에서 선택 사항에 체크한 후 [모두 적용]을 누르면 모든 슬라이드에 머리글과 바닥글이 추가된다.

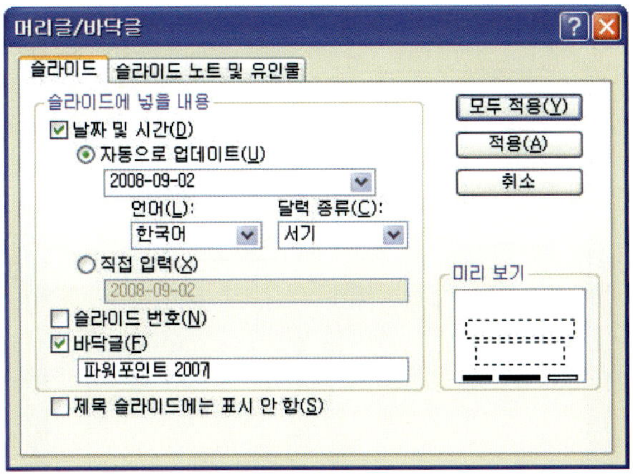

⑦ [머리글/바닥글]이 슬라이드에 적용된다.

엑셀 노트 ▸▸▸

자동으로 업데이트	날짜 형식을 지정하여 항상 현재 날짜로 나타난다.
직접입력	날짜를 입력하여 항상 입력된 날짜로 나타난다.
슬라이드 번호	슬라이드 추가 · 삭제에 따라 자동으로 슬라이드 번호를 표시한다.
바닥글	모든 슬라이드에 고정적으로 나타난 문자열을 입력한다.
제목 슬라이드에는 표시 안 함	제목 슬라이드에 날짜와 시간, 슬라이드 번호, 바닥글 등을 표시하지 않을 때 사용한다.

2-2 유인물 마스터와 슬라이드 노트 마스터

유인물 마스터는 출력에 필요한 양식으로 한 장에 출력할 슬라이드 수를 결정할 수 있고 그림, 텍스트, 머리글, 바닥글, 날짜 · 시간, 페이지 번호 등을 넣거나 속성을 변경할 수도 있다. 이때 추가 또는 변경한 내용은 유인물에만 나타나며 슬라이드 마스터에는 적용되지 않는다.

따라하기 »

① 파워포인트를 실행하고, [보기] → [프레젠테이션 보기] → [유인물 마스터] 또는 [슬라이드 노트 마스터] 선택한다.

[유인물 마스터]

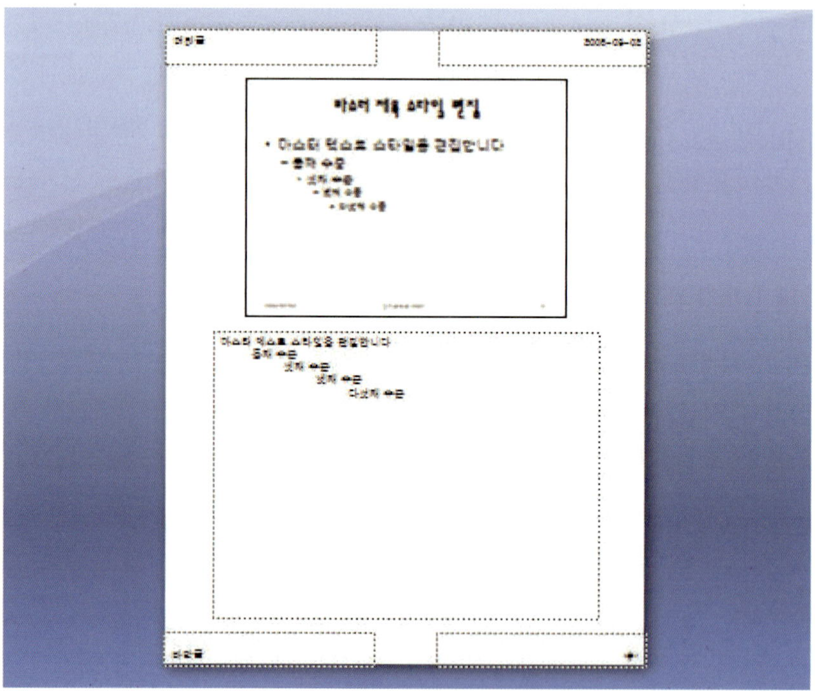

[슬라이드 노트 마스터]

엑셀 노트 ▸▸▸

텍스트 상자에 입력한 한글을 한글을 한자로 변환하는 방법이 있다. 한자로 변환하는 방법은 키보드의 한자 키를 사용하거나, [도구] → [한글/한자 변환]을 사용하는 방법이 있다.

3. 화면 캡쳐

캡처란 화면 전체 또는 특정 영역을 선택하여 복사한 후 컴퓨터에 파일로 저장하는 것을 말한다. 캡처를 하려면 "Snagit"과 "알캡처"와 같은 전문적인 캡처 프로그램이 있어야 한다. 하지만 간단하게 키보드에서 [Print Screen]을 사용하여 캡처할 수 있다.

▶ 화면 캡쳐

따라하기 »

① [시작] → [모든 프로그램] → [보조 프로그램] → [그림판]을 선택한다.

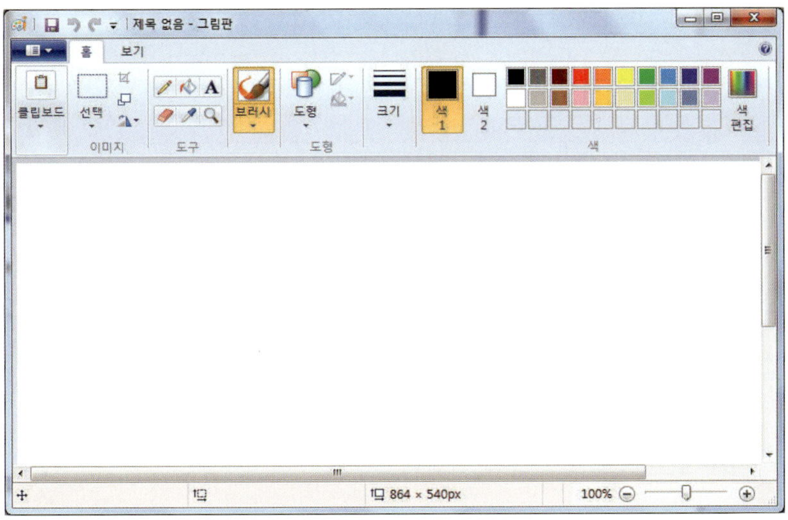

② 바탕화면의 "PowerPoint 2010" 단축 아이콘을 캡처하기 위해 바탕화면에서 [Print Screen]을 누른다.

③ 그림판의 [홈] → [클립보드] → [붙여넣기]를 선택하면 캡처한 그림이 삽입된다.

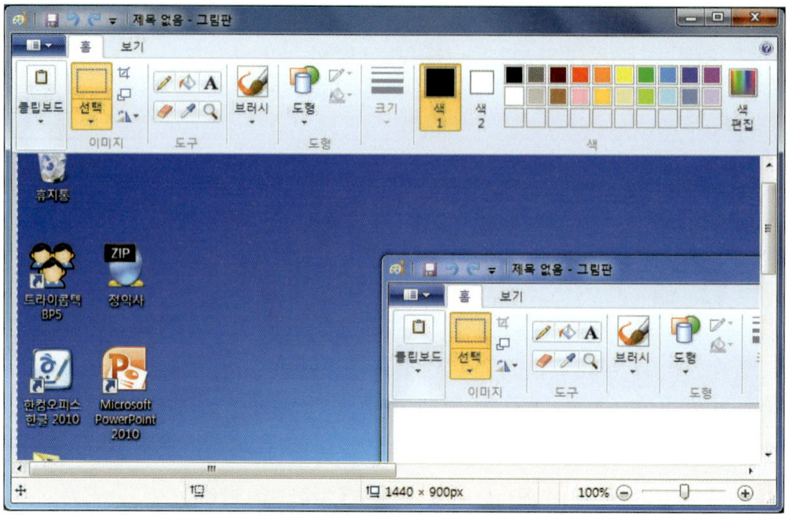

④ [홈] → [이미지]→ [선택]으로 "PowerPoint 2010" 아이콘을 선택한다.

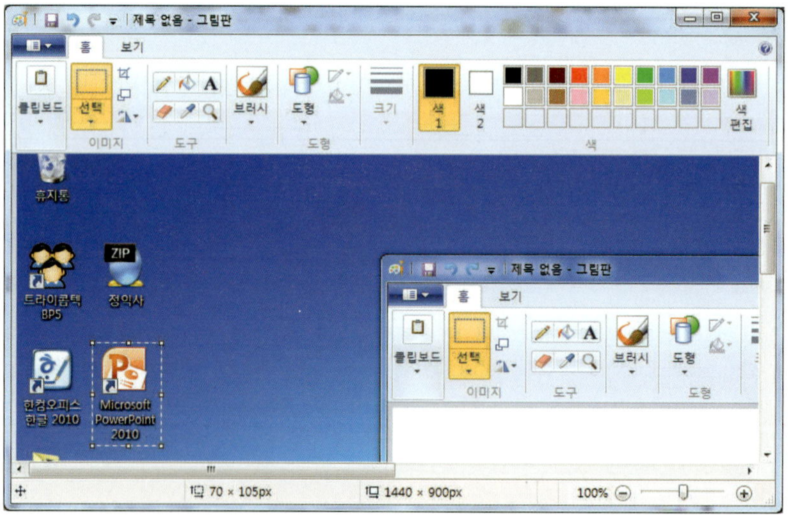

⑤ [홈] → [이미지] → [자르기]를 선택한다.

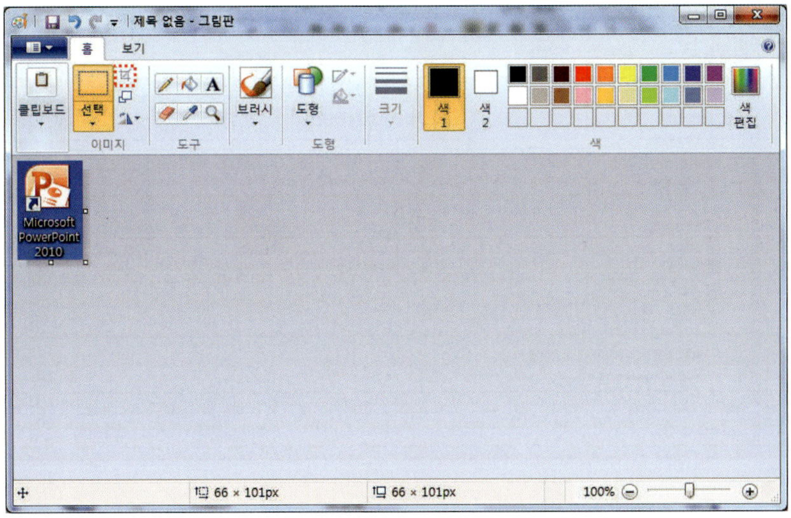

⑥ [그림판] → [저장]을 클릭하고, [다른 이름으로 저장] 대화상자가 나타나면 파일 이름을 입력한 후 저장한다.

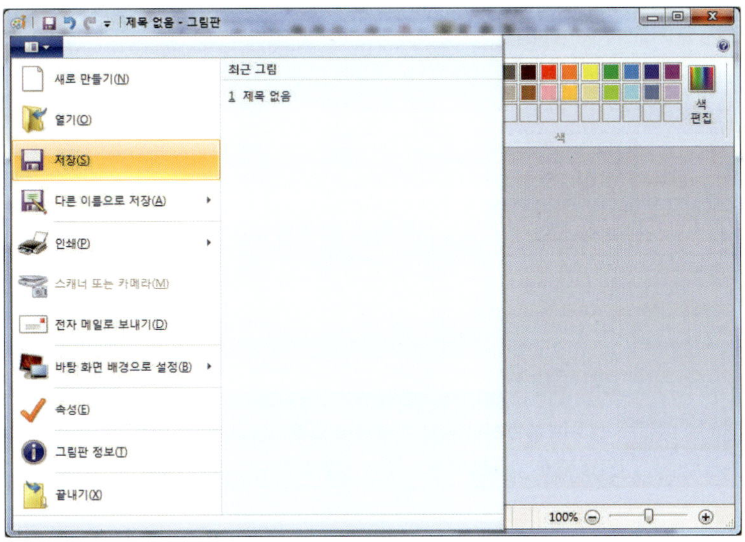

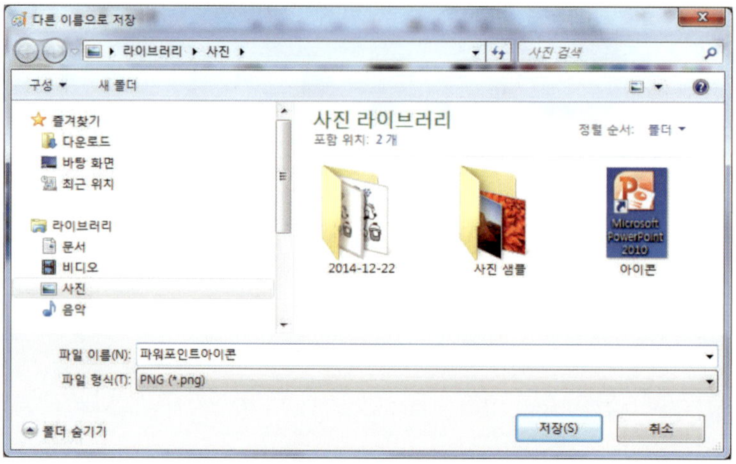

⑦ 같은 방법으로 파워포인트 초기 화면을 캡처하여 저장한다.

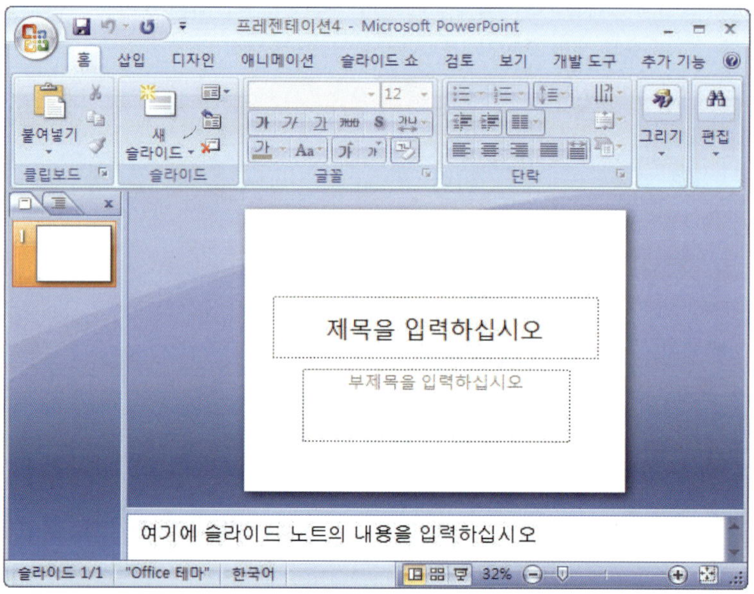

▶ 마스터 페이지 작성

따라하기 »

① 파워포인트를 실행하고, [홈] → [슬라이드] → [레이아웃]에서 [Office 테마]의 [빈 화면] 슬라이드로 변경한다.

② [디자인] → [테마]에서 "흐름" 또는 여러분이 원하는 디자인 테마를 넣는다.

③ [보기] → [프레젠테이션] → [슬라이드 마스터]를 선택한다.

④ 드래그 또는 (Shift + 클릭)하여 슬라이드 마스터에 있는 모든 개체를 선택하고 Delete로 지운다.

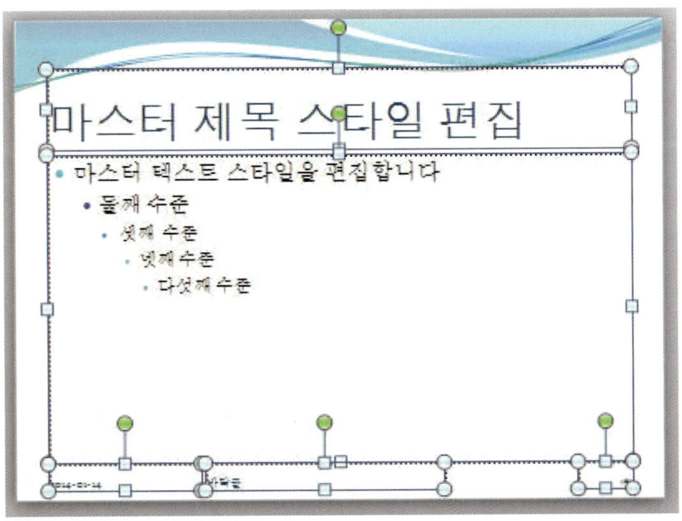

⑤ 가로 텍스트 상자를 이용하여 "파워포인트 시작"이라고 제목을 입력한다.(돋움체, 굵게, 48)

⑥ [슬라이드 마스터]의 "마스터 보기 닫기"를 누르고 슬라이드 마스터를 닫는다.

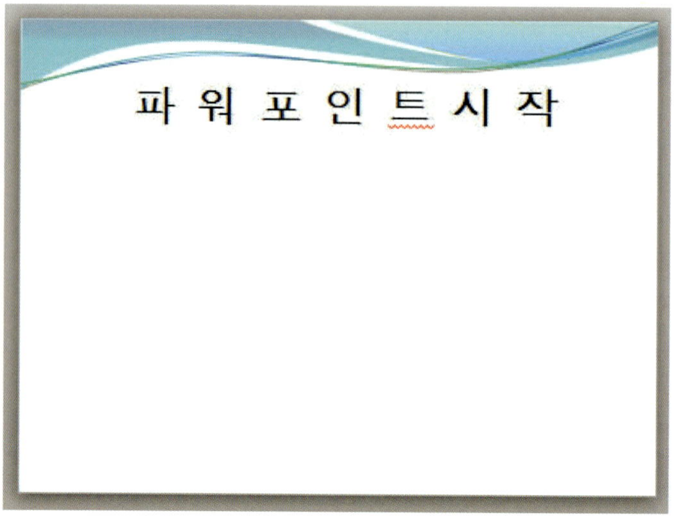

▶ 설명서 작성

따라하기 »

① 가로 텍스트 상자를 이용하여 발표자와 발표일 입력한다.(돋움체, 굵게, 26)

② "빈 화면" 슬라이드를 삽입 후 [삽입] → [이미지] → [그림]을 선택한다.

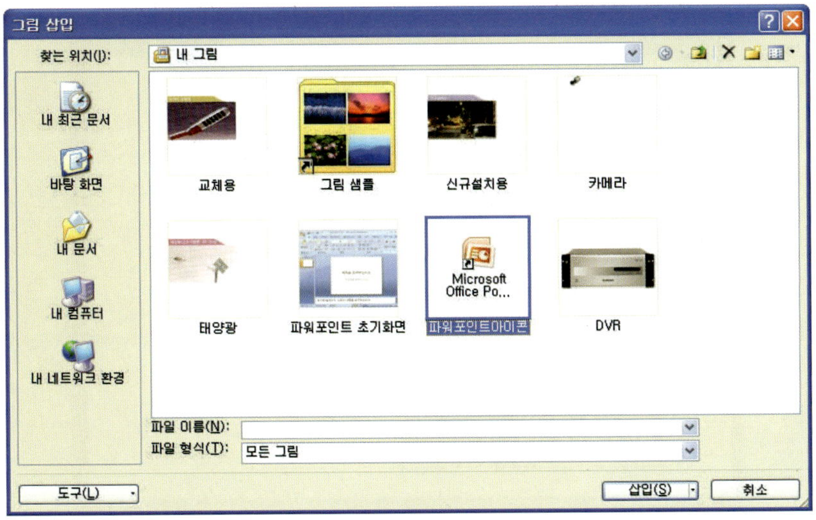

③ 삽입할 그림을 찾아 삽입하고, 그림 크기를 변경한다.

④ 그림을 선택하고, [그림도구] → [서식] → [그림 스타일] → [금속 프레임] 스타일을 지정한다.

⑤ [삽입] → [표]를 선택하고 4행 1열을 만든다.

⑥ 표에 있는 조절점에 포인터를 맞추고 드래그하여 크기를 조절한다.

⑦ 표 안의 내용을 다음과 같이 입력한다.(돋움체, 20, 가운데 맞춤)

⑧ 슬라이드에 사용자 지정 애니메이션을 여러분이 기호에 따라 설정한다.

06

CHAPTER

하이퍼링크와 웹

1. 하이퍼링크
2. 실행 설정

06 CHAPTER 하이퍼링크와 웹

파워포인트에서는 슬라이드를 슬라이드로 연결하거나 슬라이드를 다른 사람이 볼 수 있도록 하는 하이퍼링크, 실행설정, 파워포인트로 홈페이지 만드는 기능을 제공한다.

1. 하이퍼링크

하이퍼링크 기능이 많이 활용되는 곳 중의 하나가 인터넷이다. 하이퍼링크란 텍스트나 그림 또는 도형 등과 같은 개체를 다른 개체나 문서에 연결시켜 주는 기능을 말한다. 텍스트, 그림, 도형, 그래프, 표 등은 하이퍼링크에 사용되는 개체이다.

따라하기 »

① [삽입] → [링크] → [하이퍼링크]를 선택한다.[기존 파일/웹 페이지]

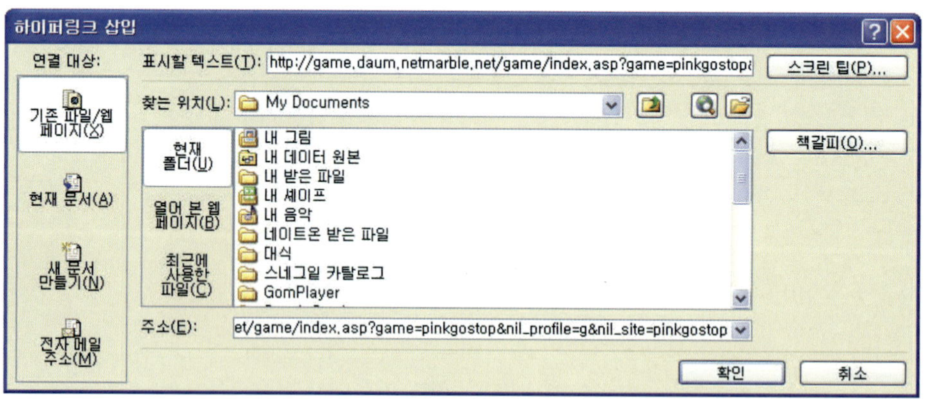

- **연결 대상** : [기존 파일/웹 페이지]를 클릭
- **스크린 팁** : [스크립 팁]을 클릭하고 텍스트를 입력한다. 텍스트를 입력하면 슬라이드 쇼에서 마우스 포인터가 개체 위에 놓여졌을 때 입력한 텍스트가 풍선 도움말로 나타난다.

- 찾는 위치 : C 드라이브 에 링크할 이름의 위치 찾는다.
- 주소 : 웹 페이지의 주소를 입력한다.

현재 폴더	찾는 위치의 포더들이 나타난다.
열어본 웹 페이지	최근에 보았던 웹 페이지 목록이 나타난다.
최근에 사용한 파일	최근에 사용했던 파일들의 목록이 나타난다. 오피스 제품의 프로그램에서 사용된 파일을 등록한다.

- 책갈피 : 다른 문서의 특정 슬라이드를 링크하고자 할 때 사용한다.

엑셀 노트 ▸▸▸

하이퍼링크 연결을 삭제하고 싶으면 마우스의 오른쪽 단축 메뉴에서 [하이퍼링크] → [하이퍼링크 제거]를 클릭한다.

② [현재문서]

현재 작업 중인 프레젠테이션 내부에 슬라이드를 링크하고자할 때 사용한다.

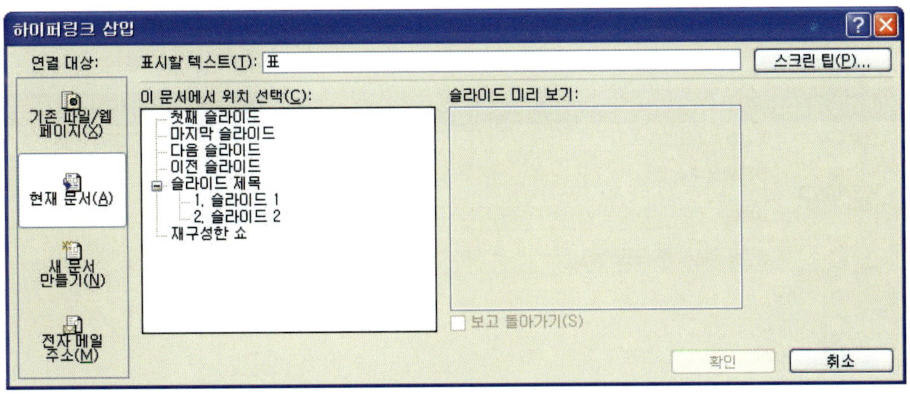

- 이 문서에서 위치 선택 : 링크할 문서의 위치를 선택한다.
- 슬라이드 미리보기 : 선택한 슬라이드를 미리 보여준다.

③ [새 문서 만들기]

: 작성할 문서의 이름을 입력하고 파일의 저장 위치를 설정한 후 [확인]을 클릭한다.

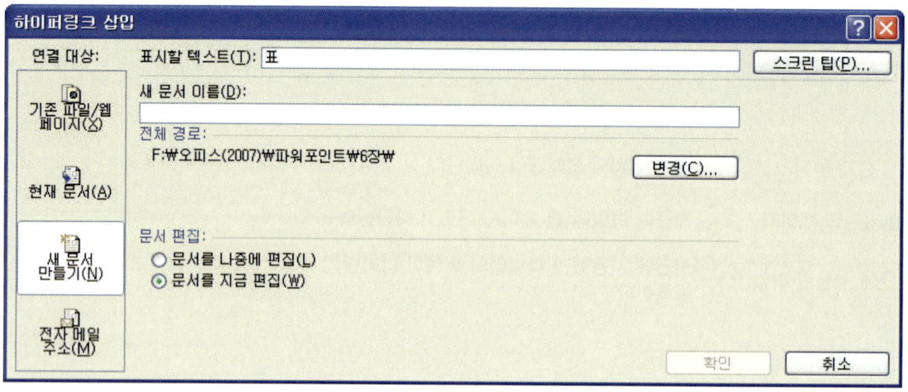

- 변경 : 저장 위치를 변경한다.
- 문서 편집 : 문서 편집시기를 결정한다. "문서를 나중에 편집"을 선택하면 링크할 문서를 지금 열지 않고 사용자가 원하는 때에 열어 편집할 수 있으며, "문서를 지금 편집"을 선택하면 링크할 문서를 지금 편집할 수 있도록 열어 준다.

④ [전자 메일 주소]

: 메일을 보낼 주소와 주제를 입력한다. 주소를 입력할 경우 주소 앞에 자동으로 "mailto"라고 입력되며, "전자 메일 주소"는 아웃룩 익스프레스의 "받는 사람" 란에, "주제"는 "제목" 란에 각각 입력된다.

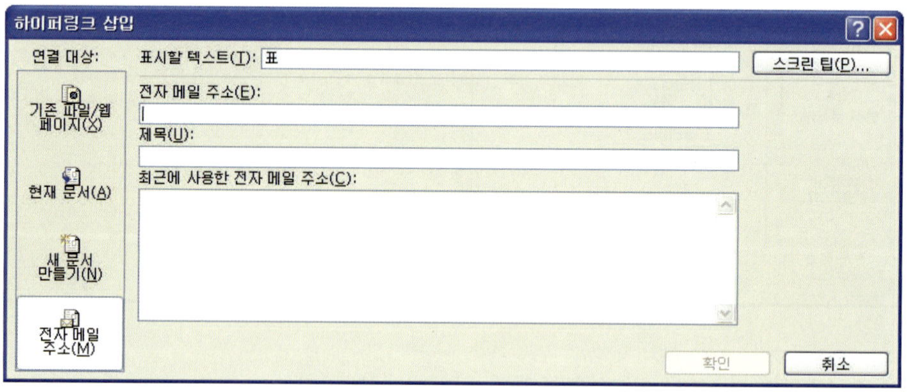

2. 실행 설정

마우스가 개체 위에 있거나 개체를 클릭했을 때, 특정한 이벤트가 일어나도록 설정할 수 있다. 하이퍼링크는 단순히 다른 문서나 웹 페이지로 연결시켜 주지만 "실행"은 하이퍼링크는 물론 다른 프로그램을 실행하거나 소리를 재생하도록 설정할 수 있다.

따라하기 »

① [삽입] → [링크] → [실행]을 선택한다.

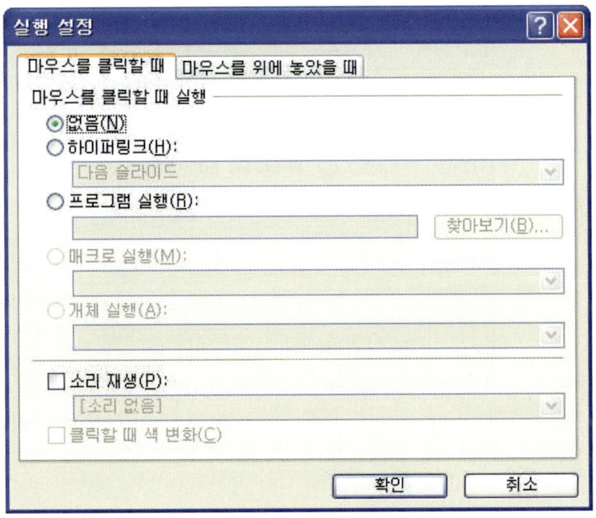

- 없음 : 실행 설정 취소한다.
- 하이퍼링크 : 원하는 슬라이드 화면이나 파일 또는 웹 페이지로 하이퍼링크 성정한다.
- 프로그램 실행 : 슬라이드 쇼 화면에 외부 프로그램을 불러들여 사용하고자할 때 사용한다.
- 매크로 실행 : [보기] → [매크로] → [매크로]에서 설정된 매크로를 실행한다.
- 개체실행 : 미디어 클립이나 조직도와 같은 개체를 슬라이드 쇼에서 열거나 편집할 수 있도록 설정한다.
- 소리 재생 : 실행 설정시 소리효과를 재생한다.
- 마우스를 누를 때 재생 : 개체를 마우스로 클릭하거나 개체 위로 마우스를 가져갔을 때 개체가 깜빡이는 것을 확인할 수 있다. 단, 일부 텍스트 실행 설정시 이 기능을 사용할 수 없다.

② 실행 설정 단추

: 슬라이드 쇼 도중에 특정 슬라이드나 프레젠테이션으로 쉽게 이동할 수 있도록 하이퍼링크가 설정된 단추를 말한다. 리본 메뉴에서 [삽입] → [일러스트레이션] → [도형] → [실행단추]를 보면 12개의 실행단추가 나타난다. 원하는 실행단추를 선택한 후 슬라이드 편집화면에서 클릭하거나 드래그하면 실행단추가 만들어지고 "실행 설정" 대화상자가 나타난다.

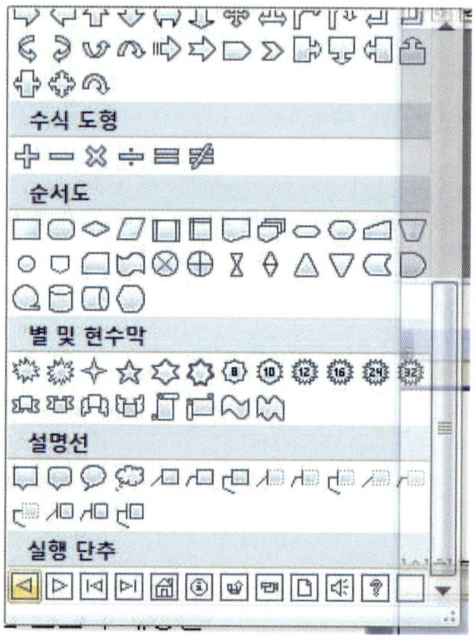

▶ 퀴즈 만들기

따라하기 »

하이퍼링크와 실행 설정 기능을 이용하여 간단한 퀴즈 문제를 만든다.

① 파워포인트를 실행하고, [홈] → [슬라이드] → [레이아웃]에서 [Office 테마]의 [빈 화면] 슬라이드로 변경한다.

② [디자인] → [테마]에서 "도시" 디자인을 적용한다.

③ 가로 텍스트 상자를 사용하여 "퀴즈 대회"라고 제목을 입력한 후 글자 속성을 바꾼다.(굴림, 굵게, 48, 가운데맞춤)

④ [도형 스타일]에서 “도형 채우기”, “도형 윤곽선”, “도형 효과”를 사용하여 텍스트 상자를 바꾼다.

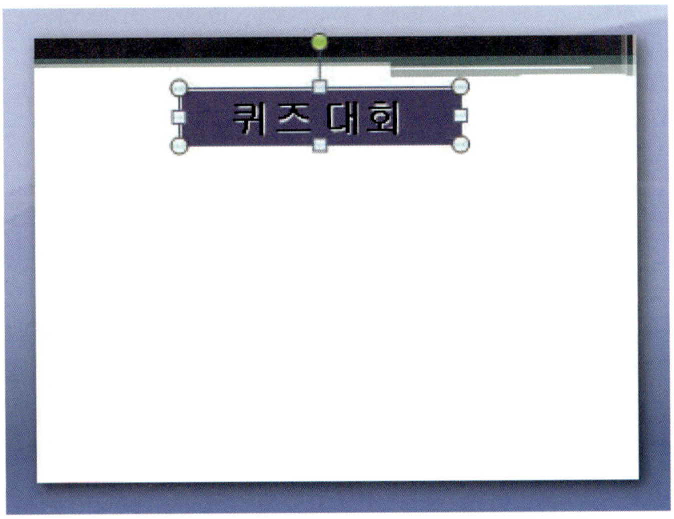

⑤ 가로 텍스트 상자를 사용하여 문제와 보기를 입력한 후 글자속성을 바꾼다.

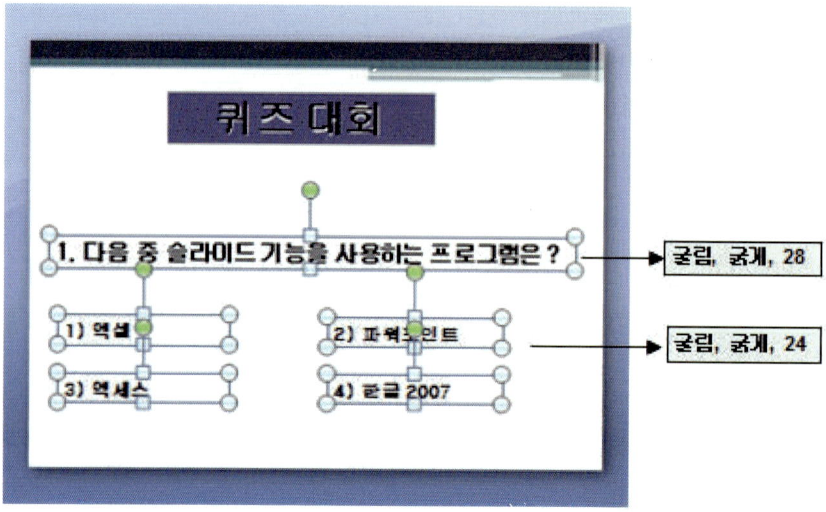

⑥ 새로운 [빈 화면] 슬라이드를 삽입한다.

⑦ [디자인] → [배경] → [배경 스타일] → [배경 서식]으로 "그라데이션 채우기"로 채우기 효과를 적용한다.

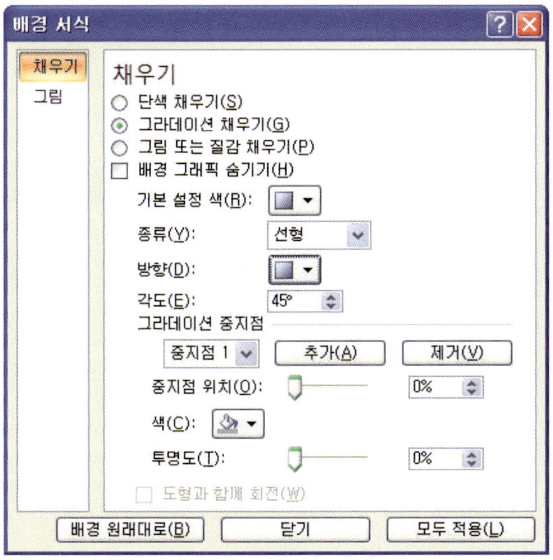

엑셀 노트 ▸▸▸

같은 프레젠테이션파일에서는 여러 개의 디자인 서식을 적용하여 사용할 수 없습니다. 다른 디자인 서식을 적용하면 처음 적용되었던 디자인 서식 파일 또한 변경되어 나타나게 된다. 만일 다른 배경을 사용하고 싶다면 [디자인] → [배경] → [배경 스타일] → [배경 서식]을 선택하고 "채우기 효과"를 사용하여 변경해야 한다.

⑧ [배경 서식] 대화상자에서 [모두 적용] 단추를 클릭하고, [닫기] 단추를 클릭한다.

⑨ 가로 텍스트 상자를 사용하여 "정 답"라고 입력한 후 글자 속성을 바꾼다.(굴림, 굵게, 54, 밑줄)

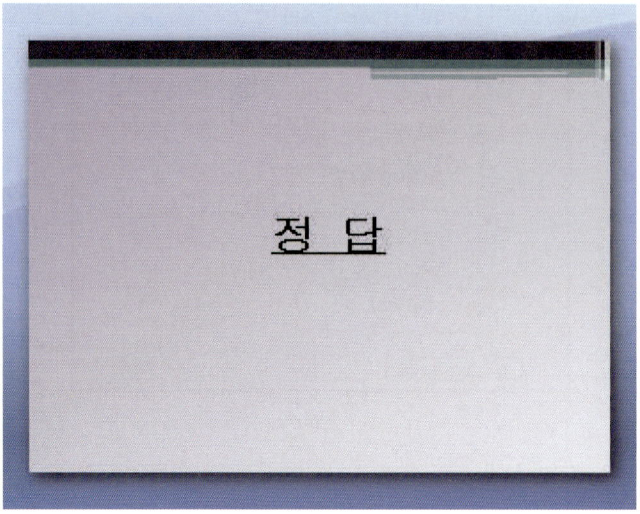

⑩ 같은 방법으로 오답 화면을 만든 다음 [삽입] → [일러스트레이션] → [도형] → [실행 단추] → [홈]을 선택하여 그린다.

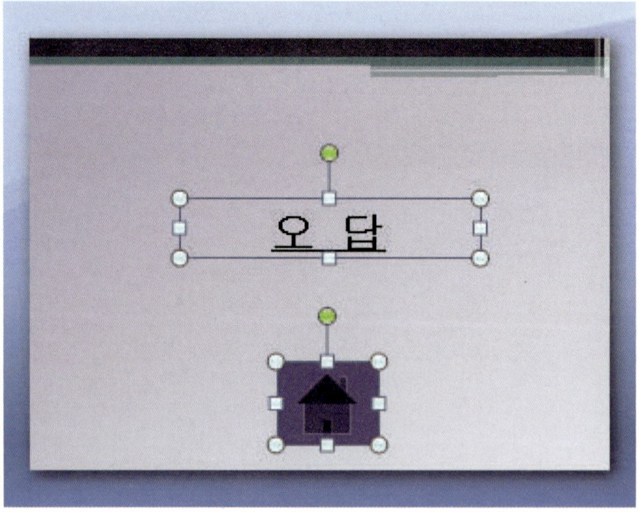

⑪ "실행 설정" 대화상자가 나타나면 "하이퍼링크"란 에 "첫째 슬라이드"가 선택되어 있는지 확인한 후 [확인] 단추를 클릭한다.

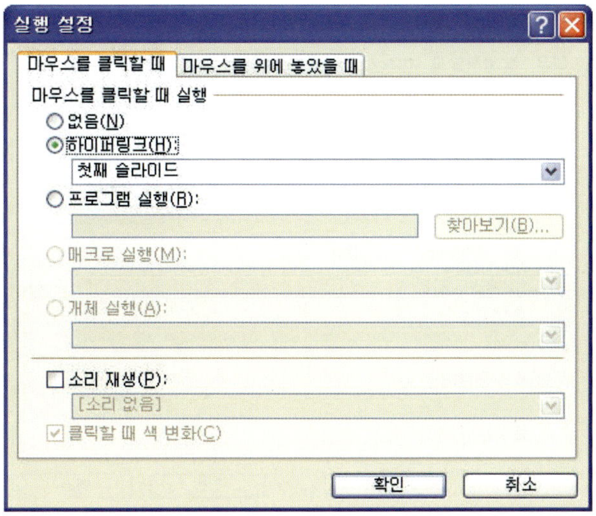

⑫ 첫 번째 슬라이드에서 “2) 파워포인트”가 입력된 텍스트 상자를 선택한 다음 [삽입] → [링크] → [실행]을 클릭한다.

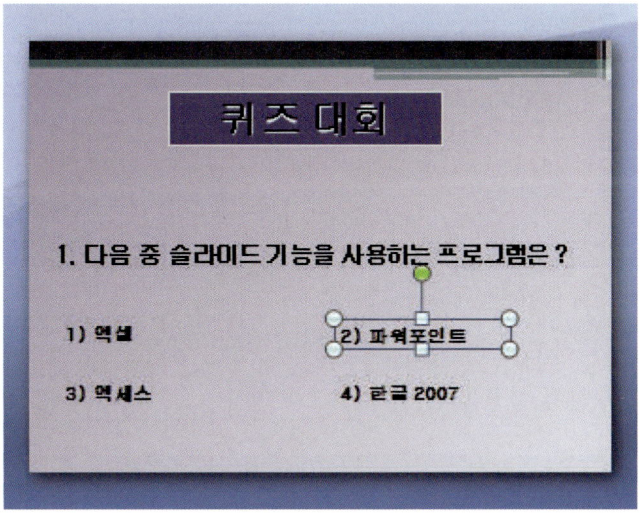

⑬ “실행 설정” 대화상자가 나타나면 “하이퍼링크”를 선택한다.

⑭ “하이퍼링크” 란에 있는 펼침 단추를 누르고 “슬라이드”를 선택하면 “슬라이드 하이퍼링크” 대화상자가 나타난다.

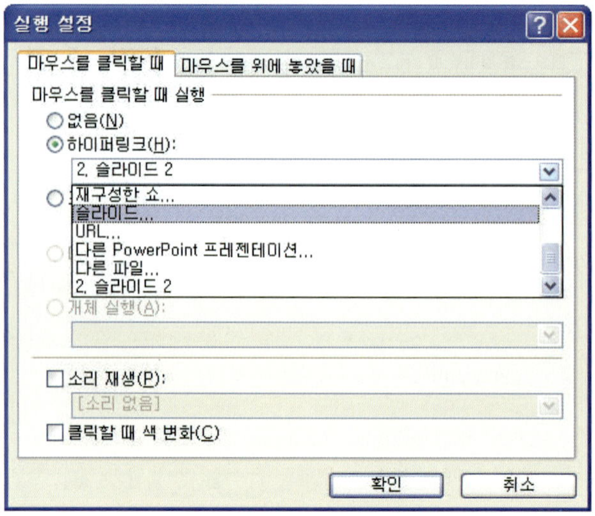

⑮ 2번째 슬라이드인 "정 답" 슬라이드를 선택한 후 [확인]을 클릭한다. "실행 설정" 대화상자에 있는 [확인]도 클릭한다.

⑯ 다른 보기를 선택하고 같은 방법으로 실행 설정을 한다. 정답이 아닌 경우이므로 "오답" 슬라이드로 실행 설정을 한다.

⑰ 여러분이 원하는 애니메이션 효과를 적용한다.

▶ 홈페이지 제작

따라하기 »

홈페이지를 처음 만드는 경우, 자기 소개, 취미 활동, 가족 소개 등을 넣어 꾸며 보자.

① 파워포인트를 실행하고, [홈] → [슬라이드] → [레이아웃]에서 [Office 테마]의 [빈 화면] 슬라이드로 변경한다.

② [보기 → [프레젠테이션 보기] → [슬라이드 마스터]를 선택한다.

③ 날짜, 바닥글, 번호 영역을 제외한 나머지 부분을 선택한 후 Delete를 눌러 삭제한다.

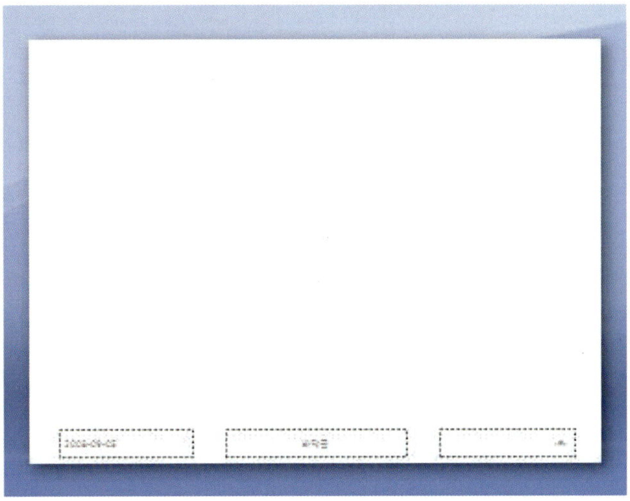

④ [슬라이드 마스터] → [배경] → [배경 스타일] → [배경 서식]을 선택하고 그라데이션 효과를 지정한다.(기본 설정 색 : "이끼")

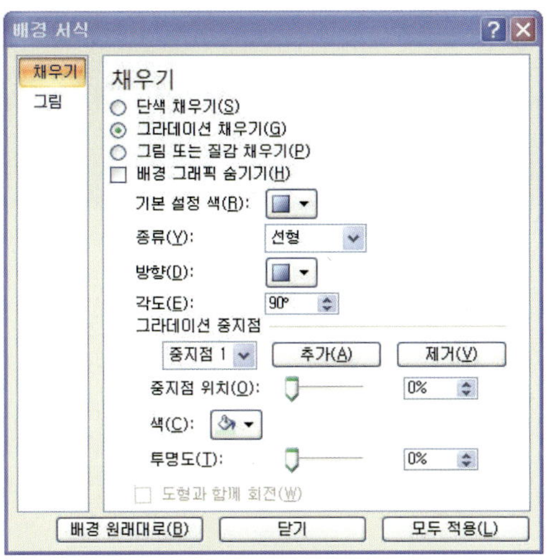

⑤ 가로 텍스트 상자를 추가한 후 제목을 입력한다.(궁서체, 굵게, 글자색 : 흰색, 32)

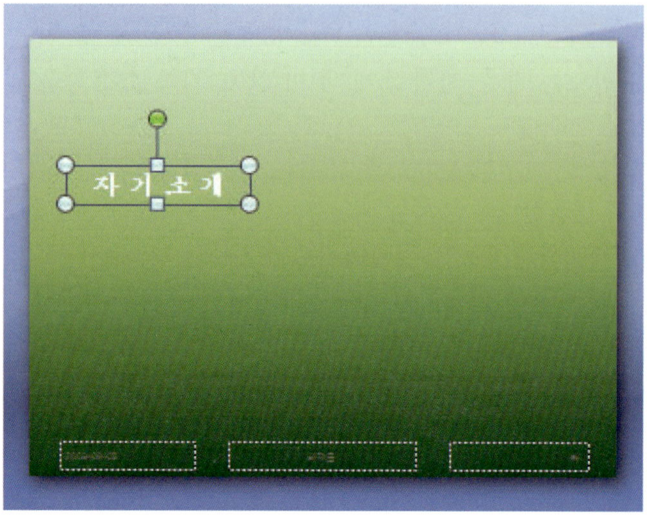

⑥ 가로 텍스트 상자를 선택하고 [그리기 도구] → [서식] → [도형 스타일] → [도형 채우기]에서 [테마 색]을 "녹색", [도형 윤곽선]은 "진한 파랑"으로 지정한다.

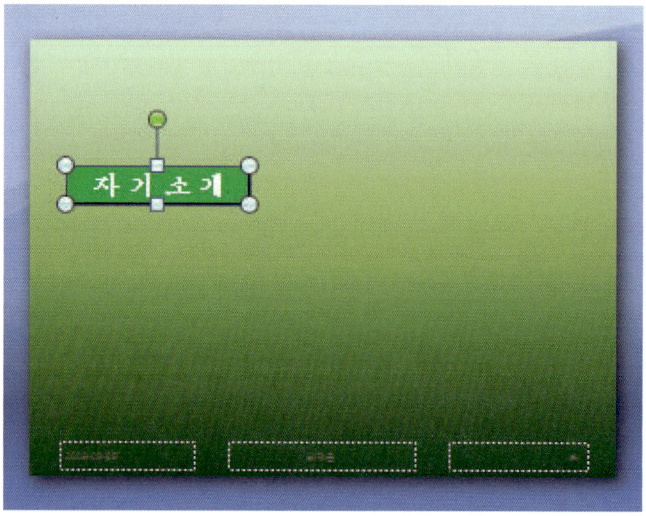

⑦ 만들어진 "자 기 소 개" 텍스트 상자 2개를 복사한다.

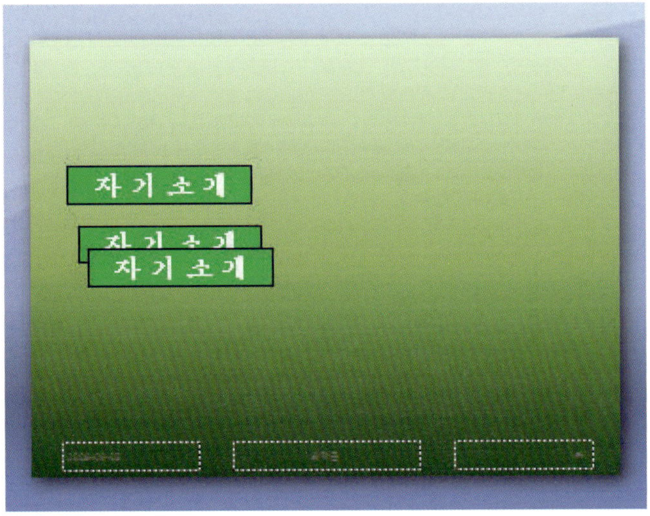

⑧ 복사한 2개의 텍스트 상자를 "취 미 활 동"과 "가 족 소 개"로 입력하고, 위치를 정한다.

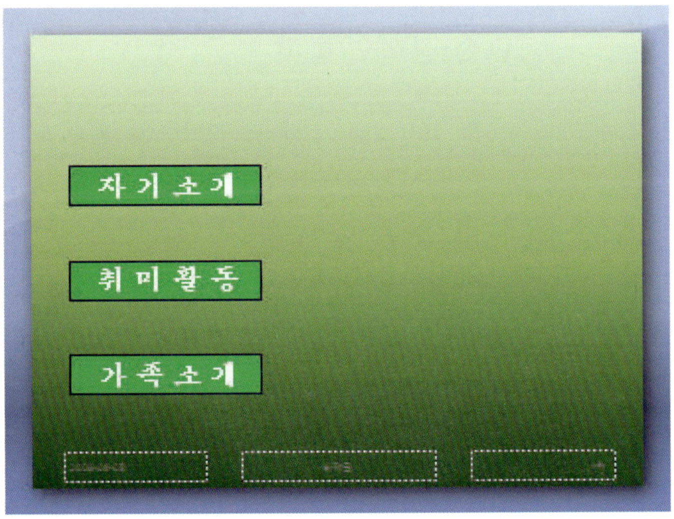

⑨ [삽입] → [일러스트레이션] → [도형]에서 선과 직사각형을 그린 후 선 두께를 바꾼다. (3pt)

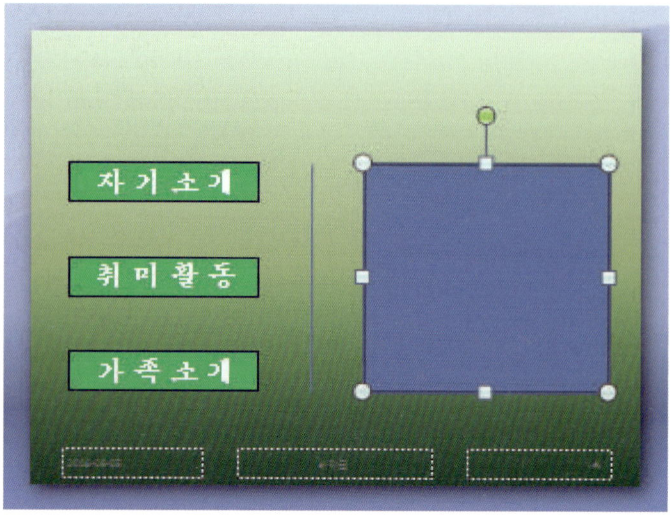

⑩ 가로 텍스트 상자를 사용하여 다음과 같이 입력한다.

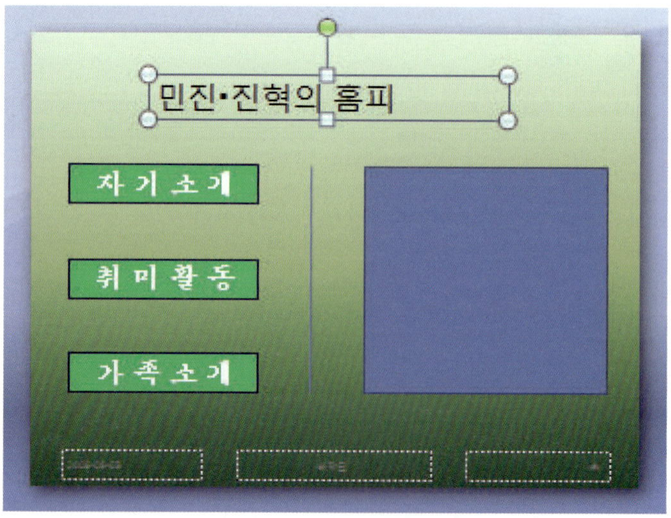

⑪ [그리기 도구] → [서식] → [도형 스타일] → [도형 윤곽선]은 "진한 빨강", [WordArt 스타일]은 "채우기 - 없음, 윤곽선 - 강조 2"로 지정한다.

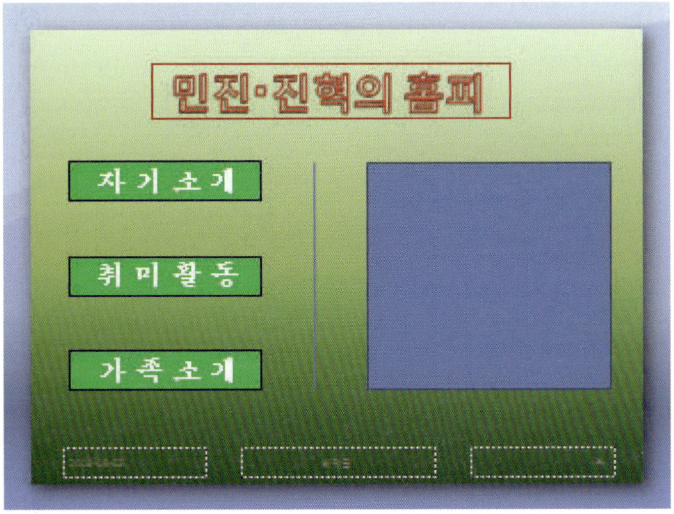

⑫ [슬라이드 마스터] → [마스터 보기 닫기]를 클릭한다.

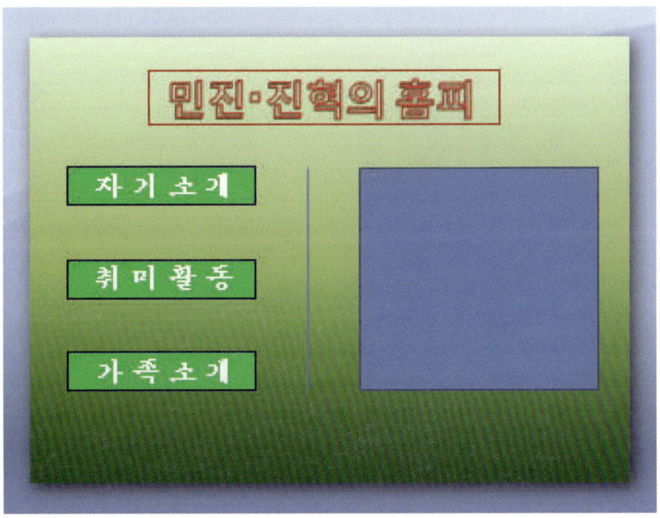

⑬ 가로 텍스트 상자로 환영인사를 입력한다.

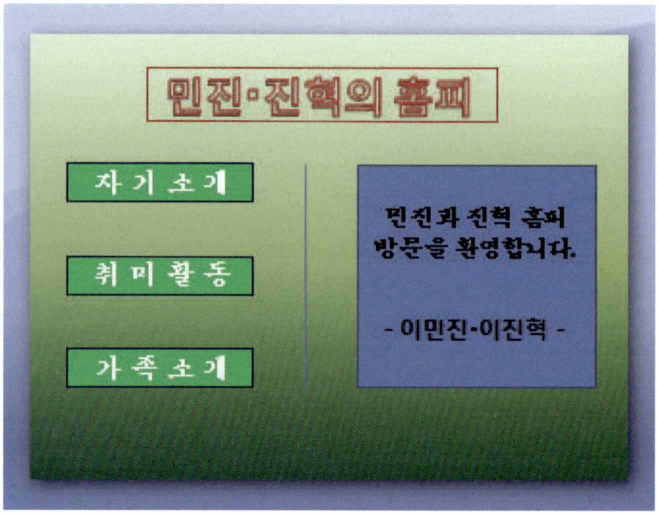

⑭ "빈 화면" 슬라이드 3장을 삽입하여 같은 방법으로 슬라이드를 제작한다.

- 슬라이드 2 : 자기 소개

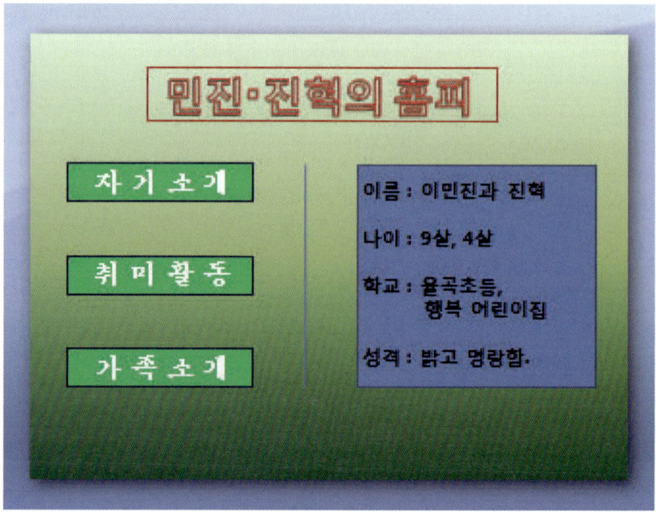

- 슬라이드 3 : 취미 활동

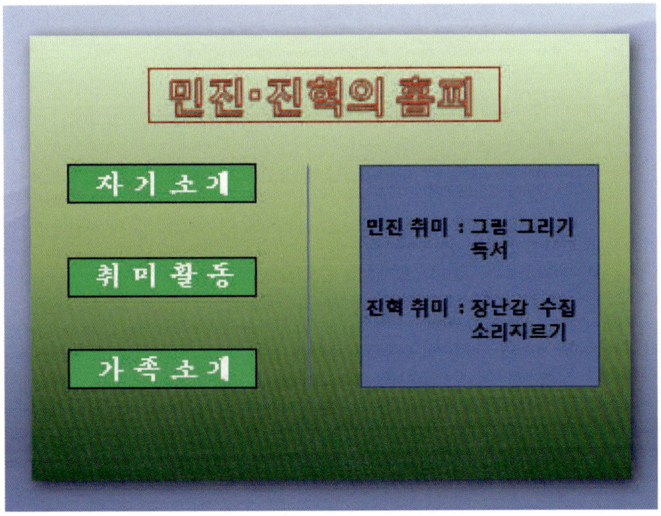

- 슬라이드 4 : 가족 소개

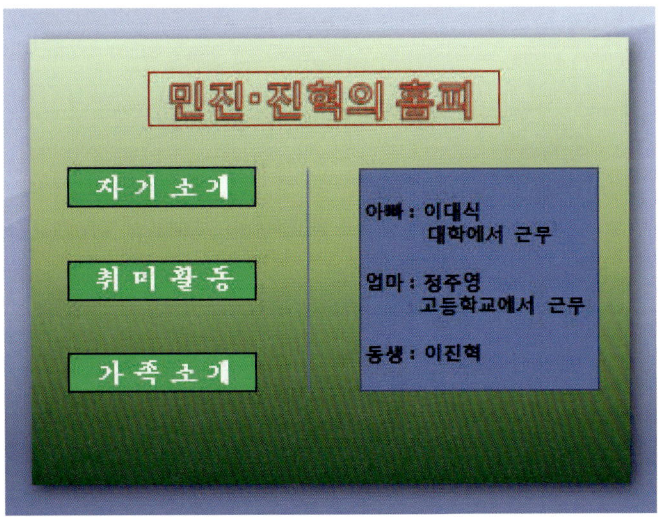

⑮ 첫 번째 슬라이드로 이동한 후 [보기] → [프레젠테이션 보기] → [슬라이드 마스터]를 선택한다.

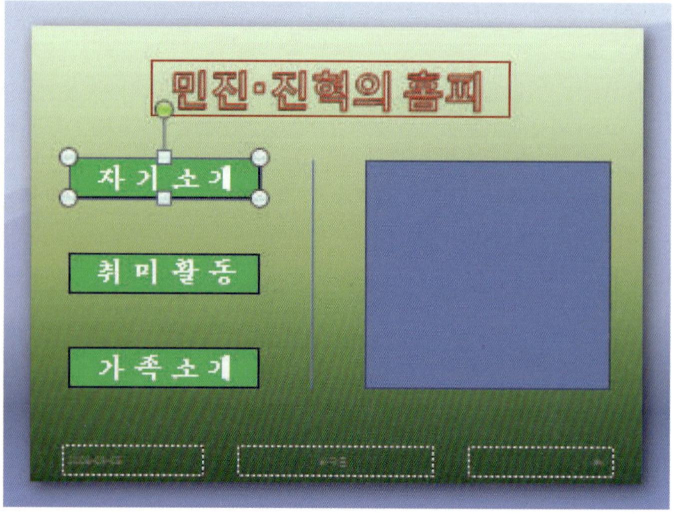

⑯ "자기 소개" 텍스트 상자를 선택하고 "슬라이드 2"와 하이퍼링크 한다.

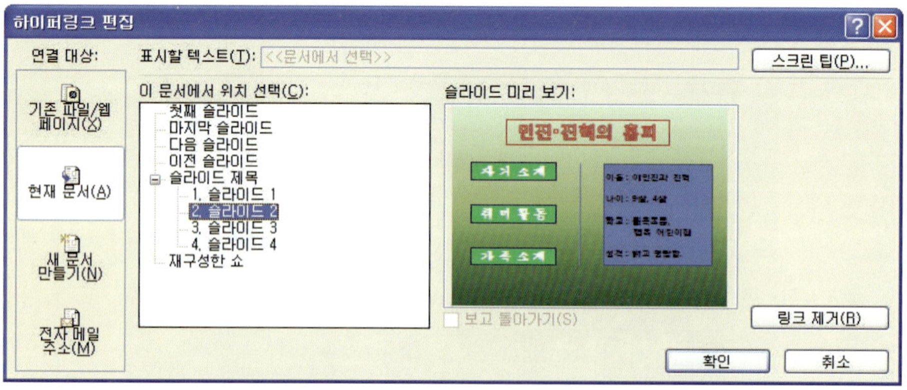

⑰ 같은 방법으로 "취미 활동"은 "슬라이드 3"과 "가족 소개"는 "슬라이드 4"와 하이퍼링크 한다.

⑱ 하이퍼링크를 설정을 마치면 [슬라이드 마스터] → [마스터 보기 닫기]를 클릭하고 슬라이드 쇼에서 하이퍼링크 연결이 잘 되었는지 확인한다.

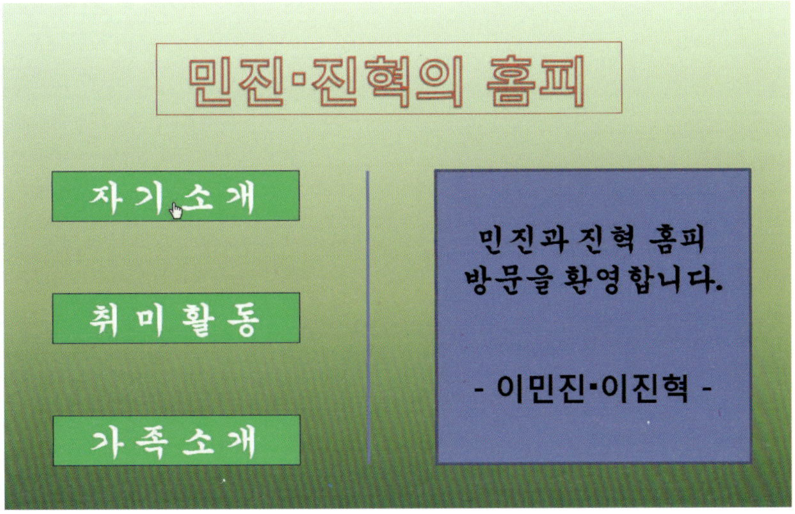
민진·진혁의 홈피
자기소개
취미활동
가족소개
민진과 진혁 홈피
방문을 환영합니다.
- 이민진·이진혁 -

07
CHAPTER

간단한 파워포인트

1. M · T 프레젠테이션
2. 홈페이지 제작 프레젠테이션

07 CHAPTER 간단한 파워포인트

1. M · T 프레젠테이션

1-1 기본 서식 및 디자인 슬라이드

따라하기 »

① 파워포인트 2010을 실행하고 제목과 부제목을 다음과 같이 입력한다.

② [디자인] → [테마]에서 "균형" 테마를 선택한다.

③ [홈] →[글꼴]에서 아이콘( )을 클릭하여 [글꼴] 대화상자로 글꼴을 변경한다.

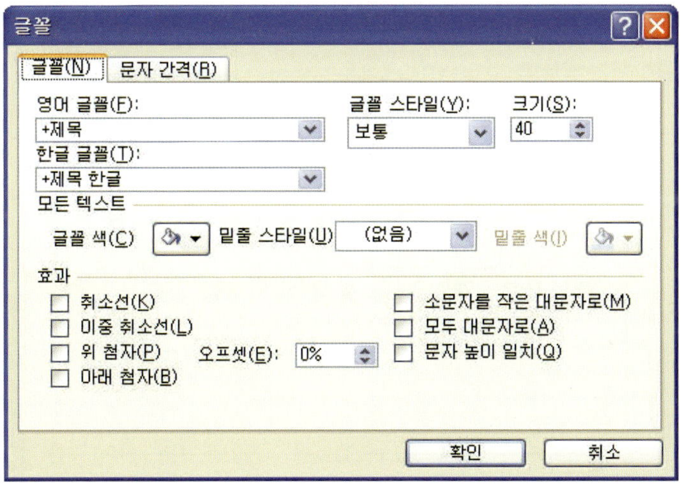

④ [홈] → [슬라이드]에서 [제목 및 내용] 슬라이드를 삽입한다.

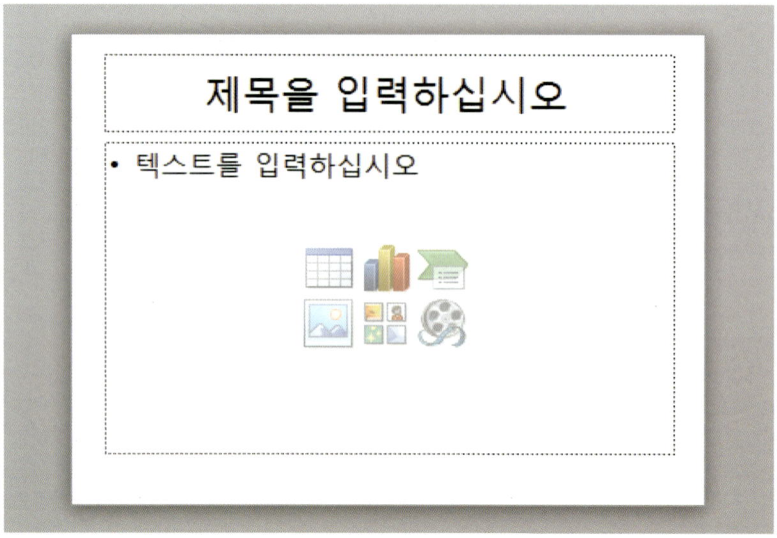

⑤ [제목 및 내용] 슬라이드를 구성할 내용을 입력한다.

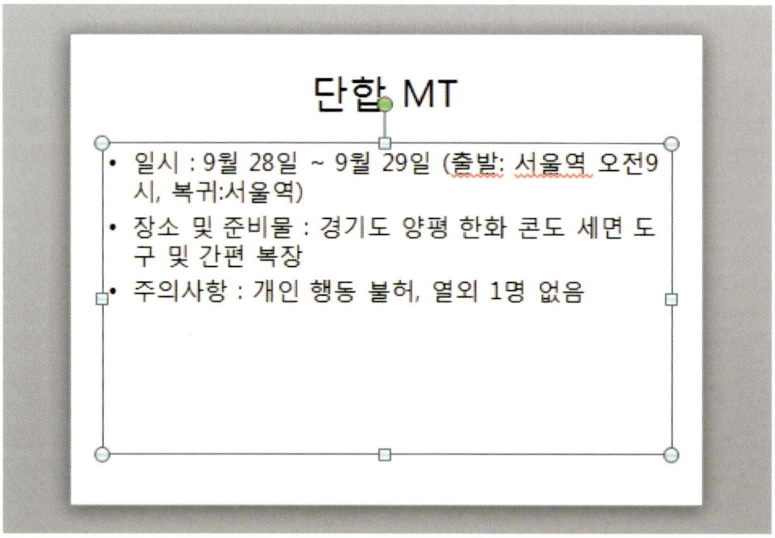

⑥ 슬라이드가 전체 크기에 맞게 [홈] → [글꼴]과 [단락]을 변경한다.

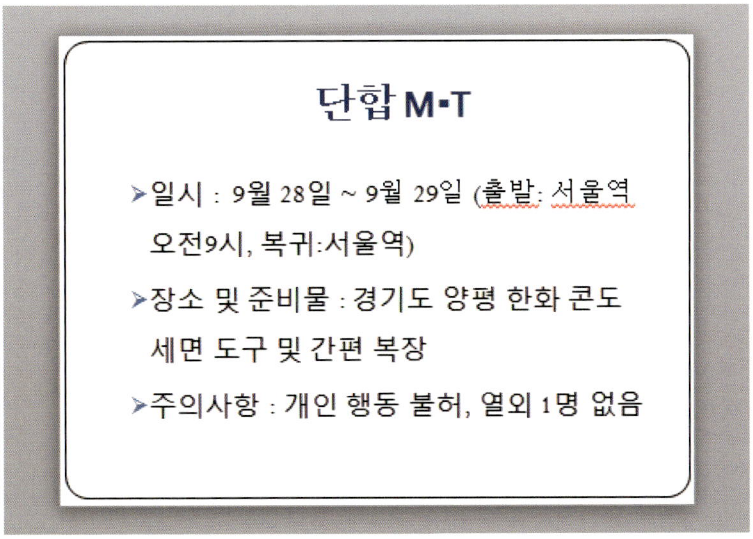

1-2 표 작성 슬라이드

따라하기 »

① 세 번째 슬라이드를 [제목 및 내용] 슬라이드를 지정한다.

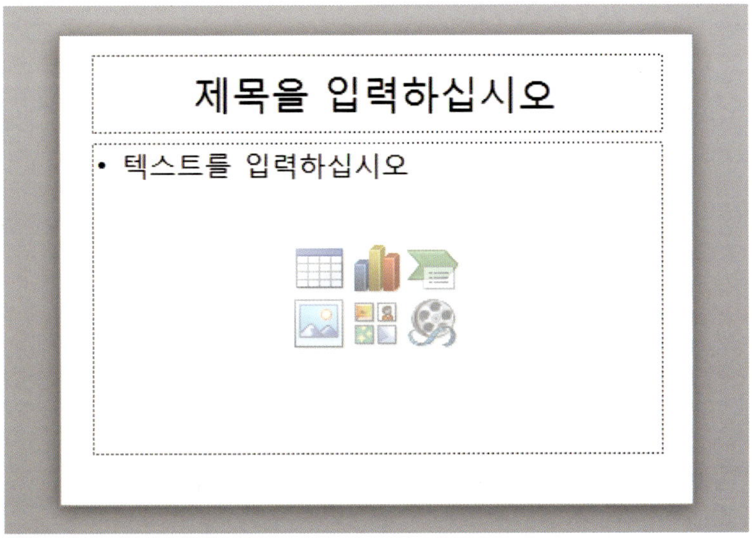

② 제목을 입력한 후 그림과 같이 [표 삽입] 아이콘을 클릭한다.

③ [표 삽입] 대화상자에서 열과 행을 입력한다.

④ 설정된 열과 행 개수에 맞게 표가 작성된다.

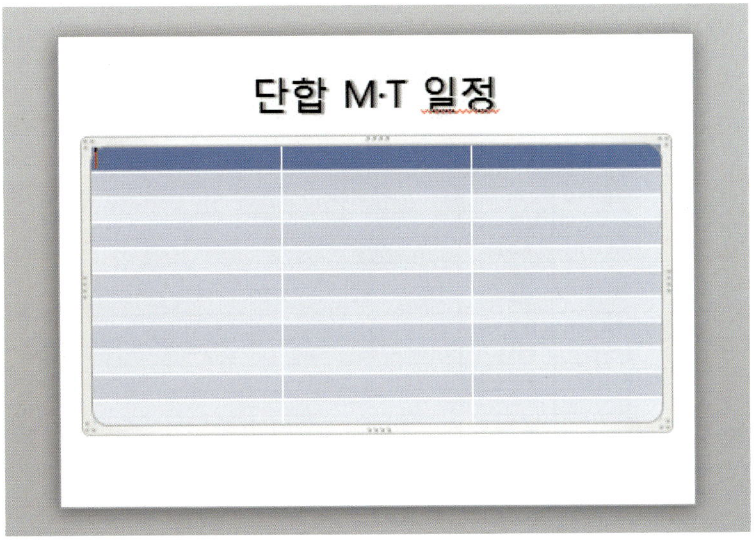

⑤ 표의 내용을 입력하고, 표의 구분선 위에 마우스 포인터를 위치한 후 드래그하면 셀 너비를 조절할 수 있다.

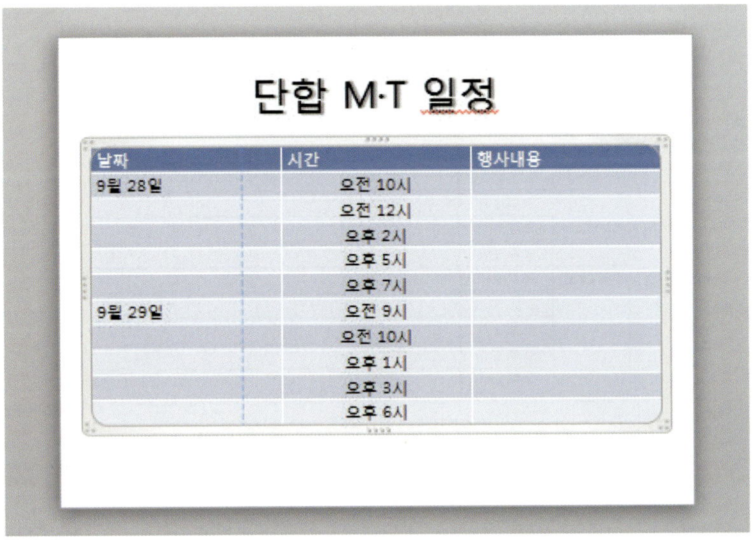

⑥ [표 도구] → [테두리 그리기]에서 펜 색을 지정하고, [표 스타일]에서 "모든 테두리"를 지정한다.

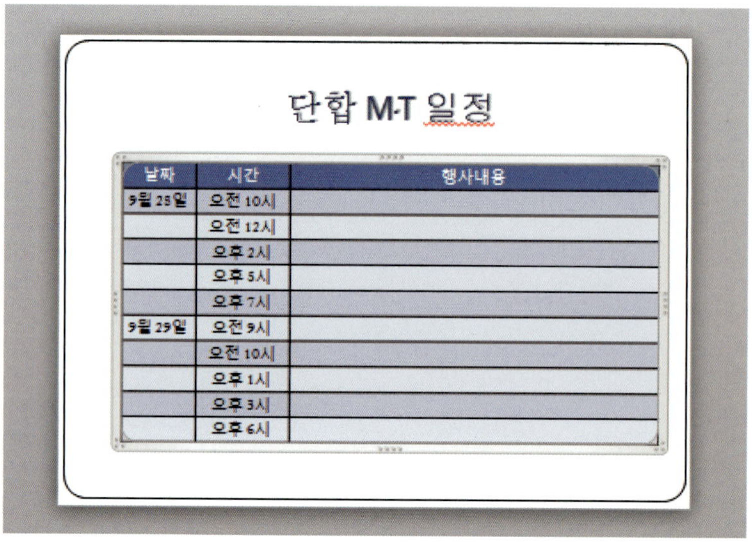

⑦ 병합할 셀 범위를 지정하고 [셀 병합]을 한다.

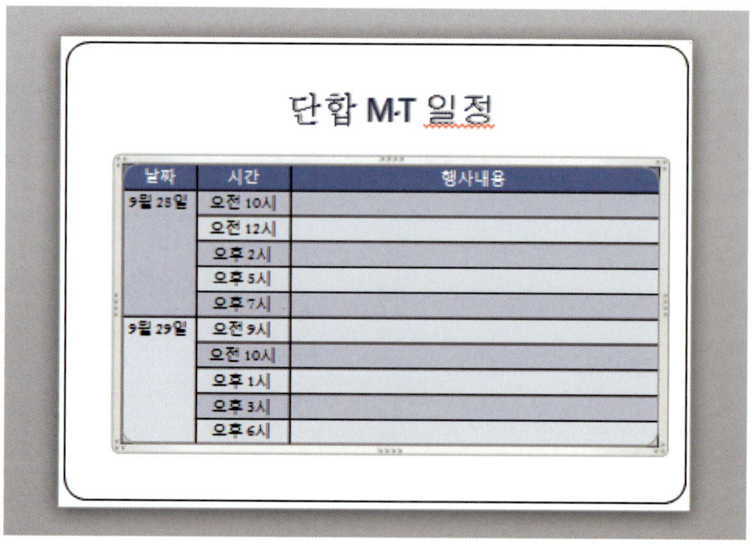

⑧ 행사 내용을 입력하면 다음과 같다.

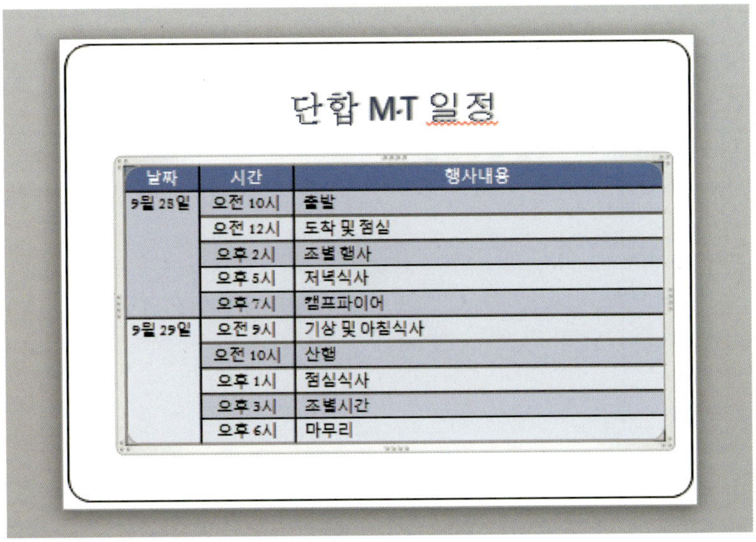

1-3 그림 파일 삽입 슬라이드

따라하기 »

① 네 번째 슬라이드를 [제목 및 내용] 슬라이드를 지정한다.

② 제목을 입력한 후 그림과 같이 [파일에서 그림 삽입] 아이콘을 클릭한다.

③ [그림 삽입] 대화상자에서 그림 파일 위치와 삽입할 그림을 지정하고 [삽입] 단추를 클릭한다.

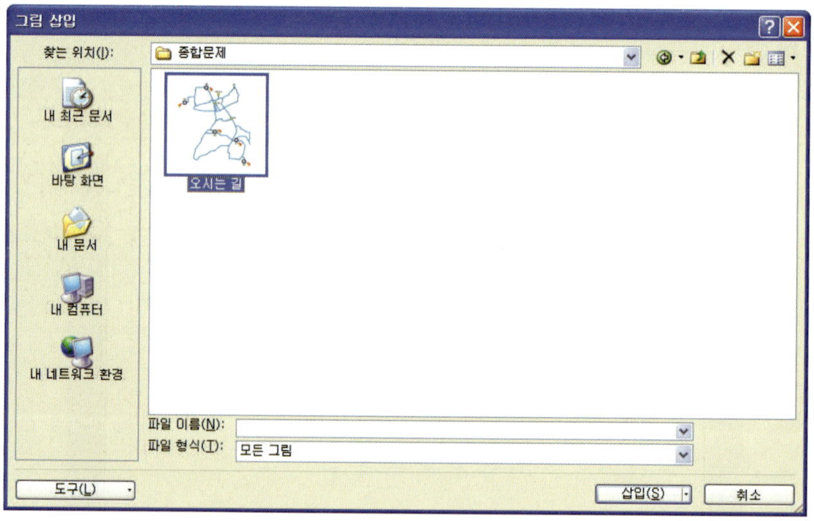

④ 그림 위에 마우스 포인터를 위치한 후 위치 이동 및 크기 조정을 한다.

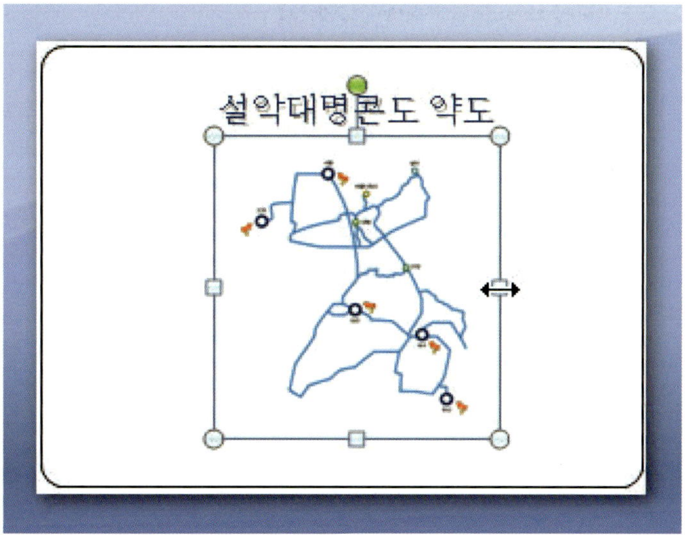

⑤ [그림 도구] → [서식] → [그림 스타일]의 "금속 프레임"으로 스타일을 변경한다.

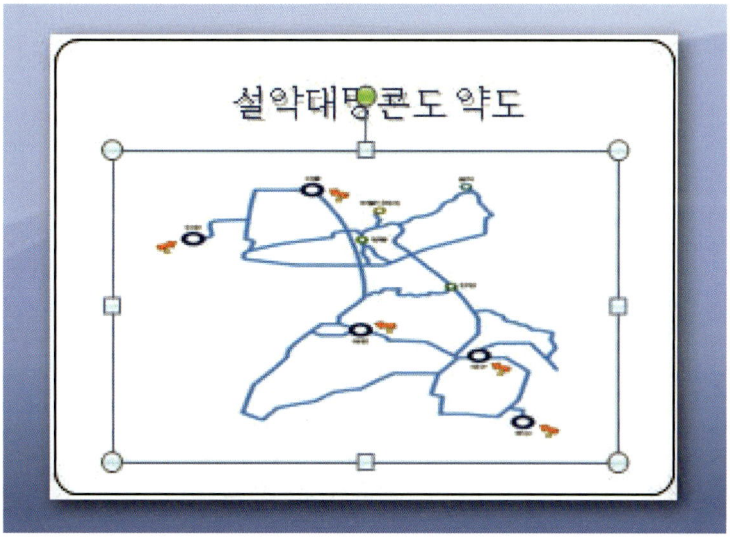

⑥ 네 번째 슬라이드 결과는 다음과 같다.

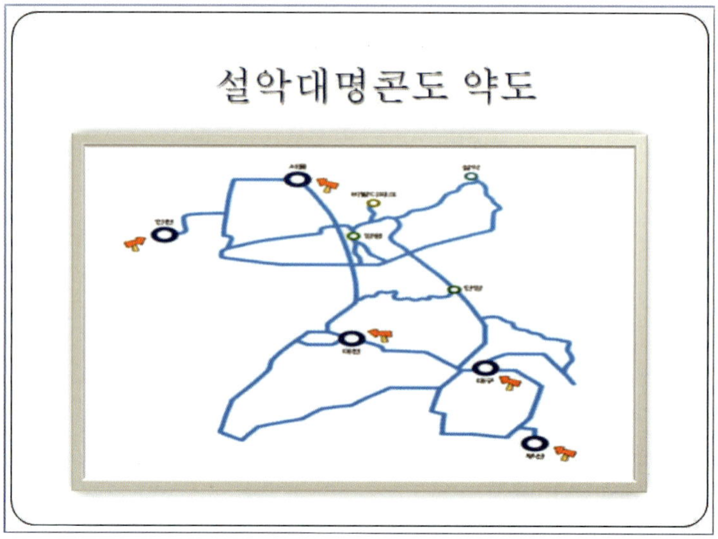

⑦ 그림을 선택하고, [삽입] → [링크] → [실행]을 클릭하여 "하이퍼링크" 기능을 적용한다.

⑧ [실행 설정] 대화상자에서 "하이퍼링크"를 클릭해 체크하고, 하이퍼링크 펼침 아이콘을 클릭해 "URL"을 클릭한다.

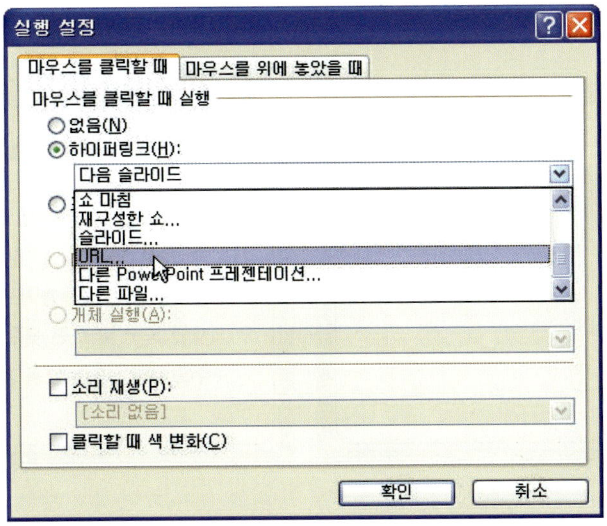

⑨ [URL 하이퍼링크] 대화상자에서 연결할 웹사이트 주소를 입력한다.
대명 리조트 : http://www.daemyungresort.com/asp/main.asp

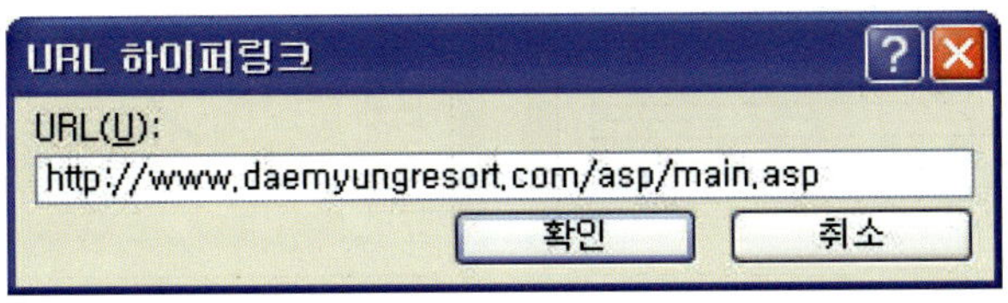

⑩ [실행 설정] 대화상자에서 설정된 URL 주소를 확인하고 [확인] 단추를 클릭한다.

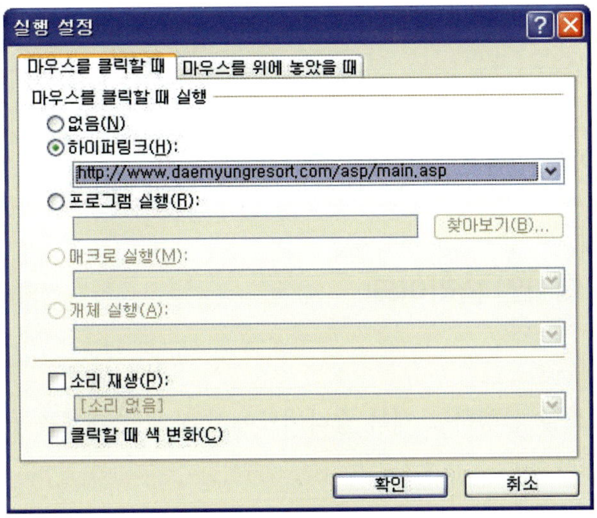

⑪ 완성된 네 개의 슬라이드는 다음과 같다.

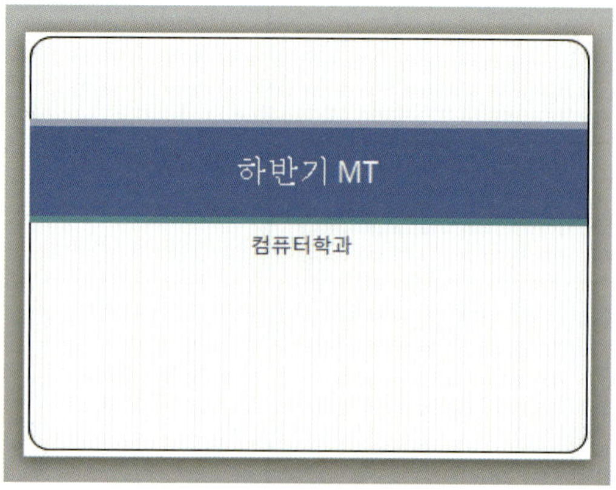

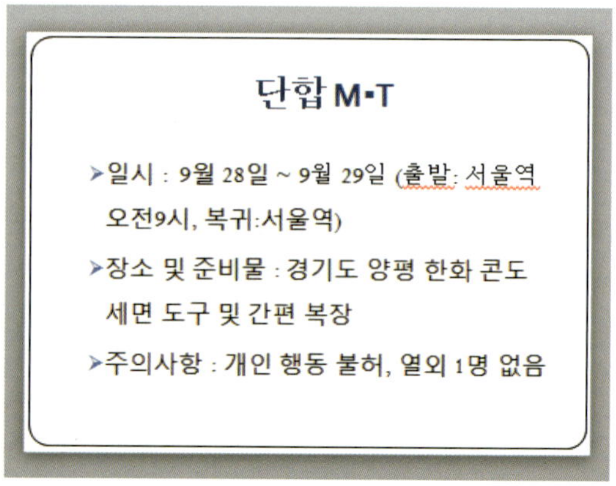

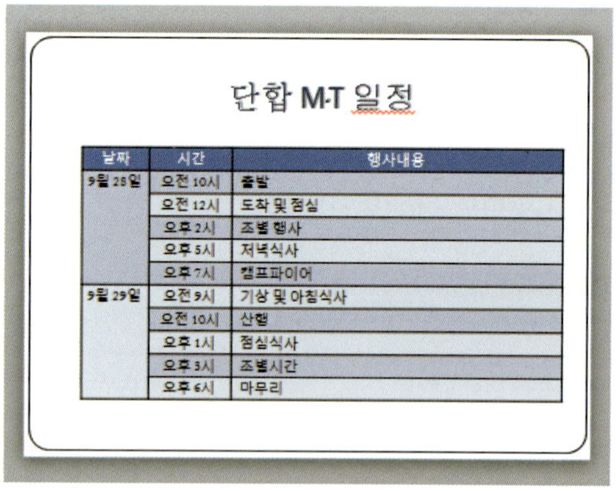

⑫ 완성된 네 개의 슬라이드를 사용자가 원하는 애니메이션 효과를 삽입한다.

2. 홈페이지 제작 프레젠테이션

2-1 기본 서식 및 디자인 슬라이드

따라하기 »

① 파워포인트 2010을 실행하고 제목 슬라이드에서 부제목 개체를 클릭한 후 Delete 키를 눌러 삭제한다.

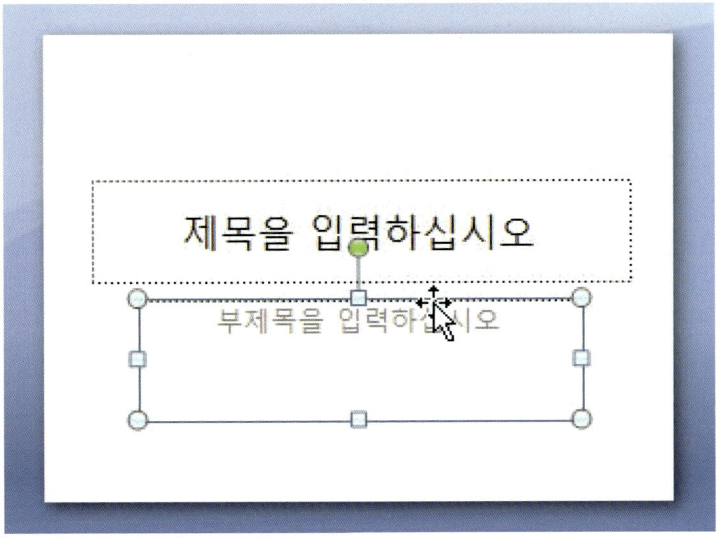

② 제목에 그림과 같이 홈페이지의 Index 파일로 구성할 내용을 입력한다.

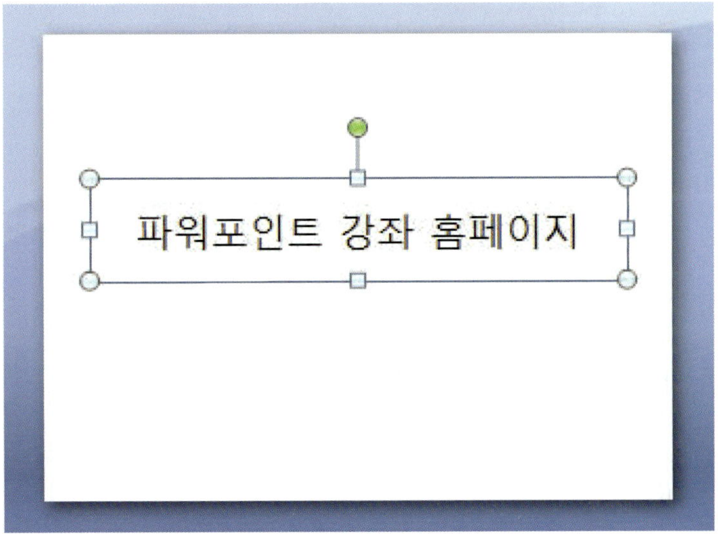

③ [디자인] → [테마]에서 "태양" 테마로 디자인 한다.

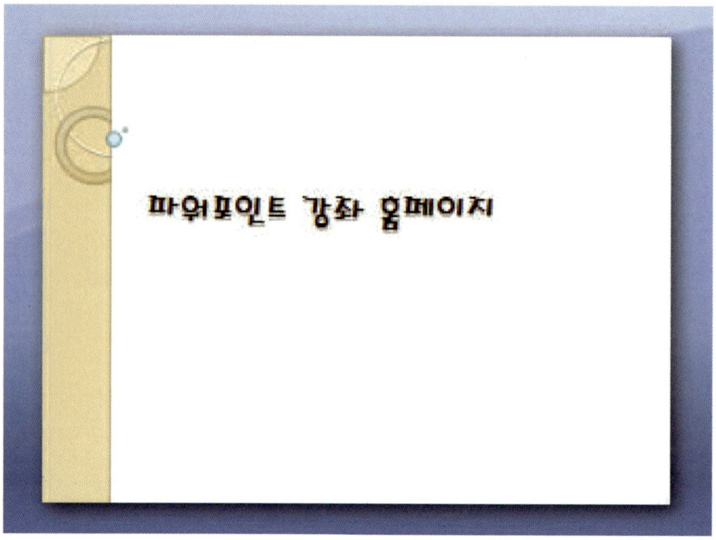

④ [삽입] → [이미지] → [클립아트]에서 클립아트를 삽입한다.

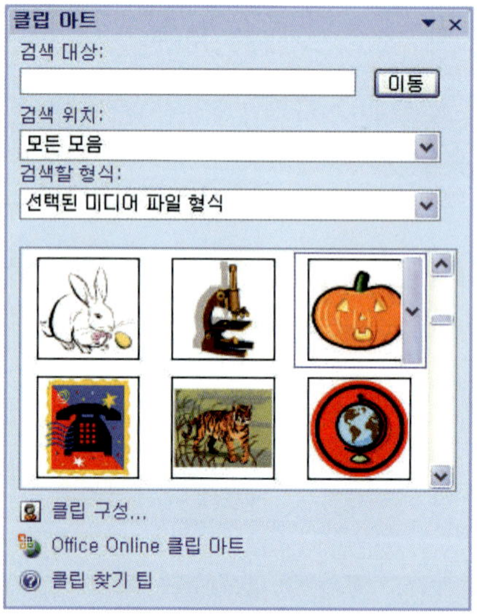

⑤ [제목 슬라이드]에서 클립아트의 크기와 위치를 변경한다.

⑥ [홈] → [슬라이드]에서 [제목 및 내용] 슬라이드를 삽입한다.

⑦ [제목 및 내용] 슬라이드를 구성할 내용을 입력한다.

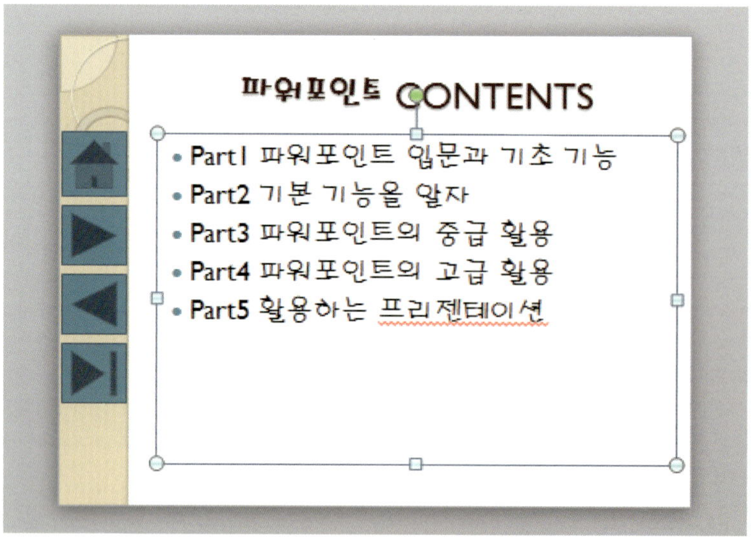

⑧ 슬라이드가 전체 크기에 맞게 [홈] → [글꼴]과 [단락]을 변경한다.

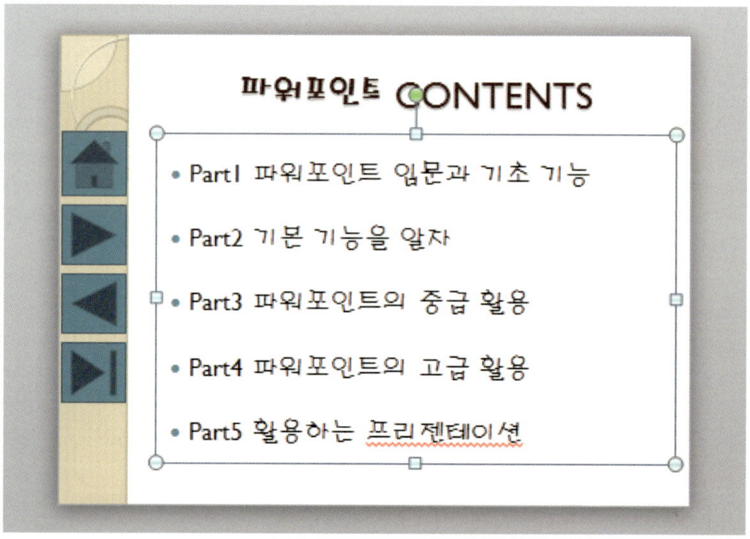

⑨ 세 번째 슬라이드를 [제목 및 내용] 슬라이드를 지정한다.

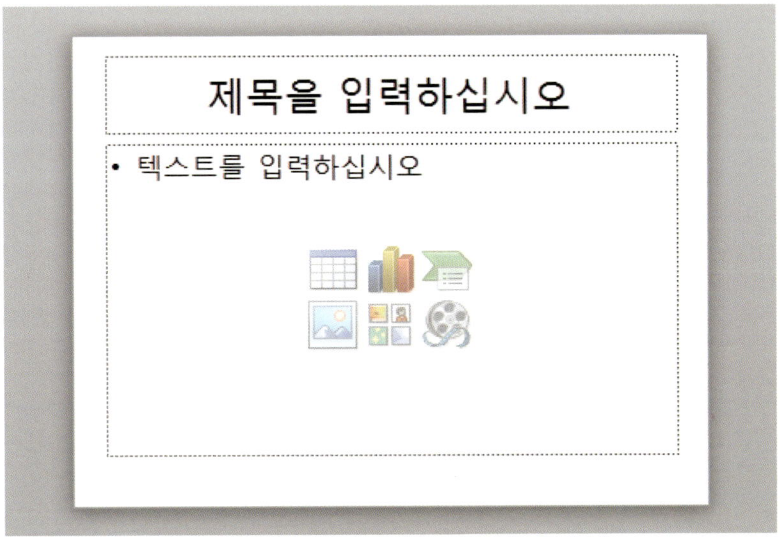

⑩ [제목 및 내용] 슬라이드를 구성할 내용을 입력하고, 슬라이드가 전체 크기에 맞게 [홈] → [글꼴]과 [단락]을 변경한다.

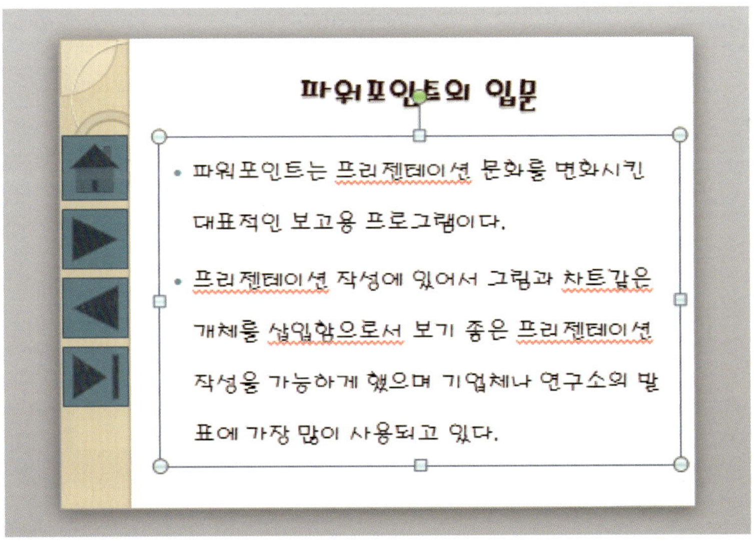

2-2 앨범 기능을 이용한 슬라이드

따라하기 »

① 네 번째 슬라이드를 [제목 및 내용] 슬라이드를 지정한다.

② 제목 개체에 제목을 입력하고, 텍스트 개체를 클릭한 후 Delete 키를 눌러 삭제한다.

③ [삽입] → [이미지] → [사진 앨범] → [새 사진 앨범]을 클릭한다.

④ [사진 앨범] 대화상자에서 그림 파일 지정과 레이아웃 설정, 테마 적용이 가능하다. [파일/디스크]를 클릭한다.

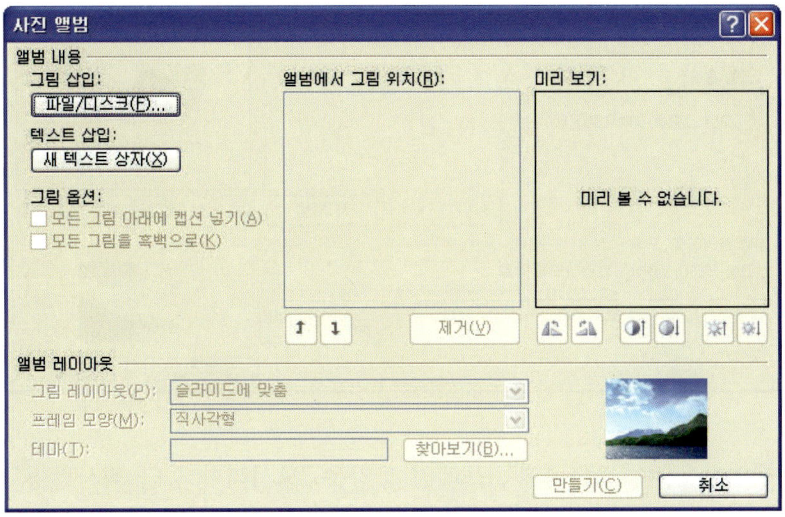

⑤ [새 그림 삽입] 대화상자에서 Shift 키를 이용하여 모든 이미지 파일을 선택한다.

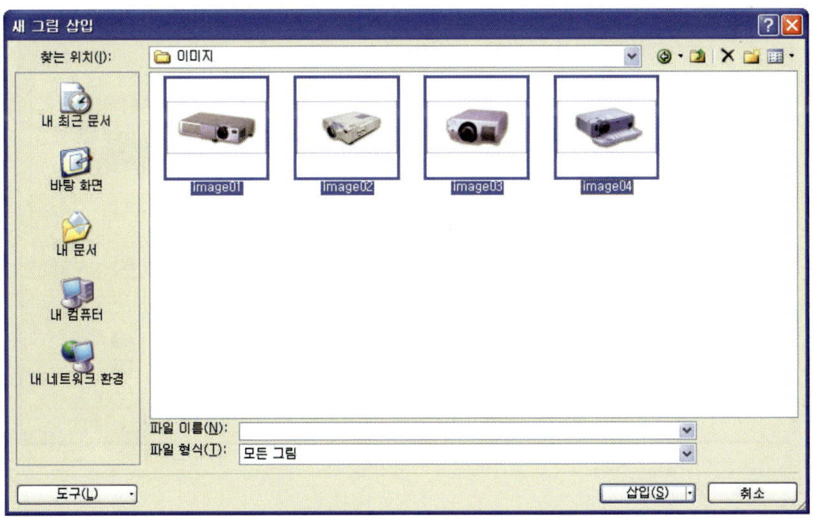

⑥ 지정된 그림 파일은 [사진 앨범] 대화상자의 앨범에서 그림 위치 창에 삽입된다.

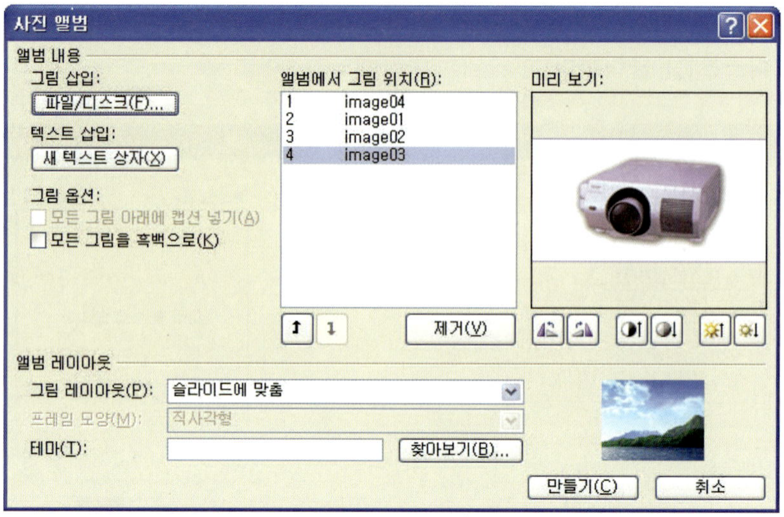

⑦ [그림 레이아웃]은 "그림 4개", 프레임 모양은 "모서리가 둥근 직사각형"으로 지정하고, [만들기]를 클릭한다.

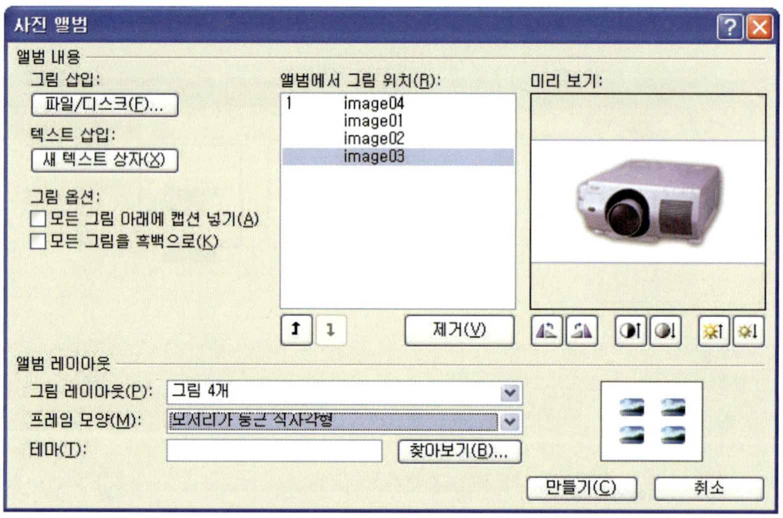

⑧ 사진 앨범이 제작된 새로운 프레젠테이션이 생성되었다. 지정된 범위 위에서 마우스 오른쪽 단축 메뉴로 [복사] 한다.

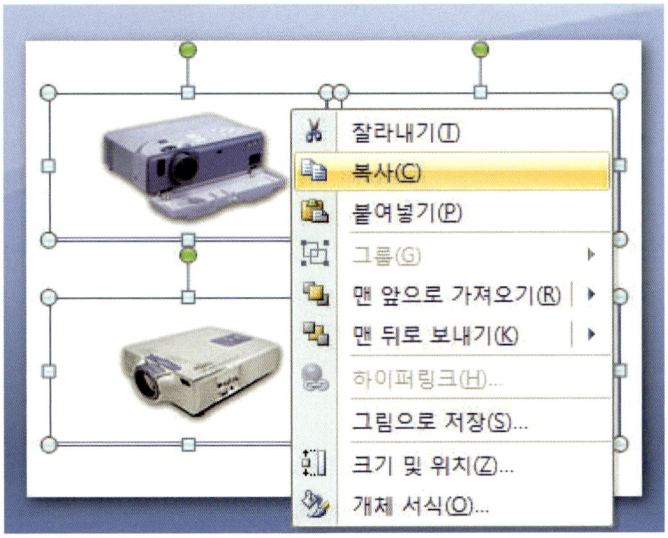

⑨ 기존의 프레젠테이션 파일을 지정하고 네 번째 슬라이드에 마우스 오른쪽 단축 메뉴로 [붙여넣기] 한다.

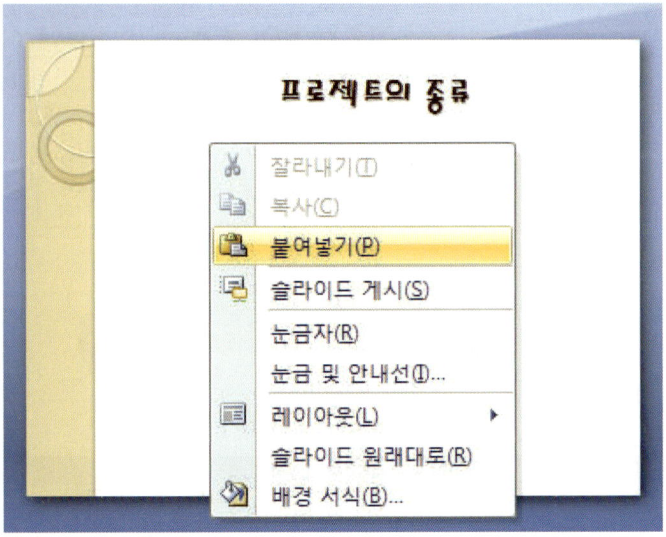

⑩ 도형의 왼쪽 상단의 핸들 위에 마우스 포인터를 위치한 후 양방향 화살표 모양일 때 드래그해서 네 개의 그림 크기를 조절한다.

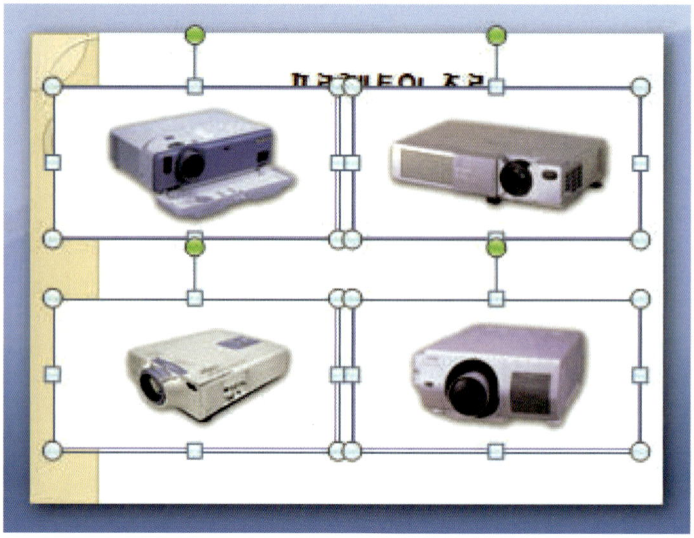

⑪ 그림의 위치를 변경한다.

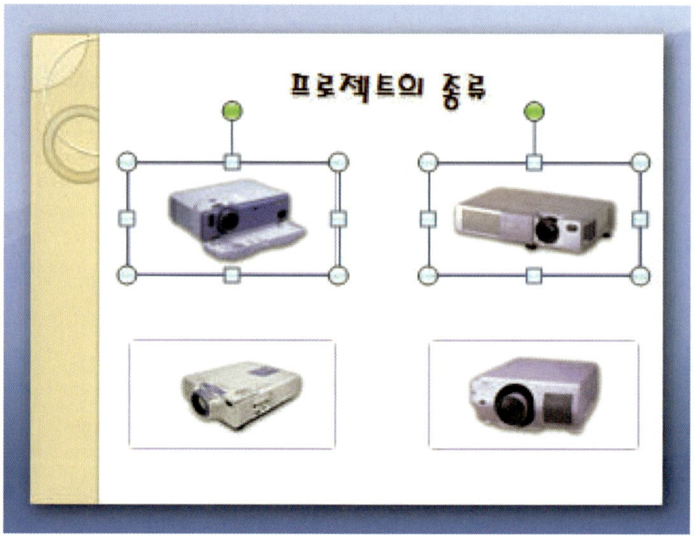

⑫ 가로 텍스트 상자를 이용하여 이미지의 제목을 “이미지 1”, “이미지 2”, “이미지 3”, “이미지 4”로 한다.

2-3 그림 파일과 하이퍼링크

따라하기 »

① 첫 번째 슬라이드에서 클립아트를 선택하고, [삽입] → [링크] → [하이퍼링크]를 클릭한다.

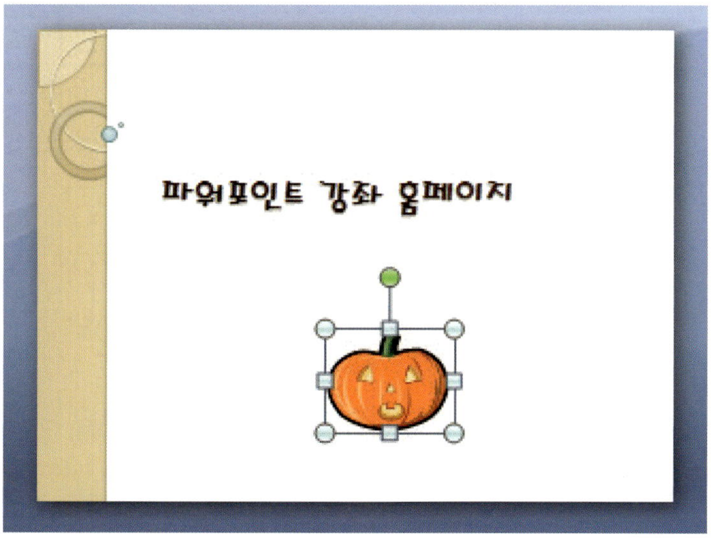

② [하이퍼링크 삽입] 대화상자에서 [연결 대상]을 "현재 문서"로 지정하고 [이 문서에서 위치]를 "다음 슬라이드"로 설정한다. [스크린 팁] 단추를 클릭한다.

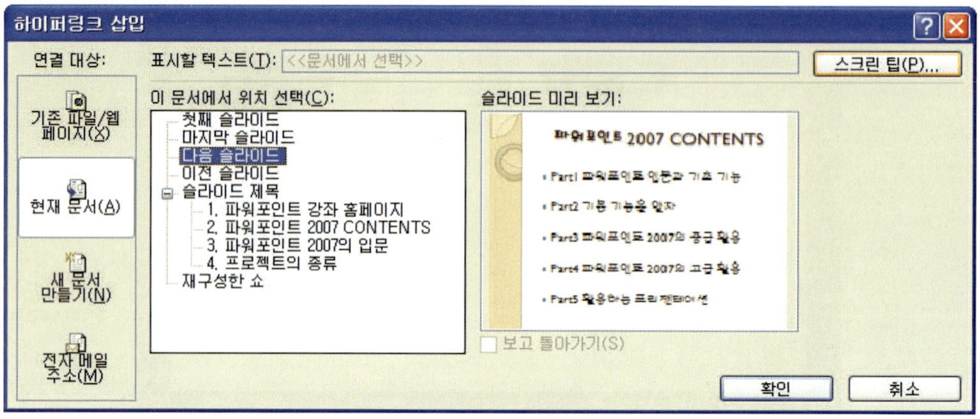

③ [하이퍼링크 스크린 팁 설정] 대화상자에서 슬라이드 쇼 진행시 마우스 포인터를 위치했을 경우 나타낼 내용을 입력하고 [확인] 단추를 클릭한다.

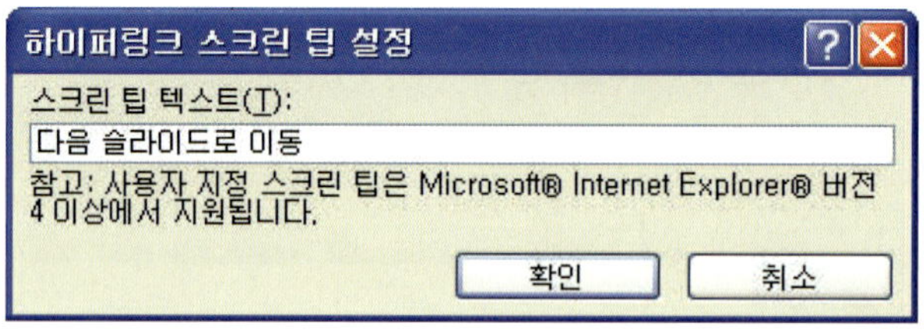

④ 다시 나타나는 [하이퍼링크 삽입] 대화상자에서 [확인] 단추를 클릭함으로서 하이퍼링크 기능을 설정할 수 있다.

2-4 슬라이드 마스터와 실행 단추

따라하기 »

① [보기] → [프레젠테이션 보기] → [슬라이드 마스터]를 클릭한다.

② 마우스 오른쪽 단축 메뉴에서 [눈금 및 안내선]을 클릭한다.

③ [눈금 및 안내선] 대화상자에서 "화면에 그리기 안내선 표시"를 체크한 후 [확인] 단추를 클릭한다.

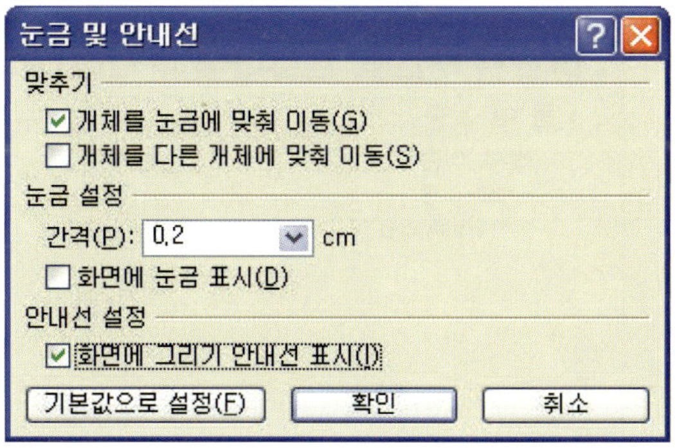

④ 슬라이드를 가로와 세로로 나누는 안내선이 점선으로 나타난다. 위치를 변경할 안내선 위에 마우스 포인터를 위치한 후 클릭함으로서 안내선 위치가 수치로 나타난다.

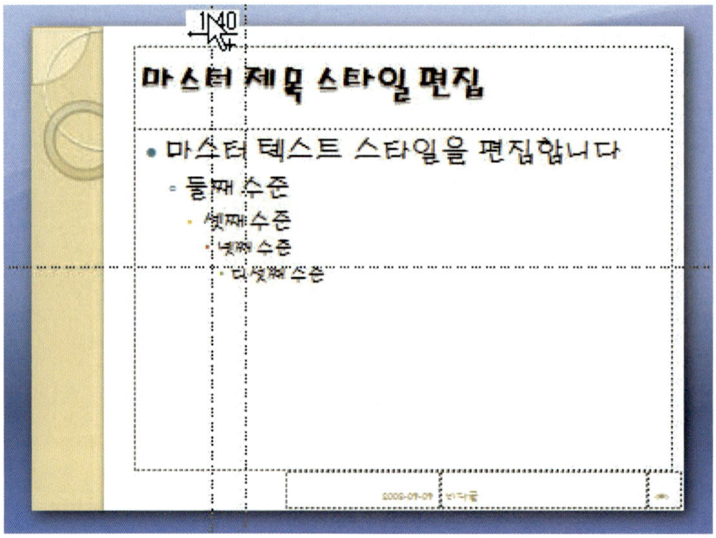

⑤ 드래그해서 안내선 위치를 변경한다.

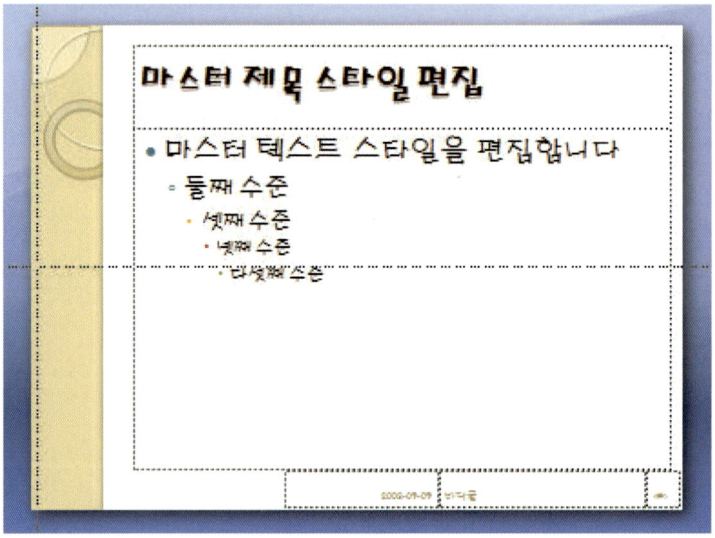

⑥ "Ctrl + 드래그"로 안내선을 드래그하여 안내선을 복사한다.

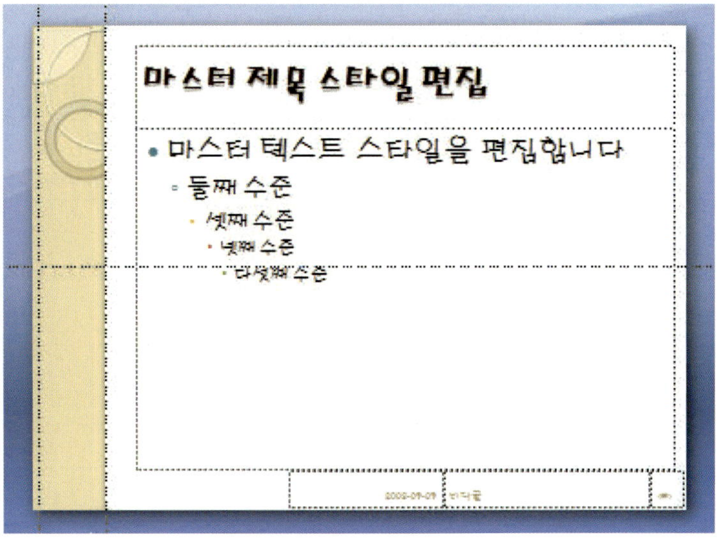

⑦ 같은 방법 안내선을 복사해 실행 단추의 위치를 미리 지정한다.

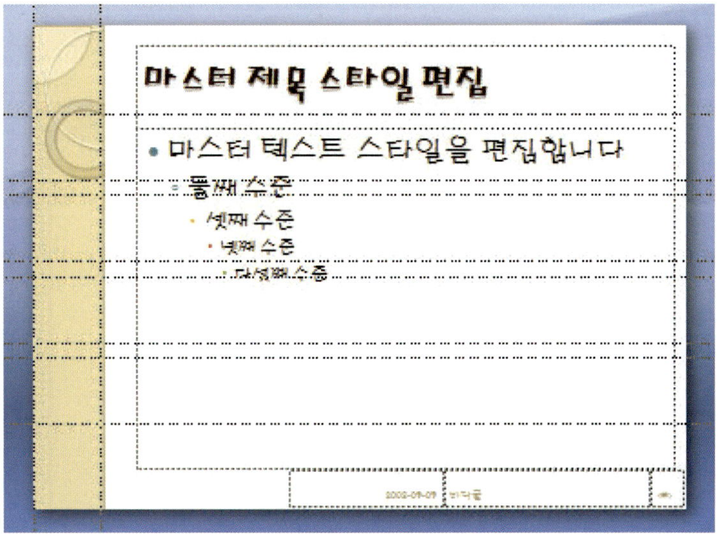

⑧ [삽입] → [일러스트레이션] → [도형] → [실행 단추]에서 "홈"을 클릭하고, 마우스 포인터가 십자형일 때 원하는 위치에서 드래그 한다.

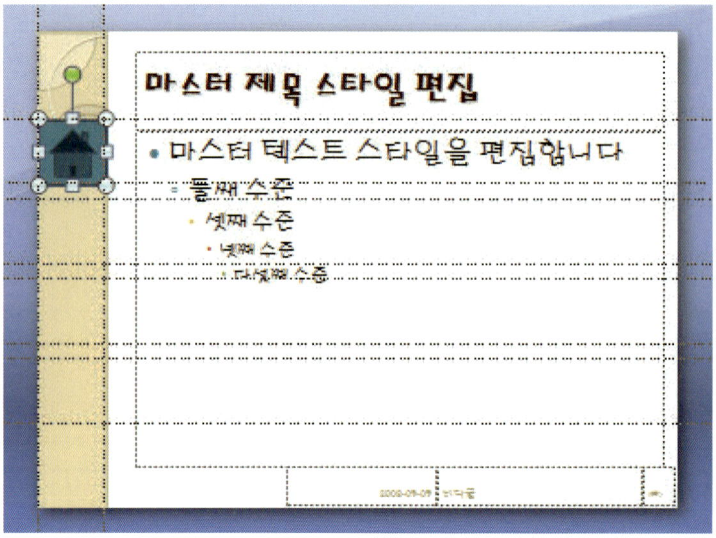

⑨ 실행 단추를 드래그 하자마자 나타나는 대화상자에서는 하이퍼링크 위치가 “첫째 슬라이드”로 설정되어 있다. “소리 재생”을 체크하고 지정 창 아이콘을 클릭해 소리 종류를 설정한다.

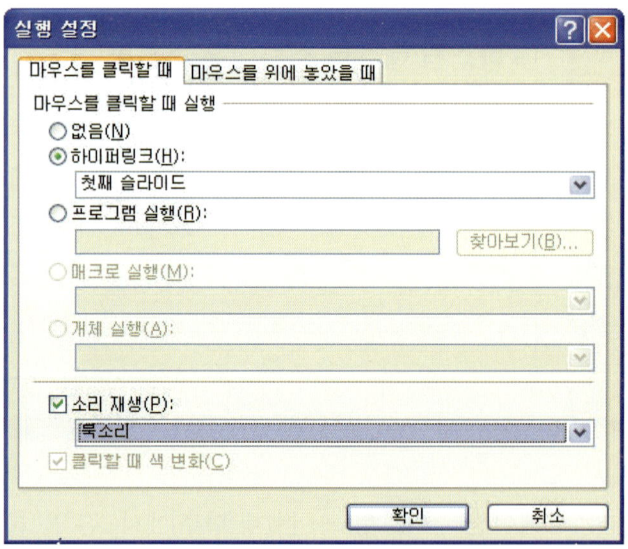

⑩ 마찬가지 방법으로 실행 단추를 삽입한다.

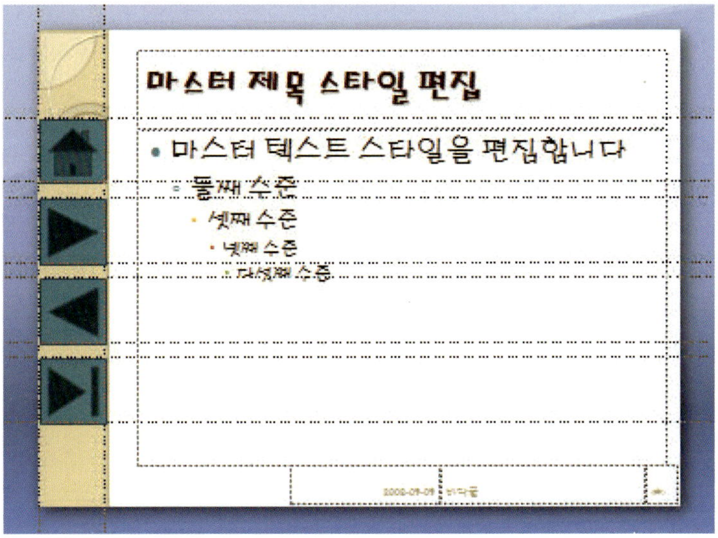

⑪ [눈금 및 안내선] 대화상자에서 "화면에 그리기 안내선 표시" 체크 표시를 지운 후 [확인] 단추를 클릭한다.

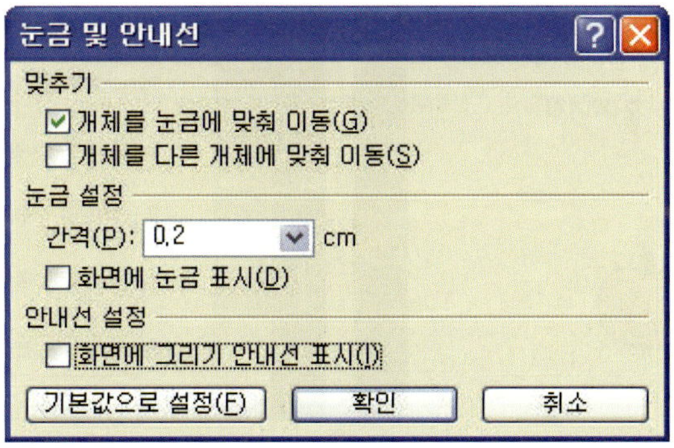

⑫ 그림과 같이 슬라이드 마스터 창에서 실행 단추를 작성하고, [마스터 보기 닫기] 아이콘을 클릭하여 종료한다.

⑬ 완성된 슬라이드의 하이퍼링크 실행을 슬라이드 쇼로 확인한다.

찾아보기

INDEX

엑셀 & 파워포인트 2010

초판 발행 2015년 1월 20일
초판 인쇄 2015년 1월 25일

공저자 김응인 · 오기성 · 이상경
펴낸이 오성걸
펴낸곳 오성미디어
주소 서울시 도봉구 창 3동 491-1
전화 (02) 997-0136
팩스 (02) 997-0137
등록 2000. 5. 12 제 7-212호

ISBN 978-89-6628-152-7 93560
정가 25,000원